Karl-Heinz Peters

Auch ein Zeitzeuge

Autobiografie 1912–1999

FRIELING

Die Schreibweise in diesem Buch entspricht den Regeln der neuen Rechtschreibung.

Bibliografische Information der Deutschen Bibliothek
Die Deutsche Bibliothek verzeichnet diese Publikation in der Deutschen Nationalbibliografie;
detaillierte bibliografische Daten sind im Internet über http://dnb.ddb.de abrufbar.

© Frieling & Partner GmbH Berlin
Hünefeldzeile 18, D-12247 Berlin-Steglitz
Telefon: 0 30 / 76 69 99-0
www.frieling.de

ISBN 3-8280-1921-8
1. Auflage 2003
Umschlaggestaltung: Graphiti GmbH, Berlin
Bildnachweis: Archiv des Autors
Sämtliche Rechte vorbehalten
Printed in Germany

Motto:

Wir werden nicht alles sagen, aber was wir sagen, wird wahr sein.

(Aus dem ersten Heeresbericht 1914)

Dem Andenken meiner Frau und für unseren Sohn Tim

Inhaltsverzeichnis

Vorwort 7

I. 1912–1945
Kindheit und Jugend 9
Lehrjahre und Anstellung 56
Studienjahre 76
Berufs- und Kriegsjahre in der Heimat 128
Abgestellt zum Landeswirtschaftsamt 180
Die Russen kommen 187

II. 1945–1951
Es geht wieder vorwärts 197
Mitarbeiterin im Planungsteam Scharoun 209
Die Amerikaner kommen und anderes 217
Justiziar in der Zentralverwaltung 228
Was nun? 267
Neue Aufgaben 284
Mitten im Kalten Krieg 285

III. 1951–1999
Aufstieg und Fall eines Unternehmens 321
Die letzten Scherben der Vase 333
Einige markante Ereignisse 335
    Das Richtfest mit Ernst Reuter 335
    Die „Künstlerkolonie" 336
    Eine Unesco-Kindertagesstätte? 337
    Das „Haus am Volkspark" 339
    Finnische Holzhäuser in Berlin 341
    Immer Ärger mit der „Neuen Heimat" 344
    Beinahe wäre Mr. Gehag ausgestiegen 347

Wieder am alten Platz 349
Mitarbeit in der Organisation der Gemeinnützigen 350
Die Gehag wächst weiter 351
DGB und NH scheiden aus 352
Wird die DAG die Tradition weiterführen? 354
BBR oder Gropiusstadt? 355
Eine zweite „rauchlose Stadt" 359
Das August-Goedecke-Haus 361
Ein Ladenzentrum in der Gropiusstadt 363
Urban Renewal in den USA 368
Manchmal trügt der Schein 382
Ist der Name „Gropiusstadt" richtig? 385
Erweiterung des Arbeitsfeldes 387
Freunde hinter dem Eisernen Vorhang 389
Das Ende der gemeinnützigen Wohnungswirtschaft 394
Im aktiven Ruhestand 402
Das weitere Schicksal der GEHAG 407
Ein Freund, ein guter Freund … 411

Nachwort 426

Personenregister 428

Vorwort

Zeugen der Zeit des Ersten Weltkrieges, der Weimarer Republik, der Jahre 1933–45, des Endes des Zweiten Weltkriegs in Berlin und des Wiederaufbaus dieser Stadt sterben aus. Angesichts der Fülle von Memoiren, Biografien, Arbeiten der Historiker, warum noch einmal die Aussage: Auch ich war Zeitzeuge? Dass ich es sein könnte, kam mir erstmals zum Bewusstsein in der zweiten Hälfte der Siebzigerjahre durch ein Interview der Sendung „Zeugen des Jahrhunderts". Ich habe sie nie gesehen, aber Anrufe aus Karlsruhe und Wetzlar sagten mir, dass sie gesendet wurde. Spätere Erzählungen im Freundeskreis, Vorträge, Diskussionen mit ehemaligen Mitarbeitern endeten regelmäßig mit den Worten: „Das müssen Sie aufschreiben, unsere Generation, geschweige die heute 20-Jährigen, hat doch keine Ahnung, wie das Leben eines Bürgers war, der nicht im Konzentrationslager war, nicht ausgebombt oder vertrieben wurde, sondern immer nur dort, wo er stand, versucht hat, sein Möglichstes zu tun."

K.-H. Peters

I. 1912–1945

Kindheit und Jugend

Wenn mir nicht zu meinem 80. Geburtstag Paul Sommerfeld, der Enkel meines verstorbenen Freundes Andrew Sommerfield aus London, das Faksimile der „Times" vom 24. Januar 1912 mitgebracht hätte, würde ich mich wohl mit der schon von meinen Eltern vermittelten Tatsache begnügt haben, am 200. Geburtstag Friedrichs II. geboren zu sein. Die Nachrichten hierzu in der „Times" machten neugierig, was sonst in dem Geburtsjahr passiert war, aber es vergingen doch noch Jahre bis zu einem ersten und letzten Besuch der Buchmesse 1995 in Frankfurt, wo ich in einer Chronik nachblätterte, was dort an Ereignissen im Jahr 1912 verzeichnet war. Kulturell war wohl ein Höhepunkt die Verleihung des Nobelpreises für Literatur an Gerhard Hauptmann und die größte Katastrophe der Untergang der „Titanic", die am 14.4.1912 mit einem Eisberg zusammenstieß und 1517 Menschen in die Tiefe riss. In der Innenpolitik war interessant, dass die Sozialdemokraten zum ersten Mal stärkste Reichstagsfraktion wurden. Offensichtliche Anzeichen, dass zwei Jahre später der Erste Weltkrieg ausbrechen würde, waren nicht gegeben; die schwere diplomatische Niederlage Deutschlands nach der Entsendung des Kanonenboots „Panther" nach Agadir in der zweiten Marokkokrise war schon 1911. Ohne zu ahnen, was ich später mit zwei Weltkriegen, dem Untergang des Kaiserreichs und dann der Weimarer Republik, dem Holocaust u. a. erleben sollte, habe ich mich wohl mit Recht an die Parallele zum Geburtstag Friedrichs des Grossen gehalten und schon als Schüler versucht, ihn zum Vorbild zu nehmen. Seine Biografie von Carlyle und Franz Kuglers „Geschichte Friedrichs des Grossen" waren denn auch die ersten Werke, die ich als Schüler immer wieder gelesen habe. In der geschenkten „Times" habe ich 1912 nach Nachrichten über den 200. Geburtstag gesucht. Unter der Überschrift „Frederick the Great, Bicentenary" findet sich der Bericht, dass am Vortage nachmittags Kaiser Wilhelm II. mit fast der ganzen Preußenfamilie, dem Reichskanzler und Ministern in der Akademie der Künste eine Ausstellung der Schätze eröffnet hat, die eine Verbindung zu Friedrich II. hatten. Am Morgen schon besuchte der Kaiser in der Oper die Generalprobe für ein Festspiel „Der Große König" von „Josef Lauf", wie dort steht, mit von Friedrich dem Großen selbst komponierter Zwischenmusik. Bei dem Verfasser des Festspiels kann es sich nur um Joseph Lauff handeln, einen von Wilhelm II. geförderten und 1913 geadelten Dramatiker, den der Große Brockhaus von 1955 als Erzähler historischer Hohenzollern- und heimatlich-rheinischer Stoffe verzeichnet, während das Lexikon der Weltliteratur zwar zahlreiche Werke dieser Art aufzählt, ihn aber als heimatverbundenen Erzähler mit rheinischen Romanen sowie belanglosen „Hohenzollerndramen" einordnet.

Ähnliche Veranstaltungen und Gedenkartikel in der Presse werden auch meine Eltern immer an das Zusammentreffen der Geburtstage erinnert haben. Meine schon erwähnte frühzeitige Lektüre der Biografie von Carlyle führte dazu, dass ich ohne Widerspruch im späteren Geschichtsunterricht seine Geschichtsauffassung in mich aufnahm, dass vor allem Persönlichkeiten Träger der Geschichte sind. Auch die spätere Befassung mit der griechischen und römischen Geschichte änderte hieran nichts. Ganz besonders haben mich aber die Worte geprägt: „Jeder soll nach seiner Fasson selig werden." Nicht wegen seiner militärischen Erfolge, sondern wegen dieser Worte sollte man ihn „der Große" nennen. So lernte ich früh, dass nur Toleranz das Zusammenleben möglich macht und Motor jeden Fortschritts ist.

Ein kleines äußeres Zeichen meiner Verehrung war, dass ich – nicht ungeschickt in der Anfertigung von Scherenschnitten – in den frühen Zwanzigerjahren meinen Vater zum Geburtstag mit einem Scherenschnitt des Kopfs des Königs mit dem Dreispitz überrascht habe, der durch die Zeiten hindurch erhalten geblieben ist. Um dieses Thema abzuschließen, sei noch erwähnt, dass diese sicherlich fixe Idee so weit geführt hat, dass ich immer halb im Scherz, aber auch ernsthaft überlegt habe, ob ich auch so alt werde wie der Alte Fritz.

Doch nun zur Kindheit. – Da weiß man nicht genau und es ist schwer auseinander zu halten, was ist sichere eigene Erinnerung und was stammt aus den Erzählungen der Eltern? – Von meiner Mutter weiß ich, dass ich nicht zu Hause –damals noch Holzmarktstraße in Stargard in Pommern –, sondern in der Klinik des mit meinem Vater befreundeten Chirurgen Dr. Adalbert von Chamisso zur Welt gebracht wurde. Ich wurde zur Welt gebracht, weil ein Kaiserschnitt notwendig war, wobei es zu einer schweren Sepsis kam, von der sich meine Mutter nach ihrer Aussage nur schwer erholt hat. In ihren Worten sprach immer ein starker Vorwurf hindurch, was aber den gesellschaftlichen Verkehr der Ehepaare nicht beeinträchtigt hat. Frau von Chamisso, eine geborene Freiin von und zu Aufsess im Frankenland, wurde vielmehr auch meine Patentante. Herr von Chamisso war ein Enkel des Dichters Adalbert von Chamisso, älter als meine Eltern, ein Prototyp vornehmen, schlichten, dem preußischen Grundsatz „Mehr sein als scheinen" verpflichteten Adels. Ihre Bescheidenheit und Sparsamkeit waren vorbildlich.

Meine Taufe war am 2.5.1912. Eine Fotografie zeigt, dass mich meine Großmutter mütterlicherseits im Steckkissen getragen hat. Sie ist aber leider noch im gleichen Jahr, am 4. Dezember 1912, gestorben, aus einem Nachmittagsschlaf nicht wieder aufgewacht. Meine Mutter hat sie, die von der ganzen Familie liebevoll „Pumpelchen" genannt wurde, sehr geliebt. Deshalb soll hier auch von ihr und ihrem Mann zuerst die Rede sein.

Ihr Mann, mein Großvater, Domänenpächter und Amtsrat Gustav Röbbelen war schon am 2. September 1888 im Alter von 61 Jahren gestorben. Die Großeltern hatten vorher auf der Domäne Groß-Ammensleben in der Magdeburger Börde gelebt, wo am 3. Mai 1885 auch meine Mutter als 13. Kind, wie sie immer erzählt hat – nach den Unterlagen waren es aber wegen einer Totgeburt 14 –, geboren wurde. Mit der damals üblichen patriarchalischen Betriebsführung soll der Großvater bei seinen Kätnern sehr beliebt gewesen sein, auch wenn überliefert ist, dass er nicht in die ungelüfteten Katen seiner Landarbeiter gehen konnte, weil ihm übel wurde. Diese Geruchsempfindlichkeit ist offenbar erblich und besteht auch bei mir. Auf der anderen Seite ist auch überliefert, dass mein Großvater einmal mit dem Kutschwagen über Land fuhr zu einer Zeit, als gerade auch aus Magdeburg 1848er revolutionäre Wellen überschwappten. Da zeigte der alte, treue Kutscher mit dem Peitschenstock auf einige Gestalten und sagte: „Und wenn sich noch so veel Buhlen in'nen Hut moken, der Herr Amtsrat werden se doch nicht." Den Berichten zufolge muss Großvater Röbbelen ein vielseitig interessierter und belesener Mann gewesen sein. Erhalten geblieben sind seine handgeschriebenen Gedichte. Ein Kuriosum ist dabei seine Umarbeitung von Schillers „Lied der Glocke", wobei an Stelle des Glockengusses die Arbeit in der seiner Domäne angeschlossenen Zuckerfabrik geschildert wird.

Das Leben auf dem großen Gut mit so vielen Kindern ist nach den Erzählungen meiner Großmutter schön, aber schwer gewesen. Es begann für die Großmutter schon um fünf Uhr in der Frühe, im Winter um sechs, um die Mägde beim Buttern zu beaufsichtigen und überall mit Hand anzulegen. Im Krieg 1866 zog ein ganzes Regiment über die Domäne, das Wohnhaus und die Scheunen. Wir hatten bis unter das Dach Einquartierung mit zugehöriger Stellung der Fourage.

Während der älteste Bruder meiner Mutter, Benno, bei ihrer Geburt schon Leutnant war – ich kann mich noch an den Besuch dieses Onkels als Major a. D. bei uns in Stargard erinnern –, mussten auch die vielen anderen Brüder und Schwestern auf dem Gut erzogen und in Schach gehalten werden. Zwei meiner Onkel erzählten noch im Alter mit großem Vergnügen, wie sie ausgerechnet unter einem Strohdiemen auf dem Felde in einer Höhle Feuer machten, um von ihnen geschossene Krähen zu braten. Es ist wohl typisch, dass ich diesen Streich hörte, als sich die Verwandtschaft nach langer Zeit mal wieder zur Beerdigung der Schwester Gertrud in Magdeburg traf. Sie hatte sich als Kunstmalerin dort durch das Leben geschlagen. Nicht auf Rosen gebettet, war sie oft von meiner Mutter für ein paar Wochen nach Stargard eingeladen worden, wovon u. a. noch ein hübsches Bildchen mit dem Blick aus meinem späteren Wohn- und Arbeitszimmer zeugt.

Nach dem frühen Tod des Großvaters zog meine Großmutter mit den Kindern nach Frankfurt/Oder, wo sie sich mit Hilfe eines Vormundes NN, der sehr tüchtig und hilfreich gewesen sein muss, ganz der Erziehung und Zukunft der Kinder widmete. Zwei Brüder wurden Landwirte mit gepachteten Gütern, andere wurden Brauer, Ingenieur oder Bankier. Zum großen Leidwesen meiner Mutter sind mit einer Ausnahme des Zivilingenieurs Kurt Röbbelen, der in Hannover die Generalvertretung der DEMAG hatte, alle beruflich wenig erfolgreich gewesen.

Meine Mutter kam als Jüngste unter diesen Umständen schon mit vier Jahren nach Frankfurt, ging dort zur Schule und wurde am 14. März 1901 eingesegnet. Sie hatte aber eine schöne Kindheit und muss nach ihren Erzählungen und nach einem noch vorhandenen Poesiealbum aus dem Jahre 1900 viele Freundinnen gehabt haben. Meinen Vater hat sie auf einem Ball kennen gelernt, und beide haben gern erzählt, wie er ihr auf dem Weg in den Ballsaal begegnete, sich nach ihr umdrehte und dabei einer anderen Dame auf die Schleppe getreten ist.

Mein Vater war damals Assistenzarzt. Geboren in Stralsund am 5. November 1877, hatte er nach Absolvierung der Gymnasien in Stralsund und Anklam, wohin ihn, da es mit der Versetzung in Stralsund mal nicht geklappt hatte, „der Ruf" ereilte, in Halle, Freiburg und Rostock Medizin studiert. Im Klostergymnasium wurde übrigens zu seiner Zeit noch immer unter den Schülern und im Unterricht mit den Lehrern Plattdeutsch gesprochen, wenn auch die Zeiten des Konrektors Freese, wie ihm Carl Ludwig Schleich in seinen Lebenserinnerungen „Besonnte Vergangenheit" ein ganzes Kapitel gewidmet hat, lange vorbei waren. Als Hallenser Normanne und Freiburger Borusse war Vater ein engagierter Korpsstudent. An seine Mensuren erinnerte außer sonstigen Schmissen eine kreisrunde Narbe um die Nasenspitze, die er schmunzelnd damit erklärte, dass ihm bei einer Mensur die Nasenspitze ganz abgeschlagen, aber dann wieder angenäht wurde.

Ich sehe ihn noch in Stargard und später nach 1930 in Stralsund mit den zwei Bändern in den Farben der Korps über der Weste und in der Hand die Tüte mit der schwarz-weißen Mütze zum Treffen der Alten Herren gehen. Ich merkte bald, dass meine Mutter angesichts einiger Beobachtungen im Bekanntenkreis nicht so sehr viel von alledem hielt. Mein Vater selbst, der große Schweiger, wie ihn meine Mutter nannte, sprach auch nicht über diese Dinge. Ich entsinne mich nur einer kurzen Diskussion über dieses Thema am Mittagstisch. Ich äußerte die Ansicht, dass ich mir nicht denken könne, was eine Säbelpartie zur Wiederherstellung der Ehre eines Menschen beitragen könne. Falls ich mir selbst nichts vorzuwerfen hätte, könnte mich nur ein Dummkopf beleidigen, und es bedürfe immer nur einer Klarstellung des Sachverhalts. Es wurde einer der ganz seltenen Fälle, in denen ich meinen Vater sehr böse gesehen haben, und die kurze Diskussion endete mit seinen zugegeben richtigen Worten: „Davon verstehst du nichts." Ich muss zugeben, dass das Thema nicht gerade für ein Gespräch bei Tisch geeignet war und daher so enden musste. Mein Vater war nicht der Mensch, und ich fürchte, ich habe insoweit viel von ihm geerbt, der das Thema zu anderer Stunde noch einmal aufgegriffen hätte. Ich hätte dann zugeben müssen, dass man bei aller Selbstachtung nicht auf die Achtung der anderen verzichten kann. Zur eigenen Ehre gehört nun einmal auch die Vorstellung und Anerkennung des Umkreises. Es wäre aber der Anachronismus geblieben, dass man die angeblich oder wirklich verletzte Ehre nicht mit dem Säbel wiederherstellen kann oder wie in Fontanes „Effie Briest" den Major von Crampas im Duell erschießen muss. Bei einem solchen Gespräch mit meinem Vater hätte ich mit dem heutigen Wissensstand Bismarck im Reichstag 1881 zitieren können: „Meine Ehre steht in niemandes Hand als in meiner eigenen, und niemand ist Richter darüber und kann entscheiden, ob ich sie habe." Noch mehr stimmte es mit meinen damaligen Worten überein, wenn ich später im Schauspiel „Freiwild" von Arthur Schnitzler im 2. Akt fand, was Paul Rönning dort in einer solchen Situation sagt: „Durch wen kann ich mich je insultiert fühlen? Ist denn meine Ehre in jedermanns Hand, dem es gerade Spaß macht, sie anzugreifen? Nicht auf das, was uns geschieht, auf das, was wir tun, kommt es doch an! Und wenn mich einer insultiert, kann er eben nur ein Narr oder ein Betrunkener sein, und das ist mir gleichgültig." Da aber Arthur Schnitzler damals in den bürgerlichen Kreisen nicht oder nur wenig geschätzt wurde, hätte ich es sicher zur Verteidigung meiner Ansicht besser bei dem Bismarck-Zitat belassen.

Ich habe es meinem Vater später immer hoch angerechnet, dass er mich niemals auch nur andeutungsweise zu beeinflussen versucht hat, bei Beginn meines Studiums Verbindungsstudent zu werden. Im Gegenteil sagte er selbst, die Zeiten seien anders geworden, aber zu seiner Zeit seien die gesellschaftliche Schulung und der Korpsgeist in einer Verbindung gut und für das ganze Leben prägend gewesen. Er selbst ist zweifellos die Verkörperung der positiven Seiten des Korpsstudententums gewesen. Ohne dass wir darüber gesprochen hätten, war wohl auch klar, dass ich nach vorheriger dreijähriger Tätigkeit als Kaufmann und recht selbstbewusst mich hätte unmöglich von irgendeinem Fuchsmajor „in die Kanne" schicken lassen. Stattdessen gab mir mein Vater die Verhaltensregel mit: „Wenn du im Unrecht bist, halte den Mund, und wenn im Recht, lass dir nichts gefallen."

Doch noch einmal zurück zum Werdegang meines Vaters als Arzt. Am 26. April 1903 schloss er sein Studium mit der Prüfung vor der Ärztlichen Prüfungskommission in Rostock ab, und mit einem Handschreiben vom 1. September 1903 des Großherzoglich Mecklenburgischen Ministeriums, Abteilung für Medizinal-Angelegenheiten, folgte die „Approbation als Arzt", die damals noch „für das Gebiet des Deutschen Reiches gemäss § 29 der Gewerbeordnung vom 21. Juni 1869 ertheilt" wurde. Am 25. Februar 1904 wurde ihm der „Doctorus Medicinae" verliehen. „Dissertationem publicavit Combination von Phthise und Carcinom." Der erste Schritt in die Praxis begann im Oktober 1903 bis Oktober 1904 als Assistenzarzt in der Fritz-Reuter-Stadt Stavenhagen bei Dr. Ahlers, dem er laut Zeugnis nicht nur eine „schätzungswerte Hilfe", sondern auch „ein lieber Hausgenosse" war. Ahlers bescheinigte ihm „solides Wissen, regen Eifer und Gewissenhaftigkeit in allen ärztlichen Dingen". Zur weiteren Fortbildung ging es dann in die chirurgische Abteilung des Städtischen Krankenhauses in Frankfurt/Oder. Der dortige „dirigierende Arzt der chirurgischen Abteilung", Sanitätsrat Dr. Rehfeldt, stellte ihm mit dem Zusatz ganz besonderer Zufriedenheit das Zeugnis aus: „Sehr gute theoretische Kenntnisse, große praktische Sicherheit, Gewissenhaftigkeit und stets humane Gesinnung gegen die Kranken."

Leider muss hier ein unerfreuliches Kapitel eingeflochten werden. Mein Vater hatte immer den Wunsch gehabt, Facharzt für Chirurgie zu werden. Das ist am Geldmangel gescheitert. Der drei Jahre ältere Bruder hatte auf dringenden Wunsch meines Großvaters, der selber gerne einmal Rechtswissenschaften studiert hätte (es ging von ihm die Sage, ein mit weißen Seiten durchschossenes Exemplar des Bürgerlichen Gesetzbuches, das ich selbst gesehen habe, hätte immer auf seinem Nachttisch gelegen), dieser Bruder hatte also auf Wunsch meines Großvaters Jura studiert, aber als Korpsstudent viel Geld ausgegeben und das Referendarexamen auch in zwei Anläufen nicht bestanden. Er sattelte dann um, wurde ein beliebter Zahnarzt in Rostock. Großvater Peters konnte aber als Rentmeister der Stadt Stralsund nur mit äußerster Sparsamkeit das Geld für dadurch drei Studiengänge seiner Söhne zusammenbringen, jedenfalls reichte es auch beim besten Willen nicht mehr für die Zusatzausbildung eines Chirurgen. Da die beiden Brüder charakterlich und hinsichtlich ihrer späteren Lebensgestaltung immer recht unterschiedlich waren, hat das aus der Sicht meines Vaters zeit ihres Lebens zwischen ihnen gestanden.

Wie meine Eltern sich kennen lernten, wurde bereits erzählt. Nach der Aufnahme im Hause Röbbelen war meine Großmutter mit der Wahl sehr einverstanden und hat später mehrfach von ihrem Sohn Kurt und meinem Vater gesagt: „Meine beiden Kurts sind die Besten." Meine Mutter wiederum wurde bei ihren künftigen Schwiegereltern auch liebevoll aufgenommen. Sie haben dann am 7. September 1907 geheiratet. In hohem Alter hat mir meine Mutter dann erzählt, wie enttäuschend für sie die äußeren Umstände ihrer Hochzeitsreise an die Ostsee waren, da mein Vater – seine Eltern waren nie verreist – in Unkenntnis, wie man so etwas organisiert, nichts vorbereitet hatte. So wurde denn an Ort und Stelle eine Wohnung gemietet, meine Mutter kochte und musste im Wesentlichen schon gleich den Haushalt führen. Da Pumpelchen mit ihrer Tochter immer verreist war, z. B. nach Bad Reinerz, ist das natürlich eine etwas enttäuschende Erfahrung gewesen. Später kam dann noch die Überraschung, dass der Assistenzarzt mit nicht unerheblichen Schulden in den Ehestand getreten war, aber diese Schwierigkeiten wurden mit einer Zuneigung überwunden, die dem liebenswerten Menschen galten und dann dem tüchtigen und beliebten Arzt, dem immer korrekten, niemals aus der Rolle fallenden Mann. Die schönen gemeinsamen Reisen kamen dann auch bald nach dem Anlaufen der Praxis: im Jahre 1908 in das Riesengebirge, 1909 nach Norwegen und in weiteren Jahren nach Berchtesgaden, Salzburg und Innsbruck, bis die Ankunft des Sprößlings und der Erste Weltkrieg dem ein Ende setzten.

Wie es dann zur Niederlassung in Stargard in Pommern kam, habe ich nie gehört und leider auch nicht gefragt, und nun ist keiner mehr da, den man fragen könnte. Stargard mit damals wohl ca. 25.000 Einwohnern, 35 Kilometer entfernt von Stettin, stand zwar kulturell im Schatten der Hauptstadt Pommerns, war aber sonst eine rege Kreisstadt im Kreis Saatzig. Außer dem obligatorischen Landratsamt gab es ein Amtsgericht, an höheren Schulen ein humanistisches und ein Realgymnasium, das größte Eisenbahn-Ausbesserungswerk Norddeutschlands. Die Industrie war vor allem vertreten mit der damals sehr bekannten Spirituosenfabrik Winkelhausen, mit der Tabakfabrik Goldfarb-Nast. Das Krankenhaus mit dem befreundeten Chefarzt Dr. Weber hatte einen guten Ruf. Nicht zuletzt ist wichtig, dass Stargard auch Garnisonstadt mit einem Regiment war, das am Rande der Stadt nach Westen seine Kasernen hatte. Im Süden, Osten und Norden lag die Stadt inmitten des besten Weizenackerbodens mit zahlreichen Gütern und einer Zuckerfabrik in Klützow. Im Westen war auf Sandboden ein Wäldchen, der Seefelder Tanger, und links von der Chaussee nach Stettin lag der schöne Madüsee wenige Kilometer von der Stadt entfernt, bekannt dadurch, dass er der einzige See war, wo außer in Ostpreußen Maränen gefischt wurden, ein Edelfisch, den wir in Stargard gerne gegessen haben. Für den fremden Besucher waren interessant die wohl erhaltenen Stadttore, die alten Tortürme, das Rathaus, die große, renovierte Marienkirche, in der ich eingesegnet wurde, die schönen Anlagen an der Wallpromenade und an dem Flüsschen Ihna.

Nicht lange nach meiner Geburt sind meine Eltern umgezogen. Sie mieteten eine sehr schöne Wohnung am Marktplatz Nr. 2. Aus ihrem Erker hatte man einen schönen Blick nicht nur über den ganzen Marktplatz, sondern auch auf das im rechten Winkel dazu stehende Rathaus mit einem sehr schönen Ziergiebel, zu dem es auf der anderen Seite ein Gegenstück gab. Dort hatte der befreundete Dr. Haas seine Apotheke. Vor allem war aber der Blick auf die Marienkirche großartig. Da ich als Schüler gerne zeichnete und malte, gibt es noch ein von mir gemaltes Bild dieser Aussicht.

Unten im Haus waren eine Apotheke, ein Friseur und eine Bankfiliale. Das Haus gehörte dem Apotheker Radtke, mit dessen Sohn Kurt ich viele Jahre zur Schule ging, bis er irgendwann in den oberen Klassen ein Jahr zurückblieb. Sie wohnten im ersten Stock mit zusätzlichen Räumen in einem Anbau zur Hof- und Gartenseite, dessen Dachboden mit Eingang von unserer Küche uns als Boden zur Verfügung stand. In diesem Anbau an der Rückseite des Hauses waren auch die Hilfseinrichtungen der Apotheke untergebracht; denn damals wurden noch viele Arzneien selbst hergestellt, und ich habe noch den Klang im Ohr, wenn in den großen Mörsern gestampft wurde, oder im Mund den bitteren Geschmack des Aloestaubes. Angeschlossen war die Tierarzneimittelzentrale „Puszta", die von dem Apotheker Ulbrich geleitet wurde. In diesem Gebäude war auch mit Ausfahrt zur Scharrenstraße, die den Marktplatz mit der Holzmarktstraße verband, unsere Garage. Dort stand seit meinem

Geburtsjahr 1912 ein offener Opel-Wagen mit Kurbelanwurf und Karbidlampen, mit dem mein Vater die vielen Patienten auf dem Lande besuchen konnte. Auf der anderen Seite der schmalen Scharrenstraße war noch ein Mietshaus mit einer landwirtschaftlichen Verkaufsstelle des Landbundes, in welche von der Butter bis zum Kohlkopf die Landwirte der Umgebung ihre Erzeugnisse lieferten, schließlich noch eine Essigfabrik. Wenn der Rollwagen mit zwei kräftigen Pferden mit den vollen Fässern zu den Kunden in die Stadt oder zum Bahnhof fuhr, war ich als kleiner Junge froh, wenn ich neben dem Kutscher auf dem Bock mitfahren durfte.

Die Wohnung war nach heutigen Maßstäben unvorstellbar groß. Die Diele am Treppenhaus hatte eine Größe von sechs mal sechs Meter und führte zu acht Zimmern nebst Küche und Bad, wovon das Ess- und Wohnzimmer zwei Einrichtungen brauchte, weil es mit bereits erwähntem Erker neun mal sechs Meter groß war. Dementsprechend recht groß waren die rechts und links von diesem mittleren Zimmer untergebrachten Räume: Schlafzimmer, Salon meiner Mutter, Zimmer meines Vaters, wo er von der Praxis ausruhen konnte. In direkter Verbindung zur Wohnung gab es dann die Praxisräume mit direktem Zugang vom Treppenhaus. Die Wohnung war als Arztwohnung konzipiert und die Verbindung mit der Apotheke im Parterre mit unmittelbarem Zugang vom Treppenhaus für Arzt, Apotheker und Patienten sehr praktisch. Meine Mutter konnte mich, ohne dass ich auf die Straße musste, z. B. hinunterschicken, wenn sie beim Kuchenbacken merkte, dass ihr Pottasche fehlte.

Von dem Umzug an den Markt, vom Ausbruch des Krieges 1914 und dass mein Vater zum Kriegsdienst eingezogen wurde, weiß ich verständlicherweise nichts. Nach den erhalten gebliebenen Urkunden ergibt sich folgendes: Ursprünglich wurde der Einjährig Freiw. Gefreite stud. med. von der „Großherzoglichen Ober-Ersatz-Commission im Bereich der 34-sten Infanterie-Brigade" am 17. Juni 1901 „hiermit als dauernd untauglich zum Dienst im Heere und in der Marine anerkannt". Aber als der Erste Weltkrieg ausbrach, wurde er lt. Kriegsranglisten-Auszug sofort am 2. August 1914 als „vertraglich verpflichteter Zivilarzt" beim Reservelazarett Stargard eingezogen. Das dauerte bis zum 1. März 1916. Dann musste er als Bataillonsarzt nach Frankreich ins Feld, dies bis zur Entlassung am 14. Dezember 1918. Von der mehr berüchtigten als berühmten Schlacht an der Somme vom 5.9.1916 bis 20.9.1916 über die Schlachten Aisne-Champagne (17.4.–14.5.1917), die Schlacht in Flandern (30.9.–11.10.1917), die Kämpfe zwischen Maas und Mosel (28.12.1917–20.3.1918), die „Große Schlacht in Frankreich" (21.3.–6.4.1918) weist der Kriegsranglisten-Auszug zahlreiche weitere Kämpfe und zum Schluss Abwehrschlachten aus, deren Namen allein schon Zeugnis sind für das, was mein Vater als Arzt in vorderster Front erlebt haben muss. Außer kleinen mehr anekdotenhaften Episoden, wie sie z. B. glücklich einer Gefangennahme durch Engländer entgingen, hat mein Vater niemals über seine Erlebnisse und die Arbeit in den Lazaretten – auch mit meiner Mutter nicht – gesprochen. So, wie man von Ernst Jünger gesagt hat, ihn hätten seine traumatischen Schlachtenerfahrungen nicht zum Verstummen, sondern zum Schreiben seines Buches „In Stahlgewittern" gebracht, so gehörte mein Vater zu den vielen, die verstummten. Nur eine große Radierung eines Soldatenkopfes mit Stahlhelm und einem ungemein ernsten Blick auf den Betrachter des Bildes und je ein französischer und englischer Stahlhelm –Letzterer mit Durchschuss – in nächster Nähe zum Schreibtisch aufgehängt, waren seine täglichen, immer gegenwärtigen Erinnerungsstücke.

Es muss in den Jahren 1915 oder 1916 gewesen sein, was mir noch heute vor Augen steht, dass am Markt zwei Häuser weiter nachts ein Großfeuer ein Wohnhaus mit ebenfalls einer Bank unten völlig zerstörte. Alle waren für den Fall, dass das Feuer mit starkem Funkenflug übergreifen sollte, angezogen. Mein Vater nahm mich auf den Arm, um mir aus dem Seitenfenster des Erkers die Flammen zu zeigen, und ich sehe noch immer deutlich die brennenden Balken auf die Straße stürzen. Ich sehe auch noch die großen Eimer voll Kaffee, welche meine Mutter und das Dienstmädchen für die Feuerwehrleute hinunterbrachten. Ein anderes Mal holte mich mein Vater auch nachts aus dem Bett, um mir mit dem weiten Blick über den Markt die Schönheit der Blitze eines starken Gewitters zu zeigen, mit Sicherheit zu dem pädagogischen Zweck, um mir ein für alle Mal die Furcht vor Gewittern zu nehmen.

Von den Kriegsjahren habe ich nur gehört, dass, auch noch nachdem Vater im Felde war, Patienten vom Lande manchmal Milch, Butter, Speck u. ä. der „Frau Doktor" brachten, aber zum Ende 1917/18 ließ das zwangsläufig sehr nach. Der

Stargard i. Pom.   Markt

„Kohlrübenwinter" soll auch in der ländlichen Kreisstadt sehr hart gewesen sein. Als Erinnerung ist noch das selbst angelegte Kriegskochbuch geblieben, in dem sich z. B. ein Rezept für künstliches Gänseschmalz findet und das meine Mutter wieder hervorholen konnte, als im Zweiten Weltkrieg die Bewirtschaftung mit Lebensmittelkarten wieder zur allgemeinen Knappheit führte.

Etwas anderes, das mir noch gegenwärtig ist, war ein Bilderbuch für Kinder „Vater ist im Krieg", das unter der Schirmherrschaft der Kronprinzessin Cecilie von der „Kriegskinderspende" deutscher Frauen mit Sitz im Kronprinzessinnenpalais Berlin herausgegeben wurde. Es enthält 24 farbige Bilder von damals bekannten Künstlern zu Versen von Rudolf Presber. Als Kostprobe, an die man sich 1943 bei den täglichen Bombenangriffen auf Berlin im Keller sitzend hätte erinnern können, sei hier angeführt: Zum Gemälde eines Doppeldeckers in der Abenddämmerung über einem sich schlängelnden Fluss in Feindesland dichtete R. Presber:

> *„Und ob's von unten zischt und pufft, Hoch streicht der Flieger durch die Luft*
> *Und durch der Wolken leicht Revier. Und denkt, was wollt ihr denn von mir?*
> *Tief unten liegt der Feinde Land. Er kennt des Flusses silbern Band.*
> *Daran der Festung Turm und Wall. Er senkt sich leicht. Ein Wurf, ein Knall.*
> *Die Mauer stürzt, von Dampf umhüllt. Des Fliegers Auftrag ist erfüllt.*
> *Durch Wolkenwogen, Sternennacht rauscht hoch ein Vogel in die Nacht."*

Die Bilder sind mir in Erinnerung geblieben, aber ich weiß nicht, ob mir meine Mutter die Gedichte vorgelesen hat. Da bei einem Preis von 1,20 Mark an die Kriegskinderspende 25 Pfennig gingen, ist der Erwerb des Buches verständlich.

Nach der Rückkehr des Vaters aus dem Kriege – doch hiervon später – konnte er in der weitläufigen Landpraxis mit Hilfe der Patienten für die Erweiterung des Speisezettels sorgen. Hierzu eine kleine Anekdote: Er hatte auf einem der Rittergüter einen guten Freund aus Studienzeiten, der dort Verwalter war. Dieser rief in den ersten Nachkriegsjahren, als die Bewirtschaftung mit ihren Kontrollen noch nicht aufgehoben war, an einem Nachmittag an: „Suschen ist gestorben, vielleicht können Sie noch heute herauskommen und den Totenschein ausstellen." Meine Eltern nahmen mich mit, und wir fuhren mit dem im Krieg erstaunlicherweise nicht requirierten Auto bei Schnee und Frost hinaus nach Warnitz. Suschen, ein illegal geschlachtetes Schwein, wurde in Decken gehüllt auf dem Boden vor den Hintersitzen untergebracht. Der Freund meines Vaters fuhr vorne mit und hinten meine Mutter und ich in dicken Pelzsäcken mit den Füßen das Schwein zudeckend. An der Stadtgrenze wurden wir prompt von einem Polizisten im Schneetreiben angehalten. „Ach, Herr Doktor, Sie sind's. Bei dem Wetter haben Sie es auch nicht leicht." Sprach's, Hand an die Mütze, und wir fuhren weiter nach Hause, wo schon ein verschwiegener Fleischer in der Küche wartete, um das Schwein sachgerecht zu zerlegen, Wurstsuppe zu kochen usw. Sein Lohn wird wohl in einem entsprechenden Anteil bestanden haben. Das Verhalten des Polizisten erklärt sich auch sehr einfach. Da wir direkt neben dem Rathaus mit der Polizeiwache wohnten, holte man bei der Einlieferung von bei Prügeleien oder sonst wie Verletzten einfach meinen Vater herunter. Der Bekanntheitsgrad in diesem Umfeld war damit gegeben. Neben den beiden obigen Erinnerungen ist die dritte die Rückkehr meines Vaters aus dem Kriege. Ich erwachte abends oder in der Nacht und hörte von der Diele her Geräusche und wenige Worte einer männlichen Stimme, muss dann aber wieder gleich eingeschlafen sein. Das muss die Heimkehr meines Vaters im Dezember 1918 aus dem Kriege gewesen sein; denn meine Mutter erzählte später, er sei mitten in der Nacht gekommen und nach einem warmen Bad todmüde eingeschlafen. Ich war immerhin schon sechs Jahre alt und war auch schon in der dreistufigen Vorschule des humanistischen „Staatlichen und Gröningschen Gymnasiums" zu Stargard in Pommern eingeschult worden.

Ich kann mich erinnern, wie mich meine Mutter beim ersten Mal dorthin brachte, wobei wir Frau Middel mit ihrem Sohn Viktor trafen; die Eltern hatten in der Nähe des Marktes ein Weißwarengeschäft. Viktor wurde einer meiner wenigen Schulfreunde, und wir waren auch die beiden Einzigen, die dann 1930 das Abitur zusammen machten. Da wir – die Eltern und ich – sofort danach nach Stralsund zogen und ich nie wieder in Stargard war, haben Viktor und ich uns nach dem Examen sofort aus den Augen verloren. Ich habe mich sehr gefreut, nach dem Kriege 1972 in einer Liste der ehemaligen Gröningianer zu sehen, dass er rechtzeitig nach England emigrierte; denn die Familie war jüdischer Abstammung und Glaubens. Wir konnten Eltern und Kinder am Freitagabend immer über den Marktplatz zur Synagoge gehen sehen. Das „Staatliche und Gröningsche Gymnasium" wurde damit begründet, dass Peter Gröning, Bürgermeister der Stadt seit 1624, in seinem Testament „Zwanzig Tausend Gulden zur Errichtung eines sonderlichen Collegii, Publicatum Stargard in bursa, den 2. Martii anno 1631" stiftete. Was 20.000 Gulden damals wert waren, ersieht man am besten daraus, dass das jährliche Gehalt von Prof. Christian Nasse, dessen Einstellungsurkunde als Professor am Gröningianum aus dem Jahre 1633 erhalten ist, 75 Gulden betrug. Wegen einer Verfallklausel im Testament wurde die Schule auch bald errichtet, aber bei den Kämpfen zwischen den Schweden und den Kaiserlichen im Dreißigjährigen Krieg rückten die Kaiserlichen Anfang Oktober 1635 gegen Stargard vor, und der schwedische Oberst Baum ließ am 7. Oktober die Vorstädte anzünden. Der heftig wehende Wind trieb die Flammen in die Stadt. In neun Stunden lag die ganze Stadt bis auf die St.-Johannis-Kirche und 18 Wohnhäuser in Trümmern, und dabei wurde auch das gerade gegründete Kollegium ein Raub der Flammen. Im Zweiten Weltkrieg war es dann ein deutscher Stadtkommandant, der im März 1945 nach Evakuierung der Zivilbevölkerung meinte, die Stadt verteidigen zu müssen, sodass wieder die Altstadt völlig zerstört wurde, das etwas am Rande liegende Gymnasium aber erhalten blieb. Es wird auch in Polen als Schule benutzt.

Das Collegium oder Gymnasium, wie es auch damals schon genannt wurde, hatte schon 1705 einen so guten Ruf, dass man ernsthaft darüber verhandelte, die Universität Greifswald nach Stargard zu verlegen. Wenn es hierzu auch nicht kam, so besagte doch schon ein Bericht vom 20. April 1789 hinsichtlich der Abiturientenprüfungen, die übrigens von einem Stargarder Johann Friedrich Meierotto in den deutschen Landen eingeführt wurden: „Die Prüfungen zeigen das Bestreben der Lehrer, die Leistungen der Schule auf einen möglichst hohen Stand zu bringen."

Die Tradition und das Gedenken an den Stifter wurden von Lehrern und Schülern sehr gepflegt, und jedes Jahr fand an seinem Sterbetag, am 16. Februar, eine Feierstunde in der Aula mit Festansprache, Chor und Musik zu seinem Gedenken statt. Die Festansprache hielt in den ersten Jahren Prof. Dr. Martin Wehrmann, der von 1921 bis 1926 Direktor war. Er war der bedeutendste zeitgenössische Geschichtsschreiber Pommerns. Seine „Geschichte von Pommern", „Geschichte der Stadt Stettin", „Geschichte der Insel Rügen" u. v. a. waren und sind Standardwerke. Prof. Wehrmann war aber keineswegs der Gelehrte im Elfenbeinturm. Klein, wie er war, nannten wir ihn durchaus respektvoll „Pippin der Kurze". Er leitete die Schule und das Lehrerkollegium mit absoluter persönlicher Autorität. Morgens stand er kerzengrade im dunklen Anzug im Treppenhaus und musterte stillschweigend die einziehenden Schüler. Vielleicht kann man sich heute nicht mehr vorstellen, wie diese sich dann ruhig und diszipliniert auf die Klassen verteilten. Geboren 1861 in Stettin, trat Prof. Wehrmann 1926 in den Ruhestand. An seine Stelle trat Prof. Wilhelm Warncke, dessen Fächer Deutsch, Latein, Griechisch und Geschichte waren. Auch er war klein, strahlte aber nicht diese natürliche Autorität aus wie sein Vorgänger. Warncke wirkte weniger distanziert, aber auch wenn wir ihn, wie seine Frau, „Tuckelchen" nannten, konnte er sich nicht über mangelnde Autorität beklagen. Doch lassen wir hierzu seinen Kollegen Studienrat Dr. Siuts sprechen, der nach meiner Zeit von 1932 bis 1945 am Gröningschen Gymnasium lehrte. Er sagte in seiner Festansprache 1961 bei der 330-Jahr-Feier von Prof. Warncke: „Er war ein quicklebendiger, humorvoller Mecklenburger, ein gütiger, innerlich vornehmer Mann. Er regierte die Anstalt – Lehrer und Schüler – mit Liebenswürdigkeit. Es mochte einer noch so widerborstig sein, der Direktor war einfach zu nett, dass er sich fügen musste. Dabei konnte Warncke, wenn es Not tat, auch energisch werden." Da es damals noch keine Elternbeiräte gab, pflegten Direktor Warncke und seine Frau den Kontakt mit den Eltern, indem sie die einen oder anderen mit dem zugehörigen Schüler zu sich nach Hause und im Sommer in den Garten der Dienstvilla einluden, die unmittelbar neben dem Gymnasium lag. Ich denke wenigstens, dass meine Eltern und ich nicht die Einzigen waren.

Doch zurück zu der jährlichen Feierstunde: Tradition hierbei war, dass am Schluss der Veranstaltung gute Leistungen der Schüler jeder Klasse mit einer Buchprämie ausgezeichnet wurden. Ich weiß nicht, wie es geschah, jedenfalls ohne Schwierigkeiten, dass noch eine ganze Reihe dieser Bücher mit Widmung in meiner Bibliothek stehen. In dieses Gröningianum hielt ich also an der Hand meiner Mutter Einzug. Da es damals noch keine Grundschulen gab, war die Vorschule mit Klassenräumen und Lehrerschaft in das Gymnasium eingegliedert.

Der Tertianer

Gerne denke ich an den ersten Lehrer „Vater" Stampa zurück. Mit seinem großen, die ganze Brust bedeckenden Vollbart, seiner väterlichen Art war er so recht geeignet, die Schulanfänger in die neue und fremde Atmosphäre der Schule einzuführen. Bei ihm begannen wir mit den ersten Versuchen des Schreibens und Rechnens.

Leider ist mir der Name eines anderen, sehr viel strengeren Lehrers, ebenso voll- und langbärtig, entfallen, dafür sind mir aber sein Gesicht und sein schöner brauner Gehrock umso lebhafter in Erinnerung. Unvergesslich bleibt auch Oberschullehrer Ernst Bethke, der schon in der Vorschule für Chorgesang und Musikunterricht zuständig war. Er begleitete uns auch im Gymnasium bis zum Abitur und ist erst 1935 in den Ruhestand getreten. Auch für meinen Abiturientenjahrgang wurde unter seiner Leitung das Lied einstudiert und vom Schulchor bei der Verabschiedung gesungen: „Nun zu guter Letzt geben wir dir jetzt auf die Wanderung das Geleite". Herr Bethke war auch Organist an der St.-Marien-Kirche. Beim Chorgesang gehörte ich zu den Sopransängern, musste aber entfernt von den Altstimmen stehen, um nicht nach wenigen Takten in den anderen Part hineinzurutschen. Im Übrigen fand ich den Chorgesang grässlich langweilig. Damals war bei den Schülern gerade „in" – wie man heute sagen würde –, mit einem so genannten Schießgummi und Krampen zu schießen. Ich hatte auch so etwas bei mir und wollte etwas zur Auflockerung des Ganzen beitragen, indem ich während des Gesanges auf eine Glaslampe an der Decke schoss. Das würde sicherlich einen hellen Ton zur Musik beitragen. Stattdessen kam die ganze Glashaube herunter, Herrn Bethke vor die Füße. Nachdem er sich von seinem Schrekken erholt hatte, forderte er den Täter auf, sich zu melden. Ich wollte gerade die Hand heben, als meine Nachbarn rechts und links solidarisch meine beiden Hände eisern festhielten. So mussten wir alle zusammen nachsitzen. Ich schämte mich aber doch so, dass ich auf weitere Streiche in meinem Schulleben verzichtet habe.

Nach den drei Jahren in der Vorschule kam dann die Übernahme in die Sexta des Gymnasiums, mit der neun Jahre Unterricht in Latein begannen. In der Quarta folgte dann Französisch, in der Untertertia Griechisch und ab Unterprima im Nachmittagsunterricht wahlfrei Englisch. Ich bin meinen Eltern immer noch dankbar, dass sie mich – wie selbstverständlich – nicht auf das in Stargard auch vorhandene Realgymnasium geschickt haben. Da ich schon im Gröningianum große Schwierigkeiten mit Physik und Chemie hatte und auch in Mathematik der Groschen dank eines guten Lehrers erst in den oberen Klassen fiel, wäre die Absolvierung des Realgymnasiums wohl nicht so reibungslos gewesen wie hier. Ich konnte überwiegend chemische Formeln z. B. nur sinnlos auswendig lernen. Oberlehrer Johannes Hauschulz hatte seine liebe Not mit mir. „Gehen Sie an die Tafel und entwickeln die Formel sowieso, nehmen Sie dabei die Endbuchstaben des Alphabets." Ich konnte die Formel aber nur mit a, b, c, musste also beim Schreiben konzentriert umdenken, ohne mangels Ver-

Studienrat Wilhelm Rieck

ständnis auch noch die Formel erklären zu können. „Sie sollen doch die Formel entwickeln und erklären. Ich verstehe nicht, Sie schreiben alles richtig und machen den Mund nicht auf." So schüttelte er oft den Kopf, hat sich aber am Schluss des Schuljahres doch noch zur Note „genügend" durchgerungen.

Der klare Satzbau der lateinischen Sprache war dagegen eingängig und die spätere Klassenlektüre, insbesondere Ciceros Reden, prägend. Den Einblick in die alte griechische Welt des Homer, Plato, Solon gab uns Studienrat Wilhelm Rieck, von uns liebevoll „Mucki Rieck" genannt. Ich denke gerne an diesen Lehrer zurück. Er verstand es vorzüglich, uns diese Welt lebendig zu machen, auch wenn wir über das Pauken der unregelmäßigen Verben sehr stöhnten.

Dieser Studienaufbau war sozusagen zwangsläufig die Grundlage für die wünschenswerte humanistische Bildung, deren Wert nur der ermessen kann, der sie erfahren hat. Vielleicht würde unser Parlament ein anderes Bild bieten, wenn dort überwiegend Humanisten säßen; aber die Zeiten eines Carlo Schmidt, wohl der glänzendste Vertreter dieses Zweiges in der Politik der ersten Nachkriegszeit, sind lange vorbei.

Doch noch einmal zurück zur Quarta. Hier begannen wir mit Französisch und hatten in Studienrat Karl Peitsmeier einen hervorragenden Interpreten. Er hatte, so weit wir das beurteilen konnten, eine beneidenswerte Aussprache, und es war bekannt, dass er in der Zeit des aufkommenden Radios die halbe Nacht mit dem Kopfhörer Radio Toulouse hörte, damals wohl der stärkste Sender Frankreichs. Wir brachten es immerhin mit seiner Hilfe so weit, dass wir von Pierre Loti „Pêcheur d'Islande" gelesen haben u. a. m.

Hervorragend war auch unser Klassenleiter Prof. Friedrich Koch, genannt „Väti Koch", weil er zu Hause von seinen Töchtern so genannt wurde. Er war unser Klassenleiter von Obersekunda bis zum Abitur, was den großen Vorteil für ihn, aber auch für die Schüler ergab, dass er die positiven Seiten des einzelnen Schülers, aber auch seine Schwachstellen kannte. Geboren 1876 auf Fehmarn, von imponierender Statur, war er mit großen, blauen, durchdringenden Augen der Typ des Friesen von der Waterkant. Er lehrte die drei Jahre hindurch Deutsch und Geschichte. Als Hauptmann der Reserve des Ersten Weltkrieges stramm deutsch-national, gehörte er zu den Beamten, die sich niemals mit dem politischen Wechsel 1918 abfanden, sodass auch sein Geschichtsunterricht nur bis zum Ende des Krieges kam, und die neuere Literatur endete, wenn ich mich recht erinnere, mit Gerhart Hauptmanns „Bahnwärter Thiel", nicht etwa mit „Die Weber" oder gar „Der Biberpelz".

Ohne dass ich damals die Tragweite des Vorgangs erfasste, ist doch Folgendes für ihn, und nicht nur für ihn, charakteristisch fest in meiner Erinnerung geblieben: Ein Erlass des Preußischen Kultusministeriums hatte angeordnet, dass jedem Schüler in der Oberprima ein Stück des Textes der Weimarer Verfassung auszuhändigen war. Väti Koch ging eines Tages mit einem Stapel auf miserablem Papier im Format eines damaligen Reclam-Bändchens gedruckter Verfassungen – schwarz-rot-gold auf dem Deckblatt – durch die Bankreihen. Mit spitzen Fingern legte er jedem ein Stück auf den Tisch mit den Worten: „Gemäss Erlass vom … bin ich verpflichtet, Ihnen das auszuhändigen."

Damit war deutlich die damalige weit verbreitete geringe Wertschätzung der Mehrheit der Bürger und vor allem der gesellschaftlich und politisch Maßgebenden des Weimarer Staates ausgedrückt. Die Geschichtsforschung ist sich heute wohl einig, ein Grund neben anderen für das Scheitern der Weimarer Republik war, dass ihr weite Teile der Beamtenschaft, der Reichswehr, der Wirtschaft, der Demokratie ohne Engagement neutral, wenn nicht offen ablehnend gegenüberstanden.

Auf der anderen Seite muss aber auch gesagt werden, dass Väti Koch. später zum Nationalsozialismus ebenso auf Distanz ging und nicht Parteigenosse wurde. Er wurde 1933 von Stargard nach Stralsund an das Lyzeum versetzt. Eine liebe Freundin, insbesondere meiner Mutter, hatte noch Unterricht bei ihm, und ich konnte ihn auch mehrfach zu Hause besuchen. Sehr wohl hat er sich an der Mädchenschule nicht gefühlt.

Väti Koch war ein guter Pädagoge und Menschenkenner. Drei kleine Episoden sind kennzeichnend für ihn. Ich war im dritten Stock der Schule vor allem in der großen Pause in der Hilfsbücherei als Helfer tätig. Eines Tages wartete ich vor der Tür, als Väti Koch die Treppe heraufkam, um zur Lehrerbücherei zu gehen. Auf meinen Gruß sagte er in seiner immer würdigen, bedächtigen Art: „Na, Karl-Heinz, Sie arbeiten sich wohl auch nicht tot?" Antwort: „Sollte ich das, Herr Professor?" – „Das habe ich nicht gesagt", und verschwand schmunzelnd in der Bücherei. Hintergrund seiner Frage war sicher, dass ich in den Sommermonaten immer schon um drei Uhr nachmittags an seiner Wohnung vorbei zum Tennisplatz ging, während er seinen Kaffee auf dem Balkon trank. Wenn ich zum Abend heimging, konnte ich auch meist meinen Gruß wieder anbringen. Ich war viel zu dickköpfig, um auf Rat meiner Mutter einen anderen Weg zu nehmen.

Als ich in der Unter- oder Oberprima war, fand im Offizierskasino ein Abendessen statt, und meine Mutter hatte Väti Koch zum Tischherrn. Natürlich hat sie sich im Laufe des Abends nach ihrem Sohn erkundigt. „Ach, da machen Sie sich mal gar keine Sorgen, der Karl-Heinz geht seinen Weg." Das hat sie mir natürlich erst sehr viel später erzählt. Nun noch ein letztes Beispiel: Als Aufsatzthemen in Deutsch im Abiturientenexamen konnte man eines aus drei Themen wählen: Hans-Arthur Spieß, der Künstler in unserer Runde, von dem ich noch einen großen Linolschnitt besitze, und ich waren die Einzigen, welche das Thema wählten: „Was hat am meisten zu meiner Bildung beigetragen?" Ich brachte viele Seiten über Literatur, Reisen u. a. m. zu Papier und war mit meiner Arbeit sehr zufrieden. Eine Woche später trifft mich

"Väti" Koch

Väti Koch wieder vor der Bibliothek, nimmt in aller Ruhe sein Pincenez ab, schaut mich durchdringend an. „Karl-Heinz, der Aufsatz ist ja nicht schlecht, aber insofern problematisch, als Sie die Schule mit keinem Wort erwähnen." Der Schreck musste schnell überwunden werden. „Herr Professor, ich habe gedacht, wenn ich den Aufsatz für eine Prüfung in der Schule schreibe und die Fülle der Fakten gut zu Papier bringe, ist das doch der Beweis, was die Schule zu alledem beigetragen hat." Väti

Koch konnte sich ein Schmunzeln nicht verkneifen, setzte sein Pincenez wieder auf und ging mit den Worten: „Ja, dann will ich mir den Aufsatz daraufhin noch einmal durchlesen." Später habe ich dann erfahren, dass er mir die Note „gut" gegeben hat. Prof. Koch hatte auch schon früher einmal den Kopf über mich schütteln müssen. Es war wohl in der Obersekunda. Es gab damals den Film „Die Nibelungen" nach dem Drehbuch von Thea von Harbou, Regie: Fritz Lang. Er verherrlichte die sagenhafte, heldische Vorgeschichte der Germanen und spekulierte auf den durch den Versailler Vertrag, die Rheinland-Besetzung durch die Franzosen etc. verletzten Nationalstolz. In diesen Film, heute als glorifizierte Dolchstoßlegende aus der Blüte des Mittelalters bezeichnet, wurden damals geschlossen die Schulklassen geführt, und anschließend sollte das Thema im Deutschunterricht vertieft werden. Ich war der Erste, dem am nächsten Tag die Frage gestellt wurde, welche Person und welcher Charakter mir besonders eindrucksvoll gewesen waren. Noch ganz unter dem Eindruck des Films erklärte ich spontan, dass mich Person und Schicksal Kriemhilds am meisten berührt hätten. Erwartet wurde natürlich Hagen von Tronje.

Ein sehr schöner Ausgleich zu diesem liebenswerten, konservativen Pädagogen und ein Glücksfall für meine weitere Bildung war ein anderer Lehrer und väterlicher Freund, dem ich sehr viel verdanke. Studienrat Johannes Vauk lehrte bis einschließlich Untersekunda, wo er ständig Klassenleiter war, hauptsächlich Deutsch und Religion, konnte – ohne Jude zu sein – Hebräisch und gab nachmittags auch Sonderstunden in jüdischer Religion. Er war durch eine Kinderlähmung des linken Armes und der Hand, aber auch des linken Beines ziemlich behindert, ohne dass dies wesentliche Auswirkungen auf seine Beweglichkeit gehabt hätte. Pädagogisch interessierten ihn die jungen Menschen im Alter von 13 bis 15 Jahren in ihrer Übergangszeit, und deshalb hat er es – nach seinen eigenen Worten – immer abgelehnt, Unterricht in den oberen Klassen zu geben, wozu er sicherlich auch sehr befähigt gewesen wäre. Er hielt mich für einen ganz guten Schüler, nur deutsche Aufsätze könne ich nicht schreiben, und ich bekam von ihm immer nur das Prädikat „genügend". Als ich dann in die Obersekunda kam und von Väti Koch gleich eine Zwei bekam, meinte „Hänschen" Vauk, wie ihn auch meine Eltern nannten: „Dann hast du wohl die bei ihm notwendige Gliederung schön und breit vorangestellt, Aufsätze schreiben kannst du trotzdem nicht." Mir war es natürlich egal, warum ich im weiteren Verlauf gute Aufsätze schrieb.

Studienrat Vauk verdanke ich sehr, sehr viel, und das kam so: Als ich in die Obersekunda versetzt war und damit aus seinem Wirkungskreis ausgeschieden, machte Herr Vauk an einem Sonntagmittag offiziellen Besuch bei meinen Eltern, wie es damals üblich war, und überraschte sie mit der Frage, ob sie einverstanden seien, wenn er mich Sonnabend nachmittags zum Tee einladen würde. Er hätte den Eindruck, dass er mir als Literatur- und Kunstfreund auch außerhalb der Schule etwas vermitteln könnte und sollte, auch wenn meine Eltern schon viel zur Ergänzung des

Schulwissens getan hätten. Nach Jahrzehnten hat mir meine Mutter gesagt, dass meine Eltern im ersten Augenblick angesichts eines körperbehinderten Junggesellen gewisse nahe liegende Bedenken gehabt hätten, aber erfreulicherweise siegten der Ernst seiner Aussagen und die Ausstrahlung seiner Persönlichkeit. Er wurde dann bis zu unserer Übersiedlung nach Stralsund ein guter Freund der ganzen Familie und war oft bei unseren sonntäglichen Ausflügen mit dem Auto in die Buchheide bei Stettin, an den Wokuhlsee oder an die Ostsee dabei. Es waren immer vergnügte, harmonische Stunden, wie noch manches Foto beweist. Die zwei Stunden am Sonnabend von 16 bis 18 Uhr haben sehr zur Erweiterung meines Gesichtskreises beigetragen.

In der Schule endete der Unterricht in der Literatur, wie gesagt, bei Gerhard Hauptmann, was wohl auch bei gründlicher Behandlung der klassischen und sonstigen neueren Literatur kaum anders möglich war. Zu Hause war in erster Linie meine Mutter die Leseratte und mein Mentor. Ich habe sie schon sehr früh zur Leihbücherei begleitet. Durch sie wurde ich unter vielen anderen mit Dostojewski, Leo Tolstoi, vielen Werken von Galsworthy und Balzac bekannt, die mit Ibsen zusammen zum Teil auch in der Hausbibliothek standen. Von den Inländern waren es z. B. Binding, Hans Carossa, Agnes Miegel, Hermann Stehr, die Werke von Kolbenheyer, Theodor Storm, aber auch die Werksausgabe von Peter Rosegger und – bei einem Vater, der noch mit dem Plattdeutschen aufgewachsen war, selbstverständlich – viele Bände Fritz Reuter, die gerne und viel gelesen wurden, wenn wir abends nach dem Abendbrot bei einer großen Kanne Tee am runden Tisch gemütlich zusammensaßen. Es war sogar eine Werksausgabe von Sudermann im Hause, der aber von meiner Mutter bezeichnenderweise nur immer „Sudelmann" genannt wurde. Vergeblich waren meine Bemühungen, ihr Thomas Mann näher zu bringen. Es waren die mir bis dahin allein bekannten „Buddenbrooks", die sie, ohne die großartige Darstellung zu bestreiten, innerlich völlig ablehnte. Im dort geschilderten Niedergang einer Familie sah sie das Schicksal der eigenen Verwandtschaft, weil mit einer Ausnahme – meinem Onkel Kurt Röbbelen in Hannover – ihre zahlreichen anderen Brüder letzten Endes nicht reüssierten, dabei zwei Rittergüter verloren gingen. Auch ihr Lieblingsbruder Albert, liebevoll „Micki" genannt, in Hamburg wechselte Knall und Fall vom Brauereidirektor – er war gelernter Brauer – zum Industrie- und Grundstücksmakler, um nach dem Kriege, von seinem Bruder Kurt unterstützt, zu viert mit ein paar alten, ihm fremden Männern in einem Zimmer im Altenheim zu enden. Ich habe ihn dort mit dem Onkel Kurt zusammen besucht. Die Eindrücke dieses Besuchs werde ich nie vergessen. Die Hälfte der Zeit der Rückfahrt in der Bahn von Hamburg nach Hannover haben wir nichts gesprochen, bis dann mein Onkel feststellte, dass es angesichts von nur noch zwei verbliebenen Familienmitgliedern in der Sowjetzone und seines stark bombenbeschädigten Hauses in Hannover dabei bleiben müsse, dass nur er wenigstens die Heimkosten in Hamburg weiter trage.

Unter diesen Umständen ist wohl verständlich, dass meine Mutter meinte, sie brauche nicht auch noch die Beschreibung des Niedergangs einer ganzen Familie zu lesen. Zeit ihres Lebens hatte sie auch Angst, dass die „Röbbelei", wie sie es nannte, also das Unstete, von der Fantasie Gesteuerte dieses Familienzweigs bei mir ausbrechen würde. Ich wurde deshalb als einziges Kind dementsprechend streng von ihr erzogen, ohne dass dies mein Gefühl für sie und meine Überzeugung schon in jungen Jahren beeinträchtigt hätte, dass ich eine sehr schöne Jugend gehabt habe.

Sozusagen das Pendant zu der Einstellung meiner Mutter zu den „Buddenbrooks" war ihre Stellungnahme auf dem Gebiet der bildenden Kunst zum Werk von Käthe Kollwitz. Auch hier volle Anerkennung der künstlerischen Darstellung, aber Ablehnung der Tatsache, dass die Künstlerin immer Szenen aus dem Proletariat dargestellt hat, also keine Bereitwilligkeit ihrerseits, auf die damit ausgesprochene vehemente soziale Anklage einzugehen. Oder war es nur die Resignation und Erkenntnis, das nun einmal vorhandene Elend nicht aus der Welt schaffen zu können? Diese Einstellung schloss aber Verständnis für die Patienten, ihre Sorge und ihr Bemühen um das Wohlergehen unseres Personals nicht aus. Damals sprach man noch von Dienstmädchen, die auch bei uns ihr Zimmer hatten. Sie legte jedem in der Regel vom Lande kommenden Mädchen nahe, für sich ein Sparbuch anzulegen, auf das jeden Monat ein Teil des Lohns eingezahlt wurde, um z. B. die künftige Aussteuer zu sichern. Es wurde dankbar anerkannt, und rückwirkend betrachtet war das schon eine Art „Vermögensbildung in Arbeitnehmerhand".

So sehr meine Mutter die „Buddenbrooks" ablehnte, so sehr liebte sie „Das Herz ist wach", einen heute vergessenen wahren Briefwechsel, herausgegeben von M. B. Kennikott. Sie hat mir das Buch früh zum Lesen gegeben, aber ich habe wohl erst, als ich es nach ihrem Tode in ihrer Bibliothek wiederfand und noch einmal las, erkannt, dass sie mit den beiden dort miteinander korrespondierenden Menschen und ihrer Umgebung sich zurückzog in eine Traumwelt, in der zu leben sie sich gewünscht hätte. Im Zusammenhang damit ist mir heute auch klar, warum die von Anselm Feuerbach 1887 gemalte „Iphigenie" ihr Lieblingsbild war und in einer Reproduktion bei uns hing. Ich wünschte, ich könnte ihr sagen, dass ich auch „Das Herz ist wach" immer wieder zur Hand nehme. Es ist nun mal das Schicksal der Generationen, dass man erst im Alter zu Erkenntnissen kommt, nach deren Richtigkeit man Vater und Mutter nicht mehr fragen kann. Mein Vater steuerte zu unserer Hausbibliothek vor allem geschichtliche und biografische Werke bei. Dazu gehörten u. a. die damals viel diskutierten „Denkwürdigkeiten" des Staatssekretärs von Bülow oder das 1919 erschienene umfangreiche Werk „Der Weltkrieg" des vom Reichskanzler von Bethmann Hollweg im Februar 1915 zum Leiter des Reichsschatzamtes, also der Spitze der Reichsfinanzverwaltung, berufenen Karl Helfferich. Von uns allen gelesen wurden auch des Stettiners Carl Ludwig Schleich „Besonnte Vergangenheit", die Erinnerungen des Elmau-Pfarrers Johannes Müller „Vom Geheimnis des Lebens" oder des Sozialdemokraten August Winnig Bände „Der weite Weg". Aus dem Fachgebiet meines Vaters fällt mir noch das Buch „Jahresringe" des Straßburger und Freiburger Psychiaters Prof. Ernst Hoche ein, das 1936 erschien und im Zusammenhang mit der Frage der Euthanasie nach dem Kriege bis heute umstritten war und ist.

Selbst Zeiten der Krankheit habe ich in guter Erinnerung, weil ich von morgens bis abends lesen konnte. Nur so kam man dazu, die beiden dicken Bände von Sven Hedins „Transhimalaya" oder Graf Luckners „Seeteufel" zu lesen. Ich habe auch eine Vorlesung und einen Vortrag des Seehelden des Weltkriegs in Stargard erlebt, die sehr beeindruckend waren, nicht zuletzt durch das obligate Zerreißen des örtlichen Telefonbuches mit zwei Händen. Während einer Krankheit konnte ich auch die vier Bände von Edward Stilgebauer und Götz Krafft, „Die Geschichte einer Jugend" lesen und z. B. daraus meine spätere Abneigung gegen studentische Verbindungen beziehen. Besonders beeindruckte mich der „Johann Christoph" von Romain Rolland. Er hatte damit den „Wilhelm Meister" der Gegenwart geschrieben. Da Christoph die Vollendung seiner Persönlichkeit und seiner Kunst in der Zusammenführung deutscher und französischer Kunst- und Lebensauffassung sucht, dämmerte mir, dass hier endlich jemand aufgestanden war gegen die selbst im Geschichtsunterricht und in weiten Kreisen der Bevölkerung verbreitete Auffassung von der ewigen Erbfeindschaft der beiden Völker. Diese Lektüre und die Tatsache, dass das nationalistische Lager in Frankreich Rolland für einen Verräter erklärte und auch in Deutschland der Widerhall nur schwach war, obwohl er vor allem für diesen Roman 1915 den Nobelpreis erhielt, hat mich früh davor bewahrt, ein Nationalist zu werden. Später machte ich mir die Feststellung in einem der Bücher von Erich Maria Remarque zu eigen, wo ein Freund den anderen fragt, ob er die Franzosen, Engländer, Amerikaner oder Deutschen liebe, dieser die Frage aber jedes Mal verneint. Auf die unwirsche Frage „Wen liebst du denn überhaupt?" kommt die schöne Antwort: „I like my friends." Das brachte mir allerdings noch später in den Sechzigerjahren die Feststellung meiner Mutter ein: „Du bist ja gar kein guter Deutscher", was ich nur mit dem obigen Zitat beantworten konnte.

Mit dieser hier nur umrissenen Grundlage kam ich in den Nachmittagen beim Studienrat Vauk in eine andere Welt. Hier sah ich zum ersten Mal eine sehr große Privatbibliothek, die außer der Fensterwand alle drei Wände des Zimmers bedeckte. Er war auch ein regelmäßiger Radiohörer, und so gab es immer interessante Gespräche. Allerdings muss hier eingeschaltet werden, dass es keine politischen Gespräche gab, was ich, in meiner Schulzeit von Hause aus gewohnt, auch nicht vermisst habe. Es war nur in allem zu spüren, wie weltoffen und liberal als überzeugter Humanist dieser Mann war.

Anhand seiner Bibliothek machte er mich mit Namen vertraut, die ich weder in der Schule noch zu Hause zu hören bekam, geschweige denn zu lesen. Es gab mit einem Mal auch einen Bruder Heinrich Mann, Alfred Döblin, Kasimir Edschmidt, Walter Hasenclever, René Schickele, Erich Kästner, Walter Mehring, Ludwig Renn und nicht zuletzt Remarque, von dessen „Im Westen nichts Neues" man besser weder bei „Väti Koch" noch zu Hause etwas verlauten ließ. Interessant erscheint mir rückblickend, dass zwischen Hans H. Vauk und mir niemals ein solches Stillschweigen besprochen oder vereinbart wurde. Vielleicht hat dies und haben unsere vielen Gespräche dazu beigetragen, dass sein mehrfach – auch bei meinen Eltern – geäußerter Rat war: „Körling, du musst einmal Diplomat werden." Dieses gern aufgenommene Saatkorn ist dann leider bei sorgfältiger Betrachtung des Umfeldes nach 1933 nicht aufgegangen.

Herr Vauk leitete auch die schon erwähnte Hilfsbücherei im Gymnasium, in der die notwendigen Schulbücher an Schüler ausgeliehen wurden, deren Eltern Schwierigkeiten hatten, neben dem Schulgeld auch die Bücher zu bezahlen. Finanziert wurde die Bücherei mit staatlichen Zuschüssen und Spenden von Abiturienten und Schülern, die ihre Bücher nicht mehr benötigten. Die Mitarbeit wurde damit honoriert, dass man im jeweiligen Jahr seine Schulbücher ausleihen konnte. Bei meinem Ausscheiden bekam ich dann von Herrn Vauk mit entsprechender „Widmung" das zu meiner Freude durch alle Zeiten erhalten gebliebene Buch „Das Nest der Zaunkönige" von Gustav Freytag, was auch sein diplomatisches Geschick bewies. So ging es durch die Schuljahre, wobei ich nur mit der Mathematik und der Physik meine Schwierigkeiten hatte. Vor allem war dies in der Quinta der Fall, wo ich deswegen und wegen einer komplizierten Mittelohrentzündung im Anschluss an die Masern auf den 24. Platz – damals wurde noch gesetzt – zurückfiel. Das ging mir dann doch gegen den Strich, und ich kam auch bei der nächsten Zeugnisverteilung mit dem schlagartigen Wechsel auf den dritten Platz nach Hause.

Im Zusammenhang mit der schweren Mittelohrentzündung muss ich noch das Hohelied meines Vaters singen. Beide Ohren waren tief vereitert, und der zugezogene HNO-Spezialist erklärte eines Abends meinem Vater: „Wir müssen sofort hinter den Ohren aufmeißeln." Mein Vater daraufhin in aller Ruhe: „Herr Kollege, warten wir noch bis morgen früh." Die Antwort war: „Gut, Herr Kollege, aber nur auf Ihre Verantwortung." Am nächsten Morgen war das kleine Wunder geschehen. Mein Vater hatte mich vor der Operation und ihren hässlichen Narben bewahrt. Ich habe immer bewundert, welche Verantwortung er damals übernommen hat.

Ja, war ich nun ein zufrieden stellender Schüler oder nicht? Meine Mutter hat mir jedenfalls ihre Ansicht einmal sehr klar ausgedrückt: „Du bist gar kein guter Schüler, du verstehst nur, deine Lehrer richtig zu nehmen." Immerhin musste sie aber das Ergebnis anerkennen, wenn ich, wie schon erwähnt, seit der Vorschule fast jedes Jahr am Gröningstag eine Buchprämie mit nach Hause brachte. So findet sich u. a.

noch in meiner Bibliothek die Prämie in der Obersekunda 1928, Gottfried Kellers „Die Leute von Seldwyla", während andere verloren gegangen sind. In der Oberprima konnten wir uns das Buch sogar wünschen, und so steht unter meinen Büchern noch mit Widmung vom Gröningstag 1930 A. E. Johanns „40.000 Kilometer. Eine Jagd auf Menschen und Dinge rund um Asien". Väti Koch meinte zwar stirnrunzelnd, dass er eigentlich den Wunsch eines „wertvollen" Buches erwartet habe, aber da weiß ich nun leider meine Antwort nicht mehr. Heute erkläre ich mir meinen Wunsch einmal damit, dass ich während verschiedener Krankheiten die Bücher von Sven Hedin, Amundsen und sonstige Reisebeschreibungen gelesen habe, mit ständig großem Interesse an der Ferne, am Ausland überhaupt, und zum anderen, dass ich von der Schule, der Schullektüre einfach genug hatte.

Mit sportlichen Leistungen habe ich keine Prämie oder einen Lorbeerkranz, die jedes Jahr auf dem Jahressportfest verteilt wurden, verdient. Die so genannten Leibesübungen waren mir von Herzen zuwider, und ich habe immer noch den Turnhallengeruch, den Geruch von Schweiß und Staub in den Ankleideräumen, die damals natürlich noch ohne Duschen etc. waren, in der Nase. Vom Fußballspiel wurde ich befreit, nachdem ich aus wenigen Metern Entfernung einen Ball in die Magengrube bekam und zu Boden ging. Ich betrachte dies nachträglich als Fügung, die mich davor bewahrte, mich jemals für Bundesligaspiele oder Weltmeisterschaften zu interessieren.

Damit bin ich bei den so genannten Schulkameraden. Mit Ausnahme des schon genannten Viktor Middel und dem Sohn des Apothekers in unserem Hause, Kurt R., habe ich keine Freunde, aber auch keine Feinde gehabt. Wir harmonierten mehr oder weniger und respektierten uns. Skatdrescherei in den Pausen u. a. m. interessierten mich nicht. In den ersten Jahren bin ich mit Kurt R. viel auf der Ihna gepaddelt, aber dadurch, dass ich als Einziger frühzeitig begann, jeden Nachmittag Tennis zu spielen, lockerte sich der Kontakt mit ihm und den Mitschülern noch mehr. Dem Freund im Hause fiel das Lernen schwerer, und so saß er noch abends mit seinen Hausaufgaben am Fenster, wenn ich über den Marktplatz vom Tennisspiel zurückkam.

Der Eintritt in den Klub machte mich übrigens erstmals mit einer gesellschaftlichen Besonderheit bekannt. Auf mein schriftliches Beitrittsersuchen bekam ich einen freundlichen Brief mit der Bitte, zwei Bürgen zu benennen. Ohne meinem Vater etwas davon zu sagen, habe ich den Vorsitzenden des Klubs, Herrn Landrat Windels, angerufen, was damals sicherlich leichter war, als es heute wäre. Ich sagte ihm, dass er ja meinen Vater, den Vorsitzenden des Ärztevereins, kenne, ich auf dem Gröningianum sei und daher nicht verstünde, warum und wofür ich zwei Bürgen benötige. Herr Windels fasste sich offenbar sehr schnell und sagte, er würde sich mit der Angelegenheit befassen. Mein Vater, nebenbei beim Abendessen von dem Gespräch unterrichtet, hielt mich als von allen guten Geistern verlassen. Bei solchen

Vereinen sei es üblich und satzungsmäßig selbstverständlich, zwei Bürgen zu fordern, um zu wissen, wen man da aufnehme. Wenige Tage darauf kam dann aber die vom Herrn Landrat unterzeichnete Aufnahme.

Das Tennisspielen und das gesellschaftliche Leben im Klub haben mir viel gegeben. Der beste Spieler war ein Kollege meines Vaters, Dr. Laffert, der sich anfangs meiner annahm. Der Tennislehrer, ein sehr liebenswürdiger und eleganter Mann, war leider Morphinist, spielte aber nach einer Spritze hervorragend. Es spielten auch mehrere junge Offiziere des in Stargard liegenden Regiments und hofierten die elegante Frau Nast, deren Mann Dr. Nast Inhaber der Goldfarb-Tabakfabrik war und auch gut spielte. Auch die damals sehr bekannte Schnapsfabrik Winkelhausen, Stargard-Stettin, war durch ihren Chef vertreten. Ich war glücklich, wenn ich auch im Doppel mit Frau Nast spielen und hinterher bei einer Tasse Kaffee im Liegestuhl mit ihr plaudern durfte. Im Winter wurde auf den überfluteten Plätzen Schlittschuh gelaufen, und die schönen Erinnerungen daran werden durch ein Foto gestützt, auf dem ich nach den Klängen eines auf dem Eise stehenden Koffergrammofons mit der Leiterin einer dortigen Pressevertretung den „Sechserwalzer" tanze. Im Winter spielten die Klubmitglieder im „Prinz von Preußen" Karten, und Frau Nast brachte mir Bridge bei. All diese Verbindungen rissen natürlich schlagartig ab, als meine Eltern und ich kurz nach dem Abiturientenexamen im April 1930 nach Stralsund zogen. Meine Hoffnung ist, dass Frau Nast und ihr Mann vor oder nach 1933 rechtzeitig Deutschland verlassen haben und dem Holocaust entgangen sind.

Zum weiteren ganz ungewollten Abstand zu den Schulkameraden kam es auch dadurch, dass ich meinen Vater gerne auf seinen Praxisfahrten über Land begleitet habe, damit alle Dörfer im Umkreis und auch die Rittergüter kennen lernte. Wenn z. B. mein Vater beim Baron von Seckendorf in Klützow nach der ärztlichen Versorgung zum Tee gebeten wurde, dann blieb der Sohn nicht vor der Tür, aber nach der Tasse Tee konnte ich dann in die Ställe gehen, den großen Hundezwinger besichtigen und mit drei frei herumlaufenden schwarzen Neufundländern herumtollen. Mit 13 oder 14 Jahren durfte ich dann mit Vaters Zustimmung das Auto mit einer Fahrt um die Dorfkirche wieder in Richtung Heimat umdrehen. Das war zuerst noch der alte Opelwagen von 1912 mit Rechtssteuerung, Kulissenschaltung außen und Karbidlampen. Da ein Arztwagen immer parat sein muss, war an jedem Sonnabendnachmittag Pflegetag. Mein Vater nahm den Vergaser auseinander und pustete die zwei Düsen durch; meine Mutter war für die Karbidanlage, Brenner und Zuleitungsschläuche verantwortlich. Ich war für die innere und äußere Sauberkeit zuständig. Das Benzin stand damals noch in zwei großen Fässern in der Garage, und ich pumpend oben darauf. Die gefüllte Kanne goss mein Vater dann in den Tank durch einen Siebfilter, der noch zusätzlich mit Mull aus der Praxis verstärkt wurde; denn ein Hauptstörungsfaktor waren damals verstopfte Vergaserdüsen.

Als ich dann mit 17 Jahren den Führerschein machen sollte, meinte der uns durch unsere Reparaturwerkstatt bekannte Fahrlehrer: „Na, Sie fahren doch nicht zum ersten Mal." Ich beichtete dann und kam sehr schnell zu meinem Führerschein, wegen des Alters mit einer Ausnahmegenehmigung des Regierungspräsidiums in Stettin. Ich musste ja schließlich meinen Vater in der großen Landpraxis unterstützen. Dabei hatte ich noch großes Glück. Vier Wochen später hätte ich die Genehmigung nicht bekommen, weil die 17-jährige Tochter eines Dentisten mit dem großen Buick ihres Vaters einen der damals noch üblichen Milchkastenwagen zu einer Ziehharmonika zusammenfuhr, wobei sie aber erfreulicherweise nur leichte Verletzungen davontrug und nach einer Woche wieder auf dem Tennisplatz erschien. Wir hatten nach einigen Jahren „Faun" den schönen „Adler Standard 6", und ich muss zu meiner Schande gestehen, dass ich nicht der Versuchung widerstanden habe, wenn meine Gröningianer und die Lyzeistinnen nachmittags in der Holzmarktstraße „auf den Bummel" gingen, bei Gelegenheit dort, ohne rechts oder links zu sehen, vorbeizufahren.

Damit sind wohl die wesentlichen Umstände genannt, die mich nach dem Umzug nach Stralsund und den folgenden neuen Eindrücken keine Mitschüler vermissen ließ. Mit den jungen Mädchen unserer Bekanntschaft und des Lyzeums war es genauso. Ich wusste nie etwas mit ihnen anzufangen, und bei der obligatorischen Tanzstunde, die ich als notwendige Pflichtübung ansah, war ich trotz Vorwürfen meiner Mutter sogar so unhöflich, nicht einmal die mir zugeteilte Tanzstundendame nach Hause zu bringen. Zum Abschied von Stargard bekam ich dann aber doch noch feurige Kohlen auf mein Haupt – oder ein kleines Kompliment? Wie man's nimmt. Ich hatte auf der Post zu tun und traf dort eine mir flüchtig bekannte Schülerin vor dem Schalter. Sie hörte von mir, dass der Möbelwagen schon vor der Tür stünde und wir nach Stralsund ziehen würden. Ich lud sie dann – ein Novum für mich – zu einer Tasse Kaffee ins „Café zur Post" gegenüber ein, wo wir eine halbe Stunde geplaudert haben. Zum Abschied hörte ich dann: „Wissen Sie, dass Sie der bestgehasste Gröningianer auf dem ganzen Lyzeum waren? Und jetzt stelle ich fest, dass Sie doch eigentlich ganz nett sind." Trotzdem: Der Abstand zu den „jungen Dingern" war da und blieb. Die Grundlage meines Faibles für etwas ältere Damen war wohl durch den Charme, die Klugheit und Eleganz von Frau Nast gelegt.

Das Kapitel Stargard kann nicht abgeschlossen werden, ohne noch auf einige Fragen einzugehen, welche Erlebnisse betreffen, die sicherlich auch ihre Auswirkungen auf den weiteren Lebenslauf gehabt haben. Zu beginnen wäre mit der Politik, die mit der Selbstaufgabe der Weimarer Republik, dem zwölfjährigen nationalsozialistischen Regime, dem Zweiten Weltkrieg und der Spaltung Berlins und Deutschlands immer das Leben auch dessen, der sich nicht zum Politiker berufen fühlte, beeinflusst hat.

Mein erster Eindruck in der Kindheit in dieser Beziehung war: Mein Vater stand mit mir – es muss 1919 gewesen sein – im Erkerfenster und wir sahen auf eine große Menschenmenge auf dem Markt hinunter. Auf dem Balkon der Polizeiwache neben dem Rathaus stand ein Mann mit Ballonmütze und sprach mit gewaltigen Armbewegungen zu den Massen. Der Inhalt der Rede blieb mir natürlich verborgen, aber mein Vater sagte dann: „Das war der Kommunist Teddy Thälmann." Ihm war sicherlich bewusst, dass es für mich keine Erinnerung an ein, aus der Sicht der Bürger, immerhin funktionierendes Kaiserreich geben konnte. Auch in den nächsten Jahren war ich noch zu jung, um sich mit mir darüber zu unterhalten, warum es zum Ersten Weltkrieg, zum Zusammenbruch des Kaiserreichs kommen konnte. Als ich älter war, machte die rasante Entwicklung die Beantwortung dieser Fragen einerseits zur Aufgabe der Historiker und zum anderen zum Gegenstand heftigster Auseinandersetzungen der politischen Parteien. „Wir" waren jedenfalls in Zukunft deutschnational, etwas anderes war für meinen Vater nach Herkunft, Erziehung und Lebenslauf gar nicht denkbar. Als Frontsoldat wurde mein Vater Mitglied des Stahlhelms.

Da mein Vater zu Hause nie über seine Dienst- und Fronterlebnisse sprach, vermute ich, dass er auf die ursprünglich deklarierten Ziele dieses von Franz Seldte 1919 gegründeten „Bund der Frontsoldaten" vertraute. Der „Stahlhelm" warb in den ersten Jahren damit, er wolle die Vereinigung von Kameraden sein, „welche den Wert echter Kameradschaft in schweren Kampftagen an der Front kennen gelernt haben und sich diese Kameradschaft auch im Frieden bewahren wollen ohne Rücksicht auf Rang und Stand, Religion und Parteizugehörigkeit". Er konnte bei seinem Eintritt nicht wissen, wohin die weitere Aussage in der Werbung führen sollte, der „Stahlhelm" wolle auch die Vereinigung ehemaliger Frontsoldaten sein, „welche durch viereinhalb Jahre unter Zurückstellung aller persönlichen Interessen mit Einsatz von Leib und Leben das Vaterland an der Front verteidigt haben und es auch im Innern weiter verteidigen wollen gegen blinde Zerstörungswut und verbrecherische Phantastereien". Letzteres führte ja dazu, dass der Stahlhelm sich so entwickelte, dass er am 4. September 1928 in der Zeitung „Der Tag" klar erklären konnte: „Wir hassen mit ganzer Seele den augenblicklichen Staatsaufbau, seine Form und seinen Inhalt, sein Werden und sein Wesen. Wir hassen diesen Staatsaufbau, weil in ihm nicht die besten Deutschen führen, sondern weil in ihm ein Parlamentarismus herrscht, dessen System jede verantwortungsvolle Führung unmöglich macht." Dies führte ja dann auch dazu, dass die Organisation sich 1929 mit den Deutschnationalen und Nationalsozialisten in Bad Harzburg zur „Nationalen Opposition" und damit zur „Harzburger Front" zusammenschloss. Ich kann mich aber nicht entsinnen, meinen Vater jemals aktiv etwa in Uniform oder zu Aufmärschen bereit gesehen zu haben. Er ging vollkommen in seiner Praxis auf. Nur als der greise Generalfeldmarschall von Mackensen in seiner prächtigen Husarenuniform Stargard besuchte, ist mein Vater mit mir hingegangen, um ihn mit vielen begeisterten Menschen zu begrüßen. Er hat sich dann vom

Stahlhelm getrennt, als es zur Harzburger Front kam, und gehörte ihm nicht mehr an, als später der Stahlhelm in die NS-Verbände eingegliedert wurde. Eine Berliner Zeitung wurde zwar gehalten, aber natürlich eine konservative. Auch die vielen jährlich erscheinenden Bände eines Berliner Journalisten unter dem Pseudonym „Rumpelstilzchen" gaben zwar interessante Streiflichter in das Berliner politische und kulturelle Leben und haben frühzeitig mein Interesse an dieser und meine Vorliebe für diese Stadt geweckt, waren aber auch konservativ gehalten. Den Wechsel zwischen diesem und dem, was ich bei Herrn Vauk hörte und sah, habe ich ohne Schwierigkeiten ertragen, alles wie ein Schwamm aufgesogen. Rückblickend muss ich allerdings sagen, dass es dadurch bis heute zu keinem ausgesprochen eigenem Engagement gekommen ist. Das immer bemühte Erkennen und Verstehen mit dem früh übernommenen Grundsatz „Audiatur et altera pars" hat vielleicht eine zu große Toleranz zur Folge gehabt. Meine kluge Mutter sagte dies auch einmal mit der ihr eigenen herzerfrischenden Deutlichkeit: „Deine Toleranz grenzt ja schon an Dummheit." Da war ich schon über 50 Jahre alt und nicht mehr fähig, aber auch nicht gewillt, mich zu ändern.

In der Schule selbst spielte die Politik bis zu dem für mich maßgebenden Examensjahr 1930 meines Wissens keine Rolle. Ich muss meines Wissens sagen, weil ich infolge meines außerschulischen Engagements und des geringen Kontakts mit meinen Mitschülern vieles übersehen haben kann. Es war jedenfalls sehr überraschend für mich, dass ein Mitschüler der Oberklassen mir später, 1933, als Funktionär des NS-Studentenbundes und SA-Sturmführer gegenüberstand. Antisemitismus war meinen Eltern fremd, und meine Mutter kaufte besonders gern im benachbarten „Sächsischen Engros-Haus" ein, weil der Inhaber, Herr Levi, sie immer persönlich bediente. In der Schule habe ich nur einen Fall erlebt, in dem in der benachbarten Unterprima sich ein jüdischer Mitschüler die antisemitischen Beleidigungen eines anderen nicht gefallen ließ und es zu einer handfesten Prügelei kam, aus der Hamburger erfolgreich hervorging. Aus einem Nachkriegsverzeichnis der Gröningianer ergibt sich erfreulicherweise, dass auch er – wer weiß aber wie – alles überstanden hat. Der Zwischenfall wirft aber ein Schlaglicht auf die Tatsache, dass es auch in Stargard, wie überall in Deutschland, einen Antisemitismus gab. „Meyers Konservationslexikon", 5. Auflage, schrieb unter dem Stichwort Antisemitismus: „Die antisemitische Bewegung, in Russland, Rumänien, Österreich und Ungarn, auch im östlichen und mittleren Deutschland, also in Ländern verbreitet, wo die Juden in größerer Zahl wohnen, allmählich aber auch nach anderen Ländern übergreifend, ist durch den immer mehr wachsenden wirtschaftlichen und politischen Einfluss der von den früheren Schranken befreiten jüdischen Bevölkerung veranlasst und strebt danach, diese Schranken wieder aufzurichten und die Juden aus den öffentlichen Ämtern zu verdrängen, ja sie ganz zu vertreiben." Das Nachschlagewerk, der „Große Herder", schrieb 1926 unter dem Stichwort „Antisemitismus", dieser sei „in seinem Wesen eine Abneigung der Mehrheit gegen die als artfremd empfundene, z. T. sich abschließende, aber ungewöhnlich einflussreiche Minderheit, welche hohe, namentlich geistige Werte, aber auch übersteigertes Selbstbewusstsein aufweist".

Für mich wurde es nach dem Kriege klar, als wir mit der ganzen Wahrheit der Judenverfolgung konfrontiert wurden, dass der Antisemitismus in erster Linie ein allgemeiner Neidkomplex ob der überragenden Intelligenz der Juden war, die als Ärzte, Rechtsanwälte usw. zu hervorragenden Erfolgen und damit verbundenem Ansehen kamen, zu ihrer großen Rolle als Journalisten, Verleger, in Theater und Film, nicht zuletzt in der Wirtschaft. Ich hatte ja als kleines Beispiel meinen Schulfreund Viktor Middel, der als Einziger von der Vorschule an mit mir das Gymnasium durchlief. Bezeichnend ist auch der Witz, der erzählt wurde, als nach 1933 jeder eifrig Ahnenforschung betreiben musste, um weiter auf seinem Platz, z. B. als Beamter, bleiben zu können. Man sagte: Eine jüdische Großmutter ist gut, denn sie schadet nicht, hat aber den Esprit in die Familie gebracht. Die spätere Rassenhetze gab es jedenfalls damals in Stargard noch nicht. Wenn mein Vater einmal vom Dämmerschoppen nach Hause kam und erzählte, der befreundete Chefarzt Dr. W. vom Krankenhaus habe seinen Boxerhund dabei gehabt, dieser habe eine ihm spendierte Wurst so lange nicht angerührt, wie ihm gesagt wurde: „Ist vom Jud", dann war das für uns heute ein makabres Zeichen für nicht nur unterschwelligen Antisemitismus, wurde aber nicht so empfunden. Weder meine Eltern noch ich haben uns leider damals Gedanken darüber gemacht, was dahinter steckte. Das ist traurig, aber wahr und lässt sich sicher verallgemeinern. Der Historiker Heinrich August Winkler in „Weimar 1918–1933", S. 303, dürfte es richtig formuliert haben: „Antisemitismus war wohl gesellschaftsfähig, aber doch nur, solange er gewisse Grenzen des öffentlichen Anstands nicht überschritt."

Zusammengefasst lässt sich sagen, dass man in der Stargarder Zeit, umgeben von einem ganz überwiegend konservativen Bekanntenkreis und ebensolcher Bevölkerung, von den wesentlichen außen- und innenpolitischen Ereignissen unberührt blieb. Eine Ausnahme wegen ihrer unmittelbaren Auswirkung auf die Bevölkerung war die Währungspolitik dieser Zeit mit der Inflation der Jahre 1922/23, die auch meinen Eltern schwer zu schaffen machte. Wie die Großeltern in Stralsund und weite Teile der Bevölkerung hatten auch sie im Kriege Reichsanleihen gezeichnet, die nicht mehr das Papier wert waren, auf dem sie gedruckt waren. Nun schmolzen auch noch die täglichen Einnahmen dahin.

Einem Leitartikel der von Karl Liebknecht und Rosa Luxemburg gegründeten Zeitung „Die Rote Fahne" vom 3. August 1923 kann man u. a. folgende Zahlen entnehmen:

	Freitag 27. Juli RM	Dienstag 31. Juli RM	Donnerstag 2. August RM
Rindfleisch	58–70.000	120–100. 000	130–180.000
Butter	80–90.000	120–140. 000	240–265.000
Margarine	54–75.000	110–160. 000	150–220.000
1 Ei	6–7000	9–11. 000	12–13.000
Markenfr. Brot	31.000	50.000	80.000 (1200 Gr.)
Markenbrot	11.000	12.000	12.000 (1900 Gr.)

Ein Paar Herrenschuhe gab es von vier Millionen Mark an. Mit meinen elf, zwölf Jahren blieb ich dank der Fürsorge meiner Eltern von diesen Problemen unberührt. Nur am Rande – aber unvergesslich – hatte ich dabei zu tun. Mein Vater machte als Vorsitzender des Ärztevereins und gleichzeitiger Schriftführer die Kassenabrechnungen der Kollegen, die nun täglich gemacht werden mussten. Unser für 14 Personen ausziehbarer Esstisch stand ständig ausgezogen bereit, auf ihm für jeden an der Abrechnung beteiligten Arzt ein Aktendeckel. Aus einem großen Sack der Bank mit dem Inflationsgeld zählte dann mein Vater gemäß Abrechnung den jeweiligen Betrag in die Aktendeckel ein, und ab 15 Uhr klingelten pausenlos die Arztfrauen, holten ihr Geld, um sofort in die Läden zu eilen, weil das Geld am nächsten Tag schon wieder einen erheblichen Teil seiner Kaufkraft verloren gehabt hätte. Den Rest der Mappen, die aus irgendeinem Grunde nicht abgeholt werden konnten, wurde mir in eine Tasche gesteckt. Damit zog ich dann – immer freudig erwartet – in die Stadt zu den verschiedenen Praxen. Für mich war es eine gerne erfüllte Aufgabe mit beträchtlicher Ausweitung des Bekanntenkreises. Sonst ist mir zur Erinnerung nur noch eine eigene, zwar nicht vollständige, aber auch nicht ganz kleine Sammlung der nach Einführung der Rentenmark endgültig wertlosen verschiedenen Geldnoten geblieben. Diese Sammlung umfasst aber immerhin von der 100- bis 1000-Mark-Note als Reichsbanknote von 1910 und 1914 einen Bestand bis zur Reichsbanknote über „200 Milliarden Mark" vom 15. 10.1923 und dem „Gutschein" der Reichsbahndirektion Stettin über „500 Milliarden Mark" vom 5.11.1923, nachdem schon am 3.11.1923 der Freistaat Preußen eine Note „über 2,10 Goldmark 1/2 Dollar nordamerikanischer Währung" ausgegeben hatte. Es gab auch einen „Notgeldschein Provinz Pommern" über „1,05 Goldmark 1/4 Dollar". Auch für das eigene Notgeld der Stadt Stargard, ausgegeben vom Magistrat, z. B. vom 20.8.1923 über 1.000.000 Mark mit quer gestelltem Überdruck „10 Milliarden Mark" ohne Datum, liegen Muster in der Sammlung. Es wäre gut gewesen, wenn die Väter des Euro an die vielen gedacht hätten, die diese galoppierende Inflation noch miterlebt haben oder in der jüngeren Generation solche Sammlungen mit Unverständnis und Schauder betrachtet haben. Dann hätten sie bei allem Eifer, den Euro zustande zu bringen, von vornherein an die notwendige Aufklärung der Bevölkerung gedacht, dass diese Umstellung der Währung, bei der theoretisch die DM nur einen anderen Namen erhalten hat, mit der Inflation von 1923, aber auch mit der Währungsreform von 1948 oder mit der Einführung der DM in den neuen Bundesländern nichts zu tun hatte. Sie hätten mit der Aufklärung der Bevölkerung nicht erst nach den Verträgen von Maastricht und Amsterdam begonnen.

Meine Eltern hatten nach der Inflation die Überraschung und Freude, dass besagter Onkel Micki für meine noch nicht mündige Mutter unter klarem Verstoß gegen die Vorschriften über die Anlage von Mündelgeldern südafrikanische Goldminenaktien gekauft hatte, die nun zum Glück an Stelle von in der Familie nicht vorhandenen Sachwerten, wie Immobilien, Aktien u. a. m., in neue Reichsmark umgesetzt werden konnten.

Diese sorgenvollen Jahre endeten auch mit einem anderen erfreulichen Ereignis. Es begannen die ersten Radiosendungen aus Berlin im Jahre 1923. Handwerklich an den üblichen Laubsägearbeiten und Brennkunstwerken wenig interessiert, habe ich, weil wir in Herrn Schwarzer einen guten Zeichenlehrer in der Schule hatten, der sich auch für abstrakte Kunst begeistern konnte, aber auch weil meine Mutter gerne zeichnete und malte und wir mit der Tante Gertrude Röbbelen, einer Schwester meiner Mutter, sogar eine Kunstmalerin in der Familie hatten, gerne gezeichnet und gemalt. Ein paar Jugendsünden sind sogar erhalten geblieben. Doch nun kam der Rundfunk und damit das Interesse an diesem neuen technischen Gebiet. Es gab bald in Stargard ein Radiogeschäft, welches vom Schaltplan angefangen alles anbot, was an Einzelteilen für den Bau eines Radioapparates notwendig war. Mein Freund Kurt R. und ich standen viel und lange vor dem Schaufenster, und eines Tages reichte auch das Taschengeld, um einen Detektor, Drehkondensator, Kopfhörer, viele Meter Antennendraht, Buchsen und Bananenstecker zu erwerben. Alles wurde auf eine Hartgummiplatte montiert, wobei die notwendigen Löcher in der Platte mit einem glühenden Draht unter Entwicklung übelriechender Dämpfe gemacht wurden. Dann aber die Freude, wenn bei vorsichtigem Abtasten des Detektors Sprache und Musik aus Berlin oder Königs Wusterhausen ertönte. Später habe ich es dann bis zum Bau eines Dreiröhrenempfängers gebracht, und der Clou war ein in einem kleinen Koffer eingebauter Empfänger, den wir am Sonntag in die Buchheide oder an den Wokuhlsee mitnehmen konnten. Er benötigte – warum, weiß ich heute noch nicht – keine Antenne, sondern nur die Erde. Hierfür genügte es, die Autokurbel zweckentfremdet tief in die Erde zu stecken. Hilfreich waren bei alledem die Zeitschrift „Der gute Kamerad", die Jahresbände „Das Universum", die meine Eltern jahrelang für mich abonnierten bzw. mir auf den Gabentisch legten, mit ihren außerordentlich vielseitigen allgemeinwissenschaftlichen und technischen Aufsätzen, aber auch guten

Geschichten und Reisebeschreibungen, die mein großes Interesse fanden und das Weltbild sehr erweiterten. Diese Hilfsmittel machten es mir u. a. möglich, in der Schule einen gut angekommenen Vortrag über die „Geschichte, Bau und Bedeutung des Panamakanals" zu halten, an den ich noch 1976 bei der Fahrt durch den Kanal gedacht habe.

Abgesehen von dem geschilderten Interesse am Rundfunk waren aber bei dem mangelnden Interesse für Mathematik und Physik die technischen Dinge uninteressant. Bei der schon geschilderten Autopflege ergab sich die Kenntnis der Arbeitsweise eines Vierzylindermotors von selbst. Gerne habe ich allerdings meinem Vater bei seinem Hobby geholfen. Er fotografierte zuallererst mit einer 9x12-Plattenkamera, und ich habe schon früh beim Entwickeln der Platten im roten Licht der Dunkelkammer geholfen. Die entwickelten Platten wurden dann, in speziellen Holzrahmen mit Kopierpapier eingespannt, im Doppelfenster mit Tageslicht kopiert. Auch solche Fotos – sepiagetönt – sind erfreulicherweise erhalten geblieben. Später hatten wir aber bereits handlichere Kameras mit 9x12- und 6x6-Filmen, die vor allem bei Ausflügen und Reisen benutzt wurden. Damit sind wir beim Thema Reisen, welche, wie ich schon in dem oben zitierten Examensaufsatz herausgestellt hatte, sicher viel zu meiner Entwicklung beigetragen haben. Schon früh, es muss so 1925/26 gewesen sein, hatte mich meine Mutter nach Berlin mitgenommen. Leopold Jessner war damals Generalintendant der Staatlichen Schauspiele. Unvergesslich seine expressionistische Inszenierung von Schillers „Die Räuber". Franz Mohr, der Bösewicht im Smoking, der Vater im Gehrock, und das alles auf der berühmten „Jessner-Treppe", einer Spielfläche in der Mitte der Bühne, die als Symbol gesteigerter Bewegung und Dramatik vielfach kopiert worden ist. Nur in der Staatsoper überschätzte meine Mutter mein Aufnahmevermögen. Ich sehe noch immer in „Rheingold" die schrecklich dicken Rheintöchter an um den Leib geschlungenen Seilen hinter einem die ganze Bühnenöffnung verhüllenden, hässlich grauen wabernden Musselinvorhang in halber Höhe hin- und herschwingen, und dabei mussten sie auch noch singen. Richard Wagner und auch noch „Rheingold" als erste Oper in meinem Leben, dem war ich nicht gewachsen. Seitdem verblieb eine unwiderstehliche Abneigung gegen die Werke Richard Wagners. Erwähnen muss ich aber von dieser Reise noch unsere Ankunft in Berlin. Wir fuhren vom Stettiner Bahnhof zum Bahnhof Friedrichstraße. Damals war dieser Teil der Friedrichstraße noch mit Parkett gepflastert, um die Geräusche der Pferdedroschken zu dämpfen. Es fuhren doppelstöckige, oben offene Omnibusse, mit denen wir in den nächsten Tagen – Sightseeing würde man heute sagen – Berlin erforschten. Der damals schon erhebliche Verkehr, die mit Diesel und anderen Abgasen geschwängerte „Berliner Luft", das vielgestaltige kulturelle Leben, die vielen Cafés, das Lieblingsrestaurant meiner Mutter „Die grüne Traube" am Bahnhof Zoo mit seiner einzigartigen Blumenpracht, alles war für den Jungen so faszinierend, dass er an Ort und Stelle bereits erklärte: „Hier möchte und will ich einmal später leben." Es hat dann bis 1941 gedauert, bis dieser Wunsch sich erfüllte. Es war dann aber das verdunkelte, doch immer noch faszinierende Berlin. Den damaligen Wedding oder die Gegend am Schlesischen Bahnhof hat mir meine Mutter nicht gezeigt, und über die dieses Milieu schildernden Bilder von Zille und Käthe Kollwitz haben wir erst Jahre später gesprochen.

Die Sparsamkeit meiner Mutter – sie schneiderte und nähte sich z. B. mit Ausnahmen von Kostümen alle Kleider selbst – ermöglichte es meinen Eltern, jedes Jahr einen schönen Urlaub zu machen. In meinen Kinderjahren ging es an die Ostsee, meist nach Misdroy, aber auch nach Ahlbeck, wo ein Onkel Willi Röbbelen eine Pension betrieb. Besonders interessant war, dass er sich im Garten eine kleine Räucherkammer gebaut hatte, in der die von den Fischern morgens eingebrachten Flundern und Aale frisch geräuchert wurden.

Es war der Kummer meiner Mutter, dass ich immer schrecklich geweint habe, wenn es aus diesen Ferien nach Hause ging, weil sie meinte, daraus schließen zu müssen, dass ich mich zu Hause nicht wohl fühlte. Eigentlich brauchte sie sich nur daran zu erinnern, dass ich als Kind sehr geweint habe, wenn sie das Kinderlied sang: „Hänschen klein, ging allein, in die weite Welt hinein ..." Wenn dann die Zeile kam: „Aber Mutter weint so sehr, hat ja nun kein Hänschen mehr", brach ich in Tränen aus und war schwer zu beruhigen. Wenn ich das jetzt in hohem Alter zu Papier bringe, wird mir immer noch schwer ums Herz. Dies und andererseits die Freude an der Fremde war ja auch ein Gegensatz, über den ein Psychologe wohl des Längeren und Breiteren etwas sagen könnte. Als ich dann älter war, habe ich sie beruhigen können, und sie wusste dann, dass ich bei aller Liebe zur Fremde immer wieder gerne bei meinen Eltern war. Sie waren meine besten Freunde, und wenn ich mal anderer Ansicht war, habe ich sie zurückgehalten. Die Harmonie im Elternhaus ist mir immer wichtiger gewesen.

Mehrfach waren wir auch bei den Großeltern in Stralsund in der Ossenreyer Straße. Das Haus ist bei dem einzigen, aber großen Bombenangriff am 6. Oktober 1944 mit allen Nachbargrundstücken zerstört worden, und der Platz ist nun eine Grünanlage. Wenn ich als kleiner Junge morgens in einer Kemenate neben dem großen Wohnraum aufwachte, war ich dadurch geweckt worden, dass nebenan das Hausmädchen so um sieben Uhr die restliche Glut im großen, bis an die Decke reichenden Kachelofen mit dem Schürhaken aufstocherte, die Asche herausholte, nachlegte und dann die gusseiserne Feuerklappe in die richtige Stellung brachte. Das waren Geräusche, die dem Jungen das Gefühl der Geborgenheit vermittelten. Dagegen habe ich immer große Angst gehabt, allein auf den riesigen Dachboden zu gehen, wenn etwas aus den dortigen Kammern zu holen war.

Aus dieser Zeit hat man mir die folgende Geschichte erzählt: Mein Großvater hatte mich mal zu einem seiner Spaziergänge mit seinem Freund Justizrat Langemack – eine alteingesessene Juristenfamilie – mitgenommen. Die beiden älteren Herren haben dann auf einer Bank am Strelasund Rast gemacht und sich dabei auch über die schon damals diskutierten Arztrechnungen und ihre Höhe unterhalten. In der Nähe spielend habe ich das gehört und bin dann zu ihnen gekommen mit den Worten: „Aber Großvater, wir wollen doch auch leben."

Großvater Peters stand 54 Jahre in den Diensten der Stadt Stralsund. Vom Lande aus Richtenberg bei Stralsund stammend, war sein Handikap, dass er nicht Jura studieren konnte, wie ich schon erwähnt habe. So trat er 1865 in die Dienste der Stadt Stralsund, aber schon im nächsten Jahr eilte er „zu den Fahnen", um am Feldzug des Jahres 1866 teilzunehmen. Hierfür wurde dem Sergeanten Johann Peters am 22. Juni 1867 „Auf Befehl Seiner Majestät des Königs das von Allerhöchst demselben gestiftete Erinnerungskreuz für Combattanten" verliehen. Dem folgte am 18. September 1871 noch die Landeswehrdienstauszeichnung. Die militärischen Auszeichnungen endeten dann am 2. März 1898 mit der „Erinnerungs-Medaille aus erbeuteten Kanonen Bronze" zum 100. Geburtstag des Kaisers Wilhelm I. Auch im zivilen Dienst der Stadt erhielt der Stadtrentmeister Auszeichnungen. Zur Vollendung des 65. Lebensjahres gab es den „Königlichen Kronenorden vierter Klasse", und mit 70 Jahren hatte er sich dann bis zum „Roten Adlerorden" vierter Klasse vorgearbeitet.

Der Großvater ging ganz in seinem Beruf auf. Ein Spaziergang, eine gute Zigarre und abends ein Glas Rotspon reichten ihm zur Entspannung. Die ganz auf ihn konzentrierte liebe Fürsorge meiner Großmutter hat sicher zur Erreichung seines hohen Alters beigetragen. Sein Dienstzimmer lag im Rathaus zur Ossenreyer Straße hin mit einem großen Fenster mit Blick in die dort einmündende Ravensberger Straße. Wenn ich heute durch die Ravensberger Straße auf das Rathaus zugehe, sehe ich noch seinen weißen Kopf hinter dem Fenster.

Reisen waren für ihn ein Gräuel; er fuhr nicht einmal mit dem Dampfer nach Hiddensee. An Bord eines solchen „Seelenverkäufers" zu gehen, kam nicht in Frage. Als er einmal wegen einer von der Stadt aufzunehmenden Anleihe in seiner Eigenschaft als Stadtrentmeister zum Finanzministerium nach Berlin musste, ist er entsetzt über das Leben und Treiben dort zurückgekommen. Man denkt dabei gleich an die Erlebnisse Onkel Bräsigs in Berlin, wie sie uns Fritz Reuter in „Abenteuer des Entspekter Bräsig" geschildert hat. So gehörte Großvater Peding, wie die Stralsunder ihn ebenso liebevoll wie respektvoll nannten, viele Jahre zum Bild der alten Hansestadt. Alte Stralsunder haben mir erzählt, dass man, wenn Peding von der Mittagsruhe kam, nicht auf die Kirchturmuhr zu schauen brauchte. Es war Punkt drei Uhr, wenn er in das Rathaus hineinging. Er hat bis zum Schluss am Stehpult gearbeitet, und von seinem Kampf gegen die Abschaffung der Petroleum- und Einführung der Gaslampe und des elektrischen Lichts wurde gern erzählt. Als er dann mit 82 Jahren merkte, dass er bei der Aufstellung des Etats einen jüngeren Mitarbeiter hinzuziehen musste, beschloss er aufzuhören. Ich war zufällig bei den Großeltern zu Besuch, als nach Neujahr 1920 der Bürgermeister Dr. Fredenhagen in die Wohnung kam, um ihm den Brief der Stadt zu übergeben, mit dem er nicht pensioniert wurde, sondern ihm der Ehrensold der Stadt Stralsund zugesagt wurde, das volle Gehalt bis zum Lebensende. In dem Schreiben vom 31. Dezember heißt es eingangs: „In Anerkennung der außerordentlichen Verdienste, welche Sie in Ihrer fast 54-jährigen städtischen Beamtenlaufbahn, vor allem als Stadtrentmeister, um die Stadtverwaltung erworben haben, haben die städtischen Körperschaften einstimmig beschlossen, Ihnen als Ruhegehalt das volle Stellengehalt zu bewilligen." Die Großeltern zogen danach nach Rostock in die Obhut des Sohnes Walter und der Tante Grete, deren Mutter auch schon bei ihnen in der Augustenstraße, der Heimat auch Walter Kempowskis, lebte. Dort konnten wir mit ihnen noch 1925 das seltene Fest der diamantenen Hochzeit feiern. Beide Großeltern sind ohne wesentliche Krankheiten 91 und 94 Jahre alt geworden.

Doch nun zurück zu anderen Ausflügen und Reisen. Die Ostsee auf dem Wege über Kammin mit seinem berühmten Dom war im Sommer häufig das Ziel längerer Sonntagsausflüge, da für meinen Vater das Autofahren trotz der vielen Fahrten in der Woche eine Erholung, wohl ein Abschalten von der Praxis war. In den übrigen Jahreszeiten ging es nach Landsberg/Oder, Küstrin, bis zum Finowkanal und Kloster Chorin, oder in die Bäder Freienwalde und Polzin. An den Sonnabenden fuhr man zu größeren Einkäufen die 35 Kilometer nach Stettin. Die Fahrt war landschaftlich sehr reizvoll, weil sie am Madüsee, dem größten Landsee Pommerns, vorbei durch die Buchheide führte. Das 6700 Hektar große Waldgebiet mit Höhenzügen bis 147 Meter über der Oder war eine der schönsten Laubwaldungen Norddeutschlands. In Stettin wurde dann nach den Einkäufen immer in der Konditorei Meinek in der Luisenstraße Kaffee getrunken. Als ich einmal meinte, wir könnten doch auch mal genau gegenüber im Hotel Preußenhof einkehren, wurde mir klar bedeutet, dass dort Preise und Aufmachung nicht unserem Budget entsprechen würden. Auch das gehörte zur Sparsamkeit, die so vieles andere ermöglichte.

Bei Stettin fällt mir noch eine Klassenfahrt dorthin ein. Ich war 14 Jahre und in der Untersekunda. Der neue Kreuzer Emden – der alte war im Weltkrieg untergegangen – machte einen Besuch in Stettin und konnte besichtigt werden. Mein Vater sagte mir, ich solle mich durch den wachhabenden Offizier beim Kommandanten Korvettenkapitän Foerster mit dem Hinweis melden lassen, ich sei der Sohn von „Murks Peters". Das war der Spitzname meines Vaters in der Schule in Stralsund und Foerster sein Schulkamerad. Gesagt, getan, es war ein voller Erfolg. Er nahm mich vorweg herzlich auf, und die ganze Klasse bekam eine Sonderzuteilung junger Offiziere zur Führung bei der Besichtigung. Nebenbei war das natürlich auch meinem Ansehen nicht schädlich. So lernte ich schon früh, dass gute Verbindungen nur dem schaden, der sie nicht hat.

So mit 12, 13 Jahren wurde ich dann in den Ferien auch allein auf Reisen geschickt. Die beiden Onkel Albert und Kurt Röbbelen mit den zugehörigen Tanten nahmen mich in Hamburg und Hannover gerne wochenlang auf. In Hamburg begleitete ich morgens meinen Onkel in sein Büro in den Großen Bleichen, und nachdem ich in dem für mich ja neuen Paternosteraufzug durch Boden und Keller gefahren war, begab ich mich auf Entdeckungsreisen. Auf diese Weise lernte ich nach und nach außer dem Hafen, Innenstadt, Binnen- und Außenalster alle Schönheiten Hamburgs, aber auch das damals noch existierende berüchtigte Gängeviertel kennen, von dessen Besichtigung ich der Verwandtschaft natürlich nichts erzählte. Ich entsinne mich auch, dass mein Onkel mit mir ins Theater ging. Ein großer Erfolg war damals die Operette „Tea for Two", in der Hauptrolle Irene von Palasty. Auch nach vielen Vorhängen konnte der eiserne Vorhang den Beifallssturm nicht schwächen; in ihm tat sich eine Tür auf, heraus kam Irene von Palasty und sang und tanzte auf dem zusammengeklappten Flügel noch einmal „Tea for Two". Typisch für die heitere und sonnige Natur dieses Onkels war, dass er bei dieser Szene vor Begeisterung seinen Hut wie einen Bumerang in Richtung Bühne warf. Als wir das Theater verließen, hatte ich den Wunsch, über Binnen- und Außenalster mit dem Schiff nach Wandsbek nach Hause zu fahren. Mein Onkel war einverstanden, wollte aber aus irgendeinem Grunde selbst mit der Bahn fahren. In Wandsbek wurde ich dann von der sorgenvollen Tante erleichtert aufgenommen, die meinem Onkel schwere Vorwürfe gemacht hatte, dass er mich in dunkler Nacht allein gelassen hatte. Die Tante Martha war ein herzensguter Mensch, die für ihren „Micki" alles tat. Sie war vor ihrer Heirat Erzieherin in irgendeinem Prinzenhaushalt gewesen, also dementsprechend angepaßt. Auch hier ist ein kleines Erlebnis hängen geblieben: Ich saß beim Frühstückstisch auf der Terrasse am Garten, darüber im ersten Stock war das Schlafzimmerfenster offen. Plötzlich flogen ein Paar Stiefel durch die Morgensonne aus dem Fenster, knallten auf die Terrasse mit dem begleitenden Zuruf: „Martha, Stiefel putzen!" Erst einmal verschlug es mir den Atem, aber als mein Onkel dann fröhlichen Schrittes zum Frühstück kam und meine Tante noch in der Küche war, musste ich meinem Herzen doch Luft machen. „Lieber Onkel Micki: Du kannst doch nicht einfach die Schuhe aus dem Fenster werfen, so kannst du doch deine Frau nicht behandeln, auch nicht einen Dienstboten." Er hörte sich das ernst an und nickte dann fröhlich lachend mit dem Kopf. Seiner Martha erzählte er dann gleich, was er für eine Standpauke bekommen hatte, und seine Briefe an uns schlossen künftig immer mit den Worten „Euer Stiefelschmeißer Micki". Geblieben ist bis heute, dass außer Berlin die Stadt Hamburg von allen deutschen Städten die größte Anziehungskraft auf mich ausübt.

In Hannover hatte ich ein Fahrrad zur Verfügung, um stundenlang durch die Eilenriede oder nach Herrenhausen zu fahren. Dadurch, dass der Onkel die Generalvertretung der DEMAG hatte – speziell für Krananlagen –, konnte ich ihn auf den Autofahrten zu den Kunden auch in andere Städte und Dörfer Niedersachsens begleiten. Besonders gern fuhr ich in und durch den Deister mit.

Gern fuhr ich auch nach Rostock zum Bruder meines Vaters, Zahnarzt Dr. med. Walter Peters, und seiner Frau Tante Grete. Bei ihnen wohnte auch ihre Mutter, „Tante Lotte" Kirchner. Sie sprach ein herrliches Plattdütsch, und ich sehe sie immer noch mit 70, 71 Jahren, wie sie in der Augustenstraße – die Röcke gerafft, zwei Stufen auf einmal nehmend – die steile Treppe hinaufrannte. Es war auch schön, die Großeltern dort wiederzusehen. Meine Großmutter, für die ich weiterhin „min Jünging" war, holte dann aus dem schönen, alten Schreibsekretär eine Aufbesserung meines Taschengeldes. So war es noch manchen Sommer, bis beide nach kurzer Krankheit im Alter von 91 und 94 Jahren starben. Die Tante Lotte ist aber erst nach dem Kriege gestorben. Es war das große Verdienst der Tante Grete, mit welcher für sie selbstverständlichen Liebe und Sorgfalt sie die drei so alt gewordenen Menschen in ihrem Haushalt gepflegt hat. Mein Onkel, vom Dackel „Männe" begleitet, ging gerne in der Rostocker Heide auf Jagd, und seine besten Freunde waren im Seebad Müritz ansässig. Abends nach der Praxis ging es zum Schoppen in die „Theaterklause" vier Häuser weiter. Das im Kriege völlig zerstörte Stadttheater war gleich um die Ecke zu erreichen. So lernte ich im Vergleich zu meinem Vater, der seine Entspannung in einer gepflegten Häuslichkeit fand und nur ab und zu zum Dämmerschoppen oder einem Treffen mit seinen Korpsbrüdern ging, eine ganz andere Lebensweise kennen. Hierzu trug vor allem auch bei, dass mir mein Onkel auf dem Breitling, zu dessen großer Breite sich das Wasser der Warnow vor ihrem Austritt in Warnemünde in die Ostsee erweitert, die Anfangsgründe des Segelns beibrachte. Damals wurde noch mit „witte Büx" und blauem Blazer an Bord gegangen. Ich musste bald die großen Tonnen der Fahrrinne so ansteuern, dass mein Onkel sie mit der Hand berühren konnte, ohne dass etwa das hochglanzlackierte große Holzboot eine Schramme bekam; Kunststoffboote gab es damals noch nicht. Mein Onkel war Vorsitzender des Großherzoglichen Yachtklubs, dessen Ehrenmitglied der Großherzog von Mecklenburg-Schwerin war. Das hübsche, aber bescheidene Klubhaus lag in Rostock auf dem rechten Ufer der Warnow in Gehlsdorf und hat erfreulicherweise Krieg und Nachkriegszeit – dann als Segelheim einer Betriebsgruppe – überstanden. In den weiteren Jahren konnte mein Onkel sein Boot verkaufen, weil an den Wochenenden seine Segelfreunde ihn wegen seiner großen Erfahrungen immer gerne bei ihren Schlägen nach Dänemark an Bord hatten. Zur Erinnerung an diese schöne Zeit hängt bei mir noch eine Radierung „Drei Jollen hart am Wind" auf dem Breitling, die ich von meinem Onkel mit der Widmung „Min leiwen Stürmann" am 24.1.1925 bekam.

Weitere Reisen mit meinen Eltern führten uns in den Harz nach Goslar, Werningerode, auf den Brocken und ins Okertal. Ich hatte gerade meinen Führerschein gemacht, da fuhr ich wegen einer Rückenzerrung meines Vaters durch Thüringen, über Donaueschingen, Konstanz in die Schweiz, und mein Vater fuhr uns dann mit dem Adler Standard 6 über Gotthard-, Furka- und Grimselpass. Zwangspausen ergaben sich neben der gewünschten, wenn das Kühlwasser kochte. Der Aufenthalt in Lugano brachte für den jungen Menschen am ersten Abend ein unvergessliches Erlebnis: Ein kleiner Balkon im Hotel auf halber Höhe mit Blick auf die Lichter der Stadt und den See, ein unbeschreiblicher Duft aus den am Hang unter uns liegenden Gärten, und um den Ankömmling ein für alle Mal für den Zauber dieser südlichen Sphären zu gewinnen, begann jemand nach wenigen Minuten in einem der Gärten zur Gitarre leise italienische Lieder zu singen.

Der Gipfel der Reisen mit den Eltern in der Schulzeit waren aber 1929 vier Wochen in Finnland. Wie mir mein Vater hinterher sagte, war diese Reise die Belohnung des Unterprimaners für das spätere Abitur. An einem Sonnabend, den 7. Juli gingen wir in Stettin an Bord der „Rügen" der Reederei Rudolf-Christoff Griebel, Stettin, eines Schnelldampfers von 2000 Registertonnen. Nach Bezug der Kabinen und dem Ablegen wurde bereits zum Abendessen gegongt. Wir hatten einen Ecktisch mit Blick auf den ganzen Speisesaal, der gut besetzt war. Es gab Gänsebraten, und man hörte von Besatzungsmitgliedern, es sei viel Wind angesagt, und richtig, bereits im Großen Haff fing die „Rügen", die mit fünf Decks sehr hochbordig war, beachtlich an zu schaukeln. Wir beobachteten mit der bei solchen Anlässen üblichen mitleidslosen Häme, wie ein Passagier nach dem anderen den Saal und seinen Gänsebraten verließ. Nachdem das Schiff die Durchfahrt Swinemünde passiert hatte, begann auf offener See zum Nachtisch das richtige Rollen des Schiffes. Wir waren noch neun Personen im Speisesaal, den wir dann hoch erhobenen Hauptes verließen, um dann allerdings – nach den Erfahrungen, die meine Eltern mal in Norwegen gemacht hatten – trotz des Wetters lieber an Deck auf Liegestühlen in einer windgeschützten Ecke zu bleiben. Gegen 23 Uhr zogen wir uns dann in die Kabinen zurück. Die Koje in meiner Kabine war nicht wie bei meinen Eltern vom Bug zum Heck gerichtet, sondern von Steuerbord nach Backbord. sodass ich mal auf den Füssen stand, dann wieder mit dem Kissen meinen Kopf vor dem Stoss an die Bordwand schützen musste. Diese Beschäftigung schützte mich nicht davor, dass ich nach einer Viertelstunde seekrank wurde. Doch als ich Neptun meinen Gänsebraten fachgerecht geopfert hatte, war mir wieder wohl, und ich blieb von irgendwelchen Nachwirkungen verschont. Ich muss dann sogar geschlafen haben, denn ich wachte bald von einem fürchterlichen Krach wieder auf. Am nächsten Morgen hörten wir, dass sich ein großer Geschirrschrank aus der Verankerung gerissen hatte. Wie schlimm die Nachwirkungen der Seekrankheit sein können, erfuhren wir bei der Ankunft in Helsingfors, heute Helsinki. Dort stand schon ein Krankenwagen auf der Pier, welcher eine Dame vom Schiff ins Hospital brachte. Im Hotel erfuhren wir später, dass sie dort drei Tage zubringen musste.

Das Ereignis des Sonntags auf See war, dass wir mittags die „Ariadne" auf Gegenkurs von Helsingfors nach Stettin passierten. Es war interessant zu beobachten, wie der dem Schiff folgende Möwenschwarm zu uns herüberkam, um mit uns nach Helsingfors zurückzufliegen, die „deutschen" Möwen ebenfalls zum anderen Schiff wechselten. Am nächsten Morgen kam die schöne Silhouette der alten Hansestadt Reval, heute Tallinn, in Sicht, wo angelegt wurde und wir kurz einen Bummel durch die Stadt machen konnten. In wenigen Stunden ging es dann von Reval hinüber nach Helsingfors. Es war ein Erlebnis – und ist es ja heute noch –, wenn das Schiff die Schäre und den Leuchtturm von Grahara und die Inseln der Festung Sveaborg passiert und die ganze Silhouette der Stadt auftaucht. In der Mitte der überragende Kuppelbau der Nikolaikirche und weiter rechts die weißen Turmkuppeln der Russischen Kathedrale. Überraschend auch, dass der Salutorget, der Marktplatz, direkt an einer Seite vom Hafen begrenzt wird, sodass man, da es Vormittag war, schon vom Schiff aus das rege Treiben auf dem täglichen Markt beobachten konnte. Bei einem Bummel über den Markt in den nächsten Tagen fiel auf, dass dieser bereits eine halbe Stunde nach Ende blitzsauber war.

Unser Hotel „Termi" lag gegenüber dem architektonisch großartigen Hauptbahnhof, gebaut von dem weltbekannten Architekten Eliel Saarinen. Mit seiner imponierenden Größe und im Innern außerordentlich großzügigen Anlage beeindruckte er auch meine Eltern sehr. Im Hotel machten wir übrigens gleich mit den Schwierigkeiten der finnischen Sprache Bekanntschaft. Im Fahrstuhl trat ein Herr versehentlich meiner Mutter auf den Fuß und sagte: „Antex" (Antecksi). Als er ausstieg, fragte meine Mutter lachend: „Hat er alte Hexe zu mir gesagt?" Da ich schon auf dem Schiff ein wenig den Sprachführer studiert hatte, konnte ich ihre Vermutung bestätigen, dass er sich nur entschuldigen wollte.

Helsingfors hatte damals rund 215.000 Einwohner, aber bei einem Stadtbummel erkannten wir gleich, dass alle wichtigen Plätze und Straßen mit ihren historisch und architektonisch interessanten Bauten leicht erreichbar sind. Ob es nun der Senatstorget, der Hauptplatz und Mittelpunkt des Regierungszentrums der Stadt mit der schon erwähnten Nikolaikirche mit ihrer großen Freitreppe und den fünf Kuppeln, die Universität, das Senatsgebäude oder die Esplanade waren, der schönste Schmuckplatz der Stadt, wo man in der hellen Mittsommernacht jeden Abend um elf Uhr beim Platzkonzert einer Militärkapelle flanierte; alles ergab eine Atmosphäre, die sehr beeindruckend war. Zu meiner Freude hat es sich ergeben, dass ich in meinem späteren Leben – sogar aus beruflichem Anlass – noch viermal dorthin zurückgekehrt bin. Der erste Eindruck hat sich nur verstärkt, und noch immer zieht es mich im Vergleich zu vielen anderen Orten und Eindrücken in das schöne Helsinki. Nach einigen Tagen ging es dann programmgemäß weiter ins Land hinaus. Um Zeit zu sparen, fuhren wir

Richtung Osten die Nacht hindurch mit dem Schlafwagenzug die rund 300 Kilometer nach Viborg (Vipuri). Hier gingen wir gleich an Bord eines Dampfers, der uns durch den Saimakanal nach Lappeenranta und Vuoksenniska brachte. Von dort machten wir erst einmal einen Abstecher zum Imatrafall. Der Imatra war damals eine Stromschnelle mit einer Länge von 1,3 Kilometern und einer Fallhöhe von 19 Metern, sodass in einer Stunde mehr als eine halbe Million Liter Wasser zu Tal schossen. Der Anblick und das Rauschen der Wassermassen waren kolossal, und erfreulicherweise sind ein paar gute Fotos von diesem Erlebnis erhalten geblieben. Man wollte natürlich eine solche Energie nicht ungenutzt lassen, sodass schon zu dieser Zeit ein Wasserkraftwerk im Bau war. Seine Wirkungen auf die Schönheit und Gewalt des Imatra habe ich noch nicht gesehen. Zurück in Vuoksenniska, ging es wieder an Bord eines kleinen Schiffes zu einer langen Tag- und Nachtfahrt über den großen Saimasee. Auch dieses Schiff war schmal, aber so hochbordig, dass genügend Kabinen und ein kleiner Speiseraum zur Verfügung standen. Man kann nur wie ein Reiseführer sagen: Die in der finnischen Literatur immer wieder besungenen Seen sind übersät von Inseln und Schären, zwischen denen sich, oft in sehr engem Fahrwasser, das Schiff langsam seinen Weg bahnt. Immer wieder gab es Landeplätze, bei denen man nur tief in den Wäldern Häuser vermuten konnte. Hier wurde nur Post aufgegeben und angenommen, Reisende wurden aufgenommen oder abgesetzt. Weil noch nördlicher, wurde es noch weniger dunkel, und wenn im Nordwesten das letzte Abendrot verblasste, erschien im Nordosten ein mattrosafarbener Streifen als Vorläufer des Morgenrots. Da gab es keine Müdigkeit; wir saßen lange an Deck, und die Kabinen wurden erst lange nach Mitternacht wenige Stunden benutzt. Am nächsten Morgen tauchten in der Ferne die Türme der Olofsburg auf, und bald darauf lief das Schiff in den Hafen von Nyslott (Savonlinna) ein. Hier begnügten wir uns mit dem äußeren Bild der laut Reiseführer schönsten und besterhaltenen Burg des Nordens, weil meine Eltern hier ein paar Ruhetage in Punkaharju eingeplant hatten. Sie müssen, damit es eine Überraschung für mich wurde, in aller Heimlichkeit die Reise sehr sorgfältig und informiert vorbereitet haben; denn diese Ruhetage wurden zu Höhepunkten dieser Reise. Punkaharju ist eine Landzunge, ein bewaldeter Höhenzug von etwa zwei Kilometern Länge, der in einer Höhe von durchschnittlich 30 Metern leicht auf und ab zwischen Seen rechts und links sich hinzieht. Hier war überschaubar alles vereint, was für die finnische Landschaft charakteristisch ist: ausgedehnte Wasserstrecken, kleine waldumstandene Seeflächen, Höhenzüge, Wald und immer wieder Wasser. Das alles war derartig beeindruckend, dass wir die Information im Hotel, das sei hier die Perle von Finnland, gerne glaubten. Hier konnten wir mit weiten Spaziergängen gut ein paar Tage von den bisherigen „Strapazen" ausruhen. Ich denke auch gerne an die Abende zurück, wo wir mit anderen Gästen in der gemütlichen Halle des Hotels saßen. In der Mitte der Halle stand ein runder Tisch und auf ihm ein großer Samowar mit Holzkohlenfeuer, wo sich jeder Gast mit Teeextrakt und heißem Wasser bedienen konnte. Vater steckte sich einen „Piejatz", wie er es nannte, eine kleine Zigarre an, und ich durfte meine erste Papyrossi, die Zigaretten nach russischem Muster mit dem langen Pappmundstück, probieren. Ein Päckchen habe ich später sogar mit nach Hause genommen, aber in meinem späteren Leben keine Zigarette angefasst. Dort war es jedenfalls urgemütlich.

Es ist wohl hier die passende Stelle, einzuflechten, dass ich niemals wieder meinen Vater so gelockert, ja vergnügt erlebt habe, wie in Punkaharju und in den Tagen danach, als wir wieder eine ganz besonders schöne Strecke vor uns hatten. Es war die Schiffsreise von Nyslott über Heineväsi nach Kuopio. Sie begann wieder an der Olofsburg vorbei. Der Unterschied zur Fahrt über den Saimasee war, dass hier mehrere Kanäle und Schleusen zu passieren waren. Letztere umgingen Stromschnellen, die beim Durchschleusen hörbar waren. Um Mitternacht legte das Schiff in Heineväsi ein paar Ruhestunden ein, und man konnte einen Gang durch das stille Dorfe machen mit Blick in der hellen Sommernacht in die Ferne über Wasser und Wälder. Um zwei Uhr früh ging es dann weiter, und man hatte dann doch das Bedürfnis, in der Kabine ein paar Stunden zu schlafen. In der Erinnerung an die Stunden an Deck am Tage vorher muss ich an meine Nachbarin auf dem Liegestuhl denken, eine schottische Lehrerin im Ruhestand. Mit meinen kümmerlichen Kenntnissen in der englischen Sprache habe ich mich bemüht, ihr zu erzählen, woher wir kamen und dass ich in der Schule zwar sieben Jahre Unterricht in Französisch hatte, aber in den beiden Oberklassen nur nachmittags wahlfrei Englischunterricht. Ich konnte ihr allerdings auch erzählen, dass ich schon mit elf, zwölf Jahren Unterricht hatte. In Stargard gab es einen Kinderarzt Dr. Goetsch, der auch selbst viele Kinder hatte. Er war mit einer Engländerin verheiratet. Sie hatten zur Hilfe in dem großen Haushalt eine Stütze, wie man damals sagte. Dank einer Initiative meiner Eltern kam Miss Irene Ackworth dann abends zu uns und gab mir Unterricht. Leider – wohl um mich neben der Schule nicht zu sehr zu belasten – nur einmal in der Woche. Meine guten Erinnerungen an diese Stunden werden unterstützt durch „The Second Jungle Book" von Rudyard Kipling, das mir Irene mit ihrer Widmung schenkte, als sie nach England zurückging. Auch meine Mutter hatte übrigens nach dem Kriege eine solche Stütze. Hier handelte es sich allerdings um die Hilfe für die erwachsene Tochter Erika eines Kollegen meines Vaters aus Dorpat, Dr. Bidder, die mit den vor den Russen aus dem Baltenland fliehenden Baltendeutschen aus Estland kamen. Sie waren in einer kleinen Wohnung in der Zarzigerstraße untergekommen, und der Sohn arbeitete erst einmal in einer Kraftfahrzeug- und Fahrradreparaturwerkstatt. Ich habe sie oft besucht und so schon damals die Probleme der Flüchtlinge in einer fremden Umgebung mit selbst bei Baltendeutschen sprachlichen Schwierigkeiten kennen gelernt. Auch meine Mutter musste lernen, dass ein Herd in Dorpat eine Pliete war, und fand ihrerseits Lebensstil und -

auffassung doch etwas fremd. Aber nach dieser Abschweifung wieder zurück zur schottischen Lehrerin an Bord der „Heinevāsi". Sie sprach verständnisvoll langsam, und ihr schottisches Englisch hat wohl bewirkt, dass es mir noch heute sympathischer ist als das Oxford-Englisch. Nach Äsops Fabel sind aber in Wirklichkeit wohl dem Fuchs die Trauben zu sauer.

In Kuopio angekommen, musste mein Vater leider wegen plötzlicher starker Zahnschmerzen einen Arzt aufsuchen, dem es aber gelang, ihm zu einer weiterhin vergnügten Reise zu verhelfen. Trotzdem hatten wir noch Zeit, mit dem Auto auf die Pujohöhe zu fahren. Von ihrem Aussichtsturm in 230 Meter Höhe hatte man einen weiten Rundblick auf die Landschaft: ringsum Wasser, Inseln, Schären und Wälder, unten das Städtchen und selten mal Häuser oder Dörfer. Am gleichen Tag fuhren wir mit der Bahn weiter nach Kajana, von dort wieder mit dem Schiff über den 1000 Quadratkilometer großen See Gulunjärvi, um den kleinen Hafen Vaala zu erreichen, den Ausgangspunkt einer spannenden Stromschnellenfahrt auf dem Uleafluss. Während früher die hierfür benutzten Boote nur für den Transport von jeweils 20 bis 25 Fässern des in den Wäldern ringsum gebrannten Teers gebraucht wurden, hatte man aus der Fahrt durch die Stromschnellen im Laufe der Jahr eine Touristenattraktion gemacht. In einem etwa 15 Meter langen, aber nur etwa einen Meter breiten Boot saßen wir jeweils zu zweit eng nebeneinander, bis zum Hals mit einer Persenning gegen die Gischt geschützt. Schon nach wenigen Minuten, in denen im stillen Wasser gerudert wurde, schoss dann das Boot in die erste acht bis neun Kilometer lange Stromschnelle, und so wechselten stundenlang ruhige Wasserstrecken mit, wenn ich nicht irre, sieben Stromschnellen ab. Besonders gewaltig war die 20 Kilometer lange Strecke der Stromschnelle des Pyhäkoski, des „Heiligen Wasserfalls". Hier hatten wir uns schon daran gewöhnt, dass das Boot eine halbe Stunde lang zwischen steilen Felswänden hindurchschoss, manchmal direkt auf eine Felswand zu, um im letzten Augenblick abzudrehen. Das schnell vorhandene Vertrauen in die sichere Hand des Steuernden verdrängte alle Gedanken an Gefahren, und so haben wir auch hier ganz die Landschaft genießen können. In Muhos war dann die Fahrt nachmittags zu Ende, und wir waren bald mit der Bahn in Oulu, damals noch Uleaoborg, wo der Fluss in den Bottnischen Meerbusen mündet. Damit war der nördlichste Teil der Reise erreicht. Um das Land der auch um Mitternacht am Himmel stehenden Sonne zu erreichen, hätten wir noch zwei Tage weiter nach Tornea an die Grenze des finnischen Lapplandes fahren müssen. Meine Eltern wussten aber, dass zu dieser Jahreszeit ein Aufenthalt dort nur mit Mückenschleier und Pechöl auszuhalten war. In Oulu haben wir nicht mehr übernachtet, sondern fuhren am gleichen Abend mit dem Schlafwagen die Nacht hindurch nach Helsingfors. So hatten wir noch den 24. bis 28. Juli in dieser schönen Stadt. Beginnend mit dem Frühstück am 24. im berühmten „Kapellet", erneuten Rundgängen durch die Stadt, Ausflügen nach Munknäs, Nachmittagen und

Abenden in Högholmen und in Fölisö vergingen die Tage wie im Fluge. Am 28. mittags hieß es dann an Bord der „Ariadne" mit einem langen Blick auf das Panorama der Stadt Abschied nehmen. Auf der Rückfahrt hatten wir gutes Wetter. Wir fuhren zuerst wieder nach Reval hinüber, wo wir noch einmal die schöne mittelalterliche Silhouette der Stadt bei der Hafenein- und ausfahrt in uns aufnehmen konnten. Auf halbem Wege trafen wir dann die aus Stettin kommende „Rügen". Auch jetzt flogen die Stettiner Möwen wieder mit uns zurück. Der Sonntag auf See gab Gelegenheit, die Eindrücke dieser Wochen in Finnland noch einmal Revue passieren zu lassen. Wie tief mich alles beeindruckt hat, zeigt wohl am besten mein Ausspruch noch an Bord, ich würde zufrieden sein, wenn ich es einmal zum Deutschen Gesandten in Helsingfors brächte. Da steckte noch der Gedanke des Auswärtigen Dienstes dahinter; der Floh, den mir Hans H. Vauk ins Ohr gesetzt hatte. Am Montag, den 30.7. mittags legten wir dann am Bollwerk der Hakenterasse in Stettin an. Damit ging eine Reise zu Ende, die unvergesslich blieb.

Zurück in Stargard, kam dann die Versetzung nach Oberprima und die Vorbereitung auf das Abiturientenexamen. Ich kann mich allerdings nicht erinnern, mir Sorgen gemacht zu haben. Wir standen ja auch nicht unter dem Druck eines Punktesystems, maßgeblich für die Zulassung zum Studium und für manche andere Berufswahl. Es war natürlich schön, wenn man ein gutes Zeugnis nach Hause brachte, aber grundsätzlich war die allgemeine Ansicht, dass über die Tatsache des bestandenen Examens hinaus später keiner mehr nach Einzelheiten fragte. Mehr Sorgen machte dagegen meinen Eltern die Frage: Was wird denn nun mal aus ihm? Angesichts ihres „Hansdampf in allen Gassen" war die Sorge durchaus berechtigt. Ich selbst hatte vor allem den Wunsch – Auswärtiger Dienst hin, Auswärtiger Dienst her –, nicht weiter in der Schule zu büffeln, über den Büchern zu sitzen und zu theoretisieren, also, wie ich es sah, nicht zu studieren. Den üblichen Schilderungen eines freien Lebens des Studenten im ersten Semester als so genannter Mulus stand ich sehr skeptisch gegenüber. Ich fühlte wohl, dass sie zu mir nicht passten. Außerdem habe ich wohl instinktiv gefühlt, dass angesichts der Entwicklung in der Weimarer Republik, der bereits Millionen Arbeitslosen, diese Zeiten vorbei waren. Es widerstrebte mir auch, auf Kosten meiner sparsamen Eltern nun erst einmal, wie seinerzeit Vaters Bruder, mit „Gaudeamus igitur, juvenis dum sumus" die angeblich schöne Freiheit vom Schulzwang an der Universität zu genießen Mehr als einmal hatte ich die „Hanseaten" von Rudolf Herzog gelesen, hatte mehrfach das Arbeitsumfeld der hamburgischen Kaufmannschaft gesehen, war an wirtschaftlichen Dingen interessiert, und so wollte ich „königlicher Kaufmann" werden. Ohne diesen Zusatz stand das dann auch im späteren Abiturientenzeugnis. Mein Vater und meine Mutter waren einverstanden, denn mein Vater hat sich jeglichen Einflusses enthalten. Er hatte nur gesagt: „Du musst wissen, was du willst, von mir aus kannst du Straßenfeger werden – ich verlange nur, dass die Straße dann auch tadellos gefegt ist." Dass ich nicht Arzt werden wollte, wusste mein Vater seit langem. Ich hatte ihm schon als kleiner Junge gesagt: „Vater, bei dir stinkt es mir zu sehr." Damals wurde ja in der Praxis noch viel Jodo- und Chloroform gebraucht, und die Luft im Wartezimmer nach Schluss der Praxis – besonders im Winter – war mir sehr unangenehm. Das war wohl das oben erwähnte Erbteil von Großvater Röbbelen. Der Einzige, der mit meiner Berufswahl nicht recht einverstanden war, war ausgerechnet mein Onkel in Rostock, der etwas auf Distanz ging, weil ich „Koofmich" werden wollte. Er hat sich dann aber später, wie ich noch erzählen werde, ehrlich korrigiert.

Nach dieser nebulosen Berufswahl blieb die wichtigere Frage: Kaufmann ja, aber wie und wo? Wie oft in meinem späteren Leben spielte dann der Zufall eine Rolle. Meine Mutter fuhr im November 1929 mal wieder nach Berlin. Es war ab Stettin nur noch ein einzelner Herr im Abteil, der in der Fensterecke hinter seiner Zeitung saß. Meine Mutter war sehr müde und versuchte in ihrer Ecke ein wenig zu schlafen. Der Herr merkte dann, dass sie bei jedem Rascheln der Zeitung zusammenfuhr. Er faltete seine Zeitung zusammen und empfahl ihr, sich doch auf der freien Bank hinzulegen, und bot auch noch seinen Paletot als Decke an. So kamen beide ins Gespräch, und Eltern kommen dabei sicherlich immer auf ihre Kinder zu sprechen. Meine Mutter erzählte, dass ich vor dem Abitur stünde und Kaufmann werden wolle, man wüsste nur noch nicht, welche Art von Kaufmann, wie und wo. Der Mitreisende stellte sich dann als Direktor Hoffmann von der Pommerschen Landesgenossenschaftskasse, Stettin, vor. Er erklärte ihr, das sei die zentrale Bank aller Landwirtschaftlichen Ein- und Verkaufsvereine und Kreditgenossenschaften in Vor- und Hinterpommern, die ihrerseits in einer Hauptgenossenschaft, auch in Stettin, zusammengefasst seien. Das sei ein interessantes, vielseitiges Gebiet, und tüchtige junge Leute würden zur Ausbildung gesucht und könnten bei entsprechendem Erfolg im Rahmen der Gesamtorganisation auch mit Förderung rechnen. Unter Überreichung seiner Visitenkarte schlug Herr Hoffmann vor, ihn in den nächsten Wochen mal zu besuchen, um mich kennen zu lernen und mir diesen Wirtschaftszweig etwas zu erklären. Meine Mutter und ich sind dann bei Herrn Hoffmann gewesen. Am Schluss des ausführlichen Gesprächs war sein Vorschlag, die für Abiturienten übliche Lehre von zwei Jahren zu absolvieren, und zwar bei dem Stralsunder Landwirtschaftlichen Ein- und Verkaufsverein, der eine der bestgeleiteten Genossenschaften sei. Seine Ausführungen hatten mich überzeugt. Auch noch auf den Spuren von Großvater und Vater zu folgen, war natürlich verlockend. Kurzum, ich hatte lange vor dem Abiturientenexamen meinen Lehrvertrag in der Tasche. Es kam aber noch schöner.

Wenige Wochen darauf standen mein Vater und ich, wie gewöhnlich, nach dem Abendessen im Erker und schauten auf den Markt und das Rathaus nebenan. Oberbürgermeister Kolbe hatte – spät wie immer – seinen Hut zu uns hinauf ziehend gerade das Rathaus verlassen, da sagte mein Vater überraschend zu mir: „Mein Junge, was sagst du, wenn wir auch nach Stralsund ziehen würden?" Meine sofortige Antwort war: „Das wäre großartig." Ich hörte dann, dass er nach 23 Jahren seine Praxis aufgeben wollte. Er könne diese Jagd nach den Krankenscheinen und die immer mehr wachsende Apparatemedizin nicht mehr mit seiner Auffassung vom Arztberuf vereinbaren. Er war schon seit Jahren Vertrauensarzt der Landkrankenkasse des Kreises Saatzig und damit gewissermaßen Kontrolleur seiner Kollegen. Er hatte es aber immer verstanden, diese Stellung so fair und trotzdem zur Zufriedenheit der Landkrankenkasse auszufüllen, dass er jedes Jahr wieder zum Vorsitzenden des Ärztevereins gewählt wurde. Nun hatte ihm der Vorpommersche Landkrankenkassenverband die hauptamtliche Stellung eines Vertrauensarztes mit Beamten vergleichbarer Besoldung und Versorgung mit Sitz in Stralsund angeboten. Nach einigen Jahren wurde er dort Obervertrauensarzt für den Bezirk Vorpommern und Rügen. Mit diesem Entschluss meines Vaters war die Voraussetzung gegeben, dass wir noch viele Jahre beisammenbleiben konnten. Für meine Mutter war der Fortgang von Stargard wohl am schwersten. Sie hatte dort einen großen Kreis von Freundinnen, ihren Damenkegelklub „Penthisilea", wo sie bei den jährlichen Wettkämpfen meist in der Form von schönen Lampen, einem Kacheltisch u. a. m. den ersten Preis erstritt. Diese außerhäusliche Wärme musste sie zurücklassen nach dem problematischen Bibelwort: „Wo du hingehst, da will ich auch hingehen." Einen Ersatz in Stralsund – um es vorwegzunehmen – gab es nicht.

Ich weiß nicht, wie es zu erklären ist, dass meine Erinnerungen an die Abiturientenprüfung nur sehr schwach sind. Von dem Aufsatz im Fach Deutsch habe ich schon erzählt. Von den sonstigen schriftlichen Arbeiten weiß ich mit einer Ausnahme nichts mehr. Die Ausnahme betraf meine schwache Seite, die Mathematik, und hier geschah etwas kaum Erklärliches. Ich kann nur bitten, es zu glauben. Am Morgen des Tages dieser schriftlichen Arbeit wachte ich frühzeitig auf, glaubte ein mathematisches Problem geträumt zu haben, es war mir jedenfalls nach dem Aufwachen sofort gegenwärtig. Noch im Schlafanzug setzte ich mich an den Schreibtisch und brachte mit Hilfe der Bücher Problem und Lösung zu Papier. Als uns dann in der Schule die erste Aufgabe diktiert wurde, war mein Gefühl, mit der wirst du fertig. Dann kam die zweite Aufgabe, und ich erkannte sofort, dass da mein Problem vom Morgen drinsteckte. Nach dem Diktat der dritten Aufgabe ging es dann in aller Ruhe und sauber geschrieben an die Arbeit. Die dritte Aufgabe nahm ich nur andeutungsweise in Angriff, damit man sah, dass mir die Zeit zur Lösung nicht mehr gereicht hatte. Die Lösung der beiden ersten Fälle muss richtig gewesen sein, denn mit der mündlichen Prüfung blieb ich verschont. Wenn ich mich recht entsinne, wurde ich mündlich nur in Latein und Französisch auf ein Prädikat hin geprüft. Wie das durchgeführt wurde und mit welchem Erfolg, ist mir nicht mehr in Erinnerung. Ich weiß nur noch, wie freundlich das zuging. In Latein z. B. bekam man zur Vorbereitung einen Text – es war wohl Cicero – zum Übersetzen und zur Erläuterung. Damit saß man 15 bis 20 Minuten allein im Nebenzimmer. Nach einiger Zeit tat sich in meinem Fall die Tür auf, und der aufsichtsführende Prof. Lüdtke – „oll Lusch", wie wir ihn nannten – kam herein. Schon an der Tür sagte er: „Aha, da sitzt ja unser Globetrotter." Ich sah auf. „Herr Professor, ich bin noch nicht fertig", worauf er sich mit freundlichem Lächeln umdrehte. „Ich geh ja schon." Meine Bemühungen in den letzten Jahren, zur Stütze meines Gedächtnisses das Abschlusszeugnis zu finden, waren leider vergeblich. Auch von mir veranlasste Nachforschungen in den Immatrikulationsakten der Universität Greifswald waren ergebnislos.

Die folgenden Wochen standen im Zeichen des Umzugs nach Stralsund. Meine Eltern hatten ein schönes Einfamilienhaus in der Kniepervorstadt, An den Bleichen 8, mieten können. Eigentümer war ein Gutsbesitzer auf Rügen, Herr Heidborn auf Unrow, der es wohl mal als Alterssitz für sich und seine Frau gedacht hatte; denn es war mit eichengetäfelten Zimmern, Marmorflur etc. überdurchschnittlich ausgestattet. Vor allem hatte es einen schönen Garten, womit nach so vielen Jahren ein Herzenswunsch meiner Mutter erfüllt wurde. Das Haus war das Mittelhaus von drei aneinander gebauten Einfamilienhäusern. Zur Rechten wohnte die Familie des neben dem älteren Freund meines Großvaters Justizrat Langemack bekanntesten Rechtsanwalts und Notars, Justizrat Dr. Ferdinand Pütter, der nach dem Kriege mein väterlicher Freund und Helfer in Berlin werden sollte. Das linke Haus gehörte dem Erbauer des ganzen Komplexes, Bauunternehmer Kankel. Zu ihm gehört die folgende Anekdote. In Stralsund lief der Film „Der Untergang von Pompeji", und als dort alles einstürzte, meinte ein Zuschauer zum anderen auf plattdeutsch: „Dat sünd de Kankelschen Muren." Wir hatten aber in den neun Jahren, die wir dort wohnten, keine Beanstandungen, und Herr Kankel war ein stiller, angenehmer Nachbar. In diesem Haus standen zwar einschließlich des Mädchenzimmers sieben Zimmer zur Verfügung, aber es waren natürlich nicht die geschilderten großen Räume in Stargard. Die großen Wohn- und Esszimmermöbel, die Dielenmöbel, die Praxiseinrichtung usw. mussten alle zurückbleiben. Meine Eltern kauften in dem bekannten Stettiner Möbelhaus „Wiegels und Riegels" moderne Möbel, die mit dem Designernamen „Wohn-Kultur" zeitlos schön geblieben sind. So konnten wir in ein teilweise schon eingerichtetes Haus umziehen. Diese Vorbereitungen machten es möglich, dass der trotzdem notwendige Möbelwagen mit uns Stargard verließ. Wir stiegen mittags in unseren Adler mit einem letzten Halt bei der Familie von Chamisso, wo sich noch nächste Freunde meiner Eltern zum Abschied eingefunden hatten. Für meine Mutter war es, wie gesagt, der schwerste Abschied, während ich nicht einmal bedauerte, an der Abiturientenabschlussfeier nicht mehr teilnehmen zu können Ein letztes Mal ging es dann zur Stettiner Chaussee hinaus, am Madüsee und an der Buchheide vorbei, durch Stettin und dann über Pasewalk, Anklam, Greifswald nach Stralsund. Ich habe Stargard seitdem nicht wieder gesehen, nur einmal in den Siebzigerjahren auf der Fahrt nach Warschau ein Straßenschild „Stargard 35 km", denn die Stadt hat ja in Polen ihren Namen behalten. Nun überlege ich im Alter doch manchmal, wie kommt es, dass ich nach einer so schönen Kindheit, aber auch Schulzeit kein Gefühl, Abschied nehmen zu müssen, hatte, geschweige denn später Heimweh. Wenn sich solche Gefühle überhaupt geregt haben sollten, wurden sie völlig von dem Bewusstsein überlagert, wir fahren zusammen alle drei in eine ganz neue, aber doch sichere Zukunft. Es war das Bewusstsein eines über sein Alter hinaus Erwachsenen. Es trug mir andererseits in späteren Jahren die Bemerkung meiner Mutter ein: „Du bist ja dein eigener Großvater." Aber wenn ich über die Stränge geschlagen wäre, wäre es ihr bestimmt nicht recht gewesen, und so musste sie sich mit dem Produkt ihrer Erziehung abfinden. Das Abitur heißt auch mit Recht Reifeprüfung. Die schulische Erziehung soll zur notwendigen Reife beitragen, die aber mindestens zur Hälfte ein Ergebnis der elterlichen Erziehung sein muss. Beim Rückblick auf die ersten 18 Jahre meines Lebens denke ich, dass ich die notwendige Reife hatte. Es war keine Frühreife, wie sie Thomas Mann in seinem Bericht über seine Lübecker Jugend beschreibt: „Ich war schon in der Sekunda so alt wie der Westerwald." Mich konnte man eher schon als Schüler in den oberen Klassen beschreiben, wie es Klaus Harprecht einmal formuliert hat: „Als junger Mensch sah er so aus wie einer der intelligenten und strebsamen jungen Männer, um die man sich wenig Gedanken und erst recht keine Sorgen zu machen braucht, von denen man sagt, dass sie ihren Weg schon gehen werden." Das hatte ja auch schon Prof. Koch festgestellt.

Wenn ich dieses Kapitel noch einmal anschaue, sehe ich, dass ich fast vergessen hätte zu erzählen, dass ich nicht nur getauft, sondern, am 27. März 1927, auch konfirmiert wurde. Ich habe sogar noch das Oktavheft, in dem ich sorgfältig auf 16 Seiten alles von „Liebe Herren, was soll ich tun, dass ich selig werde" bis „Fürwahr, er trug unsere Krankheit und lud auf sich unseren Schmerz" eingetragen habe. Obwohl oder weil den Unterricht sogar ein Superintendent erteilte, verstand dieser es überhaupt nicht, seinen Hörern etwas zu vermitteln, was ihnen auch nur annähernd die Bedeutung, welche die Einsegnung doch für den jungen Menschen haben sollte, klar gemacht hätte. Zugegeben, dass auch die Eltern dem Sohn in dieser Hinsicht nicht hilfreich waren; es gehörte sich eben so, dass der Sohn eingesegnet wurde. Wenn die Einsegnung die feierliche Aufnahme junger Christen in die Gemeinde der Erwachsenen verbunden mit einem Glaubensbekenntnis und Gelübde des Konfirmanden sein soll, so fehlte es hier im Unterricht völlig daran, durch klärende Gespräche alles mit dem notwendigen Inhalt zu füllen. Damit wurde der Akt in der Kirche im neuen Anzug – informiert, was man zu tun und zu sagen hatte – zur reinen Formsache. Der in der Urkunde vermerkte Denkspruch Phil. 3, 12, „Von Christus ergriffen", war also bei mir fehl am Platze. Als positiv blieb nur in Erinnerung, dass die Verwandtschaft zahlreich angereist war und sich damit einmal nicht nur zu Beerdigungen sah.

Lehrjahre und Anstellung

Obwohl Stralsund die Heimat meines Vaters war und meiner Mutter und mir die Stadt wohl vertraut, erforderte der Umzug von uns doch eine weitgehende Umstellung. Besonders muss dies für meinen Vater der Fall gewesen sein. Zum einen muss der Abschied von der ärztlichen Praxis mit einem großen Stamm von Patienten als solcher nicht leicht gewesen sein. Zum anderen war er zwar schon mehrere Jahre vor der Übersiedlung nach Stralsund alleiniger Vertrauensarzt der Landkrankenkassen Pyritz und Saatzig sowie der Allgemeinen Ortskrankenkasse Saatzig gewesen, aber dies hatte die Anerkennung durch seine Kollegen und ihr Vertrauen zu ihm nicht erkennbar beeinträchtigt, wie sich aus seinem langjährigen Vorsitz im Ärzteverein ergibt und vor allem daraus, dass ihm der „Ärzteverein für die Kreise Stargard, Pyritz und Saatzig e. V." die Ehrenmitgliedschaft für seine hervorragenden Verdienste verlieh. Jetzt aber, als Vertrauensarzt der Arbeitsgemeinschaft der Landkrankenkassen der Kreise Anklam, Demmin, Franzburg, Greifswald, Grimmen und Rügen, hatte er hauptamtlich die gesamte kassenärztliche Tätigkeit seiner Kollegen zu überwachen. Im Einzelnen ging es vor allem um: 1. Nachprüfung der kassenärztlichen Rechnungen; 2. Beratung der Kassen in ärztlichen Angelegenheiten und deren Vertretung vor Prüfungsausschüssen und Gerichten; 3. Nachuntersuchung der Arbeitsunfähigen; 4. Prüfung der Verordnungen von Arznei- und Heilmitteln. Die Arbeit mit diesen Aufgaben entsprach ganz der Ansicht meines Vaters, den Arztberuf von den um sich greifenden Auswüchsen der Jagd nach Krankenscheinen und den damit verbundenen Gefälligkeiten für die Patienten freizuhalten. Es bedeutete aber auch, dass er jetzt in einen größeren Kreis von Kollegen kam, der ihm von vornherein distanziert gegenübertrat. Wenn man rückblickend die obigen Aufgaben betrachtet und gewichtet, hat sicherlich auch hier der Teufel im Detail gesteckt; denn mit der nicht erwähnten Zielsetzung, den Etat der Kassen zu schonen, wird die Beurteilung des Einzelfalles nicht einfach gewesen sein. Wichtig war dabei die vertragliche Absicherung und Festlegung, dass die in Erledigung dieser Aufgaben abzugebenden vertrauensärztlichen Gutachten unparteiisch, lediglich nach pflichtgemäßem Ermessen und nach der eigenen ärztlichen Überzeugung zu erstatten waren. Unabhängigkeit nach allen Seiten war vertraglich vereinbart, und der Vertrauensarzt war nicht etwa an die Weisungen der beteiligten Kassenvorstände oder anderer gebunden

Meine Mutter genoss es, nach der Stargarder Wohnung im Zentrum in einem mit seinem Marmorwindfang, seinen eichenholzgetäfelten Zimmern und den modernen Möbeln schönen Einfamilienhaus und vor allem endlich einem Garten mit wunderbaren Stammrosen, Staudenbeeten und als südlicher Begrenzung einer Spalierobstwand zu wohnen. Der Garten war ihre ständige Freude, und es hat mir später immer Leid getan, dass sich damals meine Bereitschaft, im Garten zu helfen, in sehr engen Grenzen hielt. Überraschend war, dass der Garten nur vom Keller aus zugänglich war, aber Herr Heidborn baute uns bald im Anschluss an das im Hochparterre gelegene Wohnzimmer nach Süden eine Veranda mit Treppe in den Garten. Im Übrigen lag das Haus in der schönen Villenstraße „An den Bleichen". Der Name lässt schon erkennen dass es eine sehr breit angelegte Straße war mit einem mit Birken bestandenen Grünzug in der Mitte, auf dem vor sehr langen Zeiten Wäsche und Segel gebleicht wurden. Zum Zentrum brauchte man zu Fuß nur zehn Minuten, und der Stadtwald rund um den Moorteich begann an der Waldstraße um die Ecke. Dort lagen auch die Tennisplätze vor der Tür. Die Anlage war aber kaum größer als in Stargard und darum bei der Größe der Stadt völlig überfüllt, sodass ich es sehr schnell aufgegeben habe, dort zu spielen, zumal ich – nun „berufstätig" – nicht mehr nachmittags spielen konnte. So beschränkte sich meine sportliche Betätigung auf einen Dauerlauf um den Moorteich, und ich lernte reiten, weil der Sohn der bekannten Firma „Thams und Garfs" zwei Pferde hatte, die im Stadtwald und auf den Feldern bewegt sein wollten. Meine Versuche, als Springreiter in der Halle eine kleine Hürde zu nehmen, endeten allerdings damit, dass zwar das Pferd drüben war. ich aber diesseits im Sande saß.

Zu dieser Zeit hatte ich schon lange – am 1. Mai 1930 – meinen Dienst als Lehrling beim Stralsunder Landwirtschaftlichen Ein- und Verkaufsverein eGmbH angetreten. Die Genossenschaft hatte ihren Sitz im Artushof am Alten Markt neben dem Rathaus. Auch das Büro meines Vaters war am Alten Markt mit Eingang von der Knieperstraße, aber der Blick aus dem Fenster ging auf die schöne Schaufassade des Rathauses, in dem Großvater so viele Jahre gearbeitet hatte. Die Schaufassade bot allerdings auch Anlass zu dem Spott: „Die Stralsunder sind wie ihr Rathaus: hoch hinaus und nichts dahinter." Das Büro des Ein und Ver – wie er abgekürzt mit breiter Betonung des „e" hieß – war der Zeit entsprechend einfach gehalten. Es war eigentlich ein einziger sehr großer Raum, in dem das Direktionszimmer, das Sekretariat sowie die Buchhaltung nur mit nicht tragenden, überwiegend verglasten Wänden abgeteilt waren. So konnte der Direktor an seinem Schreibtisch selbst sichtbar alles übersehen, und nur wenn es wichtige Besprechungen gab, wurden die Gardinen an den Glaswänden vorgezogen. In dem restlichen, immer noch großen Raum waren mit offenen Tresen für den Publikumsverkehr die Getreideabteilung, die Waren- und Futtermittelabteilung und am Eingang im rechten Winkel dazu die Kasse untergebracht. In jeder Abteilung saßen der Abteilungsleiter und ihm gegenüber seine Hilfe und gegebenenfalls Vertretung und standen damit sofort ohne Anmeldung etc. den

Kunden, d. h. den Mitgliedern der Genossenschaft, den Landwirten der Landkreise Stralsund und Rügen zur Verfügung. Diese Offenheit und der geschlossene Mitgliederkreis brachten es mit sich, dass, wer zur Tür hereinkam – gleich ob Rittergutsbesitzer oder Bauer – in 95 Prozent aller Fälle bekannt war und entsprechend begrüßt wurde. Zu den beliebten Besuchern gehörte vor allem der Aufsichtsratsvorsitzende, Rittmeister a. D. Grüttner auf Sissow/Rügen. Er hatte leider im Ersten Weltkrieg ein Bein verloren und hatte eine Prothese mit Stahlgelenken. Meist setzte er sich erst einmal im Vorraum auf einen Stuhl, krempelte das Hosenbein hoch, und dann kam der Fahrer mit der Ölkanne und die Gelenke bekamen einige Tropfen. Grund war das schon bei seinem Eintritt in das Büro oft hörbare Quietschen der Gelenke. So kam Rittmeister Grüttner zu seinem Spitznamen „Hein Quietschfoot". Die sechs Buchhalter saßen damals noch auf Hockern vor großen, schrägen Pulten mit aufgeschlagen über die ganze Breite reichenden Folianten, die im Loseblattverfahren an der Rückseite verschraubt waren. Nur der Chefbuchhalter saß durch eine dünne Wand von der Kasse getrennt in einer Ecke an seinem Schreibtisch. Mit Hilfe einer Durchreiche konnten er und Herr Tschauner, der Kassierer, Belege austauschen, gegenzeichnen usw. Nachdem der Lehrling dem Direktor, Herrn Ferdinand von Massow, genannt „Nante", und in den einzelnen Abteilungen den Leitern Schröter, Damman usw., aber auch allen Buchhaltern vorgestellt war, war die erste Station erst einmal im allerdings mit Tageslicht beleuchteten Keller. Dort waren die Postausgangsstelle, die Registratur und die Telefonzentrale mit der damals noch üblichen Steckapparatur untergebracht. Diese Aufgaben gehörten zum anfänglichen Lehrstoff, damit z. B. der Lehrling gegebenenfalls auch in der Telefonzentrale vertreten konnte. In der Registratur waren die ein- und ausgehende Post, erledigte Vorgänge abzulegen und gegebenenfalls bereits abgelegte Sachen auf Wunsch der Abteilung herauszusuchen. Das Sekretariat mit Herrn Baresel und einer Sekretärin hatte seine eigene Registratur.

Zuerst fand ich die Ablage der je nach Abteilung farbigen Kopien langweilig und dachte, so hast du dir den Beginn deiner Lehrzeit nicht vorgestellt. Ich kam dann aber bald dahinter, dass immer Zeit war, den einen oder anderen Brief zu überfliegen, daraus Fachausdrücke und kaufmännischen Briefstil zu lernen, und dass damit dem Lehrling die Möglichkeit gegeben wurde, sehr schnell die Arbeit des Hauses kennen zu lernen. Kennen lernte ich dort auch den weiteren Lehrling Rolf Sp. Er überragte mich um mindestens Haupteslänge, war auch ein netter Junge, aber das war's dann auch. Wir hatten wenig Berührungspunkte, da wir jeweils in einer anderen Abteilung waren. Trotzdem muss von ihm im Folgenden noch die Rede sein. Einmal geschah Folgendes: Wie es offenbar selbstverständlich war, wurde Rolf Sp. vom Personal, insbesondere den Buchhalterinnen und Buchhaltern, zu kleinen Besorgungen zur Verpflegung in der Mittagspause geschickt. Das fiel mir erst auf, als Sp. einmal fehlte und mir Bestellzettel und Geld in die Hand gedrückt wurden. Das schien mir nicht zur Ausbildung gehörend, aber ich gestehe, dass ich heute wohl auch darüber toleranter denken würde. Damals aber stand für mich sofort fest, dem musst du einen Riegel vorschieben. Ich machte die Besorgungen. Anstatt nun durch die Tür in die Buchhaltung zu gehen, benutzte ich die oben geschilderte Durchreiche zwischen Buchhaltung und Kasse. Der Chef der Buchhaltung saß mit dem Rücken zu dieser Durchreiche an seinem Schreibtisch und fuhr zusammen, als ich diese energisch aufschob mit den Worten: „Wer hat hier Salami bestellt?", usw. Mit unsicheren Blicken auf den Chef musste der Einzelne von seinem Platz am Schreibtisch vorbei sein Päckchen und das Restgeld abholen. Was sich dann hinter der wieder geschlossenen Wand abgespielt hat, weiß ich nicht. Man hat mich nie wieder beauftragt, und meine Devise „Wehret den Anfängen" hatte sich bewährt.

Zu einer Umstellung der inneren Uhr zwang, dass ich um sechs Uhr aufstehen musste, denn es war Sache der Lehrlinge, morgens um sieben Uhr die Post aus dem Schließfach der Post am Neuen Markt zu holen und vor halb acht ins Direktionszimmer zu bringen. Dort stand gegenüber und angelehnt an den Schreibtisch des Chefs ein großer Tisch, auf dem der Zahl der Abteilungen entsprechend leere Mappen zur Verteilung der Post bereitlagen. Vor Beginn der offiziellen Arbeitszeit erschien Punkt halb acht der Chef, der als ehemaliger Generalstäbler nach dem Ersten Weltkrieg erfolgreich umgesattelt hatte und nicht nur ein anerkannter Manager geworden war, sondern als Spross eines alten Adelsgeschlechts auch angesichts der vielen im Besitz adliger Landwirte befindlichen Güter rings um Stralsund und auf Rügen hervorragend auf diesen Posten passte. In Gegenwart des Chefs war die Post vom Lehrling zu öffnen und auf die Mappen zu verteilen. In meinem ersten Halbjahr wickelte sich das reibungslos ab, und dann passierte Folgendes: Ich war jetzt in der Getreideabteilung und lernte, meine Nase tief in die Probenschalen mit Weizen, Roggen und Gerste zu stecken, tief Luft zu holen, um am Geruch die Qualität des Korns zu erkennen, nach der sich der Preis richtete. Täglich wurden die Notierungen der Getreidebörse im Rundfunk abgehört. Ich glaube, noch heute den Geruch eines guten trockenen Weizens mit hohem Klebergehalt in der Nase zu haben.

Die Post zu holen und zu öffnen war jetzt Aufgabe von Rolf Sp. Es dauerte keine Woche, da war aus dem Glaskasten zwar gedämpft, aber eindeutig eine sonst nie erlebte Schimpfkanonade des Chefs zu hören, und mein Rolf kam mit hochrotem Kopf heraus. Das Telefon in der Getreideabteilung klingelte, und ich wurde zum Chef gerufen. Ohne ein Wort zu verlieren, was vorgefallen war, fragte Herr von Massow, ob ich bereit wäre, auch weiterhin etwas früher aufzustehen und die Post zu öffnen. Selbstverständlich sollte ich nicht mehr zur Post gehen, das könnte der Sp. machen. So habe ich denn mit Ausnahme des halben Jahres, wo ich im Büro des Getreidesilos im Hafen arbeitete, die Post geöffnet. Scherzhaft gesagt, war es der erste Sprung in der Hierarchie des Betriebes. Für mich war dabei wesentlich, dass ich ein wenig den Überblick über das Ganze behielt, und es kam noch etwas hinzu, weswegen ich das Ganze erzähle. Herr von Massow pflegte, wenn der Stapel der geöffneten Briefe auf einer der Mappen eine gewisse Höhe erreicht hatte, sich diese schon vorweg herübergeben zu lassen. Eines Tages rutschte mir beim Herüberreichen die Bemerkung heraus, die Antwort der Hauptgenossenschaft in der und der Angelegenheit sei noch nicht dabei. Der Chef sah mich etwas erstaunt und prüfend an, und dann kam die verständliche Frage: „Woher kennen Sie denn die Sache? Sie sind doch gar nicht in der Abteilung." Ich musste nun gestehen, dass ich, um besser und schneller zu wissen, wohin ich die Post zu verteilen hätte – und überhaupt, was sich im Hause tut –, jeden Abend den Stoß Kopien der ausgehenden Post aus der Registratur mit nach Hause nähme. Dort würde ich – es war Sommer – im Liegestuhl im Garten in einer halben Stunde alles durchsehen, und am nächsten Morgen vor halb acht lägen die Kopien wieder auf dem Tisch der Registratur. Auf die Idee, dass darauf ein Donnerwetter folgen würde, kam ich nicht. Es kam auch keines. Herr von Massow sah mich ein ganz wenig schmunzelnd an, verlor kein Wort darüber, aber von dem Tag an sprach er bei der Postöffnung über die Korrespondenz mit mir und über das eine oder andere Problem. Er wurde also tatsächlich zum Lehrherrn. Zwei Sentenzen sind mir besonders hängen geblieben: „Sie werden auch noch lernen, dass das ganze Leben aus Kompromissen besteht", und die zweite war: „Sie glauben nicht, mit wie wenig Verstand die Welt regiert wird." Damals war es noch ungefährlich, den berühmten Ausspruch des Kanzlers Gustav Adolf von Schweden, Oxenstjerna, zu zitieren: „An nescis, mi fili, quantilla prudentia mundus regatur?" Als ich ihn zum zweiten Mal 1941 von meinem Ausbilder am Kammergericht, Kammergerichtsrat Kleeberg, hörte, war das anders.

Die kleine Anekdote von der Postöffnung habe ich später auch den Lehrlingen in dem von mir geleiteten Unternehmen bei der Vorstellung erzählt. Ich hoffte, ihnen damit klar zu machen, dass man nur Interesse haben und immer etwas mehr tun muss, als verlangt wird, um gefördert zu werden.

Interessant war das halbe Jahr am Hafen. Dort mussten spätestens um sieben Uhr früh die Frachtbriefe für die Waggons vom Hafenbahnhof abgeholt werden. Er lag für mich am anderen Ende der Stadt, und mein halbes Jahr fiel in den Herbst und Winter. Bei Schnee und Eis verzichtete man besser auf das Fahrrad, musste also noch früher aufbrechen. Ich brachte aber gerne auch ein wenig Zeit damit zu, das Verladen der Personen- und Frachtzüge auf die Trajekte zu beobachten, mit denen die Züge nach Altefähr auf Rügen übergesetzt wurden, um dann in Sassnitz wieder auf Trajekte nach Trelleborg verladen zu werden. Der Rügendamm zwischen Stralsund und Altefähr wurde ja erst 1936 gebaut. Um acht Uhr rollten dann auch schon die ersten Waggons zur Entladung vor den Silo. Soweit die Anlieferung in Säcken erfolgte, standen die im Hafen tätigen Schauerleute bereit. Durch sie und die Siloarbeiter habe ich sehr schnell das mir bisher nur durch meinen Vater, die Bücher von Fritz Reuter und ab und zu auf der Straße bekannte Plattdeutsch gelernt. Man erkannte meine Bemühungen schnell an, und so kam es zu einem guten Kontakt, den herzustellen in dem plattdeutschen Meer am Hafen sonst wohl schwer gewesen wäre. Aus ihm ragte nur der sprachlich eindeutig aus Ostpreußen stammende Lagerverwalter, Herr Strathof, heraus. Er versuchte es erst gar nicht. In dem, wenn ich nicht irre, zwölfgeschossigen Silo wurde das Korn Tag und Nacht in großen trichterförmigen Kammern von Etage zu Etage umgewälzt, um unten angekommen mit Elevatoren wieder zur Fortsetzung des Kreislaufs nach oben gebracht zu werden. Im Parterre waren große Räder in der Wand verankert, mit denen von Hand über Drahtseile die Kammern in den einzelnen Etagen geöffnet oder geschlossen werden konnten.

Der Lagerverwalter hatte eine sehr große Verantwortung, und ich habe in dem halben Jahr auch nur theoretisch begriffen, wie es möglich war, mit der rein mechanischen Steuerung im Erdgeschoss dafür zu sorgen, dass nicht guter Weizen mit schlechtem zusammen in eine Kammer lief oder gar Weizen mit Roggen oder Gerste zusammen. Auch bei der Verladung in die Dampfer nach Holland, für die über den Kai eine große Verladebrücke mit Fließbändern vorhanden war, durfte nichts durcheinander laufen, da der Kaufvertrag immer bestimmte Güteklassen festlegte. An Bord saßen ständig vereidigte Probennehmer, die etwa alle Stunde ein Säckchen unter das Laderohr hielten, es verplombten und in einem ihnen zur Verfügung stehenden Raum im Silo verwahrten. Wenn die Verladung in der Nacht unterbrochen wurde, verplombten die Probennehmer auch diesen Raum. Die Proben waren bei Auseinandersetzungen, wenn die Ware angeblich anders als vereinbart in Rotterdam ankam, die Grundlage für ein immer vertraglich vereinbartes Schiedsverfahren. Auf der anderen Seite war es aber auch stillschweigende Aufgabe des Lagerverwalters, auch mindere Qualitäten loszuwerden, z. B. Weizen, der schon ein bisschen dumpf roch. In meinem halben Jahr habe ich einen Fall erlebt, in welchem, wie wir am Hafen wussten, mit Recht in Holland das Schiedsgericht angerufen wurde. Die Getreideabteilung schlug mehr oder weniger Krach, aber wir sahen dem Schiedsgericht mit Gelassenheit entgegen, und das Verfahren ging auch glimpflich aus. Der Verwalter hatte Weizen minderer Qualität immer dann über die Ladebrücke rauschen lassen, wenn die Probennehmer ihre Pfeife rauchten oder Mittagspause machten. Was war aber mit den Proben zu machen? Vorsorglich war unter dem mit einer überhängenden Decke bedeckten Probentisch ein von außen bedienbarer elektrischer Ofen angebracht, der für das Trocknen der Proben sorgte. So lernte ich, dass der Getreidehandel wohl nicht weit vom Pferdehandel eingeordnet werden konnte. Diesen lernte ich später als Angestellter in Ostpommern noch kennen. Der Ein-und-Ver hatte übrigens auch eigene Lastpferde, prächtige Percherons. Es war Sache des Verwalters, dafür zu sorgen, durch eine Begrenzung der Futterkosten die Ausgaben für den Fuhrbetrieb niedrig zu halten. Das war unschwer zu erreichen, wenn die Landwirte ihre Ernte mit eigenen Pferdefuhrwerken ablieferten. Die Wagen wurden dann auf der großen Waage voll und leer gewogen. Damit der Kutscher sah, dass alles mit rechten Dingen zuging, wenn die Waage im Wiegehaus eingestellt und die Wiegekarte ausgedruckt wurde, wurde er dazu hereingeholt. Beim leeren Wagen stellte sich dann jemand mit auf die Waage, und schon war mindestens ein Zentner Futtergetreide für die Pferde zu verbuchen. Es war nur gut, dass ich zwar wusste, dass diese Usancen nicht rechtens waren, aber erst viel später beim Jurastudium den 263 StGB näher kennen lernte.

Wie ich schon früher andeutete, war der gesellschaftliche Verkehr in Stralsund nicht mit dem in Stargard zu vergleichen. Mein Vater hatte dort zwar noch drei Schulfreunde mit Familien. Der eine war Inhaber einer seit alters her im Familienbesitz befindlichen Kohlengroßhandlung und schwedischer Konsul, der zweite Postdirektor. Dieser war schon der äußeren Erscheinung nach das Urbild eines ganz in seinem Beruf aufgehenden Beamten. Solange ich morgens um sieben Uhr die Post aus dem Schließfach zu holen hatte, traf ich ihn in der sonst leeren Schalterhalle, wo er die Sauberkeit prüfte, insbesondere in jeden Spucknapf hineinspähte. Ungerecht und ungehörig, wie man in dem Alter sein kann, und zum deutlichen Missfallen meiner Eltern bekam er von mir den Spitznamen „Spucknapfrevisor". Der dritte Schulfreund war ein Bruder des früher erwähnten Kommandanten des Kreuzers „Emden". Er stand als pensionierter Bank- und Versicherungsbeamter, doch sonst kreuzbraven aber schlichten Gemüts im Schatten des bis zum Admiral Aufsteigenden. Dafür hatte er aber sechs Töchter, deren Zukunft sicherzustellen für ihn und seine Frau sicher nicht leicht war. Besuche waren immer nett und gemütlich, wurden aber – unter Protest meiner Mutter – von meinem Vater und mir immer als Pflichtübung absolviert. Mutter Förster saß dann klein, rundlich und herzensgut auf dem Sofa inmitten der Schar ihrer Töchter, soweit sie noch im Hause waren. Die Jüngste ging noch auf das Lyzeum, hat dort noch – wie erwähnt – Prof. Koch nach seiner Versetzung aus Stargard kennen gelernt. Von ihr, der Sympathischsten von allen und mit der Zeit sehr befreundet mit meiner Mutter, wird später noch zu sprechen sein. Durch ein Bild von der diamantenen Hochzeit der Großeltern im Garten des Hauses meines Onkels in Rostock werde ich daran erinnert, dass es in Stralsund auch noch entfernte Verwandtschaft gab. Herr Behl und seine Frau Amanda hatten ein gut gehendes Feinkostgeschäft in der Knieperstraße auch wiederum dicht am Alten Markt. Die ersten beiderseitigen Kontakte schliefen aber bald ein, zumal auch meine Mutter, aus welchen Gründen auch immer, dort nicht gerne einkaufte.

So konzentrierte sich das gesellschaftliche Leben vor allem auf die typisch hansestädtische Ressourcegesellschaft, eine Vereinigung der Honoratioren, ein Ausdruck, der schon damals einen etwas spöttischen Unterton hatte. Höhepunkte waren im Winter ein Ball und im Sommer ein Gartenfest im Garten der Gesellschaft am Knieperdamm und Knieperteich. Dort habe ich ohne große Begeisterung mit der Jeunesse dorée getanzt oder pflichtgemäß mit den Müttern, wie es hässlicherweise hieß, „Schränke geschoben". In dieser Zeit warfen erfreulicherweise die Mütter noch kein Auge auf den kaufmännischen Lehrling mit zwar respektablen Eltern, aber ungewisser Zukunft. Zur Jagd wurde erst Jahre später geblasen.

Stralsund hatte auf dem Dänholm eine Marinebasis, deren Kommandant auch einmal im Jahr die Honoratioren der Stadt zu einem Fest einlud. Eine Episode ist mir noch in Erinnerung, weil sie mich ärgerte. Der Kommandant hatte eine Frau, die sehr viel jünger war als meine Mutter, die damals wohl 47 Jahre alt war. Sie saß beim Empfang zu Beginn eines Gartenfestes beim Defilee der Gäste auf einem Korbstuhl und machte, als meine Mutter sie begrüßte, nicht einmal andeutungsweise Anstalten, sich zu erheben. Für meine spontane Entrüstung hatte meine Mutter nur ein Achselzucken: „Mein lieber Junge, du hast schon Recht, aber das ist nun mal Konvention und Hierarchie."

Mit voller Billigung meiner Eltern war ich über unsere gemeinsamen Besuche hinaus ein eifriger Besucher des Stadttheaters, sodass ich mindestens einmal in der Woche dort war. In Stargard hatte nur von Zeit zu Zeit die Stettiner Bühne gastiert. Von den Berichten der Eltern wusste ich, dass das immer eine anstrengende Sitzung auf Gartenstühlen war, und ich sehe noch die zwei Kissen vor mir, die von meiner Mutter, mit passendem Beutel selbst genäht, jedes Mal zur Vorstellung mitgenommen wurden.

Stralsund hatte und hat noch ein auch architektonisch hübsches Theater, und ich habe von Oper, Operette bis zum Schauspiel wohl kaum etwas ausgelassen und damals meine Vorliebe für das Schauspiel gewonnen. Ungeheuer beeindruckend und ein Zeichen der fortschrittlichen Tendenz des Theaters war das Stück „Elisabeth von England" von Ferdinand Bruckner. Das Stück war 1930 ein Welterfolg und machte den mir schon durch die Teestunden bei Herrn Vauk bekannten Autor berühmt. Bruckner stellte hier zum einen zwei ideelle und politische Großmächte gegenüber, den von England vertretenen Protestantismus und den Katholizismus, den Philipp von Spanien repräsentierte mit der Macht seines Weltreichs. Zum anderen personifizierte Bruckner den Gegensatz mit Philipp, der sich um Elisabeth beworben hat, aber abgewiesen wurde, und Elisabeth andererseits. Obwohl beide sich in dem Stück niemals begegnen und sich nur im eigenen Raum äußern – Escorial und Kronrat in London sind auf der Bühne nebeneinander sichtbar –, sind sie doch durch eine hintergründige Hassliebe miteinander verbunden. Das alles ohne das noch von der Schule her gewohnte klassische Pathos Schillers zu sehen und zu hören, war auch ohne berühmte Schauspieler faszinierend. Es ist zu bedauern, dass Bruckners Bühnenspiel wohl nur noch selten oder gar nicht aufgeführt wird.

Abgesehen von den Besuchen bei den Großeltern in Rostock wurden in Stralsund unsere Autofahrten am Wochenende beibehalten. Vor allem Rügen und seine Bäder wurden erforscht. Den Rügendamm gab es noch nicht, und man setzte mit dem Auto die dreieinhalb Kilometer über den Strelasund mit dem gleichnamigen kleinen Dampfer nach Altefähr. Von dort ging es weiter über die Kreisstadt Bergen inmitten der Insel zum Kap Arkona, nach Binz, Sellin, Putbus usw. Bei der abendlichen Rückfahrt war es dann immer wieder ein Erlebnis, mit dem im Westen untergehenden Licht dahinter die Silhouette von Stralsund mit den drei Kirchen von Altefähr aus zu sehen und bei der Überfahrt zu erleben, wie die Stadt vor dem dem Hafen zustrebenden Schiff heranwächst. Die Fahrt über den Rügendamm heute ist zwar ein zeitlicher Gewinn, aber bietet nur einen flüchtigen Eindruck des Panoramas, und dies nicht einmal in voller Breite wie von Bord der „Olle Fier". Besonders schön zeigt sich die Insellage des Stadtkerns zwischen dem Strelasund und den drei Seen aus der Luft. Im Juli 1931 wurde die Stadt von dem damals größten Flugboot der Welt, der Dornier DO-X, angeflogen. Mit seinen zwölf über dem Hochdeck montierten Propellermotoren wasserte es an der Außenmole. Meine Eltern ließen sich die Gelegenheit nicht entgehen, von dem Angebot, nach Warnemünde zu fliegen, Gebrauch zu machen. Die DO-X hatte Platz für 170 Passagiere und eine Inneneinrichtung, die mehr den Eindruck vermittelte, auf einem Schiff zu sein, wenn einen nicht der Blick aus den Fenstern eines anderen belehrt hätte. Ein paar Wochen später hatte auch ich zum ersten Mal das Erlebnis des Fliegens. Mit einem Junkers-Wasserflugzeug wurde der Versuch gemacht, eine Linie in die Bäder aufzubauen. Der erste Flug meines Lebens ist mehr wegen der sonstigen Begebenheiten erzählenswert. Als einziger weiterer Passagier kletterte eine junge Dame in das am Ufer dümpelnde Flugzeug und saß dann neben mir. Da ein kräftiger Westwind wehte, musste die Maschine nach dem Start erst die drei Kilometer nach Rügen auf dem Wasser schippern, um dann gegen den Wind in Richtung Stralsund starten zu können. Es zeigte sich, dass der Wind eine kurze See aufgebaut hatte, in der die Maschine tüchtig ins Rollen kam. Meine Nachbarin sagte nach einiger Zeit, sie müsse unbedingt etwas essen, sonst würde ihr übel. Sprach's und holte aus ihrer Tasche eine Packung Konfekt, die sie eigentlich bei einem Besuch auf Hiddensee mitbringen wollte. Sie bot mir auch davon an, und so kamen wir ins Gespräch. Später stellte ich mich vor, und als sie meinen Namen hörte. sagte sie: „An den Bleichen?" Als ich das etwas überrascht bejahte, stellte sich heraus, dass sie die Tochter unseres Hauseigentümers Heidborn auf Unrow/Rügen war. Ich hatte schon im Ein-und-Ver und sonst von ihrer Tüchtigkeit gehört, dass sie wie ein Inspektor ihrem Vater in der Landwirtschaft half, schon in aller Frühe über die Felder ritt, um das Kartoffelaufnehmen zu beaufsichtigen u. a. m. Unser gemeinsames Erlebnis führte dazu, dass wir uns auch später ab und zu mal trafen, und da gibt es schon wieder eine kleine Anekdote zu erzählen: Wir saßen mal im Ratskeller zusammen, als sich die Tür auftat, und herein kamen vier Kadetten der Marine in ihren langen blauen Mänteln mit goldenen Knöpfen und dem kleinen Dolch an der Kette zur Seite hängend. Unter dem Eindruck dieses Bildes sagte ich: „Schick sehen sie ja aus", worauf meine Begleiterin hinschaute und sagte: „Ziehen Sie denen mal die Uniform aus – was bleibt da übrig?" Das war eine für sie typische, herzerfrischend klare Äußerung. Durch mein späteres Studium, haben wir uns aus den Augen verloren, zumal auch durch unseren Umzug 1939 nach Martins Garten 2 die Verbindung mit Vater Heidborn aufhörte. Ich wüsste gern, was aus der Familie nach dem Russeneinmarsch und den Enteignungen in der Sowjetischen Besatzungszone geworden ist.

Doch noch einmal zurück zum Kleinod der Ostsee, der unvergleichlichen Insel Hiddensee. Bei diesem Stichwort denke ich vor allem an Elisabeth Büchsel, die Malerin des „Söten Lännekens". Sie war die Schwester zweier Brüder, die mit meinem Vater zusammen in Stralsund zur Schule gingen, und sie freute sich, dass „Murks" nun wieder in Stralsund war. Als wir 1930 dorthin kamen, war sie 63 Jahre alt. Ihr Atelier in der Strandstraße lag oben unter dem Dach mit Blick auf den Sund, und wenn wir bei ihr waren, war es ein schönes Erlebnis, in den Stößen von Zeichnungen, Skizzen und fertigen Ölbildern zu kramen. Ihr Vater, ein vor 1900 stadtbekannter Textilkaufmann, konnte nicht verstehen, dass die Tochter mit ihrem Zeichen- und Maltalent Kunstmalerin werden wollte. Da ein regelrechtes Studium an der Akademie in Berlin zu dieser Zeit für Frauen noch nicht möglich war, musste sie sich die Grundlagen für ihre Ausbildung selber schaffen. Sie bekam mit 21 Jahren nur die Erlaubnis, im Frühjahr 1888 für längere Zeit zu Freunden nach Spandau zu fahren, um bei Prof. Flicker in Berlin Landschaften zu kopieren und nach der Natur zu malen. Der Vater war zwar wohlhabend, aber sie machte sich durch Porträtaufträge und Stundengeben selbstständig. So ermöglichte sie sich weitere Studien in Berlin und Dresden. Vor der Jahrhundertwende war sie in Italien und dann in Paris, wo sie mit Münchener Künstlern zusammenarbeitete. Zurück in Stralsund, wurde sie die Malerin ihrer Heimatstadt. Kopieren und Bildnisaufträge führten sie zwischendurch immer wieder durch Deutschland, Holland, Frankreich. Eine große Mappe mit 26 Zeichnungen „Bilder aus dem alten Stralsund" hält die landschaftlichen und architektonischen Schönheiten der Stadt fest. Sie sind heute nach den Zerstörungen in der Altstadt im Kriege besonders wertvoll. Als ich sie kennen lernte, hatte sie sich schon ganz der Schönheit und Eigenart der Insel Hiddensee verschrieben. Mit dem Frühling zog sie in eine Stube eines der weiß gekalkten Fischerhäuser in Vitte und kehrte erst wieder nach Stralsund zurück, wenn die Herbststürme einsetzten. Sie war ein ebenso eigenwilliger wie liebenswerter Mensch. Ich freue mich, dass außer der erwähnten Mappe noch zwei Ölbilder des Hafens mich täglich an sie erinnern. Auch in der DDR wurde sie 1947 mit einer Ausstellung des Museums, das viele Werke von ihr erworben hatte, zu ihrem 80. Geburtstag geehrt. Auch zu ihrem 90. Geburtstag zeigte eine Ausstellung Werke aus verschiedenen Schaffensperioden. In ihrem 91.

Lebensjahr ist sie am 3. Juli 1957 gestorben. Zu meiner Überraschung entdeckte ich vor Jahren in Berlin in dem monatlichen Verzeichnis der laufenden Ausstellungen eine Elisabeth-Büchsel-Ausstellung am Gendarmenmarkt. Dort war ihr Nachlass ausgestellt. Es war eine Freude, nach so langen Jahren so manches wiederzusehen, was ich seinerzeit beim Stöbern in der Strandstraße wohl in der Hand gehabt hatte.

Die beiden Lehrjahre, mit vollem inneren Einverständnis eingebettet in den Schoss der Familie, waren eine glückliche Zeit, ohne Krankheit, ohne Sorgen. Die großen Wellen der Politik schlugen – jedenfalls kaum erkennbar – noch nicht bis an den Strelasund. Es gab zwar bereits 1930 knapp drei Millionen Arbeitslose in Deutschland, die Wahlen vom 14. September 1930 standen schon im Zeichen wirtschaftlicher Not. Die NSDAP war mit 6,4 Millionen Stimmen (18,3 Prozent) der große Gewinner; auf der anderen Seite erhielten auch die Kommunisten 4,6 Millionen Stimmen, und aus ihren 54 Mandaten im Reichstag waren 77 geworden. Der letzten Endes allein vom Vertrauen des Reichspräsidenten Hindenburg getragene Reichskanzler Brüning betrieb wirtschaftlich eine strenge Deflationspolitik, aber seine Einsparungen im Haushalt verschärften – wie wir heute wissen – nur die Absatzkrise und die Arbeitslosigkeit. Die Zeitungen vermittelten das Bild eines hilflosen Parlaments, sodass der Reichskanzler gezwungen war, im Einverständnis mit dem Reichspräsidenten mit der Ausnahmebestimmung der Verfassung, dem Artikel 48, eine Notverordnung nach der anderen zu erlassen. Wenn über die Wirtschaftskrise, das Schließen der Schalter der Darmstädter und Nationalbank am 13. Juli 1931 nach dem spektakulären Konkurs der Bremer Nordwolle im Ein-und-Ver gesprochen worden sein sollte, dann jedenfalls nicht mit dem Lehrling. Die Genossenschaft war auch am wenigsten betroffen, da der Zollschutz für die gefährdete Landwirtschaft dank der hervorragenden Lobby beim Reichspräsidenten mittelbar auch für die Genossenschaft noch ein ruhiges Fahrwasser mit sich brachte.

Gegen Ende der Lehrzeit sprach Herr von Massow mit mir über den weiteren Weg. Er empfahl mir aufgrund einer Rücksprache mit der Hauptgenossenschaft in Stettin, der Zentrale aller Ein- und Verkaufsvereine in Pommern, erst noch zu einer anderen Genossenschaft in Ostpommern zu gehen, eine freie Angestelltenstelle in Labes anzunehmen. Der dortige Leiter, Direktor Falk, sei einer der angesehensten Direktoren, und ich wäre bei ihm in den besten Händen. Das gebotene Gehalt weiß ich nicht mehr. Es war jedenfalls ein Betrag, der mich zum ersten Mal auf eigene Füße stellte. Mit meinem Zeugnis konnte ich auch zufrieden sein. Es bescheinigte mir, ich hätte meine Lehrzeit eifrig genutzt, um mir die nötigen Fachkenntnisse anzueignen, eine gute Auffassungsgabe, größten Fleiß usw. Warum merkwürdigerweise eine Bilanz am Ende rechts und links immer zu den gleichen Zahlen kommt, hatte ich damit aber noch nicht gelernt. So wie früher zu meiner Lehrstelle kam ich also auch zu meiner ersten Anstellung ohne eigenes Hinzutun. Ohne die darin liegende Problematik zu verkennen, muss ich sagen, dass es auch später dabei geblieben ist. Damals noch unbewusst, wurde der Satz „Du glaubst zu schieben und du wirst geschoben" des Mephisto im „Faust" Wirklichkeit für mich. Am 1. Juli 1932 habe ich dann meine Stelle beim Labeser Landwirtschaftlichen Ein- und Verkaufsverein eGmbH. angetreten. Er hatte noch je eine Geschäftsstelle in Regenwalde und Wangerin und betrieb in Wangerin eine eigene Mühle. Im ersten Vierteljahr arbeitete ich in der Wechselabteilung und konnte dort bald die Urlaubsvertretung übernehmen. Dann geschah Folgendes: Schon im November 1931 waren Maßnahmen zur dringend notwendigen Entschuldung der ostdeutschen Landwirtschaft getroffen worden. Das Verfahren war aber zu kompliziert, um zu einer baldigen Entschuldung der Betriebe zu führen und damit in vielen Fällen ihre Existenz zu sichern. Deshalb hatte Schlange-Schöningen, der Reichskommissar für die Osthilfe, ein Gutsbesitzer aus Pommern, den Erlass einer „Verordnung des Reichspräsidenten zur beschleunigten Durchführung der landwirtschaftlichen Entschuldung im Osthilfegebiet" vom 6. Februar 1932 erreicht. Auf einen einfachen Nenner gebracht, sah sie für die Genossenschaften vor, dass den einzelnen Landwirten die Schulden erlassen wurden, die sie bei der Genossenschaft hatten. Zum Ausgleich in den Büchern der Genossenschaft, und damit der Jahresbilanz, waren 30 Prozent aus den Rücklagen der Genossenschaft zu decken, und 70 Prozent erhielt die Genossenschaft in Osthilfe-Entschuldungsbriefen. Das waren 4,5-prozentige Schuldverschreibungen der Deutschen Rentenbank.

Als die entsprechenden Rundschreiben der Hauptgenossenschaft und Formulare in der morgendlichen Postrunde auftauchten, nahm Herr Falk seinen Kneifer ab und schaute sich mit der Frage „Wer soll denn das bei uns machen?" in unserer Reihe um. Bei mir blieb er hängen. „Wollen Sie das nicht übernehmen?" Ich hatte schon damals die Angewohnheit, in solchen Fällen Ja zu sagen, auch wenn ich keine Ahnung hatte; vermutlich, weil ich mich immer gerne mit etwas Neuem beschäftigt habe.

So kam es, dass ich für längere Zeit mit meinem neuen Arbeitsgebiet aus dem ganzen sonstigen Geschäftsablauf ausscherte. Während der folgenden fünf Monate hörte ich von den sonstigen Arbeiten und Problemen nur in der morgendlichen Postrunde. Ab und zu nahm mich Herr Falk mal mit auf den von ihm gerne aufgesuchten Pferdemarkt, wo er versuchte, mir beizubringen, wie man das Alter des Pferdes am Zustand des Gebisses feststellen kann und mit geringschätzigen Blicken, Mängelbehauptungen zwecks Drückung des Preises die Mähre beim Händler schlecht macht. Ich fürchte, er hat bald eingesehen, dass ich hierfür kein Talent hatte. Auf der anderen Seite hat ihn aber dieser schlechte Eindruck nicht gehindert, mich an Sitzungen und Besprechungen außerhalb meines Arbeitsgebietes teilnehmen zu lassen, sodass ich einen allgemeinen Überblick über die Geschäftsführung bekam. Nach Abschluss der Entschuldungsaktion kam ich dann in die Getreideabteilung. Dort merkte ich sehr bald, dass mich die vorherige Sonderaufgabe in ein anderes Fahrwasser gebracht hatte. Ich hatte dort mit juristischen Fragen zu tun, bekam zum ersten Mal Reichsgesetzblätter in die Hände, musste auch mal in einem Genossenschaftsrechtskommentar Rat holen, alles etwas, wovon ich in meiner Lehrzeit nichts gehört oder gesehen hatte. Kurzum, die nächsten Jahre erst einmal mit Getreide- und Futtermittelhandel zu verbringen, gefiel mir gar nicht. Die Abneigung nach der Schule, keine Lehrbücher mehr sehen zu wollen, war auch vorbei. Ich schrieb meinem Vater eine Postkarte mit der Frage, ob ich nicht doch noch studieren könne. Das Einverständnis ohne weiteren Kommentar kam prompt: „Du kannst nächstes Semester anfangen." Zu klären war nur die Frage, Jura oder Volkswirtschaft. Im Elternhaus oder in der Verwandtschaft konnte ich keinen Rat erwarten, und zu unserem Nachbarn in Stralsund hatte ich als Lehrling noch nicht den späteren Kontakt. Da ich das bisherige Ziel, einmal zur Hauptgenossenschaft nach Stettin zu kommen, nicht aus den Augen verlieren wollte, besprach ich die Sache mit meinem Chef, Herrn Falk, und er riet mir, meine Frage einfach dort zu stellen. Ich überlegte nur, dass es wohl wenig Sinn hatte, an die Personalabteilung der Hauptgenossenschaft zu schreiben, deren Schwierigkeiten, eine solche Anfrage zu beantworten, ich mir vorstellen konnte. Deshalb schrieb ich gleich an die Spitze, Herrn von Knebel-Döberitz, der, wenn ich mich recht erinnere, Vorsitzender des Aufsichtsrats der Hauptgenossenschaft war, weit über Pommern hinaus bekannt. Ich legte ihm dar, wo und bei wem ich gelernt hatte, was ich in Labes gemacht hatte, dass das ursprünglich zum Sprung in die Hauptgenossenschaft führen sollte. Ich wolle aber doch erst einmal studieren, und damit war ich bei der Frage: Jura oder Volkswirtschaft? Ich hatte die Freude, eine ausführliche Antwort zu bekommen. Der Rat war eindeutig: Jura und Betriebswirtschaft, auf keinen Fall Volkswirtschaft. Von Letzterem hielt mein Ratgeber so wenig, dass er wohl zu denen gehörte, für die scherzhaft Volkswirte Leute sind, die morgen nach den Gründen suchen, warum heute nicht eingetreten ist, was sie gestern angenommen haben. Wie oft in solchen Scherzen steckt darin ein Stückchen Wahrheit. Das schließt nicht eine große Hochachtung für die hervorragenden Vertreter dieser Wissenschaft aus, von Adam Smith bis zu Samuelson, für die Arbeit in den Forschungsinstituten und ihre Bemühungen, die Volkswirtschaft in ihren Einzelheiten zu erfassen, ihre Entwicklung zu erklären und vor allem unter Einbeziehung des Homo oeconomicus wenigstens den Versuch zu machen, zu sagen, wohin die Reise geht. Ich kann später darauf eingehen, dass ich Jahrzehnte später die Freude hatte, viele Jahre hindurch engen Kontakt zum Deutschen Institut für Wirtschaftsforschung in Berlin zu haben und damit zu diesem Zweig der Wissenschaft. Weil es eben so ein interessantes Gebiet ist, habe ich zu Begin meines Studiums auch hervorragende volkswirtschaftliche Vorlesungen gehört, die mir aber auch bestätigten, dass Herr von Knebel-Döberitz, ohne mich zu kennen, mir den für mich absolut richtigen Rat gegeben hat. Ich ging vielleicht auch gerne im Gedanken an meinen Großvater darauf ein, welcher so gern Jura studiert hätte.

Der Fortgang von meinem Arbeitsplatz erfolgte am 31. März 1933. Mit meinem Zeugnis konnte ich wieder zufrieden sein. Es bescheinigte mir nicht nur die langfristige Bearbeitung der Fragen der II. Entschuldungsverordnung, sondern auch den allgemeinen Überblick über die Geschäftsführung und Genossenschaftsfragen, und dass ich meine Aufgaben „zu unserer größten Zufriedenheit" erledigt hätte. Damit versehen, kehrte ich nun erst einmal für einige Zeit an den Familienherd in Stralsund zurück.

Dieses Kapitel kann ich aber nicht schließen, ohne an die guten Freunde zu denken, die ich in Labes fand. Der um zwei Jahre verspätete Sprung vom Elternhaus in ein möbliertes Zimmer, zum Mittagessen in der Gastwirtschaft und einsamem Butterbrot zu Hause war nicht einfach. Schon nach wenigen Wochen war aber irgendein Fest, zu dem ich auf Zureden meiner Kollegen im Büro ging. Dort lernte ich zwei Brüder kennen, Wolfgang und Herbert Jung. Die Familie besaß in Labes eine große Wassermühle, die von der durch Labes fließenden Rega angetrieben wurde. Der Vater Jung war schon vor längerer Zeit gestorben, und so lag der Betrieb in erster Linie in den Händen des Sohnes Wolfgang, während Herbert nur von Zeit zu Zeit einsprang, weil er eine Schauspielschule in Berlin besuchte. Bereits dieses erste Kennenlernen mit den beiden sympathischen Brüdern endete mit deren herzlicher Einladung, sie in ihrem Haus zu besuchen. Zur Mühle gehörte eine große Villa in einem Park mit schönen Wiesen und Baumgruppen, durch den die Rega floss, sodass zum Besitztum auch eine eigene kleine Badeanstalt gehörte. Mittelpunkt des Hauses war eine große Halle von ca. 60 Quadratmeter mit Kamin. Um sie herum waren das Wohnzimmer, Musikzimmer mit einem Flügel, ein Herrenzimmer mit reichhaltiger Bibliothek und das Esszimmer mit dem Küchentrakt angeordnet. Von der Halle führte eine Veranda in den Garten. Als ich an einem Sonntag meinen Antrittsbesuch machte, nahmen mich Mutter Jung und die Tochter Ursula ebenfalls herzlich auf. Ich musste gleich den Nachmittag da bleiben und wurde eingeladen, bald wiederzukommen. Es war ein so gastfreundliches Haus, wie ich es noch nicht kannte und auch niemals wieder erlebt habe. Mutter Jung dirigierte alle – Familie und Hauspersonal – in größter Ruhe und strömte eine große Güte und Warmherzigkeit aus.

Mein Vorname war ihnen zu lang und wurde sehr schnell in Pieter umgeändert, und ich wurde bald aufgefordert, nach dem Mittagessen im Gasthaus meine Mittagspause bei ihnen zu verbringen. Wenn ich das Gefühl hatte, du kannst doch diese Gastfreundschaft nicht überstrapazieren, und wegblieb, ging nachmittags das Telefon im Büro, ob ich krank sei und warum ich nicht gekommen wäre. So hatte ich das große Glück, wieder in Kontakt mit einer Familie zu sein, in deren Haus auch ein reges kulturelles Leben pulsierte. Es wurde viel diskutiert, Herbert Jung spielte sehr gut Klavier. U. a. brachte er die Noten zur „Dreigroschenoper" aus Berlin mit, und wir standen um den Flügel herum und sangen den Mackie-Messer-Song. Auch die alte und neue Literatur kam nicht zu kurz, und im Winter gab es im Hause, wie bei den Eltern in Stargard, ein Kostümfest. Es war das Schöne, dass auch die Politik diese Harmonie und Freundschaft niemals gestört hat. Die beiden Brüder waren nämlich Anhänger der immer stärker werdenden NSDAP und damals auch schon Mitglieder der Partei, die man später „Alte Kämpfer" nannte. Die Wahlen vom 14. September 1930 mit dem Sprung der NSDAP von zwölf auf 107 Mandate zur zweitstärksten Fraktion des Reichstags hatte ihnen gezeigt, dass Millionen ihr Heil dort suchten. Es war die Generation, welche die ständigen Krisen und Konflikte der Parteien leid war, ebenso die als demütigend empfundenen Verhandlungen zur Milderung der harten Reparationsverpflichtungen des Versailler Vertrages. Demgegenüber verkündete Hitler, im Gegensatz zu den anderen Parteien vertrete der Nationalsozialismus nicht bestimmte Interessengruppen, sondern das ganze Volk, die Nation als Ganzes. Die Klassenschranken im Sozialismus und Kommunismus sollten durch den von den Massen willig aufgenommenen Begriff der Volksgemeinschaft ersetzt werden. Durch die Diskussionen mit meinen neuen Freunden wurde ich zum ersten Mal gezwungen, eine eigene Position zu beziehen. Ich bin mir bewusst, wie schwierig es ist, die damaligen Gedanken und Überzeugungen zu rekonstruieren. Sie sind von dem heutigen Wissen, von dem, was man selbst erlebt hat und was in über 50 Jahren die Historiker und Berichte anderer Zeitgenossen uns vermittelt haben, sicherlich überlagert.

Völlig stimmte ich mit meinen Freunden überein, dass der Parlamentarismus der Weimarer Republik versagt hatte. Die zahlreichen Parteien boten dem fern stehenden Bürger ein Bild der Hilflosigkeit und Zerrissenheit. Sie hatten seit 1930 keine Mehrheitsregierung mehr zustande gebracht. Ich beneidete Großbritannien um sein repräsentatives Königtum und die dominierenden zwei Parteien. Es war auch nicht zu bestreiten, dass die Deflationspolitik Brünings mit allen anderen Wirtschaftszweigen auch die Mühlenwirtschaft und damit das Geschäft meiner Freunde schwer belastete. Die Tatsache, dass wir im Winter rund 6 Millionen Arbeitslose hatten, die nicht so abgesichert waren wie heute, ließ die Situation aussichtslos erscheinen. Das Regieren zu dieser Zeit mit dem Artikel 48 der Verfassung und mit dem Schatten des Reichspräsidenten im Hintergrund verlagerte das Gewicht von dem Parlament als Legislative auf die Exekutive, bereitete aber psychologisch die Bevölkerung auf den Gedanken vor, es könnte auch ohne das Parteiengerangel gehen, wenn nur die richtigen Leute am Ruder wären. Hilferding, zur Zeit der Inflation 1923 Reichsfinanzminister, ein Name, der uns auch 1930 noch geläufig war weil er mit Helfferich die Pläne zur Beseitigung der Inflation entwickelte, schrieb damals 1930: „Es unterliegt keinem Zweifel, dass, wenn das Parlament in seiner grundlegenden und wichtigsten Funktion versagt, nämlich eine Regierung zu bilden, die Macht des Reichspräsidenten sich auf Kosten und durch Schuld des Parlaments erweitert und der Reichspräsident Funktionen ausüben muss, die zu erfüllen sich der Reichstag versagt. Nimmt man hinzu, dass diese Lähmung des Parlaments von sehr starken Gruppen direkt gewünscht und gefördert wird, so wird man verstehen, dass die eigentliche Gefahr für die Zukunft des deutschen Parlamentarismus nicht von außen, nicht von einem gewaltsamen Putsch her droht, sondern von innen her. Bei Brüning war es immerhin noch so, dass sein Präsidialregime vom Parlament toleriert wurde. Als er am 30. Mai 1932 entlassen wurde, löste sein Nachfolger Franz von Papen den 1930 gewählten Reichstag auf. Das Präsidialsystem, nur gestützt auf den Reichspräsidenten von Hindenburg, machte sich also ganz offen unabhängig. Wir erlebten dann, dass die Neuwahlen vom 31. Juli 1932 nicht zu dem von meinen Freunden erhofften großen Zuwachs für die NSDAP führten. Hitler wollte trotzdem Chef eines Präsidialkabinetts werden, was aber Hindenburg ablehnte, weil er, wie wir heute aus den Nachkriegsveröffentlichungen wissen, dem „böhmischen Gefreiten" bis zur letzten Minute misstraute. Es kam dann für uns, die wir die Vorgänge hinter den Kulissen in Berlin nicht kannten, überraschend schon wieder zu Neuwahlen mit ebenso überraschend starken Verlusten der NSDAP und Zuwachs für die Kommunistische Partei Deutschlands.

Jetzt trennten sich die Gedanken meiner Freunde und die meinen in aller Freundschaft und in sachlicher Diskussion. Wir waren beiderseits keine Fanatiker. Auch sie hatten Hitlers „Mein Kampf" nicht gelesen. Irgendwelche antisemitischen Äußerungen sind in meiner Gegenwart auch nicht gefallen. Sie wollten den von Hitler versprochenen, von der Zustimmung des Volkes getragenen, plebiszitär legitimierten Führerstaat in der Meinung, dass damit auch die wirtschaftlichen Probleme, die Arbeitslosigkeit, aber auch die letzten Reste des Versailler Vertrages beseitigt würden. Dass dieser Mann es fertig bringen würde, einen Zweiten Weltkrieg zu entfesseln, war für meine Freunde, aber auch für mich undenkbar.

Meine Überlegungen und Wünsche gingen in eine andere Richtung. Dass auch in der Weimarer Republik Hervorragendes geleistet wurde, haben wir in der Schule nicht gelernt, und in den mir zugänglichen, überwiegend konservativen Kreisen Stralsunds wurden selbst die außenpolitischen Erfolge eines Stresemann, die zwischenzeitlichen wirtschaftlichen Erfolge oder das rege kulturelle Leben bekrittelt. Im Vordergrund standen für mich die mit dem Beginn meiner Lehrzeit zusammenfallende Wirtschaftskrise und die Tatsache, die auch die Historiker heute herausgearbeitet haben, dass der Parlamentarismus versagt hatte. Schon in der Schule hatten sich mir unauslöschlich die Worte von Friedrich von Schiller aus dem 1. Akt des „Demetrius" eingeprägt: „Was ist die Mehrheit? Mehrheit ist der Unsinn; Verstand ist stets bei wenigen nur gewesen." Das bedeutet, dass ich auch heute noch den parlamentarischen Betrieb bei aller Bejahung seiner Notwendigkeit „cum grano salis" und einem Schuss Misstrauen betrachte.

Ich setzte nach der Ablösung Brünings mein ganzes Vertrauen auf die Fähigkeiten des Kabinetts Franz von Papens. Zumal in den wirtschaftlichen Fragen war ich überzeugt, dass man aus den Fehlern der vorherigen Wirtschaftspolitik gelernt haben würde. Ich neige noch heute dazu, neben einer auf die Grundsätze beschränkten Steuerung der Wirtschaft durch den Staat einer weiteren und planvollen Steuerung der Wirtschaft durch von ihr bestellte Selbstverwaltungskörperschaften erhebliche Bedeutung beizumessen, um die jetzigen Auswüchse des Kapitalismus zu verhindern. Der immer als unmöglich hingestellte Dritte Weg muss zu schaffen sein.

In diese Richtung bewegt habe ich mich schon mit einem Vortrag in der Schule in der Unterprima über das damals wohl für den Vortragenden wie die Zuhörer etwas hoch gegriffene Thema „Der sowjetische Fünfjahresplan". Ich würde gerne heute noch einmal lesen, was ich damals vorgetragen habe. Starken Einfluss übte auch das Buch „Die Epochen der deutschen Geschichte" aus, das zu lesen damals ein Muss für jeden historisch Interessierten war. Der Historiker Johannes Haller war ein bedeutender Forscher der mittelalterlichen Geschichte und führte zurück in die geistig geschlossene, ständisch geordnete Welt des Mittelalters. Auch Haller ließ seine Leser „auf den rechten Mann zur rechten Zeit" hoffen.

Ganz in der Richtung dieser Erinnerung an das ständische Mittelalter – während meines Studiums kam dann noch Othmar Spann „Der Ständestaat" hinzu – war es dann auch, dass ich mich schon in meiner Lehrzeit ohne Anregung von außen sehr mit Mussolini und den Vorgängen in Italien beschäftigte. Die theoretischen Grundgedanken des dortigen Wirtschaftssystems entsprachen sehr meinen Überlegungen. Die Carta del Lavoro erklärte auf der einen Seite die private Initiative für das wirksamste und nützlichste Instrument, aber auch, dass die Gütererzeugung eine nationale Funktion und damit der Unternehmer dem Staat gegenüber verantwortlich ist. Andererseits sollte es Pflicht des Arbeiters und Angestellten sein, ein aktiver Mitarbeiter des Unternehmens zu sein, dem er angehört. Eine Intervention des Staates war nur vorgesehen, wenn es an privater Initiative mangelt oder sie unzureichend ist oder wenn politische Staatsinteressen auf dem Spiel stehen. 1932 war die deutsche Übersetzung von „Lo stato fascista e la nazione" des Staatsrechtslehrers Guido Bortolotto erschienen. Darin las ich, was der korporative Staat leisten sollte. Bortolotto stellte fest, was wir auch erleben mussten, dass der liberale Kapitalismus nicht fähig ist, allein die Wirtschaft wieder in Gang zu bringen. Er war der Ansicht, dass dies für den Staat möglich wäre, wenn er sich als wirklich regulative Gewalt konstituieren würde. Voraussetzung war nach seiner Ansicht, die Antithese zwischen Politik und Wirtschaft aufzugeben. „Der Liberalismus will die Autonomie der Politik in Bezug auf die Wirtschaft; der Sozialismus ordnet die Politik der Wirtschaft unter; der Korporativismus koordiniert Wirtschaft und Politik, unterstellt aber beide der allgemeinen Direktive des Staates, der alle Kräfte mittels des Rechts zu einer höchsten Einheit ordnet." (Bortolotto: „Faschismus und Nation", S. 95) Diese Koordination erfolgte erstens in den Syndikaten, öffentlich-rechtlichen Korporationen, die jeweils für Arbeitgeber, Arbeitnehmer, Künstler und freie Berufe entstanden. Sie hatten im Gegensatz zu den früheren Syndikaten als Gewerkschaften keine Sonderinteressen zu vertreten, sondern die Wirtschaftsbeziehungen selbst zu regeln. Die „Carta del lavoro" legte beiden Arten von Syndikaten Pflichten auf: Die Arbeitgeber mussten sich für eine Steigerung der Produktion und eine Senkung der Kosten, jedoch nicht auf Konto der Löhne, einsetzen, während die Arbeitnehmer die Aufgabe hatten, nach Kräften die Produktion zu vervollkommnen und die Arbeitsdisziplin zu fördern. Die Syndikate hatten die Tarifverträge abzuschließen und für deren Einhaltung zu sorgen u. a. m. Im Interesse dieser Zielsetzung leuchtete mir damals auch durchaus ein, dass Streik auf der einen und Aussperrung auf der anderen Seite als Mittel der Selbsthilfe verboten waren. Streitigkeiten waren vielmehr vor einem neutralen Appellationsgericht auszutragen.

Da die Syndikate immer noch getrennte Berufsgruppen vertraten und ihre Aufgabe ausschließlich in der Regelung der Arbeitsbedingungen bestand, wurden zweitens zur Erarbeitung von Normen auf dem Gebiet der Wirtschaftspolitik, zur Befassung mit Problemen der Produktion – kurz zusammengefasst zur Steuerung der Produktion – weitere Organe geschaffen entsprechend der Verschiedenheit der Produktionszweige. Im Gegensatz zu den Syndikaten waren die Korporationen staatliche Verwaltungsinstitute, deren Zusammenfassung der 1930 gegründete Nationalrat der Korporationen war. Es gab 22 Korporationen, z. B. für Metallverarbeitung und Maschinenbau, chemische Industrie, Bekleidungsindustrie, Bauwesen usw. Für ihre einheitliche und reibungslose Arbeit hatte der Minister der Korporationen zu sorgen. Das Korporationssystem entsprach damit im Wesentlichen der Lehre vom Ständestaat, die so alt ist wie die abendländische Kulturgeschichte. Plato befasste sich damit und Thomas von Aquin beschrieb ihn, und wie erwähnt stieß ich dann später noch auf den „Ständestaat" von Ottmar Spann.

Über die Erfolge des Systems in Italien wurde damals viel berichtet. Sie wurden auch von der internationalen Presse und vielen Büchern, wie z. B. von Anton Zischka „Italien in der Welt" gewürdigt. Als Beispiel wurde immer wieder die Urbarmachung und Befreiung von der Malaria der Campagna geschildert, die weder dem mittelalterlichen Rom noch den Päpsten gelungen war. Alle Welt bewunderte die Elektrifizierung der Eisenbahnen und dass die Züge mit einem Mal pünktlich fuhren. Das Wort Rassismus fand sich in den damaligen Publikationen nicht und wurde letztendlich erst durch den Kriegseintritt Italiens zum dortigen Thema. Wenn Mussolini nicht nach der Münchener Konferenz von 1938 immer mehr in das Fahrwasser des von ihm auch nicht gerade geliebten Adolf Hitler geraten wäre und sich, wie Portugal, aus dem Krieg herausgehalten hätte, wäre er, wage ich zu behaupten – und eine Zeitzeugin, eine alte Dame, die ich im Jahre 2000 in Rom kennen lernte, war der gleichen Ansicht –, verehrt wie Kemal Atatürk als geliebter Duce Italiens in seinem Bett gestorben. Aber welcher Diktator erkennt seine Grenzen und vor allem duldet nicht nur, sondern zieht kluge Berater heran, die ihm frei mit Sachverstand sagen können, was geschehen sollte? Eine Ausnahme in unserer Zeit war vielleicht „cum grano salis" Prof. Salazar in Lissabon, auch wenn die Historiker festgestellt haben, dass auch sein Regiment nicht frei von Übergriffen war. Schreibt doch der frühere Botschafter Rudolf Rahn nach dem Zweiten Weltkrieg in seinen Erinnerungen „Ruheloses Leben" (S. 195): „Salazar hat mich als Politiker wie als Persönlichkeit stark gefesselt und beeindruckt. Still und fast schüchtern im Umgang mit Menschen, besaß er die natürliche Würde des Gläubigen und das ruhige Selbstbewusstsein des Bescheidenen. Mit der nüchternen Ordnung eines zerrütteten Finanzwesens hatte der Prof. von Cointra seinen Weg begonnen, und nun baute er Stein um Stein das portugiesische Staatswesen neu auf, allem Theatralischen abhold, unbeirrbar folgend dem Weg der Sparsamkeit, der exakten Planung, der zuverlässigen Verwirklichung. Er gab dem gefühlsbetont schwankenden und spekulativen Geist der Portugiesen das Maß, die Ordnung, den realen Sinn und das Vorbild eines untadeligen Lebens. Man hat auch ihn einen Diktator genannt. Mir scheint, gegen die Diktatur der Weisheit könnte auch das demokratischste Volk nichts einzuwenden haben."

So viel zur Begründung meiner Einstellung und Gedanken im Herbst 1932. In der Diskussion mit meinen Freunden gab es immer auch hier und da eine gemeinsame Plattform. Hierzu kann ich noch die Worte von Giuseppe Bottai aus einem Vortrag 1929 in der Internationalen Vereinigung der Intellektuellen in Barcelona zitieren, die ich auch bei Guido Bortolotto fand: „Die Masse braucht wie das Individuum, um ein freies Feld zur Entfaltung ihrer Kräfte zu haben, Schutz und Bevormundung, Organisation und Hierarchie." Das war und ist auch heute noch meine Meinung.

Meine Hoffnung nicht nur, sondern Überzeugung war, dass das in Nachfolge Brünings im Juni 1932 unter dem Reichskanzler Franz von Papen gebildete „Kabinett der nationalen Konzentration", weiterhin gestützt auf die Autorität des Reichspräsidenten, mit den anstehenden Problemen fertig werden würde. Was sich als irrig herausstellen sollte, war meine Meinung, dass gerade die hervorragende Vertretung des ostelbischen Grundbesitzes und Adels in Verbindung mit der Reichswehr, vertreten durch den Reichswehrminister Kurt von Schleicher, bewirken würde, dass das Wort Friedrichs II. „Ich bin der erste Diener meines Staates" wieder zur Richtschnur würde. In dem Kabinett saßen ein Graf, vier Freiherrn, zwei weitere Adlige und nur drei Bürgerliche. Ich dachte aber, dass es sich weniger um Politiker als um Fachleute handelte. Der Finanzminister Lutz Graf Schwerin von Krosigk war schon drei Jahre Ministerialdirigent in seinem Ministerium gewesen. Der Innenminister Wilhelm Freiherr von Gayl war vorher Direktor der Ostpreußischen Landschaft, und der Reichspost- und Verkehrsminister Paul Freiherr von Elz-Rübenach Präsident der Reichsbahndirektion Karlsruhe. Arbeitsminister Hugo Schäffer war Präsident des Reichsversicherungsamts und des Reichsversorgungsgerichts gewesen. So wie ich den Adel in Pommern kennen gelernt hatte, konnte ich nicht auf den Gedanken kommen, dass diese Fachleute sich von der Politik unter Führung von Papen und Schleicher so überrollen lassen würden. Wenn ich heute die erste Regierungserklärung von Papens nach der Auflösung des Reichstages durch Notverordnung des Reichspräsidenten am 4. Juni 1932 nachschlage und den Satz lese: „Die Regierung wird, unabhängig von den Parteien, den Kampf für die seelische und wirtschaftliche Gesundung der Nation, für die Wiedergeburt des neuen Deutschlands führen", kann ich nur sagen, dass ich damals noch nicht gelernt hatte, dass man solche Worte zu allen Zeiten nicht auf die Goldwaage legen darf. Ganz in meinem Sinne waren auch die Pläne, die in einer weiteren Regierungserklärung von Papens vom 12. September 1932 nachzulesen sind, in der er auf die angestrebte Verfassungs- und Reichsreform einging. Dort hieß es, an die Stelle des Systems der formalen Demokratie, das im Urteil der Geschichte und in den Augen der deutschen Nation abgewirtschaftet habe, müsse eine neue Ordnung treten, eine „wahrhaft unparteiische nationale Staatsführung, die sich auf die Macht und Autorität des vom Volk gewählten Reichspräsidenten stütze". Für mich war wesentlich, dass dieser autoritäre Präsidialstaat mit berufsständischen Elementen ausgestattet werden sollte. Der künftige Reichstag sollte seine Funktion als Gesetzgebungsorgan mit einem Oberhaus teilen, in welchem die Berufsstände – hier dachte ich an die Korporationen in Italien – vereint und harmonisch zusammenarbeiten sollten. Die mit alledem verbundenen Hoffnungen sind schwer enttäuscht worden. Sie haben mich aber davor bewahrt, den Gedankengängen meiner Freunde und ihrem Beispiel zu folgen, die der Ansicht waren, dass alles Heil von der NSDAP zu erwarten wäre.

Wie schon gesagt, verliefen unsere Diskussionen immer freundschaftlich. Ich musste mir nur unerschütterlich ihren Spott über das „Kabinett der Barone" anhören. Für mich blieb es das „Kabinett der nationalen Konzentration", zumal, wie wir heute wissen, das Kabinett von Papen im Herbst 1932 auch von der Wirtschaft akzeptiert und unterstützt wurde. Nur dass Preußen durch den Einsatz eines Reichskommissars unterging, machte, ohne die Vorgänge durchschauen zu können, stutzig. Als dann das Kabinett von Papen im Dezember 1932 durch das Kabinett von Schleicher abgelöst wurde, waren die Informationen für uns so mangelhaft und undurchsichtig, dass wir nach meiner Erinnerung kaum noch über die Entwicklung gesprochen haben. Ob und wie meine Freunde die „Machtergreifung" am 30. Januar 1933 – eine Teilnahme war ja damals nur mit dem Radioapparat möglich – wie weite Kreise der deutschen Bevölkerung gefeiert haben, weiß ich nicht, da ich den Tag in Stralsund erlebte. Ich hätte ihrer ehrlichen Begeisterung und ihren Hoffnungen, die sie auf diese Umwälzung setzten, auch kaum etwas entgegenstellen können. Wer erlebt hat, welche Welle der Zustimmung durch die Lande ging, kann nur feststellen, Zufriedenheit und Hoffnung auf einen Wandel waren weit verbreitet. Wenn man jetzt bei Kershaw „Hitler 1889–1936" auf Seite 546 in einem Brief von Kardinal Michael von Faulhaber vom 24. Juli 1933 lesen kann: „Was die alten Parlamente und Parteien in 60 Jahren nicht fertig brachten, hat ihr staatsmännischer Weitblick in sechs Monaten weltgeschichtlich verwirklicht", kann keiner einen Stein auf den gewöhnlichen Sterblichen werfen. Weder meine Freunde noch ich haben geahnt, dass ihr Votum einmal den Verlust ihrer Heimat, von Haus und Hof mit sich bringen würde.

Auch hinsichtlich der weiteren Entwicklung kann und will ich nicht das bessere Wissen von heute auf die Vergangenheit übertragen. Es blieb jedenfalls meine Abneigung gegen die Uniformierung des „kleinen Mannes", sowohl hinsichtlich seiner Ansichten als auch äußerlich in der hässlichen SA-Uniform. Das war, zugegeben, alles weniger rational als instinktiv, und diese Abneigung entsprach weniger oder gar nicht demokratischer Gesinnung als konservativ-bildungsbürgerlichem Elitarismus. Mag Letzterer mit Sicherheit noch so unbegründet gewesen sein, ich kann nur dankbar sein, dass ich damals dieses Bewusstsein hatte. Ende März 1933 schied ich in herzlicher Verbundenheit und Dankbarkeit für die schöne Zeit in Labes von meinen Freunden. Nur Wolfgang Jung wird noch einmal in diesem Bericht erscheinen.

Studienjahre

Zurück in Stralsund, war ich wieder ganz im Schoß der Familie, und wir waren sofort das alte Dreigespann. Von Labes aus war ich nur zweimal zu Hause gewesen, im September 1932 und Ende Januar 1933. Im Herbst hatten wir uns gleich in unseren „Adler" gesetzt, um eine sehr schöne Reise über München, Garmisch, den Eibsee, Mittenwald und Innsbruck quer durch die Dolomiten zu machen. Im April 1933 wurde beschlossen, dass ich das erste Semester an der Ernst-Moritz-Arndt-Universität in Greifswald absolvieren sollte. Morgens fuhr im D-Zug nach Berlin ein halber Waggon nur mit Studenten der verschiedensten Fakultäten nach Greifswald. Die Fahrt dauerte nur 20 Minuten, und man konnte ohne Hast die ersten Vorlesungen am Vormittag erreichen. Die Formalitäten und die Immatrikulationsfeier für die ersten Semester waren bald überstanden. Die Überraschung war nur, wie schon früher erwähnt, dass als Vertreter des NS-Studentenbundes in der Uniform eines SA-Sturmführers mein ehemaliger Schulkamerad Wilhelm B. vor mir stand. Er hielt es für selbstverständlich, dass ich beitreten würde. Es war etwas schwierig, ihm verständlich zu machen, dass ich als Gegner von Korps und Burschenschaften jegliche Verbindung auch der neuen Couleur ablehnte, keinen Wohnsitz in Greifswald hatte und außerdem nach dreijähriger Berufstätigkeit nur ein Ziel, mich absolut auf das Studium und seinen frühestmöglichen Abschluss zu konzentrieren. Dieses Beispiel zeigt, wie schnell insbesondere die kleineren Universitäten mit dem NS-Gedankengut infiltriert wurden und für den, der ohne Begeisterung das alles zumindestens abwartend beobachtete, eine lange Zeit des Lavierens begann.

Über die „Machtergreifung" habe ich bereits gesprochen. Auch meine Eltern wurden von ihr im Radio überrascht. Erst heute wurden wir ja durch das Fernsehen in den Sendungen mit den Bildern des Fackelzuges durch das Brandenburger Tor und der Begeisterung der Massen konfrontiert. Ich entsinne mich nur einer kurzen Diskussion nach meiner Rückkehr aus Labes, als meine Mutter, verärgert über den Boykott des Warenhauses Wertheim, in das sie sich aber energisch Einlass verschafft hatte, uns klar erklärte: „Hitler, das ist der Krieg." Sie hat mir auch nach dem Krieg nicht erklären können, wie sie zu dieser Aussage kam. Frauen haben wohl doch die bessere Intuition. Mein Vater und ich haben damals widersprochen, weil wir uns das einfach nicht vorstellen konnten. Da die Studienberatung noch nicht so organisiert war wie heute, hatte ich mir in Stralsund nachbarlichen Rat geholt, was im ersten Semester von den angekündigten Vorlesungen zu belegen war. Uns gegenüber wohnte die Familie eines Bankdirektors, dessen Sohn, wie ich wusste, gerade sein Assessorexamen gemacht hatte. Er war gern bereit, mich zu beraten. Wir blieben – nur unterbrochen durch den Krieg – in Kontakt und haben Ulli Schmidt nach dem Krieg wiedergefunden und ihn und seine charmante Frau in Hamburg besucht, wo er Mitglied des Vorstands einer bekannten Reederei war und mich aufklärte, dass die Zeiten des „königlichen Kaufmanns" lange vorbei waren. Wir waren bald bei unseren Erinnerungen an Stralsund, wo meine Mutter noch lebte, und an das „Säute Länneken". Die Familie hatte dort ein schönes Sommerhaus im Wald hinter der Lietzenburg gehabt, das nun unerreichbar in der Ostzone lag.

Zu den Vorlesungen gehörte natürlich neben der Einführung in das Bürgerliche Recht der Allgemeine Teil des BGB, der von Prof. Langen mit Stentorstimme und ständigem Augenaufschlag auf den oberen Teil der Wand hinter uns Hörern vorgetragen wurde. Ab und zu wurde auch ein rechtsphilosophischer Beitrag eingefügt. Prof. Langen sagte aber ehrlich: „Meine Herren, ich gehe auch gerne mal in eine Vorlesung meiner Kollegen von der philosophischen Fakultät, trotzdem weiß ich aber heute noch nicht, was die eigentlich wollen." Ich habe seine Worte nicht vergessen, weil ich auch lange aufgegebene Versuche gemacht habe, in dieses Wissensgebiet einzudringen. Vielleicht habe ich nicht den notwendigen Mentor gehabt. Man möge den Stab über mich brechen, aber meine Bemühungen waren vergeblich und sind es geblieben. Auch in andere Rechtsgebiete konnte man hineinhorchen, wobei mich das Staats- und Verwaltungsrecht besonders interessierte. Staatsrecht wurde damals von Prof. Jahrreis gelesen, der gut aussehend mit seiner Eloquenz und seinem Charme einen großen Hörerkreis, vor allem auch die Studentinnen, um sich scharte. Ich habe mich sehr gefreut, als ich nach dem Kriege von ihm als Mitglied der Fakultät in Köln und als einem der Verteidiger und Sachverständigen im Nürnberger Kriegsverbrecherprozess las. Eine Bestätigung für mich, dieses Studium ergriffen zu haben, war, dass ich beim Zuhören in den Vorlesungen früher von mir aufgefangene Bemerkungen, Jura sei eine trockene, abstrakte Materie, schnell als falsch erkannte. Man brauchte nur zu erkennen, dass in einem so bewundernswerten Gesetzgebungswerk, wie es das Bürgerliche Gesetzbuch seit 1900 ist, das wohl auch in Zukunft einmalig bleiben wird, das ganze pulsierende Leben erfasst ist. Man musste nur lernen, es unter die wegen der Vielfalt notwendigerweise abstrakten Sätze der einzelnen Paragrafen zu subsummieren. „Papa" Langen wies dabei von Anfang an auf die oberste Regel hin, den Paragrafen immer erst zu Ende zu lesen. In dieses Denken eingeführt zu werden, machte mir ausgesprochen Freude. Ich habe von Anfang an lieber zugehört, um dabei zu prüfen, ob ich dem Gedankengang des Vortragenden folgen konnte, aber mir nur Notizen von Fundstellen und Literaturhinweisen gemacht. Es war mir von vornherein klar, und als ich später einmal selbst Vorlesungen gehalten habe, war es nicht anders, dass der Dozent – abgesehen von der einen oder anderen kritischen Äußerung oder einer eigenen Kommentierung – in erster Linie das Wissen weitergibt, das man in Lehrbüchern und Kommentaren und dort noch ausführlicher nachlesen kann. Also warum dann, wie ich vielfach beobachten konnte, eifrig mitschreiben? Zu Hause konnte ich in meinem schönen Zimmer in Ruhe das Gehörte auf- und nacharbeiten und vermisste den sonstigen Universitätsbetrieb gar nicht. Man geht doch nach dreijähriger Berufstätigkeit mit einer ganz anderen Einstellung an die Dinge heran.

An den meisten Tagen der Woche konnte ich schon mittags nach 13 Uhr wieder mit einem aus Berlin kommenden Zug nach Hause fahren. Ich entsinne mich aber eines interessanten Nachmittagskursus „Die Kunst der angewandten Rede", dessen Belegung meine Eltern allerdings etwas spöttisch für absolut überflüssig hielten. Ihnen genügte mein Redefluss durchaus. Ich fand aber diese Schulung interessant. Ich erinnere mich, dass uns als Schlussaufgabe ein Zettel mit Stichworten in die Hand gegeben wurde. In meinem Fall hatte ich einen ebenso lang gedienten wie verdienten Landrat in den Ruhestand zu verabschieden. Die Stichworte reichten von der von ihm initiierten Kläranlage eines Dorfes bis zum Altersheim.

Sehr schön waren in dem Sommer die späten, warmen Abende, wenn man bei offenem Fenster vom nahen Stadtwald her die Sprosser, die Nachtigallen des Nordens, singen hörte. Wenn ich im Bett lag, kam noch das nachbarliche Klavierspiel hinzu. Ich erzählte bereits, dass Justizrat Pütter unser Nachbar zur rechten Seite war. Die Wand am Kopfende meines Bettes grenzte direkt an das Nachbarhaus und war auch als Brandmauer wohl nicht sehr stark. Wie ich später erfuhr, hatte Justizrat Pütter erst Musik studiert, aber dann seine Grenzen erkannt und Jura studiert. Davon war aber geblieben, dass er sich zu später Stunde mit einem Glas Rotspon an seinen Steinway-Flügel setzte und eine gute Stunde wundervoll fantasierte. Ich habe nie ein bekanntes Stück von ihm gehört. Vielleicht kann man verstehen, wie gerne ich an diese Abende zurückdenke und dass es immer eine Enttäuschung war, wenn die Abendmusik ausfiel.

Wenn man nun noch die Wochenendfahrten in die Bäder nach Rügen, zur Verwandtschaft nach Rostock, zum Darß, nach Hiddensee, die sonstigen Kontakte und Ereignisse in Stralsund hinzunimmt, wird verständlich, dass das Sommersemester sehr schnell verging. Da das Studium meine Neigung zu einem kaufmännischen Beruf keineswegs gemindert hatte und ich gerne einen Einblick in das Bankfach haben wollte, klopfte ich bei der Filiale der „Pommersche Bank AG" an und konnte in den Semesterferien vom 15. August bis 30. September 1933 als Volontär eintreten. Aufgrund meiner, wie mir dann bescheinigt wurde, guten kaufmännischen Vorbildung wurde ich auch in späteren Semesterferien eine gern gesehene Urlaubsvertretung.

Die Abwicklung der Bankgeschäfte hat mich sehr interessiert, und es befriedigte mich, nach dem Freiraum an der Universität wieder täglich über acht Stunden eingespannt zu sein. Durch das erste Zeugnis werde ich daran erinnert, dass ich mir „einen allgemeinen Überblick über das Bankwesen und besondere Kenntnisse im Effektengeschäft" erworben habe. Da der Leiter der Effektenabteilung bald auf Urlaub ging, musste ich auch Schalterdienst machen und wundere mich heute, dass ich den Mut aufbrachte, die alten Damen und sonstige Kunden bei der Anlage zu beraten, denn ich war doch oft hinterher besorgt, ob ich alles richtig gemacht hatte. Immerhin muss ich mich schnell eingearbeitet haben, wenn es – sicherlich aber übertrieben – im Zeugnis heißt: „Wir können die Tätigkeit des Herrn Peters in unserer Effektenabteilung nur als mustergültig bezeichnen. Er war durchaus in der Lage, obwohl ihm die Materie an sich neu war, einen geschulten Beamten zu ersetzen." Mit insgesamt einem Jahr war das eine zusätzliche Ausbildung, die mir neben der späteren langen Referendarstation bei der „Gothaer Lebensversicherung" in meinem späteren Berufsleben sehr geholfen hat. Außerdem bekam ich für die Urlaubsvertretungen ein gutes Gehalt, mit dem ich mir die Freizeit in meinen späteren Semestern verschönern konnte.

In diesen Wochen hatten wir Gelegenheit, in aller Ruhe zu erörtern, wie und wo ich mein Studium fortsetzen sollte. Die politische Entwicklung, der Druck in der kleinen Universität wirkten sich im Laufe des Semesters so aus, dass ich nicht länger in Greifswald bleiben wollte. Mein Vater war sowieso der Ansicht, dass ich, wie er, auch andere Universitäten und Lehrer kennen lernen sollte. Da fiel die Wahl sehr schnell auf München. Obwohl „Hauptstadt der Bewegung", hörte man, dass dort noch ein verhältnismäßig ungestörtes Studium möglich sei. Dabei ließ mich auch hier das Glück oder die Vorsehung, wie soll man es nennen, nicht im Stich. Ich hatte mir das Vorlesungsverzeichnis und die Immatrikulationsunterlagen aus München kommen lassen und gesehen, dass es in der Türkenstraße, also, wie die Architekten sagen, „fußläufig" zur Universität, ein Deutsch-Ausländisches Studentenheim gab. Dieses nahm zu 40 Prozent auch deutsche Studenten auf. Ich schrieb sofort dorthin und bekam auch ein Einzelzimmer. Die Miete betrug 40 RM inkl. Bedienung. Das war damals ein recht hoher Preis. Mein Vater gab mir außer den Studiengebühren monatlich 120 RM, aber ich hatte außerdem meine Labeser Ersparnisse und das Salär der Bank, wenn der väterliche Wechsel nicht reichen sollte. So zog ich denn zum Wintersemester 1933/34 mit einem großen Kabinenkoffer und meinem Fahrrad, das noch aus der Schulzeit stammte, in der Türkenstraße ein. Mein Zimmer und das Haus mit etwas Hotelcharakter gefielen mir sehr. In jeder Etage war eine Küche, in der die Bewohner ihr Essen zubereiten konnten. An die mir damals noch unbekannten Gerüche, wenn ein indischer, sehr sympathischer Kommilitone dort seine heimatlichen Gerichte kochte, gewöhnte man sich sehr schnell. Das Frühstück konnte man parterre in einem Gesellschaftsraum einnehmen, der am Tage und abends zum Empfang von Besuchern oder Besucherinnen zur Verfügung stand. Sonst war jeder Besuchsverkehr untersagt. Das erschien uns damals selbstverständlich und wurde auch ständig durch die Rezeption überwacht.

Mit diesem schönen Domizil blieb mir die Suche nach einer möblierten Bleibe mit allen ihren Problemen erspart. Eine gewisse Exklusivität nahm ich gerne in Kauf. Als ein Nachteil mag es allerdings anzusehen sein, dass man damit auf den näheren Kontakt mit den Eingeborenen verzichten musste, sodass ich die Münchener nur im Straßenleben, in der Tram usw. kennen lernte. Da ich nicht einmal in München lernte, Bier zu trinken, geschweige auch noch Gefallen an dem Getränk zu finden, war auch ein Gaststättenbesuch eher selten, aber ich bin wenigstens einmal aus Neugierde durch das Hofbräuhaus gegangen. Dafür lernte ich im Studentenheim einen meiner besten Freunde kennen, Watson Pedlow aus Philadelphia, USA. Er war cand. chem. und arbeitete bereits an seiner Doktorarbeit. Wir freundeten uns sehr bald an, und soweit es unsere Zeit erlaubte, unternahmen wir viel zusammen. Da auch er kein Bier trank, saßen wir am liebsten, wenn das Geld reichte, in einer ungarischen Weinstube am Odeonsplatz. Der Kontakt und das gegenseitige Verstehen waren so gut, dass Watson mir vorschlug, im kommenden Sommersemester zwecks Kostenersparnis im Heim ein Doppelzimmer zu nehmen, und so wurde er mein „roommate".

Das Wintersemester nutzte ich, um neben den juristischen Vorlesungen auch so bekannte Volkswirtschaftslehrer wie die Professoren Adolf Weber und Zwiedineck-Südenhorst zu hören und ihre Bücher zu lesen Ich war sogar so unverfroren, bei Adolf Weber Klausuren zu schreiben. Die Zahl der Semester, wie es an sich vorgeschrieben war, auf der Arbeit anzugeben, vergaß ich einfach, und ich wurde hinterher auch nicht danach gefragt, weil meine Arbeiten – für mich selbst überraschend – gut waren. Vielleicht war das doch das Ergebnis davon, dass der Student im zweiten Semester drei Kaufmannsjahre mit wachem Sinn für die Lage und Entwicklung der Gesamtwirtschaft hinter sich hatte und das gestellte Klausurthema ihm zufällig lag. Die mir empfohlene Betriebswirtschaft hörte ich bei Prof. Hertlein. Handelsrecht konnte noch bis in das Sommersemester 1934 hinein der bei seinen Hörern sehr beliebte Prof. Mitteis. lesen, bis er mit gezielten provokativen Studentenunruhen und durch die gesetzlichen Bestimmungen „zur Wiederherstellung des Berufsbeamtentums" gezwungen wurde, nach Wien zu emigrieren. Eine dieser Provokationen musste ich miterleben, als vor dem Beginn der Vorlesung eine Gruppe von Sympathisanten auf das Vorlesungspult einen Blumenstrauß gelegt hatten, bevor Mitteis kam. Da ging ein Student in SS-Uniform nach vorn und zerriss den Strauss. Er und seine Freunde bezogen eine ordentliche Tracht Prügel und wurden vor die Tür gesetzt, da sie damals noch in der Minderzahl waren, und der inzwischen eingetretene Prof. Mitteis konnte seine Vorlesung halten.

Über die eben erwähnten Bestimmungen zur „Wiederherstellung des Berufsbeamtentums", wie die alles verschleiernde Bezeichnung war, ist in den vielen Versuchen zur Aufarbeitung der Geschichte nach dem Kriege viel geschrieben worden. Jeder damals „Nichtbetroffene" kann heute nur tief betroffen solche Berichte wie die Tagebücher 1933–1945 von Victor Klemperer „Ich will Zeugnis ablegen bis zum Letzten" lesen. Damals waren wir im weitesten Sinne nicht betroffen, d. h., dass wir weder Verwandte noch Bekannte hatten, auf die Bestimmungen dieser Art Anwendung fanden. Wie jedermann setzten wir uns hin, um im Schriftverkehr mit Standesämtern und aus Kirchenbüchern unseren Stammbaum zusammenzustellen, der dann seinen Niederschlag im Ahnenpass fand. Mein Onkel Kurt Röbbelen hatte schon vor vielen Jahren aus eigenem Interesse den Stammbaum mütterlicherseits bis zum Jahr 1654 zurückverfolgt, sodass wir nur für die Vorfahren meines Vaters im Raum Vorpommern Monate hindurch Unterlagen sammeln mussten. Es ist eine Schande, dass damals diese Recherchen nicht nur von uns, sondern von vielen sogar mit Interesse betrieben wurden. Wir dachten nicht an die verheerenden Wirkungen in den vielen Familien, in denen bei diesen Nachforschungen nichtarische Vorfahren auftauchten, geschweige denn an die, bei denen von vornherein kein Zweifel bestand. Vielmehr wurde noch makaber gewitzelt, eine jüdische Großmutter sei gut, sie schade nicht, sondern hätte den Esprit in die Familie gebracht. Heute muss man sich schämen, mit der Masse unseres Volkes stillschweigend darüber hinweggegangen zu sein. Ja, wir müssen sogar feststellen, dass es weithin nicht nur dieses Desinteresse, sondern Konsens zu diesen Maßnahmen gegeben hat. Wo waren auch in München die Kollegen der betroffenen Professoren, die – auch wenn der Vergleich hinkt – wie einst die sieben Göttinger Professoren 1837 mit Verlust ihres Amtes gegen die Aufhebung der konstitutionellen Verfassung Widerstand leisteten, jetzt sich mit ihren betroffenen Kollegen solidarisch erklärt hätten? Wie ein Schlaglicht beleuchtet der oben geschilderte Vorfall in der Vorlesung von Prof. Mitteis, dass auch in München die Verhältnisse immer problematischer wurden. Es wurde z. B. eine Verwaltungsvorschrift erlassen, wonach bei der Exmatrikulation am Schluss des Semesters der Nachweis zu führen war, dass man bestimmte „weltanschaulich-politische" Veranstaltungen besucht hatte. Diese fanden in gewissen Abständen abends im Auditorium Maximum statt. Beim Eintritt wurde eine Anlage zum Studentenausweis abgestempelt. Das Auditorium Maximum hatte mindestens zwei Eingänge. Bald hatten wir eine Gruppe beisammen, von der jeweils einer mit den Papieren der anderen durchging, woanders den Saal wieder verließ, um neu eingetreten Stempel für die anderen zu sammeln. Die Stempelnden waren so lustlos, dass sie nur auf das hingeschobene Papier sahen, um das richtige Kästchen zu finden. Es war auch nicht zu kontrollieren, wenn man vor Beginn der Veranstaltung den großen Raum wieder verließ, und es muss leider gesagt werden, dass dies nur wenige taten. Auch hier habe ich eine Saalschlacht zwischen NS-Studenten und anderen erlebt. Es wurde der in der ganzen Universität bekannte Dekan der juristischen Fakultät, Geheimrat Wilhelm Kisch, geholt. Da habe ich erlebt, wie eine Persönlichkeit wirken kann. Ich kannte ihn von der Vorlesung und sah ihn aus nächster Nähe hereinkommen, da ich unten am Eingang stand und mir die Prügelei oben ansah. Er war gerade 60 Jahre alt geworden, von kleiner Statur; seit seiner Kindheit krank am Stock gehend, ging er langsam das sich ihm bietende Bild musternd die fünf bis sechs Meter bis zum Pult. Sein Erscheinen und dieser kurze Gang genügten bereits, um völlige Stille eintreten zu lassen. Er sprach dann kurz über die Geschichte und Tradition der Münchener Universität und die Entweihung der Alma Mater durch solche Vorkommnisse. Alles saß wie gebannt auf den Plätzen, als er sagte, er mache vom Recht des Hausherrn Gebrauch, die Veranstaltung sei geschlossen und wir hätten das Haus zu veranlassen. Der Abgang erfolgte ohne Widerspruch reibungslos. In den nächsten Tagen konnten wir im Studentenheim insbesondere in der französischen Presse lesen, der Zwischenfall sei wieder einmal der Beweis, dass die deutschen Studenten nicht hinter Hitler stünden.

Der Elsässer Geheimrat Kisch hatte sich schon mit 26 Jahren 1900 in Strassburg habilitiert und kam schon 1916 auf den Lehrstuhl für Zivilprozess und bürgerliches Recht in München. Er las auch Urheber-, Patent- und Versicherungsrecht. In einer von mir aufgehobenen Laudatio zu seinem 60. Geburtstag heißt es: „Wer diesen Mann mit seinem feinen, gelassenen Humor, seiner echter Lebensüberlegenheit entspringenden Ruhe, mit der in seltener Weise hergestellten Verbindung von geistvoller Liebenswürdigkeit und tiefgründiger Wissenschaftlichkeit nur einmal bei einer wichtigen Gelegenheit beobachten konnte, beispielsweise, wenn er einmal den Vorsitz bei den Fachberatungen der Akademie oder stellvertretungsweise auch bei Vollsitzungen führte, der versteht schnell, dass Kisch nicht nur einer der bedeutendsten, son-

Geheimrat Kisch

Prof. Dr. Karl Haushofer

dern auch der beliebtesten deutschen Rechtslehrer des deutschen Sprachgebiets ist … Unter seinen Kollegen ist Kisch ebenso beliebt wie bei Studenten und Studentinnen. Das ist begreiflich, denn er ist in allen Rechtsfragen, ja oft auch sonst in schwierigen Lebenslagen, ein immer bereiter Helfer und Anwalt aller, die vertrauensvoll zu ihm kommen …"

Zu denen, die zu ihm gingen, gehörte auch ich. Mein Vater hatte Schwierigkeiten bei der Auslegung seines Vertrages mit der früher genannten Arbeitsgemeinschaft der Landkrankenkassen und mich um Hilfe gebeten. Meine Kenntnisse reichten dafür natürlich noch nicht aus, und so meldete ich mich vertrauensvoll beim Geheimrat an. Ich weiß nicht mehr, worum es eigentlich ging, aber nach meinem Vortrag und seiner Einsicht in die Unterlagen konnte ich meinem Vater den von Geheimrat Kisch gefundenen Rechtsstandpunkt mitteilen, den dieser dann seinerseits erfolgreich weitergeben konnte, ohne dass es zu weiteren Schwierigkeiten kam.

Die Vorlesungen von Geheimrat Kisch fanden immer im Auditorium Maximum statt; er würzte sie mit seinem feinen Humor, oft auch ironisch gefärbt. Berühmt war, wenn er in der Vorlesung über Gewerblichen Rechtsschutz langsam seine Taschen ausräumte und einen goldenen Füllfederhalter, ein ebensolches Feuerzeug u. a. m. auf dem Pult ausbreitete, um anhand dieser Gegenstände anschaulich zu dozieren. Er war bei allen Fakultäten so bekannt, dass es bei den Medizinern selbstverständlich war, dass man Kisch gehört haben musste. Für uns Jurastudenten war dagegen ebenso selbstverständlich, den berühmten Chirurgen Geheimrat Lexer zu hören, wo wir in dem steilen Operations- und Hörsaal in den obersten Reihen saßen. Trotzdem kam es vor, dass beim Zuschauen bei der Operation der eine oder andere mit hörbarem Geräusch ohnmächtig umfiel. Dann drehte sich Lexer kurz um, schaute nach oben. „Nun, wir haben wohl wieder einige Juristen unter uns." Auch ich habe bei einer Operation noch rechtzeitig den Flur erreicht, um dort ein Fenster aufzureißen und frische Luft zu bekommen. Geheimrat Lexers trockenen Humor erlebte ich, als er an einem Patienten die Fixierung eines Handgelenkes demonstrierte: „Der eine bekommt es als Schneider beim Zuschneiden der Stoffe, der Rentier beim Kuponschneiden."

Solche Ausflüge in die väterliche Fakultät waren durch den engen Kontakt mit einigen Kommilitoninnen und Kommilitonen der medizinischen Fakultät zustande gekommen, mit denen ich bei einem Skikurs der Universität auf der Schwarzwasserhütte im Kleinen Walsertal Freundschaft geschlossen hatte. Ihre Fragen, ob ich nicht doch noch umsatteln wollte, haben mich aber nicht einen Moment in der Wahl meines Studiums schwankend gemacht. Das großväterliche Erbe hat sich als überlegen gezeigt. Ich ging nach einem kräftigen Frühstück mit meinem Freunde Watson immer gern zu meinen Vorlesungen, während er zu seinen Instituten musste. Ich brauchte nur fünf Minuten zur Universität in der Ludwigstraße durch ein paar Straßen zu gehen, wo die Lehrbuben schon am frühen Morgen ihrem Meister die frische Maß Bier holten. Zu meinen Vorlesungen musste ich durch den herrlichen Lichthof mit der großen Freitreppe, die dann zweigeteilt nach oben führt, wo die großen Säulengänge mit vielen romanischen Rundbögen gerade dem altersmäßig älteren, aber sonst jungen Semester das Gefühl gaben, in einem Tempel der Wissenschaft zu sein. Dies gleichzeitig mit der, wie ich heute meine, zwar unbewussten, doch inneren Verpflichtung, die gebotenen Chancen und dieses Umfeld auch zu nutzen. Mit diesem Impetus ging es von einer Vorlesung in die andere. Die Vorlesungen waren nicht überfüllt, sodass man immer einen Platz bekam. Sie waren durch Lehrkräfte, die jeweils eine Kapazität waren, interessant, und zusammen mit der Atmosphäre dieser Alma Mater bewirkte das wohl, dass ich, worüber ich mich heute noch wundere, ohne mir einer besonderen Anstrengung bewusst zu sein, bei Abschluss der beiden Semester alle Testate und Bescheinigungen beisammen hatte, die für die Fortsetzung des Studiums anderswo und für seinen Abschluss notwendig waren.

Mit Ausnahme der geschilderten Vorfälle war von einer Einwirkung der politischen Gegebenheiten im täglichen Geschehen wenig zu spüren. Den Zweig Politische Wissenschaften gab es damals in der heutigen Breite noch nicht. Wer etwas politisch interessiert war, musste Prof. Dr. Karl Haushofer gehört haben. Er war damals auch schon 65 Jahre alt und wirkte seit 1921 als ordentlicher Professor für politische Geografie an der Universität München. Da er, aktiv in der deutschen Armee, mehrere Jahre nach Japan abkommandiert war, galt er nach seinem Abschied als Generalmajor als einer der besten Kenner Ostasiens. Seine Vorlesungen waren faszinierend und sein Standardwerk „Geopolitik", das ich mir sofort anschaffte, für einen Studenten, der damals noch die Worte seines Lehrers Vauk im Ohr hatte und gerne Diplomat geworden wäre, hoch interessant.

Nach dem Krieg ist von den Historikern die Frage gestellt worden, welchen Einfluss Haushofer auf die so genannte Lebensraumpolitik des Nationalsozialismus hatte. Fest steht wohl nur, dass zu seinen Hörern in den Anfängen 1921 auch Rudolf Hess gehört hat und Haushofer durch ihn auch mit Hitler bekannt geworden ist. So ist sicherlich ein Einfluss seiner wissenschaftlichen Arbeiten und Publikationen anzunehmen. Gleiches dürfte aber auch für die Arbeiten Friedrich Ratzels gelten, dem anderen führenden Theoretiker der Geopolitik. Haushofer hat sich aber immer darauf berufen, dass Hitler seine Gedanken und Arbeiten völlig missverstanden habe. Nach allem, was ich von Haushofer gehört und gelesen habe, kann man ihn jedenfalls ebenso wenig wie den 1926 erschienenen Bestseller „Volk ohne Raum" von Hans Grimm dafür verantwortlich machen, dass Hitler – in absoluter Verdrehung der Begriffe und Theorien und Herabsetzung der Begriffe zum Schlagwort – den Erwerb von Lebensraum zum Ziel eines totalen Kriegs gemacht hat. Es ist leider so, dass die Befassung mit der Geopolitik dadurch in Misskredit geraten ist. Sie spielt auf dem Gebiet der heutigen Politischen Wissenschaften allenfalls noch eine geringe Rolle. Nur ab und zu finden sich in der Presse bei Fragen der Ausweitung der Europäischen Union oder der hinter dem Afghanistan-Konflikt stehenden wirtschaftlichen Interessen Hinweise auf geopolitische Gegebenheiten. Wenn wir daran denken, dass in der stark exportabhängigen deutschen Wirtschaft die Ausdehnung des Gemeinsamen Marktes durch den Beitritt der Oststaaten und ein Wirtschaftspartner Russland existenzwichtig sein werden, so darf man wohl unter diesen friedlichen Aspekten auf den verpönten Begriff „Gewinnung von Lebensraum" für die deutsche Wirtschaft zurückgreifen. Es ist zu hoffen, dass sich der Begriff „Geopolitik" von dem Missbrauch wieder erholt.

Völlig überraschend kam dann für mich und meine Freunde im Juni 1934 die Röhm-Affäre; offenbar aber nicht für meinen Freund Watson Pedlow. Herr von Papen hatte am 17. Juni 1934 seine berühmt gewordene Rede in der Marburger Universität gehalten. Sie war auszugsweise in der bei uns im Studentenheim ausliegenden „Frankfurter Zeitung" zu lesen. Daraus ging hervor, dass er unter großem Beifall der Zuhörer die Regierung scharf kritisiert hatte, ja sogar den Personenkult und die dazugehörige Propaganda verurteilte. Watson hatte auch gleich eine vollständige Ausfertigung zur Hand, die in der Universität und unter den ausländischen Studenten, aber auch, wie wir hörten, in ganz Deutschland umlief. Heute wissen wir, dass diese Rede ein letztes Aufbäumen der konservativen Kreise war, derjenigen, von denen ich seinerzeit in Labes angenommen hatte, sie könnten Hitler durch Einbindung in die Regierung neutralisieren zugunsten eines autoritären Staates ohne Parteien. Das war nun, zumal die Reichswehr abseits stand, endgültig gescheitert. Als noch immer die

Marburger Rede diskutiert wurde, zumal im Heim auch davon gesprochen wurde, der Verfasser der Rede Edgar Jung sei verhaftet worden, schlug mir Watson in den letzten Tagen des Juni vor, in die Berge zu fahren, denn in München sei „dicke Luft". Mir war mangels weiterer Kommentierung keineswegs klar, was er meinte, aber seine Bitte war so dringlich, dass wir beide zur Bahn gingen. So kam es, dass wir auf einer Berghütte im Radio von der Röhm-Affäre erfuhren. Bei unserer Rückkehr hörten wir, dass tatsächlich mehrere tausend SA-Männer mit den Rufen „SA heraus auf die Straße" durch München marschiert waren, wobei es jedoch nicht zu ernsten Zwischenfällen gekommen war. Schlimmer war, dass auch ein Vertreter unserer Heimorganisation von SS-Männern abgeholt worden war und später vor den Toren der Stadt tot im Chausseegraben gefunden wurde.

Watson hatte bald Informationen, dass, entgegen den Pressemeldungen, die von Hitler angeordneten und von Göring, Goebbels und Himmlers SS durchgeführten Maßnahmen keineswegs nur die Organisation der SA betrafen, sondern auch die konservativen Kreise. Es sickerte im Hause durch, dass u. a. in Berlin General von Schleicher und seine Frau, in München Ritter von Kahr ermordet wurden. Im Deutsch-Ausländischen Studentenheim liefen immer noch ausländische Zeitungen um. Aus ihnen konnte man entnehmen, wie negativ und für Deutschland und seine Regierung schädlich diese Ereignisse waren. Mein Freund Watson, der noch deutsche Großeltern gehabt und gerne hier studiert hatte, war in seiner Meinung über Deutschland schwer erschüttert. Da er gerade mit dem Examen zum Dr. chem. fertig war, verließ er leider sofort München. Es blieb nur eine karge Korrespondenz, die im Krieg abbrach. Es gab erst 17 Jahre nach Kriegsende ein freudiges Wiedersehen, worüber ich noch berichten werde.

Für mich ging der studentische Alltag weiter. Mit seltenen Ausnahmen wussten wir nur noch, was die gelenkte Presse berichtete. Es wurde von Hochverratsplänen Röhms und seinen Putschplänen gesprochen. Der Reichswehrminister hob öffentlich die Entschlossenheit des Führers bei der Niederschlagung des Putsches hervor. Der Reichspräsident telegrafierte den „tief empfundenen Dank" für die Rettung des Volkes aus einer schweren Gefahr. Erst nach dem Krieg haben wir erfahren, dass der Reichspräsident das Telegramm wohl nie zu sehen bekommen hat und die Reichswehr zufrieden war, dass die ehrgeizigen Pläne der SA als Volksarmee gestoppt wurden. Eine Diskussion in den juristischen Vorlesungen über das Vorgefallene gab es nicht. Die Ereignisse wurden mit keinem Wort erwähnt. Ob die Mitglieder der juristischen Fakultät untereinander im kleinen Kreise darüber sprachen, weiß ich nicht. Etwaige Gewissensforschung wurde damit beruhigt, dass alle Maßnahmen als Staatsnotwehr für rechtens erklärt wurden. Hitlers Reichstagsrede vom 13. Juli, er sei „des deutschen Volkes oberster Gerichtsherr" gewesen und habe den Befehl gegeben, die Hauptschuldigen zu erschießen, endete, wie man hören und in den Zeitungen lesen konnte, mit einem Beifallssturm. Rückblickend betrachtet bleibt die erstaunliche Tatsache, dass angesichts der ständigen Übergriffe der SA, ihres permanenten Revoluzzertums die Bevölkerung offenbar mit ihrer Entmachtung zufrieden und dem Führer auch noch dankbar war, dass er kurzen Prozess gemacht hatte. Auch hier muss man wieder fragen, wo waren die Professoren meiner Fakultät, die zu uns über das fehlende Gerichtsverfahren, auch über die vielen Morde gesprochen hätten? Die These des hervorragenden Politikwissenschaftlers Prof. Ernst Fraenkel – nach der Emigration an der Freien Universität in Berlin – ist wohl richtig, dass der NS-Staat ein „Doppelstaat war, nämlich ein berechenbarer Normalstaat und ein rechtlich ungebundener Maßnahmenstaat". Nach 1945 in Analyse der Vergangenheit aufgestellt, ist sie aber nur noch historisch interessant und bei der Aufarbeitung des Geschehens hilfreich. Wenn unsere Lehrer schon damals vom „ungebundenen Maßnahmenstaat" doziert hätten, es wäre nur mit Gefahr für Leib und Leben möglich gewesen. Dass es einmal 1941 in München die Widerstandsgruppe „Weiße Rose" der Geschwister Hans und Sophie Scholl geben würde, die ihr so ehrenwertes, in der Wirkung auf Studentenschaft und Bevölkerung aber vergebliches Unterfangen 1943 mit dem Tode bezahlen mussten, ahnte damals noch niemand. In München und an der Universität ging jedenfalls alles weiter, als wenn nichts gewesen wäre

Rückblickend gesehen hatten sicherlich auch die vom Institut für Leibesübungen der Universität veranstalteten Wehrsportlager eine politische Bedeutung; denn heute wissen wir, dass es sich bei den Ausbildern um von der Reichswehr abgestellte Feldwebel und Unteroffiziere gehandelt hat. Welcher Teufel mich geritten hat, mich zu einem solchen Lehrgang anzumelden, kann ich heute nicht mehr rekonstruieren. Ich nehme an, dass die Teilnahmebescheinigung für irgendetwas wichtig war, weiß aber nicht mehr, ob und wo ich sie vorgelegt habe. Jedenfalls rückte ich zu einem solchen Lehrgang ein. Er fand in Memmingen statt. Die Ausbilder waren in Zivil und auch die Teilnehmer bekamen, wenn auch einheitliche, zivile Sportkleidung. Auch über den Umgangston konnte man sich nicht beklagen. Wenn auf einem noch vorhandenen Foto alle erfasst sind, waren wir 50 Figuren, außer den beiden Ausbildern, denen das Marschieren, Eingraben, Deckungsuchen und nicht zuletzt das Bettenbauen beigebracht werden sollte. Wenn ich mich recht erinnere, haben wir sogar „liegend aufgelegt" mit Kleinkalibergewehren nach der Scheibe geschossen, ohne dass wir im Unterricht etwas über die Teile eines Gewehrs usw. hörten. Untergebracht waren wir in Schlafsälen, deren Mief mich fatal an die Turnhalle in Stargard erinnerte.

Höhepunkt der Veranstaltung war und unvergesslich blieb eine Nachtübung. Um ein Uhr früh wurden wir mit Trillerpfeifen und großem Lärm durch Schlagen auf Bleche geweckt. Der Ausbilder riss die Tür zum Schlafraum auf, gab uns laut und vernehmlich eine Frist von drei Minuten, nach deren Ablauf wir in Reih und Glied angetreten im Hof zu stehen hätten. In zwei Gruppen getrennt marschierten wir in mondloser, wolkenverhangener Nacht zu einem Wald in der Umgehung. Wir hörten dort, dass der andere Trupp, „die Roten", zur anderen Seite des Waldes geführt worden waren. Aufgabe war, durch Vorgehen im Walde die Roten gefangen zu nehmen, wie die es umgekehrt genauso versuchen würden. Leise pirschend zogen wir in den Wald. Man konnte nicht die Hand vor Augen sehen, sich nur mit vorgestreckten Armen von Baum zu Baum tasten. Wer nachtblind war, rannte trotzdem leise fluchend gegen manchen Baum. Nachdem wir zehn Minuten unterwegs waren, wurde uns das über. Der Ausbilder war nicht mitgekommen, sodass wir berieten und beschlossen, uns jeder mit einem Baum im Rücken, aber möglichst in einer Reihe schweigend auf dem Waldboden niederzulassen, um unsere Feinde zu erwarten. Und sie kamen, standen plötzlich unter uns und wurden mit einem freundlichen „Na, da seid ihr ja" begrüßt. Sie fanden unsere Stellung gut und nahmen ebenfalls Platz. Die nächtliche Ruhe wurde dann durch einen unserer Ausbilder gestört. Er brüllte: „Was ist denn hier los?", aber ehe er zu der durchaus berechtigten Standpauke ansetzen konnte, ertönte aus der Ferne ein Trompetensignal zum Abbruch der Übung. Rot und Schwarz zogen dann vereint im Morgengrauen unter Absingen des „Memminger Lagermarsches" in die Baracken zurück. Auch wenn in der heutigen Literatur vor nichts mehr Halt gemacht wird, verbieten mir ästhetische Rücksichten die Wiedergabe des Textes. Die Melodie war der „Fehrbelliner Reitermarsch".

Aus der Beschreibung ergibt sich schon, dass wir das Wehrsportlager nicht ernst genommen haben. Auf jeden Fall hat es keinen gegeben, und da nehme ich die Ausbilder nicht aus, der geglaubt hätte, dass es in fünf Jahren bitterer Ernst werden würde. Wenn die Initiatoren angenommen haben sollten, dass ein solches Lager als gemeinschaftliches Erlebnis den so genannten Kameradschaftsgeist fördern würde, ich habe davon nichts verspürt. Jeder strebte am Ende erfreut wieder in seine alte Umwelt zurück.

Wenn man schon mal so lange in München war, gehörte es natürlich schon bei Beginn des Semesters und des bevorstehenden Winters dazu, Skilaufen zu lernen. Ich erwähnte schon den vom Institut für Leibesübungen der Universität angebotenen Kursus. Also – wohl versorgt mit einer besonderen Dotation des Vaters – auf zum Sport-Schuster und ein Paar einfache Eschenskier nebst Stöcken und Skischuhen erworben. Wir fuhren geschlossen nach Riezlern, um dann zu Fuß in der Abenddämmerung und bei leichtem Schneefall den langen Anstieg zur Hütte zu machen, während das Gepäck von zwei Pferden heraufgebracht wurde. Es war für uns alle ein Erlebnis, in stundenlangem Aufstieg durch die verschneite Landschaft zu ziehen. Angekommen, standen wir vor einer zweigeschossigen großen Hütte, laut Unterlagen zentralbeheizt, was sich dann als zentrale Beheizung durch einen großen Ofen im Parterre herausstellte. Die oberen Schlafräume erhielten Wärme, indem die Türen offen gelassen wurden. Das tat aber der allgemeinen Stimmung freudiger Erwartung auf den Skikurs am nächsten Morgen keinen Abbruch. Für Abergläubische begann dieser allerdings nicht gut. Zum ersten Mal mit untergeschnallten Skiern standen wir in einer Reihe vor unserem Lehrer, da rutschen aus dem Stand einer Studentin die Bretter weg. Sie saß im Schnee mit einem stark anschwellenden und sehr schmerzhaften Knöchel. Es war eine Studentin der Musik aus Hamburg. Sie erzählte uns später, dass sie den Kursus nur auf dringenden Wunsch ihrer Eltern gebucht hatte. Diese wollten in bester Absicht, sie solle endlich mal Sport treiben, den sie in jeglicher Form bisher gemieden hatte. Sie blieb auf ihren Wunsch bei uns auf der Hütte. Wir packten sie jeden Tag auf einem Liegestuhl warm ein, und sie las in ihrem vorsorglich mitgebrachten Buch, wie konnte es anders sein, Hölderlin. Um ihr Bewegung zu machen, humpelte sie in der Mittagspause bei zweien von uns eingehängt um die Hütte. Nach diesem Unfall führte uns der Lehrer nach einigen einführenden Worten an einen Steilhang und erklärte uns als Erstes die Spitzkehre aus dem Stand. Nachdem wir sie nach seiner Ansicht genügend geübt hatten, sollten wir dann versuchen, schräg am Hang mit einer Spitzkehre nach der anderen langsam den Hang herunterzukommen, um uns dort wieder zu sammeln. Er selbst fuhr stolz Schuss hinunter, allerdings nicht ohne sich einmal zu überschlagen. Das wirkte nicht gerade sehr überzeugend, und so tasteten wir uns besonders vorsichtig den Hang zu ihm hinunter. Diese recht robuste Lehrmethode mit drei Stunden von neun bis zwölf und nachmittags von 14 bis 16 Uhr brachte uns aber schnell alles Notwendige bei, sodass wir alle am Schluss des Kursus die Abfahrt nach Riezlern mit Stemmbogen, Christiania usw. ohne Schwierigkeiten bewältigten. Der Telemark war gerade passé und das Schwingen lag noch in weiter Zukunft. Die Abende auf der Hütte im Kreise der kleinen Gruppen, die sich bald bildeten, waren mit Musik und Gesang – „Zwoa Brettl, a gführiger Schnee" – ein schönes, diesmal wirkliches Gemeinschaftserlebnis.

Ich war in die schon erwähnte Gruppe von Medizinern geraten. Wir wurden Freunde, die auch weiterhin gemeinsame Skitouren und -ferien machten, aber auch Faschingsveranstaltungen und Bälle besuchten. Außer der Hamburgerin nahmen mehrere Studentinnen an dem Kursus teil, und ich spürte zum ersten Mal Freude darüber und die Bereicherung solcher Hüttenabende durch sie. Sehr trug dazu bei, dass ich dort meine dann langjährige und einzige Freundin Ingeburg B. kennen lernte. Wir verabredeten, uns bald in München wiederzusehen. Sie war bereits cand. med., Tochter eines Chefarztes eines Krankenhauses in Neustadt/Neiße und, wie ich, bestrebt, ohne Verzögerung ihr Studium abzuschließen. Das hinderte uns nicht, an den Wochenenden mit und ohne weitere Freunde aus dem Skikurs Ski zu laufen. Sogar am Mittwoch früh gingen Sonderzüge für wenig Geld in die Berge. Auf dem Hauptbahnhof war eine Kapelle, und es beeindruckte mich doch sehr, wenn wir mit der Menge der Skifahrer erst dorthin zur Frühmesse strömten. Man stand dort dicht gedrängt in einem Wald von Skiern in Erwartung des Segens eines Priesters in feierlicher Stille, die insbesondere im Februar im Gegensatz zur Welt draußen stand, wo an den Straßenbahnhaltestellen heimkehrende Faschingsmasken und schon zur Arbeit Strebende für lebhaftes Treiben sorgten. Im Winter gingen wir zusammen ins Theater, saßen hinterher stundenlang im Café, bis die Stühle ringsum auf die Tische gestellt wurden. Ich brachte sie dann nach Hause in das Medizinerviertel mit den Kliniken, wo Ingeburg ihr möbliertes Zimmer hatte. Wenn ich mich vor der Haustür verabschiedet hatte und eine gute halbe Stunde durch das nächtliche München in die Türkenstraße wanderte, schämte ich mich noch ein bisschen, dass ich in Stargard so unhöflich meine Tanzstundendame Jutta H. nicht die paar hundert Meter vom „Prinz von Preußen" nach Hause gebracht hatte.

Es mag wohl an der Münchener Luft gelegen haben, dass man trotz der langen Abende am nächsten Morgen frisch in den Vorlesungen saß. Allerdings waren wir im Prinzip solide. So sind wir z. B. nie in dem berühmten Schwabing gewesen, das hinter dem Siegestor und der Universität vor der Tür lag. Obwohl wir so lange in München waren, kannten wir seine Kaffeehaus- und Brettlkultur nur aus den Zeitungen und der Literatur. Das Milieu lag uns beiden nicht. Dafür besuchten wir lieber die zahlreichen Ausstellungen alter und neuer Kunst. Schön waren auch die Faschingsbälle und Filmfeste in Geiselgasteig. Auf einem dieser Feste, bald nach unserer Rückkehr vom Skikurs, erlebte ich dann etwas für mich ganz Neues. Wir hatten getanzt und saßen wieder an unserem Tisch, als Ingeborg mich an sich zog und mir einen herzhaften Kuss auf den Mund gab. Es war wohl wieder typisch für mich, dass der erste Kuss meines Lebens mir geschenkt wurde. Gerade das aber fand ich schön, und ich habe gern in unseren gemeinsamen zwei Semestern geholfen, dass es nicht bei dem einen Kuss blieb. Unser späterer Briefwechsel dauerte auch noch lange, aber das gehört in ein späteres Kapitel. So waren wir in unserer Freizeit trotz ganz verschiedener Studien ein Herz und eine Seele.

Am Schluss des Wintersemesters mietete sich unsere kleine Gruppe von der Schwarzwasserhütte, cand. med. Heinz Kl., Dr. med. Wolfgang Gl., Grete G., Ingeburg und ich, eine kleine Hütte am Kranzberg bei Mittenwald. Sie bestand nur aus einem Wohnraum, einer kleinen Kammer und einem kleinen Ziegenstall. Der Eigentümer Atzenhofer zog im Winter nach Mittenwald hinunter und kam nur herauf, um seine Ziegen zu versorgen. Ingeburg und Grete zogen in die Kammer, während wir drei Männer uns in dem Wohnraum „breit machten". Bei guten Schneeverhältnissen und viel Sonne verbrachten wir dort herrliche, durch nichts getrübte Wochen. Fließend Wasser war in der Form einer in einer Leitung gefassten, aber ständig sprudelnden Quelle vor der Tür in Eis und Schnee vorhanden. Die mutigen Männer wuschen und putzten sich ihre Zähne dort. Unseren beiden Damen – und sie waren es – wurde auf dem Herd das Wasser angewärmt und hineingereicht. Ein Foto zeigt, dass sie zum Zähneputzen auch hinauskamen. Unsere Abende waren urgemütlich, und wenn es damals schon Fernsehen gegeben hätte, wir hätten es nicht vermisst. Unsere größte und schönste Tour war der siebenstündige Aufstieg mit untergeschnallten Fellen durch das Dammkar von Süden auf die Karwendelspitze. Oben wehte ein eisiger Wind. Wir konnten nur vorsichtig über die steile Nordwand des Karwendel hinuntersehen. Windgeschützt hinter Felsen wurde kurz Rast gemacht, denn wir mussten bald wieder starten, um noch vor Einbruch der Dämmerung Mittenwald wieder zu erreichen. In zwei Stunden waren wir unten, mussten jedoch dann noch wieder zu unserer Hütte auf den Kranzberg, sodass wir an diesem Abend gleich schlafen gegangen sind. Skilifte gab es ja noch nirgends, aber gerade solche stundenlangen Aufstiege Schritt für Schritt in einer Gruppe von Freunden waren ein großartiges Erlebnis. Die Abfahrt war die Belohnung für die vorherige Anstrengung. Heute finden sich überall Skilifte. Wenn ich die langen Schlangen der Wartenden sehe, denke ich, dass sie kaum ahnen, was ihnen entgeht. Ein weiteres großartiges Erlebnis war, als wir an einem Abend bei Vollmond um Mitternacht auf dem Kranzberg laufen konnten. Es war so hell, dass wir Momentaufnahmen der Landschaft machen und im Freien lesen konnten.

Im Frühjahr und Sommer wanderten Ingeborg und ich in den Bergen, besuchten u. a. das Kloster Andechs, die schönen Barockkirchen in der näheren und weiteren Umgebung Münchens. Ein Höhepunkt wurde am 23./24. Juni 1934 der Besuch der Oberammergauer Passionsfestspiele. Organisiert wurde er vom Theaterwissenschaftlichen Institut der Universität. Wir hatten die Freude, in der Leitung der Veranstaltung den berühmten Theaterwissenschaftler Prof. Kutscher zu erleben. Er war, wie die von mir genannten Professoren Kisch und Lexer, eine einmalige Persönlichkeit. Als Literaturhistoriker hatte er begeistert, gegen den Widerstand der Künstler und Gelehrten, aus den Gegensätzen von Theater und Wissenschaft die Disziplin der Theaterwissenschaft geschaffen. Gerühmt wurden seine Bildungsreisen, die unter seiner Leitung seine Seminarmitglieder und zahlende Gäste bis zur Arena von Verona oder zu den antiken Stätten von Taormina führten. Eine solche Kutscherreise war auch dieser Besuch der Oberammergauer Passionsfestspiele, bei dem uns Prof. Kutscher mit seinem feierlichen, dumpf grollenden Pathos die Szenerie usw. erklärte. Ich war mit starken Vorbehalten gegenüber einer Darstellung dieses Themas und Inhalts durch Laiendarsteller hingefahren, bin aber Ingeburg heute noch dankbar, dass sie mich zur Teilnahme an der Exkursion überredete. Die Darstellung der Leidensgeschichte Christi war ein ganz großes Erlebnis.

In Erinnerung an meine Lehrzeit beim Onkel in Rostock auf dem Breitling wurde auch gesegelt. An den Wochenenden konnten wir eine Jolle auf der Fraueninsel im Chiemsee mieten und an den beiden Tagen mit Blick auf die Kampenwand rund um die Insel segeln. Geritten wurde in Denning. Dort hatte ein ehemaliger Offizier, der noch in der Kolonie Deutsch-Südwestafrika gedient hatte, einen Stall und eine Koppel mit ehemaligen Rennpferden, die bei den Rennen im benachbarten Daglfing ausgedient hatten. Das bedeutete aber nicht, dass sie alt und müde waren. Man musste mit dem Rad spätestens morgens um sechs Uhr hinausfahren, die Pferde in der Koppel einfangen und satteln. Unser Rittmeister, mit einem echten Südwester auf dem Kopf vorweg, zog die Kavalkade meist in den Englischen Garten. Dort konnte man an warmen Tagen auch eine Strecke in dem dortigen Seitenarm der Isar reiten. Da hatten wir noch einen besonderen Spaß. Ein Pferd war dabei, das sich beim Ritt in die Isar sofort auf die Seite legte und mit Wonne ein Bad nahm. Eines Morgens hatten wir eine neue Reiterin unter uns, und sie bekam natürlich stillschweigend dieses Pferd. Wir ritten wieder in den Englischen Garten, und das Pferd legte sich prompt mit seiner Reiterin ins Wasser, weil sie, überrascht, erst in allerletzter Minute abspringen konnte. Sie blieb nicht ganz trocken, konnte aber Spaß verstehen und ist noch oft mit uns ausgeritten. Wenn wir vom Ausritt zurück waren, mussten wir den Pferden die Hufe waschen, sie striegeln und wieder auf die Weide bringen. Dafür hatten wir das ganze Vergnügen umsonst, brauchten nichts zu bezahlen. Alles wickelte sich im Übrigen so ab, dass wir zu den Vorlesungen in der zweiten Hälfte des Vormittags wieder in der Universität sein konnten. Die sonntäglichen Rennen in Daglfing haben Ingeborg und ich auch ein- oder zweimal besucht; sie selbstverständlich im eleganten Sommerkleid mit Hut und ich im hellen Anzug. Jeans gab es Gott sei Dank noch nicht. Auch die anderen Studenten, in unserem Studentenheim erst recht, waren mehr oder weniger passend gekleidet.

 Wenn ich hier erzähle, was wir alles unternehmen konnten, wundere ich mich heute noch, dass dabei der Besuch der Vorlesungen, das Schreiben der Klausuren, also der erfolgreiche Erwerb der notwendigen Scheine nicht zu kurz kam. Es lag wohl an dem damals noch einmaligen Flair Münchens und der Atmosphäre der Universität. Nicht zuletzt hatte ich nach dem Fortgang von Watson in Ingeburg eine Freundin, die selbst ihr Studium sehr ernst nahm, sodass wir immer beiderseits Verständnis für unsere Studienerfordernisse hatten. Wir hatten eine glückliche Zeit in einer Form, die heute wie ein Märchen klingt. Ingeburgs möbliertes Zimmer in der Rothermundstraße habe ich einmal betreten, um sie abzuholen, und wenn wir auf unseren Bergwanderungen auf einer Hütte, beim Segeln auf der Insel übernachteten, änderte das nichts. Wir waren glücklich, zusammen zu sein. Wenn Gott Amor damals erstmals seinen Bogen für mich gespannt hat, sein Pfeil hat mich wohl nur geritzt, und den zweiten hat er nach kurzem Zögern wieder in den Köcher gesteckt mit dem Gedanken: „Du entgehst mir schon nicht." Vielleicht hat bei Ingeburg der Pfeil tiefer gesessen. Dass dies so war, habe ich erst vier Jahre später erfahren. Zum Schluss des Sommersemesters wurde ich von meinen Eltern, insbesondere von meiner Mutter, aus München abberufen. Ich hatte wohl in meinen Briefen zu viel von den Barockkirchen Bayerns, von dem gemeinsamen Besuch der musikalischen Frühmesse in der

Theatiner Kirche und nicht zuletzt von Ingeburg, die nicht praktizierende Katholikin war, geschwärmt. Meine Mutter hat mir später gesagt, sie hätte befürchtet, ich sei auf dem Wege, zum katholischen Glauben überzutreten. Ich habe nie herausbekommen, aus welchen Gründen das für sie das rote Tuch war. Jedenfalls meinten meine Eltern, ich könnte mich doch mit Zwischenstation in Berlin wieder langsam nach Norden orientieren. Von den Beweggründen meiner Mutter erfuhr ich, als ich in den Ferien mit der zwischen uns gewohnten Offenheit auch viel von Ingeburg erzählte, mit der ich, wie sie wusste, weiter korrespondierte. Als ich ihr dabei lebhaft unsere Herzensfreundschaft schilderte, hat sie mich sehr nachdenklich angesehen und gesagt: „Mein lieber Junge, eine Freundschaft zwischen Mann und Frau gibt es so nicht, es ist immer etwas Liebe dabei." Wie sehr sie in diesem Fall wohl Recht hatte, ist mir, wie ich schon andeutete, erst Jahre später gesagt worden; doch davon später.

Bei dem Rückruf durch meine Eltern muss ich noch erwähnen, dass ich gerne noch zwei Semester nach Lausanne gegangen wäre, eine Universität, deren juristische Fakultät einen hervorragenden Ruf hatte und hat. Sie hätte mir die Gelegenheit geboten, neben dem internationalen und französischen Recht die in sieben Schuljahren erworbenen Kenntnisse der französischen Sprache zu vervollkommnen. Ich habe meinen Vater nie darauf angesprochen, bin aber heute überzeugt, er hätte auch das finanziert. Es überwog aber der Wille, wegen meines Alters mein Studium so schnell wie möglich abzuschließen und zum anderen, wegen meiner doppelten Ausbildung, meinen Vater möglichst bald zu entlasten. Die Unterlassung dieser Frage an ihn habe ich immer als einen Fehler betrachtet. Mein berufliches Leben wäre sicher anders verlaufen, insbesondere, als wir nach dem Zusammenbruch 1945 unseren Wunsch, baldigst auszuwandern, nicht verwirklichen konnten.

So verbrachte ich die Semesterferien wieder im schönen Elternhaus, horchte auf die nachbarliche Abendmusik und konnte in aller Ruhe den Stoff meiner drei Semester verarbeiten. Aber vom 13. August bis 1. Oktober 1934 machte ich auch wieder Urlaubsvertretung bei der Bank.

Zum Wintersemester ging es dann Anfang November nach Berlin. Ich fand schnell ein möbliertes Zimmer in der Albrechtstraße, von wo ich über die Fußgängerbrücke über die Spree und unter dem Bahnhof Friedrichstraße hindurch zu Fuß die Friedrich-Wilhelm-Universität und die Staatsbibliothek sowie die Vorlesungen im Prinz-Heinrich-Palais, der von den Berlinern so genannten „Kommode", erreichen konnte. Damals lehrte noch – wohl zum letzten Mal – der berühmte Martin Wolff das Sachenrecht des BGB, aber auch sonstige Kapazitäten wie Prof. Titze, der Staatsrechtler Triepel u. a. Bei Prof. Dersch hörte ich nachmittags Arbeitsrecht. Er las natürlich das nach 1933 neu gestaltete Arbeitsrecht, das uns Studenten mit seiner scheinbaren Aufhebung des Gegensatzes von Unternehmer und Belegschaft sowie der Verankerung des Arbeitsfriedens unleugbar einleuchtete, wobei ich mich noch aus meiner

Lehrzeit Anfang der Dreißigerjahre an die negativen Auswirkungen der Streiks erinnerte und an die Entwicklung der italienischen Wirtschaft aufgrund der dortigen Carta del lavoro. Wenn ich jedoch geglaubt hatte, in Berlin in gleicher Weise wie in München voranzukommen, hatte ich mich sehr geirrt. Ich schrieb auf dem Gebiet des Sachenrechts und Familienrechts schlechte Arbeiten, geschweige denn im Strafrecht, gegen das ich im Gegensatz zu vielen Kommilitonen eine tiefe Abneigung hatte, die mich zeit meines Lebens begleitet hat. Da ich dieses Desaster bald merkte, wanderte ich eines Tages durch das Brandenburger Tor in den Tiergarten, und auf einer Bank dort legte ich mir die Frage vor, was ich machen sollte und überhaupt wollte – Jura oder Volkswirtschaft? In Erinnerung an den Rat des Herrn von Knebel-Döberitz fiel die Entscheidung zugunsten der Jurisprudenz nicht schwer. Der spätere Erfolg hat gezeigt, dass die Entscheidung richtig war. Ich habe sie nie bereut. Ich überwand sogar zeitweise meine Antipathie gegen das Strafrecht, weil ich das Glück hatte, mit dem hervorragenden Prof. Metzger einen Dozenten zu haben, der es verstand, selbst mir dieses Gebiet zu erschließen. Trotz aller Verlockungen durch die Vorlesungen an der benachbarten Hochschule für Politik konzentrierte ich mich völlig auf mein Fach. Die vorlesungsfreien Nachmittage oder deren Rest verbrachte ich in der benachbarten Staatsbibliothek, um dort in dem schönen Lesesaal mit Hilfe von Kommentaren und Lehrbüchern meine Lücken zu schließen. Eine Ausnahme; auch eine Entspannung war der Besuch eines in der Universität abgehaltenen Sprachkursus „Italienisch". Der Kursus war sehr interessant, weil der Leiter, ein Prof. Vincenti, ihn mit Gesprächen über Land und Leute ergänzte. Er war beauftragt, ein Institut, wenn ich mich recht erinnere, für Zeitgeschichte in Rom aufzubauen, und er suchte dafür auch deutsche Mitarbeiter. Das interessierte mich natürlich sehr. Ich hätte mich gerne für die Zeit nach dem Examen angemeldet. Prof. Vincenti hätte mich auch angenommen, musste aber verlangen, dass ich hierfür das Studium unterbreche. Dazu konnte ich mich aber nicht entschließen. Wie gut dieser schwere Entschluss war, stellte sich nach dem Krieg heraus. Nach dem Sturz von Mussolini und der Auflösung der Partito fascisto 1944 war in der Presse zu lesen, dass besagtes Institut der Auslandsorganisation der NSDAP angegliedert war und Prof. Vincenti verhaftet wurde. Gestützt auf meinen persönlichen Eindruck, bin ich überzeugt, dass man ihm keine Übeltaten vorwerfen konnte.

Einschließlich dieses Sprachkursus spielte sich mein Leben eigentlich nur zwischen der Albrechtstraße, der Universität und der Staatsbibliothek ab. Wenn ich spät aus der Bibliothek kam, wanderte ich gerne, um noch Bewegung und frische Luft zu haben, die „Linden" entlang zum Pariser Platz. Im Licht der Straßenbeleuchtung, bei dem lebhaften Verkehr der Automobile, aber auch der Passanten, war das auch bei Regen und Schnee immer schön und anregend. Seit dieser Zeit gehört das Bild der Straße „Unter den Linden" im Regen und mit den Spiegelungen auf dem Pflaster von

Lesser Ury zu meinen Lieblingsbildern. Auf dem Rückweg konnte man sich Ecke Friedrichstraße/Unter den Linden in einem Automatenrestaurant für, wenn ich mich recht erinnere, 20 Pfennig das Stück einige belegte Brötchenhälften aus den Automaten ziehen und zu Hause bei einer Kanne Tee verzehren

In politischer Hinsicht hatte das Studium in Berlin den großen Vorteil, dass man völlig unbehelligt blieb. Das besonders intensiv betriebene Studium hatte auf der anderen Seite den Nachteil, dass sich wie in dem oft zitierten Elfenbeinturm das Leben draußen abspielte, im Pendel zwischen Studierstube und Universität nicht erfasst wurde. Die Nähe der Wilhelmstraße machte sich nur einmal ganz harmlos bemerkbar, als ich eines Abends bei leichtem Schneefall in der frischen Winterluft wieder einmal nicht gleich nach Hause ging, sondern zum Brandenburger Tor bummelte. Auf dem zu dieser Zeit fast menschenleeren Pariser Platz war zwischen einem Mann im schwarzen Ledermantel und mehreren Kindern eine Schneeballschlacht im Gange. Die Stimme kam mir durch den Rundfunk bekannt vor, und richtig, es war der Propagandaminister Josef Goebbels. Ich habe ihn nie wieder gesehen, weder in Veranstaltungen noch bei meiner späteren Arbeit in der Neuen Wilhelmstraße.

Wegen des Nachholbedarfs bei den Studien war auch der Konzert- und Theaterbesuch nur beschränkt möglich, was in Berlin besonders betrüblich war. In der Zeit, bevor ich zum Weihnachtsfest nach Stralsund reiste, war ich aber doch in einem Konzert der Berliner Philharmoniker unter Kleiber, zu einem Chopin-Abend im Beethovensaal mit dem Pianisten Borgatti. Auch Frederic Lammond und Elly Ney habe ich gehört. Im Theater war ich nach meinen Notizen nur am 11. Dezember im Schauspielhaus am Gendarmenmarkt und habe von Scribe „Das Glas Wasser" gesehen. Leider weiß ich nicht mehr, wer dort gespielt hat Ein großes Erlebnis war auch ein Tanzabend der berühmten Gret Palucca.

Die Intensivierung des Studiums bewirkte immerhin, dass ich am Ende des Wintersemesters 1934/35 Berlin mit den in diesem Stadium erforderlichen Bescheinigungen verlassen konnte. Obwohl ich die vielfältigen Möglichkeiten der damaligen Reichshauptstadt nur wenig hatte nutzen können, fiel mir der Abschied nicht leicht. Der Wunsch aus meiner Schulzeit, hier möchtest du mal leben und arbeiten, hatte sich in diesen Monaten nur verstärkt. Etwas Wichtiges muss ich aus dieser Zeit noch nachtragen. Unter den in der Universität von Zeit zu Zeit stattfindenden abendlichen Vorträgen berufsberatenden Charakters war im Laufe des Semesters der Vortrag eines Legationsrats aus dem Auswärtigen Amt. Er trug sachlich vor, was den erwartete, dem es gelang, nach Prädikatsexamen als Attaché in die Dienste des AA zu treten. Er zerstreute populäre Ansichten, dass internationale Abmachungen beim Sektfrühstück oder Abendessen abgeschlossen würden, und wies vor allem darauf hin, dass das Gehalt eines Attachés angesichts seiner gesellschaftlichen Verpflichtungen, der notwendigen Garderobe usw. nicht ausreichend, also ein Zuschuss von Hause notwendig sei. Noch wesentlicher erschien mir aber, dass der Vortragende sagte, dass, abgesehen von den Spitzen, im AA nicht anders gearbeitet würde als in einem großen Landratsamt. Vor allem ließ er durchblicken, dass die Bedeutung des Auswärtigen Amtes angesichts der Tatsache, dass die NSDAP eine eigene Auslandsorganisation aufgebaut habe, ständig zurückgehe. Sie griffe in alle Gebiete ein, beanspruche insbesondere, über die politische Zuverlässigkeit der Auslandsbeamten zu urteilen, Ernennungen und Beförderungen maßgebend zu beeinflussen. Der 1933 noch aus der Diplomatie gekommene Außenminister Freiherr von Neurath war der Partei nicht gewachsen. Berater des Führers und Reichskanzlers war von Ribbentrop. Das alles ging mehr oder weniger klar aus dem Vortrag hervor. Ich lernte daraus, dass ich es bei der Kombination von Kaufmann und Jurist belassen sollte. Vorbei war der Traum, einmal Gesandter in Helsinki zu werden.

Zurück in Stralsund wurde ich wieder Fahrstudent. Vor mir lagen das fünfte und sechste Semester als vorgeschriebene Mindestzahl, und da ich mich gerne nach dem sechsten Semester zum Examen melden wollte, mussten die beiden Semester auch der Examensvorbereitung dienen. Daher kamen leider Urlaubsvertretungen in der Bank nicht mehr in Frage. Mit Ausnahme des Wochenendes fuhr ich täglich nach Greifswald. Soweit ich nicht noch Vorlesungen zu besuchen hatte, verbrachte ich die Zeit im Juristischen Seminar, das vom Bahnhof und der Universität leicht zu erreichen war. Dort saßen in den großen Zimmern, in denen für jedes Fachgebiet eine umfangreiche Handbibliothek bereitstand, höchstens ein halbes Dutzend Studenten; eine im Vergleich zu den heutigen Verhältnissen ideale Situation, um in Ruhe arbeiten zu können. Man konnte die benutzten Bücher ruhig auf dem Tisch liegen lassen, um schräg gegenüber einen privaten, billigen Studentenmittagstisch aufzusuchen oder in der nahe gelegenen Bäckerei für ein paar Groschen eine sehr nahrhafte Scheibe Studentenfutter zu holen. Sie schmeckte sehr gut, aber undefinierbar, weil in ihr alle in den letzten Tagen nicht abgesetzten Kuchen und Tortenstücke verarbeitet waren, gehört aber zu den Kleinigkeiten, an die man sich gerne erinnert. Sonst ist für diese Zeit in meiner Erinnerung ein weißer Fleck. Die Semester müssen abgelaufen sein, ohne dass sich in Greifswald oder in Stralsund irgendetwas Besonderes ereignet hat. Auch hohe Wellen der Politik wurden zwar registriert, aber letzen Endes doch wieder nur zur Kenntnis genommen. Anfang März 1936 hatte Hitler im Reichstag in einer bejubelten Regierungserklärung die Remilitarisierung des Rheinlandes verkündet. Gleichzeitig marschierten deutsche Truppen über die Hohenzollernbrücke in Köln über den Rhein. Die Begeisterung der deutschen Bevölkerung quer durch alle Schichten war, wie 1933, wieder groß. Alle Befürchtungen – auch die meines Vaters –, Franzosen und Engländer würden wegen des neuerlichen Vertragsbruchs mit Truppen eingreifen, stellten sich als gegenstandslos heraus. Trotz Bedenken seitens der Wehrmacht und des Auswärtigen Amtes hatte Hitler mit seinem Wagemut und der

Beurteilung der Lage wie bei der Einführung der Wehrpflicht und Aufrüstung wieder einmal Recht behalten. Da Hitler in seiner Regierungserklärung sein Versprechen vom Vorjahr wiederholte, dass Deutschland in Europa keine territorialen Ansprüche geltend mache, Nichtangriffspakte in Ost und West anbot, ja sogar die Rückkehr in den Völkerbund, glaubte der Student, sich ruhig in seinem Studiersessel zurücklehnen zu können, um sich weiter auf das bevorstehende Examen vorzubereiten. Im Laufe des siebten Semesters reichte ich meine Anmeldung zum Examen ein. Das Referendarexamen fand am Oberlandesgericht Stettin statt. Es hatte seinen Sitz in dem auf einer Anhöhe gelegenen Schloss, das einmal bis 1637 Residenz der Pommerschen Herzöge gewesen war. Mit seinem großen Hof, der Schlosskirche mit der Turmuhr, die ein Gesicht darstellte mit beweglichen Augen und Zunge, Datum und Mondwechselzeichen u.s.w., war es mir durch die Ausflüge von Stargard nach Stettin gut bekannt.

Das Examen fand unter dem Vorsitz des Oberlandesgerichtspräsidenten Kuhlenkamp am 10. November 1936 statt. Im Gegensatz zu dem späteren Assessorexamen kann ich mich zu meiner Verwunderung überhaupt nicht an die Besetzung sowohl bei den Prüfern wie bei den Kandidaten erinnern. Ich weiß nur, dass ich wie bei dem Abiturientenexamen keine Angst hatte, weil ich überzeugt war, mit Erfolg studiert zu haben. Das mussten die Prüfer dann auch mit der Note „gut" anerkennen. Noch am Nachmittag fuhr ich zurück nach Stralsund. Meine Eltern waren erfreut und ich mit ihnen, dass ich das hinter mir hatte. Unserer Art gemäß war die Freude keineswegs überschäumend, und ich kann mich auch nicht erinnern, dass nun besonders gefeiert wurde. Wir betrachteten zusammen das Ergebnis als selbstverständlich, aber mein Vater schüttelte doch den Kopf, als ich ihm erklärte, das Assessorexamen müsse besser ausfallen, und ich freue mich, dass er das noch erlebt hat. Mit der Ernennung zum Gerichtsreferendar und damit dem Beginn der Ausbildung ließ ich mir noch Zeit, um mich erst an der Universität nach einem „Doktorvater" und einem Thema umzusehen. Für mich kam nur das Zivilrecht und speziell das Gesellschaftsrecht in Frage. Prof. Molitor war bereit, mich als Doktoranden anzunehmen. Er machte mich auf die ersten Ansätze einer Rechtsprechung zum Anfechtungsrecht im Gesellschaftsrecht aufmerksam. Wichtig war sein Hinweis auf ein 1933 erschienenes Buch des Amerikaners Llewellyn „Präjudizienrecht und Rechtsprechung in Amerika". So entstand für meine künftige Arbeit das Thema: „Die Nichtigkeit des Beitritts zu Vereinen und Gesellschaften des Handelsverkehrs". Damit konnte ich mich erst einmal bis zum Sommer 1937 von Stralsund aus mit Hilfe der Universitätsbibliothek und der Literatur im Juristischen Seminar beschäftigen. Die Ausarbeitung und der Abschluss der Arbeit konnten während der Referendarausbildung und später als Fakultätsassistent nur in den stillen Nachtstunden reifen.

Wegen meiner Arbeit in der Fakultät konnte ich auch erreichen, den Vorbereitungsdienst an den Greifswalder Gerichten zu absolvieren. Ich musste deswegen wieder zum Oberlandesgericht nach Stettin fahren. Bei der Besprechung meiner Ernennung zum Referendar erklärte mir Herr Präsident Kuhlenkamp überraschend, für den angehenden Beamten sei es wohl selbstverständlich, in die Partei einzutreten, um nicht die Zulassung zur Ausbildung zu riskieren. 1946 ist mir in einem damals so genannten „Persilschein" bestätigt worden, dass dies das bei ihm übliche Verfahren war. Vermutlich war diese massive Werbung seiner eigenen Stellung nützlich. Da ich fest entschlossen war, nach der zweiten Staatsprüfung auf keinen Fall Beamter zu werden, mich aber andererseits nach dem erfolgreichen Abschluss des Studiums nicht damit begnügen wollte, „Schmalspurjurist" zu sein, war seine Erpressung erfolgreich, und er reichte mich, wie ich später feststellte, als Parteianwärter des Jahrgangs 1937 ein. Die Anwartschaft ist sicher später in eine reguläre Mitgliedschaft umgewandelt worden. Ich hatte aber das Glück, durch meine vielen Ortswechsel und später im Krieg von einem persönlichen Kontakt mit den örtlichen Parteistellen verschont zu bleiben. Der Satz von Rolf Hochhuth: „Ohne Zugeständnisse zu machen, kam kein einziger Untertan Hitlers davon", soll keine Entschuldigung sein, aber eine Entlastung. Für mich war die Hauptsache, ich bekam meine Ernennung und konnte meinen Vorbereitungsdienst antreten.

Ein möbliertes Zimmer fand ich in Greifswald in der Bahnhofstraße, nicht weit vom Juristischen Seminar, den Gerichten und fast gegenüber der Villa, die Prof. Molitor bewohnte. Leider war es ohne einen Sonnenstrahl nach Norden gelegen und im Winter sehr kalt. Das hat mir, wie sich später herausstellte, gesundheitlich sehr geschadet

Mein Dienstantritt als Referendar war am 21. August 1937. Da man in dieser Eigenschaft Beamter auf Widerruf war, musste mich Oberamtsrichter Rhiensberg erst einmal vereidigen. Ich muss gestehen, dass ich mir über diese Zeremonie nicht weiter den Kopf zerbrochen habe, und Herr Rhiensberg machte auch keine große Sache daraus. Später bin ich zu der Ansicht gekommen, dass der Eid nur im gerichtlichen Verfahren als Hilfsmittel der Wahrheitsfindung notwendig und brauchbar ist. Alle anderen in den Jahrhunderten entwickelten Formen des Eides auf König, Volk, Vaterland, den Führer und jetzt wieder auf die Verfassung sind nur Hilfsmittel, das Individuum vermeintlich stärker an eine bestimmte Verhaltensweise gegenüber Sachen, Personen oder gar Weltanschauungen zu binden, und deshalb problematisch.

Die Ausbildung in allen Zweigen der amtsgerichtlichten Tätigkeit begann in der Geschäftsstelle und in der Gerichtskasse, führte dann zu den höheren Weihen der Lieferung von Beschluss-, Urteils- und Verfügungsentwürfen. Es war eine Freude, bei einem alterfahrenen Richter wie dem Oberamtsrichter Rhiensberg, aber auch bei anderen zu arbeiten, und er freute sich seinerseits, dem Referendar am Ende der Station bescheinigen zu können, dass dessen Befähigung weit über dem Durchschnitt lag und er ein über seine Jahre hinaus reifer und gefestigter Mensch war. Ich werde noch sagen, warum ich diese erste Beurteilung hier noch weiter zitiere: „Die Befähigung des Referendars liegt weit über dem Durchschnitt. Er verbindet mit einer leichten Auffassungsgabe hervorragende Rechtskenntnisse und praktisches Verständnis für die Behandlung des einzelnen Falles. Er bewies im Vorschlagen der einzelnen Entscheidung sowohl in rechtlicher wie in wirtschaftlicher Hinsicht ein sehr gesundes Urteilsvermögen. Die von ihm gelieferten Beschluss-, Urteils- und Verfügungsentwürfe waren fast restlos ohne Änderung praktisch brauchbar. Diesen guten Gesamtleistungen entspricht das Maß der Ausbildung, das mindestens als gut zu bezeichnen ist …" Diese Beurteilung in der ersten Ausbildungsstation zitiere ich, weil sie sehr wichtig war. Aus meiner Tätigkeit als Kaufmann wusste ich, dass spätere Zeugnisschreiber gerne auf frühere Zeugnisse zurückgreifen und der Grundtendenz nur noch die erforderlichen Lichter oder auch einmal Schatten aufsetzen. Tatsächlich blieb es mit teilweise steigender Tendenz in den weiteren Ausbildungsstationen bei dieser Beurteilung, womit der Grundstein für das spätere Assessorexamen gelegt wurde.

Die Fortsetzung des Vorbereitungsdienstes erfolgte dann am benachbarten Landgericht ab 2. März 1938. Schon während meiner Ausbildung am Amtsgericht wurde ich ab 1. September 1938 Assistent in der Rechts- und Staatswissenschaftlichen Fakultät. Neben meinem Doktorvater Prof. Molitor assistierte ich vor allem dem Verwaltungsrechtler Prof. Köttgen, der zu dieser Zeit auch Dekan war. Er hatte sich sehr für meine Bestallung eingesetzt, als der NS-Studentenbund sich aus politischen Gründen gegen meine Berufung aussprach. Köttgen erklärte aber kühl: „Entweder der, oder die Stelle wird gar nicht besetzt." Er hatte wohl politisch eine starke Position, denn er wurde, wenn ich mich recht erinnere, im Laufe des Krieges als Polizeipräsident nach Kattowitz dienstverpflichtet. Gerade mit ihm konnte man aber über Missstände in der Verwaltung und Justiz sprechen. Besonders ist mir in Erinnerung geblieben ein Gespräch bei einem gemeinsamen Spaziergang durch die Wallanlagen. Ich hatte gefragt, warum bedauerlicherweise die Stellung des ehemals königlich-preußischen und noch in der Weimarer Zeit hoch angesehenen Landrats durch den Einfluss des Kreisleiters der NSDAP mit für die Verwaltung so abträglicher Wirkung derartig abgewertet werden konnte. Er widersprach mir nicht, sagte nur nachdenklich: „Das sind im Vergleich zum Absolutismus die heutigen Imponderabilien des Staates."

Die Tätigkeit als Assistent war ebenso interessant wie arbeitsreich. Sie machte mir Freude als Ergänzung der von mir als etwas einseitig empfundenen richterlichen Ausbildung. Drei Wochen vor Antritt hatte ich am 8. August, wieder mit dem Prädikat „gut", die „Würde eines Doktors der Rechte", wie es in der Urkunde heißt, erhalten. Ich war mir bewusst, dass man am Beginn meiner Tätigkeit beobachtete, ob ich den Ansprüchen gewachsen sein würde. Diese waren nicht gering, weil mein Vorgänger als Assistent von Prof. Köttgen Dr. Werner war, dessen enormes Wissen und Eloquenz ich schon als Student kannte. Seine spätere Laufbahn hat ihn ja auch bis zur Stellung des Präsidenten des Bundesverwaltungsgerichts geführt. Wie Dr. Werner wurde ich mit der Abhaltung von Wiederholungs- und Klausurkursen ebenso wie mit der Abhaltung von Übungen auf dem Gebiet des Verwaltungsrechts betraut. Später, als Prof. Köttgen im Kriege dienstverpflichtet wurde, kam die Abhaltung von Vorlesungen dazu. Sehr schnell merkte ich, wie Recht Prof. Molitor hatte, als er mir zu Beginn meiner Tätigkeit sagte, er als routinierter vieljähriger Lehrer brauche immer noch für jede Vorlesungsstunde zwei Stunden Vorbereitung.

Sowohl mein Vorbereitungsdienst als auch die Tätigkeit als Assistent wurden für rund ein Jahr unterbrochen durch ein Ereignis und seine Folgen, das zu denen gehört, mit denen man nie rechnet und denen man anfangs wehrlos ausgesetzt ist, die aber im Laufe der Jahre ihren inneren Sinn offenbaren. An einem Wochenende zu Hause in Stralsund erzählte mir mein Vater, am Stammtisch habe ihn der Wehrbezirksbeauftragte darauf angesprochen, ob nicht sein Sohn, auch wenn er nicht mehr wehrpflichtig sei, freiwillig eine 6–Wochen-Übung machen sollte. Mein Vater, in Erinnerung an seinen Militärdienst zu Kaisers Zeiten, lange vor dem Ersten Weltkrieg, meinte trotz seiner Erfahrungen in diesem Kriege, dass ich mich dem nicht entziehen sollte. Ganz im alten konservativen Denken meinte er auch, dass es auch einmal beruflich förderlich sein könnte, den Weg zum Reserveoffizier einzuschlagen. An die Möglichkeit eines Krieges dachte damals angesichts der ständigen Friedensbeteuerungen der Regierung niemand. Die Rückkehr des Saarlandes mit der Volksabstimmung 13. Januar 1935, die Einführung der Wehrpflicht und die Aufrüstung, sogar die von uns und sehr vielen anderen mit Sorge betrachte Besetzung der entmilitarisierten Zone im Rheinland, die hochgradige Verletzung des Versailler Vertrages, das alles war ohne nennenswerte Reaktion der ehemaligen Feindmächte vonstatten gegangen. – Alle Welt bewunderte Hitler und sein Gespür für den richtigen Zeitpunkt solcher Aktionen, womit er, wie wir heute wissen, auch Bedenken der Führung der Reichswehr und des Auswärtigen Amtes überging. Meine Erinnerung an das Lager in München hatte ich offenbar auch völlig verdrängt. Es hat mich sogar gelockt, mich zur Luftwaffe zu melden und auf diese Weise zur Erfüllung meines Wunsches zu kommen, fliegen zu lernen. Kurz und gut, oder vielmehr schlecht, ich erklärte mich bereit. Als Erstes stellte sich aber, rückblickend gesehen, erfreulicherweise heraus, dass einzelne Söhne zu einer 6-Wochen-Übung bei der Luftwaffe nicht angenommen wurden. So landete ich, zwar auch mit der Aussicht auf die blaue Uniform, beim Gegenteil, der Flugabwehr. Am 27. Mai, kurz vor Pfingsten 1938, trat ich meinen Dienst unter Beurlaubung vom Vorbereitungsdienst und von der Universität beim Flakregiment 44 in Berlin-Lankwitz an.

Nach Empfang der Sachen einschließlich einer nagelneuen Ausgehuniform begann es „auf Stube" wieder mit dem Bettenbauen, dem richtigen Stapeln der Taschentücher usw. Ich hatte aber das Glück, dass einer der Kameraden der sechs, die wir auf der Stube waren, mir beim Bettenbauen sachverständig half, sodass wir vom ersten Tage an beim diensthabenden Unteroffizier nicht auffielen. Die Infanterieausbildung der ersten Tage mit Gepäck über die Eskaladierwand, dem schon in München geübten Robben usw. strengte mich sehr an. Wir sollten auch schon nach einer Woche, am Freitag vor Pfingsten, vereidigt werden, und zur allgemeinen Freude sollte es Pfingsturlaub geben. Eine Erwartung meiner Kameraden wurde allerdings enttäuscht: Es gab nur Urlaub in Zivil. Nach Ansicht unserer Ausbilder konnten wir noch nicht vorschriftsmäßig grüßen, um in freier Wildbahn einem Vorgesetzten begegnen zu können. Mir erschien es schwieriger, einen Vorgesetzten rechtzeitig zu erkennen. In dieser Ansicht wurde ich bestärkt durch einen Scherz, den ich mir auf dem Kasernenhof leistete. In einer Freistunde hatte ich die neue Uniform angezogen, um mal aus dem Drillichzeug herauszukommen, und war in die Kantine gegangen. Als ich zurückschlenderte, kamen mir zwei Kameraden von meiner Stube entgegen. Sie waren im Drillich und trugen einen Kessel. Als wir uns näherten, habe ich sie scharf angesehen, und prompt fuhren die Köpfe – Kinn an die Binde – zu mir herum. Was ich zu hören bekam, als ich sie freundlich begrüßte, brauche ich nicht zu beschreiben. Richtigen Anstoß erweckte ich aber erst, als ich es großartig fand, dass es nur Urlaub in Zivil gab. Im Gegensatz zu mir wollten die Kameraden doch stolz zu Hause ihren Frauen und Nachbarn die schöne Uniform vorführen.

Der Tag der Vereidigung war sehr heiß. Als wir in Reih und Glied mit dem Stahlhelm auf dem Kopf aufgebaut bereitstanden, fiel der eine oder andere wegen der Hitze um und wurde von Sanitätern als störend entfernt. Ich war etwas verwundert. Ich fand es gar nicht heiß, denn ich hatte Schüttelfrost und klapperte mit den Zähnen, sodass ich zwar dastand, aber der Zeremonie zu folgen nicht imstande war. Hauptmann Moneck hat dann sicherlich der versammelten Mannschaft den Eid vorgelesen, aber ob ich etwas mitgemurmelt habe oder nicht, habe ich später immer überlegt. Nach der Vereidigung war kein Dienst. Ich brauchte mich also nicht krank zu melden, zumal ich meine Heimreise zu Pfingsten nicht gefährden wollte. Bei dem schönen Wetter waren alle draußen, sodass ich mich auf meinem Bett in der Stube erholen konnte. Da es mir dann bald besser ging, habe ich den Symptomen keine Bedeutung beigemessen. Ich führte alles auf die Überanstrengung zurück.

Als ich mich am nächsten Tage in der Wachstube am Kasernentor abmeldete, ahnte ich nicht, dass ich nie mehr zurückkehren würde. Auf dem Stettiner Bahnhof führte eine lange Treppe zu den Bahnsteigen. Es war kurz vor der Abfahrt des D-Zuges nach Stralsund. Ich nahm zwei Stufen mit meinem Koffer auf einmal und konnte gerade noch den letzten Wagen erreichen. Als ich tief aufatmend in einem leeren Abteil auf die Bank sank, spürte ich ein leichtes Sprudeln im Hals, schmeckte, dass es Blut war, und schluckte und schluckte so lange, bis es nach geraumer Zeit aufhörte. Es zeigt das ganze fehlende Interesse für medizinische Fragen, dass der Sohn eines Arztes naiv dachte, es sei wohl infolge der neuen Anstrengung beim Erklimmen der Bahnhofstreppe im Hals ein Äderchen geplatzt. Es hatte ja wieder aufgehört. Geblieben war nur die große Freude, nach Hause zu kommen, der Kaserne, dem Stubenmief für eine Weile entronnen zu sein. Als mein Vater und zu meiner Überraschung Freund Wolfgang Jung aus Labes mich vom Bahnhof abholten, hatte ich schon alles vergessen. Es wurden schöne Feiertage mit Spaziergängen und Ausflügen nach Rügen, aber als mein Freund kurz nach Pfingsten wieder abreiste, bin ich zusammengeklappt und weiß von den nächsten Tagen nichts mehr. Mein Vater telegrafierte nach Berlin, dass der Kanonier P. erkrankt sei. Das Regiment unterrichtete zur Kontrolle die Marinegarnison. Da der Chefarzt des Marinekrankenhauses meinen Vater kannte, kam der Generaladmiralarzt selbst vorgefahren. Mein Vater hatte noch seinen Freund Dr. Albracht, Chefarzt des Krankenhauses, hinzugezogen. So standen drei Kapazitäten an meinem Bett und berieten, was dem Patienten fehlen könnte. Außer dem Fieber war, wie ich später hörte, beim Abhören der Lunge nichts festzustellen. Da ich mich an mein Erlebnis im Zug überhaupt nicht erinnerte, erfuhren die Herren davon auch nichts. Sie beschlossen, mich bald ins Krankenhaus bringen zu lassen.

An einem der nächsten Tage kamen zwei Marinesanitäter mit einer Bahre, um den Kameraden Flakkanonier dorthin zu fahren. Dr. Albracht legte mich auf den Röntgentisch, und damit kam für alle die bittere Wahrheit ans Licht. Ich hatte einige Kavernen in der Lunge, also – im erst später gelernten Tbc-Jargon – „die Motten". Meine Mutter hat mir später erzählt, wie meine Eltern, nachdem sie den Befund im Krankenhaus gehört hatten, betrübt und niedergeschlagen nach Hause gingen, zumal meine Mutter sich erinnerte, dass eine ihrer Schwestern an Tuberkulose gestorben war. Nach Abklingen meines Fiebers kam ich bald wieder nach Hause und verbrachte den Sommer hauptsächlich liegend auf dem Balkon. Mit der ärztlichen Betreuung durch meinen Vater und der guten Verpflegung meiner Mutter kam ich zusehends wieder zu Kräften, aber es stand auch fest, dass ich in ein Sanatorium gehen sollte. Im August war es dann so weit. Das Sanatorium Dr. Schulz in Oberschreiberhau im Riesengebirge war eine Empfehlung von Dr. Albracht, und er meldete mich dort an. Ich war so weit wieder auf den Beinen, dass ich allein reisen konnte. Viele Gedanken, was mich dort erwartete, habe ich mir wohl nicht gemacht. Weder meine Eltern noch ich fragten, wann ich wohl wieder zurückkehren würde. Den „Zauberberg" von Thomas Mann hatte ich noch nicht gelesen, wusste noch nicht, wie treffend er trotz nur einiger Besuche bei seiner Frau Katja im Schatzalpsanatorium in Davos die Atmosphäre eines solchen Hauses, die Ärzte und Patienten beschrieben hatte. Auf der Reise erinnerte ich mich aber daran, dass ich noch vor wenigen Monaten mit Freunden oberhalb von Klosters gewohnt hatte und dort wohl zum letzten Mal Ski gelaufen war. Die Serneuser Schwendi lag an der herrlichen Parsennabfahrt vom Weissfluhjoch oberhalb von Davos mit dem „Kreuzweg", dem „Derbyschuss" und dem „Zweiten Schuss". Damals gab es noch keine Skilifte, und um nicht jeden Tag den viele Stunden langen Aufstieg zur Parsennhütte oder zum Weissfluhjoch zu machen, leisteten wir uns nach schöner Abfahrt nach Klosters die Bahnfahrt nach Davos, weil dort die Bergbahn zur Schatzalp und weiter hinauf führte. Diese Erinnerungen gingen mir auf der Fahrt nach Oberschreiberhau durch den Kopf. Ich dachte an die Patienten, die ich auf ihren Liegestühlen auf den Balkonen der zahlreichen Sanatorien gesehen hatte, ohne zu ahnen, wie bald ich ihr Schicksal teilen sollte. Ich dachte an meine Aufnahmen von Luis Trenker, den wir bei einer Parsennabfahrt und Kaffeepause mit seinem ganzen Kamerateam in der Serneuser Schwendi trafen. Er drehte dort den Film „Liebesbriefe aus dem Engadin". Wir kamen ihm als Statisten gerade recht und tanzten nach seinen Anweisungen auf der Terrasse in der Nachmittagssonne. Wenn ich mich recht entsinne, spielte u. a. Anni Ondra mit, und wichtig war ein auf meinen Fotos auch erkennbarer Terrier, der bellen sollte, es aber partout nicht tat. Trenker wurde wütend: „Haltens eam doch a Kerzn untern Schwoaf." – Mit solchen und anderen Gedanken ging es nach Warmbrunn und von dort durch die schöne Vorgebirgslandschaft hinauf nach Oberschreiberhau.

Später sollte ich dann die Ähnlichkeit meiner Reise mit der von Hans Castorp von Hamburg nach Davos im „Zauberberg" entdecken, und wie Thomas Mann seine Person beschreibt, wird hoffentlich der Leser auch in mir „einen einfachen, wenn auch ansprechenden jungen Menschen kennen lernen". Nach meiner Aufnahme wurden mir erst einmal zwei Tage Bettruhe verordnet, da ich dort oben doch wieder etwas Temperatur hatte. Mein Zimmer lag nicht im Neubau des Sanatoriums, sondern in einem schönen, alten zweistöckigen Holzhaus im Park, welches in den Anfängen einmal das Wohnhaus nebst Praxisräumen des Chefs und Eigentümers war. Von meinem Bett aus konnte ich in den Park und auf den Kamm des Riesengebirges sehen. Bei offenem Fenster waren die fast zahmen Eichhörnchen ein ständiger Gast, und man durfte keine Kekspackung auf dem Tisch liegen lassen. Dr. Schulz gehörte zu den nach 1918 vertriebenen Balten. Er war mit seinem unverkennbaren Baltendeutsch sehr sympathisch und erinnerte mich an Erika Bidder aus Dorpat in meiner Kindheit, von der ich früher erzählt habe. Seine weiteren Untersuchungen in den nächsten Tagen führten zur Verordnung einer strengen Liegekur. Drei Stunden am Vormittag in oder vor der Liegehalle im Park, zwei Stunden Bettruhe nach Tisch und nachmittags von vier bis sechs Uhr wieder auf dem Liegestuhl, in der ersten Zeit nur ein Rundgang von zehn Minuten Dauer.

Nach drei Wochen eröffnete mir Dr. Schulz, dass er die rechte Lunge durch einen

Pneumothorax stilllegen, ich also mit einer längeren Behandlungsdauer rechnen müsse. Es war für mich gut, dass er sehr offen mit mir sprach. Ich sei der Sohn eines Arztes, und deshalb solle ich wissen, dass die kleinste Zeiteinheit, in der sich bei einer Lungen-Tbc etwas ändere, vier Wochen seien. Im Gegensatz zu anderen Patienten würde er mich weniger oft durchleuchten und untersuchen, was sonst das Bewusstsein des Patienten stärke, es werde laufend etwas für ihn getan. Es läge weitgehend allein bei mir, durch entsprechendes Verhalten nach seinen Direktiven zu meiner Heilung beizutragen. Nach einigen Tagen wurde der Pneumothorax angelegt. Da heute an seine Stelle Medikamente getreten sind, sei in die Erinnerung zurückgerufen, dass dieses 1907 von dem italienischen Arzt Dr. Forlanini entwickelte Verfahren darin bestand, dass unter Ausnutzung des Unterdrucks im Brustkorb, in dem der Lungenflügel hängt, mit einer hohlen Nadel über ein Messgerät ca. 800 bis 900 Kubikzentimeter Luft eingelassen wurden, welche die Lunge zusammenpresst und damit stilllegt, sodass die Kavernen sich schließen und verkalken können. Da die Luft, wenn auch langsam, entweicht, ist in gewissen Abständen eine Nachfüllung notwendig, in meinem Fall war es etwa alle drei bis vier Wochen. Nach einigen Tagen Bettruhe, als sich keine Komplikationen zeigten, konnte ich mich wieder in den regelmäßigen Tagesablauf einreihen und auf meinen Liegestuhl zurückkehren. Als ich in einem langen Brief meinen Eltern den Stand der Dinge berichtete und sie auf einen längeren Aufenthalt vorbereiten musste, wusste ich noch nicht, dass ich einmal, und das heute noch, sagen würde, die Zeit dort war eine der schönsten meines Lebens.

Für die Verteilung der Liegestühle in der Liegehalle, die bei schönem Wetter auch unter die Bäume im Park gestellt wurden, war Fräulein Heyland zuständig. Eine Dame mittleren Alters, sorgte sie neben Frau Schulz mit dem übrigen Personal als guter Geist des Hauses in jeder Beziehung für das Wohl der Patienten, während Dr. Schulz vor allem noch ein Assistenzarzt Dr. Fox und eine ebenfalls aus dem Baltenland stammende ältere Oberschwester Hildegard zur Seite stand. Ich denke heute noch mit großer Dankbarkeit an Frl. Heyland und ihre wohl durch große Lebenserfahrung geführte glückliche Hand zurück. Sie brachte mich in den ersten Tagen zu einem etwas abseits stehenden Liegestuhl neben dem einer Patientin, der sie mich, wie ich mir denken konnte, nicht ohne vorher ihr Einverständnis eingeholt zu haben, vorstellte. Nachdem ich von Frl. Heyland fachgerecht eingepackt war – auch das wollte gelernt sein –, kamen meine Nachbarin und ich ins Gespräch, und da ich ihren Namen verstanden hatte, konnte ich mir die Frage erlauben, ob sie mit einem gleichnamigen durch Aufsätze, Kommentare und Lehrbücher auf einem Spezialgebiet des Zivilrechts sehr bekannten Juristen verwandt sei. Es war ihr Schwager. So konnte es nicht ausbleiben, dass ich in den nächsten Tagen von meinem Werdegang, von dem Referendarius, Fakultätsassistenten erzählte, und was mich nach Oberschreiberhau verschlagen hatte. Von ihr hörte ich, dass sie schon lange krank war und vor kurzem die schwere Operation einer Rippenresektion durchgemacht hatte, bei der vom Rükken aus auf einer Seite die Rippen entfernt wurden, damit der erkrankte Lungenflügel zusammenfällt und eventuell ausheilen kann. Ohne es schon nachgelesen zu haben, war ich mir klar, dass nach einer solchen Rippenresektion auch bei etwaiger Ausheilung der Lungenflügel nicht mehr wiederbelebt werden kann. Nach unseren gegenseitigen Informationen kamen wir dann aber überein, uns an die Weisung von „Papa Schulz", wie ihn die meisten nannten, zu halten, so wenig wie möglich über Krankheit zu sprechen

Als ich in den Tagen darauf wieder einmal im Bett bleiben sollte, brachte mir die Schwester einen Brief von meiner Liegestuhlnachbarin, dem ein Zeitungsausschnitt mit einem Aufsatz zur Frage einer Reform der Juristenausbildung beigefügt war. Die wenigen Zeilen haben mich damals in der doch noch fremden Umgebung so tief berührt, dass ich sie immer aufgehoben habe. Nach dem Anfang auf der „juristischen Plattform" ging uns aber auch sonst der Gesprächsstoff nicht aus. Das Schöne war, dass jeder spürte, wann man mit seinen Gedanken oder einem Buch allein sein wollte. Es blieb nicht aus, dass Margret R. Schmerzen hatte und wohl auch bedrückende Gedanken; sie verkroch sich dann in ihre Decken, konnte aber die Tränen nicht verbergen. Da bin ich einer inneren Regung gefolgt, habe ihre Hand in die meine genommen und sie immer wieder gestreichelt. Ein strahlender Blick aus ihren schönen Augen durch die Tränen hindurch war ihr stummer Dank. Worte wären hier sinnlos gewesen. Anfangs durften wir beide nach dem Liegen nur eine halbe Stunde im Park spazieren gehen. Es war eigentlich gleich selbstverständlich, dass wir das zusammen taten. Es war noch vor der Anlegung meines Pneumothorax auf dem Gang um den kleinen See im Park, als ich sie fragte, ob ich ihr noch eine ganz andere Seite meines Lebenslaufes erzählen dürfe, und diese Erzählung schloss – ich konnte vor Aufregung und Herzklopfen kaum sprechen – mit dem Geständnis, dass ich mich mit 26 Jahren zum ersten Mal verliebt hätte, und zwar in sie. Ihre Antwort war, dass sie mir die Arme um den Hals legte und wir uns lange küssten. Ich hörte dann, dass sie nach ihrer Rückkehr aus dem Krankenhaus in Warmbrunn immer Angst gehabt hatte, dass oder wie der leere Liegestuhl neben ihr – gleich ob Mann oder Frau – belegt wurde, aber als sie mich im Speisesaal gesehen hätte und später gefragt wurde, ob man mir den Stuhl geben dürfte, war sie einverstanden.

In der folgenden Zeit haben wir nichts von der oft zitierten Monotonie des spärlich von Ablenkungen unterbrochenen Alltags im Sanatorium verspürt. Wir lebten in einer Traumwelt, und es begann eine unvergessliche Zeit. Wem ist es schon beschieden, mit dem geliebten Menschen fern vom Alltag vor den Toren und außer der Krankheit frei von täglichen Sorgen viele Monate zusammen zu sein! Es war die Welt, wie sie Thomas Mann so unvergleichlich im „Zauberberg" beschrieben hat. Auch wir sprachen von „denen drunten im Flachland". Ich ließ uns von der Universitätsbibliothek Greifswald eine Kiste mit Büchern kommen. Juristische Literatur, um nicht einzurosten, und auch andere, darunter den „Zauberberg". Mit dem Austausch über das Gelesene, mit Erzählungen, den Spaziergängen, im Winter mit Pferdeschlittenfahrten durch die verschneiten Wälder verging die Zeit wie im Fluge. Während ich aber Margret gerne von meiner schönen Kindheit, von dem schönen Zuhause bei meinen Eltern erzählte oder von meinen Erlebnissen als kaufmännischer Lehrling oder als Student, hörte ich von ihr nur wenig. Sie sprach von ihrer Kindheit in einem Forsthaus in Ostpreußen, dass sie aber nach ihrer frühen Erkrankung mehr im Sanatorium als daheim in Hohenwiese bei Schmiedeberg zu Hause war. Ihre Tochter war damals neun Jahre alt, konnte ihr also mit Briefen oder anders auch keine Stütze sein und hat sie auch in unserer Zeit nicht besucht. Ich hatte das Gefühl, dass sie, sehr nachdenklich, sich oft sehr einsam gefühlt hat. Es ist wohl selbstverständlich, dass ich keine Fragen gestellt habe.

Margret hatte schon immer geringen Kontakt mit den anderen Patienten gehabt. Ich war glücklich, dass ich die Ausnahme geworden war. Unsere Gespräche mit den anderen Patienten an der langen Tafel des Mittags- und Abendbrottisches genügten uns völlig, und wir waren zufrieden, dass man unsere Zweisamkeit respektierte Nicht nur Dr. Schulz hat sicher etwas gemerkt und hat es, wie meine Mutter später meinte, als ich ihr viel erzählt hatte, in seinen Heilungsplan einbezogen.

Nur einmal war er mit mir nicht einverstanden, als er bei der morgendlichen Visite auf der Liegehalle mit einem Blick das umfangreiche Lehrbuch von Ulrici über die Tuberkulose, das damalige Standardwerk, in meiner Hand entdeckte. „Was soll denn das? Das gefällt mir gar nicht, was Sie da lesen." – „Herr Dr. Schulz, ich habe mir das Buch leihweise mitkommen lassen. Ich habe Ihnen erzählt, wie naiv ich den ersten Symptomen der Krankheit gegenübergestanden habe. Ich will nun endlich mehr darüber wissen. Ich versichere Ihnen, dass ich das Buch nicht weitergebe, sondern bald zurückschicke. Ich werde auch weder Ihnen, geschweige denn anderen Patienten gegenüber von dem, was ich mir da anlese, Gebrauch machen. Es wäre schade, wenn Sie mit der Lektüre jetzt nicht einverstanden wären." – „Na, denn in Jottes Namen ..." Mit diesen in breitestem Baltendeutsch gesprochenen Worten ging Papa Schulz weiter, und wir haben das Buch auch nie wieder erwähnt. Ob von den anderen Patienten viel über Politik und ihre weitere Entwicklung gesprochen wurde, weiß ich nicht. In unser beider Zauberberg-Atmosphäre drang die Politik nur in markanten Fällen herein. Hierzu gehörte vor allem wegen der örtlichen Nähe die seit dem Mai schwebende sudetendeutsche Frage. Ohne die heute bekannten Einzelheiten der Verhandlungen und vorbereitenden militärischen Maßnahmen zu kennen, hatten alle Sorge, dass die Westmächte diesmal der Absicht, das Sudetenland dem Reich einzugliedern, energisch mit einem „Bis hierher und nicht weiter" entgegentreten würden, was für uns gleichbedeutend mit Krieg war. Stattdessen waren England und

Frankreich wieder zum Appeasement bereit. Es waren aufregende Stunden. Ich entsinne mich der Aufregung, als alle um die Lautsprecher saßen oder standen, um von dem Verlauf der Münchener Konferenz am 29./30.9.1938 zu hören und wie alle aufatmeten, als Chamberlain mit seinem Regenschirm wieder abgeflogen und zu Hause als Friedensbringer mit großem Jubel empfangen worden war. Nach diesem rückblickend unverständlichen Einlenken der drei Mächte England, Frankreich und Italien glaubten auch wir wieder an die ständigen Friedensbeteuerungen des „Führers und Reichskanzlers".

Wir kehrten nur zu gern wieder in unsere Traumwelt zurück und lebten weiter beide füreinander, ganz in dem Bestreben, wie es Thomas Mann so großartig ausgedrückt hat: „Um der Liebe und der Barmherzigkeit willen sollst du dem Tod keine Macht einräumen über die Gedanken."

Eine Unterbrechung, von der ich nach der Schilderung meiner Semester in München erzählen muss, war der Besuch meiner Freundin Ingeburg. Sie wusste durch meine Briefe, was mir widerfahren war. Es war ein herzliches, freudiges Wiedersehen, und sie saß schon am Vormittag bei uns in der Liegehalle Es gab viel zu erzählen. Ich hatte sie als Gast zum Mittagessen angemeldet, und so konnten wir den ganzen Tag im Hause bis zum Nachmittag zusammen sein. Nach ihrem Abschied auch von Margret brachte ich sie zum Bahnhof, und es war ein herzlicher, aber ernster und auch spürbar trauriger Abschied. Als ich wieder zurückkam, hatten wir noch eine halbe Stunde Liegezeit vor dem Abendessen, sodass ich mich noch auf meinem Stuhl einrichtete. Da sagte Margret zu mir: „Es war wohl für Ingeburg ein sehr trauriger Abschied." Meine Antwort war: „Ja, sie war irgendwie traurig." – „Sag mal, du ahnst wohl gar nicht, wie sehr sie dich liebt und nach dem, was du mir von deiner Münchener Zeit erzählt hast, immer noch liebt. Ich habe es sofort gespürt, als sie bei uns saß und mit dir sprach. Vor allem aber hat sie ganz schnell erkannt, dass wir uns lieben. Da kann sie nur sehr traurig abgefahren sein."

Wer meine Erzählungen aus der Münchener Zeit gelesen hat, weiß, wie mir erst jetzt die Augen geöffnet wurden; wie Gott Amor damals mit seinen Pfeilen – und Margret hatte wohl recht – so verschieden getroffen hatte, umso mehr wusste ich, dass diesmal sein Pfeil, gut gezielt, so tief saß, dass ich ihn bis heute nicht herausziehen konnte und wollte. So vergingen sieben Monate, und man wird verstehen, dass mich eines Tages die Eröffnung von Dr. Schulz, er könne mich weitgehend geheilt und durch den Pneumothorax geschützt nach Hause schicken, wie ein Keulenschlag traf. Ich konnte mir nicht vorstellen, dass ich von Margret und unserem „Zuhause" fort sollte, dass unsere Romanze zwar nicht zu Ende sein würde, aber weitgehend von der rauen Wirklichkeit „drunten im Flachland" überschattet werden sollte. Als ich nach der entscheidenden Untersuchung auf Liegehalle kam, sah mir Margret sofort an, dass etwas Ernstes passiert sein musste. Der ersten Vermutung, mein Leiden hätte sich verschlimmert, konnte ich schnell widersprechen, aber dann ... Der Abschied von Dr. Schulz und seiner wahrhaft väterlichen Fürsorge war auch nicht leicht. Als in der Ausbildung befindlicher Sohn eines Arztes war ich nach den damaligen Gepflogenheiten von der Bezahlung aller ärztlichen Leistungen befreit. Mein Vater trug nur die sonstigen Aufenthaltskosten, also für Unterkunft und Verpflegung. Ich wollte aber Dr. Schulz und seiner Frau ein kleines Zeichen des Vaters und meiner Dankbarkeit hinterlassen. Ich hielt deshalb Ausschau nach einem Bild für seine Wohnung oder die Praxisräume.

Es gab damals in Oberschreiberhau die „Künstlervereinigung St. Lukas", welche laufend in der Lukasmühle und im Hotel „Zackelfall" Ausstellungen ihrer Mitglieder veranstaltete. Beim Besuch der Gesamt- oder Einzelausstellungen der Künstler – um nur einige Namen zu nennen: Franz von Jackowski, Georg Wichmann, Hans Oberländer, Alfred Nickisch – hatten Margret und ich am Schluss des Durchgangs gerne das Spiel gespielt: „Welches Bild würdest du gerne mitnehmen?", und wir freuten uns, wenn wir schnell in der Beurteilung übereinstimmten. Nun wurde aus dem Spiel Ernst. Ich erwarb für „Papa Schulz" ein Bild von Oberländer. Ob es wohl Kriegsende und die Vertreibung überstanden hat? Ich wollte aber auch meinen Eltern eine Freude machen mit einem Bild, das sie an die sorgenvolle, aber nun überstandene Zeit erinnern solle. Ich suchte ein Bild „Frühling in Warmbrunn" von Alfred Nickisch aus. Es hing noch bis zum Tode meiner Mutter bei ihr und hat alle Kriegszeiten und Umzüge überstanden. Nun erinnert es mich vor allem an die Zeit mit Margret „da oben" in Oberschreiberhau.

Als ich Anfang Mai 1939 in Stralsund ankam, konnte ich mich bei aller Freude meiner Eltern, mich wiederzuhaben, und vom Mitgefühl meiner Mutter umgeben, nur langsam „im Flachland" wieder eingewöhnen. Meine Mutter hat mir später erzählt, dass ihr die Tränen gekommen sind, wenn sie mittags am Fenster mit dem Blick auf den Knieperteich, wo wir seit 1939 wohnten, mir entgegengesehen hat. Es ging ihr wie Mutter Hagedorn in Erich Kästners „Drei Männer im Schnee", als sie ihrem Sohn nachschaut: „Er geht krumm", dachte sie. „Wenn er krumm geht ist er traurig." Die Arbeit in Greifswald musste auch helfen, alles zu überwinden. Es blieb nur der Briefwechsel mit Margret und die Vergrößerung einer Aufnahme, die ich mit meiner Leica vor Weihnachten im Sanatorium gemacht hatte, die mich überallhin auf meinem Schreibtisch begleitete und Gegenstand unbefriedigter Neugier meiner verschiedenen Zimmerwirtinnen wurde.

Im Jahr 1940 sollte ich noch einmal einen längeren Urlaub im Gebirge machen. Meine Mutter begleitete mich in das schöne Igls in Tirol. Wir machten Ausflüge nach Innsbruck, das man mit der Straßenbahn erreichen konnte, und auf die Nordkette. Auf der Bergstation entdeckten wir das große Gemälde „Adolf Hitler in Ritterrüstung zu Pferde", der Gipfel des Kitsches und der Heldenverehrung. Mein Pneumothorax wurde im Gesundheitsamt in Innsbruck gefüllt. Zum Zeichen, dass es auch dabei spaßig zugehen kann, Folgendes: Der Arzt hatte mir nach der Durchleuchtung in dem ziemlich dunkel gebliebenen Raum die Kanüle zwischen den Rippen eingeführt, als er zu schimpfen begann, warum die Luft nicht in den Brustkorb hineinströmte. Ich lag auf der Seite und konnte daher auf den Fußboden sehen, sah dort einen langen Schlauch des Füllgerätes und sagte nur: „Die Luft kommt bestimmt, wenn Sie Ihren Fuß von dem Schlauch heruternehmen."

Als meine Mutter nach ca. zwei Wochen wieder nach Stralsund fuhr und ich sie zum Bahnhof in Innsbruck brachte, ahnte sie nicht, dass Margret schon in einem Café in der Maria-Theresien-Straße auf mich wartete, um mit mir nach Igls hinaufzufahren. Es ist eines der wenigen Male gewesen, dass ich meiner Mutter weder vorher noch später etwas erzählt habe. Wir hatten wieder eine schöne Zeit miteinander. Neue Erlebnisse und Eindrücke in der schönen Umgebung mischten sich mit unseren Erinnerungen. Es konnte aber nicht so sein wie im Sanatorium. Jeder Tag war überschattet von dem Bewusstsein, nur zwei Wochen zusammen zu sein bis zum Abschied. Bedrückend war auch die ungewisse Zukunft. Das Bewusstsein, dass ich erst im kommenden Jahr in das Assessorexamen, wenn auch zweifelsfrei mit Erfolg, gehen würde, führte zu der Frage, die mir meine Mutter sehr bald gestellt hat: „Was kannst du ihr denn außer deiner Liebe bieten?" Als ich aus Oberschreiberhau zurückkam, war es eine berechtigte Frage, die ich aber damals in ihrer Nüchternheit grausam empfand.

Hinzu kam, dass wir jetzt 1940 hatten. Jeder, der die Lage nüchtern sah, sich in der Geschichte auskannte, die Ausdehnung des Kriegsschauplatzes auf ganz Europa mit den drohenden USA im Hintergrund sah, konnte nur den Schluss ziehen, der Krieg ist verloren. Trotzdem hat Margret, wie ich in ihren Briefen lesen konnte, unsere schönen Tage in Igls sehr genossen. 1941 gab es nur noch ein kurzes Wiedersehen in Berlin. Sie war bei ihrer Schwester zu Besuch, weil an der Tochter eine Augenoperation vorgenommen werden musste. So konnten wir noch ein Wochenende am Scharmützelsee verbringen, aber als sie wieder zu ihrer Schwester fuhr, habe ich sie auf dem Bahnhof Friedrichstraße auf dem S-Bahnsteig hinter der sich schließenden Tür zum letzten Mal gesehen, auch wenn wir uns beide vorgenommen hatten, dass es das nicht sein sollte. Von dem Ergebnis meines Assessorexamens konnte ich sie noch brieflich unterrichten und ihre Freude hören, dass ich auch ihre Erwartungen nicht enttäuscht hatte. Danach wurden die Briefe immer seltener, auch als ich nach einem halben Jahr Pause beruflich wieder nach Berlin zurückkam. Ich hatte nur noch Kenntnis davon, dass sie nun doch wieder in einer Heilstätte Buchwald war. Als ich lange nach dem Krieg gehört habe, wie es 1945 in Hohenwiese und Buchwald zugegangen ist, denke ich immer noch, ob ich nicht doch etwas versäumt habe, ob ich nicht, trotz der täglichen Tages- und Nachtangriffe, dank meiner auch damals guten

Verbindungen hätte helfen können, Margret nach Heckeshorn zu verlegen, das auf der anderen Seite des Wannsees von den Bombenangriffen und bei der Eroberung von Berlin weitgehend verschont blieb. Wenn ich gehört habe, dass der Gesundheitszustand so war, dass auch das nichts mehr geändert hätte, hilft mir das nicht bei dem Gedanken, du hättest dich dort um sie kümmern können, und meinem Vorwurf, versagt zu haben. Ich hätte viel mehr tun müssen, um ihr das Bewusstsein zu geben, nicht allein zu sein. So kann ich nur noch hier festhalten, was ich nach Jahrzehnten gehört habe: dass sie bei Evakuierung der Tochter in den ersten Monaten 1945 dieser versicherte, sie käme aus der Heilstätte mit einem Lazarettzug nach, aber vermutlich selbst nicht daran geglaubt hat. So ist sie nach dem Bericht eines Pastors am 16. 10. 1945 einsam und allein in der Heilstätte Buchwald gestorben und auf dem Friedhof von Schmiedeberg begraben worden. Den Friedhof gibt es noch, das Grab nicht mehr.

Nach meiner Rückkehr aus dem Sanatorium musste ich u. a. meine seit längerem schwebende Auseinandersetzung mit dem Wehrmachtsfürsorge- und Versorgungsamt in Stettin wegen der Übernahme der Heilbehandlungskosten fortsetzen. Außer den Reisekosten hatte der sonstige Aufenthalt im Sanatorium erhebliche Aufwendungen meines Vaters erfordert. Ich hatte schon im August vor meiner Abreise Ansprüche gestellt. Das Amt war aber der Ansicht, dass ein Zusammenhang des Lungenleidens mit einer Dienstbeschädigung „nicht ausreichend wahrscheinlich" sei. Ich könne vorläufig keine Heilbehandlung zu Lasten des Reiches erhalten. Nach meinem sofortigen Widerspruch kam schon im Sanatorium der Bescheid vom 20. Oktober 1938, es sei mit an Sicherheit grenzender Wahrscheinlichkeit anzunehmen, dass ich im kranken Zustand meinen Dienst angetreten hätte, und auch eine Verschlimmerung sei nicht gegeben. Der Bescheid schloss lakonisch mit den Worten: „Der Verlauf der Krankheit muss vielmehr als schicksalsmäßig ablaufender tuberkulöser Prozess der Lunge angesehen werden." Gegen diese Auffassung wehrte ich mich mit einem noch im Sanatorium ausgearbeiteten langen Schriftsatz, in dem ich mich bemühte, den nach Ansicht des Amtes fehlenden kausalen Zusammenhang zwischen einer Woche Dienst und dem Ausbruch der Krankheit herzustellen. Ausschlaggebend dürfte mein nach Studium aller Vorschriften vorgetragenes Argument gewesen sein, dass außer der militärärztlichen Musterungsuntersuchung die vorgeschriebene weitere Einstellungsuntersuchung nicht gemacht worden war. Nun kapitulierte das Wehrmachtsfürsorge- und Versorgungsamt mit der Mitteilung vom 9. September 1939, dass die Kostenübernahme „ausnahmsweise" genehmigt worden sei.

Dank meines guten Freundes Hans-Joachim Rückert hatte ich bei meiner Rückkehr nach Greifswald seine Nachfolge in einem sehr gut möblierten Zimmer bei der sehr freundlichen und immer bemühten Frau Fine Jeschner in der Gützkower Straße angetreten, in das vor allem bis zum Mittag die Sonne schien. Dort saß ich eines Morgens im September am Frühstückstisch in der Sonne, als der Geldbriefträger kam und mir einen größeren Betrag auszahlte, mit dem Zusatz, er käme morgen noch mal, er habe nicht so viel Geld mit sich herumtragen wollen. Mit der Nachzahlung auch der Versorgungsbezüge waren es immerhin zusammen über 2.500 Reichsmark. Die Wehrdienstbeschädigung war damit also auch für das Versorgungsamt anerkannt. Bis zum 16.8.1940 galt ich als 100 Prozent schwerbeschädigt und danach zu 50 Prozent. Am Wochenende nach dem Besuch des Geldbriefträgers saß mein Vater an seinem Schreibtisch, als ich ihm stillschweigend das Geld auf den Tisch zählte. Nach den vielen Sorgen war es ein kleiner Ausgleich. Der anerkennende Blick meines Vaters, als er schweigend das Geld in die Schublade tat, zeigte, dass auch er sich freute. Als Vertrauensarzt waren ihm ja die Argumente des Wehrmachtsfürsorge- und Versorgungsamtes nicht fremd. Umso mehr freute es ihn, dass ich Erfolg gehabt hatte. Damit war der Flakkanonier nur noch eine Erinnerung. Offiziell wurde ich am 28.6.1938 mit dem Urteil „dienstuntauglich" entlassen. In den Wehrpass wurde eintragen, dass mir der Lehrgang nicht angerechnet werden könne, da ich keine vier Wochen „Ausbildung" gehabt habe. Im Laufe des Krieges kamen laufend Stempel „ztl. untauglich" hinzu, zuletzt noch bis 30.4.1945.

Spätestens bei meiner Entlassung aus dem Wehrdienst haben meine Eltern und ich erkannt, dass der vermeintliche Schicksalsschlag sein Gutes hatte. In jeder Beziehung völlig ungeeignet zum Soldaten, hätte ich sicher schon im Polenfeldzug zu früh den Kopf aus dem Graben gesteckt, oder wenn mich die schwere Erkrankung dort befallen hätte, irgendwo im Lazarett hinter der Front, wäre ich ohne die ärztliche Hilfe des Vaters und die Pflege meiner Mutter wohl kaum wieder auf die Beine gekommen. Schließlich haben die Eintragungen im Wehrpass wohl auch bei der Eroberung Berlins 1945 mein Leben gerettet, worüber später berichtet werden soll.

Dr. Schulz hatte mir vorsorglich sehr geraten, nur den Vorbereitungsdienst als Referendar fortzusetzen, aber die Arbeit als Fakultätsassistent aufzugeben. Diese interessierte mich aber viel zu sehr und war, ich habe es schon erwähnt, für mich eine Art Erholung vom Justizdienst. Ich wollte ja auf keinen Fall Richter werden, geschweige denn Staatsanwalt. Mein Vater hatte allen Grund, den Kopf zu schütteln, als ich mich einmal zu der Erklärung verstiegt: „Wenn du mal hörst, dass ich irgendwo Amtsrichter geworden bin, kannst du mich als gescheitert betrachten."

So blieb ich bis zur Beendigung dieses Teils des Vorbereitungsdienstes an den Greifswalder Gerichten und auch an der Universität. Es war ja schon eine Entlastung, dass ich die Doktorarbeit und -prüfung lange hinter mir hatte. Als Assistent war ich mit der Abhaltung von Repetitions- und Klausurkursen und im Kriegstrimester 1940 mit der Vorlesung und der Abhaltung von Übungen im Verwaltungsrecht beauftragt. Ich hatte ein gutes Verhältnis zu den einzelnen Professoren und Dozenten, und nicht zuletzt machte mir die mir anvertraute Verwaltung der Seminarbibliothek Freude. Die Zimmer im Seminar hatten jeweils eine Präsenzbibliothek, die mit Neuzugängen laufend ergänzt wurde. Ich erinnere mich gerne an ein Zimmer, in dem ich bevorzugt schon als Student gearbeitet hatte, nicht des dortigen Sachgebiets wegen, sondern weil hier ein vorzüglicher Druck des Gemäldes „Der Walchensee" von Lovis Corinth hing. Da Corinth auf der Liste der unerwünschten Künstler stand, wurde das Bild spät, aber eines Tages doch noch von einem Angestellten der Verwaltung, der gerne in brauner Uniform und mit dem Parteiabzeichen herumlief, abgehängt und in den Keller gebracht. Ich ärgere mich noch heute, Hemmungen gehabt zu haben, das Bild bei Nacht und Nebel aus dem Keller zu holen.

Am Landgericht hatte ich nach der Unterbrechung durch die Krankheit noch fünf Wochen die Ausbildung in Zivilsachen fortzusetzen. Das gute Zeugnis des Landgerichtspräsidenten schloss mit der Feststellung, ich hätte offensichtlich die lange Zeit meiner Krankheit für meine Weiterbildung nicht ungenutzt verstreichen lassen und dass allem Anschein nach meine Entwicklung durch mein Leiden in keiner Weise beeinflusst wurde. Das entsprach meinem Gefühl, wieder voll einsatzfähig zu sein, und er konnte nicht ahnen, was für eine gute Fee ich gehabt hatte. Leider musste ich danach noch zwei Monate zur Ausbildung in Strafsachen bleiben. An meinem mangelnden Interesse für das Strafrecht hat auch die Ausbildung bei der Staatsanwaltschaft nichts geändert. Beim Antrittsbesuch bei dem Oberstaatsanwalt fragte ich ihn, ob er mir ein offenes Wort gestatte. Natürlich bejahte er das. Ich legte ihm dar, dass er sicherlich aus meiner Personalakte wisse, dass ich drei Jahre Kaufmann gewesen sei, in den Ferien zusammengenommen fast ein Jahr in der Bank gearbeitet hätte. Jetzt sei ich nebenbei Fakultätsassistent, und ich bäte, nicht als mangelnden Fleiß auszulegen, was ich jetzt sagte. Ich hätte nie Interesse für Strafrecht und die Strafverfolgung gehabt und deshalb erreicht, dass die Ausbildungsstation bei der Staatsanwaltschaft zugunsten einer künftigen 3/4-jährigen Verwaltungsstation in der Wirtschaft auf sechs Wochen verkürzt worden sei. Ich würde mich daher nur bemühen, ein vertretbares Zeugnis zu bekommen. Der Oberstaatsanwalt hörte sich das ruhig an und sagte nur, das habe er sich schon gedacht. Nach einigen Informationen brachte er mich sogar zur Tür und verabschiedete mich mit den Worten: „Wir können uns also nur in der Hoffnung wiegen, dass Sie in der kurzen Zeit unserem Beruf doch noch einige positive Seiten abgewinnen."

Nach wenigen Tagen brach es dann über mich herein. Der Amtsanwalt erkrankte plötzlich schwer, und der Herr Oberstaatsanwalt bestellte den Referendarius zum Vertreter. Damit war ich voll eingespannt. Wenn ich morgens um acht Uhr um die Ecke bog und ein Auto der Luftwaffe mit Fahrer stand vor dem Büro, wusste ich, dass auf dem Stützpunkt Ladebow vor den Toren von Greifswald wieder mal eine Maschine abgestürzt war. Das hieß dann, im Büro die kleine Reiseschreibmaschine ergreifen, hinauszufahren und nach sachverständigen Erklärungen eines Offiziers mit den entsprechenden Formularen, Stempel und Unterschrift die Leichen zur Bestattung freizugeben, weil kein Verdacht auf Sabotage oder eine sonstige strafbare Handlung bestand. Noch hatten wir Frieden, aber lebhaften Flugverkehr mit Übungsflügen bis nach Spanien, und man erzählte sich, dass die Flieger abends mit einem Fässchen spanischen Rotweins zurückkamen.

Eine andere von mir damals stark angezweifelte Anekdote war folgende: Ein Feldwebel flog eine der großen Junkersmaschinen, die auch unter Laien allbekannte Ju 52. Er rief einigen mitfliegenden Kameraden zu: „Alle mal festhalten!", und drehte danach mit dieser schweren Maschine einen Looping. Nach der Landung wurde er wegen Gefährdung des Lebens der Besatzung und der Maschine verurteilt und musste die Strafe auch absitzen. Anschließend erfolgte dann aber seine Beförderung zum Leutnant. Erst nach über 60 Jahren lernte ich einen alten Kriegsflieger und Fluglehrer aus dieser Zeit kennen und fragte ihn nach dem Wahrheitsgehalt dieser Anekdote. Er erklärte mir, das könne durchaus möglich gewesen sein; denn ein Looping wäre eine der leichtesten Kunstflugübungen, und die gute alte „Tante Ju" hätte noch ganz anderes ausgehalten.

Von den besonderen Aufgaben in der Amtsanwaltschaft war mir die Teilnahme an Obduktionen besonders unangenehm. Als ich der Obduktion einer Wasserleiche beiwohnen musste, die vor Wochen aus dem Ryck gezogen worden war, bot mir der verständnisvolle Arzt aus einer bereitstehenden Kiste die erste Zigarre meines Lebens an, in deren Rauch ich mich dankbar hüllte. Das Geräusch, mit dem die Gehirnschale abgesägt wurde, werde ich nie vergessen. Als das Gehirn dann auch noch gewogen wurde und der Arzt soundso viel Gramm notierte, konnte mich nur noch die zynische Bemerkung retten, dass ich so viel Lebensmittelmarken nicht bei mir hätte.

Bei der regulären Tätigkeit eines Anklagevertreters in den beim Amtsgericht zu verhandelnden Strafsachen konnte ich meiner inneren Einstellung freien Lauf lassen. Sowie für mich auch nur Zweifel an der Schuld des Angeklagten bestanden, beantragte ich schon meinerseits Freispruch. Das ging aber nur so lange, bis mich der Amtsrichter eines Tages zu sich bat und sagte: „Herr Kollege, ich will ja nicht sagen, dass Ihr Antrag auf Freispruch nicht richtig war, aber wollen Sie das nicht mir überlassen?" So wurden die sechs Wochen eine zwar anstrengende, aber doch noch interessante Zeit, und der Oberstaatsanwalt stellte mir sogar ein gutes Zeugnis aus. Dann kam die Ausbildung am Landgericht in Strafsachen bis zum 31. Oktober 1939. Ich weiß heute nicht mehr, wie ich es geschafft habe, in den zwei Monaten zwei Sachberichte anzufertigen und mich laut Zeugnis „auch in diesem Ausbildungsabschnitt als besonders gut befähigt" zu erweisen. Ich soll auch auf strafrechtlichem Gebiet gute Rechtskenntnisse besessen haben. Ein guter Geist muss mir zur Seite gestanden haben – oder war es nur die von mir schon beschriebene Nachwirkung früherer Zeugnisse?

In den beschriebenen Ausbildungsabschnitt fiel der Kriegsausbruch. Infolge meiner Dienstuntauglichkeit und weil sonst im Familienumkreis niemand betroffen war, hatten wir uns nur mit den weiteren Einschränkungen im zivilen Leben abzufinden. Auch da wurden zwar die Verdunkelungsübungen mit den schwarzen Papierrollen vor den Fenstern durchgeführt, aber es wurde einstweilen noch nicht so recht ernst genommen, wenn der mit der Kontrolle beauftragte Blockwart abends durch sein Revier ging und beim geringsten Lichtstrahl brüllte: „Licht aus!" Meine Eltern erinnerten sich an den großen Unterschied zu dem Ausbruch des Ersten Weltkrieges 1914. Damals die große nichts ahnende Begeisterung der Bevölkerung, auch der Soldaten, und die Sprüche: „Siegreich wollen wir Frankreich schlagen." Jetzt das Bewusstsein, es würde jetzt, nach allen Erfolgen mit der friedlichen Remilitarisierung des Rheinlands, nach dem Anschluss Österreichs bitterernst. Außerhalb des Hauses sprach man nicht über die, wie sich herausstellte, berechtigte Sorge, dass diesmal die Verbündeten Polens nicht wieder stillhalten, sondern zu ihren vertraglichen Verpflichtungen stehen würden. In meiner Erinnerung wurde der Ausbruch des Krieges von der Bevölkerung wie ein Unwetter hingenommen. Jeder suchte im Rahmen des überhaupt noch Möglichen nach Mitteln und Wegen, das Unwetter zu überstehen. Jahrelang wurden Sorgen und Defätismus überlagert von den Fanfaren im Radio mit den laufenden Siegesmeldungen. Familien, welche den „Heldentod" Gefallener zu beklagen hatten, kapselten sich noch mehr ein als vorher, als sie mit ihren Sorgen um die Angehörigen letzten Endes auch allein waren.

Wie ein Lauffeuer verbreitete sich damals in den intellektuellen Kreisen die Kunde von einem neuen Buch von Ernst Jünger. Im September 1939 erschien von ihm „Auf den Marmorklippen". Das Buch wurde als politischer Schlüsselroman verstanden. Der „Oberförster" darin wurde als ein Porträt Hitlers, Stalins oder Görings angesehen. Heute kann man sich kaum vorstellen, welche Sensation das Buch 1939 hervorrief; es wurde von Mund zu Mund weiterempfohlen. Die Nationalsozialisten lehnten es schärfstens ab. Erst lange nach dem Krieg haben wir erfahren, dass Hitlers schützende Hand, seine Neigung zu dem mit dem „Pour le Mérite" ausgezeichneten Frontsoldaten des Ersten Weltkrieges und Verfasser von „In Stahlgewittern" ihn vor dem Konzentrationslager bewahrte. Auf den Gang der Referendarausbildung wirkte sich der Ausbruch des Krieges nicht aus. Nach dem Ende der Ausbildung am Landgericht begann für mich eine sehr schöne Zeit, als ich „zur Ausbildung in den Geschäften eines Rechtsanwalts und Notars" zu Herrn Justizrat Löding überwiesen wurde. Er war einer der hervorragenden, wenn nicht der hervorragendste Vertreter seines Fachs in Greifswald, wohl Ende der Sechziger, wie der in München so verehrte Geheimrat Kisch von kleiner Statur und eine Persönlichkeit von ähnlicher Ausstrahlung. Ich hatte einen Schreibtisch in seinem Zimmer, sodass ich regelmäßig an seinen Sprechstunden teilnahm und die hier besprochenen Fälle auch bearbeiten musste. Der jeweilige Fall und seine Handhabung, sowohl in der streitigen Gerichtsbarkeit als auch im Notariat, wurde besprochen und beurteilt. Unvergesslich war, wenn Herr Löding, kerzengrade in seinem Sessel sitzend, die Fingerspitzen der Hände aneinander gefügt, Schriftsätze diktierte. „Passen Sie auf, Herr Kollege, und unterbrechen Sie mich, wenn Sie meinen, aufgrund Ihrer Kenntnis der Akten etwas berichtigen zu können." Man musste einfach zuhören, wie Justizrat Löding seine Schriftsätze aufbaute und jedes Wort seinen Sinn hatte. Ein mehr amüsantes Beispiel, das dann im Amtsgericht die Runde machte als echter Löding: Ein uns allen bekannter Professor der Jurisprudenz hatte seinen Vermieter verklagt, er solle Abhilfe schaffen gegen die ständigen akustischen Störungen durch einen anderen Mieter, denn er müsse sich abends auf seine Vorlesungen vorbereiten und könne sich nicht konzentrieren. Löding vertrat den Vermieter und diktierte: „Es soll und kann dem Herrn Gegner nicht bestritten werden, dass er sich nicht konzentrieren kann, es muss aber bestritten werden, dass dies darauf zurückzuführen ist, dass ..." Jeder Richter im Landgericht wusste auch, dass, wenn Justizrat Löding schrieb, dass hier der Gegner irre, er die rechtlichen Ausführungen der Gegenseite für völlig abwegig hielt. Seine auf hervorragende Rechtskenntnisse und die sichere Kunst der Formulierung gestützte vornehme Zurückhaltung waren eine beeindruckende Schulung. Sehr schnell wurde Herr Löding mein Vorbild. Man merkte ihm auch an, dass ihm die Ausbildung keine Last war, die er sich nur pflichtgemäß aufbürdete. Die fünf Monate führten schnell zu einer wirklichen Zusammenarbeit, und ich bin ihm heute noch dankbar, dass er mich in einem langen Zeugnis mit dem Prädikat „ausgezeichnet" bedacht hat. Dies zeigt, dass es auch für mich die anregendste Station in der Ausbildung war. Da Praxis und Wohnung zusammenlagen und die Sprechstunden sich, wie es Anwälte gewohnt sind, bis in die Abendstunden ausdehnten, wurde ich oft zum Abendessen eingeladen. Herr Löding war Junggeselle und wurde von seiner nur wenig jüngeren Schwester und deren Tochter betreut, die ihm in der schönen Wohnung in einer ihm ganz angepassten Art den Haushalt führten. Zur Einrichtung gehörte auch ein Flügel. Die Tochter spielte sehr gut, und so konnten wir nach all den Akten und Notariatsverträgen mit Beethoven, Schubert u. a. den Feierabend genießen. Wenn mal keine Musik gemacht wurde, gab es immer gute Gespräche.

Auch hier war für diese Zeit wieder typisch, dass über Politik und das Kriegsgeschehen so gut wie gar nicht gesprochen wurde. Auch diese Familie hatte niemanden bei der Wehrmacht. Das Geschehen blieb ausgeklammert. Aus wenigen Gesprächen wusste ich, dass Herr Löding, wie anders auch nicht denkbar, von Anfang an der nationalsozialistischen Politik ablehnend gegenüberstand und in seinem Alter keine Kompromisse kannte. Er war es dann auch, der mir – wie schon früher erwähnt – 1946 bescheinigen konnte, dass mich der NS-Studentenbund für „politisch unzuverlässig" erklärt hatte. Nach dieser Schilderung wird man verstehen, dass ich hier nicht nur gerne zur Ausbildung war, sondern auch die Abende im Hause Löding sehr genossen habe. Wenn mir die sehr nette Tochter dann unten die Haustür aufschloss, haben wir noch das eine oder andere Wort gewechselt, aber ich hatte mit dem Bild auf meinem Schreibtisch und in Erinnerung an Oberschreiberhau wieder eine Mauer um mich errichtet.

Mit der Anwaltsstation war der Vorbereitungsdienst in Greifswald beendet. Am 1. August 1940 musste ich daher auch mit Bedauern meine Tätigkeit an der Universität beenden. Das Nächste war die zu Lasten des Abschnitts bei der Staatsanwaltschaft bewilligte Ausbildung in der so genannten Verwaltungsstation. Sie brauchte nicht in der Verwaltung, z. B. bei einem Landratsamt, sondern konnte auch in der Wirtschaft stattfinden. Mein ursprünglicher Wunsch, in Berlin bei der Industriebank zu arbeiten, hatte sich nicht erfüllt, weil bei meiner Bewerbung die Ausbildungsplätze schon besetzt waren. Auf welchem Wege ich zur Gothaer Lebensversicherungsbank auf Gegenseitigkeit kam, weiß ich nicht mehr, aber es war wieder eine gute Fügung, denn es wurde eine sowohl hinsichtlich der fachlichen Förderung als auch der persönlich-menschlichen Beziehungen gute Zeit.

Vom ersten Tag an wurde ich in dem seit 1827 bestehenden traditionsreichen Hause von meinen Vorgesetzten und den Mitarbeitern sehr freundlich aufgenommen. Der Krieg machte sich zu dieser Zeit äußerlich in Gotha kaum bemerkbar, mit Ausnahme der Verdunkelung, und auch die Bewirtschaftung der Lebenshaltung habe ich nicht als sehr belastend in Erinnerung. Im Hause machte sich natürlich bemerkbar, dass eine ganze Reihe von Abteilungsleitern und Mitarbeitern eingezogen waren. So wurde mir das Zimmer eines Prokuristen zugewiesen, dessen getäfelte Eleganz mit Blick auf den Thüringer Wald gewaltig von den Zimmern der Greifswalder Richter mit dem Handwaschbecken auf dem Dreibein mit Seifenschale und baumelndem Handtuch abstach.

Man stellte sehr bald fest, dass mir meine kaufmännische und fast einjährige Bankpraxis sehr zustatten kam, und bescheinigte mir später einen praktischen „Blick für die Dinge des Lebens, wie er im Allgemeinen nur bei wesentlich älteren Menschen anzutreffen ist". Ich arbeitete überwiegend in der für die Vermögensverwaltung einer Versicherung besonders wichtigen Hypotheken- und Grundstücksverwaltung. Hier lernte ich in Ergänzung der vorher rein juristischen Ausbildung beim Notar die wirtschaftliche Vorbereitung und Durchführung von Grundstückskäufen und -verkäufen, vor allem aber auch die laufende Verwaltung eines umfangreichen Grundbesitzes. Meine damaligen Notizen z. B. zur Wirtschaftlichkeitsberechnung von Mietshäusern haben mir noch viele Jahre später gute Dienste geleistet. Ich bekam auch Einblick in die laufende Bearbeitung des großen Wertpapierbestandes, in die Versicherungsabteilung und Bestandsverwaltung. Gerne denke ich auch an die im Rahmen der fünf Monate leider nur kurze Zeit in der Rechtsabteilung zurück, deren Leiter der leider völlig taube Dr. Hedemann war, ein Neffe des bekannten Wirtschaftsrechtlers an der Berliner Universität Prof. Dr. Wilhelm Hedemann. Es war bewundernswert, wie er mit Hilfe seiner ganz auf ihn eingestellten, ebenso charmanten wie tüchtigen Sekretärin Ursula Haddenbrock diesen Posten hervorragend ausfüllte. Ich konnte mich auch mal wieder ein wenig wissenschaftlich betätigen und schrieb einen Aufsatz über ein akutes Thema: „Die Einwirkung der Preisstoppverordnung auf Grundstückskaufverträge", der in der Zeitschrift der Akademie für Deutsches Recht 1941 auf S. 17 veröffentlicht wurde.

Dem damaligen Generaldirektor Dr. Hans Ullrich wurde ich nur kurz vorgestellt. Nach allem, was ich hörte, vertrat er die Gothaer Lebensversicherungsbank vor allem auch im politischen Leben. Er war deshalb, wie es sich für einen Mann von Stand gehörte, in der Reiter-SS und musste die Bank in dieser Richtung abschirmen. Er tat dies, wie ich hörte, u. a. für das weitere Mitglied des Vorstandes, seinen Stellvertreter Dr. Gerhard Frels, dessen Frau meines Wissens gewisse Schwierigkeiten beim Ariernachweis hatte. Beide Herren arbeiteten gut zusammen, und nach 1945, als die Bank mit den Amerikanern zusammen Gotha verließ und nach Göttingen ging, war Dr. Frels Generaldirektor und konnte nun seinerseits etwas für den bisherigen Vorstandsvorsitzenden tun. Dr. Frels nahm sich auch selbst meiner Ausbildung an. Dabei durfte ich auch einmal an einer wichtigen Besprechung teilnehmen, die für mich das leider in der Bevölkerung beliebte Bild, die Versicherungen drückten sich vor der Zahlung, wo es nur ginge, sehr zurechtrückte. Das Reichsaufsichtsamt für Privatversicherungen hatte aus verständlichen Gründen im Kriege angeordnet, dass angesichts der vielen zu erwartenden Todesfälle bei der Auszahlung der Versicherungssummen eine Obergrenze einzuhalten sei, wenn der Versicherungsnehmer höher versichert war. Bereits im Polenfeldzug war ein Mitglied der Hohenzollernfamilie gefallen, das, wenn ich mich recht erinnere, mit einer Million RM oder mehr versichert war. Dr. Frels hatte den Bevollmächtigten der Vermögensverwaltung zu sich gebeten und setzte ihm bei dieser Besprechung auseinander, dass von der Bank die Verordnung der Aufsichtsbehörde für rechtswidrig gehalten werde, weil die gesetzliche Ermächtigung nicht ausreiche, bestehendes Vertragsrecht außer Kraft zu setzen. Im Ergebnis bat Dr. Frels, die Bank zu verklagen. Der Prozess ergab später die Richtigkeit dieser Ansicht, und die Gothaer Lebensversicherungsbank hat in voller Höhe gezahlt. Auch wenn das Renommee der Bank sicher eine Rolle spielte, hatte ich, wie in der Anwaltsstation, das Glück, vorbildliches Verhalten zu beobachten. Auch sonst konnte Dr. Frels in seiner Arbeit, im Umgang mit seinen Mitarbeitern nur mein Vorbild werden. Mehrfach hatte ich die Freude, privat zu Hause sein und seiner Frau Gast zu sein. Auch bei dem Chefmathematiker Dr. Siepmann verbrachte ich manchen anregenden Abend in seiner im Gothaer Schloss befindlichen Junggesellenwohnung. In den großen, hohen Räumen gab es ein freudiges Wiedersehen mit zwei Bildern, die mich als Student in der Münchener Pinakothek so beeindruckt hatten. Es waren Kopien der beiden großen Tafeln, auf denen Dürer zwei Jahre vor seinem Tod die vier Apostel in Lebensgröße gemalt hat. Einmal Paulus mit Schwert und Bibel zusammen mit Markus und auf der anderen Tafel Johannes und der greisenhafte Petrus. Nur hier in dieser Schlosswohnung gab es so hohe Wände, um dieses künstlerische und zugleich religiöse Testament Dürers, das er dem Rat der Stadt Nürnberg vermacht hatte, zur Geltung zu bringen.

In einem Einfamilienhaus mit Garten war ich gut untergekommen, und meine Wirtin Frau Toni Tr. und ich waren bald gute Freunde. Auch das kulturelle Leben war in diesem Kriegsjahr noch intakt und das Stadttheater gut besetzt. Nur, wenn im „Peer Gynt" von Ibsen der kleine Junge im Auftrage der Mutter den Peer von den Bergen herunterholen soll und ihm das im reinsten thüringischen Dialekt sagt, war dieses Lokalkolorit für den nicht Eingeborenen ein amüsantes Erlebnis. Nicht zuletzt muss noch die schöne Lage der Stadt Gotha mit dem mit der Straßenbahn zu erreichenden Thüringer Wald vor der Tür erwähnt werden. Mit dem wanderfreudigen Leiter der Grundstücksabteilung, seiner Frau und seinen Kindern, die sich auch freundschaftlich sehr meiner angenommen hatten, haben wir manche Sonntagswanderung durch die schönen Wälder gemacht.

Unmittelbar an den Krieg erinnerten von Zeit zu Zeit nächtliche Fliegeralarme. Es waren zu dieser Zeit nur Aufklärungsflugzeuge, die sich mit der Gothaer Waggonfabrik befassten. Soweit man etwas darüber erfuhr, wurden dort Lastensegler gebaut. Beim Mittagessen im Hotel saß am Nebentisch ein munteres Völkchen der Einflieger, darunter die berühmte Segelfliegerin Hanna Reitsch. Sie war eine quicklebendige, kleine Person, von der man sich erzählte, sie habe immer zwei Kissen zur Unterlage auf dem Sitz bei sich gehabt. 1945 hieß es in Berlin, sie sei, als in der Innenstadt schon gekämpft wurde, in letzter Minute mit einem Fieseler Storch herausgekommen.

Als es hieß, von der „Gothaer" Abschied zu nehmen, sprach Dr. Frels die Erwartung aus, dass ich mich nach der zweiten juristischen Staatsprüfung wieder melden würde, worüber ich mich sehr freute. Ich habe es auch getan, konnte aber aus kriegsbedingten Gründen nicht eingestellt werden, wie ich noch schildern werde. So habe ich Herrn Dr. Frels nur noch einmal 1946 wiedergesehen, als er mich in Berlin besuchte.

Die nächste und letzte Ausbildungsstation war das Oberlandesgericht. Als vom Oberlandesgericht Stettin ernannter Referendar hätte ich nach dort gehen müssen. Es ist wohl verständlich, dass mich nichts zu dem unsympathischen OLG-Präsidenten hinzog, und da mir, ich muss es gestehen, außer für mein Elternhaus auch immer jedes Heimatgefühl gefehlt hat, wollte ich auf keinen Fall nach Stettin. Hier half zum zweiten Mal meine Krankheit. Dr. Schultz hatte empfohlen, beruflich nach Berlin zu gehen, es hätte wegen des märkischen Sandes das gesündeste Klima. Auch bei dem

Sen. Präs. Dr. Hücking

schon zitierten Ulrici hatte ich Ähnliches gelesen. Deshalb beantragte ich mit Hilfe eines ärztlichen Attestes, das ich mit dem Pneumothorax ohne weiteres bekam, meine Versetzung nach Berlin. Ich bekenne, dass dabei auch eine Portion Ehrgeiz im Spiel war, Kammergerichtsreferendar zu sein. Die Versetzung machte keine Schwierigkeiten, und zu meiner Erleichterung brauchte ich diesem Herrn OLG-Präsidenten nicht mehr unter die Augen zu treten.

Nach einigen Wochen im Elternhaus in Stralsund ging es also nach Berlin. Das Kammergericht residierte – wie heute endlich wieder – am Kleistpark in dem schönen alten Gebäude, das die Bomben weitgehend verschonten und das nach dem Kriege für lange Zeit Sitz des Alliierten Kontrollrats war. Ich wurde einem Senat zugewiesen, dessen Präsident Herr Hücking war, und mein Ausbilder und „Brötchengeber", wie wir im Jargon sagten, war Kammergerichtsrat Kleeberg. Er überraschte mich einmal bei der Besprechung eines von mir erstatteten „Berichts und Gutachten" mit dem Ausspruch: „Juristerei ist weniger eine Sache des Verstandes als der Formulierung."

Auch diese Monate bei den beiden Herren sind mir unvergesslich geblieben. Präsident Hücking war, abgesehen von seinem juristischen Wissen, von so universaler Bildung, dass ich an manchen Nachmittagen ganz bedrückt in mein möbliertes Zimmer um die Ecke in der Hohenstaufenstraße ging in der Erkenntnis, so weit wirst du es nie bringen. Ganz frisch ist mir folgende Episode in Erinnerung: Der Senat hatte sich mittags nach der Verhandlung in das Beratungszimmer zurückgezogen, als der Präsident sagte: „Die letzte Sache erinnert mich an die Ballade vom Chantekler Landtag von Theodor Fontane", und zu mir gewandt: „Kennen Sie die, Herr Kollege?" Ich musste die Frage verneinen, bekam aber netterweise Unterstützung von Herrn Kleeberg, der gerne etwas berlinerte: „Die kenne ich ooch nich." Daraufhin schlug Präsident Hücking seine Robe zurück, steckte eine Hand in die Tasche, und mit der anderen seine Worte unterstreichend, auf und ab gehend, rezitierte er die ganze Ballade bühnenreif aus dem Kopf. In meiner Bewunderung und im Genuss dieses vollendeten Vortrags wurde ich nur dadurch beeinträchtigt, dass mir klar war, am Ende des Vortrags würde die Prüfung kommen, ob ich verstand, was den Präsidenten an die Ballade erinnert hatte. So war es auch. Ich weiß nicht mehr, worum es in dem fraglichen Prozess ging, aber ich hatte wohl in etwa erfasst, worauf er hinauswollte. Es war wieder einer der Tage, wo ich nach Abschluss der Beratungen bedrückt von so viel Wissen und Allgemeinbildung nach Hause wanderte. Auf der anderen Seite war aber Präsident Hücking sehr verständnisvoll. Ich konnte ihm einmal sagen, wie mich die große Allgemeinbildung seiner Generation, die noch in der Schule viel mehr auswendig lernte, einerseits faszinierte und andererseits bedrückte. Ich konnte aber auch anführen, dass zu seiner Zeit nach seinem Studium „nur" ein neues Strafgesetz und 1900 das BGB herausgekommen war, während jetzt schon ein Jahrgang des Reichsgesetzblattes zwei dicke Bände füllte. Von den jungen Juristen werde aber erwartet, dass sie die wesentlichen neuen Gesetze inhaltlich kannten und im Übrigen den notwendigen Überblick hatten. Unser Gespräch zeigte mir sein Verständnis für die Situation und auch seinen Widerwillen gegen die Gesetzesflut dieser Zeit, und vor allem gegen den Gesetzgeber.

Vom Wohlwollen meiner beiden Ausbilder und von ihren besten Wünschen begleitet, verließ ich den Senat und stieg in die zweite Staatsprüfung. Auch hier war mir das Glück wieder hold. Ich bekam als Hausaufgabe, die nach sechs Wochen abzuliefern war, eine recht umfangreiche Kammergerichtsakte, aus der natürlich das Urteil entfernt war. Es war ein Fall aus dem Handels- und Konkursrecht. Da war ich in meinem Element. Nach der ersten Durchsicht holte ich meine „Erika" hervor, um alles Wesentliche aus der Akte abzuschreiben. Aus den vielen Blättern entstanden die jedem Juristen geläufigen drei Kategorien. Blätter I alles, was zwischen den streitenden Parteien erkennbar unstreitig war und Blattstapel II und III die jeweils vom Gegner bestrittenen Behauptungen des Klägers und des Beklagten. Hinzu kamen die Abschriften der vorhandenen Zeugenvernehmungen und ihre Bewertung, wie weit Behauptungen des Klägers und des Beklagten bewiesen worden waren. Bei dieser Behandlung der Akte fiel mir auf, ein Zeuge war nicht vom Gericht selbst gehört worden, sondern in einem auswärtigen Amtsgericht vom beauftragten Richter vernommen worden. Dieser hatte bei der Protokollierung der Aussage einen Satz in Klammern setzen lassen, was ungewöhnlich ist. Dieser Satz beschäftigte mich sehr, bis ich fest überzeugt war, dass er für die Beurteilung des Falles wesentliche Bedeutung hatte. Alles Weitere war dann nur noch eine Durchsicht der Kommentare und Entscheidungssammlungen. Ich hatte genügend Zeit, das Urteil zu schreiben. Es war auch noch Zeit, sich auf die Klausuren und die mündliche Prüfung vorzubereiten. Im Kammergericht hatte ich einen anderen Referendar kennen gelernt, Dr. Udo Dortschy, der sich auch auf das Examen vorbereiten musste. Wir freundeten uns schnell an, und ich erfuhr, dass er ebenfalls lungenkrank und deshalb nicht Soldat war. Auch er war von seiner inneren Einstellung her hierfür gar nicht geeignet. Bei gutem Wetter fuhren wir mit einigen Büchern in der Tasche in den Tiergarten. Am Bismarckdenkmal neben dem Schloss Bellevue konnte man ganztägig Liegestühle mieten. Da studierte jeder seine Bücher, und wenn wir auf ein Problem stießen, berieten wir uns gemeinsam. Es wurde eine gute Freundschaft, die in den kommenden Jahren nach den Examen weiter bestand, aber am Schluss des Krieges schrecklich endete.

Ein anderer Freund war Kurt Hoge, der als junger Assessor bereits Referent in der Reichsversicherungsanstalt für Angestellte war. Er war der Sohn eines Gutsbesitzers in Vorpommern, klein, verwachsen, hinkte, aber von bestechender Intelligenz. Die schematische Bearbeitung von Rentenanträgen und dergleichen befriedigte ihn überhaupt nicht. Am liebsten saß er mit einem dicken Buch kettenrauchend in einem Café, weil man dort, wie Alfred Polgar gesagt hat, so gut allein, aber dies in Gesellschaft sein konnte. Sein Rat war, sich in den letzten Wochen vor dem Examen nicht mit neuem oder wiederholtem Fachwissen zu belasten, sondern etwas anderes zu lesen, ins Theater zu gehen u. a. m.

Ich war aber schon in den vergangenen Monaten trotz der Arbeit im Kammergericht und der Examensvorbereitung viel in Konzerten und im Theater. Meine Notizen aus dieser Zeit erinnern mich an Besuche im Schauspielhaus am Gendarmenmarkt („Antigone", „Das hohe Haus", „Die sechste Frau"), an Aufführungen der „Madame Butterfly", des „Evangelimanns", der „Traviata" im Deutschen Opernhaus, an die

Konzerte der Berliner Philharmoniker unter Furtwängler. Ein ganz besonderes Erlebnis war, dass Wilhelm Kempff an vier Sonntagnachmittagen in der alten Philharmonie in der Bernburger Straße sämtliche Beethoven-Sonaten zu Gehör brachte. Rückblikkend ist erstaunlich, wie groß das kulturelle Angebot noch im zweiten Kriegsjahr war. Auch Barnabas von Geczy begeisterte damals nicht nur die Berliner. Angesichts der herrschenden Zensur des Reichspropagandaministeriums war die schon erwähnte Aufführung des Stückes „Die sechste Frau" von Christian Feiler eine Überraschung. Es war am 13. Oktober 1939 im Städtischen Schauspielhaus in Düsseldorf uraufgeführt worden. Dass das Stück den Weg in die Komische Oper gefunden hatte, war erstaunlich, weil sich die Äußerungen Heinrichs VIII., seiner Höflinge, des Erzbischofs von Canterbury, des Bischofs von Winchester ohne weiteres vom aufmerksamen Theaterbesucher auf die jetzige Zeit projizieren ließen. So sagt der König schon nach wenigen Minuten: „Ich hänge an meinen Untertanen. Aber ich fürchte, man muss sie vernichten, um ihnen die Dankbarkeit beizubringen." Kurze Zeit später heißt es: „Wer das alles hört, möchte glauben, unsere Regierung sei schlecht und wir wollten nichts für das Volk tun. Und doch gehört ihm meine ganze Liebe. Heinrich, sind die Todesurteile fertig zur Unterschrift?" – Eine Biografin am Hofe notiert: „Die Zerstörungswut dieses großen Herrschers hat welthistorisches Format, und er verbraucht die Menschen so unbedenklich wie unsereins die Taschentücher."

Als Letztes sei noch aus einer Parlamentsrede Heinrichs VIII. zitiert, weil es den Zuschauer an die vielen unschuldigen Opfer des 30. Juni 1934 erinnerte und an Hitlers Worte in seiner Reichstagsrede am 13. Juli 1934: „In dieser Stunde war ich verantwortlich für das Schicksal der deutschen Nation und damit des deutschen Volkes oberster Gerichtsherr. Ich habe den Befehl gegeben, die Hauptschuldigen an diesem Verrat zu erschießen." Die Parlamentsrede wird den Höflingen von dem Hofnarren des Königs vorgespielt, der ihm folgende Worte in den Mund legt: „Vielleicht habe ich ein paar tausend Unschuldige hinrichten lassen. Aber welcher Herrscher von Format könnte sich einer solchen Verpflichtung entziehen? Und wohin käme ein Staat, wenn plötzlich die Gerechtigkeit siegte? Die Gerechtigkeit ist eine ungewisse Sache. Aber wenn unter zehn Verurteilten auch nur ein Schuldiger ist, haben wir dem Staat einen großen Dienst erwiesen." Die Kunde von diesem Stück ging von Mund zu Mund, und jeder Besucher spürte, wie gern Olga Tschechowa, Will Dohm und O. E. Hasse ihre Rollen spielten. So aufrüttelnd die Szenen waren, wenn der Zuschauer hinterher in das verdunkelte Berlin hinauskam, konnte ihn nur als winziges Rädchen in diesem totalen Staat das Gefühl absoluter Hilflosigkeit überfallen. Das Stück wurde 1942 nach der 70. Aufführung verboten, die „Komische Oper" zum Staatstheater gemacht und damit an die Kandare genommen.

Der Rat von Kurt Hoge, etwas anderes zu lesen, führte wieder zu einer glücklichen Fügung. Er gab mir ein von ihm gerade gelesenes Buch: „Die Stählerne Blume" von …? Es behandelte geschichtlich und aktuell Japan und seine derzeitige Stellung in der Weltpolitik. Wochen später war im Rahmen der Examensklausuren neben den juristischen Aufgaben auch eine so genannte Allgemeinbildungsarbeit zu schreiben. Eines der Themen war „Japan und seine Stellung im Fernen Osten". Nach der genannten Lektüre brauchte ich nicht lange zu überlegen, sondern nur mein angelesenes Wissen schön gegliedert und fein säuberlich zu Papier zubringen. Noch am gleichen Abend – es war der 19. August 1941 – war ich bei Kurt Hoge zum Abendessen und dankte ihm für seinen guten Rat.

Ich denke immer noch gerne an die anregenden Nachmittage und Abende bei ihm zurück. Oft war auch Udo Dortschy dabei. Bei einer großen Kanne Tee, den es immer noch gab, diskutierten wir stundenlang. Es war bezeichnend, dass wir im Kriegsjahr 1941 auch hier nur wenig über den Krieg gesprochen haben. Wir machten uns nur auf den einen oder anderen von der sonstigen Propaganda abweichenden Zeitungs- oder Zeitschriftenartikel aufmerksam und wussten im Übrigen, dass wir einer Meinung waren. Es war interessanter, über die immer noch hervorragenden Theateraufführungen zu sprechen oder was trotz Krieg und Zensur doch noch an neuer Literatur, vielleicht sogar aus dem Ausland hereingekommen war. Manchmal nahm auch die nette Kusine von Kurt Hoge an unseren Treffen teil. Er hätte es wohl gern gesehen, wenn wir uns näher mit ihr befreundet hätten, aber ich war noch ganz von den Erinnerungen an Oberschreiberhau erfüllt, und Udo war, wie ich aber erst nach dem Kriege erfuhr, auch gebunden.

Die große Staatsprüfung fand am. 17. Oktober 1941 im Reichsjustizprüfungsamt in der Behrenstraße, Berlin W 8, statt. Wir waren fünf Kandidaten, von denen ich keinen kannte und die nun mehr oder weniger nervös im Vorzimmer herumstanden oder saßen. Ich stand allein am Fenster und sah auf die Behrenstraße hinunter, als wieder meine Glücksfee, diesmal in der Gestalt eines Justizwachtmeisters, an mich herantrat und mir leise sagte: „Herr Doktor, ihre Hausarbeit ist lobenswert." Ich glaube, ich habe mich um einige Zentimeter gestreckt und sagte mir, das Ergebnis der Klausuren kennst du zwar nicht, aber auch wenn es im Mündlichen ganz schief geht, sie können dich nicht durchfallen lassen. Das waren zwar meine Überlegungen, aber ich habe sie selbst nicht so sehr ernst genommen. Nach meiner Überzeugung mussten die Klausuren zum mindesten brauchbar sein, und wegen der mündlichen Prüfung hatte ich keine Sorge. Das Wesentliche war, dass eine etwaige Beklemmung jetzt fort war, als wir hereingerufen wurden.

Die mir unbekannten Prüfer erhoben sich zu unserer Begrüßung und wiesen uns unsere Plätze an. Wie sich herausstellte, hatte den Vorsitz der allen Juristen durch seinen großartigen BGB-Kommentar bekannte Dr. Otto Palandt, der dann auch als Präsident des Reichsjustizprüfungsamtes später das Zeugnis unterschrieben hat. Nach den damaligen Vorschriften war auch eine so genannte weltanschauliche Prüfung vorgeschrieben. Deshalb gehörte zu den Prüfern auch ein Vertreter der Parteikanzlei in der üblichen Fasanenuniform. Bei den Prüflingen hatte er den von der Zeitung abgeleiteten Beinamen „Der Völkische Beobachter". In unserer Reihe hatte ich den fünften Platz rechts außen und sagte mir, jetzt kommt es noch darauf an, bei wem sie anfangen. Die Prüfung begann mit der Befragung am anderen Ende, was ich beruhigt zur Kenntnis nahm. Die Erörterung des Falles, die Fragen wanderten bei unbefriedigender Beantwortung jeweils zum Nächsten in unserer Reihe und kamen nur dann und wann bis zu mir. Ich hatte Zeit, mir einerseits bedenkliche oder falsche Antworten anzuhören und andererseits mir die nach meiner Ansicht richtige Antwort gut zu überlegen.

Etwa nach einer Viertelstunde öffnete sich in der getäfelten Wand hinter den Prüfern eine Tür, und es trat ein großer, schlanker, gut aussehender Herr im dunklen Anzug ein. Die Prüfer erhoben sich oder wollten sich gerade erheben, als er abwinkte und sich auf einen Stuhl an der Wand setzte. Ich überlegte, in welcher Illustrierten oder Zeitschrift hast du diesen Mann schon gesehen? Wer mag das sein? Die Prüfung ging weiter, und das Schlusslicht war der Völkische Beobachter. Er fing bei mir an, sprach mich mit Herr Doktor an und stellte mir die verfängliche Frage, ob ich etwas über den Ursprung der Juden sagen könnte. Um mich abzusichern und Zeit zu gewinnen, erklärte ich ihm erst mal: „Herr Oberregierungsrat, Sie wissen sicherlich aus meiner Akte, dass ich drei Jahre Kaufmann war, bevor ich Jura, Volkswirtschaft, Betriebswirtschaft in der kürzestmöglichen Zeit studiert habe. Ich hatte also keine Zeit, geschichtliche Vorlesungen zu besuchen. Was ich Ihnen vortrage, ist also nur angelesen." Dies vorausgeschickt, legte ich dar, zur Zeit der alten Ägypter hätten im Nildelta in großen Lagern den Ägyptern unerwünschte, sozial und rassisch fremde Elemente gelebt. Als dies aus verschiedenen Gründen unerträglich wurde, kam es zum Exodus unter Führung eines gewissen Moses. Zwischendurch sei Moses auf den Berg Sinai gestiegen und wäre mit vermutlich von ihm selbst entworfenen und auf Steintafeln niedergeschriebenen Gesetzen zurückgekommen. Wie sich dann die Geschichte von der Teilung der Wasser des Jordan ereignet habe, sodass der ganze Treck trockenen Fußes hindurchziehen konnte, dafür hätte ich noch keine Erklärung gefunden. An dieser Stelle unterbrach mich der Fragesteller sichtlich irritiert und meinte, das wäre ja ganz interessant, aber doch wohl kaum stichhaltig. Meine Antwort: „Herr Oberregierungsrat, ich sagte vorweg, ich habe das nicht erforscht, sondern mir nur angelesen. Es gibt ein Reclambändchen „Die Geschichte der NSDAP" von Johann von Leers, der meines Wissens Chefideologe der Partei ist, da können Sie das auf den Seiten etwa 15 bis 18 unschwer nachlesen." Weitere Fragen wurden mir nicht gestellt.

Aufgefallen war mir bei meinem Vortrag, dass der Vorsitzende und die Mitglieder der Prüfungskommission zugehört hatten, ohne eine Miene zu verziehen, aber der mir immer noch Unbekannte hinten an der Wand lachte bei meiner Erzählung über das ganze Gesicht. Die an die übrigen Prüflinge gestellten Fragen des Völkischen Beobachters weiß ich nicht mehr. Ich habe wohl nicht mehr zugehört. Die Anspannung war vorbei, für mich war die Prüfung zu Ende; jetzt interessierte mich nur noch das Ergebnis. Es dauerte auch nicht lange, bis wir wieder hereingerufen wurden. Wie es sich bei Gericht gehört, wurde das Urteil stehend verkündet. Platz eins war leider durchgefallen, die Übrigen bestanden mit den Prädikaten „befriedigend" und einer mit „gut". Mir wurde das erstrebte und leichtsinnigerweise meinem Vater nach dem Referendarexamen angekündigte „lobenswert" zuerkannt

Bei der anschließenden Gratulation durch den Vorsitzenden und die Mitglieder der Kommission beteiligte sich auch der Unbekannte. Als er mir die Hand drückte, bat er mich ein paar Schritte zur Seite. Da ich ihn wohl etwas fragend angesehen habe, sagte er: „Ich bin Staatsekretär Freisler, ich wollte Sie fragen, ob Sie mich mal im Ministerium aufsuchen wollen, ich würde es begrüßen." Ich kannte ihn zu dieser Zeit nur als in der Fachwelt anerkannten und auch durch seine Aufsätze bekannten Juristen. Dass er einmal Präsident des Volksgerichtshofs werden würde, stand noch in den Sternen. Ich habe selbstverständlich seine Frage bejaht. Er zog seinen Terminkalender und gab mir einen Termin in der kommenden Woche. Zur gegebenen Zeit war ich in der Wilhelmstraße. Das Sekretariat war informiert. Ich wurde ohne langes Warten zu Herrn Freisler hereingebeten. In seinem Zimmer stand die Tür zur Terrasse und zu dem zum Ministerium gehörenden Garten offen. Es war ein warmer sonniger Herbsttag, und wir gingen auf Anregung Freislers hinaus in den Garten und dort auf und ab. Er sagte mir, er hätte die Prüfung mit Interesse verfolgt. Dabei habe er gehört, dass ich erst einmal Kaufmann wurde, und während die Prüfer berieten, ein wenig in meiner Personalakte geblättert. Es gäbe im Ministerium zu wenig Juristen mit Kenntnissen der Wirtschaft und der dazugehörigen Denkweise. Sein Vorschlag wäre, ich solle erst einmal ein Jahr lang den normalen Weg des Assessors, eines Richters an einem Amtsgericht gehen, um über die Ausbildung des Referendars hinaus die eigenverantwortliche Praxis kennen zu lernen. Danach solle ich mich aber für die Mitarbeit im Ministerium melden. Er würde für das Personalreferat einen entsprechenden Vermerk machen. Dies alles wurde mir in so höflichem und fürsorglichem Ton von einem liebenswürdigen, ja charmanten Mann gesagt, dass ich nur sagen konnte, ich hätte eigentlich in Fortsetzung dessen, was ich weiter auch bei der Gothaer Lebensversicherungsbank gelernt hätte, den Weg in die Wirtschaft einschlagen wollen, aber seine Empfehlung sei natürlich sehr interessant und auch insofern verlockend, als ich immer großes Interesse an wissenschaftlicher Arbeit hätte. So schieden wir in bestem Einvernehmen sogar mit dem einfachen „Auf Wiedersehen".

Wenn ich heute die scheußlichen Bilder von Freislers Auftreten als Präsident des Volksgerichtshofs sehe, seine mit jedem Richtertum unvereinbaren Wutausbrüche, die Beleidigungen der Angeklagten höre, muss ich an unseren Gang durch die Ministergärten denken, und ich stehe vor einem Rätsel, wie er sich trotz seiner erst jetzt bekannt gewordenen NS-Vergangenheit als Jurist so entwickeln und erniedrigen konnte. Auch Hans Graf von der Goltz, ein etwas jüngerer Zeitgenosse, kann sich diesen Widerspruch in der Person Freislers letzen Endes wohl nicht erklären, wenn er die Erlebnisse mit ihm in seinen Erinnerungen „Unwegsames Gelände" schildert. Auf der einen Seite die Schilderung des gemeinsamen Ausflugs 1936 des Achtjährigen mit seinen Eltern und Freisler als Gastgeber einer Motorbootfahrt auf der Havel mit anschließendem Besuch eines Gartenlokals, wobei ich die dort erwähnte Angewohnheit Freislers, im Falle der Zufriedenheit in die Hände zu klatschen und anschließend die Handflächen aneinander zu reiben, nicht erlebt habe, aber das war in meinem Fall auch fünf Jahre später. Zum anderen die Schilderung von Graf von der Goltz der Abkommandierung seines Reserveoffizierslehrgangs zum Besuch eines Volksgerichtsprozesses, in dem die Angeklagten angebliche tschechische Saboteure waren. Der Verfasser ist entsetzt über das „schneidende, bellende" Geschrei Freislers in dem Verfahren, das mit der Verurteilung zum Tode mit dem Strang und sofortiger Vollstreckung endete. Schrecklich die makabre Überlegung des Verfassers, „ob er nach dem Urteilsspruch in die Hände klatschen und die Handflächen aneinander reiben würde". Demgegenüber zur gleichen Zeit die von Graf von der Goltz geschilderte andere Szene, wie seine Mutter Freisler aufsucht, weil ihr Vetter im Gefängnis auf seinen Schauprozess wartete. Freisler gab sich weltmännisch und liebenswürdig, und der Vetter war bald darauf frei. Es bleibt der Widerspruch, den aufzuklären Sache der Historiker und Psychologen ist, was aber rückblickend vielleicht müßig ist.

Das Examen mit den Freunden besonders zu feiern, wenn man mit seinen Lebensmittelmarken haushalten muss, wurde nicht erwartet, aber wir saßen natürlich, da auch Udo sein Examen mit der Note „gut" bestanden hatte, beim Kurt in der Flensburger Straße zusammen, um über die Zukunft und über meinen Besuch im Reichsjustizministerium zu sprechen. Es war unausbleiblich, dass wir dabei endlich auch eingehend über die Entwicklung des Krieges, des politischen Lebens seit 1933 sprechen mussten. Mit einem Mal war die Abschottung, die das Bestreben in den Ausbildungsjahren, so bald und so gut wie möglich fertig zu werden, auch die zusätzliche Belastung als Fakultätsassassistent mit sich gebracht hatten, fort. Der Ausbruch des Krieges war, wie erwähnt, ohne Emotionen auch in der Umgebung zur Kenntnis genommen worden. Als am 10. Mai 1940 der Frankreichfeldzug begann, war meine Ausbildung bei Herrn Löding schon zwei Monate beendet. Mit ihm hätte man darüber sprechen können. Auch die Besetzung Dänemarks und Norwegens im März 1940 war schon danach. Nur wenn ich bei dem Chefmathematiker der Gothaer Lebensversicherungsbank eingeladen war, kam es zum Gedankenaustausch. Im unausgesprochenen Vertrauen zu mir, für das ich ihm immer dankbar bleibe, machte er aus seiner Abneigung, Skepsis und seinem Defätismus kein Hehl. Der Angriff auf Jugoslawien und Griechenland im April und die Besetzung Kretas fielen schon in die Ausbildung am Kammergericht und die intensiven Vorbereitungen auf das Examen. Damals mussten kleine Randbemerkungen genügen, um die Einstellung des anderen zu erkennen. So entsinne ich mich einer Senatssitzung, in welcher die Klage eines Tischlers verhandelt wurde, bei der es um Lohn und Material für den Ausbau eines feudalen Hauses eines Ministers im Berliner Umland ging. Wenn ich nicht irre, war es Goebbels. Dabei kam auf Befragen von Kammergerichtsrat Kleeberg zur Sprache, dass dort edle exotische Hölzer verarbeitet worden waren, von denen im dritten Kriegsjahr der schlichte Volksgenosse nur träumen konnte. Herr Kleeberg schloss die Befragung mit den Worten des Wrangel aus Schiller, Wallensteins Tod: „Ich habe hier nur ein Amt und keine Meinung." Nach dieser Abschweifung nur noch, dass auch die überraschende Nachricht vom Angriff auf die Sowjetunion am 22. Juni 1941 zwar sofort die Erinnerung an das Scheitern Napoleons in den riesigen, unwirtlichen Räumen Russlands weckte, aber alles wurde doch wieder verdrängt durch die intensiven Examensvorbereitungen.

Jetzt aber befreit von allen Examenssorgen, ließ unser Triumvirat die ganzen Jahre und die Entwicklung Revue passieren. Kurt Hoge hatte sozusagen den Vorsitz. Wenn auch nur wenig älter, war er im Besitz eines guten Radioapparates und hörte regelmäßig die Sendungen der British Broadcast Company (BBC) und Herrn von Salis, Beromünster, was ja der Gestapo und eventuellen nachbarlichen Denunzianten nicht zu Ohren kommen durfte. Er verglich auch immer sorgfältig die englischen Nachrichten und unsere offiziellen Meldungen. Er klärte uns u. a. über den Stand der „Schlacht um England" auf, und in Erinnerung an deren Eingreifen im Krieg 1914–1918 sprachen auch wir schon über einen etwaigen Eintritt der USA in den jetzigen Krieg. Dass Deutschland und Japan auch noch selbst am 11. Dezember 1941 den USA den Krieg erklären würden, darauf kamen wir nicht. Wir hätten diesen Gedanken für unmöglich gehalten. Auch als Laien waren wir uns aber einig, dass angesichts der geopolitischen Lage Deutschlands mit dieser Ausdehnung der Fronten über ganz Europa bis nach Afrika und Russland die Lage aussichtslos und trotz der laufenden Siegesmeldungen der Krieg nicht zu gewinnen war. Da von den USA als weiteren Gegnern noch keine Rede war, setzten wir unsere Hoffnung – was sich dann als vergeblich herausstellte – auf die Gerüchte, dass neutrale Vermittler einen Kompromissfrieden zustande bringen könnten. Auch hier im Dunkeln tappend, knüpften wir selbst an den Flug von Rudolf Hess am 10. Mai 1941 nach Schottland Hoffnung, den offiziellen Verlautbarungen zum Trotz, dass der „Stellvertreter des Führers" plötzlich geisteskrank sein sollte. Wir konnten uns nicht vorstellen, dass jemand in Deutschland unbehelligt starten und ebenso unbehelligt in Schottland mit dem Fallschirm abspringen konnte. Wir waren vielmehr überzeugt, dass der Schüler und Freund eines Karl Haushofer sich des Risikos eines Zweifrontenkrieges voll bewusst war und ihn allein oder im Einvernehmen mit anderen, vielleicht gar Hitler selbst, unter allen Umständen verhindern wollte. Wir wussten nicht, dass seine Bemühungen um einen deutsch-britischen Interessensausgleich längst in den Scheinverhandlungen, die man mit ihm führte, gescheitert waren. Wir meinten, die westlichen Alliierten könnten kein Interesse am Vordringen des Bolschewismus in Europa haben. Einen solchen Zusammenbruch, wie er dann kam, und vor allem die Forderung der Feindmächte nach „unconditional surrender" konnten wir uns zu diesem Zeitpunkt noch nicht vorstellen.

Bei der Besprechung meines Besuchs im Reichsjustizministerium war klar, dass das Angebot von Staatssekretär Freisler nur interessant sein konnte, wenn wider Erwarten der Krieg gewonnen würde. Was würde dann in Deutschland werden? Da hatte Kurt Hoge den größten Weitblick. Er malte uns ein unter deutscher Knute stehendes Europa mit der Hauptstadt Germania nach den Plänen von Albert Speer aus, in welchem auch die Deutschen selbst unter Führung der Partei, von Wehrmacht, SA, SS und Gestapo sich nur noch im vorgeschriebenen Rahmen bewegen und vor allem vorgegeben denken dürften. Er riet mir dringend ab, an die mir eröffneten Perspektiven auch nur einen Gedanken zu verschwenden. Ich solle nur meinen bisher konsequent verfolgten Plan verwirklichen, in die Wirtschaft zu gehen. Ich bin immer dankbar für seinen Rat geblieben. Er hat auch die Verwirklichung noch miterlebt, und wir haben nach meiner Rückkehr nach Berlin bis zum Ende des Krieges noch viele freundschaftliche Gespräche gehabt. Meine Studien- und Ausbildungszeit endete jetzt erst einmal damit, dass ich Berlin schleunigst verließ und für einige Zeit bei den Eltern in Stralsund untertauchte.

Berufs- und Kriegsjahre in der Heimat

Als ich in Stralsund ankam, mein Vater mich auf dem Bahnsteig erwartete und mich in seine Arme schloss, dachte ich nicht, dass ich noch einmal viele Monate in die Wärme und Geborgenheit des Elternhauses zurückgekehrt war. Die Eltern waren noch vor Ausbruch des Krieges aus dem Einfamilienhaus in eine 5-Zimmer-Wohnung in einem Zweifamilienhaus in Martins Garten 2 gezogen, in der auch ein Zimmer mit Büchern, Bildern, dem Schreibtisch und dem Lehnstuhl, in dem früher mein Vater in Stargard sein Nickerchen nach dem Mittagessen gehalten hatte, für mich bereitstand. Es fehlte nur das abendliche Klavierspiel des bisherigen Nachbarn. Der Vermieter der neuen Wohnung war wieder ein Landwirt von der Insel Rügen, der sich zur Ruhe gesetzt hatte und mit seiner Frau allein die obere Wohnung bewohnte. Abgesehen vom Schnitt der Zimmer war das Schönste an der Wohnung, dass mit Ausnahme des Esszimmers, der Küche sowie des Bades alle Zimmer nur getrennt durch eine Seepromenade auf den Knieperteich hinausgingen. Damit war auch der Blick frei auf die Altstadt mit dem Panorama aller drei Kirchen St. Nikolai, St. Jakobi und St. Marien und das alte Kütertor. Besonders am Morgen nach Sonnenaufgang oder im Schein der Abendsonne war diese Aussicht ein auch unsere Besucher immer wieder tief beeindruckendes Bild. Das Zimmer meiner Mutter mit auf zwei Seiten tief herabgezogenen Glaswänden ermöglichte diese Aussicht auch im Sitzen und entschädigte sie nach dem schweren Abschied von ihrem geliebten Garten.

Der Winter 1941/42 wurde ein für die klimatischen Verhältnisse Stralsunds selten schöner Winter mit wenig Wind, Eis und Schnee, viel blauem Himmel; so recht geeignet, um mich von den jetzt doch infolge des Gegensatzes zwischen bisheriger Anspannung und Nichtstun spürbaren Strapazen zu erholen. Der Pneumothorax wurde auch hier regelmäßig gefüllt, und erfreulicherweise konnte ich nach den Durchleuchtungen vor der Füllung zu Hause berichten, dass die Heilung weiter Fortschritte machte. Von Bombenangriffen lasen wir nur in der Zeitung. Verwandte und Freunde waren noch nicht betroffen. So konnte ich unbeschwert viel lesen, die kulturellen Angebote im Radio, unsere Schallplattensammlung nutzen, und ich fing noch einmal an, Klavierstunden zu nehmen. Es war ganz anders als in der Kindheit, in der ich als Schüler auch zwei Jahre Klavierunterricht hatte. Leider war es so, wie wohl in den meisten Fällen, in denen nicht die Eltern engagiert Hausmusik treiben oder besonderes Talent vorhanden ist, dass ich weder das Interesse mitbrachte noch die Klavierlehrerin dieses erweckte, vielmehr nur lakonisch feststellte, dass ich mal wieder nicht oder zu wenig geübt hatte. Als ich dann Tennis spielen wollte, wurden die Klavierstunden ohne Widerspruch von irgendeiner Seite aufgegeben. Ich habe es später bereut, als bei den Freunden in Labes Herbert Jung so gut spielte und mein Verständnis durch die guten Konzerte in München und Berlin verbessert wurde. Nun lockte das Klavier, auf dem mein Vater nur noch selten und meine Mutter gar nicht mehr spielte. Ich nahm wieder Unterricht. Der persönliche Kontakt ergab sich zwanglos, weil – wie bei der Malerin Elisabeth Büchsel – mein Vater mit den Brüdern zur Schule gegangen war. Sie konnte sich über mangelndes Üben nicht beklagen, war dementsprechend sehr hilfreich, und Fortschritte blieben nicht aus. Meine weitere berufliche Entwicklung, die Kriegs- und Nachkriegszeiten haben leider alles wieder einschlafen lassen.

Es war ein Kriegswinter, aber mir ist erst, als meine Mutter in den Sechzigerjahren nach Westberlin umgesiedelt war, so richtig klar geworden, wie sie uns, ohne ein Wort darüber zu verlieren, mit dem, was Lebensmittel- und sonstige Rationierung hergaben, immer satt machte. Ich hatte weiterhin die Lebensmittelkarte I mit der zusätzlichen täglichen Milchration. Eine unvergessene Mahnung an die Rationierung war, dass meine Mutter drei kleine Porzellandosen mit Deckel kaufte, in welchen jeder seine wöchentliche Ration Butter fand, soweit sie nicht in der Küche benötigt wurde. Bei allem war sicher der seit meiner Kindheit in Fleisch und Blut übergegangene Grundsatz hilfreich: „Das Essen ist notwendig, aber man spricht nicht darüber." Noch heute sind mir Gespräche über das Essen oder gar Diskussionen im Restaurant mit dem Personal darüber ein Gräuel, ohne dass ich nicht etwa ein gutes Essen zu würdigen weiß.

Da meine Eltern nach dem Umzug keine Haushaltshilfe mehr hatten, halfen wir meiner Mutter im Haushalt, wo wir konnten, aber das war im Verhältnis zur sonstigen Last des Haushalts ein Tropfen auf den heißen Stein. Der Lateiner würde sagen: „Ut desint vires, tamen est laudanda voluntas." Meine Mutter ertrug alles ohne Murren in Erinnerung, dass ihre Mutter auf der Domäne Groß-Ammensleben morgens um 5.30 Uhr auf sein musste, um die Mädchen nach dem Melken der Kühe beim Buttermachen anzuleiten und zu beaufsichtigen. Selbst am Sonntag konnten mein Vater und ich sie, wenn sie uns vormittags zum Spaziergang hinausschickte, nicht überreden mitzukommen. Wir wollten gerne nach einem späten Frühstück auf das Mittagessen verzichten. Das kam nicht in Frage, das Essen musste um 13 Uhr auf dem Tisch stehen. Damals habe ich zum ersten Mal daran gedacht, wenn du mal heiraten solltest, dann keine Frau, die, bei aller Liebe zur Literatur und Musik, so dem Haushalt den Vorrang einräumt, erst recht aber keine Frau, die dem damaligen Ideal in der NS-Frauenschaft oder im BDM entsprach – mit aufgesteckten Zöpfen und dem Spruch auf den Lippen: „Die deutsche Frau raucht nicht."

Mein Vater hatte eine an sich tüchtige, ältere Sekretärin, die aber eine führende Position in der NS-Frauenschaft hatte. Er hatte in diesen Monaten eine bedenkliche Auseinandersetzung mit ihr, die zu einer länger anhaltenden Verstimmung führte, die ihm Sorge machte, über die er aber, wie immer, allenfalls ein paar Worte mit meiner Mutter sprach. Er war ja in der unter den politischen Gegebenheiten und im Kriege besonders schwierigen Position, in vielen Fällen die letzte Entscheidung fällen zu müssen, ob jemand arbeitsunfähig war oder nicht. Mit Ausbruch des Krieges und wegen des damit verbundenen Ausfalls vieler Arbeitskräfte in der Wirtschaft waren die Maßstäbe der Bewertung der Arbeitsunfähigkeit verschärft worden und konnten vielfach nicht mehr im Einklang mit den Maßstäben eines gewissenhaften, seiner Ethik verpflichteten Arztes stehen. Die Gutachten schreibende Sekretärin hatte sich wohl – als 100-prozentige Nazisse bekannt – zu sehr eingemischt. Sie war aber, entgegen allen Befürchtungen, so anständig, nichts aus dem Büro hinauszutragen. Zu auf der gleichen Grundlage beruhenden ernsten Auseinandersetzungen kam es aber auch mit dem Leiter des Staatlichen Gesundheitsamts Prof. W.

Nach dieser Schilderung der Monate nach meiner Rückkehr nach Stralsund wird jeder fragen, hat er sich denn gar keine Gedanken gemacht, wie es mit dem frisch gebackenen Assessor weitergehen sollte? Da muss ich zugeben, dass ich mir keine Gedanken gemacht habe, sondern die Zeit der Erholung, die Geborgenheit im Elternhaus noch einmal genossen habe. Allein schon wegen der Ungewissheit, wie wird die Niederlage aussehen, war meine Einstellung, es wird sich alles schon ergeben. Beschäftigt mit vielen Dingen, für die früher keine Zeit war, vermisste ich auch nicht größeren gesellschaftlichen Verkehr. Die mannigfachen früheren Veranstaltungen der Ressourcegesellschaft waren kriegsbedingt sehr eingeschränkt, sodass sich das Zusammensein auf den engsten Freundes- und Bekanntenkreis der Eltern beschränkte, insbesondere auf die gegenseitigen Besuche mit dem schon erwähnten Schulfreund meines Vaters. Das Problem war, dass die Jüngste der dort vorhandenen sechs Töchter – wie ich früher erzählt habe, ein sehr wertvoller und lieber Mensch – schon aus dem Umfeld heraus mir nicht das werden konnte, was ihren Vorstellungen entsprach und sie sich wünschte. Da meine betonte Zurückhaltung nichts nutzte, ergriff meine Mutter die Initiative – sie wusste ja, dass in meinem Zimmer das Foto von Margret stand – und sprach mit Mutter F., um ihr das Aussichtslose auch ihrer Gedanken klar zu machen. Es hat mir immer Leid getan, insbesondere als eine spätere Verlobung wieder aufgelöst wurde, weil eine der Schwestern in eine psychiatrische Heilanstalt aufgenommen wurde und damit nach den damaligen gesetzlichen Bestimmungen eine Heirat so gut wie aussichtslos war. Dieses Schicksal hatte Anne-Marie nicht verdient. Nach dem Tode ihrer Eltern kümmerte sie sich in der Sowjetischen Besatzungszone und späteren DDR wie eine Tochter um meine Mutter. Als diese nach Westberlin übersiedeln konnte, fand sie eine Stellung bei der Bundespost in Darmstadt, kam oft nach Berlin, und ich freue mich, dass wir in den Jahren bis zu ihrem leider frühen Tod noch sehr gute Freunde geworden sind.

Hinsichtlich meiner Zukunft blieb es dabei, dass ich auf keinen Fall in den Gerichtsdienst gehen wollte. Gedanken um meine Zukunft machte sich auch mein Onkel Kurt Röbbelen in Hannover, denn er machte mich auf eine vakante Syndikusstelle in einem Frachtenkontor in Westdeutschland aufmerksam, aber in Erinnerung an die Gothaer Lebensversicherungsbank entsprach das gar nicht meinen Vorstellungen. In Gotha hatte ich natürlich Dr. Frels von dem bestandenen Examen unterrichtet. Seine freundliche Antwort war leider, dass er kein anderes Ergebnis erwartet habe, da aber die Stellen aller Kriegsteilnehmer offen gehalten werden mussten, könne er mir nicht eine diesem Examen entsprechende Stellung anbieten.

Letzten Endes habe ich unbewusst gewartet, dass wieder einmal die Vorsehung eingreifen würde, so geschah es auch, und gleich so, dass ich – um es schon vorweg zu sagen – zu der interessantesten Beschäftigung kam, die ich in meinem langen Berufsleben ausgeübt habe. Als ich in den ersten Tagen des Januar 1942 über den Damm ging, der über den Knieperteich in die Innenstadt führt, traf ich einen alten Bekannten, den ich seit Jahren nicht gesehen hatte. Peter Rintelen war in Stralsund zur Schule gegangen war, hatte längere Zeit vor mir die zweite juristische Staatsprüfung gemacht und war jetzt Referent in der Reichswirtschaftskammer in Berlin. Er war dort in der Auslandshandelskammerabteilung tätig, die jetzt nur noch die Kammern im neutralen Ausland oder in den besetzten Gebieten betreute. Es passte ihm gar nicht, dass er in die Rechtsabteilung versetzt werden sollte, deren Referent eingezogen worden war. Er hatte von meinem Examen gehört, und nach der Frage, ob ich mich beruflich schon festgelegt hätte, kam die weitere, ob ich nicht als Referent in die Reichswirtschaftskammer nach Berlin kommen wollte. Die Reichswirtschaftskammer als Zusammenfassung der Organisation der gewerblichen Wirtschaft und seit 1933 Nachfolgerin des Deutschen Industrie- und Handelstages war mir nur ein nebulöser Begriff. Doch in der Januarsonne auf dem Küterdamm wurde ich nun etwas mehr informiert, und Berlin wirkte bei mir natürlich wie ein Magnet. Wir verblieben so, dass Peter Rintelen, der nur kurz seine Mutter in Stralsund besucht hatte, in den nächsten Tagen mit dem stellvertretenden Hauptgeschäftsführer Rechtsanwalt Franke sprechen würde. Am 7. Januar rief er mich in dessen Auftrag an, um mich für zwei Tage zu einem Besuch einzuladen. Am nächsten Tag traf ich nachmittags im Hotel „Continental" am Bahnhof Friedrichstraße ein und ging am nächsten Vormittag in die Neue Wilhelmstraße, nahe dem Pariser Platz, wo die Reichswirtschaftskammer ihren Sitz hatte. Im Vestibül, ebenso wie das Treppenhaus mit dunkelblauem Velours ausgelegt, empfing mich der Botenmeister im dunklen Anzug, mit weißem Hemd und schwarzer Krawatte, sodass mein erster Eindruck war, hier bist du wie einmal bei der Gothaer Lebensversicherungsbank nicht bei einer Behörde. Er brachte mich dann in den ersten Stock zum Sekretariat von Rechtanwalt Hermann Franke, dessen sympathische, ältere Sekretärin, Frau Pöting, mich bereits erwartete und mich sofort zu Herrn Franke brachte. Peter Rintelen musste schon von mir berichtet haben, denn ich wurde für ein Vorstellungsgespräch überraschend freundlich begrüßt. Nach Vorlage meiner Unterlagen, Schilderung meines Lebenslaufs und meiner Interessen, einschließlich meiner Situation als Träger eines Pneumothorax, war sofort beiderseits – wie auch Herr Franke später mal feststellte – der Kontakt da, das wichtige Gefühl des Miteinanderkönnens. Herr Franke gab mir einen kurzen Überblick über die Stellung der Reichswirtschaftskammer als Nachfolgerin des Deutschen Industrie- und Handelstages und Vertretung aller weit über 100 Industrie- und Handelskammern, aller Auslandshandelskammern sowie der fünf Reichsgruppen Industrie, Handel, Handwerk, Banken und Versicherungen sowie Fremdenverkehr im Gespräch nach allen Seiten, insbesondere mit dem Reichswirtschaftsministerium. Besonders horchte ich natürlich auf, als ich hörte, dass die RWK einen Sitz in der Akademie für Deutsches Recht hatte und Herr Franke sagte, dass man mich aufgrund meiner langen Tätigkeit als Fakultätsassistent und des Ergebnisses meines Assessorexamens zur Wahrnehmung des Sitzes in der Akademie bestellen könnte (leider wurde die Arbeit der Akademie kurze Zeit darauf als nicht kriegswichtig eingestellt). Was ich bei diesem Gespräch noch nicht erfuhr, war, dass die RWK keine Weisungsbefugnis hatte, was sich jedoch als ausserordentlich fruchtbar bei der täglichen Arbeit erweisen sollte.

Bevor dann auch die Frage meines Gehalts zur Sprache kam, ging Herr Franke mit mir zum Hauptgeschäftsführer Dr. Gerhard Erdmann, um mich dort vorzustellen. Bei aller Distanz, die Dr. Erdmann, wie ich später lernte, nie verlor und worin er, wie in vielem anderen, mein Vorbild wurde und blieb, auch hier war gleich das Gefühl da: Hier bist du am richtigen Platz. Hinzu kam, dass ich aus den einführenden Worten von Herrn Franke entnehmen konnte, dass er mich einstellen wollte. Das Gespräch war dementsprechend nicht lang, und mit ein paar freundlichen Worten überließ mich Dr. Erdmann wieder Herrn Franke. Zurück in seinem Zimmer, fragte mich Herr Franke nach meinen Gehaltsvorstellungen. Ich hielt 700 RM monatlich für angemessen. Der Summe widersprach Herr Franke nicht, sondern wies nur darauf hin, dass im Krieg ein Gehaltsstopp verordnet wurde. Der hier zu besetzende Posten war nur mit 580 RM dotiert. Das wich von meinen Vorstellungen doch sehr ab, aber im weiteren Verlauf des Gesprächs meinte mein Gegenüber, er würde in den kommenden Wochen sowieso mit dem Reichstreuhänder der Arbeit „frühstücken", und da könnte er auch meinen Fall zur Sprache bringen. So lernte ich gleich beim ersten Kontakt den für mich neuen Begriff „frühstücken" kennen. Besprechungen, wie die genannte, zur Klärung wichtiger Fragen mit Vertretern der Reichsgruppen, Industrie- und Handelskammern sowie den Ministerien wurden vielfach bei gemeinsamen Mittagessen erledigt, heute Arbeitsessen genannt. Nach dieser Information verabschiedete ich mich. Als ich darauf noch Peter Rintelen besuchte, um ihn über den Stand der Dinge zu informieren, stellte er mich dem Leiter der Auslandshandelskammerabteilung, Herrn Dr. Diekmann, vor, zu dem ich später ein herzliches Verhältnis gewinnen sollte. Auch den Leiter des Rechtsreferats, Rechtsanwalt Wolter, lernte ich noch kurz kennen, der nicht gerade begeistert zu den Fahnen einrücken musste.

Als ich nach einem kurzen Kontakt mit meinen Freunden Dortschy, und Hoge wieder in Stralsund eintraf, war mein Vater über meine Gehaltsforderung doch recht ungehalten. Er habe als Assistenzarzt mit 175 Mark monatlich und freier Station angefangen. Doch ließ er mich seine Sorgen nicht mehr spüren, als ich meine umfangreiche Ausbildung ins Feld führte. Vor allem konnte ich ihn bitten, in Ruhe abzuwarten, da nach dem Gespräch in Berlin alles offen geblieben war, ich meinen Gehaltswunsch nicht zur conditio sine qua non gemacht hatte.

Es dauerte dann noch bis zum 14. Februar, bis Peter Rintelen mich telefonisch unterrichtete, der Reichstreuhänder der Arbeit hätte einer Erhöhung der Bezüge in der fraglichen Stellung auf 610 RM zugestimmt. Weiteres würde mir durch eine Nebenbeschäftigung als Mitarbeiter am Organ der RWK „Deutsche Wirtschaftszeitung"

133

zufließen. Meine Notizen in dieser Zeit ergeben, dass die in der Regel wöchentlich gezahlten Honorare monatlich zusammen rund 100 RM und darüber ergeben haben. So wurden meine Wünsche doch noch erfüllt. Die zusätzliche Arbeit war kaum spürbar und noch dazu interessant.

Am 18. Februar kam die offizielle Bestätigung der Reichswirtschaftskammer, und am 23. zog ich endgültig nach Berlin, um bis 1992 dort, aber im Herzen immer dort zu bleiben. Vorerst zog ich – bescheidener als beim Vorstellungsgespräch – in das Hotel „Rheinland" in der Kochstraße, um von dort auf Zimmersuche zu gehen. Am 2. März 1942 war der Dienstantritt bei der RWK. Weil Herr Franke auf Dienstreise war, gab es noch keine Geschäftszuteilung, sondern der damalige Z. b. V. der Hauptgeschäftsführung Prinz Solms zu Braunfels nahm sich meiner an, zeigte mir mein Arbeitszimmer im zweiten Stock und stellte mich im ganzen Hause vor. Er versorgte mich mit Literatur über den Aufbau der Organisation der gewerblichen Wirtschaft, damit ich mir einen Überblick verschaffen konnte.

Da ich nach über 50 Jahren oft gefragt werde, was war eigentlich die Organisation der gewerblichen Wirtschaft (OGW), und zum Verständnis mancher Einzelheiten meiner Erzählung erscheint es mir angebracht, an dieser Stelle in ganz vereinfachter Form eine Darstellung der OGW zu geben, die der Nichtinteressierte unschwer überschlagen kann. Vor 1934 bestanden als Vertretung der Wirtschaft einmal regional die Industrie- und Handelskammern und übergreifend, als Vertretung der Wirtschaftszweige, die Verbände. Die älteste Handelskammer wurde 1798 gegründet. Sie entstand, wie auch spätere Kammern, nach französischem Vorbild und war ursprünglich nur als Beratungsorgan der Regierung gedacht. Eine Selbstverwaltung der regionalen Wirtschaft entwickelte sich aber bald, d. h. das Ziel der Kammern wurde, dem Staat nach besten Kräften mit Rat und Tat zu dienen, als sein Organ, aber auch aus Eigenem heraus. Das war möglich, weil sie aufgrund der Mitarbeit und unter Leitung ehrenamtlicher Unternehmer das Vertrauen der betreuten Unternehmen erwarben und so Helfer für die Gesamtheit von Handel und Industrie in ihrem Bezirk wurden. Ein ganz wesentlicher Unterschied zu den Wirtschaftsverbänden, die nur den von ihnen vertretenen Wirtschaftszweig betreuten, war, dass die Kammern eine Zusammenfassung aller Unternehmen der verschiedensten Wirtschaftszweige im Bezirk waren, zum Ausgleich der gegeneinander laufenden Einzelinteressen, also Überwindung des Egoismus durch Rücksicht auf das Gesamtwohl. Seit dem Durchbruch der Stein'schen Reformen hatten die Kammern das Recht der freien Initiative, alles in den Bereich ihrer Tätigkeit zu ziehen, was einerseits in den Gesamtrahmen ihrer Aufgaben passte und ihnen andererseits nicht ausdrücklich vorenthalten war. In der Frühgeschichte waren sie als Gesamtvertretung in Handel und Verkehr mit Bahnbrecher des Fortschritts. Sie standen an der Wiege des Eisenbahnwesens, bevor der Staat tätig wurde, kämpften um den Ausbau der Wasserstraßen, und seit den Zeiten des Norddeutschen Bundes haben sie entscheidend die Schaffung eines einheitlichen Nachrichtendienstes beeinflusst. Auch das kaufmännische Berufsschulwesen verdankte ihnen schon damals viel. Als Zusammenfassung der Kammern in den verschiedenen Ländern des noch ungeeinten deutschen Raumes wurde schon 1861 der Deutsche Industrie- und Handelstag gegründet. Ihm lag der Gedanke zugrunde, schon vor der Gründung des Reichs wenigstens in materieller Beziehung ein einiges Deutschland zu schaffen. Im Laufe der Jahrzehnte entwickelte der DIHT nach innen und außen ein reiches Betätigungsfeld. Im Innern war es die Erziehung der Kammern zur Gemeinsamkeit und immer besserer Leistung, war es die persönliche Führung, gegenseitige Aufklärung und sachliche Unterstützung. Nach außen war es die Stellungnahme zur wirtschaftlichen Gesetzgebung und Verwaltung, den Regierungen mit Sachkunde zu dienen und dabei Wesen und Gewicht der vom DIHT vertretenen Kammern zur Geltung zu bringen. Hierdurch wurden die aus dem Landesrecht erwachsenen Kammern in ein enges Verhältnis zu den Reichsinstanzen, insbesondere zum Reichswirtschaftsministerium, gebracht.

Die Ausrichtung auf das Gemeinwohl und der enge Kontakt zur örtlichen Wirtschaft waren es, die auch nach 1933 die Kammerorganisation bestehen ließen. Als Körperschaften öffentlichen Rechts erhielten sie noch mehr hoheitliche Tätigkeitsbereiche und standen nicht im Gegensatz zu der Umschaltung auf eine gelenkte Wirtschaft. Die Wirtschaftsverbände dagegen wurden von der Umgestaltung durch das „Gesetz zur Vorbereitung des organischen Aufbaues der deutschen Wirtschaft" vom 27.11.1934 voll erfasst. Sie verschwanden in Fachgruppen, z. B. Fachgruppe Chemische Erzeugnisse, als Unterorganisation der Wirtschaftsgruppe Chemische Industrie, die wiederum zum Unterbau der Reichsgruppe Industrie gehörte, so wie zahlreiche andere Wirtschaftsgruppen aus dem Industriebebreich. Es gab außer der Reichsgruppe Industrie noch die Reichsgruppen Handel, Handwerk, Banken und Versicherungen, Energiewirtschaft und Fremdenverkehr. Der Kopf der Organisation war die Reichswirtschaftskammer (RWK). Reichsgruppen sowie Industrie- und Handelskammern waren in ihrem Beirat vertreten. Der Bedeutung der Kammern wurde dadurch Rechnung getragen, dass 1933 der DIHT zur „Arbeitsgemeinschaft der Industrie- und Handelskammern in der Reichswirtschaftskammer" umgewandelt wurde. Diese Sonderstellung bewährte sich in den Jahren des Bestehens der OGW, weil auch in dieser Zeit der alte Gegensatz aus der Weimarer Zeit zwischen Kammern und Wirtschaftsverbänden unter der Decke weiter schwelte und sich in der praktischen Arbeit oft bemerkbar machte. Auch die Gruppen waren nun einmal Vertretungen ihres Wirtschaftszweiges, während für die Kammern weiter in ihren Bezirken die Gesamtheit von Handel und Industrie im Vordergrund stand. Vor allem machte uns die Reichsgruppe Industrie mit ihrem Hauptgeschäftsführer Dr. Skrodzki – nach dem Krieg als Hauptgeschäftsführer der Industrie- und Handelskammer Berlin im anderen Lager – mit manchem Alleingang die gemeinsame Arbeit nicht leichter.

Abschließend sei noch erwähnt, dass auch die Deutschen Auslandshandelskammern und wirtschaftlichen Vereinigungen deutscher Unternehmen von der RWK betreut wurden.

Aus dem allen ergibt sich, dass die RWK ein umfassendes und vielseitiges Arbeitsgebiet hatte. Neben dem Schwerpunkt, der Arbeitsgemeinschaft der IHK, fanden sich unter ihrem Dach noch die Deutsche Gruppe der Internationalen Handelskammern, die Deutsche Landesgruppe der Internationalen Gesellschaft für kaufmännisches Bildungswesen, der Ehrengerichtshof der gewerblichen Wirtschaft, die Hauptstelle für die öffentlich bestellten Wirtschaftsprüfer, der Ausschuss für den Austausch junger Kaufleute, die Prüfstelle für den Bereich der OGW-Ruhegehalts, Ausgleichskasse der IHK, Verkehrsausschuss bei der Ständigen Tarifkommission der deutschen Eisenbahnverwaltungen. So weit der Überblick.

Ich ahnte nicht, dass ich mich bald mit einer wesentlichen Umorganisation beschäftigen musste. Am Tage nach meinem Studium der Organisation war Herr Franke wieder zurück und legte meine Zuständigkeit für Organisationsfragen, Wirtschaftsrecht, Steuern und Finanzen fest. Diese Gebiete bearbeitete auch Rechtsanwalt Droste im Hause, wobei uns die Aufteilung und Zusammenarbeit überlassen blieb. So kam es, dass ich mich nach meinen Notizen schon am nächsten Tag mit Fragen der Gewerbesteuer, der Binnenschifffahrt und Kartellsteuerverordnung befassen musste. An den Krieg wurde ich drastisch erinnert, als mir am fünften Tag eine Gasmaske verpasst wurde.

Wenn ich mich recht erinnere, wurde auch Herr Droste bald eingezogen. Bei der folgenden Konzentration der Arbeitsverteilung kam ich in die Abteilung des Herrn Dr. Froehlich, eines hervorragenden Steuerspezialisten, der sich auch nach dem Kriege im Bundesverband der Industrie einen Namen machte. Mein Aufgabengebiet bekam einen starken Schwerpunkt, die Zuarbeit in steuerrechtlichen Fragen. Ausnahmen waren nur Fälle wie z. B. am 10. März eine Sitzung unter dem Vorsitz von Herrn Franke über die Organisation der gewerblichen Wirtschaft in den besetzten Gebieten. Diese Befassung mit dem Steuerrecht gefiel mir gar nicht, und ich habe mich bei meinen Freunden Udo Dortschy und Kurt Hoge, mit denen ich gerade in dieser Zeit des Wiedereinlebens in Berlin wieder zusammen war, über diese Entwicklung der Dinge sehr beklagt. Hinzu kam die Schwierigkeit, ein geeignetes möbliertes Zimmer zu finden, sodass ich mich recht unglücklich fühlte. Da waren das noch blühende kulturelle Leben, die Philharmonischen Konzerte unter Furtwängler oder ein Film wie „Dreiklang" mit Lil Dagover und Paul Hartmann eine willkommene Abwechslung.

Zwei Ereignisse, dicht hintereinander, in meinem Privatleben veränderten dann vieles und alles. Schon nach so kurzer Zeit in Berlin lernte ich am 30. März 1942 meine spätere Frau kennen, und am nächsten Tag zog ich mit meinen Koffern in die

Prinz-Handjery-Straße 61 in Zehlendorf bei Frau Hete Krause ein. Wenn meine Frau noch lebte, würde sie es mir sicher verzeihen, wenn ich vorerst nicht auf uns beide eingehe. Ich bin kein Schriftsteller, will aber auch in diesem Fall nicht sagen, dass mir die Worte fehlen. Ich werde also bald versuchen zu erzählen, wie zwei Menschen im dritten Kriegsjahr, beide das böse Ende vor Augen, im verdunkelten Berlin zusammenfanden.

Vorerst zurück zu Hete Krause. Ihr Name sei hier dankbar vermerkt, denn unsere Bekanntschaft und Freundschaft hielt bis zu ihrem Tode in den Fünfzigerjahren an. Dass ich bei ihr endlich eine angemessene Bleibe bekam, verdanke ich wieder meinen Freunden, die beide dort gewohnt hatten. In einer zweigeschossigen Villa mit Blick in die Gärten und auf die in Berlin so typischen Kiefern lag das schöne Zimmer im ersten Stock. Einer der Nachbarn war der Reichs- und Preußische Verkehrsminister und Generaldirektor der Deutschen Reichsbahn Dr. ing. Dorpmüller. Das große Haus schien aber immer wie ausgestorben. Hausgenossen waren der Freund von Hete Krause, ein von ihr rührend betreuter älterer, kränklicher Graf und ihr Bruder Otto Krause, von Kurt Hoge „Jauchen-Otto" genannt. Das Haus hatte damals noch keine Kanalisation, und Otto musste mangels anderer Arbeitskräfte im Krieg alle paar Wochen die Klärgrube des Hauses auspumpen. Wenn man vom S-Bahnhof Zehlendorf-Mitte in die Prinz-Handjery-Straße einbog, witterte man: Otto ist am Werk. Hauptperson im Haus war aber eine Langhaardackelin. Sie hat uns in guten und schlechten Tagen viel Freude gemacht

Die Lage in der Nähe des S-Bahnhofs hatte den großen Vorteil, dass ich morgens einen bestimmten von Potsdam und Wannsee kommenden Zug benutzen konnte, der hier zum letzten Mal hielt und dann ohne Halt bis zum S-Bahnhof „Unter den Linden" durchfuhr. Es war der so genannte „Banker". Mit ihm fuhren die höheren Beamten der Reichsministerien in die Wilhelmstraße, die Banker aus dem Bankenviertel in Berlin-Mitte, vertieft in die Morgenzeitungen oder in die ersten geschäftlichen Gespräche. Hier traf ich auch meinen Chef, Dr. Erdmann, der „um die Ecke" in der Seehofstraße wohnte. Für einige Wochen wurde – auch für mich selbstverständlich – zum neuen Mitarbeiter Distanz gewahrt, auch wenn es vom Bahnhof „Unter den Linden" zu unserem Büro nur wenige Schritte waren. Das änderte sich aber bald mit dem Wechsel meines Arbeitsfeldes in der RWK.

Auch hier half wieder der Zufall, die glückliche Fügung. Ich erwähnte schon meine Einführung durch den Prinzen Solms, und er war es auch, der mich nach zehn Tagen kollegial und herzlich fragte, ob ich mich schon eingelebt hätte. Da passierte es, dass für den 22. April außer der Reihe eine Beiratssitzung der RWK notwendig wurde. Der Beirat war natürlich hochkarätig besetzt. Außer dem Präsidenten H. Pietsch, Leiter eines großen industriellen Unternehmens, gehörten u. a. Staatssekretär Hayler vom Reichswirtschaftsministerium, Präsidenten großer Industrie- und Handelskammern, alle Leiter der Reichsgruppen, z. B. Herr Zangen von Mannesmann, in diesen Kreis. Als Protokollführer fungierte Prinz Solms, aber jetzt war er nicht in Berlin. Wer soll das Protokoll führen? Das war die ernste Frage für die beiden Hauptgeschäftsführer. Sie beschlossen, versuchen wir es doch mal mit dem „Neuen". Da saß ich nun unter dem Vorsitz des Präsidenten neben den Herren Dr. Erdmann und Franke unter dem einzigen Wandschmuck des Sitzungssaales, einem Porträt von David J. Ludwig Hansemann, der einmal 1851 die Diskonto-Gesellschaft gegründet hatte und dessen Ausspruch „In Geldsachen hört die Freundschaft auf" ich schon aus dem Elternhaus kannte. Vor mir hatte ich die Spitzen der deutschen Wirtschaft, deren Namen, soweit ich sie nicht schon kannte, ich nun lernen musste.

Ich war unterrichtet, dass nicht alle Äußerungen der Mitglieder des Beirats wiederzugeben waren, sondern nur die wesentlichen, also mehr ein Ergebnisprotokoll anzufertigen war. Daran habe ich – zugegeben mit heißem Kopf – zwei Tage gebastelt, brachte dann mein Werk in das Sekretariat von Herrn Dr. Erdmann. Am Nachmittag klingelte bereits das Telefon, und ich wurde zu ihm gebeten. Der Gang zum Reichsjustizprüfungsamt war leichter als jetzt die paar Schritte zum Chef. Unter dem uns allen bekannten Zurechtzupfen seiner blütenweißen Manschetten überraschte er mich aber mit den Worten: „Ich bin recht zufrieden mit dem Protokoll. Sie haben erfasst, dass es bei einem Protokoll weniger darauf ankommt wiederzugeben, was der Einzelne gesagt hat, sondern wie er es mit gleichem Inhalt bei reiflicher Überlegung formuliert hätte. Dann ist er bei der Verteilung der Protokolle zufrieden und erhebt keine Einwände." Da schoss mir der Satz meines „Brötchengebers" Kammergerichtsrat Kleeberg durch den Kopf, dass alles eine Frage der Formulierung sei. Es wurde noch das eine oder andere Wort, der eine oder andere Satz besprochen, und die Sekretärin bekam den Entwurf zur Reinschrift. Als ich mich erleichtert entfernen wollte, sollte ich wieder Platz nehmen, und Herr Dr. Erdmann eröffnete mir, ich solle auch in Zukunft die Protokolle führen, mich auf Organisations- und Kammerfragen konzentrieren und der Hauptgeschäftsführung zur Hand gehen. Nach diesem Gespräch ging ich natürlich hocherfreut über diese Entwicklung in mein Zimmer. Dort begann ich aber mit Sorge an die Rückkehr von Prinz Solms zu denken, der doch als bisheriger Z. b. V. im Zimmer neben Herrn Franke saß und besonders kollegial und liebenswürdig gewesen war, und nun dies. Als er zurückkam, war er auch sehr gekränkt und sprach kein Wort mit mir, zumal Herr Franke die Worte von Herrn Erdmann gleich in die Praxis umsetzte und mich zu wichtigen Besprechungen hinzuzog. Ich habe nach wenigen Tagen Herrn Franke gebeten, sich einzuschalten. Er wisse, wie alles abgelaufen sei. Ich könne doch nichts dafür, dass mein Protokollentwurf gefallen habe. Herr Franke hat dies auch getan, und ich bin dann zu Prinz Solms gegangen. Wir haben uns ausgesprochen und sind anschließend, weil es gerade die Zeit war, ins „Bristol", Unter den Linden, „frühstücken" gegangen.

Leider kann ich mich nicht erinnern, wann Prinz Solms ausgeschieden, meines Wissens zu einer Reichsgruppe gegangen ist. Wenn ich richtig informiert bin, hörte ich nach dem Kriege, dass er im auswärtigen Dienst in Südamerika war. Ich wurde jedenfalls nach wenigen Wochen Nachbar von Herrn Franke, und es begann eine Arbeit, die mich bis zum letzten Tag befriedigte und ausfüllte.

Schon wenige Tage nach meinem Umzug im Haus erlebte ich am Fenster meines jetzt im ersten Stock gelegenen Zimmers das Staatsbegräbnis von Reinhard Heydrich. Am 21. Mai 1942 war in Prag ein Attentat auf den „Reichsprotektor von Böhmen und Mähren" verübt worden, und er war am 4. Juni seinen schweren Verletzungen erlegen. Als der Trauerzug sich näherte, kam Herr Franke in mein Zimmer und sagte mir, es sei strikte Anweisung ergangen, nicht die Fenster zu öffnen und auch die Vorhänge geschlossen zu halten. So standen wir hinter der Gardine, und Herr Franke wies nur, vom Reichsführer SS Himmler angefangen, auf verschiedene Begleiter des Sarges hin. Im Übrigen enthielt er sich jeden Kommentars, der sich schon deswegen verbot, weil ich ja erst wenige Monate sein Mitarbeiter war. Die wichtigste Sprachregelung war nun einmal das Schweigen. Vielleicht wusste er auch schon, welche furchtbare Rache die SS unmittelbar nach dem Tod von Heydrich in Prag genommen und welches barbarische Gemetzel sie danach in dem friedlichen Dorf Lidice verübt hatte.

Das in der vorhergehenden Zeit gut entwickelte Verhältnis zu den Abteilungsleitern und anderen Referenten blieb beim Bekanntwerden des nicht ganz unauffälligen Sprungs auf eine andere Ebene, auch wenn beim Mittagessen in der Kantine gefrotzelt wurde: „Nun redet er nicht mehr mit uns." Es war nur scherzhaft gemeint, und sie merkten alle sehr schnell, dass das nicht der Fall war. Die für jeden auf seinem Gebiet interessante Arbeit, die Beobachtung der Innen- und Außenpolitik, die unausgesprochene, insbesondere nach dem späteren Fall von Stalingrad gemeinsame Überzeugung, dass der Krieg verloren war, führte mit vielen zu einem fast freundschaftlichen, kollegialen Verhältnis. Es kam hinzu, dass alle unter dieser mit langen Zügeln arbeitenden Geschäftsführung gerne tätig waren. Wir konnten uns erzählen, was wir nachts geträumt hatten, also mit in Decken gehüllten Radioapparaten von der British Broadcast Corporation über die Lage an der Front hörten. Die Auslandshandelskammern schickten ihre Berichte, deren Geschäftsführer kamen persönlich und berichteten. Schon damals lernte ich Otto Bach kennen, der später Mitglied der Redaktion des „Telegraf" und Präsident des Abgeordnetenhauses in Berlin war. Otto Bach war zu der Zeit Geschäftsführer der Deutschen Auslandshandelskammer in Paris. Wir freundeten uns bald an. Wenn er kam, hatte er meist einige Briefe, die er nicht mit der Post schicken wollte, und bat mich, sie den Adressaten auszuhändigen. Erst viel später, in einer Rede zu meinem 60. Geburtstag, erfuhr ich, was für brisante Post ich, ohne mir große Gedanken zu machen, weitergeleitet hatte. Ich konnte es allerdings schon ahnen, als Otto Bach nach dem Kriege ein hoher Orden in Frankreich verliehen und er 1968 zum Offizier der Ehrenlegion ernannt wurde.

So waren wir, zumal, wenn auch im beschränktem Umfang, ausländische Zeitungen zur Verfügung standen, weit über die Allgemeinheit hinaus über die Lage informiert. Wir kannten die Entwicklung der Wirtschaft, der Rüstungsindustrie, und ich mache kein Hehl daraus, dass ich für die Leistungen eines Albert Speer mit seinem Apparat, dem Reichsministerium für Bewaffnung und Munition, den von uns gesondert organisierten Ringen und Kreisen der Rüstungsindustrie, großen Respekt hatte. In den wenigen Sitzungen, bei denen ich ihn erlebte, war seine Tatkraft und Energie spürbar. Es war immer wieder überraschend, wie es trotz schwerer Luftangriffe gelang, die Produktionszahlen weitgehend stabil zu halten. Dass dies nur mit Hilfe von Hunderttausenden von Fremdarbeitern, Kriegsgefangenen möglich war, war uns allen in der RWK selbstverständlich bekannt. Im Einzelnen nicht bekannt waren die näheren Umstände, die Verhältnisse, unter denen diese Menschen arbeiten und leben mussten. Sie wurden erst nach dem Kriege in ihrem ganzen Umfang bekannt. Das hing auch damit zusammen, dass als Einziger – und auch Ältester – in unserem Kreis der für den Sektor Arbeit zuständige Abteilungsleiter Prof. F. wenig Kontakt mit uns allen hatte. Gesprächsstoff unter uns war manchmal, dass er bei Besprechungen in seinem Arbeitszimmer bei grundsätzlichen Diskussionen gerne auf die immer auf seinem Schreibtisch stehende, mit vielen Lesezeichen gespickte Ausgabe von Hitlers „Mein Kampf" zurückgriff, wie ich es einmal selbst erlebt habe. Er war aus voller Überzeugung der reine Tor. Er war unser Aushängeschild bei der Vertretung der RWK im Reichsarbeitsministerium oder bei Parteistellen. Er war aber kollegial, liebenswürdig und konnte herzlich sein. Vor allem hat er keinem von uns geschadet, sondern seufzte nur kopfschüttelnd, wenn er uns mit seinen Zitaten nicht überzeugen konnte. Er war ein guter Weggefährte, wenn wir im nächsten Jahr mit anderen Kollegen zusammen nach den nächtlichen Bombenangriffen morgens zu Fuß durch die rechts und links brennenden Straßen den langen Weg von Lichterfelde zur Neuen Wilhelmstraße antraten.

Das vorher erwähnte Lichterfelde ist das Stichwort, um zu erzählen, dass ich zu dieser Zeit schon mit meiner Frau dort wohnte, womit ich auf den 30. März 1942 zurückkomme, an dem ich sie kennen lernte. Es war abends in einem Café, wo sie mit einer anderen Dame am Nebentisch saß. Es war unsere spätere gemeinsame Freundin Hilde Schütz, die wir noch nach dem Kriege und nach ihrer Heirat mehrfach im Harz besucht haben, bevor sie zu unserem Leidwesen an Multipler Sklerose starb. Auch sie hatten sich an diesem Abend zum ersten Mal getroffen, und wie es dazu gekommen war, erscheint mir erzählenswert, weil es zeigt, auf wie merkwürdige Weise sich manchmal Menschen kennen lernen.

Hilde war damals Telefonistin im Fernmeldeamt in der Winterfeldstraße in der

Vermittlung für den Ferndienst. Ferngespräche mussten damals noch angemeldet und vermittelt werden und waren im Kriege zusätzlich erschwert. Meine Frau, die nachts gerne mit ihren Eltern in Lodz telefonierte, traf jedes Mal auf die gleiche, immer hilfsbereite Telefonistin. Bei den üblichen Wartezeiten, Rückfragen, wo die Verbindung bleibt, konnte nicht ausbleiben, dass auch ein paar private Worte gewechselt wurden. Eines Nachts bat die Telefonistin um ein Zusammentreffen; sie sei ganz fasziniert von der Stimme und dem Akzent ihrer unbekannten Gesprächspartnerin. So kam es zu der Verabredung am 30. März.

Wie ich meinerseits mit den beiden Damen ins Gespräch gekommen bin, weiß ich nicht mehr. Eigentlich entsprach es gar nicht meiner geschilderten, gewohnten Zurückhaltung. Auch ich war gleich von dieser Stimme berührt. Als für mich Wochen später noch ein Hauch von Zärtlichkeit hinzukam, war ich glücklich, noch vor unserer Verlobung nach Lodz schreiben zu können, ich hätte zufällig in einer Novelle in der Zeitschrift „Europäische Revue" Worte gefunden, wie ich sie niemals selbst hätte formulieren können: „Ihre dunkle Stimme klang wie eine Viola hinter einem schweren Vorhang." Es war jedenfalls der oft zitierte Funke, der übersprang. Es war wirklich, wie Gaby mir Monate nach unserer Verlobung im Dezember 1942 schrieb, Liebe auf den ersten Blick – nur dass wir uns diese Erkenntnis beide nicht leicht gemacht haben.

Ich weiß nur, dass das lebhafte Gespräch mit dem Austausch der Adressen endete, wobei ich von meinem Umzug am nächsten Tag nach Zehlendorf erzählte. Bereits bezaubert von ihrer Schönheit, ihrer liebenswerten Art zu sprechen und nicht zuletzt von der im Kriegsberlin so selten gewordenen schlichten Eleganz, freute ich mich auf meinem Heimweg schon auf ein Wiedersehen.

Nach meinen Notizen haben wir uns schon am 9. April wiedergesehen und am 17. in der „Grünen Traube" am Zoo zu Abend gegessen. Ich erzählte ihr, dass dieses Restaurant mit seinen auch im Kriege immer noch vielen Blumen, wo das Ensemble Wilfried Krüger spielte, das Lieblingslokal meiner Mutter war. An den Wochenenden ging es hinaus in die Umgebung. Wir fuhren nach Erkner, Strausberg, an den Müggelsee, wanderten rund um den Schlachtensee, stiegen in Sanssouci auf den Ruinenberg und freuten uns von Mal zu Mal mehr, zusammen zu sein. Zurück im verdunkelten Berlin, saßen wir noch in irgendeinem Lokal, am liebsten im „Old Inn" Unter den Linden, trennten uns dann vor der Tür in Wilmersdorf in der Kalischer Straße, wo sie, wie ich hörte, ein nicht gerade komfortables möbliertes Zimmer bewohnte. Danach war ich dann allein mit meinen Gedanken auf dem langen Weg durch das dunkle Berlin. Der letzte Gedanke vorm Einschlafen war aber die Vorfreude auf den Anruf am nächsten Vormittag von Büro zu Büro

Wir hatten uns viel aus unserem bisherigen Leben zu erzählen. Ich hörte, warum sie nach zweijähriger Ausbildung in Warschau nach Berlin gekommen war und als technische Zeichnerin im Architekturbüro Heinrich Kölling in der Schlüterstraße in Charlottenburg arbeitete. Dort hatte sie deutsche und ausländische Kolleginnen und Kollegen, mit denen sie – dies sei vorweggenommen – auch nach dem Kriege, wenn auch an anderer Stelle, wieder zusammentraf. Sie war aus ihrer Heimat Lodz, aus dem Elternhaus, von ihrem Freundinnen und Freunden fortgegangen, weil ihr ungeliebter Schwager, reichsdeutscher Mediziner, Leiter des Staatlichen Gesundheitsamts und dann auch noch höherer SS-Führer in Lodz, zu ihr gesagt hatte: „Lass man, dich werden sie auch noch in die Fabrik stecken." Tatsache war, dass sie nach Ausbruch des Krieges und der Bombardierung Warschaus in ihr Elternhaus zurückgekehrt und nun beschäftigungslos war. Das Klügste war tatsächlich, gestützt auf die berufliche Ausbildung, nach Berlin in die Höhle des Löwen zu gehen, wo sie schweren Herzens auch 1941 von der polnischen zur deutschen Staatsangehörigkeit wechseln konnte, während ihre Eltern nur in die so genannte Volksdeutsche Liste kamen. Ich schreibe „schweren Herzens", weil sie kein Hehl daraus machte, dass sie sich mit Herz und Verstand als Polin fühlte. Sie hatte zwar das Deutsche Gymnasium besucht und sprach mit leichtem Akzent fließend Deutsch, aber sie sprach ebenso fließend, wie mir nach dem Kriege polnische Freunde bei unseren Besuchen in Warschau sagten, ein elegantes, druckreifes Polnisch. Das genaue Gegenteil war von Kindheit an bei ihrer älteren Schwester der Fall. Sie war absolut „reichsdeutsch" gesinnt, heiratete den erwähnten Arzt und arbeitete sogar auch noch auf seinen Wunsch ehrenamtlich im Büro der Gestapo in Litzmannstadt, in das Lodz umbenannt wurde; ehrenamtlich, weil Doppelverdienen verboten war. Dieser Gegensatz hat das Verhältnis der beiden Schwestern von Kindheit an und später sehr belastet. Es war schon in der Kindheit so, dass, wenn die Schwestern, wie man so sagt, etwas ausgefressen hatten, die polnischen Dienstmädchen gegenüber den Eltern hinter der kleinen Schwester standen, weil sie von ihr immer gut behandelt wurden. Da ich ja, wie meine Mutter gesagt hatte, kein guter Deutscher war, fiel das alles auf aufnahmebereiten Boden und steigerte noch meine Zuneigung. Ich hatte das große Glück, trotz Krieg und allem, was er mit sich brachte, mit einer liebenswerten Frau zu wandern, die nicht als BDM-Mädchen geschult in die NS-Frauenschaft passte und es wagte, sich nach dem Essen im Restaurant eine Zigarette anzuzünden. Eine große Klippe war nur ihre Aussage, dass sie schon vor dem Einmarsch der deutschen Truppen, vor ihrer Enttäuschung über das brutale Verhalten der Soldaten und vor der Heirat ihrer Schwester immer gesagt habe, sie werde niemals einen Reichsdeutschen heiraten. Sie merkte aber, dass ich nicht diesem „Feindbild" entsprach und konnte es nach und nach aus den Erzählungen meines Lebenslaufs entnehmen. Hinzu kam, dass auch sie ihre große Liebe verloren hatte. Ihr Peter war vor Jahren gestorben. Sie hatte damals gedacht, die Welt müsse zusammenstürzen, dass alles zu Ende sei. Unser ganzer Briefwechsel bis zur Hochzeit zeigt ihre Scheu, sich einzugestehen, dass es noch einmal anders gekommen war; das Misstrauen, ob es wirklich wahr sein könnte, die Furcht, womöglich auch mich noch im Kriege, bei den Bombenangriffen zu verlieren. Wir haben uns an unsere Liebe herangetastet. Ein kleines Zeichen war, wenn ich daran denke, dass sie, auch wenn wir uns auf unseren Spaziergängen und zum Abschied schon küssten, immer noch „Sie" und unüberhörbar liebevoll, aber leicht ironisch „Herr Doktor" sagte und dies noch mit zeitweisen Entgleisungen in ihren Briefen aus L. bis zum Juli 1942 beibehielt, obwohl wir schon lange ein Herz und eine Seele waren, wussten, dass wir uns sehr liebten.

Die wunderbare Macht der Liebe muss bewirkt haben, dass ich im Laufe der Wochen und Monate mein ganzes Leben vor ihr ausbreitete. Die Kindheit im schönen Elternhaus, die Schulzeit, die Lehrzeit usw. Alles, was ich oben beschrieben habe, entstand vor ihren Augen. Ich verschwieg nicht, dass ich immer noch krank war, mein Pneumothorax alle paar Wochen gefüllt werden musste, dass mich das aber auch davor bewahrt hatte und wohl bis zum Ende des Krieges davor bewahren würde, mir ganz zuwider Soldat sein zu müssen. Ich habe auch erzählt, mit welcher Wucht Amor mich erst mit 26 Jahren getroffen hatte, von der wunderbaren Zeit mit Margret im Sanatorium, dass ihr Bild nicht nur in meinem Herzen bis an mein Lebensende bei mir sein würde. Es ist auch so gekommen. Während ich dies niederschreibe, steht ihr Bild neben anderen vor mir. Die Trauer um sie wurde die Grundlage der Trauer um alle Lieben, die im Laufe der Jahre von mir gegangen sind. Ich denke dabei an den Satz Arthur Schnitzlers in seiner Novelle „Blumen": „Ach, wir verstehen den Tod nicht, nie verstehen wir ihn; und jedes Wesen ist in Wahrheit erst dann tot, wenn auch alle gestorben sind, die es gekannt haben."

Es war so ganz anders als damals, auch wenn es Liebe auf den ersten Blick war. Wir fanden langsam, aber von Zusammensein zu Zusammensein herzlicher zueinander. Es entwickelte sich eine tiefe, warme Liebe, in der sich zwei letzten Endes einsame Menschen in schwerer Zeit fanden, ohne alles aufwühlende und womöglich zerstörende Leidenschaft. Es war nicht so hoffnungslos wie seinerzeit, als ich Margret, wie meine Mutter es formulierte, noch nichts „bieten" konnte. Ich hatte eine interessante, gut dotierte Tätigkeit, gesichert wenigstens bis zum Ende des Krieges. Wir hatten beide keinen Zweifel, dass der Krieg verloren war und eine ungewisse Zukunft vor uns lag. Es war schön, einen Menschen zu lieben, der bereit war, in den kommenden schweren Zeiten zusammen durch dick und dünn zu gehen.

Als wir uns im Laufe der Monate immer mehr über unsere Gefühle klar wurden, beschlossen wir, unsere Eltern zu unterrichten, über die wir viel gesprochen hatten. Am 19. Juni kam die erste Trennung, als ich Gaby zum Bahnhof brachte, weil sie sich zu Hause und im Sommerhaus in den herrlichen Wäldern von Grotniki erholen sollte. Dies war nötig, weil sie sich infolge der im Vergleich zum Elternhaus, wo sich doch manches vom Lande, wie man damals sagte, „organisieren" ließ, schlechteren Ernährung starke Magenbeschwerden bekommen hatte, die einen ärztlich befürworteten Urlaub vom Arbeitsplatz notwendig machten. Sie wollte und sollte dann auch ihren Eltern von meiner Existenz berichten.

Wir ahnten nicht, dass ihr Gesundheitszustand bis weit in das Jahr 1943 hinein zu monatelangen Trennungen führen sollte, nur ab und zu unterbrochen durch einige Arbeitswochen in Berlin. Das führte zu einem regen, fast täglichen Briefwechsel und, wenn die Post einmal zwei, drei Tage pausierte, trotz stundenlangen Wartens auf die Verbindung zu besorgten Anrufen. Zum anderen war es für mich beruhigend, in Anbetracht der steigenden Zahl der Luftangriffe in Berlin, Gaby nicht in der Kalischer oder Schlüterstraße, sondern in Lodz zu wissen, wo es zwar auch ab und zu Fliegeralarm gab, aber ohne Folgen, wovon ich mich leicht telefonisch bei dem hilfreichen Herrn Dr. Holland, dem Geschäftsführer der Industrie- und Handelskammer in Lodz, unterrichten konnte. Umgekehrt war es für sie viel schwerer, mich in Berlin allein zurückzulassen, weil sie aus den Nachrichten, den Wehrmachtsberichten, entnehmen konnte, wie 1943 die Reichshauptstadt verstärkt das Ziel der Luftangriffe wurde. Fast jeder Brief – wenn auch nur am Rande, um mir möglichst wenig Sorgen zu machen – berichtete von Schlaflosigkeit, ständigen Magenschmerzen, Gallenbeschwerden, und noch im Februar stellte ein Untersuchungsbefund fest, die Gastritis zeige keine Besserung. Hinzu kam die schwere Erkrankung ihres von ihr sehr geliebten Vaters, die noch vor Ende des Krieges zu seinem Tod führte. Rückblickend würde wohl heute die medizinische Wissenschaft sagen, dass es sich in erster Linie um psychosomatisch bedingte Beschwerden handelte, denn sobald ich es möglich machen konnte, sie ein paar Tage zu besuchen, ging es ihr besser. In einem ihrer Briefe schrieb sie selbst: „Wenn du bei mir bist, bin ich ja gesund."

Mit dem Besuch bei den Eltern machte ich unter diesen Umständen den Anfang. Am letzten Tag des Monats Juli 1942 fuhr ich zum ersten Mal nach Lodz. Gaby ärgerte sich immer sehr über die Vorurteile über die „polnische Wirtschaft" und über ihre Heimatstadt. Sie hatte mir deshalb vorher geschrieben, sie würde mich abholen, um mich nach dem Sprung aus dem Zuge von der Böschung des Bahndamms aufzulesen und dann an der Hand sicher durchs Dorf zu führen, damit mich die dort zahlreich herumlaufenden Wölfe nicht auffressen. Doch nun stand sie am Sonnabendmorgen auf dem Bahnsteig im großen Lodzer Bahnhof, als ich ausgeschlafen aus dem Schlafwagen kletterte. Glücklich lagen wir uns in den Armen. Sie hatte ihren „Herrn Doktor" und ich meine Gaby wieder.

Dass ich mit dem Schlafwagen ankam und auch bei meinen späteren Besuchen diesen Komfort genießen konnte, bedarf wohl einer Erklärung. Die Industrie- und Handelskammer in L. hatte in den Nachtzügen von und nach Berlin ein immer bis zu einer bestimmten Zeit vor der Abfahrt reserviertes Abteil im Schlafwagen, das für eine Dienstreise mir zur Verfügung gestellt wurde. Zu besprechen gab es mit Dr. Holland und seinen Mitarbeitern immer etwas.

Doch nun zurück zu meinem ersten Besuch. Gut vorbereitet durch meine Gaby, war der Empfang im Elternhaus sehr herzlich. Mit beiden Elternteilen gab es schnell einen guten Kontakt; zum Vater, der vor seiner Pensionierung Prokurist der Brauerei Anstatt war, und mit der ganz in ihrem Haushalt aufgehenden Mutter, aufgewachsen und auch zur Schule gegangen in Wiskitki östlich von Warschau, das zu dieser Zeit noch zum russischen Teil Polens gehört hatte. Die Familie wohnte nach der Pensionierung des Vaters in der Innenstadt. Vorher hatten sie eine Dienstwohnung im Park der Brauerei, wo die Kinder spielen und toben konnten. Wie viele große industrielle Unternehmen in L., z. B. Scheibler und Grohmann, war auch die Brauerei Anstatt einmal von Deutschen gegründet worden, und nicht zuletzt über den Kontakt mit der Industrie- und Handelskammer lernte ich bald, dass die Stadt ihre Entwicklung der Ansiedlung deutscher Unternehmen im vorigen Jahrhundert, besonders aus Baden-Württemberg, verdankte.

Bei aller Vorsicht, die sich mein künftiger Schwiegervater im Umgang mit seinem ersten Schwiegersohn angewöhnt hatte, konnte ich bald bestätigt finden, was mir Gaby schon in Berlin gesagt hatte, wie sehr der mit den Deutschen an sich sympathisierende Teil der Bevölkerung nach dem Einmarsch von dem Verhalten der Soldaten enttäuscht war. Man hatte eine ganz andere, sogar hohe Vorstellung von den Deutschen, von ihrer Kultur gehabt. Weltanschaulich verseucht, glaubten die Soldaten sich austoben zu können. Den ihnen bisher nur durch Bilder in dem furchtbaren „Stürmer" bekannten, jetzt auf den Straßen mit einem Mal vor ihnen stehenden „Kaftanjuden" schnitten sie Locken und Bärte ab, wenn nicht noch Schlimmeres geschah. Die polnische Bevölkerung musste Plünderungen erleben u. a. m. Jetzt waren keine Juden mehr auf den Straßen, was mir nach unseren Gesprächen endlich auffiel. Da nahm mich Gaby unter den Arm, sagte aber nur, sie wolle mir die Stadt zeigen. In der Hauptstraße stiegen wir in die Straßenbahn. Sie fuhr überall mit zwei Wagen, und die deutsche Verwaltung hatte angeordnet, dass im ersten Wagen keine Polen fahren durften. Wir stiegen selbstverständlich in den zweiten Wagen ein. Die Bahn fuhr durch die lange Hauptstraße Richtung Norden und dann wie in einem Schlauch ohne Halt zwischen langen Mauern. Wir standen auf dem Perron und konnten rechts und links über die Mauern hinweg in ein ganzes Stadtviertel sehen. Es wimmelte dort von Menschen, und wie ich sofort erkannte, waren es nur Juden – Männer, Frauen und viele Kinder. Man konnte sich nur ausmalen, wie überbelegt die Wohnungen waren, wie schwer das Leben dort sein musste: vertrieben aus der bisherigen Umgebung, eingepfercht zwischen den Mauern, an denen wir frei entlangfuhren. Erst nach dem Krieg sind uns die Einzelheiten, das künftige erschütternde Schicksal der meisten dieser Menschen von glücklich Überlebenden geschildert worden. Bei dieser Durchfahrt lernte ich zum ersten Mal ein Getto kennen. Es war ein Schock für mich, und die Bilder dieser Fahrt stehen mir heute noch vor Augen. Schweigend stiegen wir dann später aus, und Gaby zeigte mir den Park der Brauerei Anstatt und das Haus, in dem sie ihre Kindheit verbracht hatte. Überschattet durch das vorher Gesehene ist die Erinnerung daran verloren gegangen. Wir haben auch nur wenig über mein Erlebnis gesprochen, es war sinnlos; denn wir wussten beide, wir können nichts daran ändern.

Ich habe dann auch noch die Schwester kennen gelernt, und sie sollte natürlich mich kennen lernen. Es war bezeichnend, dass in ihrer Gegenwart nicht über Politik, geschweige denn über unsere Straßenbahnfahrt gesprochen wurde. Man würde es heute „Smalltalk" bei Tee und Gebäck nennen. Den Schwager habe ich erst bei meinem zweiten Besuch kennen gelernt; denn am Sonntagabend musste mich Gaby wieder zur Bahn bringen, beide traurig, dass wir nun wieder nur auf unsere Briefe angewiesen sein würden.

Ausgeruht traf ich am nächsten Morgen wieder im Bahnhof Friedrichstraße ein und konnte gleich in ein paar Minuten im Büro sein. In meinem Zimmer öffnete ich die Tür zum Nebenzimmer, um Herrn Franke zu sagen, dass ich von meiner „Dienstreise" wieder zurück sei. Er rief mich herein, denn er wusste, wohin und warum ich gefahren war, und ich sollte berichten. Zwischendurch sagte er plötzlich, ich machte trotz des schönen Anlasses dieser Reise einen bedrückten Eindruck. Da erzählte ich ihm von unserer Fahrt durch das Getto und dass diese Bilder mich immer noch verfolgten. Er sah mich eine Weile wortlos an und sagte dann: „Ja, leben Sie denn auf dem Mond?" Nach diesen Worten ging er zu seinem Schrank und holte eine große Karte Deutschlands und der besetzten Gebiete heraus. Er breitete sie auf seinem Schreibtisch aus; auf ihr waren alle Gettos und Konzentrationslager eingezeichnet. Er erklärte mir kurz die Karte, aber Gaskammern erwähnte er nicht. Ich bin überzeugt, dass auch ihm die Wannseekonferenz und die auf diese zurückgehenden Einzelheiten der „Endlösung der Judenfrage" nicht bekannt waren. Was ich gesehen und er mir gezeigt hatte, war für sich allein schon nicht fassbar. Er rollte die Karte dann wieder zusammen mit den Worten: „Vergessen Sie, dass ich Ihnen die Karte gezeigt habe. Sprechen Sie mit niemandem darüber." Damit war unser Gespräch beendet, und ich bin wieder an meinen Schreibtisch gegangen.

Bereits Anfang August war ich wieder in L., obwohl Gaby mangels eines Gastzimmers immer ihr Zimmer für mich räumen und selbst im Wohnzimmer schlafen musste. Aber wir waren beide so froh, dass ich wieder da sein konnte, dass sie gerne bis zu unserer Hochzeit die Unbequemlichkeit auf sich genommen hat, und im nächsten Brief stand dann, wie sehr sie nach Rückkehr in ihr Zimmer glaubte, meine Anwesenheit noch zu spüren. Bei diesem Besuch habe ich auch meinen zukünftigen Schwager kennen gelernt, was auch zu einem mich sehr nachdenklich stimmenden Erlebnis führte. Er lud mich ein, das von ihm geleitete Staatliche Gesundheitsamt zu besichtigen, sodass ich unauffällig die Frage stellen konnte, ob das Amt auch für die ärztliche, die Arzneiversorgung usw. des Gettos zuständig sei. Die Frage wurde kommentarlos bejaht. Meine Vorstellungskraft – befangen in der eigenen Vorstellung und Umgebung – reichte nicht aus, um mir das auszumalen, was wir nach dem Kriege z. B. über die diesbezüglichen Zustände im Getto von Warschau erfahren haben. Es war ja auch niemand da, mit dem man hätte darüber sprechen können.

Aber nun zu meinem Erlebnis: Beim Durchgang durch die Räume kamen wir in ein Zimmer, in dem gut beleuchtet große Fotografien von Männer- und Frauenköpfen hingen, die im Profil oder en face abgebildet waren. Zur Erklärung hörte ich, dass hier in Zweifelsfällen anhand der Bilder nach Form von Stirn, Nase, Ohren festgelegt wurde, welcher Rasse der Abgebildete angehörte, insbesondere ob er Jude war oder nicht. Das erinnerte mich an das Buch „Rassenkunde des Deutschen Volkes" (1935 schon in der 8. Auflage) von Prof. Hans F. K. Günther, das auch einmal zur Pflichtlektüre der Referendarausbildung gehört hatte. Ich erfuhr, dass Rassenforschung ein Spezialgebiet meines künftigen Schwagers war, und merkte, dass er von der Richtigkeit der bisherigen wissenschaftlichen Erkenntnisse und vor allem der Beurteilungsmerkmale ganz überzeugt war. Die Besichtigung des Zimmers endete mit meiner Bemerkung: „Ich bewundere Ihren Mut, anhand von so vagen Anhaltspunkten so überzeugt über das Schicksal eines Menschen zu entscheiden und dann auch noch zu behaupten, dieser Mensch sei minderwertig, weil er eine andere Ohrform hat." Ich war so erregt, dass ich diese Unvorsichtigkeit beging. Ohne den Versuch, mich belehren zu wollen, war damit der Besuch im Staatlichen Gesundheitsamt beendet. Ich habe nie erfahren, wie mein künftiger Schwager mich danach eingestuft hat. Er war aber charakterlich viel zu anständig, um mich zu denunzieren. Er gehörte zu denen, die absolut auf den Nationalsozialismus eingeschworen waren und mit Idealismus und Hingabe ihren Posten ausfüllten. Im Gegensatz zu vielen anderen hätte er niemals seine Stellung dazu benutzt, irgendeinen Vorteil, eine Bevorzugung zu erlangen. Beinahe lächerlich wirkt heute ein kleines Beispiel, das mir Gaby erzählte: Schwager und Schwester waren zum sonntäglichen Mittagessen eingeladen, bei dem ein mühsam auf dem Lande „organisiertes" Huhn auf den Tisch kam. Als er von der Herkunft des Huhns erfuhr, war er so ungehalten, dass er das Haus verließ, ohne am Essen teilzunehmen. Die Kehrseite dieses – man muss schon sagen – Fanatismus war die Fähigkeit, ohne Skrupel über Menschenschicksale zu entscheiden, die Verantwortung für die Zustände im Getto mit zu tragen, ja in der eigenen Familie rücksichtslos zu sein.

Es war ein großes Glück, dass alle geschilderten Widrigkeiten und Erlebnisse für uns beide aufgefangen wurden durch einen geliebten Partner. Der Leser wird die Phrase verzeihen, wenn ich sage, die Liebe ist eine Macht, welche die äußeren Umstände, die Schrecken eines dritten Kriegsjahres, alle Furcht vor dem Kommenden überdeckte. Trotzdem weiß ich noch, dass wir uns noch in einem langen Gespräch geprüft, die Zukunft erörtert haben, um es dann mit dem Verlobungskuss zu beenden. Die Eltern waren hocherfreut, und so gaben wir am 13. August unsere Verlobung bekannt.

Aus mehreren Gründen konnten wir erst nach der Verlobung zu meinen Eltern fahren. Bei aller Liebe und Verehrung für meine Eltern widerstrebte es mir, vorher auch ihr Einverständnis einzuholen. Es war meine ureigenste Sache, und nach meinen Briefen wurden sie auch nicht überrascht. Wir fuhren erst am 17. September nach Stralsund und waren sogar sechs Tage dort. Nun war es umgekehrt: Gaby bekam mein Zimmer, und ich kampierte im Wohnzimmer. Unser nun schon gemeinsamer Freund Hans-Joachim hat mir später erzählt, sie habe ihm offenbart, dass sie vor dieser Reise doch etwas Furcht gehabt habe. Mich hatte sie nur gefragt, ob wohl meine Eltern sie akzeptieren würden. Bei unserem Aufenthalt habe ich natürlich gespürt, was Gaby fühlte, und meine Augen offen gehalten. Bei meinem Vater war es problemlos. Ihr ein klein wenig fremdländischer Charme, ihre Bereitwilligkeit, mit ihm über ihr bisheriges Leben, über ihre Heimat zu plaudern, ihm zu erzählen, wie wir zueinander gefunden hatten, brach schnell alle etwaigen Schranken, und beide sind sich bis zu seinem Tod herzlich zugetan gewesen. Mit meiner Mutter, bei der es ja auch um den einzigen Sohn ging, war es schwieriger. Preußisch erzogen, von den Vorfahren her immer noch ein wenig die Gutsherrin, kannte sie und kannten wir in Stargard nur die polnischen Saisonarbeiter und hatten jede Menge Vorurteile. Jetzt brachte der Junge, dem doch alle Türen offen standen, ein polnisches Mädchen in die Familie. Es war sehr gut, dass wir mehrere Tage dort und auch bei Freunden eingeladen waren, so brach auch hier das Eis. Meine Gaby war leider nicht dabei, als ich erlebte, dass mich eines Abends meine Mutter, als wir allein in der Küche waren, in den Arm nahm und sagte: „Es ist doch ein liebes Mädchen." Ich kannte meine Mutter zu gut, um ihr zu sagen, dass sie es ihr auch selber sagen möge. Als nach dem Kriege mein Vater als ausgleichender Faktor nicht mehr lebte und meine Mutter nach Berlin zog, haben Jahre des Zusammenseins trotz getrennter Wohnungen gezeigt, dass mit dieser Erklärung leider nicht alle Vorbehalte ausgeräumt waren und uns viel zu schaffen gemacht haben.

Damals fuhren wir erleichtert und zufrieden nach Berlin zurück. Jeder ging wieder in sein möbliertes Domizil und ins Architekturbüro und ich in die Reichswirtschaftskammer. Neu war nur, dass ich jetzt im Büro Kölling Gabys Kollegen und ihre Arbeit kennen lernte. Das Büro war als „kriegswichtig" spezialisiert auf die Planung von Tierkörperverwertungsanstalten. Mit dem Bau selbst hatte das Büro nichts zu tun. Umgekehrt holte mich Gaby, weil sie meist eher fertig war, von der Reichswirtschaftskammer ab, sodass ich sie nach und nach mit einigen Kollegen und vor allem auch mit Herrn Franke bekannt machen konnte.

Das Weihnachtsfest 1942 verbrachte ich zum ersten Mal nicht bei den Eltern in

Stralsund, wenn ich von der Ausnahme im Sanatorium absehe, sondern in L. Es war schön, das Fest zum ersten Mal, wenn auch nicht allein, mit Gaby zu feiern. Am 4. Januar fuhren wir zum ersten Mal zusammen nach Berlin. Da es am Tage war, sah ich endlich auch einmal die allerdings zu dieser Jahreszeit recht trostlose, verschneite Landschaft. Schon am 11. musste sie aber schon wieder Krankheitsurlaub nehmen, sodass es wieder zu langen Trennungen kam. Sie war traurig, an meinem Geburtstag nicht dabei zu sein, hatte aber Verständnis, dass ich ihn, da er auf einen Sonntag fiel, bei meinen Eltern verbrachte. Bei meiner Rückkehr musste ich etwas sehr Ärgerliches hören. Der liebe Schwager hatte hinter dem Rücken von Gaby mit den Eltern gesprochen, sich aufgeregt, dass sie schon wieder und immer noch in L. sei, und ob sie ihre Koffer schon gepackt hätte. Er könne nicht verstehen, dass ich es zulasse, dass sie nicht arbeitet. Wenn sie nicht bald nach Berlin fahre, bringe er es fertig und würde das Arbeitsamt dort anrufen. Das war ein starkes Stück. In ihrem Brief bedauerte Gaby, dass er ihr das nicht selbst gesagt hatte. Es geschah auch noch ausgerechnet, als sie zu einer gründlichen Untersuchung, Durchleuchtung in das Krankenhaus bestellt war. Die Eltern als „nur" Volksdeutsche waren natürlich so eingeschüchtert, dass sie nicht wussten, was sie dazu sagen sollten. Sie waren nur nicht gut zu sprechen auf ihn und unglücklich, einen solchen Schwiegersohn zu haben. In der Sache selbst musste sich der SS-Mann als Arzt den Gutachten beugen und hat dann auch mit Medikamenten und Spritzen zu helfen versucht.

Ich selbst musste Ende Februar wieder ein Wochenende in Stralsund und Greifswald verbringen, wo sich meine Mutter einer schweren Unterleibsoperation unterziehen musste. Ich kam gerade noch zurück, um am 1. März 1943 zum ersten Mal einen schweren Nachtangriff in der Prinz-Handjery-Straße zu erleben. Das Viertel wurde von den Engländern mit Stabbrandbomben überschüttet. Wir saßen im Keller und hörten die Einschläge ringsum das Haus, aber auch irgendwo im Haus. Als wir nach oben stürzten, lag im Garten und auf der Straße der hell brennende Phosphor. Im Erd- und Obergeschoss war nichts passiert. Wir hörten aber Knistern und Krachen auf dem Dachboden. Dort brannte es lichterloh. Das Glück im Unglück war, dass Hete Krause große Wäsche gehabt hatte und der ganze Boden voller Wäsche hing. Der Phosphor war zu schätzungsweise 80 Prozent in die feuchte Wäsche gespritzt und verbrannte sie zu kleinen Fetzen, die wir auf dem Boden mit Sand abdeckten. Was an die Balken gespritzt war, konnten wir mit in der Hand geformten nassen Sandballen abdecken. Nach einer guten Stunde konnten wir feststellen, dass der Dachstuhl so gut wie keinen Schaden erlitten hatte. Da inzwischen die Sirenen Entwarnung verkündet Hatten, saßen wir noch alle in der Diele zusammen, wo uns Hete Krause, ungerührt durch den Verlust ihrer Wäsche, mit Tee erfrischte. Otto Krause war die Sache aber doch nicht ganz geheuer, und so ging er noch mal nach oben. Als er die Bodentür aufmachte, rief er auch schon um Hilfe. Ein großer Teil unserer schönen

Sandkuchen war inzwischen getrocknet und abgefallen, und der Phosphor hatte sich wieder entzündet. Jetzt mussten wir mit Messern den Phosphor abkratzen und in Metalleimer füllen. Damit hatten wir noch stundenlang zu tun; Otto Krause übernahm für den Rest der Nacht die Brandwache.

Wie gelassen man die Dinge damals noch nahm, zeigt die dann folgende Episode: Ich war am nächsten Tag aus der Stadt zurück. Wir saßen bei einer Tasse Tee in der Diele, als Otto Krause seelenruhig mit einem Blecheimer die Treppe herunterkam, in dem zwei unversehrte Brandbomben steckten. Nachdem wir die Stäbe interessiert besichtigt hatten, schüttete er sie in den Garten. Nur wenige Minuten, nachdem Otto Krause aus dem Garten zurück war, auch seinen Tee trank und dabei erzählte, wie er die Bomben beim Aufräumen im Gebälk gefunden hatte, gab es draußen eine Detonation, und beide Stäbe versprühten ihren Inhalt. Man stelle sich vor, das wäre schon am Tage auf dem Boden passiert, mit Hete Krause und dem alten Graf allein im Haus.

Meine Arbeit in der RWK wurde immer interessanter. Allerdings machte uns zu Anfang des Jahres 1943 ein Herzanfall Dr. Erdmanns viel Sorge. Er kam auch immer ernster aus Besprechungen in den Ministerien oder Reisen in das besetzte Ausland zurück. Auch Herr Franke war mehrere Tage bei der Auslandshandelskammer in Paris, sodass ich eine Rede des Präsidenten Pietzsch ausarbeiten musste.

Ein Wochenende benutzte ich wieder, um meine Mutter in der Klinik zu besuchen, die nach der Operation noch sehr schwach war und sich um uns alle, aber besonders um uns in Berlin sorgte; auch bei diesem Besuch in Greifswald war Fliegeralarm. Ich hatte mir aber bisher um meine Eltern und die Stadt Stralsund keine Sorgen gemacht. Es gab zwar Alarm, aber die Geschwader flogen nur vorüber, um die Raketenstation in Peenemünde, das Arbeitsfeld Wernher von Brauns, zu erreichen. Erst am. 21. Mai 1944, also über ein Jahr später, zerstörte ein Notabwurf erstmals ein oder zwei Vorstadtvillen, und am 8. Juni fielen Bomben auf Teile des Bahnhofsgeländes, und die Zuckerfabrik wurde teilweise zerstört. Doch am 6. Oktober geschah das Unvorstellbare, dass eine Stadt angegriffen wurde, in der außer der unwichtigen Marinestation auf der Insel Dänholm wirklich nichts Kriegswichtiges zu finden war, und auf diese Station wurde auch keine Bombe verschwendet. Es muss wirklich so gewesen sein, wie man in der „Ostseezeitung" nachlesen kann: „Silbervögel brachten grauenvolles Inferno über die Hansestadt." Die feindlichen Verbände waren bei Peenemünde auf eine so starke Abwehr gestoßen, dass sie abdrehen mussten. Soviel bekannt geworden ist, erhielten sie auf dem Rückflug die Order, ihre Bombenlast über der nächsten größeren Stadt abzuladen. Kurz nach zwölf Uhr mittags brach wirklich ein Inferno über den alten Stadtkern herein. Von 2285 Gebäuden der Innenstadt wurden 335 total vernichtet, darunter 43 Baudenkmäler, wie die Johanniskirche, das Semlower Tor, Wrangelpalais, das Haus der Schifferkompanie.

Nur das herrliche Rathaus, einmal der Arbeitsplatz meines Großvaters, blieb wie durch ein Wunder unversehrt.

Nach den Unterlagen des Standesamts waren 679 Opfer zu beklagen, 14.000 Menschen wurden obdachlos. Es mussten für den 16. Oktober zwei Massenbegräbnisse angeordnet werden. Nach Absicht der Partei sollten sie eine „machtvolle Demonstration" werden und den „unbeugsamen Siegeswillen" der Stralsunder zum Ausdruck bringen. Das war nicht der Fall, sondern auch in Stralsund machten sich danach Fatalismus und Apathie unter der Mehrheit der Bevölkerung immer mehr breit. Es blieb auch hier nur der Überlebenswille. Die Presse musste das natürlich anders sehen. Als Beispiel, wie die Zeitungen in allen ausgebombten Städten reagieren mussten, hier ein Auszug aus der „Stralsunder Zeitung" vom 10. Oktober 1944: „Die Tage, die seit dem Bombenangriff vergangen sind, waren erfüllt von rastloser Arbeit. Mit ungebrochenem Mut und mit Hass im Herzen gegen die Schänder unserer Stadt gingen die Stralsunder an die Erfüllung ihrer Aufgaben, die anfangs kaum zu bewältigen schienen, dann aber doch gemeistert wurden. Auf keinen Fall wollten sich die Stralsunder von der Bevölkerung anderer, ebenfalls bombardierter Städte beschämen lassen. Ein jeder hat sein Teil geleistet, und ein jeder ist stolz darauf, mit angepackt zu haben." Diese Einzelheiten habe ich erst später erfahren. Damals hatte ich in der RWK noch am Mittag von dem Angriff gehört und freute mich, telefonisch zu hören, dass Eltern und Haus unversehrt waren. Mit der sonst so herrlichen Aussicht über den Knieperteich auf die Stadt hatten sie das furchtbare Schauspiel vor sich gehabt, und mein Vater war bei meinem Anruf schon auf seinen Posten als DRK-Hauptführer geeilt. Ich habe die Verwüstung der Innenstadt erst nach dem Zusammenbruch gesehen, und da hatten wir andere Sorgen.

Das war ein Vorgriff auf das Jahr 1944, und wir müssen in das Frühjahr vorher zurückkehren. Beruflich war es eine Zeit angespannter Arbeit. Gleich nach unserer Rückkehr aus Stralsund musste ich am nächsten Tag allein nach Weimar fahren, weil dort der Steuerausschuss der RWK tagte. Dass nicht alles zentralisiert war, sondern die Ausschüsse reihum bei den Gauwirtschaftskammern oder größeren Industrie- und Handelskammern ihre Sitzungen abhielten, war ein guter Ausgleich gegen das Zentrum Berlin und eine hervorragende Hilfe bei der kollegialen Zusammenarbeit mit den auswärtigen Kollegen. Die gleiche Wirkung hatte es, wenn wir RWK-Referenten z. B. auswärts Vorträge über Organisationsfragen, Rechtsverhältnisse der Kammerbeamten hielten. Ich denke auch deshalb so gern an diese Arbeit zurück, weil nicht nur in unserem Haus, sondern im Gesamtapparat der, wenn ich mich recht erinnere, 127 Kammern im Reich ein Korpsgeist herrschte, wie ich ihn später nie wieder gefunden habe. Ganz wesentlich war dabei, dass die Reichswirtschaftskammer gegenüber den Kammern und anderen Organisationen kein Weisungsrecht hatte. Das bedeutete für mich z. B., wenn ich fast wöchentlich an alle Kammern Rundschreiben mit

Informationen aus dem Reichswirtschaftsministerium und neuen Bestimmungen richtete und sie für die Praxis kommentierte, dann wusste ich, dass zahlreiche qualifizierte Syndizi der Kammern meinen Kommentar sorgfältig und kritisch unter die Lupe nehmen würden. Die erzieherische Wirkung, die hiervon ausging, kann man gar nicht hoch genug veranschlagen. Darüber bin ich mir erst Jahre später klar geworden. Sorgfalt in Inhalt und Formulierung war hochgradig notwendig, und davon habe ich später profitiert.

Im Privatleben ging unser lebhafter Briefwechsel weiter, da Gaby zur ärztlichen Behandlung meistens in L. war. Wir wollten bald heiraten. Damals waren beiderseits ärztliche Untersuchungen bzw. Gutachten der Gesundheitsämter notwendig, bei mir wegen meiner Lungenerkrankung, und die Gaby besonders unangenehm waren, wie sie mir schrieb. Die eine Sorge war also, alle Papiere zusammenzubekommen, und die zweite war, eine Wohnung zu finden. Wir waren uns einig, dass wir wegen der immer häufiger und stärker werdenden Bombenangriffe keine Möbel und nur das Notdürftigste für den Hausstand anschaffen wollten. Hierfür war es günstig, dass es damals in wachsender Zahl Familien gab, die unter Zurücklassung ihrer Möbel Berlin verließen, um in sicheren Landstrichen zu leben. Durch Vermittlung und mit dem Leumundszeugnis guter Freunde konnten wir eine solche Familie kennen lernen. Da Gaby bald wieder nach L. fuhr, zog ich erst einmal allein in eine schöne, gut möblierte 4-Zimmer-Altbauwohnung ein. Sie lag in der Margarethenstraße in Lichterfelde-West im Hochparterre und hatte einen Balkon zum Vorgarten hin, den wir sogar allem Kriegsgeschehen zum Trotz mit Blumen bepflanzten. Das erzähle ich nur, weil es sich am Ende des Krieges als Glücksumstand erweisen sollte. Am wichtigsten aber war, dass gegenüber im Finanzamt ein ausgebauter Luftschutzkeller war, den unser Haus nicht besaß. Er stand, insbesondere abends und nachts, den Bewohnern der umliegenden Häuser zur Verfügung.

So endete mein Dasein als „möblierter Herr". Bei Hete Krause war es schön gewesen, der Abschied war herzlich. Ich habe sie noch bis Ende der Fünfzigerjahre und bis zu ihrem Tod besucht. Sie schloss mich immer liebevoll in ihre Arme, wenn ich kam und wir beim Tee unsere Erinnerungen auspackten.

Ich war Mitte April wieder in L., um über die Einzelheiten meines Umzugs zu berichten und gemeinsam die letzten Vorbereitungen für unsere Hochzeit zu besprechen. Gaby konnte bald berichten, dass sie den Termin 27. Mai erhalten hatte, sodass ich mit den Glückwünschen von Herrn Franke und meinen engeren Kollegen einmal nicht eine „Dienstreise", sondern den Hochzeitsurlaub antreten konnte.

Im Standesamt Litzmannstadt, wie es ja nun in der Heiratsurkunde hieß, wurde uns, wie vorgeschrieben, ein Stück von Hitlers „Mein Kampf" auf den Lebensweg gegeben. Das Buch kam aber nur bis in das Elternhaus. Falls es meine Schwiegermutter nicht schon vorher „entsorgt" hat, ist es wohl bei ihrer Flucht Anfang 1945 in der Wohnung stehen geblieben. Zur kirchlichen Trauung ging es dann sogar mit der Hochzeitskutsche, und dank der Bemühungen meiner Schwiegereltern hatte auch das anschließende Essen im Haus eine alle Erwartungen übertreffende Qualität. Mit Beanstandungen meines Schwagers brauchten wir nicht zu rechnen, da er dienstlich verreist war. Im Übrigen denke ich, dass das Hochzeitspaar am wenigsten die Güte des Essens, die Mühe und Arbeit, die damit verbunden ist, zu würdigen weiß. Wir beide haben nur darin herumgestochert und später keine Erinnerung mehr daran gehabt.

Der Bevollmächtigte
des Generalgouverneurs
~~für die besetzten polnischen Gebiete~~
in Berlin

Tagebuch: Abt. P. Nr. 5421-22/43 /
Dr.Da He

Bei allen Eingaben ist die vorstehende Nummer unbedingt anzugeben.

Berlin W 35, den 21.Mai 1943
Standartenstraße 14

Postscheckkonto: Berlin Nr. 5351
Fernsprecher: Stadtverkehr 22 95 91
Fernverkehr 22 11 86
Fernschreiberanschluß: Nr. 449
Telegrammkurzanschrift: Gouvvollmacht

Zur Vorlage beim zuständigen Polizeiamt.
- -

Betr.: Durchreise durch das Generalgouvernement für
1.) Herrn Dr.Karl Heinz Peters, Mitglied der Geschäftsführung in der Reichswirtschaftskammer, wohnhaft Berlin, geb. 24.1.1912 in Stargard.
2.) Fräulein Erna Adolf, wohnhaft Litzmannstadt, geb. 11.12.1913 in Litzmannstadt.

Wie mir von der Reichswirtschaftskammer mitgeteilt wird, heiratet Herr Dr.Karl Heinz Peters am 26.oder 27.Mai 1943. Anschliessend hat der Genannte mit seiner Ehefrau eine Reise nach Wien durchzuführen, wobei von Litzmannstadt aus der Warschauer Zug benutzt werden soll.

Hierzu ist eine Durchreise durch das Generalgouvernement von Litzmannstadt nach Kattowitz erforderlich. Gegen die Durchreise bestehen keine Bedenken, so daß ich bitte, dem Antrag auf Erteilung der erforderlichen Durchreiseausweise entsprechen zu wollen.

Im Auftrag

Meine Eltern waren auch gekommen und sind, wie ich sehr viel später von meiner Mutter erfuhr, sehr nachdenklich, ja betrübt den langen Weg wieder zurückgefahren. Es war ein fremdes Land für sie, es waren fremde Menschen, die, wie manche Freunde des Hauses, nur gebrochen Deutsch sprachen. Auch wenn der Sohn so gut und fest in Berlin verankert war, sich sein künftiges Leben dort abspielen würde, er war für sie in eine fremde Welt geraten. Wir aber fuhren noch mit dem Nachtzug 23.49 Uhr nach Wien. Hierzu hatte auch „Der Bevollmächtigte des Generalgouverneurs" in Berlin seinen Segen erteilen müssen:

„Wie mir von der Reisewirtschaftskammer mitgeteilt wird, heiratet Herr Dr. Karl-Heinz Peters am 26. oder 27. Mai 1943. Anschließend hat der Genannte mit seiner Ehefrau eine Reise nach Wien durchzuführen, wobei von Litzmannstadt der Warschauer Zug benutzt werden soll. Hierzu ist eine Durchreise durch das Generalgouvernement von Litzmannstadt nach Kattowitz erforderlich. Gegen die Durchreise bestehen keine Bedenken, sodass ich bitte, dem Antrag auf Erteilung der erforderlichen Durchreiseausweise entsprechen zu wollen."

Es war wieder die RWK und weiterhin der Präsident der Industrie- und Handelskammer Klagenfurt, Dr. Kern, die es möglich machten, dass wir im vierten Kriegsjahr, wo schon so viel Kummer und Elend sich angehäuft hatten, eine schöne und lange Hochzeitsreise machen konnten. Der Beginn allerdings in der Holzklasse im verdunkelten Zug entsprach den Kriegsverhältnissen. Wir kamen völlig übermüdet in dem damals recht heruntergekommenen Wien an, wo die auch hier hilfreiche Industrie- und Handelskammer für uns Quartier gemacht hatte. So wurde unsere Hochzeitsnacht, erst einmal, verschoben, und in Erinnerung blieb der Kampf mit den damals in den Wiener Hotels gewohnten Wanzen. Der Bummel durch das uns beiden unbekannte Wien, die verdunkelte Stadt, die Verpflegung mit Reisemarken durch wenig liebenswürdiges Personal ließen uns gerne die Weiterreise zu unserem Ziel Annenheim am Ossiacher See antreten. Dort in Kärnten war die Welt noch in Ordnung. Wenn ich nun erzählen kann, dass wir bis zum 7. Juli, also viele Wochen, in einer Pension direkt am See bleiben konnten, kann sich jeder denken, dass wir dort eine wunderbare Zeit verbrachten, an die wir immer wieder gedacht haben. Wir verdankten das alles Dr. Kern, der mit der Inhaberin der Pension befreundet war. Gaby bekam sofort morgens die verordnete Milchsuppe, und die Magenbeschwerden verschwanden schnell. Dr. Kern muss auch den Bürgermeister und Ortsgruppenleiter informiert haben, was für eine „wichtige" Persönlichkeit aus Berlin in seinem Dorf eingetroffen war, denn es passierte folgende nette Episode:

Wir gingen beide nach unserer Ankunft zu seinem Amt, um unsere Lebensmittelkarten abzuholen. Der Bürgermeister saß in seiner Fasanenuniform am Schreibtisch und blätterte uns nach der Begrüßung höchstpersönlich die Lebensmittel- und sonstigen Karten für vier Wochen vor. Ich zählte mit und wollte gerade sagen, dass er sich bei jedem von uns um eine zusätzliche Karte verzählt habe, als mir meine Frau kräftig auf den Fuß trat. Sie hatte auch mitgezählt, aber an seiner Miene gesehen, dass es beabsichtigt war. Der Abschied war herzlich, und beim nächsten Mal ging meine Frau allein mit dem gleichen Ergebnis. Das gab es also auch. Ich denke heute umso mehr daran, nachdem ich nach über 50 Jahren die Erinnerungen von Victor Klemperer „Ich will Zeugnis ablegen bis zum letzten" gelesen habe – wie in Dresden die Rationen der jüdischen Mitbürger immer mehr gekürzt wurden, das wenige, was sie hatten, bei so genannten Kontrollen von Gestapoleuten zertrampelt wurde. Der Gegensatz zu dem geschilderten eigenen Erlebnis ist umso furchtbarer. Auch wenn ich nach der Aufklärung durch Herrn Franke und meinen Eindrücken in Lodz nicht mehr „auf dem Mond lebte", das von Klemperer Erlebte wäre mir damals unvorstellbar gewesen.

Dr. Kern hatte auch nachgefragt, wo in Villach mein Pneumothorax gefüllt werden konnte, sodass wir auch Villach kennen lernten. Auf verschiedenen Fahrten mit ihm wurde ich über die Wirtschaft des Kammerbezirks, aber auch über ihre Schwierigkeiten in der Kriegswirtschaft informiert. Sonst war es in der noch lange friedlichsten Ecke des Großdeutschen Reichs eine unbeschwerte Zeit. Lange Wanderungen, die Fahrt auf die Kanzelhöhe, waren möglich. Beim Nachbarn, einem Bootsbauer, hatten wir ständig ein Boot zur Verfügung. Sein kleiner Airdale-Terrier schloss sich uns sofort an und wartete schon morgens, um mit uns hinauszufahren. Wir liebten ihn beide sehr und er uns, sodass wir uns bei der Abreise davonstehlen mussten. Es half aber nichts. Als der Zug anfuhr, kam der kleine Kerl auf den Bahnsteig gestürzt, und solange wir sehen konnten, lief er auf den Gleisen hinter dem Zug her. Wir haben das Bild nie vergessen. Wir hatten daran gedacht, den Bootsbauer zu bitten, uns den Hund zu überlassen. Die Vernunft überwog aber, als wir an sein Leben in der Großstadt und vor allem an die Bombenangriffe und das Kriegsende in Berlin dachten.

Wenn bei der Schilderung dieses traurigen Abschieds die Gedanken nach Annenheim zurückgehen und zu den schönen Bootsfahrten, denke ich daran, dass wir einmal, ohne den Hund, in eine sehr ernste Lage gerieten. Der See hatte im Süden einen Abfluss, den wir erkunden wollten. Wir fanden ihn auch, und da er ziemlich breit war und gemächlich dahinfloss, ruderten wir hinein. Plötzlich hörten wir aber das Rauschen eines Falls oder Wehrs, und gleichzeitig begann das Boot schneller zu gleiten. Die Strömung wurde so stark, dass mit den Rudern nicht mehr dagegen anzukommen war. Wir konnten uns nur noch an das Steilufer mit weit überhängenden Sträuchern retten, wo auch die Strömung geringer war. Von dort haben wir das Boot mit vereinten Kräften an den Büschen, an überhängenden Wurzeln in ruhigeres Fahrwasser gezogen. Gaby musste noch einen zusätzlichen Schrecken ausstehen. Sie ekelte sich vor Raupen. Als wir nach der großen Anstrengung aufatmend im Boot saßen, sahen wir, dass wir selbst und der Boden des Bootes voller Raupen waren, die in den Zweigen gesessen hatten. Sie meinte, dass sie nicht mit der gleichen Energie geholfen hätte, wenn wir die Raupen bemerkt hätten. Als ich die letzte Raupe über Bord geworfen hatte, habe ich erzählt, wie ich mich als Schüler über den Raupensegen gefreut hätte; denn unter sachkundiger Anleitung eines mit meinen Eltern befreundeten Apothekers, der eine ganze wändebedeckende Käfer- und Schmetterlingssammlung hatte, konnte ich mir eine schöne Sammlung anlegen. Hierfür hatte ich auch Raupen gesammelt und eine Reihe von Schmetterlingen gezüchtet. Auch diese Schilderung konnte ihr aber die Raupen nicht sympathischer machen. Wir sind dann ganz langsam zurückgerudert. Wir waren leichtsinnig gewesen, hatten aber auch die Erfahrung gemacht, dass eine gemeinsam bewältigte Gefahr noch mehr zusammenschmiedet.

Der Abschied von Annenheim war am 7. Juli. Es ging aber vorerst nur bis Klagenfurt, wo am nächsten Morgen unter dem Vorsitz von Präsident Dr. Kern in der Kammer eine Abteilungsleiterbesprechung stattfand, in der ich vorgestellt und mit den Sorgen vor Ort vertraut gemacht wurde. Am nächsten Vormittag war eine Besichtigung in Ferlach: ein Gewebefabrikationsunternehmen und das Kaufhaus Feistritz. Am Nachmittag konnten wir uns allein am Wörthersee erfreuen, u. a. in Krumpendorf. Und zum Abendessen waren wir natürlich im „Sandwirt". Auch am darauf folgenden Sonnabendvormittag fanden weitere Besprechungen in der Kammer statt, sodass sich mein Notizbuch weiter mit Wünschen und Anregungen füllte. Um 14 Uhr starteten wir mit Dr. Kern und seinem Sohn im Auto zur Fahrt über Velden, Villach, Spittal nach Lienz ins „Hotel zur Post". Unterwegs machten wir in verschiedenen Dörfern Halt, um mir die Auswirkungen der gerade angeordneten Stillegung von Dorfgasthäusern vor Augen zu führen. Für diese Ecke Deutschlands war die angeblich kriegswichtige Aktion sinnlos. Z. B. war in einem Ort eine Gaststätte stillgelegt worden, welche der einzige Verpflegungsbetrieb im Dorf war und noch dazu ohne Personal arbeitete. Es lag auf der Hand, dass so etwas böses Blut bei der Bevölkerung machte. Es war nur gut, wie ich am Morgen bei der Besprechung im Rathaus Lienz mit dem Thema „Versorgungsfragen und Stilllegungen" hörte, dass Präsident Kern sich bei allen zum Bezirk der Gauwirtschaftskammer gehörenden Industrie- und Handelskammern jede Gewerbesache z. B. dieser Art zur Beurteilung vorlegen ließ. So konnte mancher Unsinn verhindert werden. Am Nachmittag ging es unter dem Dobratsch entlang noch einmal zurück nach Klagenfurt, wo wir endgültig herzlich dankbar Abschied nehmen mussten.

Nach unserer Rückkehr konnten wir zusammen in unserer Wohnung Einzug halten. Es war schön, nicht mehr allein dort zu sein. Der Kontakt zu meinen alten Freunden und zu den ihrigen im Büro Kölling war schnell wieder aufgenommen. Im Hause selbst hatten wir die Freude, in dem Chefarzt des Rittberg-Krankenhauses Dr. Moewes und seiner Frau sehr sympathische Mitbewohner und später Leidensgenossen im Luftschutzkeller zu finden. Um die Erinnerung an den traurigen Abschied von unserem Liebling in Annenheim zu löschen, kam eine kleine Katze zu uns, die von meiner Frau den hübschen Namen Tschiptschusch bekam und die uns viel Freude machte. Nur einmal – um das vorwegzunehmen – brachte sie uns in Schwierigkeiten. Wir durften sie bei den ständigen Nachtangriffen im nächsten Jahr nicht mit in den Keller nehmen. Als einmal die Entwarnung kam, war die Wohnung wieder mal „durchgepustet" und durch den Luftdruck die Tür des Kühlschranks aufgeflogen. Tschiptschusch hatte sich natürlich tüchtig an seinem Inhalt gütlich getan und unseren gerade auf die kostbaren Lebensmittelmarken eingekauften Vorrat sehr dezimiert. Wir konnten ihr aber nicht böse sein, dass sie diese Gelegenheit genutzt hatte, sich richtig satt zu fressen.

In Berlin saß ich gut erholt und voller Tatendrang an meinem Schreibtisch, um dabei auch mein Notizbuch und das in Kärnten Gelernte auszuwerten. Schon bald ging es aber wieder nach Weimar. Das Schöne war, dass ich jetzt meine Frau mitnehmen konnte, welche Weimar noch nicht kannte. Die IHK hatte uns im „Elephant" untergebracht, sodass wir mit dem Anblick des Flügels von Franz Liszt in diesem Haus und in Erinnerung an das, was wir von seinem Leben dort wussten, etwas von der auch in diesen Kriegsjahren noch spürbaren Weimarer Kultur in uns aufnahmen. Im krassen Gegensatz dazu stand am nächsten Tag mein Referat. Das Thema war: „Die Abwicklung von Kriegsschäden". Wie vielschichtig und interessant das Spektrum meines Arbeitsgebietes war, zeigt, dass ich eine Woche später schon wieder zur Gauwirtschaftskammer nach Hannover fuhr, um am nächsten Tag, wieder einem Sonntagvormittag, einen Vortrag über „Die Rechtsverhältnisse der Kammerbeamten" zu halten, die – offenbar kriegswichtig – durch zahlreiche neue Vorschriften des Reichswirtschaftsministeriums geändert worden waren, was die Betroffenen beunruhigte. Wie überall erinnere ich mich auch dort an die kollegiale Atmosphäre beim anschließenden gemeinsamen Mittagessen mit Blick auf den Maschsee. Am Nachmittag war noch Zeit, meine Frau meinem Onkel Kurt vorzustellen, dessen Haus und Wohnung in der Bödeckerstraße zu dieser Zeit noch unversehrt waren

Rückblickend erscheint mir interessant, dass wir für die Reichswirtschaftskammer schon im August 1943 ein Ausweichquartier außerhalb Berlins gesucht haben. Ich begleitete die beiden Hauptgeschäftsführer nach Gera, wo wir das Gebäude der Handwerkskammer besichtigten, das im Januar 1945 wirklich Ausweichquartier für das Büro wurde. Für alles Übrige wurden ein Möbelausstellungsraum und seine Keller in Aussicht genommen. Diese Vorsicht war begründet, denn mit den zunehmenden Tages- und Nachtangriffen musste auch damit gerechnet werden, dass das Bürogebäude in der Neuen Wilhelmstraße nicht verschont bleiben würde. Vor allem war aber wohl maßgebend, dass seit dem Fall von Stalingrad am 2. Februar 1942 mit seinen Folgen für die Ostfront der weitere Verlauf des Krieges immer vorhersehbarer wurde. Die so frühe Suche nach einem Ausweichquartier außerhalb Berlins durfte natürlich nicht bekannt werden, denn sie stand in absolutem Gegensatz zu den offiziellen Durchhalteparolen. Selbst so viel später, am 9. Februar 1945, findet sich in meinem Kalender die Eintragung: „Durch Führerbefehl und Befehl des Reichsführers SS wird Verlagerung von Dienststellen und Betrieben aus Berlin verboten." Für das OKW soll bereits mit Gefolgschaft und Gepäck ein Sonderzug bereitgestanden haben.

Noch sind wir aber im Jahr 1944, in dem auch andere Organisationen und Dienststellen begannen, sich nach Ausweichstellen umzusehen. Mit ihrer Juli-Offensive war die Rote Armee bereits in Ostpreußen eingedrungen, begann sie, Finnland zu erobern, und hatte große Bestände unserer Truppen im Baltikum eingeschlossen. Im Westen die englisch-amerikanische Invasion im Juni und die anschließende Eroberung Frankreichs und Belgiens ließen die ersten Gedanken aufkommen, ob der Osten oder der Westen zuerst vor den Toren Berlins stehen würde. Da bekanntlich schon bei Shakespeare der Wunsch der Vater des Gedankens war, sei daran erinnert, dass eine weit verbreitete Hoffnung war, dass Hitler noch so viel Vernunft besitzen würde, durch eine Kapitulation im Westen dort dem Blutvergießen ein Ende zu bereiten. Von der unerbittlichen Forderung der Westmächte nach „unconditional surrender" wussten wir noch nichts. Gegenüber dem Osten sah das anders aus. Das zeigte sich nach dem viel zu späten und dann auch noch missglückten Attentat auf Hitler am 20. Juli. Die große Masse der Bevölkerung, insbesondere der Mittelstand und die Bauern, sah in ihrer Angst vor dem Bolschewismus zu dieser Zeit in ihm immer noch den „Retter des Vaterlandes"; besonders, nachdem sich die Nachrichten von den Gräueltaten der Russen in Ostpreußen nicht als Propagandameldungen, sondern als wahr herausgestellt hatten. Nur so konnte es immer wieder zu dem Wunschtraum kommen, nach einer Kapitulation im Westen könnten Engländer und Amerikaner Arm in Arm mit der deutschen Wehrmacht gegen die UdSSR zu Felde ziehen. Dies war auch einer der Gründe, wie man nach dem Kriege zugegeben hat, der verfehlten Kalkulation, durch die Bombardierung die Zivilbevölkerung demoralisieren zu können. Die Bevölkerung stand politisch so unter Druck, war so hilflos allem ausgesetzt, dass ich bei den vielen Nachtangriffen innerhalb und außerhalb der Luftschutzkeller niemals ein Wort gegen die Bomberpiloten und ihre Auftraggeber gehört habe. Alles saß lethargisch und gottergeben auf seinen Stühlen, eine Decke auf den Knien oder schon über dem Kopf, um bei Einschlägen in der Nähe nicht am Staub zu ersticken, und wenn alles gut ging, wartete man auf die Entwarnung, um zu sehen, wie es in der Wohnung aussah.

Ende 1943 und im Januar 1944 verdichteten sich die Angriffe auf Berlin stark. Es war immer beruhigend, dass hinterher unser Fräulein Schütz im Fernamt sich erkundigte, wie es uns ging, und die gute Nachricht sofort nach Lodz weitergab. Das war uns besonders wichtig, weil es meinem Schwiegervater schon den Winter über schlecht ging. Brieflich erfuhren wir am 21. Januar, dass das Krankheitsbild und der Allgemeinzustand schlecht waren. Eine Lungen-Tbc hatte schon die zweite Lunge ergriffen. Im April schritt dann der Kräfteverfall von Tag zu Tag fort. Meine Schwägerin, die sich trotz ihrer ganztägigen Berufstätigkeit täglich um den Vater gekümmert hatte, musste sich selbst im Krankenhaus Eberswalde einer schweren Operation unterziehen und fiel deshalb längere Zeit als zusätzliche Betreuerin neben meiner Schwiegermutter aus, sodass Gaby Ende April für mehrere Wochen nach Lodz fahren musste. Sie schrieb mir aber schon am 10. Mai, dass der Vater immer schwächer würde. Nach der Nervenbelastung in Berlin und dann im damals noch sicheren Lodz jeden Tag im Rundfunk zu hören oder im Wehrmachtsbericht von den Luftangriffen zu lesen – dabei den wenig sicheren Keller der RWK im Gedächtnis – war eine schwere Belastung für sie. Damals schrieb sie mir, nachdem mal wieder um 14 Uhr im Radio angesagt worden war: „Die gemeldeten Bomberverbände befinden sich jetzt über Berlin", die Worte: „Diese Unruhe macht den gesündesten Menschen krank." Ich schrieb zurück: „Es ist sehr traurig, das sich dein Papa so sehr quälen muss, und ich weiß, dass es schrecklich ist, so tatenlos dabei zusehen zu müssen. Es ist schrecklich, dass du auf diese Weise die Probleme des Films ‚Ich klage an' so aus der Nähe erleben musst. Dieser damals die Besucher sehr beeindruckende Film behandelte ja das Problem der Euthanasie, aber in einem regulären, menschlich sehr bewegenden Fall. Wir wussten hier sehr wohl zu unterscheiden zwischen diesem Fall und dem Missbrauch durch die von den Nationalsozialisten betriebene, unter keinen Gesichtspunkten vertretbare ‚Vernichtung unwerten Lebens'."

Um uns beide wieder einmal – wie im Vorjahr in Kärnten – aus allem herauszulösen, hatte ich schon früh im Jahr mit Erfolg Urlaub vom 30. Mai bis 18. Juni beantragt. Angesichts des seit diesem Antrag sich verschlechternden Zustandes meines Schwiegervaters ergab sich die Frage einer Verschiebung des Urlaubs. Gestützt auf meine Erfahrungen im Sanatorium war ich aber der Ansicht, dass die Krankheit noch lange dauern würde und die Situation bei einer Verschiebung des Urlaubs in den kommenden Monaten nicht anders sein würde. So habe ich es nach Lodz geschrieben, und da meine Schwägerin auch zu dieser Zeit aus dem Krankenhaus nach Hause kam, kam meine Frau am 24. Mai wieder nach Berlin zurück. Wir konnten am Pfingstsonntag nach Stralsund fahren, von wo wir dann am 1. Juni in ein gemütliches Blockhaus in Kloster auf der geliebten Insel Hiddensee übersiedelten. Es war, fern von allem Kriegsgeschehen, eine zweite Hochzeitsreise. Der Inselzauber mit den Wanderungen am Wasser, auf den Dornbusch, zum Leuchtturm und Steilufer zerstob aber schon am 12. Juni, als ein Telegramm aus Lodz uns mitteilte, dass mein Schwiegervater doch schon am gleichen Tag gestorben war. Nach unserem sofortigen Aufbruch kam meine Frau noch rechtzeitig zur Beisetzung, während ich mit ihrem Einverständnis in Berlin blieb und vorzeitig an meinen Schreibtisch zurückkehrte. Als sie wieder in Berlin war, half ihr zwangsläufig die tägliche Anspannung etwas über den Verlust des Vaters hinweg. Sie hing besonders an ihm. Da er eigentlich den Wunsch gehabt hatte, einen Sohn zu haben, hatte er immer versucht, sie ein wenig auch so zu erziehen. Er nahm sie zum Angeln mit und sorgte dafür, dass sie ein guter Schütze wurde, wovon ich mich später überzeugen konnte. Doch jetzt erst einmal ein kurzer Bericht, wie wir die vielen Nachtangriffe überstanden.

Bei der Schilderung meines Einzugs in unsere Wohnung erwähnte ich schon, dass das Haus keinen eigenen Luftschutzkeller hatte, sondern der Keller des gegenüberliegenden Finanzamtes zur Verfügung der Anlieger stand. Bei den von Monat zu Monat sich häufenden Tagesangriffen musste Gaby allein hinübergehen, während wir in dem hierfür wenig geeigneten Keller der Reichswirtschaftskammer saßen. Hinterher war dann meist das Telefonnetz für Otto Normalverbraucher stillgelegt, um Noteinsätze und dringende Gespräche zu ermöglichen, soweit nicht in seltenen Fällen das unterirdische Netz getroffen war. Wir hatten aber die Geheimnummer, um doch in das Netz zu gelangen. Man wird wohl verstehen, wenn nicht nur ich davon Gebrauch machte, um schnell mit einem Anruf und den kurzen Worten „Alles in Ordnung?" festzustellen, ob wir wieder einmal davongekommen waren. Am Abend standen drei Handkoffer bereit, welche einiges enthielten, wie für eine kurze Reise, dazu wichtige Urkunden und meine Manuskripte, weil ich die Mitarbeit an der Loseblattsammlung „Organisation der gewerblichen Wirtschaft" und bei der Deutschen Wirtschaftszeitung überwiegend zu Hause erledigte. Der Radioapparat mit dem Drahtfunk lief leise, und wenn es hieß: „Britische Bomberverbände im Anflug auf Brandenburg oder Berlin", wurden im Wohn- und Schlafzimmer schnell die Fenster ausgehängt und unter die Betten geschoben. Bei Alarm ergriff ich dann zwei und Gaby einen Koffer. Sie musste eine Hand frei haben, um sich an meinem rechten Arm festzuhalten, weil sich – wohl wegen Vitaminmangel – herausgestellt hatte, dass sie nachtblind geworden war. So stolperten wir über die Straße in das Gebäude gegenüber, während oft schon über uns, wenn unser Bezirk gefragt war, die von der Bevölkerung so getauften „Christbäume" am Himmel hingen, mit denen vorausfliegende Maschinen die Planquadrate bezeichneten, in welche die Stabbrand- und Sprengbomben abgeworfen werden sollten.

Es ist über die Bombenangriffe, über die Empfindungen der Menschen in den Kellern so viel geschrieben worden, dass ich hier nur dankbar vermerken will, dass unsere Straße nur einmal wirklich ernsthaft in Mitleidenschaft gezogen wurde. Außer Brandbomben fielen Sprengbomben so dicht, dass durch den Luftdruck das unter der Erde liegende Fenster des Kellers herausflog und wir – unter unseren Decken gegen den dichten Kalkstaub geschützt – warten mussten, bis dieser sich einigermaßen gelegt hatte. Es gab keine Panik unter den etwa 20 Insassen. Es wurde vielmehr unheimlich still. Wir standen alle unter dem Eindruck, es hätte diesmal doch unsere

Häuser und Wohnungen getroffen. Der Luftschutzwart ging nach oben und berichtete dann, dass die unmittelbar benachbarten Häuser nicht getroffen, auch keine Brände zu sehen seien. Die nächste Bombe sei zwei Häuser weiter gefallen, von dort seien Schreie zu hören. Daraufhin ließen wir unsere Koffer in der Obhut von Frau Moewes zurück, nahmen Dr. Moewes, der durch eine Kinderlähmung gehbehindert war, rechts und links unter den Arm. Ich trug seine Arzttasche. So kletterten wir über auf die Straße geflogene Mauerbrocken, Dachziegel, Baumzweige zu dem durch einen Volltreffer zerstörten Haus. Die Schreie kamen aus dem Keller von einem Mann, der fast ganz so in den Trümmern verschüttet war, dass wir ihn nicht befreien konnten. Dr. Moewes musste sich darauf beschränken, ihm zur Schmerzlinderung eine Injektion zu geben, die sehr stark gewesen sein muss, denn der Verschüttete verstummte nach kurzer Zeit. Sonst war an diesem Ort nichts zu hören. Wir wussten auch nicht, ob sich in diesem Keller noch mehr Menschen aufgehalten hatten und eventuell umgekommen waren. Da wir sahen, dass sich um den Rest der Straße schon viele Menschen kümmerten, konnten wir zu Frau Moewes zurückgehen und mit ihr in unser Haus hinübergehen. Die Wohnung war natürlich durch den Luftdruck sehr mitgenommen. Unsere Aufbewahrung der Fenster unter den Betten hatte sich aber bewährt, sodass wir sie als Erstes unversehrt wieder einhängen konnten. Sonst waren die Tische und anderen Möbel voller Putzbrocken und unter einer Mörtel- und Staubschicht begraben. Das Schlimmste war, dass die drei Meter lange Wand zwischen Schlafzimmer und Flur dem Luftdruck nicht standgehalten hatte. Sie hing nur noch an der Armierung an der Decke und schwankte hin und her. Wir stellten aber fest, dass sie sicher hing, und in diesem Zustand hat sie auch über das Kriegsende hinaus gehalten. In den nächsten Stunden wurde das Gröbste aufgeräumt. Eine freudige Überraschung war um Mitternacht ein Telefonanruf: „Hier ist das Luftfahrtministerium, ich verbinde." Es war mein Freund Hans-Joachim Rückert. Er war zu dieser Zeit weit weg bei einer Einsatzgruppe der Nachtjäger und hatte gesehen, dass einer der Schwerpunkte des Nachtangriffs Lichterfelde-West war. Nun wollte er besorgt wissen, ob und wie wir alles überstanden hätten. Das sind Zeichen der Freundschaft, die man nie vergisst.

Am nächsten Morgen war die Wannseebahn noch außer Betrieb, sodass sich das kleine Häuflein von Mitarbeitern der RWK, wie schon früher, wieder einmal Unter den Eichen sammelte, um dann in eineinhalb Stunden Fußmarsch im Büro anzukommen. Gleich am Asternplatz brannte noch ein aus starken Eichenbohlen gebautes Einfamilienhaus, dessen Inneres uns bekannt war, weil dort ein uns bekannter Frauenarzt seine Praxis hatte. Es war uns schon damals durch seine dann in die Architekturliteratur eingegangene Bauweise aufgefallen. Ich wusste aber noch nicht, dass es einen sehr bekannten Bauherrn und – bis zu seiner Emigration 1933 – auch Bewohner, Adolf Sommerfeld, hatte und dass dieser nach seiner Rückkehr aus der Emigration als Andrew Sommerfeld einer meiner besten Freunde werden würde.

Auf der weiteren Wanderung konnte man zwischen den immer noch brennenden Häuserzeilen nur mitten auf der Straße gehen, weil Feuerstürme, wie ich sie zum ersten Mal erlebte, uns in die Häuser hineingezogen oder einstürzende Teile uns erschlagen hätten. Manchmal hatten die Bewohner noch Hausrat auf der Straße lagern können. Ein Bild, das mir immer haften geblieben ist: Vor einem drei- oder vierstökkigen brennenden Haus stand neben der Haustür eine scheinbar ganz intakte Couch. Wie ich noch hinsah, sah ich, dass aus der Polsterung kleine Flammen züngelten, und mit einem Mal brannte die ganze Couch, wurde vom Feuersturm erfasst, schwebte an der Hauswand empor, um hoch über dem brennenden Dachstuhl auf der Rückseite des Hauses zu verschwinden. Am schlimmsten aber war der Anblick der Menschen, die sich mit den wenigen geretteten Habseligkeiten bepackten. Wenn sie Glück hatten, besaßen sie einen kleinen Handwagen zum Transport auf der Suche nach einer neuen Unterkunft. Auch wenn man durch das täglich neue Elend der Menschen abgestumpft wurde, es blieb der Gedanke nicht aus: Wie wäre es, wenn es dir heute Nacht so gegangen wäre?

Im Büro angekommen, wurden diese Eindrücke sofort verdrängt durch die Erledigung der täglichen Korrespondenz, Telefonate mit den Kammern im Reich u. a. m. Ein nach solchen Erlebnissen besonders unangenehmer Teil meiner Arbeit war die Bearbeitung von Vorschlägen für die Verleihung des Kriegsverdienstkreuzes an das Reichswirtschaftsministerium zur Weitergabe an die Hauptgeschäftsführung. Da man das draußen im Lande natürlich wusste, kamen dauern Anrufe: Der Präsident im Nachbarbezirk hat schon seit einem Jahr das KVK I. Klasse und ich mit viel mehr kriegswichtiger Industrie noch immer nicht. Dies in Erinnerung und auch ein bisschen von Stralsund her Hanseat, habe ich es sehr bedauert, dass in der Bundesrepublik die Orden wieder eingeführt wurden. Dass die Menschen sich nicht geändert haben, konnte ich später in einem Gespräch mit Bundespräsident Heinemann hören, der mir bestätigte, dass er die gleichen Erfahrungen im Großen machte wie ich einmal im Kleinen.

Dem aufmerksamen Leser wird nicht entgangen sein, dass ich bei der Schilderung des Aufenthalts in Kärnten von der dortigen Gauwirtschaftskammer gesprochen habe. Bei meiner Erzählung, wie ich mir bei meinem Eintritt in die RWK einen Überblick über die OGW verschaffte, hatte ich schon erwähnt, dass ich mich bald mit einer wesentlichen Umorganisation befassen musste; und zwar machte die Kammerorganisation mitten im Kriege einen großen Wandel durch. Das begann kurz nach meinem Eintritt damit, dass der Generalbevollmächtigte für die Wirtschaft Walther Funk am 20. April 1942 in einer „Verordnung über die Vereinfachung und Vereinheitlichung der Organisation der gewerblichen Wirtschaft" sich selbst als Reichswirtschaftsminister ermächtigte, mit Zustimmung des Beauftragten für den Vierjahresplan, des Generalbevollmächtigten für die Reichsverwaltung und des Oberkommandos der Wehrmacht Maßnahmen zur Vereinfachung der OGW usw. zu treffen. Die offizielle Begründung war: „Die gesteigerten Anforderungen der Rüstungswirtschaft machen im Bereich der gesamten gewerblichen Wirtschaft eine durchgreifende Vereinfachung ihrer Organisation und eine straffe Zusammenfassung ihrer Kräfte notwendig; die Organisation der gewerblichen Wirtschaft muss unter Gewährleistung der reibungslosen Fortführung ihrer kriegswirtschaftlichen Arbeit auf ein Höchstmaß von Leistungsfähigkeit gebracht werden." Die wahren politischen Gründe ergaben sich schon daraus, dass verordnet wurde, die gewerbliche Wirtschaft in Gauwirtschaftskammern zusammenzufassen, deren Grenzen sich grundsätzlich mit denen der Gaue der NSDAP decken sollten. Nach Bedarf sollten noch Wirtschaftskammern und Zweigstellen eingerichtet werden. Das war der Tod der Industrie- und Handelskammern und Handwerkskammern. Sie waren in die Gauwirtschaftskammern zu überführen. 41 IHK wurden sogar gleich am 20. April 1942 mit sofortiger Wirkung aufgelöst. Sie galten als nur bis zu dem Zeitpunkt fortbestehend, an dem über die Zuteilung ihrer Bezirke und ihre Rechtsnachfolge bestimmt wurde. Als positiven Faktor konnte man allenfalls verbuchen, dass auch die bezirklichen Gliederungen der fachlichen Organisationen, also der Wirtschaftsgruppen usw., in die Gauwirtschaftskammern eingegliedert werden sollten, weil damit die von mir angedeuteten Spannungen zwischen Fach- und regionaler Organisation unter ein Dach kamen.

Es ist wohl ohne weiteres klar, dass eine so tiefgreifende Umorganisation nicht von heute auf morgen durchgeführt werden konnte und vor allem in den Kammern große Beunruhigung hervorrief. Betroffen waren besonders die Mitarbeiter der Kammern, welche seit langen Zeiten den Status eines Beamten hatten und sich nun innerhalb von sechs Wochen entscheiden sollten, ob sie Angestellte der neuen Kammern werden oder ihren Status beibehalten wollten. Für den letzteren Fall waren natürlich nur sehr sorgfältig abzuwägende Übergangsvorschriften vorhanden. Ich musste hier in Abstimmung mit dem zuständigen Referenten im Reichswirtschaftsministerium vieles klären und habe in zwei Aufsätzen über „Die Rechtsverhältnisse der Beamten der Industrie- und Handelskammern und Handwerkskammern" in der DWZ, dem Organ der RWK, und verschiedenen Vorträgen bei den IHK mich bemüht, den Kollegen bei ihrer Entscheidung zu helfen. Der zweite Aufsatz schließt allerdings etwas lakonisch, dass der Verfasser hofft, „dass es ihm gelungen ist, dem Einzelnen durch den Hinweis auf einige Rechtsfragen und praktische Gesichtspunkte den schweren und bedeutungsvollen Schritt zu erleichtern". Bei alledem blieb die auch in diesem Zusammenhang wichtige Frage, wie sieht alles bei einem verlorenen Krieg aus, zwangsläufig unerörtert. Wie im Übrigen diese Beunruhigung der „reibungslosen Fortführung der kriegswirtschaftlichen Arbeit" dienen sollte, blieb das Geheimnis des Generalbevollmächtigten für die Wirtschaft und der dahinter stehenden Leitung der NSDAP.

Eine Tagung der Leiter und Hauptgeschäftsführer der Reichsgruppen und Wirtschaftsgruppen in der RWK am 1. Juni 1942 brachte mir die Erkenntnis, obwohl ich ja nicht in Berlin war, aber durch das spätere Nachlesen der Unterlagen, dass Funk bezeichnenderweise auf einer Gauleitertagung – schon 1940 – die Idee der Gauwirtschaftskammer skizziert hatte. Zum zentralen Thema dieser Tagung „Aufbau, Gestalt und Aufgaben der Gauwirtschaftskammer" blieben die Vortragenden, Staatssekretär Dr. Landfried und Ministerialrat Homann, der unser ständiger Ansprechpartner war, dabei, dass infolge der gesteigerten Anforderungen an die deutsche Wirtschaft die Verwirklichung dieser Idee „ein Gebot der Stunde" sei, und es sei nunmehr die Aufgabe der Selbstverwaltung der Wirtschaft, die ihr durch diesen Schritt des Reichswirtschaftsministers gebotene Chance zu nutzen. Davon, dass das Schwergewicht der industriellen Konzentration und Rationalisierung in den Händen des Speer-Ministeriums lag, war auf der Tagung offenbar keine Rede gewesen.

Am 30. September 1942 hatte dann auf Wunsch des Reichswirtschaftsministers der Leiter der RWK, Präsident Pietzsch, die undankbare Aufgabe, den Leitern der Reichsgruppen darzulegen, was mit der Koppelung der regionalen Kammerorganisation und den fachlich-bezirklichen Gliederungen einschließlich des Unterbaus der Reichsgruppen auf sie zukam. Vergleichsweise war die Überführung der Industrie- und Handelskammern und Handwerkskammern weniger problematisch.

Am 3. Dezember 1942 gab es dann eine gemeinsame Sitzung der Hauptgeschäftsführer der Wirtschaftskammern und der Reichsgruppen, auf der Dr. Mewius vom Speer-Ministerium mit dem Thema „Bezirkliche Rüstungsorganisation und Gauwirtschaftskammern" die Frage der Zusammenarbeit der straffen Gliederungen der Rüstungswirtschaft und der künftigen Kammern ansprach; denn auch der Reichsminister für Bewaffnung und Munition hatte sich schon im Oktober mit der Konzentration aller lenkenden Kräfte einschließlich der in den Wehrbezirken geschaffenen Rüstungskommissionen in der Mittelinstanz befasst, und nun ging es darum, künftig Doppelarbeit zu vermeiden.

Die in dem ersten Überblick erwähnte „Arbeitsgemeinschaft der Industrie- und Handelskammern" in der RWK wurde am 31. März 1943 aufgelöst. Sie wurde aber ersetzt durch einen besonderen Ausschuss aus Vertretern der Gauwirtschaftskammern und Wirtschaftskammern in der RWK, der – wie eh und je – den speziellen Aufgaben und Belangen der Kammern, dem Austausch der Meinungen und Erfahrungen der neuen Regionalorganisationen und so der Förderung und weiteren Vertiefung des dortigen Arbeits- und Gedankengutes dienen sollte.

Am 13. Mai 1943 war es dann so weit, dass sozusagen ein Richtfest der neuen Einheitsbasis der Regionalorganisationen begangen werden konnte. Es war die erste und letzte glanzvolle Tagung der RWK, die ich erlebte. Sie fand im „Kaiserhof" statt mit den neuen Präsidenten und Hauptgeschäftsführern der Gauwirtschaftskammern und Wirtschaftskammern. Im Mittelpunkt standen Ansprachen des Reichswirtschaftsministers und des Präsidenten der RWK. Eingeladen und erschienen waren auch die Leiter und Hauptgeschäftsführer der Reichsgruppen, Wirtschaftsgruppen und Reichsinnungsverbände, ferner der Staatssekretär im Reichswirtschaftsministerium Dr. Landfried sowie zahlreiche Vertreter von Partei, Staat und Wehrmacht. Besonders herausragende Prominenz hatte ich an der Tür des Saales in Empfang zu nehmen und zu reservierten Plätzen zu geleiten. Ein Jahr dabei, wusste ich einigermaßen Bescheid, und so kam es, dass ich u. a. auch den alten, damals berühmten Kommerzienrat Röchling von der Saar in Empfang nahm und er mich fragte: „Woher kennen Sie mich denn?" Meine ehrliche Antwort: „Leider nur von Bildern, Herr Kommerzienrat", machte ihm sichtlich Spaß, sodass er noch weiter ein paar Worte mit mir wechselte, bis wir an seinem Platz waren, wo er dann auch von Dr. Erdmann begrüßt wurde.

Präsident Pietzsch benutzte die Gelegenheit, um noch einmal auf die Grundsätze einzugehen, welche einmal bei Errichtung der OGW für das Verhältnis von staatlicher Wirtschaftsführung und wirtschaftlicher Selbstverwaltung maßgebend waren. Ursprünglich sollte an der privatwirtschaftlichen Initiative des Unternehmertums in der gesamten Wirtschaft nicht gerüttelt werden. Der Staat sollte im Rahmen seiner Gesamtpolitik die wirtschaftspolitischen Ziele festlegen, die erreicht werden sollten, und die hierfür notwendigen Anordnungen und Richtlinien erlassen. Zur Durchführung seines Willens aber sollte er sich der Selbstverwaltungsorganisation der Wirtschaft bedienen. Er lehnte es also ab, selbst Wirtschaft zu betreiben oder die staatliche Lenkung so weit durchzuführen, dass die Wirtschaftsbehörden bis in den einzelnen Betrieb hineinreichten. Der Grundgedanke war, jede vom Staat gestellte Wirtschaftsaufgabe zwangsläufig in selbstverantwortlicher Lösung durch die in der Wirtschaft Tätigen erfüllen zu lassen. Das Wesen dieser Selbstverwaltung war die in der OGW verkörperte Repräsentanz der praktischen Wirtschaftserfahrung, die in der Leitung durch den ehrenamtlich tätigen Unternehmer, seine Mitarbeit in den Beiräten, Präsidien und Vorständen zum Ausdruck kam. Die bei der Errichtung der OGW bereitwillig und aufgeschlossen mitwirkenden Unternehmer, wie z. B. Herr Pietzsch, ahnten nicht, dass der ganze Apparat bald zur Förderung der Rüstungsindustrie, Einschränkung des Konsums usw. missbraucht werden sollte. Die theoretischen Grundlagen erschienen mir als brauchbarer Mittelweg zwischen dem Liberalismus und den Auswüchsen des Kapitalismus einerseits und einer sozialistischen und kommunistischen Planwirtschaft andererseits. Angesichts der sich immer mehr bemerkbar machenden Auswüchse, ja Fehlleistungen unserer sozialen Marktwirtschaft bleiben für mich die OGW und ihre Grundgedanken ein plausibles Wirtschaftsmodell, das nur infolge seines politischen Missbrauchs zur Vorbereitung der Rüstungs- und Kriegswirtschaft seine Richtigkeit nicht beweisen konnte.

Den hier öfter genannten ehrenamtlichen Leiter der RWK, Dr. ing. e. h. Albert Pietzsch, habe ich sehr verehrt und habe es auch als kleiner Zuarbeiter sehr bedauert, als er, am 28. Juni 1944 70 Jahre alt geworden, ausschied. Er war für mich mit seinem vorwiegend Familienunternehmen, der „Elektrochemische Werke München AG", die Verkörperung eines hervorragenden Unternehmers. Unser Hauptgeschäftsführer Dr. Erdmann hat damals in einer längeren Laudatio in der Deutschen Wirtschaftszeitung seinen Lebensweg dargestellt, wie er als Erfinder und Forscher den langen und schweren Entwicklungsgang einer Erfindung bis zu ihrer wirtschaftlichen Auswertung und Nutzung durchgestanden hatte. Es war eine gemeinschaftliche Forschungsarbeit mit seinem Lebensfreund, einem Chemiker Dr. Adolph, und begann unter kleinsten und schwierigen Verhältnissen im Zimmer einer kleinen Mietwohnung im Schwarzwald.

Die Laudatio ist in der DWZ 1944, S. 136 ff. nachzulesen. Danach beschäftigte er sich schon lange vor 1933 mit Fragen der Währung und des Geldverkehrs, aber auch einer Selbstverwaltung der Wirtschaft und allgemeinen volkswirtschaftlichen Problemen. Insoweit möchte ich aus der Laudatio zitieren: „Der Praktiker Pietzsch sieht alle Tätigkeit in der Wirtschaft in erster Linie unter dem Blickpunkt der Gütererzeugung und lenkt schon damals … vom Denken in Gold und Geld zum Denken in Gütern über. Nicht das Geld, so sagt er, sondern die Gebrauchsgüter decken den Bedarf des Volkes. Wir sehen die Wirtschaft als die Tätigkeit der arbeitenden Menschen, die diese Gebrauchsgüter erzeugen, der Geldschleier verschwindet, und wir lernen in Gütern denken. Damit lernen wir aber auch die Wirtschaftsvorgänge als Ganzes zu sehen und zu beherrschen. Wir erkennen, dass Geld immer nur eine sekundäre Erscheinung ist …"

Meine große Verehrung für Präsident Pietzsch konnte nicht stören, dass er Träger des Goldenen Parteiabzeichens war, zumal ich durch meine Arbeit mehrfach Gelegenheit hatte, „alte Kämpfer" kennen zu lernen, und dabei die Erfahrung machte, dass sie ein offenes Gespräch pflegten und sich vieles anders vorgestellt hatten, vor allem nicht, dass man sie in den Krieg führen würde. Auch hier möchte ich die Laudatio sprechen lassen: „Aus der Zeit heraus, in der er lebt, fühlt er zugleich Verpflichtung und Berufung, als deutscher Unternehmer seine Kraft über sein eigenes Werk hinaus auch in den Dienst der Allgemeinheit zu stellen. Die Erbitterung über das Deutschland im Versailler Diktat angetane Unrecht, der wirtschaftliche Wahnsinn der dem deutschen Volk abgepressten Tributleistungen, der Schmerz über die innere Uneinigkeit, die 1918 zum deutschen Zusammenbruch geführt hatte, und der leidenschaftliche Wunsch, gerade auch als Unternehmer am Aufbau einer neuen politischen, sozialen und wirtschaftlichen Zukunft mitzuhelfen, ließen den Fabrikanten Albert Pietzsch schon frühzeitig den Weg zu Adolf Hitler finden."

Wie groß seine Enttäuschung war, schließe ich aus meinem folgenden kleinen Erlebnis: An einem Spätnachmittag saß ich noch im Büro, als der Portier, da das

Sekretariat nicht mehr besetzt war, mir ein an die RWK gerichtetes Telegramm brachte. Absender war der Adjutant des Führers, und Herr Pietzsch wurde gebeten, in die „Wolfsschanze", Hitlers Machtzentrale ab 1941 in Ostpreußen, zu kommen. Ich wusste, dass Herr Pietzsch noch im Hause war, und brachte ihm das Telegramm. Er las es, schlug mit der Faust auf den Schreibtisch und rief wütend: „Zu dem ... fahre ich doch nicht mehr hin!" Herr Pietzsch ist nun lange tot, aber wie ich damals zu niemandem darüber gesprochen habe, widerstrebt es mir auch heute, seine Verbalinjurie wiederzugeben. Damals machte ich jedenfalls, dass ich wieder aus dem Zimmer kam. An meinem Schreibtisch ging mir durch den Sinn: Mit welchen Gedanken und Gefühlen hat wohl dieser Mann das Telegramm nach dem Attentat auf seinen Führer wenige Monate vorher unterschrieben und vielleicht sogar entworfen? Von mir stammte es jedenfalls nicht. Der Wortlaut war: „Zu Ihrer glücklichen Errettung von dem auf Sie verübten ruchlosen Attentat spreche ich Ihnen, mein Führer, persönlich wie im Namen der Reichswirtschaftskammer und der in ihr zusammengeschlossenen deutschen gewerblichen Wirtschaft die aufrichtigsten und wärmsten Glückwünsche aus. Unser deutsches Vaterland ist dank höherer Fügung vor namenlosem Unglück bewahrt worden. Deutschlands gewerbliche Wirtschaft gelobt Ihnen, mein Führer, in unverbrüchlicher Treue zu Ihnen nun erst recht alle ihre Kräfte anzuspannen, um die notwendigen wirtschaftlichen Voraussetzungen für die siegreiche Beendigung dieses Krieges zu schaffen." Nachfolger von Präsident Pietzsch wurde Staatsrat Karl Lindemann, Bremen, der am 8. September von Reichswirtschaftsminister Funk im Rahmen einer Sitzung des Engeren Beirates der RWK in sein Amt eingeführt wurde.

Unberührt von diesen Ereignissen, zu denen auch noch ein „Betriebsappell" gehörte, bei dem Dr. Erdmann dem scheidenden Präsidenten nochmals gratulierte und weiter „in bewegten Worten" die Freude der Belegschaft zum Ausdruck brachte, dass Herr Pietzsch auf Vorschlag des Beirates von Funk zum Ehrenpräsidenten ernannt wurde, ging die routinemäßige Arbeit fast unberührt vom wahren Kriegsgeschehen weiter. Nur, dass bei Herrn Franke eine Karte hing, auf der je nach den neuen Meldungen die bunten Nadeln, welche den Frontverlauf zeigten, umgesteckt wurden. Es wurden aber immer mehr Schwierigkeiten bei den von den Kammern betreuten Unternehmen bekannt, die Engpässe sowohl in der Rüstungsindustrie als auch bei der Versorgung der Bevölkerung.

Die OGW geriet auch in diesem letzten Jahr 1944 mit ihrem organisatorischen Unterbau insofern an den Rand des Geschehens, als die Bedeutung des Reichsministeriums für Bewaffnung und Munition immer mehr gestiegen war. Dort lag das Sagen, und das Reichswirtschaftsministerium mit der OGW, ja auch der „Reichsmarschall des Großdeutschen Reichs, Beauftragter für den Vierjahresplan", wie der stolze Titel lautete, oder gar das Reichsministerium für Ernährung und Landwirtschaft waren nur noch von zweitrangiger Bedeutung. Auch für den Bereich des Ministeriums Speer hatte es schon am 2. September 1943 einen „Erlass über die Konzentration der Kriegswirtschaft" gegeben. Da bis dahin auch nach Errichtung des Reichsministeriums für Bewaffnung und Munition die Wirtschaftslenkung auf zwei Bahnen lief, wurden „für die Dauer des Krieges" die bisherigen Zuständigkeiten des Reichswirtschaftsministeriums auf dem Gebiet der Rohstoffe und der Produktion in Industrie und Handwerk auf das Ministerium Speer übertragen. Damit wurde die gesamte Lenkung der gewerblichen Produktion einschließlich der von ihr nicht zu trennenden Rohstoffgewinnung zentral zusammengefasst. Alle Behörden, Organisationen der wirtschaftlichen Selbstverwaltung usw. erhielten seitdem auf dem Gebiet der Produktion ihre fachlichen Weisungen von Speer. Dem Reichswirtschaftsminister blieb die Regelung der Verteilung der Ver- und Gebrauchsgüter.

Auf Wunsch des Redakteurs der DWZ hatte ich nach dem Erscheinen dieses Erlasses einen Aufsatz „Konzentration der Kriegswirtschaft" verfasst, in dem ich mit aller Genauigkeit auf vier Seiten allumfassend den derzeitigen Stand der kriegswirtschaftlichen Organisation einschließlich Personalangaben hinsichtlich z. B. der Leitung des Planungsamts, des Rüstungsamts usw. dargestellt hatte. Wenige Tage nach Erscheinen der DWZ vom 23. Dezember 1943 wurden Herr Kutschera und ich zu Herrn Dr. Erdmann gerufen, der uns sichtlich ungehalten unterrichtete, dass die Geheime Staatspolizei bei ihm angerufen habe. Sie habe wegen des Aufsatzes schwerste Bedenken, von Geheimnisverrat gesprochen usw. Es werde sofort eine Stellungnahme der RWK erwartet. Nun hatte ich aber nichts weiter gemacht, als mit Hilfe meines Archivs aus dem Mosaik anderweitiger Veröffentlichungen eine – allerdings klare – Gesamtschau der Organisation zu geben. Mit einer entsprechenden Stellungnahme der RWK mit allerhöchster Unterschrift ging der Sturm vorüber, und wir bekamen von Dr. Erdmann nur zu hören, zukünftig etwas vorsichtiger zu sein. Ich freue mich, dass dies in den fast drei Jahren der einzige Ärger war, den ich ihm gemacht habe. Die Episode zeigt aber auch, wie vorsichtig man sein musste. Jeder besseren Kenntnis der Lage mussten wir uns verschließen, um nicht wegen Defätismus belangt zu werden. Am Endsieg durfte nicht gezweifelt werden.

Wie wirklichkeitsfremd wir oft arbeiteten, zeigt ein Vermerk von mir vom 19. Oktober 1944, den ich mir, aus welchem Grund auch immer, auf einem kleinen Zettel gemacht habe und den ich Jahrzehnte später in meinem Geschäftstagebuch 1945 wiederfand: „Es suchte mich de Bruyn auf, Beauftragter für Wirtschafts- und Finanzwesen, von der Landesleitung Flandern. Zweck: Besorgung von Material über die Wirtschaftsorganisation. Adresse: Bad Pyrmont, Am Schloss. Er ist mit seinen Mitarbeitern zur Zeit beschäftigt, Pläne für die zukünftige Wirtschaftorganisation in Flandern auszuarbeiten. Der Führer soll mit der künftigen Aufteilung Flanderns und Walloniens einverstanden sein, die als Teile des Germanischen Reichs Deutschland angelehnt werden sollen. Landesleiter in Wallonien würde Degrelle und in Flandern

Dr. van de Wiele. Die Flamen und Wallonen sollen in Zukunft die Regierung in beiden Ländern führen, nachdem der Führer dies bisher nach dem Fall Belgiens 1940 abgelehnt hatte. Die Wirtschaft in Belgien hat nach Ansicht de Bruyns versagt, weil man zwar neue Formen geschaffen hat, die aber weiter in altem Geist arbeiteten. Es war auch falsch, die Industriellen Millionen verdienen zu lassen und den Arbeitern nur eine achtprozentige Erhöhung der Löhne zuzubilligen, während die Lebenshaltungskosten um 100 Prozent stiegen, daher Verbitterung in den Arbeiterkreisen. Der schwarze Markt wurde auch nicht scharf bekämpft. Im Offizierskorps gab es erhebliche Korruption. Daher jetzt Abberufung des von Falkenhausen." So weit dieser Teil des Vermerks. Es gab dann noch Gelegenheit zu einem persönlichen Gespräch, wobei ich daran erinnere, dass Flandern zu dieser Zeit schon von den Amerikanern überrollt war. Der Vermerk fährt fort: „Persönliches: De Bruyn hat Frau und Schwiegersohn, Tochter drüben, versucht über die Schweiz durch eine Schwägerin Verbindung aufzunehmen."

Mir lag es natürlich auf der Zunge, Herrn de Bruyn zu sagen, dass er, wenn er das Glück habe, eine Schwägerin in der Schweiz zu haben, schleunigst dorthin aufbrechen solle, um nach dem absehbaren Ende des Krieges wohlbehalten zu Weib und Kind heimzukehren. Es war unmöglich, insbesondere einem völlig Fremden gegenüber, derlei zu äußern. Im Übrigen ergibt sich aus meinem Geschäftstagebuch, dass Herr de Bruyn am 9. Januar 1945 noch einmal bei mir war, von sich aus also nicht auf die Idee gekommen war.

Für weitere Informationen standen uns die erwähnten Auslandshandelskammern zur Verfügung. Da hörte ich dann von dem Hauptgeschäftsführer in Brüssel, der inzwischen auch „heim ins Reich" gekehrt war, dass der von Herrn de Bruyn genannte Dr. Wiele stark an die SS gebunden war mit der Deflag Deutsch-Flämische Arbeitsgemeinschaft, einer vorwiegend politischen Organisation, die aber auch versuchte, wirtschaftlich eine Rolle zu spielen. Ihr gegenüber bestanden der Flämische Nationalverband und die Rexisten mit Degrelle. Bei dem Flämischen Nationalverband spielte eine wesentliche Rolle der Oberbürgermeister von Gent, Elias, der aber auch schon in Westdeutschland war.

Ende Oktober brachte der Leiter der Abteilung Handel in der RWK, Dr. Grosse, von einer Reise nach Düsseldorf, Duisburg, Essen, Köln und Koblenz zwar die Nachricht mit, dass die Arbeitsfähigkeit der Organisation immer noch weitgehend gesichert erschien, aber die Reisemöglichkeiten waren durch die Bombenangriffe doch schon beschränkt. Die Transportlage für wichtige Güter war sehr gespannt, weil der Dortmund-Ems-Kanal zerstört und die Rheinschifffahrt durch die Zerstörung der Rheinbrücke in Köln unterbrochen war.

Angesichts der Arbeit auch der schwedischen Historiker, das neutrale Verhalten ihres Landes im Zweiten Weltkrieg zu klären und aufzuarbeiten, ist als kleines Schlaglicht mir heute noch interessant, was ich mir am 20. November 1944 wieder auf kleinen Zetteln aus einem Lagebericht notiert habe, den uns der Hauptgeschäftsführer der Deutschen Auslandshandelskammer in Stockholm, Herr Eitel Becker, in Berlin erstattete: „Im Juli erste Beanstandung der deutschen Exportquoten durch die schwedische Regierung. Auch wurden die erteilten Importgenehmigungen für Zellstoff, Kunstseide, Strümpfe widerrufen. Die eintreffende deutsche Regierungskommission versuchte Erleichterungen (zu erreichen). Der zweite Schlag war die Aufhebung der Kaskoversicherung in Nord- und Ostsee, sodass kein schwedisches Schiff diese Gewässer anläuft. Es kamen dann die finnischen Ereignisse (zur Sprache). Es besteht weiterhin Schiffs-, Flug- und Telefonverbindung mit Finnland. Russen treten sehr verbindlich auf, setzen sich aber überall nachdrücklich herein. Die Versorgung hat Schweden übernommen. Es folgte die Liebesgabensperre gegenüber Deutschland, angeblich über drei Millionen Kronen wert, und schließlich das Transitverbot für den zivilen Sektor, z. B. Heringe von Norwegen. Für Erz geht jetzt der einzige Weg über Narvik. Zinkerze können wir evtl. über Göteborg und den Vanasee bekommen. Die Kugellagerausfuhr ist verboten, allerdings nicht Kugellagerstahl. Es stand aus allen diesen Gründen dicht vor dem Abbruch der diplomatischen Beziehungen. Auch die Möglichkeit der Sperrung des Geleitzugverkehrs bestand. Beides hat man nicht gemacht, um nicht das letzte Fenster zur Welt zuzuschlagen. Die Sperrung des Geleitzugverkehrs wäre auch wirkungslos gewesen, weil Schweden sich reich versorgt hatte. Deshalb lieber Prestigeverlust, aber Erhaltung der Verbindung. Die Stimmung in Schweden ist zur Zeit sehr gegen uns: Schwedischer Sozialminister hat erklärt, dass Kriegsverbrecher in Schweden kein Asylrecht erhalten. Die Deportation von 1800 dänischen Polizisten hat verstimmend gewirkt, ebenso Todesurteile in Norwegen. Deutsche in Finnland z. T. evakuiert, z. T. interniert, z. T. finnische Staatsangehörige im 5-Stunden-Verfahren geworden." Bezüglich der Lage in dem von den Russen besetzten Finnland zeigten die Meldungen vom gleichen Tage von der Einsetzung der Regierung Paasikivi, dass die in der deutschen Presse angestellten Befürchtungen wegen einer Bolschewisierung Finnlands richtig waren.

Für große Unruhe sorgten in diesen Tagen im November auch die Nachrichten über eine Umorganisation im Hause Speer. Der Leiter des Rüstungslieferungsamts Staatsrat Dr. Schieber schied aus, der Leiter des Rüstungsamts Generalleutnant Dr. ing. Waeger u. a. Man wechselte also mal wieder mitten in der Furt die Pferde. Am bedenklichsten war das Gerücht, dass Ohlendorf Generalsekretär für Kriegs- und Wirtschaftsverwaltung mit Vollmacht der Parteikanzlei werden sollte. Man sprach davon, es werde voraussichtlich eine Überprüfung aller Ämter in der OGW und Verwaltung bis zum Oberregierungsrat hinunter erfolgen und vieles anderes mehr. Ich notierte mir aber gleich: „Es bleibt abzuwarten, ob Entwicklung tatsächlich so verläuft." Am 14. Dezember konnte ich dann eintragen, dass weitere Änderungen im

Speer-Ministerium nicht zu erwarten waren und Ohlendorf nicht Generalsekretär unter Einbeziehung des Reichswirtschaftsministeriums geworden war. Wir hatten mit ihm als Außenhandelsexperte des Reichswirtschaftsministeriums und Ministerialdirektor viel zu tun. Meine beiden Hauptgeschäftsführer waren ohne nähere Begründung sichtlich zufrieden, dass es dabei blieb. Sie wussten vermutlich etwas mehr als ich. Ich erfuhr zu meiner Überraschung erst durch den Nürnberger Prozess nach dem Kriege, dass Ohlendorf vor seiner Tätigkeit im Ministerium Amtschef III in Himmlers Reichssicherheitshauptamt und von Juni 1941 bis Juni 1942 Leiter der Einsatzgruppe D in der Ukraine war, deren furchtbare Verbrechen, wegen derer er dann zum Tode verurteilt und 1951 hingerichtet wurde, in „Aufstieg und Fall des Dritten Reichs" von William L. Shirer (S. 875–879) dokumentiert sind.

Es ist bemerkenswert, wie all diese beruflichen Dinge in der Erinnerung geblieben sind und die Gegebenheiten des persönlichen Lebens nur wie hinter einem Vorhang im Gedächtnis gespeichert sind, bis bei dem künftigen totalen Zusammenbruch das persönliche Erleben, wie man alles überstanden hat, ganz in den Vordergrund tritt.

Das will aber nicht heißen, dass die berufliche Anspannung und die zunehmende Belastung durch die Tag- und Nachtangriffe uns 1944 hinderten, möglichst viel von dem immer noch reichen kulturellen Angebot Gebrauch zu machen. Ob es im Schauspielhaus am Gendarmenmarkt „Pygmalion" mit Werner Kraus, der „Faust" mit Paul Hartmann, Gründgens, Käthe Gold, Elisabeth Flickenschild war oder anderes – man braucht nur an weitere Namen wie Heinrich George, Maria Koppenhöfer, Albert Florath zu denken, um zu verstehen, wie wir allen Widrigkeiten, allen Meldungen von der Front zum Trotz diese Möglichkeiten genossen. Auch die Philharmoniker unter Wilhelm Furtwängler spielten ja noch, bis auch ihre Heimstatt in der Bernburger Straße 1944 ausgebombt wurde. Erleichtert wurden diese Besuche dadurch, dass Theater und Konzerte ihre Anfangszeiten wegen der Nachtangriffe vorverlegt hatten.

Ein Höhepunkt war die Teilnahme von Gaby und mir an der Wiedereröffnung der Staatsoper Unter den Linden. Sie war nach der Zerstörung nach den alten Plänen wieder aufgebaut worden. Keine Materialknappheit, kein Mangel an Arbeitskräften hatte die Wiederherstellung des alten Glanzes einschließlich der großen Meissener-Vasen behindert. Wir hatten Plätze auf dem Balkon zur Seite der großen Mittelloge. Hitler war nicht da, aber sonst konnte man die Spitzen von Partei und Staat, der Generalität einen glanzvollen Abend begehen sehen, als wenn tiefster Friede wäre. Nur Gaby flüsterte mir zu: „Wenn das die Soldaten an der Ostfront oder die Flüchtlinge aus Ostpreußen sehen würden …" Aber selbst die Engländer nahmen heute Rücksicht und kamen nicht, den Festakt zu stören. So konnte die Staatsoper noch eine kurze Zeit spielen, bis sie 1945 wieder in Schutt und Asche versank.

Unser geselliger Verkehr litt zwangsläufig unter dem durch die Fliegerangriffe bestimmten veränderten Zeitrhythmus. Man sah seine Freunde meist nur am späten Nachmittag, um am Abend rechtzeitig wieder zu Hause zu sein, oder verabredete sich mittags bei „Borchardt" oder im „Old Inn", Unter den Linden, um dort notfalls irgendwo in den Luftschutzkeller zu gehen. Das taten aber alle sehr ungern, weil im Ernstfall ja niemand gewusst hätte, wo man geblieben wäre. Mein Freund Dortschy kam oft und gern aus dem nahe gelegenen Lankwitz zu Fuß am Wochenende zu uns nach Lichterfelde.

Zu meinem Privatleben gehörte, dass auch nach unserer Rückkehr aus Kärnten nach Berlin mein Pneumothorax etwa alle drei Wochen wieder gefüllt wurde. Erfreulich war, dass mir eines Tages im Herbst 1944 mein ständiger Betreuer, Lungenfacharzt Dr. Thiede, nach einer Durchleuchtung erklären konnte, dass meine Lunge völlig ausgeheilt sei. So erfreulich diese Erkenntnis war, brachte sie doch im letzten Kriegsjahr Probleme mit sich. Dr. Thiede schlug mir deshalb von sich aus sofort vor, diese Erkenntnis unter uns bleiben zu lassen. Günstig war, dass – dem Lehrbuch von Ulrici zum Trotz, wonach in der Regel ein Pneumothorax nicht älter als fünf Jahre würde oder werden sollte – es keine Schwierigkeiten machte, den meinen weiter zu füllen. Dr. Thiede war der Ansicht, dass beim täglichen Gang in den Luftschutzkeller mit zwei schweren Koffern, bei meiner beruflichen Anspannung der Pneumothorax für mich der beste Schutz dagegen sei, dass die verkalkten Stellen in der Lunge wieder aufreißen. Hinzu kam als wichtiger Grund, dass ich als „Pneuträger" Anspruch auf die Lebensmittelkarte I hatte und zusätzlich täglich einen halben Liter Milch bekam, was mich – nebenbei bemerkt – endgültig zu einem leidenschaftlichen Milchtrinker machte. Nicht zuletzt war das auch wichtig für meine jährliche Vorsprache beim Wehrbezirkskommando, welches mir zuletzt „ztl. untauglich bis zum 30.4.45" in den Wehrpass eingetragen hatte. Da war dann die Rote Armee schon ein paar Tage bei uns. So ging ich weiter regelmäßig in das Columbushaus am Potsdamer Platz zur Füllung und nach seiner Zerstörung in die Privatwohnung meines Arztes in Lichterfelde. Um das schon hier zu erwähnen: Es blieb dabei bis zum Ende der Blockade 1948, und Fachmediziner werden wohl überlegen, ob ein zehn Jahre alt gewordener Pneumothorax nicht einen Rekord darstellt. Wir konnten ihn sogar ambulant mit jedes Mal geringeren Füllmengen eingehen lassen. In meinem Leben hat es bis zur Niederschrift dieser Zeilen keinen Rückfall gegeben. Es bleibt die Erkenntnis, das für meine Eltern und mich zuerst niederschmetternde Unglück einer solchen Erkrankung war, wenn man so will, eine göttliche Fügung, die vor Schlimmerem bewahrte.

Wie wir die letzte Kriegsweihnacht und den Jahreswechsel verbracht haben, ist nicht im Gedächtnis haften geblieben, und keine Aufzeichnung hilft. Nur, dass wir begannen, uns ernstliche Sorge um meine Schwiegermutter zu machen, die auch nach dem Tode des Vaters in Lodz geblieben war. Auch die Schwester arbeitete dort noch weiter, während ihr Mann unter Aufgabe der Leitung des Staatlichen Gesundheitsamtes freiwillig oder eingezogen an der Ostfront war. Meine Schwiegermutter hatten wir schon veranlassen können, einen Teil ihrer beweglichen Habe, insbesondere Kleidung und Wäsche, in Kisten bei der Handwerkskammer in Gera, der Ausweichstelle der RWK, einzulagern. Dorthin hatten wir schon vorher selbst auch bereits Bettwäsche, Stoffe u. a. m., die Aussteuer meiner Frau in der Annahme verlagert, damit sei alles sicher untergebracht. Meine Schwiegermutter traf im Januar mit einem der letzten regulären Züge und zwei Koffern bei uns ein.

Damit sind wir im Januar 1945. Im Büro ging mit dem täglichen Blick auf die heranrückenden Fronten die Routinearbeit weiter. Ein Besucher bei mir, ein Vertreter einer Gauwirtschaftskammer, machte sich tatsächlich noch Sorgen um die Abgrenzung der Zuständigkeit der Kammer von derjenigen der Organisationen des Reichsnährstandes in seinem Bezirk. Ein anderes wirklichkeitsfremdes Beispiel ist, dass noch im Oktober 1944 ein „Erlass über internationale Versippung der Beschäftigten in der Organisation der gewerblichen Wirtschaft und in der Wirtschaft" durchgeführt werden sollte, wozu es aber in meinem Umkreis nicht mehr gekommen ist. Die Wirklichkeit machte sich aber bemerkbar, als in der letzten Dekade des Januar die Benutzung des Straßen-, U-Bahn und S-Bahnverkehrs durch Einführung von Verkehrsstufen I bis III eingeschränkt wurde. Wir erhielten im Büro besondere Ausweise für eine oder alle Verkehrsstufen.

Ein Menetekel war aber vor allem, als das Inferno vom 3. Februar über die Innenstadt hereinbrach. Es war, als an diesem Tag mittags bei dem wohl schwersten Tagesangriff der amerikanischen Luftwaffe vom Pariser Platz am Brandenburger Tor bis zum Alexanderplatz und südlich des Anhalter Bahnhofs rund 1000 Maschinen, wie wir hinterher erfuhren und von mir notiert wurde, 2500 Tonnen Sprengstoff abluden. Wir hatten gerade erfahren, dass die Rote Armee vor Küstrin und Frankfurt/Oder stand, als der Anflug amerikanischer Bomber auf Berlin gemeldet wurde und auch bald die Sirenen heulten. Alles ging in den Keller, nur Herr Franke und ich standen noch vor dem Eingang der RWK auf der menschenleeren Neuen Wilhelmstraße. Es war ein wolkenloser blauer Himmel, als wir schon von weitem die in der Sonne blitzenden Maschinen im Formationsflug wie bei einer Parade herankommen sahen. Es erinnerte mich an die Formationen der Wildgänse, wenn sie vom Norden kommend über Pommern ihren Winterquartieren zustrebten. Als dann die Flugabwehr auf den Türmen am Zoologischen Garten zu schießen begann und die ersten Maschinen über dem Tiergarten waren, meinte Herr Franke, es würde wohl höchste Zeit, dass auch wir in den Keller gingen. Wir saßen gerade auf unseren Stühlen, als der erste Bombenteppich fiel. Durch den Luft- und Erddruck schwankten Fußboden und Stühle, das Licht ging aus, viele schrien auf, und ich fühlte nur, wie mich meine Sekretärin neben mir in ihrer Angst fest umklammert hielt. Das Haus stand aber. Wir waren wieder einmal davongekommen. Nach der Entwarnung stiegen Herr Franke und ich auf das Dach, von dem wir gen Osten das ganze Ausmaß des vielfach brennenden Trümmerfeldes sehen konnten. Man konnte nur von einem Inferno sprechen. Bei weiterem Überlegen kamen wir zu der Überzeugung, dass der erste Bombenteppich sicherlich am Rande des Tiergartens hinter dem Reichstagsgebäude beginnen sollte. Aber es war wohl so, wie ich vermutete, dass der Bombenschütze niesen musste und deshalb Sekunden später den Bombenschacht geöffnet hat; denn der Bombenteppich begann, wie mit dem Lineal gezogen, etwa 500 Meter hinter uns nahe der Neustädtischen Kirchstraße.

Was nun folgt, kann nur verstehen, wer diese Situationen miterlebt hat. Als wir vom Dach wieder herunterkamen, hatte das Aufräumen in den vom Luftdruck stark mitgenommenen Büroräumen schon begonnen. Der Schreibtisch lag voller Staub- und Putzbrocken. Das Telefon ging aber, und ich konnte schnell nach Hause durchsagen: „Alles in Ordnung." Es bezog sich ja immer nur auf die Person. Aber dann – gemäss unserer wenn auch stillschweigenden Devise: „Genieße den Krieg, denn der Frieden wird fürchterlich" – war im Augenblick unsere Sorge, was wohl aus der Weinstube Borchardt in der Französischen Straße geworden sei; denn es war ja Mittag und wir wollten „frühstücken". Herrn Franke und mir schlossen sich noch der Leiter der Auslandshandelskammerabteilung Dr. Dieckmann und Peter Rintelen an, und so pilgerten wir in der Mitte der „Linden" zur Friedrichstraße. Das Hotel „Adlon" schien auch davongekommen zu sein, aber das Hotel „Bristol" war schwer getroffen, und auch sonst bot sich rechts und links nur ein Bild der Zerstörung. In der engeren Friedrichstraße war schwerer durchzukommen, aber als wir gespannt um die Ecke in die Französische Straße sahen, da stand das Haus Nr. 48 wie unversehrt da, nur das

Nachbarhaus brannte lichterloh am Dach und in den oberen Stockwerken. Der Geschäftsführer, dessen Namen ich leider vergessen habe, stand händereibend in der Tür und hieß uns willkommen. Schon hier sei erwähnt, dass er später nach dem Einzug der Amerikaner in Berlin als Chef eines Offizierskasinos wieder für das leibliche Wohl seiner Mitmenschen sorgen konnte. Jetzt kündigte er erst einmal an, er werde uns von den restlichen Vorräten im Keller das Beste heraufholen. Die Tische waren, wie immer, makellos weiß gedeckt, die Gläser für einen vorzüglichen Burgunder bereit, aber sonst erinnere ich mich nur, dass es Gänseleberpastete gab und es auch sonst an nichts fehlte. Wir haben nur, da wir auf der Seite saßen, ab und zu an die Wand gefasst, ob sie von dem Brand nebenan schon warm wurde. Jeder Versuch zu löschen war bei den Bränden dieses Ausmaßes zwecklos, und es war auch keiner da, keine Schläuche, kein Wasser, um es zu versuchen.

Nach dem Essen gingen wir noch die paar Schritte zum Gendarmenmarkt. Das Bild der beiden brennenden Dome, des deutschen und des französischen, sowie des Schinkelschen Schauspielhauses steht mir unvergesslich vor Augen. Auch die übrige Randbebauung brannte oder war schwer getroffen. Zwar gesättigt, aber sehr still – jeder mit seinen Gedanken beschäftigt – gingen wir wieder ins Büro zurück. Es war allen aus dem Herzen gesprochen, als Herr Franke es jedem anheim stellte, wann er nach diesen Erlebnissen nach Hause gehen wollte.

Auch bei mir zu Hause gab es dann ein glückliches Wiedersehen. Man wusste am Morgen bei der Trennung nie, ob man sich am Abend wiedersehen würde. Unsere junge Ehe musste diese Belastung früh verkraften, aber mit den vielen Fällen der Ehen, wo der Mann an der Front war, wollten wir das doch nicht vergleichen. Trotzdem denke ich, dass die Umstände, in denen und unter denen wir leben mussten, uns für die weiteren Zeiten geprägt haben. Ich war, wenn ich nach Hause kam, „Moia kochanna", und wir sangen „Jeszeze Polska nie zginela, póki myiyjemy" (noch ist Polen nicht verloren). Bei aller Liebe stand das Gefühl im Vordergrund – komme, was kommen mag, du hast einen Menschen neben dir, auf den du dich absolut verlassen kannst. Wenn ich es richtig sehe, blieb dieses Gefühl auch in den kommenden 30 Jahren so stark, dass sich schon früh einstellte, was Marie Ebner-Eschenbach in der „Deutschen Rundschau" 1890, 1 so formuliert hat: „Jedes brave eheliche Verhältnis endet mit Freundschaft."

Nicht zuletzt unter dem Eindruck des Angriffs vom 3. Februar rief Dr. Erdmann die Abteilungsleiter zusammen, um zu besprechen, welche Abteilungen und mit welcher personellen Besetzung „unter Umständen" in das Ausweichquartier nach Gera verlagert werden sollten. Ich hatte diese Frage schon früher mit meiner Frau besprochen. Dritte bei diesem Gespräch war natürlich meine Schwiegermutter. Da sie fließend Russisch und Polnisch und meine Frau, wie erwähnt, ebenso Polnisch sprach und ich Berlin auf keinen Fall verlassen wollte, waren wir uns schnell einig, dass wir bleiben wollten. So konnte ich unsere Entscheidung schon bei der Besprechung im Büro bekanntgeben.

Hinsichtlich der sonstigen Behördenverlagerungen bestand manche Unklarheit. Laut meinem Tagebuch bekamen wir am 7. Februar die Information, dass am 9. Teile des Reichswirtschaftsministeriums und der Reichsstellen Berlin verlassen würden. Es gab ja 45 Reichsstellen von – alphabetisch – der Reichsstelle gegen den Alkohol- und Tabakmissbrauch bis zur Reichsstelle für Wolle und andere Tierhaare. Am gleichen Tage kam aber ein „Führerbefehl und Befehl des Reichsführers SS", mit dem die Verlagerung von Dienststellen und Betrieben aus Berlin verboten wurde. Da soll schon für das Oberkommando der Wehrmacht (OKW) mit Gefolgschaft und Gepäck ein Sonderzug bereitgestanden haben.

Für mich warf der Entschluss, in Berlin zu bleiben, die Frage meiner weiteren Verwendung auf; denn als Z. b. V. der Hauptgeschäftsführung gehörte ich zu keiner Abteilung. Wie noch zu berichten sein wird, fand aber Dr. Erdmann eine Lösung, die mir sowohl recht war als auch der RWK nützlich. Vorläufig aber arbeiteten wir weiter, immer der weiteren Entwicklung gewärtig. So steht in meinem Tagebuch unter dem 11. Februar: „In Südpommern wird bei Stargard gekämpft." Nach dem Kriege hörte ich dann, dass nach den schweren Zerstörungen in der Stadt auch das Haus, in dem wir so lange am Marktplatz gewohnt hatten, nicht mehr stand. Durch Fotografien, die mir in den Sechzigerjahren ein Bekannter mitbrachte, der einmal Schüler des Realgymnasiums dort war, weiß ich aber, dass mein Gröningsches Gymnasium unversehrt geblieben ist. So war also auch das heimatliche Hinterpommern schon im Besitz der Roten Armee.

Lodz war schon vor Wochen eingenommen worden. Meine Schwägerin musste erst durch ihre Schwester in nächtlichen Telefongesprächen, die wieder mit Hilfe unserer alten Freundin zustande kamen, informiert werden, dass die Russen nach unserer Kenntnis gar nicht mehr weit von der Stadt entfernt waren. Sie erklärte, es sei doch alles ruhig, und Gauleiter und Kreisleiter hätten gerade die Parole ausgegeben, jeder könnte und sollte auf seinem Platz bleiben. Für uns war das unfassbar, und wir empfahlen, mal nachzuforschen, ob die Herren überhaupt noch da waren. Es bedurfte eindringlicher Vorhaltungen, um diesen Glauben zu erschüttern. Meine Schwägerin ist aber dann in letzter Stunde aus Lodz geflohen, hat das Flüchtlingselend miterlebt und berichtet, wie sie von Tieffliegern beschossen wurden, von den Toten und dem Stöhnen und dem Schreien der verwundeten Menschen und Tiere. Sie kam aber zwar erschöpft, doch heil bei uns an. Wieder für uns unverständlich, wollte sie sich der Anweisung ihrer Dienststelle in Lodz entsprechend, wo sie sich sogar ordentlich abgemeldet hatte, zum Dienst im Reichssicherheitshauptamt in der berüchtigten Prinz-Albrecht-Straße 8 melden. Es gelang meiner Frau nur schwer, sie von dieser selbstmörderischen Idee abzubringen und sie zu veranlassen, sich schleunigst gen Westen abzusetzen.

In Berlin wirkte auch der zitierte „Führerbefehl" nicht mehr, denn Ende Februar verließen Reichswirtschaftsministerium und viele Reichsstellen wirklich die Reichshauptstadt und gingen nach Bad Salzungen. Aus dem Westen kam wiederum die Nachricht, dass auch die Gauwirtschaftskammer Rhein-Main, Frankfurt/Main eine Ausweichstelle in Meiningen in Thüringen errichte. Man ging zu dieser Zeit schon davon aus, dass in Thüringen zuerst die Amerikaner sein würden, was nach Absprache mit den Russen später ja auch für wenige Monate der Fall war. Es sickerte auch aus irgendeiner Quelle durch, die Amerikaner würden in Frankfurt/Main oder Mainz einen großen Flughafen bauen. Ich lese jetzt mit Staunen, dass ich mir am 2. März bereits Büchertitel zum Thema „Nachkriegsbehandlung Deutschlands" notieren konnte. Es waren: Louis Nizer „What to do with Germany", Prof. A. Wolf „Higher Education in Nazi-Germany", Emil Ludwig „How to treat the Germans" und Dr. Mayer „Max Weber und German Politics". Angeblich wusste man auch schon, dass nach Kriegsende die Verwaltungsorganisation im ganzen Reich einheitlich bleiben solle, auch unsere bestehende Wirtschaftsorganisation werde beibehalten. Das hat sich nach dem Krieg bald als Wunschtraum herausgestellt.

Bei unseren Lagebesprechungen im Büro, aber auch sonst allgemein gingen wir davon aus, dass es einen Wettlauf der Amerikaner und der Roten Armee im Run auf Berlin geben würde. Dass die Amerikaner in Absprache mit den Russen an der Elbe Halt machen würden, ahnten wir nicht.

Rein informativ, doch sonst ohne Bedeutung, aber interessant war noch eine Sitzung des so genannten Aufklärungsausschusses in der RWK, die sich mit der gegenwärtigen Lage in Bulgarien befasste. Hinterher fragt man sich natürlich, warum. Bulgarien hatte schon im Ersten Weltkrieg auf das falsche Pferd gesetzt, hatte geglaubt, über ein Stück Griechenlands den Zugang zum Ägäischen Meer zu bekommen. Es hatte schon im Februar 1941 in völliger Verkennung der Lage, aber verführt durch die deutschen Siege überall den Durchmarsch deutscher Truppen erlaubt und war schließlich am 1. März 1941 dem Dreimächtepakt Deutschland-Japan-Italien beigetreten. Daraufhin wurde es wie Rumänien und Ungarn von deutschen Truppen besetzt, die erst wieder abzogen, als Bulgarien am 26. August 1944 aus dem Dreierpakt wieder ausschied. So kam Bulgarien vom Regen in die Traufe, denn jetzt wurde es kampflos von der Roten Armee besetzt. Die Schilderung der derzeitigen Lage in der Sitzung zeigte ein ähnliches Bild wie der von mir zitierte frühere Bericht über Finnland. Auch hier war Moskau nach der Besetzung erst einmal sehr zurückhaltend. Sogar die kommunistische Partei hatte zwei Flügel. Ein Teil neigte der Vaterländischen Front zu, die anderen waren radikale Kommunisten. Das Programm der Vaterländischen Front mit Ministerpräsident Kimon Georgieff und Außenminister Damian Weltscheff war ein freies, unabhängiges, demokratisches Bulgarien, welches in enger Freundschaft mit Jugoslawien leben und den Großjugoslawien-Gedanken auf der Grundlage sozialer Gerechtigkeit wahren sollte. Damit versuchte man die Intelligenz der jungen Generation und das Bauerntum zu gewinnen. Den Kommunisten stand aber der Propagandaapparat und vor allem ein Rundfunksender zur Verfügung, und sie spielten auch im Zentralkomitee der Vaterländischen Front eine große Rolle. Da das Zentralkomitee wiederum eine Art Aufsichtsinstanz über die Verwaltungsbehörden darstellte mit, wie der Berichterstatter darstellte, ungeheurem Einfluss, konnte man sich vorstellen, wohin die Reise gehen würde, falls Berlin allein in die Hände der Russen fallen würde.

Noch galt aber die Durchhalteparole, und es wurde immer wieder von der Wunderwaffe gesprochen, deren Einsatz schlagartig die Wende zum Einlenken der Alliierten bringen würde, worauf die Bevölkerung jeden Tag wartete. Ganz im Zeichen des Durchhaltens stand dann auch eine letzte Sitzung des Engeren Beirates der RWK am 1. März 1945. Zuerst wurde eine Denkschrift „Umstellung der Betriebe auf die veränderte Arbeitslage" – gemeint waren die Auswirkungen der Einberufungen zum „Volkssturm" – und auch das Thema „Freiwillige Zuwendungen an Volkssturmangehörige" beraten. Alles am Ende mit dem Auftrag an uns, die Ergebnisse in einem gesonderten Rundschreiben im ganzen Reich zu verbreiten. Schließlich gab der Präsident der Kammer Berlin, Prof. Hunke, einen „Bericht über die Lage in Berlin", der aber im Wesentlichen nur ein Bericht über die verschiedenen Aktionen betreffend den Volkssturm war. Es gab da die „Aktion Spitzhacke". Das war die dauernde Einberufung des ersten Aufgebots, die nach seiner Ansicht insbesondere den Zahlungsverkehr bedrohte. Dann gab es die „Aktion DAF". In dieser Aktion sollte die Deutsche Arbeitsfront durch ihre Betriebsobmänner 36.000 Arbeitskräfte aus den Betrieben dem Volkssturm zur Verfügung stellen. Gleiches galt für eine „Aktion Banken, Handel, Versicherungen", die 7500 Mann auf die Beine stellen sollte, und schließlich gab es noch eine „Aktion Volksaufgebot", mit der die Ortsgruppen der NSDAP verpflichtet wurden, die Zivilbevölkerung nochmals zu durchkämmen. Der Bericht schloss mit der Information, dass die Planung der gesamten „Verteidigungsanlagen" des Volkssturms in den Händen eines Oberst Lobeck liege, und mit dem angesichts des bisher Vorgetragenen besonders merkwürdigen Hinweis, dass Berlin nach den Richtlinien nach wie vor nicht als „bedrohte Stadt" gelte. Angesichts der Positionen der Roten Armee, der nun täglichen Nachtangriffe der „Moskitos" der Engländer, schließlich der für zwei Tage später vorgesehenen Kürzung der Lebensmittel auf 1000 Gramm Brot, 125 Gramm Butter und 250 Gramm Nährmittel pro Woche war das eine wirklich makabre Aussage.

Bald klärte sich dann auch die Frage meiner weiteren Verwendung im Fall der Verlagerung der RWK. Am 9. März kam Dr. Erdmann wieder einmal mittags vom „Frühstück". Er unterrichtete mich, dass er mit dem Leiter des Landeswirtschaftsamts, Rechtsanwalt Dr. Lutz, zusammen war und mich ihm als persönlichen Referenten vorgeschlagen hatte. Dr. Lutz hätte den ganzen Tag im „Führungsstab Wirtschaft" beim „Oberpräsidenten der Provinz Mark Brandenburg" in der Viktoriastraße zu tun und könne sich deshalb immer nur spätnachmittags um seine eigentliche Aufgabe, die Leitung des LWA, in der – damals noch – Kaiserallee, Ecke Hohenzollerndamm kümmern. Sein Wunsch wäre eine Entlastung in der sachlichen Leitung des LWA und Koordinierung der Abteilungen nach seinen Richtlinien.

Da ich ganz offen mit Herrn Dr. Erdmann sprechen konnte, der damals nicht ahnte, dass mir nicht verborgen geblieben war, dass er nach dem 20. Juli 1944 auch Probleme gehabt hatte, konnte ich ihm sagen, dass ich vor meiner Zustimmung erst einmal wissen möchte, „wes Geistes Kind" Dr. Lutz sei. Dr. Erdmann verstand dies natürlich sofort richtig als Frage nach dessen politischer Haltung. Ich bekam eine absolut beruhigende Auskunft und noch mit auf den Weg, da der bisherige Verbindungsmann zu der zuständigen Behörde ausscheide, könnte ich künftig dafür sorgen, dass die in Berlin verbleibenden Mitarbeiter der RWK bis zum Ende noch u. k. gestellt blieben.

Drei Tage später stellte ich mich bei Dr. Lutz vor. Ich notierte danach: „Sympathische Erscheinung, energisch, zielbewusst." Auch er schien mit meiner Person einverstanden zu sein, nachdem er auch die entsprechende Auskunft über mich von Dr. Erdmann hatte. Das Gespräch endete damit, dass ich am 15. März meinen Dienst antreten würde. Meine Vertretung in der RWK übernahm Dr. Holling aus der Rechtsabteilung der RWK, der mir später 1946 ein Freund und Helfer werden sollte.

Damit endete zwar nicht juristisch, aber faktisch meine Tätigkeit bei der RWK. In der mehr als schwachen Hoffnung, dass wir nach dem Krieg in der gleichen oder einer vergleichbaren Organisation wieder zusammenkommen würden, wurde uns ein Jahresgehalt mit der Maßgabe einer späteren Anrechnung ausgezahlt. Das Haus in der Neuen Wilhelmstraße habe ich erst wiedergesehen, als ich viele Wochen nach dem Zusammenbruch in der ausgebrannten Ruine herumkletterte. Die Ruine machte den Eindruck, als wenn sie erst, wie es häufig war, nach den Kämpfen und der folgenden Plünderung angezündet worden war. Die Bibliothek im Keller und damit auch meine nicht kleine Fachbibliothek waren nur noch weißgraue Asche und damit wohl auch ein Koffer mit Kleidung von uns, den wir schon vor einem halben Jahr oder früher zur Verteilung des Risikos dorthin verlagert hatten. In Anbetracht der vielen sonstigen Fälle kann man aber auch ebenso vermuten, dass der Koffer von lieben deutschen Mitmenschen gestohlen wurde; dann wäre nur zu hoffen, dass die Sachen in Anbetracht des großen Mangels gute Dienste geleistet haben.

Da die Treppe zum ersten Stock zwar ausgebrannt, aber noch begehbar war, habe ich versucht, nach unseren Zimmern zu suchen. Im Sitzungssaal war nicht die Decke, aber der Fußboden eingestürzt, sodass man ihn nicht betreten konnte. Ich konnte nur von der einen Schmalseite hineinsehen. Der Raum war auch völlig ausgebrannt, aber auf der anderen Schmalseite gegenüber hing, wie durch ein Wunder ganz unversehrt, das Porträt von David Hansemann, unter dem ich, wie ich erzählt habe, als Protokollant der Beiratssitzungen gesessen hatte. Es war leider unmöglich, dorthin zu gelangen. Ich hätte das Bild gerne als Leihgabe mitgenommen.

Mit dem Blick auf David Hansemann, der also auch, wie wir, das Dritte Reich überlebt hatte, nahm ich endgültig Abschied vom interessantesten, vielseitigsten und auch in der Zusammenarbeit mit Vorgesetzten und Kollegen schönsten Arbeitsplatz meines Lebens.

Abgestellt zum Landeswirtschaftsamt

Nach meinem Dienstantritt lernte ich gleich in den Abteilungsleitern Rechtsanwälte Leidgens und Dr. Eule angenehme und offensichtlich „vernünftige" Mitarbeiter kennen. Wenn auch die Tage des „Frühstückens" vorbei waren, wir gingen schon am zweiten Tag gemeinsam irgendwo zum Mittagessen und stellten nach meinen Notizen ebenso gemeinsam fest, dass alle Kriege letzten Endes nicht eine Frage des Glaubens, sondern eiskalter Rechnung waren und wir am Ende seien. Am dritten Tag kam unter der Führung des Stadtrechtsrates R. – ein Titel, den ich zum ersten Mal hörte – , der nach meiner Erinnerung Personalchef war, der Durchgang durch das Amt mit meiner Vorstellung bei den übrigen Mitarbeitern. Ich weiß nicht mehr, ob der Begriff in der damaligen Verwaltung passte, aber mein Begleiter hatte auch die Funktion eines Betriebsobmannes. Er sprach überall ein paar markige Worte, ließ keinen Zweifel an seinem Glauben an die Wunderwaffe zu, die uns in letzter Minute retten würde; mit einem Wort, hier war Vorsicht am Platze. Immerhin war aber von „nicht bedrohte Stadt" nun doch keine Rede mehr, und so begann ich pflichtgemäß meine Arbeit mit dem Studium des neuen „Befehls zur Vorbereitung der Verteidigung der Reichshauptstadt". Ich lernte, dass es die „äußere Sperrzone", die „äußere Verteidigungszone" und drittens die „innere Verteidigungszone" gab. Ich musste dabei daran denken, dass noch vor wenigen Tagen der Redakteur unserer Deutschen Wirtschaftszeitung, der mir besonders freundschaftlich verbundene Konrad Kutschera, von dem Gerücht erzählt hatte, dass alle Baulichkeiten außerhalb des S-Bahn-Rings, Nikolassee und Teltowkanal gesprengt bzw. als „äußere Sperrzone" geräumt werden sollten. Gott sei Dank ist es zur Ausführung solcher Hirngespinste nicht mehr gekommen.

In der RWK hatten wir einen großen NAG-Dienstwagen, der an Stelle von Benzin mit einem Holzgasgenerator betrieben wurde, in dem ich aber nur einmal eine Fahrt zu einer Tagung in Quedlinburg mitgemacht habe. Jetzt im LWA stand mir ein kleiner Wagen zur Verfügung, der noch mit Benzin fuhr, den ich auch zur Fahrt nach Hause benutzen durfte. Es war das damals kleinste Fiat-Modell, der „Topolino". Er hatte sogar eine Hecktür, sodass ich einen aufgrund der gegebenen Verbindungen ergatterten kleinen Kohleofen nach Hause transportieren konnte, wo wir ihn in unserem Kellerverschlag an einen Schornstein anschließen konnten, um unser voraussichtliches zukünftiges Kellerleben hinsichtlich einer warmen Mahlzeit „komfortabel" zu gestalten.

Eine Dienstfahrt mit meinem „Topolino" werde ich nie vergessen. Bei den vielen Angriffen der letzten Wochen war ein ganzes Viertel östlich des damaligen Belle-Alliance-Platzes – heute Mehringplatz – total zerstört worden. Weil es unmöglich war, alle Leichen aus den Kellern zu bergen, sollten die Zugangsstraßen zu dem Viertel wegen der Seuchengefahr zugemauert werden. Das LWA erhielt die Anweisung zu prüfen, ob sich in den Ruinen nicht doch kleine Gewerbebetriebe oder überhaupt Menschen aufhielten. Bei unseren abendlichen Besprechungen bat mich Dr. Lutz, diese Prüfung selbst vorzunehmen. Es war, wie oft in diesen Monaten, ein sonniger Vormittag, als ich allein mit meinem Wagen Straße für Straße langsam um Trümmer und Löcher herum an den Ruinen vorbeifuhr. Schon nach wenigen Minuten habe ich mir mein Taschentuch vor Mund und Nase gebunden, weil der süßliche Leichengeruch unerträglich war. Ich konnte berichten, dass das ganze Viertel tatsächlich ausgestorben war, denke aber, dass es zum Zumauern nicht mehr gekommen ist. Was ich nicht ahnen konnte, war, dass ein von mir viele Jahre später geleitetes Wohnungsunternehmen als Bauherr maßgebend an dem Wiederaufbau dieses Viertels beteiligt sein würde.

Am Sonntag, den 18. März war wieder ein besonders schwerer Angriff, diesmal auf den Norden und Osten Berlins, sodass am Nachmittag unser Freund Dortschy zu uns kommen konnte. Er erzählte Stimmungsbilder vom Volkssturm, zu dem man ihn inzwischen eingezogen hatte. Wir hörten zum ersten Mal, dass auch dort beim Dienst die ganze Umgebung schwieg, dass aber auch unverhohlen etwas wie „alle aufhängen" gemurmelt wurde, wobei man sich immer noch damit herausreden konnte, damit seien natürlich nur die gemeint, die sich immer noch vor dem „Dienst mit der Waffe in der Hand" drückten.

Am 20. März machte ich aus alter Anhänglichkeit, aber auch informandi causa einen Besuch im Reichswirtschaftsministerium. Es stellte sich heraus, dass die Fachreferate III und IV bereits nach Bad Salzungen verlagert worden waren. Der für die OGW zuständige Ministerialrat Homann und sein Mitarbeiter Peukert waren im Aufbruch, und meine spezielle Kontaktperson, Oberregierungsrat Dr. Sixt, der jetzt im Fachreferat Bewirtschaftung arbeitete, schwankte noch, ob er Berlin verlassen sollte, ging aber davon aus, dass nur ein Arbeitsstab des Ministeriums in Berlin bleiben, aber keine fachliche Arbeit mehr leisten, sondern letzten Endes nur politische Instanz sein würde. Hier im Ministerium erfuhr ich auch, dass Speer einen „Generalkommissar für die Wiederherstellung der Reichsbahnanlagen" eingesetzt habe, woraus man seine Schlüsse ziehen konnte. Zurück im LWA, erzählte ich einem vertrauenswürdigen dort arbeitenden Stadtamtmann von meinen Recherchen. Im Verlauf dieses Gespräches versicherte er mir seine Überzeugung, dass ich keinen einfachen Posten übernommen hätte, wovon ich etwas überrascht war, denn bisher hatte ich nicht den Eindruck, was sich aber bald ändern sollte.

Schon in den nächsten Tagen landete der berüchtigte Führerbefehl vom 19. März auf meinem Schreibtisch, in welchem er der Wehrmacht, den Gauleitern und Reichsverteidigungskommissaren befahl, alle militärischen, industriellen, Verkehrs- und Nachrichtenanlagen sowie alle Vorratslager zu zerstören, ehe sie dem Feind in die Hände fielen. Was wir damals nicht wussten und erst durch den Nürnberger Kriegsverbrecherprozess bekannt geworden ist: dass dieser furchtbare „Verbrannte-Erde-Befehl" die unmittelbare Reaktion auf eine gegenteilige Denkschrift des Ministers Speer war, die dieser am 18. März dem Führer persönlich übergeben hatte. Wie wir jetzt aus den Sitzungsprotokollen wissen, hieß es darin: „Es ist … in vier bis acht Wochen mit dem endgültigen Zusammenbruch der deutschen Wirtschaft mit Sicherheit zu rechnen. Nach diesem Zusammenbruch kann der Krieg auch militärisch nicht fortgesetzt werden … Wir müssen alles tun, um dem Volk, wenn auch vielleicht in den primitivsten Formen, bis zuletzt seine Lebensbasis zu erhalten. Wir haben kein Recht dazu, in diesem Stadium des Krieges von uns aus Zerstörungen vorzunehmen, die das Leben des Volkes treffen könnten … Wir haben die Verpflichtung, dem Volk alle Möglichkeiten zu lassen, die ihm in fernerer Zukunft wieder einen neuen Aufbau sichern könnten." (zitiert nach Shirer a. a. O. S. 1008) Mein erster Gedanke war, der Befehl dürfe auf keinen Fall im Hause bekannt werden, bevor Dr. Lutz vom Oberpräsidium herüberkam. Als er da war, nickte er nur zum Zeichen, dass ihm das Dokument schon bekannt war, mit dem Kopf, zog seine Schreibtischschublade auf und schob das Papier wortlos hinein in die hinterste Ecke. Dort wird es wohl später mit dem Schreibtisch, allen Akten und dem sonstigen Inventar des LWA verbrannt sein. Das Nächste war die Frage von Dr. Lutz: „Was gibt es sonst Neues?"

In diesen Tagen kam die Nachricht, dass Hitler am 10. März den Feldmarschall von Rundstedt, der nichts dafür konnte, dass die von ihm geleitete Ardennenoffensive gescheitert war, entlassen und Kesselring und Blaskowitz an seine Stelle gesetzt hatte. Nach einem schweren Angriff auf Marienfelde und Lankwitz mussten wir in Sorge um unseren Freund Dortschy sein, die aber erfreulicherweise unberechtigt war. Aber sonst jagte von der Ost- und Westfront eine Hiobsbotschaft die andere. Am 3. April verließen Dr. Erdmann und Franke mit einigen Abteilungen die Neue Wilhelmstraße und gingen in das Ausweichquartier nach Gera. Dr. Erdmann kam allerdings schon am 9. April nach einem Luftangriff auf Gera wieder zurück. Er hielt am 11. April mit dem Rest der Belegschaft noch einen so genannten Betriebsappell ab, zu dem ich noch mal in die RWK ging, und bat, unbedingte Arbeitsdisziplin zu wahren.

Am nächsten Tag hatten die Amerikaner die Elbe bei Magdeburg überschritten, sodass in der Nacht der Volkssturm zwischen Elbe und der Stadt Brandenburg alarmiert wurde. Nichts ahnend, dass sie dort stehen bleiben würden, konnten wieder Wetten abgeschlossen werden, ob sie oder die Russen zuerst in Berlin sein würden. Es wurde vielfach die Meinung vertreten, dass Berlin für die Russen uninteressant sei, weil sie mehr an Wien und Prag interessiert wären. Dr. Lutz war bei unseren Gesprächen gleich der richtigen Meinung, dass Berlin allein schon aus Gründen des Prestiges, die Reichshauptstadt erobert zu haben, für die Rote Armee und Stalin wichtig sei. Völlig unsicher waren wir in der Frage, wie weit und von wem schließlich das Land zwischen Elbe und Oder besetzt werden würde. Von Berlin glaubten wir zu wissen, dass hier eine alliierte Militärmission vorgesehen wäre.

Am 13. April steht in meinem Tagebuch die Eintragung: „13.30 Uhr. Tod von Präsident Roosevelt wird durch Rundfunk bekannt gemacht." Wie aus dem Anfang dieser Erinnerungen hervorgeht, hatte ich Carlyles „Geschichte Friedrichs des Großen" gelesen und musste daran denken, wie in den schlimmsten Tagen des Siebenjährigen Krieges der verzweifelte König mit dem Tod seiner Gegnerin und dem sofortigen Ausscheiden des ihn bewundernden Nachfolgers aus dem Krieg ein Wunder und damit eine Wende erlebte. Aber man hatte ja auch gelernt, dass sich Geschichte nicht wiederholt, ein Hitler bewundernder Nachfolger war auch nicht in Aussicht, und alle Fakten konnten nur zu dem Schluss führen, dass es für uns für ein Wunder zu spät war. Unverständlich ist, dass nach mit Zitaten belegten Schilderungen William L. Shirers in „Anfang und Fall des Dritten Reichs", S. 1014–1015, Hitler wie Goebbels wie in Ekstase annahmen, der 13. April sei ein Wendepunkt, während nach einem Nachtangriff der Royal Airforce die Reichskanzlei und die Wilhelmstraße lichterloh brannten. Aber selbst ein Mann wie Schwerin-Krosigk muss an Friedrich den Großen gedacht haben, als er seinem Tagebuch anvertraute: „Wir fühlten die Flügel des Engels der Geschichte durch das Zimmer rauschen. Sollte das die Wende sein?"

Ich ging jedenfalls, ohne ein Rauschen gehört zu haben, am gleichen Tag zu einem Stehkonvent in die Gauwirtschaftskammer. Der Präsident, Prof. Hunke, sprach über die Lage. Ich erlebte zum ersten Mal, dass man sich öffentlich Gedanken über die Zukunft machte. Er hielt, um für die Zukunft planen zu können, eine Bestandsaufnahme aller Vorräte für notwendig. Wegen der mit Sicherheit zu erwartenden Plünderungen müssten diese Vorräte durch eine Bürgerwehr gesichert werden. Dass eine solche Bürgerwehr, der Volkssturm, z. Zt. noch sinnlos am Rande der Stadt in unzulänglichen Stellungen verheizt werden sollte, davon wurde bei diesen theoretischen Erörterungen nicht gesprochen. Es war eine dieser Veranstaltungen, aus denen man nur die Bestätigung dafür, wie sinnlos es war, aus Berlin eine Festung machen zu wollen, nach Hause oder an seinen Arbeitsplatz mitnehmen konnte.

Bescheinigung

Der Dr. Peters, Karl-Heinz
(Name)   (Vorname)

Wohnung: Bln.-Lichterfelde-West, Margaretenstr.

Dienststelle — Firma: (Stempel)

[Stempel: Landwirtschaftsamt für den ... Berlin, Berlin W 15, ...allee 14]

wird auch bei unmittelbarer Feindbedrohung im Interesse der Reichsverteidigung an seinem Arbeitsplatz benötigt. Für ihn ist deshalb die doppelte Uk-Stellung anerkannt worden.

Das stellvertretende Generalkommando III ist damit einverstanden, daß er einem Einberufungsbefehl nicht Folge leistet, sondern weiterhin seiner Dienststelle — Firma zur Verfügung steht.

Eine entsprechende Anweisung haben der Gaustabsführer des Deutschen Volkssturms hinsichtlich der Heranziehung zum Deutschen Volkssturm und die Gauleitung hinsichtlich der Heranziehung zu Schanzarbeiten und sonstigen Notdiensten erlassen.

Berlin, den 16. April 1945

Der Reichsverteidigungskommissar
für den Reichsverteidigungsbezirk
Berlin

In Vertretung: Dr. Petzke.

Die Bedarfsstelle führt eine Nachweisung über die ausgegebenen Bescheinigungen.

C/2785

An dieser Stelle muss ich einschalten, dass ich, ohne mich darum bemüht zu haben, zusätzlich zu den Vermerken in meinem Wehrpass die nebenstehende Bescheinigung vom 16. April des „Reichsverteidigungskommissars für den Reichsverteidigungsbezirk Berlin" mit der doppelten Uk-Stellung bekam.

Wer nicht gelesen hat, wie ich zu meiner Beschäftigung im LWA gekommen bin, nur diese Bescheinigung liest, muss denken, das muss aber ein wichtiger Posten gewesen sein. In Wirklichkeit war diese Bescheinigung wieder eine unverhoffte Fügung. Vielleicht hat sie mich in den letzten drei Wochen davor bewahrt, doch noch mit einer Panzerfaust neben mir hinter einem Baum auf die Russen zu warten. Ich hätte sie bestimmt nicht abgeschossen, aber bestenfalls hätte sie mich in ein Gefangenlager gebracht.

Am 18. April war meine erste Eintragung die Nachricht vom Selbstmord des Feldmarschalls Model, der, mit der ganzen Heeresgruppe im Ruhrgebiet eingeschlossen, mit 325.000 Mann und 30 Generälen kapituliert hatte, womit der Weg nach Berlin frei war. Mit dieser Nachricht im Kopf ging ich zu einer Besprechung im Generalkommando, wo wir unterrichtet wurden, wie die Verteidigung Berlins weiter vorbereitet wurde. Als Kommandant und zuständig für die Verteidigung war Generalleutnant Reymann bestellt, wobei er und der gesamte Wehrkreis der Heeresgruppe Weichsel Generaloberst Heinrici unterstellt wurde.

Ein schwacher Lichtblick war, dass ich am gleichen Tage eintragen konnte, Speer solle im Sinne seiner vorhin zitierten Denkschrift öffentlich geäußert haben, dass, auch wenn man jetzt abtreten müsste, dies nicht dazu berechtige, drei Millionen Menschen in Berlin ins Elend zu stürzen. Der Leitartikel von Goebbels in der letzten Nummer der Wochenzeitung „Das Reich" mit der Überschrift „Der Einsatz des eigenen Lebens" besagte aber wieder etwas anderes.

Am nächsten Tag kam das Gerücht auf, auch Feldmarschall Keitel habe Selbstmord begangen, was sich später als falsch herausstellte. Die folgende Eintragung braucht keinen Kommentar: „Goebbels spricht am Vorabend des Geburtstags des Führers: Höhepunkt des Krieges überschritten, Koalition des Feindes bereits im Zerfall." (vgl. „VB" vom 20.4.45) Es folgt dann die Eintragung, dass Leipzig gefallen war. Letztere Notiz sicher im Gedanken an die dort lebenden Verwandten.

Das waren meine letzten Eintragungen im Geschäftstagebuch. Es ist wohl auf eine gewisse Lethargie oder Ergebung in das Schicksal zurückzuführen, wenn das Buch vom 20. April bis zum 8. Mai 1945 leer ist, und auch dort steht nur: „Unterzeichnung der deutschen Kapitulation (Einstellung der Kampfhandlungen 23 Uhr)." Nach meiner Erinnerung gab es in dieser Zeit zwei wesentliche Ereignisse, bei denen ich doch spürte, keine einfache Aufgabe übernommen zu haben.

Ich stand gerade telefonierend neben meinem Schreibtisch am Bürofenster, von wo ich über die Kaiserallee nach Süden sehen konnte, und beobachtete, wie russische Tiefflieger über der Straße entlangrasten und alles, was sich bewegte, mit ihrer Leuchtspurmunition unter Feuer nahmen, als unser Fanatiker ins Zimmer kam und meinte, es sei dringend an der Zeit, dass wir uns Waffen beschafften, um das an der Ecke strategisch hervorragend gelegene Haus zu verteidigen. Meinem Hinweis, eine so wichtige Entscheidung müsste ich erst mit Dr. Lutz. besprechen, konnte er sich nicht verschließen und verschwand wieder. Was nun? Ich war mir klar, dass eine Besprechung mit Dr. Lutz nichts ändern würde. Er wäre in keiner anderen Lage, als ich es jetzt war; auch er würde nicht sagen können, dass es Wahnsinn wäre, sich in diesem Haus zu verteidigen. Nach langem Überlegen kam mir dann die Erleuchtung. Sie fußte darauf, dass Herr X immer seine guten Verbindungen zur Partei betont hatte. Ich ging gegen Mittag zu unserem künftigen Helden und sagte ihm, er wäre wohl nicht im Zimmer gewesen, da sei ein Anruf der Gauleitung in der Herman-Göring-Straße zu mir durchgestellt worden. Ich sollte ihm nur sagen, dass er sich dort unverzüglich einfinden solle; einen Namen könne ich ihm leider nicht nennen, da das Gespräch sehr gestört gewesen sei. Ich habe ihn noch gebeten, uns möglichst zu unterrichten, wenn er dort anderweitig eingesetzt werden sollte, ich würde am Nachmittag Dr. Lutz unterrichten. Nach einer Stunde hatte er das Büro verlassen und erschien auch in den nächsten Tagen nicht zum Dienst. Der Kelch war an uns vorübergegangen.

Das gab aber Veranlassung, mit Dr. Lutz darüber nachzudenken, ob wir nicht auch an eine Verlagerung des Büros innerhalb Berlins in die äußeren Bezirke denken sollten, um nicht womöglich in dieser Lage in schwere Straßenkämpfe verwickelt zu werden. Dr. Lutz stellte über seine Verbindungen im Oberpräsidium fest, dass die Villa des Reichsaußenministers von Ribbentrop in der Lenzeallee, dicht am Platz am Wilden Eber, verlassen war. Mit einer Beschlagnahmeverfügung in der Hand machte ich mich mit einigen Mitarbeitern auf den Weg und mit dem einzigen Insassen des Hauses, dem Hausmeister, bekannt. Das Haus war voll möbliert, aber die Räume doch groß genug, um noch einige Büromöbel und -sachen dort unterzubringen. Das Problem war nur, ob es selbst uns gelingen würde, irgendwelche Transportmittel für die wichtigsten Akten – was war in unserer Lage überhaupt noch wichtig? – zu beschaffen. Wir waren noch mit unseren Überlegungen beschäftigt, als am Abend das Telefon ging. Es war der wohl vom Hausmeister alarmierte Herr von Ribbentrop, z. Zt. in seinem weiteren Wohnsitz in Fuschl in Österreich. Er schnauzte mich furchtbar an, was uns einfiele, sein Haus zu beschlagnahmen, und wir hätten es sofort zu verlassen. Ich setzte ihm dann auseinander, eine wie wichtige Behörde das LWA für die Versorgung der Bevölkerung sei, dass wir in der Kaiserallee, Ecke Hohenzollerndamm an äußerst exponierter Stelle säßen usw. Es müsse doch gerade für ihn selbstverständlich sein, einer so wichtigen Behörde sein Haus zur Verfügung zu stellen. Gerade wir böten doch Gewähr für die Erhaltung seines Besitzes. Er beruhigte sich dann etwas, wollte aber doch die Beschlagnahme nicht akzeptieren. Das Gespräch endete mit seiner Versicherung, wir würden von ihm hören. Wir haben von Herrn von Ribbentrop nichts mehr gehört. Zu einem Bezug dieses Ausweichquartiers ist es aber auch nicht mehr gekommen.

Die Russen kommen

Seit dem 21. April war Berlin Kampfgebiet. Die Rote Armee stand im Süden am Teltowkanal, drang von Norden bis zur Siemensstadt vor, und es begann der Beschuss der Innenstadt. Elektrisches Licht gab es, das Telefon funktionierte noch, doch das Gas fiel schon in einigen Bezirken aus. In dieser Lage war auch eine Weiterarbeit im LWA zwecklos. Alle saßen nur noch mit irgendetwas beschäftigt herum, sodass wir mit Zustimmung des Oberpräsidiums die Behörde schlossen. Ohne viele Worte verabschiedeten wir uns mit dem üblichen „Alles Gute" voneinander. Ich setzte mich zum letzten Mal in meinen „Topolino" und fuhr durch die fast leeren Straßen den Hohenzollerndamm entlang über das Roseneck nach Dahlem, wo ich das Auto auf dem Grünstreifen abstellte. Unser Hauswart hatte sowieso schon immer scheel geguckt, und es war ja auch so kaum zweckmäßig, das Auto vor der Tür zu haben, wenn wir überrollt wurden. Ich ging die paar Schritte zu Fuß zur Margarethenstraße in dem Bewusstsein, frei von aller sonstigen, letzten Endes ohne inneres Engagement getragenen Verantwortung kommt es in den nächsten Wochen nur darauf an, mit der Familie das Kommende heil zu überstehen. Alles andere wird sich, wie immer, finden.

Am nächsten Tag bereiteten wir unseren Kellerverschlag für einen längeren Aufenthalt vor. Der Holz- und Kohleofen stand bereit. Wir brachten eine Couch hinunter, deren Füße auf Ziegelsteine, die wir hinter dem Haus fanden, gestellt wurden, sodass mit Hilfe einer dicken Ziegenfelldecke, die auf den Zementestrich unter die Couch gelegt wurde, eine versteckte zweite Schlafstelle für Gaby geschaffen wurde. Die Decke stammte noch aus Stargard, wo sie, mit ledernen Schlaufen an den Ecken zum Durchstecken der Arme versehen, auf dem Hintersitz des Autos im Winter gute Dienste als Überdecke geleistet hatte. Für mich wurde noch ein Sessel hinuntergeschafft. Eine so genannte Kartoffelhürde stand immer im Keller, in der ein Vorrat dieses wichtigsten Nahrungsmittels vorhanden war. Sonst gab es noch einen kleinen Tisch, in der Ecke eine Kiste mit Lebensmitteln und unser Luftschutzgepäck, seit dem Zuzug meiner Schwiegermutter drei Koffer.

Nach getaner Arbeit machten wir gegen Abend einen Bummel durch die Margarethenstraße. Es war ein wundervoller Frühlingsabend, Bäume und Sträucher blühten. Am Tietzenweg hatten wir von der Brücke über die Wannseebahn einen herrlichen Blick gen Westen, wo sich die Sonne anschickte, über Zehlendorf unterzugehen.

Ringsum war vollkommene Ruhe, die Anwohner saßen entweder schon in ihren Kellern oder waren in ihren Wohnungen. Nur die Amseln und andere Vögel sangen ihr Abendlied. Wenn wir nicht gewusst hätten, dass auf den Schienen kein Zug mehr kommen würde, und uns nicht das ständige Artilleriefeuer im Süden daran erinnert hätte, man hätte vergessen können, mit welchen Sorgen wir an die nächsten Tage dachten. Wir haben auf dem Rückweg auch wenig gesprochen. Erst viel später, als wir über diese Tage sprachen und uns erinnerten, haben wir festgestellt, dass wir beide an diesem Abend nicht daran gezweifelt haben, dass wir alles heil überstehen würden.

An einem der vorhergehenden Abende hatten wir noch eine Überraschung erlebt. Es klingelte, und vor der Tür stand unser Schwager in der Uniform eines Oberstabsarztes der Waffen-SS. Es war ja nett, dass er auf dem Weg nach Westen bei uns hereinsah, aber angesichts der Stimmung unserer Mitbewohner und Nachbarn, insbesondere der Hauswartseheleute, waren wir natürlich nicht gerade begeistert, dass wir von einem Offizier dieser Truppe besucht wurden. In der einbrechenden Dämmerung sind wir gleich mit ihm in ein kleines Lokal Unter den Eichen gegangen, wo uns keiner kannte. Da er auch wenig Zeit hatte, konnten wir uns dort dann mit den besten Wünschen für die Zukunft trennen. Erst mit Datum vom 8. Oktober 1945 kam unter den damaligen Verhältnissen ein Brief von ihm zu uns durch, wonach er als ehemaliger Oberstabsarzt als Lagerarzt in Berklingen eingesetzt war. So konnten wir die Verbindung zu unserer Schwägerin herstellen, die sich nach Lübeck durchgeschlagen hatte Über die militärische Lage haben wir auch an diesem Abend nicht gesprochen. Wie wir dachten, konnte er sich denken, und für ihn galt das, was später in dem genannten Brief stand: „Mir selbst kam die Katastrophe trotz aller Vorzeichen und objektiver Symptome wie Voraussagen unerwartet und schlagartig. Als Soldat hatte man immer noch mal eine kleine Hoffnung geschöpft." Das gab es eben auch, und nicht selten ...

Den Eindruck, dass wir glaubten, alles heil zu überstehen, hatte wohl auch mein Kollege aus der RWK, Dr. Froehlich, der uns am 24. April überraschend aufsuchte. Er war auch in Berlin geblieben, während Frau und Tochter in Neustadt am Rübenberge evakuiert waren, und war am 20. zum letzten Mal im Dienst gewesen. Nach dem Krieg erhielt ich von ihm seine „Aufzeichnungen über die letzten Tage in Berlin", sodass ich bei der Wiedergabe dessen, was er uns bei seinem Besuch erzählte, darauf zurückgreifen kann. Danach frühstückte er mittags noch einmal mit einigen Bekannten bei Borchardt. Ich zitiere: „Man saß dort behaglich und profitierte noch etwas von der zivilen Eleganz, die hier einmal zu Hause war. Statt der Lüster brannten Kerzen. Eine wohlige Wärme erfüllte die Räume. Alle Tische waren besetzt. Die vielen Gäste, meist Herren, unterhielten sich in gedämpfter Erregung über die kommenden Ereignisse. Unsere ernste Stimmung wurde durch ein paar Flaschen kostbaren alten Bordeaux gehoben, die der Geschäftsführer in Erkenntnis der Letztmaligkeit der Stunde auftischte, ohne sie zu berechnen. So klar uns auch die Situation erschien, es glaubte doch noch keiner von uns recht an das, was einige Tage später Wirklichkeit wurde: die Verteidigung der Stadt und der Kampf in den Straßen. Auf dem Heimweg sah ich am S-Bahnhof über der Friedrichstraße einen Offizier und zwei Soldaten aufgehängt. Man hatte sie auf diese Weise allem Volk zur Schau gerichtet. Ein Schild, das man ihnen umgebunden hatte, verkündete: ‚Wir hängen hier, weil wir unsere Waffen nicht gemäß dem Befehl unseres Führers gebraucht haben.' So grub sich das heimliche Schreckensregiment noch im Untergange offen in das Bewusstsein des duldsamen Volkes und überschattete ein letztes Mal die Furcht vor dem Feinde, der vor den Toren der Stadt stand. Die Toten mahnten die Lebenden, den frevelhaften Willen der Machthaber, das todwunde Herz der Heimat bis zum letzten Atemzuge zu verteidigen, ernst zu nehmen und nicht zu früh zu frohlocken."

Dr. Froehlich wohnte in Charlottenburg und hatte auch seinen Keller, der einen halben Meter aus dem Terrain herausragte, mit einer Sprungfedermatratze für seine Mutter und einer Korbliegestatt notdürftig hergerichtet. Er war am 23. zu Freunden nach Lankwitz gefahren und hatte am Abend noch Dr. Erdmann besucht. Am nächsten Tag bestand für ihn nur noch die Möglichkeit, den weiten Weg bis zum U-Bahnhof Thielplatz zu laufen, um von dort irgendwie wieder nach Charlottenburg zu kommen. Dabei schaute er auch bei uns herein, und es heißt in seinen Aufzeichnungen: „Unterwegs legte ich eine kurze Erholungspause ein und suchte Dr. P. auf, den ich mit Frau und Schwiegermutter wohlbehalten und guten Mutes im Keller ihres Hauses fand."

Wir waren wirklich guten Mutes. Den Eindruck hatte sicher auch mein Freund Dortschy, der am nächsten Tag, nur einen kleinen Koffer bei sich, zu uns kam und fragte, ob er bei uns bleiben könnte. Er war ganz allein in der elterlichen Wohnung in Lankwitz, Thaliaweg. Ich habe, als ich erzählte, wie wir uns kennen gelernt haben, nicht erwähnt, dass seine Eltern in Prag waren. Sein Vater war im Reichsarbeitsdienst Generalarbeitsführer, und Udo war mit ihm politisch völlig auseinander. Jetzt wusste er nicht, ob seine Eltern Prag rechtzeitig verlassen konnten, hatte lange keine Nachricht. Es lag auf der Hand, dass es beim Einmarsch der Russen nicht gerade opportun war, in der Wohnung eines Generalarbeitsführers zu wohnen. Auch nach dem Ende der Kampfhandlungen wäre eine Rückkehr angesichts des späteren grassierenden Hangs der lieben Mitmenschen zur Denunziation nicht zweckmäßig gewesen; aber leider wurde es nicht mehr notwendig, darüber zu sprechen.

Über Nacht kam der Lärm der Geschütze, darunter die Abschüsse der so genannten Stalinorgeln, erkennbar näher. Nach wenig Schlaf gingen wir noch einmal nach oben in die Wohnung. Unsere letzten Vorsichtsmaßnahmen waren wieder das Aushängen der Fenster, und wir verpackten unsere wenigen Preziosen, als da waren die

Eheringe, unsere drei Armbanduhren und ein paar andere Kleinigkeiten, in mehrere ganz kleine Päckchen, die wiederum mit wasserdichtem Öltuch umhüllt wurden. Wir hatten auf der massiven Balkonbrüstung eine ganze Reihe von Pflanzen in Blumentöpfen stehen. Wir nahmen die Pflanzen mit den Ballen heraus, legten die kleinen Päckchen hinein und den Ballen wieder darauf. Damit die Blumentöpfe nicht vom Luftdruck entweder in den Vorgarten oder auf den Boden des Balkons geschleudert wurden, stellten wir alle Töpfe auf den Fußboden vor die Brüstung. Der große Radioapparat – ohne elektrischen Strom sowieso nutzlos – kam auf den Hängeboden auf dem Flur so tief nach hinten, dass der Hängeboden vom Flur aus leer erschien. Als Letztes ergriff ich meine kleine „Erika"-Reiseschreibmaschine, mit der ich seit meiner Referendarzeit alle Arbeiten, insbesondere die Doktorarbeit, geschrieben hatte, und nahm sie mit in den Keller, in den wir uns nun endgültig zurückzogen.

Als sehr beruhigend empfanden wir, dass auch im weitesten Umkreis kein deutscher Soldat, geschweige denn eine Einheit oder ein Volkssturmmann zu sehen war. Weder nach Süden in der Drakestraße noch im Norden in Dahlem gab es eine Panzersperre. Wir konnten also hoffen, ohne Straßenkämpfe überrollt zu werden, und so kam es dann auch.

Nach einer weiteren unruhigen Nacht, in welcher der Gefechtslärm immer näher kam, war es dann so weit. Wir hörten die ersten Panzer, wie sie mit ihren schweren Ketten unter der S-Bahn-Brücke hindurch die Drakestraße heraufrollten. Wie von uns angenommen, gab es in unserem Viertel keine Kampfhandlungen. Unser Keller hatte einen direkten Zugang nach draußen, den wir wegen der besseren Belüftung bei dem schönen Wetter Tag und Nacht offen gelassen hatten. Über ihn kamen die ersten russischen Soldaten herein mit der Maschinenpistole unter dem Arm. Sie sahen sich aber nur kurz um und verschwanden nach wenigen Minuten auf demselben Wege. Nach einer Weile wiederholte sich das noch einmal, und später hörten wir auch Getrappel in unserer Wohnung über uns. Wir blieben deshalb lieber, wo wir waren, und Gaby hatte sich sicherheitshalber auf die Liegestatt unter der Couch verkrochen, um außer Sichtweite zu sein, obwohl wir annehmen zu können glaubten, dass bei der vorwärts gehenden kämpfenden Truppe die Gefahr nicht so groß sei. Nach einiger Zeit kam dann schnellen Schrittes wieder über die Kellertreppe ein Offizier im schwarzen Ledermantel mit einer Pistole oder einem Revolver – ich kenne auch heute noch nicht den Unterschied – in der Hand in unseren Kellerverschlag. Er sah so aus, wie ich mir nach den Beschreibungen immer einen Politruk vorgestellt hatte, den bei jeder Einheit attachierten politischen Offizier. Er kam gleich auf mich zu und hob mir mit dem Lauf seines Schießeisens die Haare an der Schläfe hoch mit den Worten: „Du Offizirr." Ich verneinte das und zog kopfschüttelnd meinen Wehrpass aus der Brusttasche und gab ihn ihm. Da musste er ja erst einmal seine Waffe unter den Arm klemmen und blätterte nun Seite für Seite durch. Die formularmäßige Aufteilung eines Wehrpasses war ihm offenbar bekannt. Das dauerte eine Weile, bis er den Pass zuklappte und mir mit den Worten wiedergab: „Du vor dem Krieg nur acht Tage Soldat, charascho." Jetzt wanderte die Waffe in die linke Hand, um mir mit einem freundlichen Lächeln die Hand zu drücken. Ohne sich weiter im übrigen Keller umzusehen, als wenn er nur mich gesucht hätte, verschwand er ebenso schnell, wie er gekommen war. Worüber ich mich noch heute wundere: dass ich gar nicht auf den Gedanken gekommen bin, dass er mich erschießen könnte. Es war wohl das den Pommern immer nachgesagte dicke Fell und vor allem das Bewusstsein, wirklich „mit Leib und Seele" nicht Soldat gewesen zu sein. Dafür haben meine Frau und Schwiegermutter umso größere Ängste ausgestanden. Gaby hatte unter der Couch zwar nichts gesehen, aber den Dialog gehört, während meine Schwiegermutter alles mit angesehen hatte. Udo war zufällig nicht da, sodass er auch nicht befragt werden konnte.

Am Nachmittag dieses Tages war die Situation unverändert, das Rollen der in Richtung Dahlem und Innenstadt weiterziehenden Truppen, zwischendurch immer wieder zwei, drei Soldaten, die durch den Keller zogen, nichts zum Plündern fanden, aber auch über uns in unserer Wohnung ein ständiges Kommen und Gehen. So kam die dritte Nacht in unserer provisorischen Kellerbehausung heran, ohne dass wegen des Lärms auf der Straße, wegen der auch in der Nacht immer wieder über die Kellertreppe hereinspringenden Soldaten an richtigen Schlaf zu denken war; denn auch die Angst, dass es doch noch zu Übergriffen kommen könnte, war zu groß. Im Keller war zwar eine Wasserleitung, die erfreulicherweise die ganze Zeit über funktionierte. Damit hatten wir wenigstens alle Trinkwasser und Wasser zum Kochen, aber sonst konnte man sich allenfalls mal die Hände waschen, den Bart musste man wachsen lassen. Auch eine Toilette war im Keller, sodass wir es vergleichsweise noch „komfortabel" hatten. Sorgen machten wir uns um das Ehepaar Moewes, mit denen wir uns in den Monaten im Luftschutzkeller angefreundet hatten. Wir hatten Frau Moewes zuletzt kurz vor dem Einmarsch der Russen gesehen, die uns nur sagte, dass sie nicht in den Keller ziehen, sondern in ihrer Wohnung im dritten Stock bleiben wollten. Als wir später schon nicht mehr im Hause waren, hörten wir zu unserer großen Betrübnis von Nachbarn, dass man Dr. Moewes und seine Frau, angezogen auf ihren Betten liegend, tot aufgefunden hatte. Sie hatten sich vergiftet.

Am Vormittag nach der dritten Nacht ahnten wir hiervon noch nichts. So gegen zehn Uhr erschien allein ein Feldwebel mit der Kalaschnikow unter dem Arm und dem Befehl, alle Männer im Keller zur Arbeit zu holen. Einschließlich meines Freundes Udo waren wir sechs Mann, die, mit dem Feldwebel hinter uns, unter der S-Bahn-Brücke in der Drakestraße zur Ecke Curtiusstraße gebracht wurden. Hier war alles voller Militär, das entweder durchzog oder auf offener Straße biwakierte. Unser Feldwebel und seine Einheit lagen in der Curtiusstraße und hatten wohl den Auftrag, tote Kameraden zu bergen und zu begraben. Eines der Häuser war durch russischen oder deutschen Artilleriebeschuss stark beschädigt. Der halbe Dachstuhl war eingestürzt, und ich wurde mit einem zweiten Mann beauftragt, einen Russen zu bergen, der von den Balken des zusammenstürzenden Dachstuhls erschlagen und eingeklemmt worden war. Warum es gerade ihn dort oben auf dem Dachboden getroffen hatte, darüber konnten wir nur Vermutungen anstellen. Da wir dort oben ohne Aufsicht allein blieben, haben wir uns natürlich in stummem Einverständnis bei der schweren Arbeit ohne jedes Handwerkszeug nicht beeilt. Wir mussten vor allem aufpassen, dass nicht noch der restliche Dachstuhl auf uns herunterkam. Da wir einen freien Blick über die Dächer hatten, konnten wir beobachten, wie am wolkenlosen Himmel zwei Flugzeuge erschienen und weiter nördlich aus verhältnismäßig geringer Höhe einige Bomben abwarfen. Mit deutschen Flugzeugen war wohl nicht mehr zu rechnen, sodass wir nur theoretisch darüber sprachen, wo wir uns da oben festgehalten hätten, um nicht vom Luftdruck heruntergeschleudert zu werden, wenn die Bomben in der Nähe gefallen wären. Schließlich konnten wir den Toten die Treppe herunterschaffen. Es war ein gut aussehender junger Soldat. Ich konnte es gut verstehen, dass eine ebenfalls junge Russin in Uniform ihn in ihre Arme schloss und bitterlich um ihn weinte.

Unser Toter und andere sollten vor den Häusern begraben werden. Es gab dort aber keine Vorgärten, sodass erst die Pflasterung des Bürgersteigs beseitigt werden musste. Diese schwere Arbeit – nur mit einem Spaten ausgerüstet – hatte inzwischen unsere übrige Kellerbelegschaft, darunter mein Freund Udo, geleistet. Sie waren jetzt dabei, in dem offensichtlich schweren Boden Gruben auszuheben. Ich rechnete schon damit, auch einen Spaten in die Hand gedrückt zu bekommen, als mein guter Stern oder Schutzengel es wieder einmal anders wollte.

Am Straßenrand stand ein Motorrad mit Beiwagen und bei ihm ein Soldat, von dem ich nicht weiß, sondern nur annehme, dass es ein Leutnant war, da mir die Rangabzeichen gleich welcher Armee immer ein Buch mit sieben Siegeln geblieben sind. Er winkte mich zu sich heran und sagte in einem recht guten Deutsch: „Ich will dir erzählen, wie ich von Wladiwostok hier nach Berlin gekommen bin." Er setzte sich auf den Sattel seines Motorrades, bot mir den Sitz dahinter an, und dann ging das Erzählen los; alles im warmen Sonnenschein und ab und zu mit einem Blick auf meinen Freund Udo und die Übrigen. Der Russe war sympathisch, sicher einige Jahre jünger als ich, und er schien mit Leib und Seele Soldat zu sein. Es war wirklich eine lange Reise, von Ausbildungsstation zu Ausbildungsstation, von Schlacht zu Schlacht, aber ohne Verwundung, wie er ausführlich schilderte, ohne dabei Hymnen auf Stalin anzustimmen oder sonstige politische Bemerkungen zu machen. Später wollte er wissen, warum ich nicht Soldat war, was er mir auch ohne den sicherheitshalber wieder hervorgezogenen Wehrpass glaubte, ob ich verheiratet sei, wie viele Kinder ich hätte, woher ich stammte. So vergingen Stunden, bis er offenbar Hunger bekam. Er langte in seinen Beiwagen und holte ein dickes Paket in russische Zeitungen gehüllte saure Heringe heraus, die er auswickelte und mir zum Essen anbot. Ich habe schon früher berichtet, dass bei meiner Mutter zu Hause das Gesetz galt, jeder einschließlich der Hausangestellten hatte ein Gericht frei, das er partout nicht essen mochte, das ihm dann auch nicht vorgesetzt wurde; im Übrigen wurde gegessen, was die Kelle gab. Für mich waren es die sauren Heringe, und auch jetzt war der Hunger nicht so groß, dass ich begeistert zugegriffen hätte. In eine solche Situation kann man ja auch bei einer Einladung im Freundeskreis kommen, und hier war es die Einladung eines „Besatzers", der noch vor 48 Stunden zwar nicht mein Feind, aber ein Feind war. Was ist zu tun? Ich habe mich erst einmal sehr bedankt und ihm dann erklärt, meine Frau, Schwiegermutter und ich hätten seit drei Tagen mit wenig Lebensmitteln im Keller gesessen, mein Freund arbeite dort drüben schwer, da würde ich die mir zugedachte Portion lieber für uns alle zum Abend mit nach Hause nehmen. Mein russischer Freund, wie ich ihn wohl nach alledem nennen kann, war für einen Augenblick sehr misstrauisch, aber dann ging ein Leuchten über sein Gesicht. Er schlug mir auf die Schulter mit dem Ausruf: „Du gutes Kamerad!" Er fragte dann noch mal, wie viele Personen wir wären, zog ein paar frische Zeitungen aus seinem Beiwagen und wickelte mir acht Heringe ein. Ich habe ihm dann neidlos beim Verzehr einiger Heringe zugesehen. Mit weiteren Gesprächen verging die Zeit, bis wir uns mit einem Händedruck verabschiedeten, wobei er mir sagte, sie würden noch am Abend weiterziehen.

Die Gräber waren inzwischen fertig geworden, aber bei der Beisetzung ihrer toten Kameraden wollte man uns wohl nicht mehr dabeihaben und sagte, wir könnten nach Hause gehen. Inzwischen war jedoch die Drakestraße immer voller geworden, die Biwakfeuer zum Abend immer dichter und wir ein wenig mutiger. Wir erklärten, wir würden nicht allein nach Hause gehen; denn man würde uns unterwegs wieder zur Arbeit aufgreifen, wir hätten aber doch für heute unsere Pflicht erfüllt. So kam es, dass uns derselbe Feldwebel wieder in die Margarethenstraße zurückbrachte, nur dass er jetzt nicht hinter uns ging, sondern uns anführte und sicher nach Hause brachte.

Nach unserer Rückkehr waren alle Familien froh, dass wir heil und gesund wieder da waren. Die Sorge, dass man uns zur dauernden Arbeit dabehalten würde, war groß gewesen. Diese Sorge wurde aber erst in den späteren Wochen berechtigt, als die immer weiter vorrückende kämpfende Truppe von der ständigen Besatzung abgelöst wurde, welche die Bevölkerung zu Aufräum- und anderen Arbeiten heranzog. Zur Letzteren gehörte wohl ein Offizier, der in unserer Abwesenheit im Keller erschienen war und meiner Schwiegermutter einen großen Schrecken eingejagt hatte. Er hatte sich eine Weile freundlich mit ihr russisch unterhalten, als er mit der Aufforderung herauskam, sie solle doch mitkommen und ihm in dem Quartier, das er für die kommende Zeit bekommen würde, die Wirtschaft führen. Der Gedanke – keineswegs fordernd oder gar befehlsmäßig vorgetragen – war ihm wohl im Laufe der Unterhaltung gekommen. Meine Schwiegermutter hatte Mühe, ihm das mit dem Hinweis auszureden, dass sie bei uns unabkömmlich sei. Die Wirkung war jedenfalls, dass sie noch bei meiner Rückkehr so verstört war, dass sie in den nächsten Wochen kein Wort Russisch mehr gesprochen hat.

Nach dem Abendbrot, bei dem meine Heringe zu Ehren kamen, wurde es noch einmal sehr aufregend. Wir waren alle nach den vorigen gestörten Nächten sehr müde, insbesondere Udo nach seiner schweren, ungewohnten Arbeit. Er kramte aber dann in seinem Koffer, und wie Gaby und ich in dem kleinen Raum zwangsläufig zusahen, hatte Udo plötzlich einen Revolver in der Hand. Da wurden wir natürlich hellwach und machten ihm klar, was passiert wäre, wenn nur einer der vielen durch unseren Keller gezogenen Soldaten seinen Koffer geöffnet und die Waffe gefunden hätte. Es war der Revolver seines Vaters, den er in der Wohnung in Lankwitz gefunden und mitgenommen hatte. Wir beschworen ihn, die Waffe sofort aus dem Hause zu bringen. Ich wusste, dass im Nachbarhaus, zu dem zu Luftschutzzwecken ein Mauerdurchbruch bestand, ein Kohlenkeller mit einem großen Haufen Koks war. Dort konnte er am besten die Waffe unter dem Koks vergraben und brauchte nur eine größere Menge davon darüber rollen zu lassen. Er ging auch sofort los. Leider bin ich nicht mitgegangen. Wir haben Udo bei seinem Weggang zum letzten Mal gesehen. Hundemüde, wie wir waren, haben wir uns auf unsere provisorischen Lagerstätten hingelegt – bzw. habe ich mich in meinen Sessel gesetzt – und sind sofort eingeschlafen. In der Nacht dachte ich, dass sich Udo, da es oben in der Wohnung mal ruhig war, vielleicht dort ein bequemeres Lager gesucht hätte, aber er blieb auch am nächsten Morgen verschwunden. Fragen bei den übrigen Bewohnern der Kellerverschläge blieben ergebnislos, in der Wohnung oben waren wieder die Russen zu hören. Udos wortloses Verschwinden blieb in den nächsten Tagen ein Rätsel. Es hat sich erst viel später aufgeklärt.

Darüber, dass wir am kommenden Tag wieder zur Arbeit geholt würden, habe ich mir leider – ohne mit Udo darüber zu sprechen – keine Sorge gemacht; denn die Truppen zogen jetzt im ständigen Strom Tag und Nacht weiter in die Stadt. Es waren sicher die letzten Toten, die wir begraben hatten. Ob in der Innenstadt noch gekämpft wurde, wussten wir nicht. Es gab nicht einmal Gerüchte über den Stand des Geschehens. Etwa eine Woche, nachdem die ersten russischen Verbände uns überrollt hatten, ließ der Strom nach, nur in unserer Wohnung wurde weiter gefeiert und getanzt. Wir waren also nach wie vor auf unser Kellerdasein angewiesen. Da kamen wir zu einem Entschluss, der weder damals noch nachträglich rationell zu begründen war. Es muss einfach das Gefühl gewesen sein, dieses „freiwillig Eingesperrtsein" nicht mehr ertragen zu können. Wir ergriffen unsere immer noch wie zum Gang in den

Luftschutzkeller gepackten Koffer, Schwiegermutter und ich zogen unsere Mäntel über, Gaby gleich zwei, und sie setzte auch zwei Hüte übereinander auf – wohl auch ein Beweis für das Spontane und Irrationale unseres Aufbruchs. Alles andere ließen wir stehen und liegen. Am Kellerverschlag ließ ich die Tür angelehnt. So viel überlegte ich doch, dass ein Vorhängeschloss unter diesen Umständen für Freund und Feind nur eine Aufforderung zum Aufbrechen und Plündern gewesen wäre. Jeder mit seinem Koffer, gingen wir nicht zur Margarethenstraße hinaus, sondern durch den Mauerdurchbruch und den erwähnten Kohlenkeller in das Nachbarhaus und von dort durch den Hinterausgang zum damals noch unbebauten Drakemarkt. In den nächsten Tagen wurde uns klar, wir hatten nur den einen Wunsch – weg von hier und bei dem herrlichen Wetter, von dem wir in der ganzen Zeit – mit Ausnahme meines „Ausfluges" zur Curtiusstraße – nur durch einen Blick aus dem Kellerniedergang etwas gespürt hatten, irgendwohin in den hoffentlich menschenleeren Grunewald und dort in ein Gebüsch, um erst einmal auszuschlafen. So muss es gewesen sein, als wir uns ohne Gedanken, dass wir ja alles im Stich ließen, wortlos auf den Weg machten.

II. 1945–1951
Es geht wieder vorwärts

Ohne uns abgestimmt zu haben, zogen wir durch die menschenleere Habelschwerdter Allee. Nach vielleicht 500 Metern stand auf der rechten Seite eine lichterloh brennende Villa, deren Dachstuhl und Obergeschoss schon zerstört waren. Sie konnte nicht Kampfhandlungen zum Opfer gefallen sein, sondern war vermutlich nach Plünderung oder einem Waffenfund angesteckt worden. Im Untergeschoss standen die Flügeltüren zur Terrasse offen, und man konnte in den schönen Wohnraum hineinsehen. Die Möbel begannen gerade Feuer zu fangen, aber der Flügel stand noch unversehrt da, und die einfallenden Sonnenstrahlen spiegelten sich in ihm. Auch das gehört zu den Bildern, die man niemals vergisst.

Die Garage war vom Feuer noch nicht erfasst. Die Türen standen weit offen, sie war leer, wie wenn der Besitzer nur mal zum Einkaufen kurz weggefahren war. Auf der Stützmauer lag in der Sonne ein schwarzes Kommissbrot, und hinten an der Wand stand ein vierrädriger Handkarren, wie es sie damals noch als kleine Leiterwagen gab. Das war ein Wink des Himmels. Ich holte den Wagen und natürlich auch das Brot schnell heraus, wir packten unsere drei Koffer darauf, zogen beide erleichtert an der Deichsel, und Schwiegermutter ging hinterher. Viel später wurden wir uns darüber klar, dass uns dieser kleine Umstand erstmals im Unterbewusstsein das Gefühl gegeben hat, es geht wieder aufwärts, noch ist Polen nicht verloren. Wenige Minuten später trug ein anderes Ereignis noch weiter dazu bei. Uns kam ein Soldat schwankend und unsicher auf einem Fahrrad entgegen. Wer diese Tage erlebt hat, weiß, dass sich die Soldaten jedes Fahrrad nahmen, und nur die wenigsten konnten damit fahren. Meistens strandeten sie irgendwo und ließen das kaputte Rad auf der Straße liegen. Dieser Soldat näherte sich uns bedenklich hin und her schwankend. Ich sah schon von weitem, dass auf seiner Lenkstange ein Paar an den Schnürsenkeln zusammengebundener Schuhe hing. Als er fast auf unserer Höhe war, ergriff er die Schnürsenkel und warf uns die Schuhe wortlos vor die Füße. Es waren ein Paar neue braune Halbschuhe der Marke „Bally", und als ich nach der Größe sah, war es auch noch meine Größe. Schnell wurden die Schuhe unter den Koffern versteckt, und weiter ging es durch die Anlagen am Thielplatz, die Saargemünder Straße, die Argentinische Allee immer Richtung Grunewald. Auffallend war die Menschenleere in Dahlem, kaum Soldaten oder Bewohner. Das erklärt sich wohl damit, dass noch viele Bewohner gerade des Berliner Westens nach Westdeutschland geflohen waren, nachdem klar war, dass nicht die Amerikaner, sondern die Russen Berlin erobern würden. Am Quermatenweg erreichten wir endlich den ersehnten Rand des Grunewalds. Hier standen viele Bewohner unter dem blauen Himmel in der warmen Sonne in Gruppen vor ihren kleinen Einfamilienhäusern. Sie fragten uns entsetzt, wie wir aussähen, wo wir denn herkämen. Gaby mit zwei Hüten übereinander, zwei Mänteln, ich zehn Tage unrasiert, beide sichtlich ungewaschen – wir müssen ein schlimmes Bild abgegeben haben. Wir hörten dann als erstes, dass der Bürgermeister von Zehlendorf die weiße Fahne heraushängen ließ, sich aber dann selbst erschossen hatte. So waren ganze Viertel, wie auch dieses, von allem verschont geblieben. Wir erklärten unser Bedürfnis, erst einmal im Grunewald auszuschlafen. Die mitleidigen Anwohner sagten uns mit Recht, dass das Unsinn sei, hier im Süntelsteig stünde ein ganzes Einfamilienhaus leer, weil dessen Besitzer zu seiner bereits seit langem evakuierten Familie in den Westen gegangen sei. Ein Nachbar hatte den Schlüssel und hatte bereits zwei Familien dort einziehen lassen, und im Obergeschoss waren sogar noch zwei Zimmer für uns frei. Welche Wonne, nach so langer Zeit wieder ein Badezimmer benutzen zu können.

Am nächsten Tag sickerte dann irgendwie durch, dass auch in der Innenstadt und anderswo die letzten Kampfhandlungen beendet waren. Wir erfuhren erst viel später, dass der deutsche General Weidling seinen Truppen befohlen hatte, sofort den Kampf einzustellen. Die russischen Soldaten riefen uns zu: „Hitler kaputt", aber von seinem Tod erfuhren wir erst viel später. Bis zur Wiederaufnahme meiner Aufzeichnungen am 8. Mai mit dem schon zitierten Vermerk „Unterzeichnung der deutschen Kapitulation" vergingen noch sechs Tage großer Ungewissheit, ist der Krieg zu Ende oder nicht?

Für uns alle kamen Tage der Ungewissheit und Unruhe mit der Frage, wie wird es weitergehen? In der neuen Umgebung konnten wir uns etwas erholen, obwohl auch hier die ersten Nächte gestört waren. Betrunkene, marodierende Soldaten zogen durch den Quermatenweg. Einige kamen auch zu unserem Haus in der Nebenstraße und gingen stumm durch alle Zimmer, jedoch, ohne etwas wegzunehmen. Unsere insgesamt vier Frauen waren im Obergeschoss aus dem Fenster geklettert und hatten sich flach auf das Dach der Veranda gelegt, sodass sie im Dunkeln auch vom Garten her nicht zu sehen waren. Von innen hatten wir das Fenster geschlossen und die Gardine vorgezogen. Am nächsten Abend das gleiche Bild, nur dass diesmal die Soldaten fragten: „Wo sind Frauen?" Unsere vorher verabredete Antwort war: „Rabotti, arbeiten lange in Kommandatura." Das war so wirkungsvoll, dass die Eindringlinge kurzum kehrtmachten. Unsere Frauen konnten wieder hereinklettern, und die Nachtruhe war gesichert.

An einem dieser Tage brachten unsere Mitbewohner die Nachricht, in der Nähe sei ein leer stehendes Barackenlager, in dem noch erhebliche Lebensmittelvorräte gelagert seien. Die Nachbarn waren schon alle dorthin unterwegs, und so zogen wir auch alle, mit Ausnahme meiner Schwiegermutter, unter Mitnahme unseres Handkarrens hinterher. An Ort und Stelle waren schon viele Menschen dabei, die tatsächlich erheblichen Bestände an Mehl, Reis, Kartoffeln und Fett zu plündern. Angesichts der Ungewissheit über die künftige Versorgung, des Zurneigegehens der eigenen Vorräte und der Tatsache, dass hier in dem leer stehenden Lager niemandem etwas weggenommen wurde, gab es keine Hemmungen. Die Situation war, dass es immer noch ums Überleben ging. So packten wir auch zusammen mit unseren Hausgenossen unseren Karren voll. Im Hause wurde alles nach Köpfen auf die Familien verteilt.

Andere Plünderungen sind weithin in unserer Gegend nicht passiert Als wir danach von den vielen Plünderungen in anderen Stadtteilen hörten, mussten wir da ein schlechtes Gewissen haben? Wir hatten es nicht angesichts der gegebenen Umstände. Hier das leer stehende Lager und dort Geschäfte und Wohnungen und Eigentum von durch alles genauso betroffenen Mitmenschen, darin glaubten wir zu unserer Entschuldigung einen Unterschied zu sehen. Jedenfalls erinnerten wir uns an unsere „Plünderung", als wir lasen, was Dr. Froehlich insoweit erlebt und aufgezeichnet hat: „Kaum hatte die Bevölkerung begriffen, dass das Ende gekommen war, setzte die Plünderung der Geschäfte ein. Ausländische Arbeiter, Franzosen, Italiener, Polen, machten den Anfang. Zuerst stürzte man sich auf die Lebensmittelgeschäfte, und dann folgten die anderen Läden, insbesondere Schuh- und Textilgeschäfte. Die Leute trugen Berge von Sachen fort, lieber brachen sie unter der Last zusammen, ehe sie etwas liegen ließen. Man sieht dem zu, und ein Gefühl der Scham überkommt einen. Für das Volk ist die moralische Haltung kein inneres Gesetz, sondern Tünche, die, auf die Probe gestellt, wie der Mörtel in den zerstörten Häusern beim leichtesten Anstoß abfällt: eine grausige Lehre. Weiterleben um jeden Preis war nun die Parole." Das ist sein hartes Urteil, dem nur wenig entgegenzusetzen ist. Die Menschen werden im Ernstfall immer so reagieren, und wer seinen Schiller ein wenig kennt, weiß:

„Einstweilen, bis den Bau der Welt
Philosophie zusammenhält,
erhält sie (nämlich die Natur) das Getriebe
durch Hunger und durch Liebe."

Ein wahrer Lichtblick auf dem Gebiet der Versorgung war die Nachricht, die sich wie ein Lauffeuer verbreitete, dass ein Bäcker in der Onkel-Tom-Straße seinen Backofen wieder in Gang gesetzt hatte. Wenn man sich rechtzeitig früh um sechs Uhr anstellte, gab es schon wieder frisches Brot auf die alten Marken.

Mit unserer langsamen Erholung kamen auch die Gedanken daran, dass wir in der Margarethenstraße alles im Stich gelassen hatten. Meine Schwiegermutter erklärte, sie werde nach Lichterfelde zurückgehen und sich umschauen. Sie war immerhin schon 60 Jahre und nicht besonders gut zu Fuß, aber sie ließ alle unsere Bedenken nicht gelten und lehnte am nächsten Morgen auch strikt jede Begleitung ab. Wir haben immer ihren Mut bewundert und sind ihr über den Tod hinaus dankbar gewesen. Nach bangem Warten kam sie am Nachmittag etwas erschöpft, vor allem sichtlich betroffen zurück. Sie hatte gute, aber auch schlechte Nachrichten für uns: Beim ersten Gang in den Keller hatte sie alles so vorgefunden, wie wir es hinterlassen hatten. Es fehlte nichts, sogar meine Reiseschreibmaschine war in ihrem Versteck. Die Wohnungstür war mit dem Schnappschloss geschlossen, niemand mehr dort, aber die Soldateska hatte in den Wohnräumen und in der Küche viel Schmutz und ein heilloses Durcheinander hinterlassen. Sonst schien aber auf den ersten Blick alles vorhanden zu sein. Meine Schwiegermutter wandte sich dann der offen stehenden Balkontür zu, um nach unseren Preziosen in den Blumentöpfen zu sehen. Schon von drinnen sah sie zu ihrem großen Schrecken dort einen Toten liegen, eingehüllt und zugedeckt mit der gelb-blauen japanischen Batiktischdecke, die früher auf unserem Wohnzimmertisch gelegen hatte. Es war unser Freund Dortschy. Sie hat nur sein Gesicht auf- und gleich wieder zugedeckt, sodass sie uns nicht sagen konnte, ob er sich erschossen oder vergiftet hatte. Es sollten noch Wochen vergehen, bis wir darüber Gewissheit bekamen.

Es war eine furchtbare Nachricht. Ich habe viel darüber nachgedacht, was ihm damals im Gegensatz zu uns die Lage so aussichtslos erscheinen ließ und warum er nicht mit uns gesprochen hat. Die schwere Arbeit beim Ausheben der Soldatengräber muss ihn völlig überanstrengt haben, und im Gegensatz zu mir hat er wohl befürchtet, dass wir am nächsten Tag wieder zur Arbeit geholt würden, obwohl doch die Truppen pausenlos weiterzogen und keine neuen Toten zu erwarten waren. Wenn wir doch nur miteinander gesprochen hätten! Es kam aber die Entdeckung der Waffe in seinem Gepäck. Wir schickten ihn, sie zu verstecken, in den Keller des Nachbarhauses, und er kam nicht wieder. Ich trauere noch heute um diesen prachtvollen Menschen.

Der traurige Bericht meiner Schwiegermutter ließ dann keine Freude mehr aufkommen, als sie aus einem Beutel, den sie sich sicherheitshalber unter dem Kleid auf den Leib gebunden hatte, unsere Ringe, Armbanduhren usw. hervorzog. Sie hatte alles unversehrt unter der Erde und den Scherben der Blumentöpfe hervorgezogen, die wir auf den Boden des Balkons gestellt hatten. Die Soldaten hatten offenbar drinnen mit dem Blick durch die offene Balkontür auf dem Sofa gesessen, die Blumentöpfe gesehen und dann, wie man heute sagt, „just for fun" danach geschossen; denn die Kugeln hatten auch dabei gelegen.

In den folgenden Tagen fanden viele Truppenbewegungen statt, und es zogen auf den Straßen so viele Soldaten herum, dass wir lieber im Hause blieben. Es war kaum damit zu rechnen, dass ich wieder ein Paar Schuhe geschenkt bekommen würde. Wir versuchten aber mit Erfolg eine Kontaktaufnahme zu Bekannten. Das Haus von Dr.

Erdmann in der Seehofstraße war noch zu weit weg. Am nächsten lag das Haus von Dr. Lutz in Zehlendorf-West, Klopstockstraße. Die beiderseitige Freude war groß, als wir ihn und seine Hausdame gesund in seiner unversehrten Villa antrafen. Sie waren ohne Plünderungen glimpflich davon gekommen. Nach dem Austausch unserer Erlebnisse machte uns Dr. Lutz den Vorschlag, zu ihm zu ziehen, um dann gemeinsam die weitere Entwicklung in die Hand zu nehmen. Wir nahmen das Angebot dankbar an und zogen am 14. Mai mit Sack und Pack mit unserem Handwagen bei ihm ein. Auch hier war es in den nächsten Tagen ruhig, wir blieben unbehelligt. Nur bis lange in die Nächte hinein zogen Soldaten singend mit viel Lärm durch die Straße. Wir waren aber nun schon so weit, dass uns das nur wenig störte. Mit verdunkelten Fenstern und bei Kerzenlicht saßen wir im Wohnzimmer und pokerten. Für Gaby als brillante Karten- und vor allem Bridgespielerin war Poker nicht unbekannt, und mir wurden die Regeln schnell beigebracht. Auch so ein Bild, das man nicht vergisst: draußen die grölende Soldateska und wir im Kerzenschein mit einem Glas Wein beim Pokern.

Da auch Dr. Lutz noch keinen Kontakt zu ehemaligen Kollegen hatte, beschlossen wir, uns über die Lage und etwaige Beschäftigungsmöglichkeiten durch einen Gang zum Rathaus zu informieren. In der Onkel-Tom-Straße kam es dann zu einem Zwischenfall. Wir waren eben am dortigen Friedhof vorbei, als zwei im Dienst befindliche Soldaten uns anhielten und mit wenigen Worten durch ein Hoftor schoben. Auf dem Hof waren bereits viele Männer versammelt. Sie standen in Reih und Glied, bewacht von zwei Soldaten, die in der Mitte des Hofs standen. Wir hörten, dass man auf Transportmittel wartete, welche alle zu Aufräumarbeiten in die Innenstadt bringen sollten. So hatten wir uns unsere Beschäftigungsmöglichkeit natürlich nicht vorgestellt. Wir zwei stellten uns mitten hinter die drei Reihen, sozusagen als Beginn einer vierten Reihe, ohne dass sich die Bewacher darum kümmerten, und beobachteten die Lage. Alle standen mit dem Rücken zu uns und schauten wie gebannt auf die Bewacher. Damit standen wir ganz dicht an der Hauswand mit ihren Fenstern und einer Tür. Mit einer Hand hinter meinem Rücken versuchte ich, den Türdrücker zu bewegen. Die Tür war offen. Alles andere war ein Werk weniger Minuten. Unbeobachtet schoben wir uns in das Haus und schlossen leise die Tür hinter uns. In dem Haus war niemand. Nach einigen Minuten des Verschnaufens kletterten wir auf der anderen Seite durch ein Fenster hinaus und standen mit wenigen Schritten auf dem Friedhof, an den das Haus mit seiner Rückseite grenzte. Wir zogen uns in das Innere des Friedhofs zurück und warteten auf einer Bank in der Sonne alles Weitere ab. Nach längerer Zeit hörten wir das Anrollen der LKW. Als wir annehmen konnten, dass alle abgefahren waren, lugten wir vorsichtig aus dem Eingangstor des Friedhofs, ob die Luft rein war. Danach nahmen wir unseren Weg zum Rathaus wieder auf. Alle Soldaten waren weg. Der Hof war leer.

Auf dem Rathaus wurden wir an einen jungen russischen Offizier verwiesen. Er ließ sich mit Hilfe einer Dolmetscherin erklären, was wir früher getan hätten. Nach unserer abschließenden Erklärung, irgendwie in der Verwaltung mitarbeiten zu wollen, stellte er jedem einen „Propusk" aus. Ich kannte dieses Zauberwort der Russen schon von meiner Schwiegermutter und meiner Frau. Auf dieser „Pschepuske", diesem Ausweis, stand in russisch und deutsch, dass wir für den Wiederaufbau wichtige Persönlichkeiten seien, die zu unterstützen und ungeschoren zu lassen jedermann angehalten sei. Das Wichtigste war der Stempel der örtlichen „Kommandatura". So ausgestattet, aber ohne davon Gebrauch machen zu müssen, kamen wir spät in die Klopstockstraße zurück, wo man sich schon große Sorgen ob unseres langen Ausbleibens gemacht hatte.

Am 18. Mai machten meine Frau und ich uns auf den Weg, um uns selbst ein Bild von unserer Wohnung zu machen und vor allem zu neuen Lebensmittelkarten zu kommen. Durch Anschläge war bekannt gemacht worden, dass auf Befehl von Bersarin ab 15. Mai die ersten „Lebensmittelkarten für Deutsche" verteilt wurden. Die Tagesrationen waren: 200 Gramm Brot, 400 Gramm Kartoffeln, 25 Gramm Fleisch, 10 Gramm Zucker, 10 Gramm Salz etc. Die Karten holten wir uns im Rathaus Steglitz. Hier erfuhren wir auch, dass schon am 24. April, als wir noch im Keller saßen und überrollt wurden, von Marschall Schukow der Generaloberst Nikolai Erastowitsch Bersarin zum Kommandanten von Berlin ernannt worden war, der aber leider schon am 16. Juni durch einen Motorradunfall ums Leben kam. Eine ihm gewidmete Ausstellung im Deutsch-Russischen Museum in Karlshorst im September 1999 hat gezeigt, dass er vom ersten Tag an mit viel Verständnis für die Not der Bevölkerung und großem Erfolg bemüht war, Berlin so schnell wie möglich wieder funktionsfähig zu machen. Sein Eingreifen war schon deshalb notwendig, weil die nach der Eroberung oder Besetzung tätigen örtlichen Kommandanten recht willkürlich vorgegangen waren, um dem Befehl nachzukommen, neben der Kommandantur eine deutsche Verwaltung aufzuziehen. Ohne ausreichende Kenntnisse der deutschen Sprache, ohne irgendwelche Angaben nachprüfen zu können, hatten sie manches Angebot zweifelhafter Existenzen angenommen, wenn sie nur behaupteten, Antifaschisten, KZ-Häftlinge oder alte Kommunisten zu sein. Auch in dieser Situation war der Berliner Witz sofort zur Stelle, und man erzählte sich, dass es bei den Aufräumarbeiten hieß: „Herr Kollege, würden Sie mir mal den Stein herüberreichen?", aber in den Rathäusern: „Kumpel, schmeiß mir mal die Akte rüber." Mit der Änderung dieser Verhältnisse war, wie man im Einzelnen bei Wolfgang Leonhard „Die Revolution entlässt ihre Kinder" nachlesen kann, die „Gruppe Ulbricht" beauftragt, die am 30. April noch vor dem Ende der Kämpfe aus Moskau nach Deutschland eingeflogen wurde. Was wir damals, jedenfalls in meinem Umkreis, nicht erkennen konnten, war, mit welcher Raffinesse vorgegangen wurde; wie in „bürgerlichen" Bezirken bürgerliche Kandidaten, in Arbeiterbezirken wie z. B. im Wedding Sozialdemokraten als Bürgermeister gesucht wurden. Die Hauptsache war, dass der Stellvertreter ein Kommunist war, ferner der Dezernent für Personalfragen, der Dezernent für Volksbildung und vor allem der Mann, der für den Aufbau einer neuen Polizei zuständig war. Leonhard hat uns ja überliefert, dass Ulbricht bei der abendlichen Lagebesprechung die Direktive gab: „Es ist doch ganz klar: Es muss demokratisch aussehen, aber wir müssen alles in der Hand haben." (S. 358)

Zusammen mit den überall hängenden Spruchbändern mit dem Ausspruch Stalins: „Die Hitler kommen und gehen, das deutsche Volk bleibt bestehen", wurde der Bevölkerung mit dieser Besetzung der Verwaltung Sand in die Augen gestreut. Man kann auch bei Leonhard lesen, wie bei einer Schulung in Moskau sogar die Neugründung der KPD in Deutschland für eine längere Periode nicht ins Auge gefasst wurde (S. 327). Es sollte nur einen „Block der kämpferischen Demokratie" geben. Stattdessen erlaubte die sowjetische Militärische Administration schon am 10. Juni die Bildung und Tätigkeit aller antifaschistischen Parteien, und wir wissen heute, dass dank Vorabinformation die Kommunisten schon zu diesem Tag ihren Antrag auf Zulassung parat hatten.

Auch dann noch glaubte die Masse der Bevölkerung, soweit sie Zeit hatte, sich neben den Sorgen um Wohnung, Lebensmittel, Wasser und Elektrizität mit Politik zu befassen, was man Wolfgang Leonhard noch auf den Schulungsabenden in Moskau eingetrichtert hatte: „Die politische Aufgabe besteht nicht darin, in Deutschland den Sozialismus zu verwirklichen oder eine sozialistische Entwicklung herbeiführen zu wollen." Dies müsse im Gegenteil als schädliche Tendenz verurteilt und bekämpft werden. Deutschland stehe vor einer bürgerlich-demokratischen Umgestaltung, die ihrem Inhalt und Wesen nach eine Vollendung der bürgerlich-demokratischen Revolution von 1848 sei (S. 325). Im Gegensatz zu uns merkte Leonhard sehr schnell die wahren Bestrebungen: „So schienen die Direktiven, die wir im Frühjahr 1945 in Moskau erhielten, logisch und konsequent an die bisherige Politik anzuknüpfen. Umso größer war mein Erstaunen, als nur einige Wochen später in Berlin Maßnahmen ergriffen wurden, die unseren Direktiven direkt widersprachen." (S. 328)

Nach dem vorher geschilderten Strickmuster wurde auch der neue Magistrat gebildet, der sich schon am 19. Mai konstituierte. Für uns in Zehlendorf und Lichterfelde war das noch eine ferne Welt. Erst auf ersten Fotos sahen wir unseren Oberbürgermeister Dr. Arthur Werner, jeder Zoll ein Bürger im schwarzen Gehrock mit weißem Plastron, ganz eine Gestalt aus der Zeit der Weimarer Republik, mit dem uns eine heile Welt vorgeführt werden sollte. Dem skeptischen Blick entging allerdings nicht, dass auf dem Bild auch sein Stellvertreter und Aufpasser Karl Maron, ein deutscher Kommunist und, wie man später erfuhr, Emigrant aus der Gruppe Ulbricht, zu sehen war. Es stellte sich dann auch bald heraus, dass Dr. Werner eine Galionsfigur war, die nur wenig bewirken konnte. Dass dem so war, beleuchtet schlaglichtartig Folgendes: Im Juli 1946 legte Bürgermeister Maron den Plan einer ressortmäßigen Aufteilung der einzelnen Magistratsabteilungen unter den vier Stellvertretern des Oberbürgermeisters vor. Über die Diskussion dieser Vorlage ist u. a. Folgendes festgehalten worden: „Oberbürgermeister Dr. Werner drückt den Wunsch aus, ihm bei der Ressortaufgliederung die Polizei zuzuteilen. Die Magistratsmitglieder ... sprechen sich jedoch dagegen aus, dem Oberbürgermeister neben seinen Repräsentationsaufgaben noch eine Abteilung zu übertragen. Maron gibt die beruhigende Erklärung ab, dass dem Oberbürgermeister letztlich sämtliche Abteilungen unterständen."

Unsere Wohnung hatten wir entsprechend der Beschreibung unserer Schwiegermutter vorgefunden, nur dass unser Freund Dortschy zusammen mit Dr. Moewes und Frau sowie einem Nachbarn, der mit seiner Tochter erschossen wurde, als er sie vor den Russen schützen wollte, im Vorgarten des Finanzamts vorläufig begraben waren. Wir haben nur zwei Zimmer und den Balkon aufräumen können, um uns dann wieder auf den Weg in die Klopstockstraße zu machen.

Am nächsten Tag gingen Dr. Lutz und ich zum Haus des früheren Justiziars der Reichsgruppe Industrie, Rechtsanwalt Dr. G. Schwartz, in die nahe gelegene Kleiststraße. Auf irgendeinem Weg hatte Dr. Lutz die Nachricht erhalten, sich dort einzufinden. Zu meiner Überraschung waren dort im Garten hinter dem Haus, also von der Straße nicht einsehbar, ca. 25 Herren versammelt, alle aus der früheren Organisation der gewerblichen Wirtschaft und aus dem Reichswirtschaftsministerium, überwiegend bekannte Gesichter. Auch Dr. Erdmann war da, der als Gartenarbeiter in einer Gärtnerei untergetaucht war, mehrere von der Gauwirtschaftskammer Berlin, von den Reichs- und Wirtschaftsgruppen, während das RWM durch Oberregierungsrat Kühn vertreten war. Nur vom Hauptgeschäftsführer der Reichsgruppe Industrie Dr. Guth wurde berichtet, dass er in Luckau in Haft saß. Aus den verschiedenen Berichten ergab sich, dass die Herren mit einem erstaunlichen Optimismus versucht hatten, ihre jeweilige Organisation wieder zu aktivieren, ein verständlicher Zweckoptimismus, um selbst wieder in Arbeit und Brot zu kommen. Als Zeichen der neuen Zeit wurden überall so genannte Antifa-Ausschüsse gebildet, in denen auch die ersten Kommunisten und solche, die es gewesen sein wollten, saßen. Auch in der Gauwirtschaftskammer war ein solcher Ausschuss gegründet worden, und der mir aus der früheren Zusammenarbeit gut bekannte Dr. Gisbert berichtete über die turbulenten Szenen, die sich dort abgespielt hatten. Zusammenfassend konnte man feststellen, dass in einigen Fällen die Büros, soweit sie noch vorhanden waren, mit Genehmigung der neuen Bezirksbürgermeister wieder aufgemacht waren, wenn sie auch keine Arbeit hatten. In anderen Fällen war die Genehmigung verweigert worden oder alles am örtlichen Kommandanten gescheitert. Schmunzelnd registrierte ich, dass selbst hier die alte Eifersucht zwischen Reichsgruppe Industrie und RWK aus Schutt und Asche wieder aufglimmte. Rechtsanwalt Schwartz schlug vor, dass zwei bis drei Herren der Reichsgruppe mit Ministerialrat Landwehr, früher Reichswirtschaftsministerium, Fühlung aufnehmen sollten, von dem bekannt war, dass er als Opfer des Faschismus schon Leiter der Abteilung Wirtschaft im neuen Magistrat war. Dr. Erdmann konterte sofort, das sei kein Problem der Industrie allein, sondern müsse zentral behandelt werden, persönlich und sachlich habe er die notwendigen guten Beziehungen. Schwartz sagte dann konziliant, es ginge doch nur um eine erste Fühlungnahme. Berichte und Aussprachen endeten mit der allgemeinen Richtlinie, dass die vorhandenen Büros aufgeräumt und der Besitzstand gewahrt werden sollten. Mit größter Zurückhaltung solle mit einer rein informativen Tätigkeit Präsenz gezeigt werden. Die Herren Schwartz und Dr. Erdmann verabredeten, nach Pfingsten mit Stadtrat Dr. Hermann Landwehr Verbindung aufzunehmen, der sich aber nach meinen Notizen bald „aus gesundheitlichen Gründen" aus seinem Amt zurückgezogen hat, nachdem er noch vorher persönlich die Gauwirtschaftskammer mitsamt ihrem Antifa-Ausschuss aufgelöst hatte.

Auch Dr. Lutz wollte in dem nicht mehr vorhandenen Landeswirtschaftsamt einen Antifa-Ausschuss bilden, der vor allem die Mitarbeiter sieben und Arbeitsbescheinigungen ausstellen sollte. Die erste Sitzung fand auch tatsächlich am 24. Mai in der Klopstockstraße statt. Ich nahm aber nicht daran teil, weil wir endlich mal versuchen wollten, nach Charlottenburg zu kommen, um zu sehen, ob und wie unsere Freunde Peter Rintelen und seine Frau alles überstanden hatten. Wir hatten uns von den überall auf den Straßen herumliegenden Rädern, vom Rahmen angefangen, die heilen Teile im Keller sichergestellt und aus allem zwei Fahrräder zusammengebastelt. Sie waren nur schwerfällig zu fahren. Wir waren aber froh, ein solches Verkehrsmittel zu haben.

Am 24. Mai machten wir uns auf den weiten Weg nach Charlottenburg in die Kuno-Fischer-Straße. Die Sonne stand noch hoch am Himmel, obwohl wir erst um 18 Uhr aufbrechen konnten, aber die Russen hatten uns ja die Moskauer Zeit mitgebracht, sodass es eigentlich erst 16 Uhr war. Als wir nach Halensee kamen und den heutigen Rathenauplatz, der völlig ausgebombt war, überqueren wollten, stand dort einsam an der Seite ein Zivilist, als wenn er auf uns gewartet hätte. Völlig überrascht hörten wir ihn rufen: „Dunja, wo kommst du her?" Dazu muss man wissen, dass alle Kollegen im Architekturbüro Kölling sie so riefen. Es war Selman Selmanagic, ein Jugoslawe, geboren im heute so bekannt gewordenen Srebrenica/Bosnien, der vor 1933 Mitglied der Kommunistischen Partei (KPD) war und nach Mitarbeit in der Bauabteilung der UFA nach 1942 auch bei dem Architekten Kölling untergeschlüpft war. Das gab ein freudiges Wiedersehen und Erzählen. Seine ersten nächsten Worte waren: „Wir warten schon auf dich." Wir erfuhren, dass im neuen Magistrat von Groß-Berlin Prof. Hans Scharoun als Stadtbaurat und Leiter der Abteilung Bau- und

Wohnungswesen vom sowjetischen Stadtkommandanten mit der Organisation der ersten Wiederaufbauplanungen beauftragt war. Dort hatten sich bereits die alten Freunde wiedergefunden, und wir bekamen den dringenden Wunsch mit auf den Weg, „Dunja" möge sich doch dort so schnell wie möglich einfinden. Das war ein erstes Licht am Ende des dunklen Tunnels der Zukunft, die völlig rätselhaft vor uns lag, wobei es nur gut war, dass die drängenden Tagessorgen uns so wenig Zeit ließen, darüber nachzudenken. Vom Auffinden des Handkarrens angefangen, hatten wir wieder ein Zeichen bekommen, nicht zu verzagen.

Auch in der Kuno-Fischer-Straße gab es ein freudiges Wiedersehen. Unsere Freunde waren in ihrer Wohnung im Gartenhaus wohlauf. Es war, mit dem Blick in die letzten Sonnenstrahlen auf den Lietzensee, wie früher. Durch den Aufenthalt auf dem Rathenauplatz war es noch später geworden, so mussten uns Heidi und Peter Rintelen wegen der von der Besatzung verhängten Sperrstunde über Nacht beherbergen. Da wir dadurch noch viel Zeit zum Erzählen vor uns hatten, machten Peter Rintelen und ich gleich erst noch einen Besuch bei „KoKu", dem Herrn Konrad Kutschera, der auch alles heil überstanden hatte. Wie früher bei der „Deutschen Wirtschaftszeitung" sammelte er wieder alle Nachrichten, die er erreichen konnte. Seine alte frisch-fröhliche Art war ungebrochen. Ich konnte ihn über die Besprechung in Zehlendorf unterrichten, und es kam natürlich zu einer lebhaften Erörterung der Lage. KoKu war „bezüglich der kommenden Entwicklung recht optimistisch. Wundert sich über meine skeptische Haltung", so steht es in meinen Notizen zum 24. Mai. Und auch, dass er sich mit dem Intendanten des anlaufenden Rundfunks in Verbindung setzen wollte, um schneller an sichere Nachrichten heranzukommen. Man ging jedenfalls mit dem an sich erfreulichen Eindruck weg, dass jeder auf seinem Gebiet nach jedem Strohhalm griff, um aus dem Chaos herauszukommen.

Es wurde ein gemütlicher Abend. Am nächsten Morgen gingen wir beide noch zum Büro Kölling. Er war aber nicht anwesend, und wir hörten nur, dass ein weiteres Mitglied dieses Kreises, der ebenfalls nicht anwesende Oberingenieur Berg, auch von Bersarin verschiedene Aufträge bekommen habe; Näheres würden wir sicherlich im Magistrat hören. Zurück bei Rintelens, verabschiedeten wir uns mit der Verabredung eines Gegenbesuchs, wenn unsere Wohnung erst einmal wieder vorzeigbar sein würde, und radelten zurück in die Klopstockstraße.

Dr. Lutz hatte sich inzwischen weiter umgehorcht und z. B. bezüglich der Reichswirtschaftskammer gehört, dass sie – man fragte sich, wozu eigentlich – einen Raum in der früheren Gauwirtschaftskammer bekommen hatte; doch am gleichen Abend wurde ja bekannt, dass, wie schon erwähnt, die GWK mit-samt ihrem Antifa-Ausschuss durch das Wirtschaftsamt des Magistrats aufgelöst wurde. Er berichtete weiter, dass eventuell der frühere Ministerialdirektor Dr. Friedrich Trendelenburg für den Posten eines Regierungspräsidenten vorgesehen sei. Er wollte schon bald mit ihm Fühlung aufnehmen, aber dazu kam es nicht. Dr. Lutz wurde am Freitag, den 1. Juni verhaftet und zur Vernehmung nach Friedrichsfelde gebracht. Der Grund der Verhaftung war seine Tätigkeit bei dem früheren Oberpräsidenten der Mark Brandenburg. Das machte uns große Sorgen, zumal die gleichen Männer, die Dr. Lutz verhaftet hatten, am nächsten Tag zweieinhalb Stunden eine offizielle so genannte Hausdurchsuchung machten. In Wirklichkeit stahlen sie wie die Raben. Neben anderen Gegenständen nahmen sie auch Lebensmittel und Textilien mit. Aus unseren Zimmern nahmen sie im Wesentlichen nur zwei Päckchen Tabak und meinen Rasierapparat mit. Wir hatten unsere Garderobe und Wäsche aus unseren Koffern nicht ausgepackt und diese unter die Betten geschoben. Es ging damals die Mär, dass auch in Sowjetrussland alles unantastbar sei, was der Einzelne unter seinem Bett verstaut hatte. Bei uns stimmte das jedenfalls.

Erfreulicherweise war Dr. Lutz schon am Sonntagabend wieder aus Friedrichsfelde zurück, wo er verschiedene Herren vom Kammergericht und dem Reichsjustizministerium getroffen hatte, also in bester Gesellschaft gewesen war. Seine Vernehmung war den Umständen entsprechend zivil durchgeführt worden und hatte zu seiner sofortigen Entlassung geführt Bei seiner Erzählung und unserem abendlichen Gespräch merkte ich aber, dass er viel skeptischer zurückgekommen war. Er widersprach nicht mehr meiner Auffassung, dass alles Bemühen zum Ingangsetzen des wirtschaftlichen Lebens der Stadt durch eine Behörde wie das Landeswirtschaftsamt, geschweige denn die bisherige Organisation der gewerblichen Wirtschaft ins Spiel zu bringen, aussichtslos war, wenn wir den Russen und ihren so genannten antifaschistischen Kräften überlassen blieben. Etwas anderes, der Einzug der Amerikaner, war für uns zu diesem Zeitpunkt noch nicht zu erkennen, zumal die Unterzeichnung der Deklaration der Alliierten über die Besetzung Deutschlands erst Tage später bekannt gegeben wurde. Bei aller Freude über die Rückkehr unseres Gastgebers war doch das Ergebnis dieses Abends, dass wir mit herzlichem Dank für die frühere Zusammenarbeit und vor allem für die großartige Gastfreundschaft erklärten, am nächsten Tag wieder in unsere Wohnung in Lichterfelde zurückkehren zu wollen. So trennten sich leider unsere Wege. Dr. Lutz ist ja dann auch nach Frankfurt/Main gegangen.

In den Tagen nach unserer Rückkehr überfielen uns dann die Erinnerungen an die lange Woche im Keller. Wir mussten immer versuchen, uns zu sagen, dass andere Schlimmeres erlebt hatten. Das half aber auch nicht, als Folgendes passierte. Gaby war in den Keller gegangen, um Kartoffeln aus der Schütte zu holen. Als sie unten an dem Auslass rüttelte, kam mit den letzten Kartoffeln ein vom Sand schmutziges Papier hervor. Es war auch sonst beschädigt, aber es bedurfte kaum des gedruckten Kopfes „Reichsstelle" und der schwer leserlichen Handschrift: Gaby wusste sofort, es war der Abschiedsbrief von Udo. Er muss ihn in der Nacht, als alles schlief, auf die

Schütte gelegt haben, in die er dann gefallen ist, wo er erst jetzt nach vielen Wochen wieder zu Tage kam. Gaby kam ganz verstört mit dem Papier in der Hand zu mir, und wir lasen:

Lieber Peters,
wegen meiner Gesundheit werde ich die nächste Zeit nicht durchhalten. Warum soll ich mich noch quälen lassen? Nehmen Sie sich bitte auch meinen Koffer ... (mehrere Worte unleserlich) *und das Geld im* (unleserlich) *... Dank Ihnen und Ihren Angehörigen für alles Liebe und Gute ... bitte Sie nur um eins: Veranlassen Sie Dr. Moewes nicht noch zu Gegenmaßnahmen. Es ist so besser. Die Nacht wollte ich Ihnen nicht verderben, daher der Ort, wo Sie mich finden. Draußen stirbt sich's leichter. Hoffentlich werden Sie aus diesem Zettel klug, ich kann kaum noch schreiben ...* (unleserlich) *nur Ihnen alles Gute ...* (unleserlich)

Nochmals Dank, Ihr Dortschy.

Damit wussten wir, dass er glaubte, die von ihm gefürchteten zukünftigen Belastungen nicht durchhalten zu können, und weiter, dass er sich vergiftet hatte. Er muss den Brief geschrieben haben, als das Gift schon zu wirken begonnen hatte. Wie von der Waffe wussten wir auch nichts davon, dass er Gift bei sich hatte. Einerseits gab der Brief uns Aufklärung, aber auf der anderen Seite war es für uns bedrückend und ist immer für uns bedrückend geblieben, dass wir, abgelenkt durch das eigene Erleben, insbesondere das Auftauchen seines Revolvers, über die Ereignisse des Tages nicht gesprochen haben und nicht von seiner schweren Arbeit. Wenn wir seine Verzweiflung gespürt, geahnt hätten, würden wir, beide selbst noch guten Mutes, ihm sicherlich wieder Zuversicht eingeflößt haben. Später wäre er mit uns geflohen, und es wäre zusammen wieder aufwärts gegangen. Nun sind uns ein schmutziges Stück Papier und die Erinnerung an die Jahre, seit wir uns im Kammergericht kennen lernten, das Gedenken an diesen durch und durch vornehmen Menschen geblieben. Ich benutze dieses altmodische Wort, auch wenn wenige noch wissen, was dieser Begriff für mich beinhaltet, aber auch, weil ich später selten einen Menschen kennen gelernt habe, dem ich dieses Attribut zuerkenne. Dem Erlebnis der Auffindung des Abschiedsbriefs unseres Freundes folgte dann ein fast ebenso schockierendes: Wir saßen Ende Mai, Anfang Juni morgens bei einem kargen Frühstück, als es an der Wohnungstür klopfte und ein Zivilist mit Aktentasche und Papieren sich als Angestellter des Bezirksamts vorstellte. Drüben im Vorgarten des Finanzamts würden die provisorisch dort bestatteten Toten exhumiert, und ihm wäre gesagt worden, dass ich die Leichen identifizieren könnte. Als wir herüberkamen, lagen die Toten aufgereiht in der Morgensonne. Die Grablöcher wurden zugeschüttet. Ich sah sofort die damals schon von meiner Schwiegermutter erwähnte japanische Tischdecke, während die übrigen Leichen nur in ihren verschmutzten Kleidern lagen. Als Erste konnte ich Dr. Moewes und Frau identifizieren. Bezüglich des mir unbekannten Nachbarn und seiner Tochter hatte man sich schon anderweitig Gewissheit verschafft. Bevor ich zu dem letzten Bündel in der Decke etwas sagen konnte, erklärte mein Begleiter: „Und dies ist nach meinen Unterlagen Dr. Peters." Man wird verstehen, dass ich erst einmal tief Luft holen musste, um darauf, wie früher bei dem Politruk-Offizier den Wehrpass, diesmal meinen Ausweis hervorzuholen. Der Bezirksamtsvertreter bekam einen großen Schreck, und wir überlegten, was alles hätte passieren können, wenn ich seine Frage bejaht hätte. Auch dies gehört zu den Erlebnissen, die sich unvergesslich einprägen.

Mitarbeiterin im Planungsteam Scharoun

Am 7. Juni holten wir wieder unsere Räder aus dem Keller und radelten bei bestmöglicher Vermeidung einer Begegnung mit nicht im Dienst befindlichen Russen in einer Stunde und zehn Minuten durch die zerstörten Viertel zur Parochialstraße. Dort hatte, da das in der Nähe liegende so genannte Rote Rathaus stark zerstört war, in einem ebenfalls stark beschädigten Gebäude der Feuersozietät, jetzt „Stadthaus" genannt, die neue Abteilung für Bau- und Wohnungswesen des Magistrats von Groß-Berlin begonnen, sich einzurichten. Selmanagic freute sich, dass wir kamen, und für Gaby gab es ein herzliches Wiedersehen mit einigen Bekannten aus dem Büro Kölling. Selmanagic stellte uns beide dann Prof. Scharoun vor. Ich freute mich sehr, den schon damals sehr bekannten Architekten kennen zu lernen. Dank meines schon in den Lehr- und Studienjahren großen Interesses für moderne Architektur verband sich für mich sein Name mit den neuen Bauten in den Zwanzigerjahren. Auch dieses Interesse teilte ich in Greifswald mit meinem Freunde Rückert. Wir holten uns zum Wochenende von der Universitätsbibliothek ab und zu einige Jahrgänge damals renommierter Architekturzeitschriften. Wir blätterten sie bei einer großen Kanne Tee durch, und wenn wir etwas für uns Bemerkenswertes fanden, tauschten wir unsere Funde zur beiderseitigen Information und Diskussion aus. Auch das Bauhaus und seine Lehrer waren mir schon in meiner kaufmännischen Lehrzeit ein Begriff, und ich war begeistert von solchen Bauten wie der „Weißen Stadt" in Siemensstadt, zum Befremden meiner Mutter auch von Stahlmöbeln u. a. m. Ich konnte nicht ahnen, wie glücklich sich einmal dieses Hobby und mein Beruf zusammenfinden würden.

Doch jetzt saßen wir erst mal bei Scharoun, der sich aufgrund der Empfehlung von Selmanagic sofort mit der Einstellung meiner Frau als Mitarbeiterin einverstanden erklärte. Ich will nicht unterschlagen, was meine Notizen über diesen Besuch weiter aussagen: „Sch. macht einen angenehmen, aber sorgenvollen und etwas skeptischen Eindruck. Es sollen die Pläne für die Planung Berlins vorbereitet werden. Ich bin neugierig, ob Sch. hierfür den notwendigen Schwung aufbringen wird." Es zeigte sich in den nächsten Monaten, wie sehr ich mich mit dem letzten Satz geirrt hatte. Der Besuch endete mit einem Erlebnis- und Gedankenaustausch mit den alten Freunden und Bekannten. Der Dienstantritt wurde mit Selman Selmanagic für den 13. Juni verabredet. Zufrieden, dass einer von uns beiden wieder Boden unter den Füßen hatte, radelten wir wieder nach Hause.

Gaby war mit Recht zeitlebens stolz, dass sie – gestützt durch die Anerkennung ihrer Arbeit im Büro Kölling – die Erste war, die wieder Arbeit gefunden hatte, sodass wir schon sicherer in die Zukunft blicken konnten. Für einen Wirtschaftsjuristen sah diese wirklich nicht rosig aus. Ich möchte jetzt aber erst einmal von der auch von mir interessiert verfolgten Arbeit in der Parochialstraße erzählen, daher sonst nur noch Folgendes: An weiteren Besprechungen in den Privatwohnungen mit dem Ziel, die alte Organisation der gewerblichen Wirtschaft zu reaktivieren, hat es nicht gefehlt. Ich nahm daran natürlich teil, aber voller Skepsis. Bei einem alten Bekannten, Dr. Fr., hatte sich herausgestellt, dass er im Sinne der Nürnberger Gesetze Mischling zweiten Grades war. Damit erschien er prädestiniert zu versuchen, im neuen Magistrat einen Gesprächspartner zu finden, ihn für die Reichswirtschaftskammer und die Selbstverwaltung der Wirtschaft zu interessieren, um dann später auf diesem Wege auch mit den Besatzungsdienststellen ins Gespräch zu kommen. Um Dr. Fr. die notwendige Position zu geben, dachte sich der mit Dr. Fr. befreundete Kreis der Herren Kutschera, Dr. Froehlich, Rintelen u. a. aus, Herrn Dr. Erdmann zu bitten, Dr. Fr. zum stellvertretenden Hauptgeschäftsführer zu bestellen. Abschließend wurde ich gebeten, die diesbezügliche Besprechung mit Dr. Erdmann zu übernehmen. Ich führte wenige Tage später dieses Gespräch. Dr. Erdmann begrüßte zwar die Einschaltung und etwaige Bemühungen des Dr. Fr., weigerte sich aber mit Recht, noch irgendwelche Erklärungen namens der Reichswirtschaftskammer abzugeben. So verlief das im Sande.

Umso erfreulicher war es zu sehen, mit welchem Elan in der Parochialstraße gearbeitet wurde. Gaby musste noch lange Zeit mit dem Fahrrad dorthin fahren, was für sie sehr anstrengend war. Jeder Radfahrer kennt das ja. Am Morgen kam der Gegenwind aus dem Osten und am Abend aus dem Westen. Der auch hier notwendige „Propusk" ist erhalten geblieben. Er musste vor allem das Fahrrad sicherstellen:

Bescheinigung

Frau Erna Peters, Berlin-Lichterfelde-West, Margarethenstr. 40, ist beim Magistrat der Stadt Berlin im Hauptamt für Planung als Dipl.-Architekt beschäftigt. Das von ihr zur Ausübung ihrer Tätigkeit benutzte Fahrrad darf nicht beschlagnahmt werden. Die Arbeitszeit beträgt mindestens 10 Std. täglich.

Magistrat der Stadt Berlin, Abteilung f. Personalfragen u. Verwaltung.

Ich fuhr auch manchmal zur Parochialstraße, um zu sehen, wie in noch rauchgeschwärzten Räumen mit Pappe in den Fenstern die Pläne für einen Wiederaufbau auf von Böcken getragenen Türblättern heranwuchsen. Zur Stärkung gab es in der ersten Zeit „Karo einfach", das war eine auf dem Ofen geröstete Scheibe schwarzen Kommissbrotes. Später wurde vom Magistrat unten im Haus ein Laden eingerichtet, in dem über die Lebensmittelkartenversorgung hinaus mal ab und zu etwas im Handel auftauchte. Frau Gehrke, die Leiterin dieser Verteilungsstelle, hatte Gaby bald in ihr Herz geschlossen und hob das eine oder andere für sie hinter dem Ladentisch auf. Ihre Tochter arbeitete auch im Planungskollektiv als Sekretärin.

Bei den abendlichen häuslichen Gesprächen über ihre Arbeit erfuhr ich von Gaby, dass es zwei Hauptämter für Planung, I und II, gab, die sich beide neben ihren fast nicht zu bewältigenden Aufgaben beim Wiederaufbau mit Stadtplanung befassten. Das Planungsamt I stand unter der Leitung des Architekten Walter Moest. Er war schon wenige Tage nach Kriegsende in Zehlendorf von Angehörigen der Besatzungsmacht beauftragt worden, Überlegungen über den Wiederaufbau der Stadt anzustellen. Er ging nur von einem Wiederaufbau aus, weil er der Ansicht war, dass man trotz des katastrophalen Bildes, das insbesondere die Innenstadt bot, nicht einen völligen Neuanfang machen, eine neue Stadt errichten könne. Dementsprechend legte er Scharoun schon nach kurzer Zeit einen unter dem Namen „Zehlendorfer Plan" bekannt gewordenen „Vorschlag zur Neuordnung des Verkehrs beim Wiederaufbau Berlins" vor, der ganz überwiegend von der bestehenden Stadtstruktur ausging. Ganz anders waren die Vorstellungen des Planungsamtes II, wo meine Frau mitarbeitete. Das Amt stand bis 1949 unter der Leitung von Wils Ebert. Er war Bauhausschüler und nach Beendigung seines Studiums Mitarbeiter von Walter Gropius. Als solcher hatte er diesen auf dem Architekten-Weltkongress „CIAM" (Internationaler Congress Moderner Architektur) vertreten. Schon dort wurde am Beispiel Berlin eine Analyse „Die funktionale Stadt" vorgestellt, die nach den eigenen Worten Eberts Vorläufer der Kollektivplanung 1945/46 wurde. Mit dieser zeitgemäßen Bezeichnung „Kollektiv" hatte sich der ehemalige Freitagskreis Scharouns aus den Kriegsjahren zusammengefunden. Das war der wöchentliche fachliche Gedankenaustausch einer Gruppe junger Architekten. Hierzu gehörte aber auch ein Mann wie Hubert Hoffmann, der noch vor dem Zusammenbruch für die Albert Speer unterstehende Akademie für Städtebau, Reichs- und Landesplanung die Schrift „Die gegliederte und aufgelockerte Stadt" vorlegte. Scharoun und seine Mitarbeiter fingen also nicht von vorn an, sondern standen sich in den Grundgedanken seit langem nahe, nämlich das Trümmerfeld zu benutzen, um eine neue Stadt nach sozialen, hygienischen und verkehrstechnischen Gesichtspunkten zu schaffen. Man hatte den Eindruck einer verschworenen Gemeinschaft, in der auch Scharoun bereitwillig nur der Primus inter pares war. Die Hauptlast der Arbeit lag bei dem Leiter Wils Ebert, Peter Friedrich – u. a. ein Meisterschüler von Hans Poelzik – und Selman Selmanagic, der den Bereich Kultur und Erholung abdeckte.

Bei der Beurteilung der Leistungen, die hier vollbracht wurden, sind aber nicht nur die äußeren widrigen Gegebenheiten zu berücksichtigen, sondern dass man eigentlich gar nicht planen, sich mit alledem beschäftigen durfte. In einer Montage, welche Wils Ebert 1976 zum 30. Geburtstag des Kollektivs machte, findet sich ein unveröffentlichtes Manuskript, in dem Scharoun 1966 daran erinnerte: „Die Berliner Situation war damals die, dass die Planung Berlins, die Wiederherstellung Berlins als Hauptstadt von den Alliierten grundsätzlich verboten war." Es ist verständlich, dass die Alliierten – inzwischen waren die Amerikaner, Engländer und Franzosen eingezogen – die Aufgabe der Abteilung Bau- und Wohnungswesen in Anbetracht des Umfangs der auf den Nägeln brennenden Probleme nicht darin sahen, eine neue Stadt zu entwickeln. Wie sich aus dem ersten Tätigkeitsbericht des Stadtrats für Bau- und Wohnungswesen vom Mai bis Dezember 1945 ergibt, wurden aber in dieser Zeit mit Hilfe der Bezirksämter 130.000 Wohnungen winterfest gemacht, hinzu kam die Winterfestmachung der Krankenhäuser. 580 Objekte mussten für die Besatzungsbehörden instand gesetzt werden. 1916 Bauten öffentlichen Charakters (Schulen, Hochschulen, Bibliotheken, Theater usw.) waren in Arbeit. Allein im Teltowkanal mussten 25 Brücken gehoben werden, um mit Schiffen Baumaterialien und andere Güter heranschaffen zu können. Nicht zuletzt gehörte zu den Schwierigkeiten etwas, das in den kommenden Jahren immer schlimmer werden sollte, nämlich das Verhältnis der Alliierten zueinander. Hierzu sagt der zitierte Bericht am Schluss: „Die Abgrenzungsbestrebungen zwischen den einzelnen Sektoren treten immer stärker hervor, trotz aller Bemühungen dagegen und persönlicher Hinweise in verschiedentlichen Aussprachen mit den einzelnen Kommandanten und der Alliierten Kommandantur."

Das Kollektiv arbeitete unbeirrt weiter an der Dokumentation seiner Ideen. Schon nach wenigen Monaten wurden seine Arbeiten in einer großen Ausstellung „Berlin plant" der Öffentlichkeit vorgestellt. Sie wurde mit ihrer Radikalität zur Sensation. Scharoun hatte die Genehmigung der Alliierten erreicht. Wie, das beschrieb er 1966 a. a. O: „Unsere Ausstellung lief daher unter dem Motto ‚Neuer Städtebau, dargestellt am Beispiel Berlins'. Das gelang, weil ich die mir vorgesetzten Fachspezialisten aller vier Besatzungsmächte zur freiwilligen Mitarbeit in einem ‚Comitee', das jeden Donnerstag tagte, gewinnen konnte. Nach 36 Veranstaltungen dieses Comitees wurde mir aber die weitere Tätigkeit in diesem Zusammenhang höchsten Ortes verboten." Eröffnet wurde die Ausstellung am 23, August 1946 im Weißen Saal des Berliner Schlosses. Um diese Möglichkeit hatte Scharoun kämpfen müssen. Er hatte schon am 23. Juli 1945 eine Vorlage für den Magistrat gemacht, die das Berliner Schloss, das Schloss Charlottenburg und das Schloss auf der Pfaueninsel vor dem völligen Verfall schützen sollte. Die Kommunisten waren dagegen. Stadtrat Arthur Pieck, sowjetischer Major, bevor er mit der Gruppe Ulbricht nach Berlin kam, meinte laut Protokoll, die Schlösser enthielten „keineswegs nur Gegenstände von Wert, sondern auch viel Kunstkitsch". Es habe heute daher niemand Interesse an „Machwerken, die nur Ausdruck des Hohenzollern'schen Imperialismus sind". Prof. Scharoun betonte, dass es sich um die Bergung künstlerisch wertvoller Werte von Andreas Schlüter handele, aber auch der Leiter der Abteilung für Steuern und Finanzwesen Stadtrat Noordwyk (KPD) erklärte, es könne nicht die Aufgabe des Magistrats sein, „die Erinnerung an die Zeit der Hohenzollern zu konservieren". Was unternahm der Oberbürgermeister Dr. Werner? Er regte nur an, die Vorlage zurückzuziehen, sodass Scharoun nichts anderes übrig blieb, wobei er sich aber vorbehielt, Einzelanträge mit konkreten Unterlagen zu stellen. Auch ein späterer Antrag vom 20. August auf Bewilligung von 71.200 RM zur Sicherung künstlerisch wertvoller Teile am Berliner Schloss, am Schloss Charlottenburg, am Haus Kamecke (Schlüterbau) und am Jagdschloss Grunewald mit unersetzlichen Denkmälern des nordischen Barocks scheiterte an dem Widerspruch von Bürgermeister Schwenk (KPD) und Stadtrat Noordwyk. Scharoun wies vergeblich darauf hin, es könne niemand verantworten, Kunstschätze, die heute noch, aber nicht mehr nach einem halben Jahr zu retten seien, untergehen zu lassen. Es gelang dann nur, 55.000 RM zu bekommen, mit deren Hilfe der Weiße Saal im Schloss wieder eine wasserdichte Decke bekam, sodass die Ausstellung dort stattfinden konnte. In diesem Fall hatte Scharoun endlich mal die Unterstützung des Bürgermeister Maron gegen dessen Genossen. Auch für diesen waren also die Zeiten, wo Walter Ulbricht das Schloss sprengen ließ, noch fern. Das Treppenhaus im Vordereingang war sogar unversehrt und im zweiten Stock der Weiße Saal noch brauchbar, um mit großen Plänen, Tafeln, Übersichten, Zahlenreihen, grafischen Darstellungen die Ideen des Kollektivs vorzustellen.

Scharoun selbst wies einschränkend darauf hin, dass es sich um einen ersten Bericht handelte, wie sich das Planungskollektiv den Begriff „Die neue Stadt" vorstellte, „für den wir jahrzehntelang gearbeitet haben" (Wils Ebert, a. a. O.). Man hoffte, das Interesse der Allgemeinheit für die Fragen der Neugestaltung Berlins zu wecken, wie sich aus den folgenden Zitaten aus einem Vortrag Scharouns anlässlich der Ausstellung am 5. September ergibt: „Ich möchte mit meinen Worten zweierlei tun: einmal sagen, welches die Dinge sind, die wir bei der Ausstellung ‚Berlin plant' als ersten Bericht zu geben in der Lage und gewillt waren, d. h., was das Planungs-

Wils Ebert mit Studenten

Kollektiv zu sagen berechtigt und verpflichtet war, um die Grundlage für eine breite Mitarbeit der Allgemeinheit zu schaffen ... Unser erster Bericht zeigt also die städtebaulichen Elemente, die die Grundlage einer neuen Stadt bilden, und deren funktionelle Zusammenordnung ... Zunächst sind vom Planungskollektiv die Grundlagen für eine erste Diskussion geschaffen. Die Schau im Weißen Saal zeigt eine erste Erarbeitung der Probleme vom Rationellen her. Es sind Normen zu ermitteln, die immer nur das ‚Allgemeinste' umfassen sollen und dürfen. Der Augenblick, das ‚Persönlichste' zu gestalten und die Aufgabe der Gesamtkonstruktion Berlins von einem umfassenden Gesichtspunkt oder einem geistigen Mittelpunkt her zu lösen, ist noch nicht gekommen. Dabei sei festgehalten, dass der Begriff des Allgemeinsten und der Begriff des Persönlichsten sowohl mit der Einzelperson als auch mit der Gemeinschaft zu tun hat. Das also, was gezeigt wird, sind Vorschläge, die das Allgemeinste angehen. Das, was gewissermaßen aufgrund von Konventionen im Interesse der Allgemeinheit zunächst festzulegen ist."

Doch bei allem Interesse, welches die Ausstellung fand, wer war – abgesehen von der Fähigkeit – angesichts der Lage in Berlin bereit, diesem Höhenflug von Scharoun und seinem Kollektiv zu folgen? Bezeichnenderweise war es ein intellektueller Stern am damaligen Himmel, der Gründer des „Tagesspiegel", Edwin Redslob, der am 23. August in einem Artikel u. a. schrieb: „Rettung der Großstadt – so kann man die Ausstellung nennen, die soeben im Weißen Saal des Berliner Schlosses eröffnet wurde und uns über die Pläne und die Vorbereitungen zum Wiederaufbau Berlins unterrichtet. Und füglich kann man Prof. Scharoun, den Lehrer für Städtebau an der Technischen Universität, der als Stadtrat und Stadtbaurat überparteilich die Baufragen der Stadt behandelt, den Retter Berlins nennen. Denn es geht ihm um mehr als um die Wiederherstellung des Vernichteten, es geht ihm und seinen Mitarbeitern um die Schaffung eines neuen Organismus, der die Zerstörung als Schicksal verarbeitet und eine neue Form des Stadtorganismus sucht, die überhaupt erst aus der großen Stadt die Großstadt macht ... Ich muss gestehen, dass ich, als Scharouns Pläne bekannt wurden, die völlige Neuplanung, die sie brachten, zunächst für utopisch hielt. Man braucht Zeit – und dies sei jedem Besucher der Ausstellung gesagt –, um sich mit der Vision des neuen Berlin zu erfüllen, wie Scharoun sie gewann. Hat man sich aber mit seinen Gedankengängen vertraut gemacht und die Ideen erkannt, die seiner Arbeit die innere Bedeutung geben, so wird man zum unbedingten, ja zum fanatischen Anhänger dieser Art des Arbeitens." Der Artikel Redlobs schließt mit den Worten: „Scharoun und die um ihn formierte Arbeitsgemeinschaft, zu der sich acht Fachleute auf allen Gebieten der Architektur und Gartenarchitektur verbanden, haben ganze Arbeit getan ..."

Auch eine so bekannte Journalistin und Buchautorin wie Margret Boveri schrieb am 6. Dezember in einem längeren Bericht über die Ausstellung in der „Düsseldorfer Wirtschaftszeitung" am Schluss: „Die Planung der Scharoungruppe mag in Teilen oder im Ganzen durch andere, vielleicht bessere Lösungen ersetzt werden, sie mag sich mit den wandelnden Verhältnissen ändern und den wirtschaftlichen Erfordernissen anpassen müssen, sie hat aber jedenfalls eines geleistet, sie hat die Bahn eröffnet, auf der die Diskussion, die Inangriffnahme der kurzfristigen Arbeiten und die Festlegung der langfristigen Ziele ihren Anfang nehmen können. Es gibt wohl kaum einen Besucher des ‚Weißen Saales', der sich der suggestiven Wirkung dieser Leistung entziehen kann, suggestiv vielleicht weniger im Hinblick auf die einzelnen Vorschläge als auf das herzerhebende Bewusstsein, dass hier mit Ernst, Fleiß, Sachkenntnis und Zukunftsmut gearbeitet wurde. Mehr als ein Berliner und gar mancher auswärtige Besucher hat aus der Tatsache, dass diese Ausstellung, von Deutschen gearbeitet, von allen vier Alliierten genehmigt, möglich wurde, wieder neue Hoffnung geschöpft und zwar nicht nur für Berlin, sondern für ganz Deutschland."

Längst hatten sich aber die Realpolitiker zu Worte gemeldet. Schon am 29. August berichtete die Zeitung „Der Sozialdemokrat": „Der Ausschuss Bau- und Wohnungswesen der SPD ist der Auffassung, dass die dargestellten Pläne des Magistrats reale Möglichkeiten völlig unbeachtet lassen. Sie sind deshalb abzulehnen. Auch die Grundgedanken dieser Planung sind verfehlt ..." Wie Moest der Ansicht war, dass man nicht eine neue Stadt errichten könnte, verlangte jetzt der Ausschuss, Rücksicht auf die Tatsache zu nehmen, dass ein großer Teil aller baulichen Anlagen – insbesondere der größte Teil der Untergrundbauten – noch vorhanden war. Es war ja nicht zu bestreiten, dass die Versorgungsleitungen, Schienen der Straßenbahn, die U-Bahn- und S-Bahn-Anlagen weniger gelitten hatten und in absehbarer Zeit wieder instand gesetzt werden konnten. So kam es zu dem vernichtenden Urteil in dieser Zeitung: „Es wird weder ein Plan gezeigt, noch werden Verordnungen bekannt gegeben, nach denen ein Sofortprogramm durchgeführt werden kann. Stattdessen tritt der Magistrat mit städtebaulichen Plänen an die Öffentlichkeit, die alle Grenzen des Möglichen überschreiten und völlig übersteigerte Ziele verfolgen."

So erlebte ich aus nächster Nähe mit, wie ein mit hohem Idealismus und in unermüdlicher Arbeit zu einer großen Ausstellung verarbeitetes Gedankengut von den Realitäten beiseite geschoben wurde. Wir haben in späteren Jahren verschiedentlich mit dem uns in Freundschaft verbundenen Wils Ebert, der dann schon Professor für Städtebau an der Hochschule für bildende Künste war, darüber gesprochen, wie schnell die Ausstellung nach ihrem Abbau vergessen wurde. Für mich ergab sich schon 1946 die später noch vertiefte Erkenntnis, wie problematisch der Beruf des Architekten ist. So schön es ist, etwas hinzustellen, das seinen Schöpfer überlebt, alle, auch oder gerade die berühmten Architekten, mussten und müssen manche hoch angesiedelten Ideen, die an sich uns bereichern würden, fallen lassen, weil ihnen der Bauherr nicht zu folgen vermag oder aus den verschiedensten Gründen nicht folgen will.

Die Amerikaner kommen und anderes

So schön es war, dass einer von uns wieder im Berufsleben stand, es erinnerte mich natürlich täglich an die Ungewissheit meiner Zukunft. Gaby musste bei einer Stunde Fahrt mit dem Rad zur Arbeitsstätte schon früh aufbrechen. Die festgesetzte Arbeitszeit beim Magistrat auch am Sonnabend dauerte von 8 bis 18 Uhr, sodass sie auch abends erst spät wieder zu Hause war. Das war bei der mangelhaften Ernährung sehr anstrengend. Erst nach einigen Monaten wurde sie von einem Kollegen mit dem Auto abgeholt, worüber der Hauswart in der Nachbarschaft tratschte, der sich natürlich daran erinnerte, dass ich noch im Januar den kleinen „Topolino" zur Verfügung hatte. Mitbringsel aus dem Versorgungsladen in der Parochialstraße ergänzten die kargen Rationen kaum, zumal sie auch nur auf Marken zu haben waren. Zum Hamstern hatten wir weder das Talent noch das notwendige Tauschgut, um, wie man damals sagte, einen Kuhstall mit einem Perserteppich auszustatten. Die einzige Ausnahme war am 29. Juni eine Fahrt mit unseren mangelhaften Rädern nach Grüneberg, weit im Norden von Berlin, wo eine Familie Spottog einen Gartenbaubetrieb hatte. Wenn ich mich recht erinnere, war sie weitläufig mit meiner Schwiegermutter verwandt. Die Fahrt dauerte viele Stunden durch Berlin nach Oranienburg und weiter, sodass wir dort übernachten mussten. Wir wurden aber freundlich aufgenommen, verpflegt, und die Räder voll beladen mit Gemüse und Kartoffeln u. a. gingen wir am nächsten Morgen wieder auf Fahrt. Wir hatten noch nicht die Vororte von Berlin erreicht, als aus einem Feldweg heraus ein Russe gelaufen kam und mir mein Rad wegnehmen wollte. Da hatte er aber nicht mit Gaby gerechnet. Sie kam mir zu Hilfe und schrie auf polnisch und mit einigen russischen Flüchen so furchtbar auf ihn ein, dass er schließlich das zwischen uns hin und her gezerrte Rad fahren ließ. Wie durch ein Wunder hatten sich unsere Beutel und Pakete nicht gelöst, und sogar ein paar Eier blieben heil, wie wir zu Hause feststellten. Fortan unbehelligt erreichten wir die Stadt, aber als wir nach langer Fahrt wieder einmal auf dem heutigen Rathenauplatz ankamen, war es aus. Gaby warf ihr Rad zu Boden, setzte sich mit einem Weinkrampf auf den Bordstein und sagte nur: „Ich kann nicht mehr." Ich konnte mich nur dazusetzen, und wir schworen uns, nie wieder hamstern zu fahren. Es war gut, dass der nächste Tag ein Sonntag war, sodass Gaby sich ausruhen konnte. Für mich war bei diesen Anstrengungen gut, dass ich noch meinen Pneumothorax hatte. Das Betrübliche war nur, dass Dr. Thiede, dem ich seinen Fortbestand verdankte, selbst nach einem Blutsturz schwer krank war, sodass die Füllungen in der bereits wieder arbeitenden Lungenfürsorgestelle in Zehlendorf vorgenommen werden mussten. Die Hoffnung, dass sich mit einer Normalisierung der Verhältnisse auch meine beruflichen Chancen bessern würden, habe ich nie aufgegeben. Zu dieser „Normalisierung" gehörte, dass endlich am 3./4. Juli die amerikanischen Truppen einrückten und damit der amerikanische Sektor geschaffen wurde, zu dem auch Lichterfelde gehörte. Mangels verlässlicher Nachrichten kam der Einzug für mich überraschend. Gaby war im Amt, und ich machte vormittags irgendeine Besorgung. Dabei kam ich an der Kreuzung Drake-, Curtiusstraße und Gardeschützenweg vorbei, wo eine uniformierte Russin in Feldbluse und mit Mütze den Verkehr auffallend vieler russischer Militärfahrzeuge regelte, wobei sie weit ausholend rote und grüne Fähnchen schwenkte, wie es noch lange im Osten üblich bleiben sollte. Auf meinem Rückweg war die Kreuzung leer, kein Russe mehr zu sehen. Plötzlich kam aber unter der Bahnunterführung in der Drakestraße ein schon von weitem lackblitzendes Armeefahrzeug herauf. Es war, wie ich später lernte, ein Jeep. In ihm saßen zwei Soldaten in wie maßgeschneiderten sauberen Uniformen mit weißen Halstüchern. Der Jeep hielt mitten auf der Kreuzung. Einer der Soldaten stieg aus und blieb auf der Kreuzung stehen, sodass man auch seine hochglanzpolierten Stiefel, nicht etwa „Knobelbecher", sehen konnte. Man hatte den Eindruck, er sah uns Passanten, die wir ihn wie ein Wunder anstarrten, gar nicht, als er ein Paar zusammengelegte weiße Handschuhe auf seiner Schulter unter der Epaulette hervorzog und lässig überstreifte. Als er fertig war, rollten auch schon die ersten weiteren Armeefahrzeuge und Panzer heran. Nun kam wieder etwas Neues für uns. Noch das schon gewohnte Bild der in der Luft herumrudernden Russin vor Augen, hob jetzt der Soldat den rechten Arm allenfalls bis zur Höhe des Kopfes und wies nur mit dem Zeigefinger oder Daumen der weiß behandschuhten Hand den Fahrzeugen die Richtung. Das ging so elegant, flüssig und reibungslos, dass er offenbar seine Direktiven und die örtliche Lage genau kannte. Nach Wochen des Ausgeliefertseins an Menschen eines fremden Kulturkreises mit fremder Sprache, die als stolze Eroberer auftreten konnten, wirkte dieses neue Bild wie die Demonstration einer anderen Welt. Es sollte ja auch eine sein, die Amerikaner zogen eine Show ab, indem sie, wie wir später erfuhren, als erste Streitkräfte eine Mustertruppe, die „Hell on wheels", einziehen ließen. Das ändert nichts daran, dass ich am Abend von meinem kleinen und doch so beeindruckenden Erlebnis berichten konnte. Wir waren schon jetzt froh, zufällig im „richtigen" Sektor zu wohnen und mit größerer Sicherheit rechnen zu können. Dass die Amerikaner so spät kamen, obwohl sie in Mitteldeutschland vor den Toren Berlins standen, weil die Russen die Frage des Einzugs der Westverbündeten mit der gleichzeitigen Räumung Thüringens durch die Amerikaner koppelten; dass schon zu dieser Zeit die Russen versuchten, eine Kontrolle der amerikanischen Truppenzüge durch die Sowjetische Besatzungszone zu erzwingen, sodass General Clay erst drohen musste, die Züge durch bewaffnete Wachen begleiten zu lassen, erfuhren wir erst sehr viel später.

Vielleicht war es auch gut, dass wir vorläufig noch glaubten, dass die Alliierten bei der Herrschaft über Berlin an einem Strang ziehen würden. Die Einrichtung der Alliierten Kommandantur schon am 7. Juli und dann auch noch im amerikanischen

Sektor sahen wir als gutes Zeichen an. Wir werteten es auch als positiv, dass mit Verordnung Nr. 1 der Kommandantur alle von der Roten Armee und auf ihre Weisung durch die von ihr geschaffenen deutschen Behörden ausgegebenen Befehle und Anordnungen weiter in Kraft blieben, ohne dass wir und vor allem die ahnungslosen Amerikaner wussten, wie effektiv die aus Moskau eingeflogene Gruppe Ulbricht schon seit Mai in den Bezirksverwaltungen gearbeitet hatte. Es gab viel zu korrigieren. So wurde z. B. von den Briten und Amerikanern schon bald die Tätigkeit der von den Russen und deutschen Kommunisten eingesetzten Haus-, Straßen- und Blockleute verboten, die willkürlich in das Privatleben der Bevölkerung eingriffen. Der daraufhin von dem ganz von den Sowjets abhängigen Magistrat eingelegte Einspruch wurde scharf damit zurückgewiesen, dass dieses System der Obleute als Nachahmung der Blockwarte der Nazizeit in keiner Weise demokratisch sei. Wir mussten allerdings auch schnell lernen, dass erst einmal das nur von wenigen Soldaten durchbrochene Fraternisierungsverbot galt, wertvolle Nahrungsmittel vor den Augen hungriger Kinder in die amerikanischen Abfalltonnen gekippt wurden u. a. m. Wir wussten auch nicht, dass uns die Amerikaner zum Weihnachtsfest eine sehr unerfreuliche Überraschung bereiten würden, worüber noch zu berichten sein wird. An der fehlenden Nachrichtenversorgung, daran, dass es keine Post gab, änderte sich einstweilen nichts. Das gehörte zu den größten Belastungen nach unserer Rückkehr nach Lichterfelde. Waren in der Klopstockstraße noch einige Informationen durchgesickert, so erfuhren wir jetzt im Wesentlichen, was Gaby nach dem 12. Juni aus der Parochialstraße mitbrachte. Oft waren es nur Berichte über die Schwierigkeiten, die Prof. Scharoun hatte, um als parteiloser Stadtrat seine Vorlagen in den Magistratssitzungen durchzusetzen. Ausnahmen waren schon im Juli die Bewilligung von drei Millionen RM für vordringliche Brückenbaumaßnahmen. Dieser Vorlage konnte sich keiner verschließen, denn von allen über Berliner Wasserläufe führenden Brücken waren 85 Prozent, insbesondere durch Sprengungen, zerstört worden.

Unser Radioapparat war seit dem Einmarsch der Russen in seinem Versteck auf dem Hängeboden, das sich als so sicher herausgestellt hatte, dass wir das Gerät auch dort ließen, als der Bevölkerung mit Wandanschlägen in dem Befehl Nr.1 des Chefs der Besatzung, Bersarin, neben vielem anderen befohlen wurde, alle Empfänger abzuliefern. Ich sehe noch am Rathaus Zehlendorf Hunderte von Apparaten ungeschützt aufeinander getürmt im Freien lagern. Nur das ununterbrochen schöne Wetter hat wohl dazu beigetragen, dass dieses Beutegut Russland noch einigermaßen brauchbar erreicht hat. Unser Gerät blieb noch wochenlang versteckt, weil es keinen Strom gab. Schon vor der Kapitulation war am 21. April jeder Verbrauch von Strom und Gas verboten worden, und danach fiel dann alles aus. Die Belieferung kam erst bezirksweise wieder in Gang. Wann wir wieder Strom hatten, weiß ich nicht mehr. Es muss im Laufe des Monats Juni gewesen sein, denn Ende des Monats gab es einen Befehl

Nr. 20 des sowjetischen Stadtkommandanten mit einer Reihe von Maßnahmen zur Einschränkung und Regulierung des Stromverbrauchs. U. a. wurde der Bevölkerung die Benutzung elektrischer Geräte in der Zeit von 9 bis 19 Uhr verboten. Während vorher bei Überlastung ganze Bezirke völlig abgeschaltet wurden, sollten jetzt nur noch Unterbezirke und einzelne Verbraucher abgeschaltet werden. Zu dieser Zeit werden wir auch unseren Apparat wieder hervorgeholt haben, zumal auch der Berliner Rundfunk – wenn auch unter kommunistischer Regie und sowjetischer Aufsicht – wieder tätig war. Nur das äußere Bild hatte sich nicht geändert. Während vorher die Paukenschläge des Beethoventhemas der BBC-Sendung mit der den Apparat umhüllenden Decke gedämpft werden mussten, drohte auch jetzt noch die Beschlagnahme und nicht zuletzt der Neid der Nachbarn, die ihren Apparat abgeliefert hatten. Erst Ende August untersagte die amerikanische Militärregierung für ihren Sektor jede weitere Beschlagnahme von Rundfunkgeräten aus privaten Wohnungen mit der vernünftigen Begründung, dass die Sendung alliierter Programme über deutsche Rundfunkstationen eine wichtige Aufgabe bei der Umerziehung des deutschen Volkes zu erfüllen hätte. Dass dazu ein von den Russen unabhängiger Sender notwendig war, haben sie auch bald erkannt.

Bei dem Abgeschnittensein von der Außenwelt machte uns vor allem die Frage Sorge, ob und wie die Eltern in Stralsund alles überstanden haben. Peter Rintelen war hinsichtlich seiner in Stralsund lebenden Mutter in gleicher Sorge. Alle Versuche, jemanden am Stettiner Bahnhof zu finden, der sich nach Norden durchschlagen wollte, und ihm eine Nachricht mitzugeben, waren vergeblich, und umgekehrt hörten wir auch nichts aus Stralsund. Da wir damit rechneten, dass es noch Monate dauern würde, bis es wieder Postverkehr geben würde, beschlossen wir, zu dritt, d. h. Peter Rintelen, seine Frau und ich, den Versuch zu machen, Stralsund zu erreichen.

Am 11. Juli brachen wir in Charlottenburg auf und kamen nach entsprechendem Fußmarsch gegen 13 Uhr auf den Stettiner Bahnhof. Hier stellten wir uns in einem riesigen Gedränge an, weil um 17.30 Uhr ein Zug nach Eberswalde fahren sollte, was so etwa in unserer Richtung lag. Hier sah ich in der langen Zeit des Wartens zum ersten Mal das furchtbare Flüchtlingselend. In Schwärmen von Fliegen saßen und schlugen die Menschen sich um die Plätze auf der großen Treppe, die zu den Bahnsteigen führte. Weil ich es in meinem Tagebuch vermerkt habe, muss es mir einen besonderen Eindruck gemacht haben: „Eine sichtbar völlig verlauste Frau …" In Eberswalde hatten wir sogar „Anschluss". Ein Güterzug fuhr nach Angermünde. Auch dort waren Massen von Flüchtlingen, die von ihrem wenigen Hab und Gut noch vieles weggeworfen hatten. So stolperte ich über eine schöne Ausgabe der „Briefe der Fürstin Lieven". Auch in Angermünde bekamen wir einen Güterzug, dessen Ziel Scheune vor den Toren von Stettin sein sollte. Das war schon nicht mehr unsere Richtung, bot aber die Chance einer Verbindung nach Stralsund. Jetzt bestand der

Zug aus offenen Kohlewaggons. Wegen der doppelten Sommerzeit und Jahreszeit war es, wie in nordischen Nächten, lange hell, und es war warm. Wir hockten auf den Steinkohlen und genossen beinahe die Fahrt durch die Nachtluft, denn wir waren erst morgens um halb fünf Uhr auf dem Güterbahnhof in Scheune. Auch hier lagerten wieder große Massen von Flüchtlingen aus Ostpommern. Da eine Verbindung nach Pasewalk nicht in Aussicht war, versuchten wir gegen sieben Uhr morgens, Lastwagen an der Pasewalker Chaussee anzuhalten, aber vergebens. Es blieb also nichts anderes übrig, als zum Güterbahnhof in Scheune zurückzukehren. Hier wurde aber die Situation brenzlig. Während Frau Rintelen zufällig etwas weiter entfernt stand und ungeschoren blieb, wurden uns beiden die Passierscheine abgenommen, und wir wurden zu einem großen Haufen anderer Männer gebracht. Sie standen dort in mehreren Reihen und warteten, wie wir hörten, auf den Abtransport nach Stettin zum Einsatz bei Aufräumarbeiten. Man wird verstehen, dass das nun gar nicht in unserem Sinne war. Die Szene ähnelte dem von mir erzählten Erlebnis, das ich in Zehlendorf zusammen mit Dr. Lutz hatte. Peter Rintelen kannte die Geschichte, sodass es weiter keiner Abstimmung zwischen uns bedurfte. Auch jetzt stellten wir uns hinter allen anderen auf, kletterten unter den Puffern von in zwei Reihen hinter uns stehenden Güterwagen hindurch und waren damit erst einmal wieder in „Sicherheit". Frau Rintelen, die uns nicht aus den Augen gelassen hatte, stieß zu uns, und wir beratschlagten in aller Eile. Wir beschlossen, dass Peter und ich versuchen sollten, auf Schleichwegen Löcknitz zu erreichen. Frau Rintelen sollte versuchen, auf direktem Weg zu dem Bahnhof dort zu kommen. Auf der Pasewalker Chaussee waren Kontrollen zu befürchten, und auch auf den von uns benutzten Landwegen wichen wir jeder verdächtigen Begegnung aus, schlugen uns dann seitwärts in die Büsche. Unsere Furcht, dass man uns suchen könnte, war rückblickend natürlich Unsinn. Man hatte zwar unsere Passierscheine, aber sonst machte es nicht den Eindruck, dass beim Abtransport jeder Einzelne erfasst wurde. Sie hatten andere Probleme, als zwei Ausreißer zu suchen, deren Verschwinden sie gar nicht gemerkt hatten. Uns war aber doch alles so in die Knochen gefahren, dass wir diese überflüssige Furcht hatten.

Nach später errechneten ca. 30 Kilometer Fußmarsch kamen wir erschöpft nach Löcknitz. Schon von weitem sahen wir einen Zug stehen, der, wie sich herausstellte, nach Pasewalk unterwegs war und hier nur wegen eines Gegenzuges auf der eingleisigen Strecke halten musste. In gestrecktem Lauf erreichten wir völlig erschöpft den Zug, bei dem zu unserer großen Freude auch Frau Rintelen stand. Wir kamen in einem an sich voll besetzten Güterwagen unter, wo ich mich instinktiv sofort in die dunkelste Ecke zurückzog. Rintelens wollten an der offenen Tür bleiben, um mehr frische Luft zu haben, und wurden prompt von einem polnischen Offizier angesprochen, der vor den Wagen auf und ab ging. Es ergab sich aber, dass unsere immer noch vorhandene Furcht unberechtigt war. Mit diesem Zug kamen wir dann um 18 Uhr in

Pasewalk an. Hier gab es eine funktionierende Pumpe, wo wir uns erfrischen konnten. Für weitere Erfrischung nach der Hitze des Tages sorgte ein Gewitter. Sonst aber mussten wir uns damit abfinden, an diesem Tage nicht mehr weiterzukommen. Dem Vernehmen nach bestand nur die vage Hoffnung, dass am nächsten Morgen ein Zug nach Stralsund fahren würde. Der als Kreuzungspunkt verschiedener Strecken wie Stettin-Hamburg, Berlin-Sassnitz-Trelleborg etwas größere Bahnhof bot ein Bild, dessen Beschreibung eigentlich der Hand eines Schriftstellers bedürfte. Zwei Bahnsteige waren nur mit russischen Soldaten und ihrer Ausrüstung besetzt, während auf den übrigen dicht bei dicht Flüchtlinge standen, saßen, lagen. Alle warteten auf die Nacht und schliefen vor Erschöpfung zum Teil schon jetzt. Ein Übergang von einem Bahnsteig zum anderen war nur über die Geleise möglich, denn die Unterführungen wurden seit langem als Latrinen benutzt, da die Bahnhofstoiletten schon seit vielen Tagen verstopft und verschmutzt nicht mehr benutzbar waren. In der Hitze dieser Tage hatte sich ein furchtbarer Gestank entwickelt, der aus den Unterführungen hervorquoll. Nur den Windböen des Gewitters war es zu verdanken, dass man sich in der Nähe überhaupt aufhalten konnte.

Die von Russen besetzten Bahnsteige boten bei Einbruch der Dunkelheit ein fesselndes Bild. Überall flammten Lagerfeuer auf; hier erklang eine Ziehharmonika, dort eine Balalaika, und die Soldaten sangen ihre schönen Heimatlieder oder tanzten in dem flackernden Schein des Feuers. Man vergaß bei diesem Anblick den schrecklichen Rahmen, die Umgebung dieses Bildes, musste aber daran denken, wie es möglich war, dass dies dieselben Menschen waren, welche auf ihrem weiten Weg bis zum heutigen Abend nicht nur gekämpft, sondern auch geplündert, gemordet und vergewaltigt hatten. Gegen Morgen wurde es unruhig, kam wieder Bewegung in die Massen. Es war bekannt geworden, dass gegen fünf Uhr ein sogar fahrplanmäßiger Zug kommen würde, und er kam. Bei dem Ansturm auf den Zug wurde ich von Rintelens getrennt und bekam schließlich mit drei anderen zusammen einen Stehplatz auf der Toilette. Pünktlich 5.10 Uhr setzte sich der Zug in Richtung Stralsund in Bewegung. In den Gängen, auf dem Platz vor der Toilette stand alles dicht gedrängt, Wenn es jemandem gelang, sich bis zu uns durchzuwinden, verstärkte einer von uns dreien das Gedränge vor der Tür, um drinnen für die Benutzung der Toilette Platz zu schaffen, und alle drehten dem sich erleichternden Männlein oder Weiblein diskret den Rücken zu und schirmten sie zugleich ab.

Um halb zehn Uhr waren wir in Stralsund. Rintelens wanderten in Richtung Altstadt, wo die Mutter wohnte, während ich geradeaus den unversehrten Jungfernstieg entlangging. Auch in der anschließenden Teichstraße stand alles wie früher. Beim ersten sorgenvollen Blick um die Ecke von Martins Garten sah ich erleichtert unten am See das Haus mit der Wohnung der Eltern in der Sonne liegen. Nur noch wenige Schritte, und meine Mutter und ich lagen uns stumm, aber glücklich in den

Armen. Dieses Glück wurde aber grausam gestört, als ich auf die Frage nach unserem „Popp", wie wir ihn nannten, hörte, dass er schon am 24. Juni wegen Darm- und Leberkrebs operiert worden war. Wie ich weiter hörte, wusste er auch die Schwere und Hoffnungslosigkeit seiner Erkrankung. Man hatte ihn im Marinelazarett operiert, aber bevor die Kollegen mit ihm gesprochen hatten, fragte er nach dem Aufwachen aus der Narkose die diensthabende Schwester, wie lange die Operation gedauert hätte. Ahnungslos und fröhlich erwiderte sie: „Das ging ganz schnell, nur 20 Minuten." Damit wusste der erfahrene Arzt, dass der Leib voller Metastasen war. Die Operateure hatten die Bauchhöhle nach der Öffnung gleich wieder zugemacht.

Auch meine Mutter wusste das trostlose Ergebnis. Sie war nur froh, dass ich wenigstens gesund und mit nach damaligem Maßstab guten Nachrichten vor ihr stand. Sie hatte mir vergeblich auf den verschiedensten Wegen mehrere Briefe geschickt. Es war für sie sehr schwer gewesen, allein und dann noch mit der Sorge um uns belastet diesen Schicksalsschlag ertragen zu müssen, nachdem sie die Besetzung durch die Russen glücklich überstanden hatten. Ein russischer Soldat hatte meinem Vater nur die Armbanduhr abgenommen. Die Erinnerungen an den Ersten Weltkrieg, die beiden französischen und englischen Stahlhelme, auch den großen Armeerevolver und seinen kleinen, hatte er rechtzeitig in den Knieperteich geworfen. Sonst war nur noch ein ganz junger Offizier gekommen. Er ging schweigend von der Diele durch die offene Tür in das Wohnzimmer, schob die breite Glastür zum Wintergarten und Zimmer meiner Mutter auf. Nach einem Blick durch die breiten Fenster über den Teich auf die Altstadt drehte er sich um und sagte zu meiner hinter ihm stehenden Mutter: „Das ist deutsche Kulturr." Er ging dann noch in mein Zimmer, sah dort das Grammofon stehen mit einer Platte darauf. Nachdem er den Apparat aufgezogen und die Nadel aufgesetzt hatte, kam er wieder auf die Diele. Dort stand die schöne Hochzeitstruhe der Anna Delius – meiner Großmutter – aus dem Jahre 1853. Der Besucher, wie wir ihn jetzt nennen wollen, schlug die darauf liegende Decke halb zurück, setzte sich auf die Truhe, und Wilhelm Kempff spielte Beethovens Mondscheinsonate. Als sie zu Ende war, schlug er die Decke wieder zurück, drückte meiner Mutter stumm die Hand und ging. Auch das hat es also gegeben, und die irgendwie vorhandene Ähnlichkeit mit dem Erlebnis, das ich mit dem jungen Russen Ende April in Lichterfelde hatte, hat mir zu denken gegeben.

Am Tag nach meiner Ankunft trat ich allein den schweren Gang zum kranken Vater in das Marinelazarett an. Er war noch sehr schwach, und die Freude über unser Wiedersehen einerseits und die Tatsache andererseits, dass dieses Wiedersehen so ungeheuer mit der beiderseitigen Kenntnis der hoffnungslosen Erkrankung belastet war, mussten ihn natürlich sehr aufregen, und ich musste alles aufbieten, um Fassung zu bewahren. Sein größter Wunsch war, bald nach Hause zu kommen. Ein paar Tage später konnte ich ihn nach Hause holen. Wir hatten ihm mein früheres Zimmer eingerichtet, wo er Ruhe und frische Luft am See haben konnte. Überraschend war ihm der Transport sehr gut bekommen.

Zwei Tage später machte ich mich früh auf den Weg nach Rakow zum Bürgermeister Grawe, den ich in meiner Lehrzeit durch den Siloverwalter, Herrn Strathoff, kennen gelernt hatte. Ich traf nur seine Frau an, die mir aber gerne Lebensmittel für meine Eltern mitgab, sodass ich schon um elf Uhr wieder daheim war. Am nächsten Tag wanderte ich, mit damals auf dem Land knappem und daher sehr begehrtem Salz und Essig versehen, nach Pantelitz, wo ich ebenfalls erfreulich viele Lebensmittel einhandeln konnte, mit denen ich mittags wieder unbehelligt nach Hause wandern konnte. So vergingen die Tage, die ich in Stralsund bleiben konnte, nur allzu rasch. Peter Rintelen. war erkrankt, so musste ich mich voraussichtlich allein auf die Rückreise machen. Es ergab sich aber, dass der Bruder bzw. Schwager unserer Vermieter, die über uns wohnten, ein pensionierter Oberst a. D. Juhl, ebenfalls nach Berlin zurückwollte, und wir beschlossen, uns zusammen auf den Weg zu machen.

Auch diese Reise sollte sehr abenteuerlich werden. Am schlimmsten war aber der schwere Abschied vom sterbenden Vater. Ich hatte in den vergangenen Tagen immer wieder die Schmerzanfälle erlebt und in der Nacht seine Schmerzensschreie gehört, bis meine Mutter ihm mit dem, Gott sei Dank, vorhandenen Morphium Linderung brachte. Am Tage saß ich viel bei ihm. Wir sprachen vom trotz allem erfreulichen Ende des Krieges, aber auch davon, wie nebulös die Zukunft war. Er freute sich, dass Gaby so schnell eine interessante Arbeit gefunden hatte, und war der Überzeugung, dass sich auch für mich bald ein Licht am Ende des Tunnels zeigen würde. Über die tödliche Krankheit wurde nicht gesprochen. Er blieb bis zu seinem Tode unser „großer Schweiger", der er immer gewesen war. Auch ich musste selbstverständlich schweigen. Irgendwelche optimistischen Aussagen, Aufmunterungen wären bei ihm als Arzt völlig fehl am Platze gewesen. Außerdem kannte ich seine Überzeugung, dass es nach dem Tode nichts mehr gibt, und teilte sie. So haben wir an seinem Krankenbett viel geschwiegen und uns doch so gut verstanden. Ich weiß, dass ich zu einem großen Teil den Hang zum Schweigen, alles mit sich selbst abzumachen, von ihm geerbt habe. Man muss nun einmal nach dem Gesetz leben, nach dem man angetreten. Ein Versuch im hohen Alter, davon eine Ausnahme zu machen, ist auch prompt fehlgeschlagen. Ich bin aber immer stolz auf mein Vorbild gewesen. Er hat es auch gespürt und war selbst ein wenig stolz, dass sein einziger Sohn menschlich seinen Vorstellungen entsprach und beruflich bis dahin erfolgreich war. Bei diesem Zusammensein lag es wie eine Last auf mir, aber sicher auch auf ihm, dass wir uns nach meiner Abreise wohl nicht mehr wiedersehen würden.

Der Abschied in diesem beiderseitigen Bewusstsein war unendlich schwer, und es soll wohl so sein, dass man erst in solchen Momenten weiß, wie sehr man seinen Vater liebt. Ich habe ihn auch zum ersten Mal weinen gesehen, und später – kurz vor seinem Tode – hat er zu meiner Mutter gesagt: „Ich wäre noch so gerne ein wenig bei euch geblieben ..." Auch meine Mutter in dieser Situation allein zu lassen war schwer. Oberst Juhl wusste aber, was mich bewegte, und wir zogen schweigend zum Bahnhof. Es war gut, dass seine Begleitung und die weiteren Umstände der Reise für Ablenkung sorgten.

Mittags ging ein Zug, der aber auch in dieser Richtung überfüllt war, weil die meisten Wagen für Polen reserviert waren. Jetzt wollten die vielen Zwangsarbeiter nach Hause, die in Mecklenburg und Vorpommern auf dem Lande gearbeitet hatten. Wir konnten aber sitzen, und die Jahreszeit ließ auch die fehlenden Scheiben in den Fenstern ertragen. In Pasewalk war ein Anschlusszug nach Neubrandenburg bei unserer Ankunft schon fort. Die Bahnsteige voller Flüchtlinge, der fürchterliche Gestank, es war alles wie auf der Herfahrt; nur das schaurig schöne Bild der am Biwakfeuer tanzenden russischen Soldaten fehlte. Wir verbrachten die Nacht diesmal auf einem der Bahnsteige. Nach einigen Stunden bekam ich ausgerechnet in dieser Situation Durchfall und Schüttelfrost, sodass ich die meiste Zeit außerhalb des Bahnhofs blieb. Erst um zehn Uhr am nächsten Vormittag konnten wir mit einem Güterzug mit offenen Waggons weiterfahren. Da hockten wir im schwarzen Rauch der mit Braunkohlebriketts befeuerten Maschine teilweise im Regen, als drei polnische Soldaten von Waggon zu Waggon kletterten und alle ausplünderten. Trotz unseres Widerstandes musste Oberst Juhl seine Manschettenknöpfe und ich eine Armbanduhr, die mir Rintelens mitgegeben hatten, hergeben. 1000 Reichsmark, die mir ein Pole aus der Tasche gezogen hatte, konnte ich ihm wieder wegnehmen. Auch mein Notizbuch und einen Taschenkamm bekam ich wieder. Um ein neues Erlebnis reicher kamen wir so bis Neubrandenburg. Dort stand fest, dass es allenfalls am nächsten Morgen um sieben Uhr weiterging. Da war es ein glücklicher Umstand, dass am Rande von Neubrandenburg ein alter Kamerad von Oberst Juhl aus dem Ersten Weltkrieg am Augustaweg wohnte. Es war ein langer Weg durch die zerstörte Innenstadt. Ich entsinne mich nur noch, dass wir an einem der alten erhaltenen Stadttore vorbeikamen und ich unterwegs in eines der ausgebrannten Häuser hineingeklettert bin, um mir von den verkohlten Balken Holzkohle abzubrechen, die ich zur Bekämpfung meines Durchfalls zerkaute und trocken herunterwürgte.

Das Wiedersehen der beiden alten Kämpen war herzlich, und auch ich wurde liebevoll aufgenommen. Nur unterbrochen von meinem Durchfall, konnte ich den ganzen Nachmittag schlafen. In der Nacht mussten wir aber um halb fünf Uhr – nach der Normalzeit war es ja halb drei – aufstehen und wieder den langen Weg zum Bahnhof antreten. Nach dem Aufstehen war ich zweimal auf der Toilette in Ohnmacht gefallen, aber es musste gehen. Wir erreichten auch einen Zug nach Neustrelitz, in dem ich auf der überfüllten Toilette noch einmal einen Ohnmachtsanfall bekam. Von Neustrelitz weiß ich nur noch, dass ich – bewacht von Oberst Juhl – bis zum

Mittag irgendwo auf dem Bahnhofsvorplatz in der Sonne gelegen habe. Fahrplanmäßig ging es 13.50 Uhr nach Berlin, Stettiner Bahnhof weiter, nur längere Zeit durch einen Wagenwechsel in Oranienburg unterbrochen. Dort trennten sich nach herzlichem und meinerseits dankbarem Abschied von meinem Reisebegleiter unsere Wege Ich konnte von der Invalidenstraße bis zur Stadtmitte schon die inzwischen wieder in Gang gesetzte U-Bahn benutzen. Von dort wanderte ich zur Kurfürstenstraße, wo wieder eine U-Bahn laufen sollte. Mit ihr kam ich bis zum Nürnberger Platz. Von dort musste ich, so wurde ich informiert, so schnell es in meinem Zustand die Beine erlaubten, zum Hohenzollernplatz eilen, um eventuell noch einen letzten Zug in Richtung Krumme Lanke zu erreichen. Das schaffte ich auch. Aber der Zug ging nur bis zum Breitenbachplatz. Zur Margarethenstraße war es noch ein weiter Weg, bis ich völlig erschöpft vor dem Hause stand. Die Dämmerung war schon hereingebrochen, als ich im schummrigen Treppenhaus an unserer Wohnungstür klopfte. Meine Frau öffnete vorsichtig die Tür einen Spalt breit, schlug sie aber schnell wieder zu. Erst meine Stimme überzeugte sie, dass diese unrasierte, mit Kohlen- und anderem Staub verdreckte, hohläugige Gestalt, die da erschöpft an der Wand lehnte, ihr Mann war.

Nach meinem Tagebuch habe ich vom nächsten Tag an fünf Tage mit Fieber im Bett gelegen. Die Diagnose „Ruhr" war klar, zumal wir uns erinnerten, dass auch Gaby am Sonnabend nach ihrem Dienstantritt beim Magistrat mit Fieber, Magen- und Leibschmerzen erkrankt war, sich bei ihr das Befinden aber schon am nächsten Tag so besserte, dass sie am Montag wieder mit dem Fahrrad zur Parochialstraße radeln konnte. Leider erholte ich mich nicht so schnell, aber es wurde wenigstens keine chronische Krankheit, wie es in dieser Zeit und unter den gegebenen Umständen oft vorgekommen ist. Ich blieb allerdings viele Jahre hindurch für Darmkatarrhe anfällig.

Nach meinem ausführlichen Bericht über die Reise und vor allem über meine Erlebnisse und die traurige Situation in Stralsund war ich neugierig, was während meiner Abwesenheit in Berlin vor sich gegangen war. Infolge der Informationsmöglichkeiten im Magistrat konnte mir Gaby berichten, dass am 16. Juli die Teilnehmer an der Potsdamer Konferenz, Präsident Harry S. Truman, Premierminister Winston S. Churchill und Generalissimus Josef W. Stalin, eingetroffen waren und die beiden Ersteren gleich auf einer Rundfahrt das zerstörte Berlin, u. a. die Reste der Reichskanzlei und des Führerbunkers, besichtigt hatten. Am nächsten Tag hatte dann die erste Nachkriegskonferenz der drei alliierten Mächte im Cäcilienhof bei Potsdam begonnen. Zu diesem Zeitpunkt versprachen wir uns von dieser Konferenz, dass sich die drei über eine gemeinsame Verwaltung des Reichs einigen und Berlin weiter eine herausragende Stellung geben würden. Bestärkt wurden wir in dieser Hoffnung dadurch, dass am 30. Juli die erste Sitzung des „Alliierten Kontrollrats für Deutschland" unter dem Vorsitz des Obersten Befehlshabers der Besatzungstruppen der Vereinigten Staaten von Amerika, General Eisenhower, stattfand, wobei die Sowjetunion durch Marschall Schukow und Großbritannien durch Feldmarschall Montgomery vertreten wurden. Die Vertretung Frankreichs durch General Koeltz zeigte, dass nun auch die Bildung eines französischen Sektors innerhalb Groß-Berlins in Durchführung früherer Beschlüsse der Krim-Konferenz in Jalta Wirklichkeit wurde. Sitz des Kontrollrats wurde das mir aus meiner Ausbildungszeit als Referendar so gut bekannte Gebäude des Kammergerichts am Kleistpark in Schöneberg. Wir wunderten uns nur, als durchsickerte, dass dies sogar einer Forderung der sowjetischen Delegation entsprach, die den ursprünglich beabsichtigten Sitz, das frühere Reichsluftfahrtministerium in der Leipziger Straße, wie überhaupt jeden anderen Ort im sowjetischen Sektor, abgelehnt hatte. Bei Abschluss der Potsdamer Konferenz glaubten wir noch, dass sie in etwa gebracht hätte, was wir uns von ihr versprochen hatten. Das Abkommen wies auf die Übereinstimmung hin, dass hinsichtlich der politischen und wirtschaftlichen Fragen die Prinzipien gelten sollten, wie sie für die Periode der alliierten Kontrolle in Deutschland in der Krim-Deklaration von Jalta am 11. Februar 1945 festgelegt waren. Es hieß ausdrücklich: „Die Verbündeten haben nicht die Absicht, das deutsche Volk zu vernichten oder zu versklaven, sondern wollen ihm die Möglichkeit geben, sein Leben auf Freiheit und Demokratie auszurichten. Die Behandlung der deutschen Bevölkerung muss – entsprechend dem Abkommen über den Kontrollmechanismus – in ganz Deutschland gleich sein. Verwaltung und Wirtschaft sollen dezentralisiert, aber zugleich zentrale deutsche Verwaltungsabteilungen für das Finanzwesen, das Transport- und Verkehrswesen, den Außenhandel und die Industrie errichtet werden, obwohl bis auf weiteres keine zentrale deutsche Regierung zugelassen wird ..." Dass die Behandlung der Bevölkerung in ganz Deutschland gleich sein sollte, erschien uns am wichtigsten.

Die Bettruhe ließ mir auch viel Zeit, über alle bisherigen Bemühungen, auch wieder ein Betätigungsfeld zu finden, nachzudenken. Nachdem Gaby eine so interessante Arbeit gefunden hatte, trat der Wunsch auszuwandern mehr und mehr in den Hintergrund. Versuche, brieflich mit dem Studienfreund Watson Verbindung aufzunehmen, blieben ohne Antwort. Wie ich Jahre später hörte, hätte er mir mit Rat und Tat zur Seite gestanden. So blieb für mich nur, zu suchen und zu warten. Zu den auftauchenden Möglichkeiten gehörte auch ein Kontakt zu dem vor dem Ende des Krieges in der Wallstraße residierenden Wirtschaftsverlag Hoppenstedt & Co., mit dem ich schon in der Reichswirtschaftskammer zu tun hatte. Wie der Gesellschafter und Schriftleiter Dr. Merten und ich wieder zusammenkamen, weiß ich nicht mehr. Er hatte mir schon am 11. Juni gesagt, er wolle angesichts der aussichtslosen Lage Berlin für längere Zeit verlassen, um sich in Westdeutschland nach Möglichkeiten für den Verlag umzusehen, und mich gefragt, ob ich bereit sei, an seiner Stelle so lange hinsichtlich eines Betätigungsfeldes des Verlages zu sondieren. Am 20. Juni brachte er mir Unterlagen für Verhandlungen mit dem Magistrat zur Erlangung der Gewerbeerlaubnis. Wie immer in solchen Situationen war der Wunsch der Vater des Gedankens, sodass sogar von einer eventuellen Übernahme des bekannten Industrieverlages und der Verlagsbuchhandlung Spaeth & Linde gesprochen wurde. Ich selbst sollte zum Generalbevollmächtigten bestellt werden. Schon nach wenigen Tagen stand aber fest, dass der Magistrat nicht bereit war, zentral für Groß-Berlin eine Lizenz zu erteilen, weil dem noch alliierte Vorschriften entgegenstanden. Bei einem weiteren Besuch von Dr. Merten und einem Mitarbeiter bei mir konnten wir nur gemeinsam feststellen, auf längere Sicht würde alles auf dem Nullpunkt bleiben. Zu diesen bedrückenden Tatsachen kam hinzu, dass wir am Sonntag, den 5. August Besuch von Frau von K. bekamen, die mit den evakuierten Vermietern unserer möblierten Wohnung befreundet war und uns in deren Auftrag eröffnete, dass diese nach Berlin und in ihre Wohnung zurückkehren wollten. Frau von K. wollte schon am nächsten Tag zum Wohnungsamt gehen, um alles zu regeln. Angesichts der wegen der knappen Wohnungen und der Ernährungslage erlassenen Zuzugssperre hatten wir dies nicht so bald erwartet. Wir waren aber immer noch dankbar, dass uns seinerzeit die Wohnung so vertrauensvoll überlassen wurde, und so wickelte sich alles im besten Einvernehmen ab. Wir bekamen sogar das freundliche Angebot, in dem rückwärtigen Teil der Wohnung bei gemeinsamer Küchen- und Badbenutzung zu bleiben, was wir aber sofort dankend ablehnten. Unser daraus zu entnehmender ungebrochener Optimismus war berechtigt. Gleich nebenan in der Margarethenstraße gab es eine kleine Einfamilienhaussiedlung der Gagfah, in der ein Haus leer stand. Einem Schreiben des Magistrats – Abteilung Bau- und Wohnungswesen – konnte sich die Gagfah nicht verschließen, und wir wurden als Mieter akzeptiert. Aber noch waren wir in der bisherigen Wohnung, als in den nächsten Tagen eines Morgens wie ein „Deus ex machina" ein früherer Kollege aus der Reichswirtschaftskammer an der Wohnungstür klopfte und mir den Weg in die Zukunft wies.

Justiziar in der Zentralverwaltung

Zu meiner freudigen Überraschung war es Dr. Ferdinand Grünig, Leiter der volkswirtschaftlichen und Abteilung für Statistik oder, wie sie offiziell hieß, „Abteilung für zentrale Wirtschaftsbeobachtung bei der Reichswirtschaftskammer". Er war auf diesem Gebiet unbestritten eine unserer Spitzenkräfte. Ob es die Binnenwirtschaft, die Preis-, Lohn- und Einkommensveränderungen, die Rohstofflage, die Produktionskapazitäten in der Kriegs- und Versorgungswirtschaft, Währungsfragen und vieles andere mehr waren, aus dieser Abteilung stand immer ein wohl begründetes Gutachten zur Verfügung. Die Isolierung Deutschlands, insbesondere im Krieg, hinderte

Dr. Grünig nicht daran, mit seinen Mitarbeitern auch die weltwirtschaftlichen Beziehungen der Kriegsgegner zu beobachten; wie auch dort die außenwirtschaftlichen Schrumpfungen sich vielfach auf die Binnenwirtschaft mit Auswirkung schwindender Einkommen, sinkender Rentabilität der Betriebe, Stockung der Investitionstätigkeit übertrugen. Man setzte sich damals schon mit Vorschlägen zur Abhilfe wie dem White-Plan in den USA und dem heute noch immer wieder zitierten Keynes-Plan in Großbritannien auseinander. In der Frage der Wirtschaftslenkung, in der ich oben Präsident Pietzsch zitiert habe, bestand zwischen ihm und Dr. Grünig absolute Einigkeit. Gestützt auf internationale Beobachtungen konnte Dr. Grünig noch 1943 in einem Aufsatz in der DWZ unter Bezugnahme auf einen Vortrag von Präsident Pietzsch vor der Südosteuropa-Gesellschaft in Wien zum Thema „Wirtschaftslenkung" schreiben: „… gibt es bereits heute wohl kaum ein Land, das nicht davon überzeugt wäre, dass auch in Zukunft wirtschaftslenkende Maßnahmen seitens der Staatsführung nicht mehr zu entbehren sind. Der geistige Kampf um das aufgeworfene Problem wird daher künftig weniger um die Berechtigung staatlicher Eingriffe in das wirtschaftliche Geschehen an sich gehen als um das Ausmaß dieser Eingriffe." Die Arbeit dieser Abteilung der Reichswirtschaftskammer war in diesem Umfang nur im Kontakt mit dem vor dem Krieg international anerkannten Deutschen Institut für Wirtschaftsforschung möglich gewesen. So war es verständlich, dass mein Besucher nach dem ersten Austausch unserer Erlebnisse, wie wir das Ende des Krieges überstanden hatten, von seiner Mitarbeit beim Versuch, das DIW wiederzubeleben, sprach. Der Gründer und bisherige Präsident des Instituts, Prof. Wagemann, hatte Berlin verlassen, und man wusste nicht, wo er war. Außerdem erschien er so belastet, dass er bis auf weiteres nicht mehr die Leitung behalten konnte. Einer der leitenden Wissenschaftler des DIW, Dr. Rolf Wagenführ, mir als Verfasser vieler Aufsätze und Schriften durchaus ein Begriff, war zu Dr. Ferdinand Friedensburg gegangen und hatte ihn gebeten, die Leitung des Instituts zu übernehmen. Wie ich jetzt hörte, hatte Dr. Friedensburg dem Institut fünf Jahre auf seinem Arbeitsgebiet, der Bergbau- und Energiewirtschaft, als auswärtiger Mitarbeiter angehört und war politisch nicht nur völlig unbelastet, sondern erschien als ausgesprochener Gegner des Nationalsozialismus besonders geeignet. Letzteres konkretisierte mir Dr. Grünig mit der Unterrichtung, dass Dr. Friedensburg seit 1927 Regierungspräsident in Kassel war und alle Anstrengungen unternommen hatte, um durch eine Sammlung der bürgerlichen Mitte die Herrschaft der NSDAP zu verhindern. Die Quittung war, dass er 1933 zuerst beurlaubt und im September entlassen wurde. Dies war mir alles unbekannt. Ich habe auch erst später erfahren, dass Dr. Friedensburg seine Laufbahn in der Verwaltung 1920 als Landrat im Kreis Rosenberg in Ostpreußen begonnen hatte. Das war der Landkreis, in dem deutschnationale Großagrarier wie der berühmt-berüchtigte Reichstagsabgeordnete Oldenburg-Januschauer ihre Güter hatten. Weil sicher lange vergessen, sei hier aber die Anekdote zitiert, dass selbst Herr Oldenburg-Januschauer gesagt haben soll: „Ich kann den liberalen Friedensburg nicht ausstehen, aber er ist der beste Landrat, den wir bisher hatten." Diese Tätigkeit in Ostpreußen war auch der Grund, dass der Reichspräsident Hindenburg Friedensburg nicht gerne als Vizepräsident im Polizeipräsidium Berlin wiedertraf und daher den preußischen Innenminister wissen ließ, er sähe es gerne, wenn der ihm unbequeme Friedensburg bald aus Berlin verschwinden würde, was aber dann zu der doch ehrenvollen Beförderung zum Regierungspräsidenten in Kassel führte.

Dr. Grünig erzählte dann weiter, dass Dr. Friedensburg, nachdem er eben die Leitung des DIW übernommen hatte, überraschend am 1. August zur sowjetischen Militäradministration nach Karlshorst geholt worden war und mit dem Aufbau einer Zentralverwaltung der Brennstoffindustrie beauftragt wurde, wofür ihm eine Frist von einer Woche gegeben wurde. Das Gespräch führte und diese recht ultimative Forderung stellte der Leiter der Abteilung für Brennstofffragen in der sowjetischen Administration Iwan Kurmaschew. Das längere Gespräch hatte damit geendet, dass Dr. Friedensburg dem Generalleutnant Bokow vorgestellt wurde, der im Stabe des Oberkommandierenden Marschall Schukow für die Verbindung der Militäradministration zur Gesamtheit der zu bildenden deutschen Zentralverwaltungen zuständig war. Was dort folgte, möchte ich mit den eigenen Worten von Dr. Friedensburg aus seinem Buch „Es ging um Deutschlands Einheit" S. 65 zitieren: „Er empfing mich mit freundlichem Lächeln, wechselte rasch ein paar Worte, für mich unverständlich, mit Kurmaschew und erklärte mir dann kurz und bündig, von der Dolmetscherin fließend übersetzt, ich sei vom Chef der sowjetischen Militäradministration, Marschall Schukow, zum Leiter der deutschen Zentralverwaltung der Brennstoffindustrie in der Sowjetischen Besatzungszone ernannt worden und solle schleunigst alle Maßnahmen für deren Aufstellung und Ingangsetzung treffen. Ein Wagen werde mir zur Verfügung gestellt werden. Im Übrigen sollte ich alle personellen und materiellen Erfordernisse zusammenstellen und ihre Erfüllung in einer vier Tage später anzusetzenden Sitzung mit Herrn Kurmaschew besprechen. Damit war ich entlassen." Wie Herr Friedensburg bei Herrn Kurmaschew war ich jetzt natürlich neugierig, als Dr. Grünig auf den Zweck seines Besuchs zu sprechen kam. Dr. Friedensburg stand vor der schweren Aufgabe, in kürzester Zeit halbwegs sachkundige, politisch unbelastete und zur Mitarbeit bei den Sowjets bereite Leute zu finden, um – wie es Kurmaschew formuliert hatte – ein „Ministerium" aufzubauen. Als Erster stand ihm sein Neffe Wolfram Müllerburg – nachmalig Rechtsanwalt und Notar und zeitweilig Präsident des Abgeordnetenhauses – zur Verfügung, der sich gerade wieder nach Berlin durchgeschlagen hatte. Ihn machte er zum Verwaltungs- und Personalchef. Als Justiziar wollte er lieber jemand anderes haben, und da hatte ihm Dr. Grünig von mir und meiner Arbeit in der Reichswirtschaftskammer erzählt. Das Ergebnis war der Auftrag, mich aufzusuchen und zu veranlassen, mich umgehend vorzustellen. Angesichts der Erfolglosigkeit meiner bisherigen Bemühungen konnte ich mich bei Dr. Grünig nur sehr herzlich bedanken. Seine Initiative war die Bestätigung dessen, was ich früher über das einmalige kollegiale Verhältnis in „unserer" RWK geschrieben habe. Schon am nächsten Tag saß ich in der Van-Luck-Straße in Nikolassee Dr. Friedensburg gegenüber. Ich hatte das gleiche Erlebnis wie bei meiner Vorstellung in der Reichswirtschaftskammer. Vom ersten Augenblick an war – unbeschadet der im Vordergrund stehenden sachlichen Fragen – ein persönlicher Kontakt da, der zu meiner Freude in der nur ca. 14 Monate dauernden Zusammenarbeit so fest wurde, dass aus dem zu dieser Zeit 59-Jährigen ein väterlicher Freund wurde. Er ließ sich kurz meinen Lebenslauf vortragen, war von der Kombination Kaufmann und Jurist sehr angetan. Über meine Tätigkeit in der Reichswirtschaftskammer hatte Dr. Grünig offenbar schon hinreichend Auskunft gegeben Dr. Friedensburg seinerseits legte mir kurz den mir durch Dr. Grünig schon bekannten Auftrag dar und wie er sich den inneren Aufbau seines „Ministeriums" dachte. Das war für ihn als preußischen Verwaltungsfachmann die selbstverständliche Bezeichnung für die zu errichtende „Zentralverwaltung der Brennstoffindustrie in der Sowjetischen Besatzungszone". Brennstoffindustrie, das hieß Kohlenbergbau, Elektrizitätsversorgung, Kraftstoffgewinnung einschließlich der Verteilung an die Verbraucher. Nach seiner Ansicht und nach allem, was er bisher in Karlshorst gehört hatte, entsprachen diese und andere in der Gründung befindliche Zentralverwaltungen der Notwendigkeit einer Zusammenfassung der gemeinsamen Aufgaben auf den verschiedenen Sachgebieten, nachdem in den Ländern Brandenburg, Sachsen, Sachsen-Anhalt, Thüringen und Mecklenburg-Vorpommern zur gleichen Zeit regierungsähnliche Zentralbehörden geschaffen worden waren. Die für ihn als Verwaltungsfachmann wichtige juristische Grundlage war für Dr. Friedensburg der Befehl Nr. 17, mit welchem die sowjetische Militärverwaltung für ihre Besatzungszone die Errichtung zentraler Verwaltungsorgane mit dem Sitz im sowjetischen Sektor für Industrie, Handel usw. anordnete. Da die von mir schon zitierten Beschlüsse der kürzlich abgeschlossenen Potsdamer Konferenz ausdrücklich die Errichtung von Zentralverwaltungen vorsahen, konnte man der optimistischen Auffassung sein, dass die Russen nur vorgeprescht waren. Ich bin überzeugt, dass Dr. Friedensburg die schwere Aufgabe immer mit Blick auf die Möglichkeit übernommen hat, dass aus seiner Behörde einmal eine der Zentralverwaltungen für ganz Deutschland werden könnte. Die Beschränkung auf die Sowjetische Besatzungszone hinderte ihn deshalb nicht, weil er überzeugt war, dass das Wiedererstehen Deutschlands nur in vertrauensvoller Zusammenarbeit mit der Sowjetunion zu erreichen sein würde, wie ich damals auch glaubte. Angesichts der Tatsache, dass die SMAD zu dieser Zeit gewillt war, statt der fehlenden kommunistischen Fachkräfte auch bürgerliche Fachleute heranzuziehen, war Friedensburg zutiefst der Überzeugung, mit seiner großen Verwaltungserfahrung und Sachkenntnis dieses gegenseitige Vertrauen schaffen zu können. Da wir uns eben erst kennen gelernt hatten und auch angesichts der natürlichen Autorität, die mein Gegenüber ausstrahlte, konnte ich nur vorsichtig auf die Auswirkungen der Zusammensetzung des Magistrats hinweisen, wo

Dr. Ferdinand Friedensburg

der stellvertretende Bürgermeister und Kommunist Maron regierte. und weiter auf das, was sich nach den Berichten der Auslandshandelsvertreter am Ende des Krieges nach der Besetzung Finnlands und Bulgariens in diesen Ländern abgespielt hatte. Dr. Friedensburg hörte sich das zwar aufmerksam an, meinte aber, diese Entwicklung sei eine Folge davon, dass es sich um eine ausschließlich russische Einflusszone handele. Bei uns bestünde durch den Alliierten Kontrollrat für Deutschland und die Alliierte Kommandantur in Berlin und damit mit dem Einfluss der Westmächte ein einigendes Band.

Bei der Darstellung des Aufbaus der Verwaltung erklärte Dr. Friedensburg, er brauche einen Justiziar, der mit ihm im Sinne einer absolut rechtsstaatlichen Verwaltung unmittelbar eng zusammenarbeiten müsste. Dieser müsste für einen rechtlich einwandfreien Ablauf der gesamten Arbeit des Hauses und für die Einhaltung rechtsstaatlicher Grundsätze auch bei der Zusammenarbeit mit der SMAD sorgen. Meine vorsichtige Skepsis führte zu der klaren Frage, ob ich überhaupt bereit sei, im sowjetischen Sektor zu arbeiten und die geschilderte Aufgabe zu übernehmen. Ich habe sie angesichts der Zuversicht, der Persönlichkeit, die Dr. Friedensburg ausstrahlte, ohne Zögern bejaht. Ich sah in dem Aufgabengebiet und in der Zusammenarbeit mit einem so beeindruckenden Verwaltungsfachmann eine große Chance und schlug in die so freundlich gebotene Hand. Ich kam damit in die Liste der Aspiranten, die mit dem Organisationsplan der Zentralverwaltung von Herrn Kurmaschew genehmigt werden musste. Ich kann mich nicht erinnern, bezüglich dieser Genehmigung Sorgen gehabt zu haben. Ich habe mich nur gefreut, denn ich war mir klar, dass ich auch unter weniger günstigen Auspizien wohl jede Stellung als Jurist oder Kaufmann angenommen hätte, um wieder in Arbeit und Brot zu kommen und nicht meiner Frau allein unsere Versorgung überlassen zu müssen. Irgendein Gehalt würde es wohl geben. Darüber wurde nicht gesprochen, denn auch der „Leiter" der künftigen Zentralverwaltung kannte bei diesem Gespräch noch nicht seine späteren Bezüge.

Nach wenigen Tagen kam dann die Nachricht: Dienstantritt am 15. August 1945. Auf Anordnung der SMAD und aufgrund der unermüdlichen Bemühungen des Verwaltungsdirektors Müllerburg konnten wir schon wenige Tage nach meinem Dienstantritt aus dem provisorischen Quartier in einer von dem mit Dr. Friedensburg befreundeten Bürgermeister von Zehlendorf, Wittgenstein, zur Verfügung gestellten Villa in Nikolassee in die Räume einer ehemaligen Bank an der Ostseite des Gendarmenmarktes in den sowjetischen Sektor umziehen. Mit Pappe in den Fenstern, aber elektrischem Licht, zusammengewürfelten Schränken und Schreibtischen war auch dies ein Provisorium, in dem wir in großen Räumen beieinander saßen. Wir wussten aber, dass in höchster Dringlichkeitsstufe das ehemalige Reichsluftfahrtministerium als künftiges Haus mehrerer Zentralverwaltungen für uns hergerichtet wurde. In allen Abteilungen begann die Arbeit mit der Bestandsaufnahme dessen, was auf dem Gebiet der Brennstoffindustrie in den sich rechtlich bald abzeichnenden Ländern, wie in Brandenburg z. B. der Braunkohlentagebau oder in Sachsen-Anhalt die ehemaligen Leunawerke, an Produktionsstätten noch vorhanden war. Das von mir geschilderte Vertrauen unseres Präsidenten auf das einigende Band des Kontrollrats schien gestärkt, als Ende September der stellvertretende amerikanische Militärgouverneur Generalleutnant Clay auf einer Pressekonferenz bekannt gab, dass gegenwärtig zwischen den vier Besatzungsmächten über die Errichtung deutscher Zentralverwaltungen, wie sie aufgrund der Potsdamer Beschlüsse geschaffen werden sollen, verhandelt werde. Er erklärte weiter, die Vereinigten Staaten von Amerika stünden diesem Problem positiv gegenüber und die amerikanische Militärregierung plane die Verlegung ihres Sitzes von Frankfurt/Main nach Berlin, sobald die deutschen Zentralverwaltungen funktionierten. Die Tatsache, dass sich der Alliierte Kontrollrat zwar in seiner siebten Sitzung am 1. Oktober auch mit der Frage der Bildung der Zentralverwaltungen beschäftigte, jedoch keinen Beschluss fasste, änderte daran noch nichts.

Schon in den ersten Tagen wurde unser Arbeitseifer aber dadurch beeinträchtigt, dass vom Schreibtisch weg vom NKWD Mitarbeiter verhaftet wurden. Als Ersten traf es einen Bekannten, der nur zwei Schreibtische weiter seinen Platz hatte. Herr

Danckwerts wohnte auch in Lichterfelde. Wir kannten ihn vorher nicht, aber nun waren meine Frau und ich schon mehrmals mit ihm in der Wannseebahn in die Stadt gefahren. Alle Bemühungen von Dr. Friedensburg um Freilassung dieses Mitarbeiters und später noch anderer waren mit einer Ausnahme vergebens. In diesem ersten Fall erfuhren wir nur, dass der Betreffende in einer Abteilung des Konzerns IG-Farben gearbeitet hatte, die mit dem Einsatz ausländischer Arbeitskräfte – wohl auch Kriegsgefangener – zu tun hatte. Solange wir mit seiner Frau noch Kontakt hatten, hat die Familie nichts mehr von ihm gehört. Solche Vorfälle beeinträchtigten natürlich von Anfang an das Arbeitsklima.

Rückblickend kann ich nur der Sachlage dankbar sein, dass die Reichswirtschaftskammer trotz ihrer Spitzenposition in der Organisation der gewerblichen Wirtschaft kein Tätigkeitsfeld hatte, dessen Mitarbeiter jetzt von den Alliierten, insbesondere den Russen, verfolgt wurden. Auch die im Ausweichquartier der RWK überrollten Abteilungsleiter mit Herrn Franke an der Spitze mussten nur mit anderen aus den Reichsgruppen, Wirtschaftsgruppen usw., ferner mit leitenden Beamten des Reichswirtschaftsministeriums in ein Lager in Hessisch-Lichtenau. Sie wurden dort überprüft und, wenn notwendig, bald entnazifiziert. Ich möchte schon hier vorwegnehmen, dass ein späteres zweitägiges Treffen Ende der Fünfzigerjahre der ehemaligen Abteilungsleiter der RWK mit Dr. Erdmann und Rechtsanwalt Franke in einem schönen Haus am Hardtwald in Bad Homburg ergab, dass alle, die Krieg und Zusammenbruch überstanden hatten, wieder hervorragende Positionen bekleideten. So war z. B. Dr. Erdmann Hauptgeschäftsführer und Herr Franke wieder der stellvertretende Hauptgeschäftsführer der Bundesvereinigung der Deutschen Arbeitgeberverbände. Das Schönste aber war die echte Wiedersehensfreude und dass trotz der verschiedenen Wege sofort die alte kollegiale Verbundenheit wieder da war. Dass ich nach wie vor nicht aus Berlin herauswollte, in der Zentralverwaltung gearbeitet hatte und jetzt von der Zusammenarbeit mit Ernst Reuter und dem Magistrat erzählte, machte mich zwar in den Augen von Herrn Franke mehr oder weniger ernst zum „roten Peters", es hat aber der Verbundenheit mit ihm und Dr. Erdmann bis zu beider Tod keinen Abbruch getan.

Bevor wir zurückkehren in die Zentralverwaltung und ich unser beider Berufsleben weiter schildere, ist zu berichten, dass wir im Privatleben noch nicht zur Ruhe kamen und dafür gesorgt wurde, dass die Bäume nicht in den Himmel wuchsen.

Ich hatte vom Wechsel der Wohnung in der Margarethenstraße in die Gagfah-Siedlung berichtet, aber auch erwähnt, dass die Amerikaner uns eine unangenehme Überraschung bereiteten. Es war die Beschlagnahme der ganzen Siedlung. Sie geschah noch dazu genau am Heiligabend früh mit der Maßgabe, alles Mobiliar in der Wohnung zu lassen und Räumung innerhalb 24 Stunden. Die Siedlung wurde sofort von einigen Soldaten bewacht, die ringsum Wache gingen. Es war auch jetzt wieder ein glücklicher Umstand, dass wir weiterhin keine eigenen Möbel hatten und aus der bisherigen Wohnung im Einverständnis mit den zurückkehrenden Besitzern nur das

Allernotwendigste mitgenommen hatten. Wir hatten im Wohnzimmer sogar eine kleine Tanne. In der Zentralverwaltung war ein tüchtiger und verständlicherweise sehr beliebter Mitarbeiter. Er fuhr mit einem LKW der Verwaltung jede Woche mindestens einmal über Land, um für alle Mitarbeiter zusätzlich Lebensmittel wie Kartoffeln, Gemüse u. a. m. zur markenfreien Ausgabe heranzuschaffen. Er hatte es fertig gebracht, eine Ladung Weihnachtsbäume zu beschaffen Die kleine Tanne stand bescheiden geschmückt auf einem Tisch im Wohnzimmer. Man wird verstehen, wie wir uns auf dieses erste Fest nach dem Krieg gefreut hatten. Das war nun vorbei. Wir dachten aber nicht daran, uns ohne alles auf die Straße setzen zu lassen. Eine große Hilfe hatten wir in unserer Ärztin, Frau Dr. Focken, die wenige Häuser entfernt im Nebenhaus von unserer früheren Wohnung ihre Praxis und Wohnung hatte. Sie war sofort bereit, uns erst einmal aufzunehmen. Wir wussten, dass in einer Sackgasse gegenüber von unserem Siedlungshaus eine Garage leer stand. Sie gehörte zu einem Einfamilienhaus. Der Eigentümer war sofort bereit, sie uns zur Verfügung zu stellen. Nachdem das alles geklärt war, fingen wir mit Frau Focken und meiner Schwiegermutter an, das Haus zu räumen. Es war nur so viel, dass alles in die Garage ging, aber doch sehr mühsam. Wir haben immer sorgfältig beobachtet, wenn unser Wachtposten für längere Zeit um die Ecke im Tietzenweg verschwand, aber ausgerechnet, als wir ein besonders schweres Stück, ein Sofa, herauswuchteten, stand er plötzlich vor uns. Er war aber eine mitfühlende Seele und sagte nach einigen Worten von uns: „Snell, snell", ging weiter und kam vor allem lange nicht zurück. Bevor wir dann – wieder jeder mit einem Koffer und dazu das Bäumchen – zu Frau Focken gingen, konnten wir uns doch nicht verkneifen, etwas für die uns auferlegte Möblierung des Hauses zu tun. Bei Bezug des Hauses hatten wir auf der Terrasse einen rostigen Tisch und zwei ebenso rostige Stühle vorgefunden. Gaby hatte den notwendigen Galgenhumor, dass wir Tisch und Stühle sauber im kleinen Vorderzimmer aufstellten. Sie spendierte sogar noch eine alte Wachstuchdecke, und darauf stand ein Marmeladenglas mit ein paar Tannenzweiglein. Obwohl müde und kaputt, mussten wir doch lächeln im Gedanken, was wohl der Quartiermeister der Amerikaner zu diesem „anheimelnden" Anblick sagen würde. Die Möbel blieben erst einmal in der Garage. Sonst konnten wir uns aber schnell wieder selbstständig machen. Schon am 1. Januar 1946 konnten wir durch Vermittlung unserer Charlottenburger Freunde in Steglitz, Südendstraße 15, in die voll möblierte Wohnung des früheren Leiters der Abteilung Auslandshandelskammern der RWK, Dr. Theodor Dieckmann, einziehen, nicht zu verwechseln mit seinem Bruder, Mitbegründer der LDP in der Sowjetischen Besatzungszone und später Präsident der Volkskammer in der DDR. Theo Dieckmann war noch im Lager in Hessisch-Lichtenau und seine Familie auch im Westen. Das alles konnte natürlich auch wieder nur eine Übergangslösung sein. Neben unserer Berufstätigkeit schnell wieder eine eigene Wohnung zu finden, erschien aussichtslos. Geholfen hätten vielleicht die Russen, denn sie hatten auch Dr. Friedensburg eine Villa in Johannisthal angeboten. Aber wie er in seinem Haus in Nikolassee geblieben war, wollten auch wir auf keinen Fall in den Sowjetsektor ziehen. Da war es ein glücklicher Zufall, dass wir von Peter Rintelen hörten, sein Bruder, ein hoch qualifizierter Pharmakologe, und dessen Frau hätten sich freiwillig verpflichtet, einige Jahre im Rahmen einer Kolonie von weiteren deutschen Wissenschaftlern in Südrussland zu arbeiten. Sie konnten auch ihre gesamte Wohnungseinrichtung mitnehmen. Damit wurde schräg gegenüber von unserer jetzigen Wohnung in der Südendstraße im dritten Stock der Körnerstraße eine große Altbauwohnung frei. Es machte keine Schwierigkeiten, für die Jahre der Abwesenheit diese Wohnung ab 1. März zu mieten. Da sie dann tatsächlich erst 1955 zurückgekommen sind, war unsere Vermutung richtig, dass wir in Ruhe abwarten konnten, ob und wann das Gagfah-Haus von den Amerikanern wieder freigegeben würde. Unsere Sachen aus der Garage waren schnell geholt. Zusammen mit einigen Sachen, die Rintelens nicht mitnehmen konnten oder wollten, waren wir für damalige Verhältnisse so zufriedenstellend eingerichtet, dass wir daran denken konnten, uns wieder einen Hund anzuschaffen, einen Chow-Chow mit dem vornehmen Namen „Blondine von Lauenburg", aber kurz und bündig „Bärchen" genannt. Sie wurde für viele Jahre unsere treue Begleiterin, auch wenn man diese Rasse mit Vorsicht behandeln muss.

So war nach alledem eigentlich ein guter „Background", wie man heute sagt, vorhanden, um von den beruflichen Schwierigkeiten – weniger im Magistrat als in der Zentralverwaltung – nach Feierabend abzuschalten, wenn nicht die Gedanken immer wieder nach Stralsund gewandert wären. Ich hatte den Vater Anfang Februar doch noch einmal wiedergesehen. Er war sehr, sehr elend, und auch sonst waren die Eindrücke sehr traurig. Die Ernährungslage war noch schlechter als in Berlin, und in der Stadt gab es Flecktyphus. Der Gedanke war unausbleiblich, dass die Quälerei doch bald zu Ende gehen möge. Am 21. März kam dann die Nachricht: Vater war in der zweiten Hälfte der Nacht gestorben. Er hatte den Nachttisch voller Morphium und hatte mit einer Überdosis seinem Leben selbst ein Ende gesetzt. Wir erfuhren dies von meiner Mutter, als wir noch am gleichen Tag kurz vor Mitternacht in Stralsund eintrafen. Es war unendlich traurig, noch einmal das ganz schmal gewordene Gesicht des Toten zu sehen. Am Nachmittag kam dann der für alle Leidtragenden so schwere Augenblick, wenn der Tote zur Leichenhalle abgeholt wird. Sein großer Wunsch war gewesen, feuerbestattet zu werden. „Die Würmer", wie er oft sagte, waren ihm ein Gräuel, aber nun gab es kaum einen Sarg, geschweige denn, dass zu dieser Zeit ein Krematorium in Betrieb war. Wir mussten ihn am 25. März in Begleitung von Superintendent Schumacher auf dem Knieperfriedhof beisetzen, nachdem wir vorher in der Halle noch einmal von ihm Abschied genommen hatten. Ein unendlich niederdrückendes Gefühl und Bewusstsein, nie wieder mit seinem Vater sprechen zu können. Meine Mutter hat, wie sie mir viele Jahre später gestanden hat, in Erinnerung an meinen Hang zum Katholizismus, dessentwegen sie mich seinerzeit aus München zurückbeordert hatte, ein wenig kopfschüttelnd zugesehen, wie ich bei der Schließung des Sarges eine kleine handgeschnitzte Madonna hineingelegt habe. Ich hatte sie als Student beim Besuch der Oberammergauer Festspiele erworben. Sie hatte mich in den ganzen Jahren immer begleitet und war jetzt das Liebste, was ich ihm ins Grab mitgeben konnte. Viele Jahre später konnte ich mir die Skulptur noch einmal beschaffen. Auch sie hat bisher jeden Umzug mitgemacht, und es wäre schön, wenn sie auch mich auf dem letzten Weg begleiten würde.

Schon am nächsten Morgen um sechs Uhr mussten wir mit unseren schweren Gedanken, jetzt vor allem an die allein zurückbleibende Mutter, wieder zurückfahren. Mein wichtigstes Anliegen nach meiner Rückkehr musste die finanzielle Sicherstellung meiner Mutter sein, denn – es war kaum zu fassen – mein schwer kranker Vater hatte mit dem Briefkopf „Der Präsident des Landes Mecklenburg-Vorpommern, Abteilung Arbeit und Sozialfürsorge" ein Schreiben vom 16. Januar 1946 mit folgendem Inhalt erhalten: „Nach den Bestimmungen des Landespräsidenten wird Gehalt nur gezahlt für die Zeit, in der der Beamte oder Angestellte Arbeit geleistet hat" – i. A. Unterschrift. Diese jeder „Sozialfürsorge" hohnsprechende Anordnung konnte aber sehr bald generell und in diesem Fall schon gar nicht aufrechterhalten werden. Man musste den Vertrag anerkennen, wonach für die Fortzahlung der Dienstbezüge während der Beurlaubung und im Falle der Erkrankung die jeweiligen Bestimmungen für die Reichsbeamten galten. Da der Vertrag auch die Hinterbliebenenversorgung in gleicher Weise regelte, bequemte man sich doch zur Nachzahlung der Gehälter und der Pension an meine Mutter. Das änderte aber nur wenig an den sonstigen Lebensumständen und den schweren und bitteren Jahren, die sie durchmachen musste, bis ich sie 1951 nach Berlin holen konnte.

Da wir beide Arbeit hatten und eine brauchbare Altbauwohnung in fast heiler Umgebung, konnten wir im Vergleich zu den vielen anderen, deren Heime zerstört waren, die alles verloren hatten, die auf die Rückkehr vermisster oder kriegsgefangener Angehöriger warteten, zufrieden sein. Das galt sogar in zweierlei Hinsicht. Zum einen galt das bezüglich unserer Versorgung. Hier war die nach dem Vorbild in der Sowjetunion von den Russen auch in der Zentralverwaltung eingeführte Verteilung von „Pajoks" wertvoll. Es waren Lebensmittelpakete, die monatlich an die Präsidenten und leitenden Angestellten verteilt wurden. Je nach der Stellung des Einzelnen enthielten sie mehr oder weniger Lebens- und Genussmittel, und da ich im generellen Verteiler des Hauses (z. B. Akten-, Zeitschriftenumlauf) nach den drei Präsidenten an vierter Stelle stand, gab es ein entsprechendes Paket mit Butter, Schmalz, Fleischdosen, Schokolade usw. Das Wichtigste aber waren zwei Stangen Zigaretten, da eine Zigarette nach einer Aufstellung der Polizei im April 1946 auf dem Schwarzen Markt 7 bis 13 RM kostete und Zigaretten zur zweiten Währung geworden waren. Da wir alle, sogar der kommunistische Vizepräsident Bergholz – wohl weil er nicht Emigrant in der Sowjetunion war – diese Handhabung als ungerecht empfanden, ordnete Dr. Friedensburg im Einverständnis aller an, die Lebensmittelpakte zu sammeln und ihren Inhalt an alle Mitarbeiter zu verteilen. Das gab den ersten Krach mit den Russen, welche die Verteilung verboten und auf der Beibehaltung ihres Systems bestanden. So kam ich also doch jeden Monat mit meinem Paket nach Hause. Soweit Gaby nicht selber gerne rauchte, wanderten z. B. mehrere Päckchen zu einem älteren Angestellten des Bezirksamts, der uns unsere Lebensmittelkarten ins Haus brachte und ein paar Exemplare dazu. Zum anderen gaben uns unsere Arbeitsplätze die Möglichkeit, hinsichtlich der politischen Lage und sonstigen Entwicklung in Berlin das dort Gehörte und Erfahrene auszutauschen; denn wir dachten an das Wort von Disraeli: „Informiert sein ist alles"; denn die im sowjetischen Sektor erscheinenden Zeitungen standen von vornherein unter Zensur, und Blätter wie z. B. der mit amerikanischer Lizenz erstmals am 27. September 1945 erschienene „Tagesspiegel" mussten sich bei dem Papiermangel erst entwickeln.

An Gesprächsstoff mangelte es jedenfalls nicht. Interessant war für mich u. a. zu hören, dass sich das von Prof. Scharoun aus Berliner und Architekten der Besatzungsmächte gegründete „Internationale Komitee" mit Versuchen befasste, aus den Grundstoffen Kohle und Kalk Bauteile für vorfabrizierte Häuser zu entwickeln. In der Zentralverwaltung hatte der gleiche Gedanke bereits zu der Errichtung eines kleinen Häuschens in Doberlug-Kirchhain geführt, wo versucht wurde, die in der Sowjetzone nicht vorhandene Steinkohle zu gewinnen, von der Abfall zur Verfügung stand. Als wir am Wochenende einmal eine Besichtigung machten, gefiel uns das Häuschen nach damaligen Maßstäben im Vergleich zu den von den Briten aufgestellten Nissenhütten. Wir hofften, das Projekt würde vom Magistrat und in der Zentralverwaltung weiterentwickelt werden. Man hat aber später nichts mehr davon gehört.

Erleichtert haben wir im Februar 1946 die Einrichtung des Drahtfunks im amerikanischen Sektor begrüßt, der sich provisorisch und nur über das Telefonnetz hörbar in dem durch unsere „Telefonfreundin" so vertraut gewordenen Fernamt in der Winterfeldstraße eingerichtet hatte, nachdem sich die Engländer und Amerikaner vergeblich bemüht hatten, an dem ausschließlich von den Sowjets kontrollierten Berliner Rundfunk beteiligt zu werden, obwohl dieser in der Masurenallee im britischen Sektor lag. Im September wurde aus diesem DIAS „Drahtfunk im amerikanischen Sektor" der später weit über die Grenzen Berlins berühmte RIAS „Rundfunk im amerikanischen Sektor", zuerst nur ausgestattet mit einem ehemaligen Militärsender. Gegenüber solchen Zeichen der Differenzen zwischen den Alliierten war erfreulich, dass im gleichen Monat wenigstens die Flugsicherheitszentrale als gemeinsame Einrichtung der vier Besatzungsmächte in Betrieb genommen wurde. Ich habe soeben an unsere schon früher erwähnte „Telefonfreundin" erinnert. Als wir die Verbindung persönlich wieder aufnehmen konnten, hatte sie inzwischen geheiratet und lebte im Westen im Harz. Sie war aber an Multipler Sklerose erkrankt, eine Krankheit, bei der auch mehrere Klinikaufenthalte leider ihr Sterben nicht verhindern konnten. Bei unseren abendlichen Gesprächen haben wir natürlich aufmerksam registriert, als Gaby mit der Nachricht nach Hause kam, dass man Scharoun mit Magistratsbeschluss gegen seinen Protest einen Kommunisten als Stellvertretenden Leiter der Abteilung Bau- und Wohnungswesen zur Seite gesetzt hatte. Heinrich Stark war vorher nach bewährtem Rezept im Bezirk Friedrichshain Stellvertretender Bürgermeister gewesen. Eine Freude war dagegen ihr Bericht, dass eine Vorlage Scharouns angenommen war, den Tiergarten wieder aufzuforsten. Ich hatte immer das Bild des ehemaligen Tiergartens vor Augen, wie es sich mir dargeboten hatte, als ich mich im Mai auf den Weg machte, um zu sehen, was aus der Reichswirtschaftskammer geworden war. Inzwischen hatten findige Berliner kleine Parzellen, abgegrenzt mit stählernen Bettgestellen und Sprungfedermatratzen aus den Ruinen, zur Aufzucht von ein paar Kartoffeln und etwas Gemüse angelegt. Nicht zuletzt verdankte die Vorlage Scharouns ihre Annahme der geschickten Begründung, man könnte dort später Schafherden weiden lassen.

Wichtig war, dass die Alliierte Kommandantur mit der Anordnung 101 a Richtlinien für die Entnazifizierung erließ, in denen es hieß, ohne Genehmigung der Alliierten Kommandantur durften ehemalige Parteimitglieder in leitender Stellung weder angestellt noch belassen werden, wenn sie mehr als nominell an der Tätigkeit der nationalsozialistischen Partei teilgenommen hatten. Es war nach Ziffer 1 zu entlassen, wer der nationalsozialistischen Partei beigetreten war, bevor die „Mitgliedschaft im Jahre 1937 zum Zwang wurde". Die von mir geschilderte Szene anlässlich meiner Ernennung zum Gerichtsreferendar bei dem Herrn Oberlandesgerichtspräsidenten, meine Anmeldung durch ihn, fiel in diese Zeit, zumal vorher eine Aufnahmesperre bestand. Wo es später noch notwendig wurde, habe ich gestützt auf den „Persilschein" von Justizrat Löding in Greifswald den Sachverhalt vorgetragen. Letztmalig musste das geschehen, als ich später meine Zulassung als Rechtsanwalt beantragte.

Nicht zu verkennen war, dass von Monat zu Monat die Spannungen zwischen den Alliierten zunahmen. Eines der zahlreichen Beispiele: Schon Ende Januar hatte ein russischer Militärtransport bei der Durchfahrt im amerikanischen Sektor am Bahnhof Priesterweg gehalten, und mehrere hundert Soldaten überfielen die dort gelegene Siedlung Lindenhof einer Wohnungsgenossenschaft. Sie plünderten vier Lebensmittelgeschäfte restlos aus, belästigten die Bewohner und zogen sich erst zurück, als die alarmierte amerikanische Militärpolizei endlich anrückte. Ein Zeichen völlig entgegengesetzter Auffassungen war ja auch, dass das erste Nachkriegskonzert des Berliner Philharmonischen Orchesters unter Leitung von Wilhelm Furtwängler am 20. Februar 1946 auf Weisung der amerikanischen Militärregierung ausfiel, weil das Orchester von den Amerikanern zwar lizenziert worden war, diese aber auf Furtwängler die Direktive 24 des Alliierten Kontrollrats anwandten. Diese befahl, Nationalsozialisten und Personen, die den Bestrebungen der Alliierten feindlich gegenüberstehen, aus Ämtern und verantwortlichen Stellungen zu entfernen. Dieser gemeinsame Kontrollratsbeschluss verhinderte aber nicht, dass auf Einladung des Oberbürgermeisters, Berliner Kunstschaffender und von Mitgliedern des Philharmonischen Orchesters, doch seine Dirigententätigkeit in Berlin wieder aufzunehmen, Wilhelm Furtwängler auf dem im sowjetischen Sektor gelegenen Flugplatz Adlershof aus dem Flugzeug stieg und vom Präsidenten des „Kulturbundes zur demokratischen Erneuerung Deutschlands", Johannes R. Becher, herzlich begrüßt wurde. Erst in der Saison 1946/47 spielten die Berliner Philharmoniker, dann unter dem Dirigenten Sergiu Celebidache, auch im Titaniapalast im amerikanischen Sektor.

Alarmierend waren auch die Ereignisse in der CDU, die ich im Dezember im Sekretariat von Dr. Friedensburg miterlebte. Er war ja im Juni eines der Gründungsmitglieder. Dabei ging es um Fragen, die auch auf unserem Arbeitsgebiet bald eine wesentliche Rolle spielen sollten. Der erste Vorsitzende Dr. Hermes hatte auf einer Kundgebung der CDU im Wedding Bedenken dagegen geäußert, wie die in der Zone anlaufende Bodenreform durchgeführt wurde. Die CDU hatte sich zwar, wie schon erwähnt, zu einer angemessenen Bodenreform bekannt, aber die Notwendigkeit betont, das Privateigentum zu achten und eine klare Rechtsgrundlage zu schaffen. Es war selbstverständlich, dass ein Mann wie Reichsminister a. D. Hermes die gewaltsame Vertreibung der Landwirte bei Nacht und Nebel scharf verurteilte. Es war bezeichnend, dass schon auf einer weiteren Konferenz Vertreter der Zonenverbände auf Druck der örtlichen Militärmachthaber dies kritisierten. Daraufhin wurden am 19.12.1945 die beiden Vorsitzenden Dr. Hermes und Dr. Schreiber in das sowjetische Hauptquartier zitiert, und Oberst Tulpanow erklärte ihnen, er habe einen Befehl des Oberbefehlshabers, dass sie zurücktreten sollten. Die Begründung war ihre Stellungnahme zur Bodenreform, die einer Stellungnahme gegen die Besatzungsmacht gleichgesetzt wurde, ferner die allgemeine Behauptung, der Kurs der CDU würde immer reaktionärer, und schließlich wurden noch Wünsche der Zonenverbände erwähnt, die Bedenken gegen die Geschäftsführung des Zentralvorstandes erhoben hätten. Alle Einwände, dass die gegen sie erhobenen Vorwürfe jeder sachlichen Grundlage entbehrten, und ihre Weigerung, freiwillig zurückzutreten, waren natürlich vergeblich. Noch am gleichen Tage fand eine Sitzung des Zentralausschusses der CDU unter Teilnahme der Provinzdelegierten statt, in der ein Beauftragter der sowjetischen Militärverwaltung die Versammlung aufforderte, die anwesenden Vorsitzenden Dr. Hermes und Dr. Schreiber abzusetzen. Wie einst im „Dritten Reich" folgte man dem Befehl, und die Konferenz wählte, d. h. bestätigte als neue Vorsitzende die bisherigen Mitglieder des engeren Vorstandes Jakob Kaiser und Ernst Lemmer.

Aufmerksam beobachtet haben wir in dieser Zeit die Wiedereröffnung der Berliner Universität im sowjetischen Sektor Unter den Linden am 29. Januar 1946. Im Oktober 1945 hatten die Vertreter der amerikanischen und britischen Militärregierung im Kontrollrat, Generalleutnant Clay und Generalleutnant Robertson, die Unterstellung der Universität unter den Magistrat bei gleichzeitiger Oberaufsicht durch die Alliierte Kommandantur gefordert. Das hatte der Vertreter der sowjetischen Militärverwaltung, Armeegeneral Sokolowski, abgelehnt mit der Begründung, dass die Universität nicht nur für Berlin da sei, sondern z. Zt. die einzige Universität der Sowjetischen Besatzungszone. Für uns in der Zentralverwaltung war es überraschend, dass mit Befehl Nr. 4/1946 der SMAD auch noch die Deutsche Zentralverwaltung für Volksbildung in der Sowjetischen Besatzungszone mit der Leitung und Verwaltung der Universität beauftragt wurde Das war die erste Einbeziehung Berlins in die Ostzone. Der Präsident der Verwaltung, der Kommunist Paul Wandel, hatte dann auch sofort den bereits gewählten Rektor Prof. Eduard Spranger entlassen und Prof. Johann Stroux zum neuen Rektor ernannt, also entscheidend in die traditionelle Selbstverwaltung der Universität eingegriffen. Auch im Lehrbetrieb war die traditionelle akademische Freiheit praktisch ganz dadurch eingeschränkt, dass die Hochschulabteilung der Zentralverwaltung Lehrpläne aufstellte, die sowohl für die Dozenten wie für die Studenten verpflichtend waren. Es war die Berliner Studentengruppe der Liberal-Demokratischen Partei, die schon bei der offiziellen Eröffnung am 29. Januar in einem Aufruf Lehr- und Lernfreiheit forderte, eine studentische Selbstverwaltung einschließlich eines Sozialwerks und einen eigenen Zulassungsausschuss. Das waren unerfüllte Forderungen, die später zur Gründung der Freien Universität in Westberlin führen sollten.

Interessiert beobachtete ich die Versuche, wieder eine Industrie- und Handelskammer zu schaffen, ohne zu ahnen, dass ich später auch damit zu tun haben würde. Die Abteilung Handel und Handwerk des Magistrats hatte zusammen mit einem Aktionsausschuss der vier Parteien und den Bezirksbürgermeistern eine diesbezügliche Verordnung ausgearbeitet. Man hatte den richtigen Gedanken, dass nach den Erfahrungen bei der Organisation der gewerblichen Wirtschaft die Kammer über die Aufgaben der vor 1933 und 1944 bestehenden Industrie- und Handelskammern hinaus auch die Funktionen der Wirtschafts- und Fachgruppen übernehmen sollte, um im Wege der Selbstverwaltung auch Aufgaben der Wirtschaftsplanung, Rohstoffverteilung u. a. m. zu erfüllen. Überraschend tauchten auch Gedanken der vergangenen Deutschen Arbeitsfront auf. Es waren 20 Fachausschüsse aus je 20 Vertretern der Unternehmer und zehn Vertretern der Gewerkschaften vorgesehen, welche zusammen die Mitgliederversammlung bildeten. Völlig undemokratisch war, dass der Präsident vom Magistrat ernannt werden und das übrige Präsidium aus je vier Vertretern der Unternehmer, der Gewerkschaften und der Stadtverwaltung bestehen sollte. CDU und LDP wachten erst auf, als der Entwurf schon der Alliierten Kommandantur eingereicht war. Sie forderten jetzt eine sich selbst verwaltende Kammer nur der Unternehmer, wie es sie bis zur Schaffung der Gauwirtschaftskammern im Kriege gab. Damit konnte der Entwurf erst einmal bei der Alliierten Kommandantur auf Eis gelegt werden. Er wurde auch nicht mehr aktiviert.

Das waren so ein paar Streiflichter aus diesen Monaten. Vieles, was wir mit Freunden und Bekannten über das Tagesgeschehen, die politische Entwicklung, die Sorgen, die alle noch hatten, besprachen, ist aus dem Gedächtnis verschwunden. Einen der alten Freunde hatten wir noch im zweiten Halbjahr des Jahres 1945 aus unserem Umfeld verloren. Es war Kurt Hoge, von dem ich erzählt habe und der zu dem engen Kreis derer zählte, auf die man wirklich vertrauen konnte. Seine Tätigkeit in der Reichsversicherungsanstalt, deren Schicksal auch ungewiss war, konnte er nicht mehr ausüben. Wir fanden ihn zwar wohlbehalten in seiner Wohnung im Bezirk Tiergarten in der Flensburger Straße, aber Versuche, mit ihm in Kontakt zu bleiben, waren ergebnislos. Seine hervorragende Intelligenz, seine umfassende Bildung hatten jedes Zusammensein, jede Diskussion mit ihm zur Bereicherung und Freude gemacht. Keinerlei Anhaltspunkte hatten in unserem Kreis den Gedanken aufkommen lassen, dass er – vielleicht aufgrund seiner schweren körperlichen Missbildung – schwul sein könnte, sodass wir erst viel später bestürzt hörten, dass er in den Monaten nach dem Kriege ganz in dieses Milieu geraten war und vor allem durch einen befreundeten Kellner im Schwarzhandel mitgemischt hat. Da war er aber schon tot. Wir konnten nur aus der Presse entnehmen, dass er eines Morgens in den Resten des Tiergartens erschlagen aufgefunden wurde. Viele Jahre später habe ich durch Rückfrage bei dem befreundeten Leiter der Kriminalpolizei die Bestätigung bekommen, dass dieser Mord oder Totschlag niemals aufgeklärt wurde. Erzählt wurde nur noch, dass er noch kurz vor seinem Tod seine von mir auch früher erwähnte Kusine geheiratet haben soll, wohl um ihr einmal etwaige Erbansprüche auf das väterliche Gut in Vorpommern zukommen zu lassen. Auch dieser Tod stimmte uns sehr traurig. Wir waren immer so gern mit ihm und Dortschy zusammen gewesen. Er fehlte uns in diesen und späteren Jahren sehr.

Doch zurück in die Zentralverwaltung, die inzwischen in die Leipziger Straße in das ehemalige Reichsluftfahrtministerium umgezogen ist. Mit Sitzungssälen, Zentralheizung usw. war die Zeit des Provisoriums vorbei. Auch die Titel- und Gehaltsfragen waren inzwischen geklärt. Der „Leiter" der Zentralverwaltung wurde zum Präsidenten. Vizepräsidenten waren zuerst die Herren Dahrendorf und Bergholz. Gustav Dahrendorf gehörte der SPD an, während Bergholz ein alter kommunistischer Gewerkschaftler aus der Weimarer Zeit war.

Nach der oben erwähnten Bestandsaufnahme ging es vor allem darum, im Interesse der Versorgung der Bevölkerung, die im Grundsatz auch die SMAD wollte, Demontagen des noch Vorhandenen zu verhindern. Ein fast unüberwindliches Hindernis war, und der

Präsident musste deswegen oft zu seinem Gesprächspartner Kurmaschew fahren, dass die in Moskau sitzende für Reparationen und Demontagen zuständige Bürokratie ohne Rücksicht auf die von der SMAD genehmigten Aufbaupläne vorging. Von der Zentralverwaltung in Zusammenarbeit mit den Betrieben ausgearbeitete Produktionspläne wurden illusorisch, wenn die Demontagekommandos anrückten und ganze Fabrikhallen ausräumten, was auch gutwillige örtliche Kommandanten nicht verhindern konnten. Auch Kurmaschew konnte sich nur in wenigen Fällen durchsetzen Als zweites wesentliches Hindernis stellte sich heraus, dass es keine einheitliche Regelung des Verhältnisses der Zentralverwaltungen zu den Landesverwaltungen gab. Nach dem schon erwähnten Befehl 17/1945 waren die Zentralverwaltungen gegenüber den Landesverwaltungen nicht weisungsbefugt, und für unseren Zuständigkeitsbereich blieben alle Gegenvorstellungen ergebnislos. Bei anderen Zentralverwaltungen sah aber die SMAD die Notwendigkeit einer vertikalen Kompetenz ein, z. B. bei der Zentralverwaltung für Handel und Versorgung mit Befehl Nr. 117 vom 27. Oktober 1945. Sie hatte aber große Schwierigkeiten, ihre Weisungen durchzusetzen. Auch die Zentralverwaltung der Justiz, gegen deren Ausdehnung sich die Länderchefs erfolgreich wehrten. Der Präsident war also im Wesentlichen auf Verhandlungen mit den Ministerpräsidenten der Länder angewiesen. Diese waren entweder in der Wolle gefärbte Kommunisten, im kommunistischen Fahrwasser segelnde Sozialdemokraten, oder, wenn der Landesfürst als Aushängeschild ein Liberaler war wie Herr Dr. Hübner in Sachsen-Anhalt oder parteilos wie der thüringische Ministerpräsident Paul, war er völlig von kommunistischen Mitarbeitern umgeben. Zu seinem Antrittsbesuch bei dem kommunistischen Ministerpräsidenten von Sachsen, Rudolf Friedrichs, im September hatte mich Dr. Friedensburg mitgenommen. Die Fahrt auf der Autobahn verlief reibungslos. Erfreulicherweise, denn als wir auf den Berliner Ring kamen, fiel mir plötzlich ein, dass ich aus irgendeinem Grunde keinen Ausweis bei mir hatte. Der präsidiale Stander am Wagen enthob uns aber aller Kontrollen. Mit militärischen Ehrenbezeugungen ging es jeweils weiter. Friedrich residierte in einem alten Palais auf der Neustädter Seite, welches das Inferno von Dresden überstanden hatte. Als wir zu den Gemächern des Ministerpräsidenten emporstiegen, erlebten wir etwas, das auch zu den bleibenden Erinnerungen gehört. Da standen doch tatsächlich rechts und links vor seiner Tür zwei deutsche Polizisten in dunkelblauer Uniform mit Gewehr und Tschako auf dem Kopf und nahmen, als wir herankamen, mit dem Gewehr an der Seite stramme Haltung an. Ich konnte es nicht fassen, dass wir schon wieder so weit waren. Der Besuch selbst verlief, obwohl man angesichts der dringlichen Probleme etwas anderes erwartet hätte, ohne irgendwelche auch nur mündliche Absprachen völlig unverbindlich. Auch in den anderen Ländern brachte das Fehlen einer generellen Regelung der Zusammenarbeit mit der Zentralverwaltung große Schwierigkeiten.

Eine wichtige Frage – auch als Basis für die tägliche Arbeit – war die künftige Wirtschaftsstruktur. Wo man auch diese Frage besprach, eine weitgehende Übereinstimmung und Tendenz zur Sozialisierung wichtiger Wirtschaftszweige war damals nicht nur bei den Kommunisten und Sozialdemokraten, sondern auch bei den bürgerlichen Politikern vorhanden. Es war allgemeine Ansicht, dass nicht nur die 1933 jubelnden Massen, sondern die Spitzen der großen Konzerne und Industrieunternehmen, die späteren Wehrwirtschaftsführer, die Banken, die deutschnationalen Landwirte die Errichtung des NS-Staates unterstützt und gefördert hatten. Nur verschwindend wenige erkannten, was auf sie zukam. Deshalb befürwortete auch Jakob Kaiser, einer der Mitgründer der CDU in Berlin, u. a. eine Verstaatlichung der Bodenschätze und eine Bodenreform zur Schaffung möglichst vieler bäuerlicher Betriebe. Der Gründungsaufruf der CDU vom 26. Juni 1945 forderte ganz eindeutig bei gleichzeitiger Bejahung des Privateigentums „die klare Unterwerfung der monopolartigen Schlüsselunternehmen der Wirtschaft unter die Staatsgewalt" und die „Verstaatlichung der Bodenschätze". Für Westdeutschland braucht man ja nur an das „Ahlener Programm" der CDU erinnern.

Unsere Bestandsaufnahme der ersten Monate war durchaus dazu angetan, diesen Gedanken einer neuen Wirtschaftsstruktur die praktische Grundlage zu geben. Die Auseinandersetzungen über den Weg zur und den Umfang der Sozialisierung sollten erst später kommen. Wir standen vor der Tatsache, dass außer den Kriegszerstörungen und Demontagen der Betriebe die Eigentümer, bekannte Aktiengesellschaften oder andere Rechtsträger, kopflos waren, weil die Vorstände, Direktoren und sonstiges leitendes Personal vor der heranrückenden Roten Armee – wie man zugeben muss, mit Recht – geflohen waren. Als mich Dr. Friedensburg zum ersten Besuch der Werke in Böhlen-Espenhain mitgenommen hatte und wir besichtigten, was noch erhalten geblieben oder von den „Werktätigen", wie es jetzt hieß, wieder in Gang gesetzt worden war, ging Dr. Friedensburg mit dem Leiter, einem der wenigen am Ort gebliebenen Ingenieure, voraus. Ich folgte an der Seite des Betriebsratsvorsitzenden, der mir schilderte, wie die vorherige Leitung „abgehauen" war und Arbeiter und Angestellte sich im Stich gelassen fühlten. Jetzt seien sie stolz, dass „ihr" Betrieb unter schwierigsten Bedingungen wieder arbeite. Ihre bisherigen Vorgesetzten sollten bleiben, wo der Pfeffer wächst. Die Arbeiter, Angestellten, Ingenieure müssten den Betrieb selbst betreiben. Dass sie das könnten, waren sie der Ansicht, hätten sie mit dem Wiederaufbau bewiesen. Da war ich unmittelbar mit einer weit verbreiteten Meinung und der Frage der Enteignung konfrontiert. Dies mit allen Zweifeln, wohin die Reise gehen würde.

Meine Notizen aus dieser Zeit zeigen, mit welchen Schwierigkeiten auf der anderen Seite die großen Gesellschaften, die Konzerne zu kämpfen hatten, die aus der amerikanischen und britischen Besatzungszone heraus glaubten, auf der bisherigen Grundlage wieder anfangen zu können. Ein Beispiel verdeutlicht dies: Am 5. Februar 1946 kamen zwei Vorstandsmitglieder der Viag, Dr. Rotzoll und Herr Westrick, der spätere Staatssekretär bei Erhard im Bundeswirtschaftsministerium, zum Abteilungsleiter Berghauptmann de la Sauce und mir, um über die zum Konzern gehörende Ilse-Bergbau AG zu sprechen. Deren Betriebe in der früheren Provinz Brandenburg waren beschlagnahmt und warteten auf die Einsetzung eines Treuhänders. Die bisherigen Vorstandsmitglieder waren im Westen. Unsere Besucher wollten sich auf den Standpunkt stellen, durch ihren Fortgang hätten diese ihren Dienstvertrag mit der „Ilse" gelöst. Die zu dieser Zeit mit politischem Zündstoff belastete Ansicht, dass ein Fortgang wegen Gefahr für Leib und Leben wohl nicht einen Willen, den Dienstvertrag zu lösen, erkennen lässt, konnte und brauchte nicht erörtert zu werden. Da das Aktienrecht noch galt, musste ich darauf aufmerksam machen, dass die von ihnen vertretene Viag als Aktionärin rechtlich zu solchen Schlussfolgerungen nicht legitimiert sei. Die Viag könne nur eine Generalversammlung einberufen, in der, wenn gewünscht, Aufsichtsrat und später der Vorstand neu bestellt werden könnten. Das wollten die Herren machen und sich im Übrigen wegen der Gleichschaltung des künftigen Vorstandes mit dem Treuhänder der Werke im Osten in Verbindung setzen. Das ist nur ein Beispiel, wie man auf der Grundlage des geltenden Rechts versuchen musste, die mehr als zweifelhaften örtlichen Beschlagnahmen der Großbetriebe zu neutralisieren. Für die kommunistische Leitung des Hauses waren solche und ähnliche für uns selbstverständliche Gespräche höchst unerwünschte Kontakte mit dem Westen, mit dem „Klassenfeind".

Es wurde schon erwähnt, dass die örtlichen Kommandanturen und die Verwaltungsorgane in den Ländern machten, was sie wollten. Auf einer Sitzung am 16. Januar 1946 zur Konstituierung des „Ausschusses der Zentralverwaltungen für Gesetzgebungsfragen" unter Vorsitz des Präsidenten der Zentralverwaltung für Justiz, dem früheren Reichsminister Schiffer, klagte auch Präsident Buschmann über den Widerstand der Länder gegen die von ihm geleitete Versorgungsverwaltung. Seine Verordnungen würden von den Ländern nicht durchgeführt, sodass er an die Errichtung eigener Abteilungen seines Hauses in den Ländern dachte. Meines Wissens ist es zu dieser Zeit dazu nicht gekommen. Es wäre auch ein untauglicher Versuch geworden. Der genannte Ausschuss war der erste, zu dessen Bildung als Querverbindung der Zentralverwaltungen die SMAD ihre Zustimmung gegeben und für den mich Dr. Friedensburg als ständigen Vertreter unseres Hauses benannt hatte. Der Ausschuss sollte prüfen, welche gesetzlichen Bestimmungen noch galten, wobei von vornherein unklar war, wie diesbezügliche Gutachten und Feststellungen durchgesetzt werden sollten.

So kam allmählich bei den Sachfragen eine Zusammenarbeit der Zentralverwaltungen zusammen. Es wurde z. B. am 18. Februar bei Dr. Friedensburg mit Vertretern der Zentralverwaltung Justiz die Errichtung technischer Prüfungsämter mit dem Aufgabengebiet der früheren Technischen Überwachungsvereine besprochen und verabredet, insoweit gemeinsam bei der SMAD vorstellig zu werden. Am nächsten Tag war eine Tagung der Zentralverwaltung der Finanzen mit dem Thema „Neuordnung des Wirtschaftsprüfungswesens und Bilanzierungs- und Bewertungsfragen". Wichtig war auch die Abstimmung mit dem Magistrat, da eine Reihe von Gesellschaften, die in Berlin ihren Sitz hatten, zu unserem Sachgebiet gehörten, wie z. B. die Conti-Öl AG, wo Dr. Schaffarczyk ein ebenso sachkundiger wie persönlich angenehmer Gesprächspartner war, mit dem ich auch in späteren Jahren noch zu tun haben sollte.

An Vielseitigkeit ließ mein Arbeitsgebiet, wie früher in der RWK, nichts zu wünschen übrig. Es soll hier aber nicht alles besprochen und beleuchtet werden, weil die Entwicklung darüber hinweggegangen ist und es nicht mehr interessant ist. Eine Ausnahme will ich aber machen, weil sich aus dieser Angelegenheit persönliche Beziehungen ergaben, die noch viele Jahre überdauern sollten. Es handelt sich um die in Berlin ansässige Braunkohle-Benzin AG. Hier konnten wir in Abstimmung mit dem Magistrat als Treuhänder den, ich weiß nicht von wem vorgeschlagenen, Bücherrevisor Heinrich Pabst einsetzen; ferner wurde meine Einschaltung in die Abwicklung der Brabag beschlossen. Am 5. März hatten wir eine erste Besprechung im Büro der Brabag mit dem in diesem Fall vorhandenen Vorstandsmitglied Dr. Würzner. Später besichtigten wir gemeinsam die Werke Schwarzheide und Fröhlitz bei Zeitz in Thüringen. Ich denke immer noch gerne an die gute, freundschaftliche Zusammenarbeit mit dem leider früh verstorbenen Heinrich Pabst zurück, die auch in anderen Sachen noch Jahre hindurch bestand. Das bald entstehende freundschaftliche Verhältnis wurde auch dadurch gefördert, dass er mit seiner Frau aus Lankwitz auch in die Gagfah-Siedlung umzog und so unsere Frauen über den Gartenzaun hinweg gute Freundinnen wurden.

Geschildert muss aber werden, wie diese vielseitige, interessante Arbeit und die der übrigen Abteilungen trotz aller Bemühungen des Präsidenten, um der Sache willen einen Ausgleich zu schaffen, von den bald zwei kommunistischen Vizepräsidenten auf die Dauer unmöglich gemacht wurde. Der sozialdemokratische Vizepräsident der ersten Stunde, Gustav Dahrendorf, durch den ich auch flüchtig seinen Sohn Ralf kennen lernte, verließ die Zentralverwaltung schon im Frühjahr 1946. Die Russen waren schwer verärgert über seinen Widerstand gegen die Verschmelzung der SPD und der KPD. Sie waren nicht gewillt, weiter einen selbstständigen Sozialdemokraten als Vizepräsidenten zu dulden. Ich hatte verhältnismäßig wenig mit ihm zu tun, betrachtete ihn aber mit großem Respekt, weil Dr. Friedensburg mich unterrichtet hatte, dass er in der Weimarer Zeit ein angesehener Reichstagsabgeordneter war und zu denen gehörte, die am 20. Juli 1944 verhaftet wurden, aber seine Haft überlebt hatte. Während sich Dr. Friedensburg nach seiner Beteiligung an der Gründung der CDU mit Rücksicht auf die Leitung des Deutschen Instituts für Wirtschaftsforschung und vor allem den Aufbau der Zentralverwaltung in der Parteiarbeit Zurückhaltung auferlegte, diese den Herren Hermes, Schreiber, Kaiser und Lemmer überließ, war Herr Dahrendorf nebenbei außerordentlich aktiv. Er gehörte zu den alten „Weimarianern", die aufgrund der gemeinsamen Erlebnisse der Sozialdemokraten und Kommunisten in der Zeit von 1933 bis 1945 meinten, der alte Gegensatz zwischen KPD und SPD mit seinem Höhepunkt im Reichstagswahlkampf 1932 und einer der wesentlichen Gründe für das Scheitern der Republik könne mit der Gründung einer einheitlichen sozialistischen Partei begraben werden. Aber so, wie damals die KPD von der Komintern in Moskau zum unbedingten Kampf gegen die „Sozialfaschisten" aufgerufen wurde, der den gleichen Rang habe wie der Kampf gegen den „Nationalfaschismus" und die „Reaktion", musste Dahrendorf erkennen, dass die Gruppe Ulbricht und Moskau über den Weg zu einer Einheitspartei von den seinigen sehr abweichende Vorstellungen hatten.

Die ursprünglichen Anstrengungen der SMAD gingen dahin, aus den von ihr lizenzierten drei nichtkommunistischen Gruppen (SPD, CDU, LDP) zusammen mit der KPD als Federführung einen antifaschistischen Block zu machen. Dementsprechend hörte ich schon am 12. Juni 1945 abends von meiner Frau, welche mit vielen anderen im Magistrat Arbeitenden zu einer Veranstaltung im Großen Saal des Magistrats eingeladen war, in der offiziell der Gründungsaufruf der KPD verkündet wurde, dass sich Folgendes ereignet hatte: Redner waren Walter Ulbricht und Herr Dahrendorf als ehemaliger Sozialdemokrat. Ulbricht hatte die zehn Punkte des Aufrufs vorgetragen und kommentiert und abschließend ganz im Sinne der Bestrebungen der SMAD vorgeschlagen, sie zum Aktionsprogramm für einen gemeinsamen Block der antifaschistisch-demokratischen Parteien zu machen. Dahrendorf sagte als Vertreter der künftigen SPD, er und seine alten Genossen wünschten die Bildung einer einheitlichen sozialistischen Partei. Das hätten aber die kommunistischen Gesprächspartner abgelehnt mit der Begründung, dafür müssten noch einige politische Fragen geklärt werden. Heute wissen wir durch Wolfgang Leonhard (a. a. O. S. 400), dass Ulbricht sich auf der ersten Funktionärskonferenz der KPD Groß-Berlin nach 1933 hierzu wie folgt äußerte. Ulbricht sprach vom ernsten Willen, ein neues, vertrauensvolles Verhältnis zwischen der Kommunistischen und der Sozialdemokratischen Partei zu schaffen, erklärte sich aber gegen die sofortige Bildung einer einheitlichen sozialistischen Partei. Dafür seien einige Voraussetzungen notwendig, vor allem die wissenschaftliche Erkenntnis der fortgeschrittensten Kräfte der Arbeiterklasse und des werktätigen Volkes über den Sozialismus in der Sowjetunion und über die Weltanschauung des Marxismus-Leninismus.

Die Äußerungen bei der Gründung der KPD verhinderten aber nicht, dass es bei der Konstituierung des Zentralausschusses der Sozialdemokratischen Partei Deutschlands (SPD) u. a. wieder hieß: „Der Aufruf fordert die organisatorische Einheit der Arbeiterklasse und begrüßt den Aufruf der KPD vom 11. Juni 1945." Neben vielen anderen trug der Aufruf auch die Unterschrift von Dahrendorf. In der am 17. Juni folgenden Funktionärsversammlung erläuterte Otto Grotewohl das 9-Punkte-Programm und erklärte, dass der Wiederaufbau Berlins „auf dem Boden der organisatorischen Einheit der deutschen Arbeiterklasse" durchgeführt werden solle. Dahrendorf wurde beauftragt, Verbindung zur Leitung der KPD zu halten. Das führte am 19. Juni zur Gründung eines aus je fünf Vertretern des Zentralkomitees der KPD und des Zentralausschlusses der SPD bestehenden gemeinsamen Arbeitsausschusses. Auch er sollte die Voraussetzungen schaffen für die politische Einheit und alle notwendigen Schritte unternehmen, um mit den anderen Parteien die Bildung eines festen gemeinsamen Blocks zu vereinbaren. Mit den Unterschriften von u. a. Walter Ulbricht, Otto Grotewohl, aber auch Dahrendorf lief bis dahin noch alles im Sinne der SMAD.

In diese Zeit fiel auch die Zusammenkunft einer Gruppe führender Vertreter des geistigen und kulturellen Lebens, um einen „Kulturbund zur demokratischen Erneuerung Deutschlands" zu gründen, an der Dr. Friedensburg und Herr Dahrendorf – zu dieser Zeit noch nicht Vizepräsident – teilnahmen. Die Gründung selbst war am 8. August. Was beide Herren nicht wussten, war, dass auch hier bereits vor der Gründungsversammlung zwischen deutschen kommunistischen Funktionären und Vertretern der SMAD Besprechungen über die Zielsetzung und Arbeit des Kulturbundes stattgefunden hatten. Daraufhin wurde natürlich Präsident der aus der sowjetischen Emigration heimgekehrte Schriftsteller Johannes R. Becher, und es wurden als Konzession an das intellektuelle Bürgertum in den Vorstand der Maler Carl Hofer, der Schriftsteller Bernhard Kellermann und der Altphilologe Prof. Johannes Stroux gewählt. Dr. Friedensburg und Her Dahrendorf gingen im 26-köpfigen Präsidialrat unter. Der Generalsekretär Heinz Wellmann war natürlich auch Mitglied der KPD. Das Programm beinhaltete wortgewaltig die Bildung einer „nationalen Einheitsfront der deutschen Geistesarbeiter" und die „Neugeburt des deutschen Geistes im Zeichen einer streitbaren demokratischen Weltanschauung", was auch immer die mit ganz anderen Problemen beschäftigte Berliner Bevölkerung sich darunter vorstellen sollte. Ein erfreulicher Gegensatz zu diesem Wortgeklingel war, dass am gleichen 8. August zum ersten Mal die „Allgemeine Zeitung", herausgegeben von der Armee der USA, erschien, die vom Start an großes Interesse auch der „ deutschen Geistesarbeiter" fand. Wieder noch ganz im Sinne der SMAD kam es am 12. August zur ersten und letzten öffentlichen Kundgebung einer Einheitsfront der vier antifaschistisch-demokratischen Parteien KPD, SPD, CDU und LDP, auf der alle Vorsitzenden – Wilhelm Pieck, Otto Grotewohl, Dr. Andreas Hermes und Prof. Dr. Waldemar Koch – sprachen. Das Ergebnis war eine gemeinsame Erklärung zu den Beschlüssen der Potsdamer Konferenz der Alliierten.

Auch als Vizepräsident der Zentralverwaltung versuchte Herr Dahrendorf, wie mir Dr. Friedensburg gelegentlich erzählte, ihm den Gedanken der Einheit von SPD und KPD nahe zu bringen. Das war wohl nur möglich, weil sich in den ersten Monaten die kommunistischen Querschüsse in der täglichen Arbeit in Grenzen hielten, weil sein Nachfolger Gustav Sobottka noch nicht da war. Dahrendorf war jetzt Mitglied einer Studienkommission, welche die geistigen Grundlagen der geplanten

Einheitspartei erarbeiten sollte. Die Kommission war am 20./21. Dezember gemeinsam vom Zentralausschuss der SPD und dem Zentralkomitee der KPD in einer Konferenz eingesetzt worden, an der jetzt auch je 30 Bezirksvertreter aus Berlin und der Sowjetischen Besatzungszone teilnahmen. Dass die Basis der SPD sich nicht so einfach vereinnahmen lassen wollte und auf künftige Wahlen setzte, kann man wohl daraus schließen, dass auf dieser Konferenz die Forderung der KPD nach gemeinsamen Kandidatenlisten und der Vorschlag eines beschleunigten Zusammenschlusses der lokalen und bezirklichen Organisation noch vor der Vereinigung der Parteispitzen abgelehnt wurde. Dieses erste Anzeichen einer Wachsamkeit und des Schwindens der Euphorie gab es, obwohl oder gerade weil den Abgesandten des Zentralausschusses der SPD Otto Grotewohl, Max Fechner und Gustav Dahrendorf in der ersten Gesamtkonferenz der SPD am 5. Oktober in Hannover von Dr. Kurt Schumacher eindeutig zu verstehen gegeben worden war, dass der Zentralausschuss in Berlin zwar maßgebend für die Sowjetische Besatzungszone sei, sich aber nicht als Parteivorstand betrachten könne.

Als allen Bemühungen von Dahrendorf zum Trotz der Vereinigungsparteitag der Berliner SPD und KPD mit Otto Grotewohl und Wilhelm Pieck an der Spitze am 14. April 1946 stattgefunden hatte, konnte Herr Dahrendorf nicht länger Vizepräsident sein. Aus Sicherheitsgründen hat er dann sogar Berlin verlassen. Der weitere Vizepräsident der ersten Stunde war Herr Fritz Bergholz, und als Nachfolger Dahrendorfs wurde am 20. Dezember 1945 Herr Gustav Sobottka bestellt. Zur Stütze meiner Erinnerung an beide bin ich weitgehend auf meine Aufzeichnungen angewiesen. Versuche, sie mit Hilfe des Bundesarchivs zu ergänzen, aber auch zu kontrollieren, waren trotz den Bemühungen der Mitarbeiter des Archivs weitgehend vergebens, weil die dortigen Unterlagen mit der späteren Eingliederung der Zentralverwaltung als Abteilung Kohle in dem neu entstandenen Ministerium für Industrie beginnen. Zur Verfügung standen jedoch die Personalakte von Herrn Sobottka und eine umfangreiche Akte der Wirtschaftspolitischen Abteilung des Zentralkomitees der SED, deren Inhalt manche Ergänzung zu meinen Aufzeichnungen brachte.

Die Notwendigkeit, überwiegend von meinen eigenen oft täglichen Notizen auszugehen, vergrößert die Gefahr, sich sehr subjektiv und nicht gerade freundlich an die „kollegiale" Zusammenarbeit mit den beiden Herren zu erinnern. Vorsorglich versichere ich mich deshalb des Beistandes von Dr. Friedensburg und zitiere aus seiner Rückschau „Es ging um Deutschlands Einheit" (S. 72): „Die charakterlichen Schwächen meiner beiden kommunistischen Vertreter, Sobottka und Bergholz, die ihren völligen Mangel an fachlicher Qualifikation nur durch politischen, bis zur persönlichen Feindseligkeit gehenden Fanatismus auszugleichen vermochten, ließen keine Möglichkeit zu, meine Gedanken in vernünftiger Abstimmung mit den Kommunisten zu verwirklichen." Weiter heißt es auf Seite 83: „Für einen Sobottka oder gar einen Ulbricht war dagegen ein Mann wie ich von vornherein ein Feind, zu dem

249

überhaupt keine Brücke führte. Begreiflicherweise wiederum konnten und wollten es die Sowjetherren mit ihren deutsch sprechenden Gesinnungsfreunden nicht verderben; sie wichen daher endgültigen Entscheidungen möglichst aus, traten den Vizepräsidenten nicht energisch entgegen und ließen mich den Kleinkrieg allein führen, auch als die Gegner zur regelrechten Sabotage, Nichterscheinen zu Sitzungen, Nichtvorlegen wichtiger Schriftstücke, Brüskierung pflichtgemäß handelnder, aber ihnen nicht gefügiger Mitarbeiter und dergl. übergingen."

Ich denke, mit diesem Vorspann wird man meine folgende Schilderung der Abläufe besser verstehen. Vizepräsident Bergholz war vor 1933 als Bergarbeiter kommunistischer Gewerkschaftler gewesen und hatte sich, ohne zu emigrieren, durchgeschlagen. Ich hatte den Eindruck, dass er aus der Erfahrung, dass auch die Kommunisten das Ende der Weimarer Republik verschuldet hatten, viel gelernt hatte und auch wusste, wie schwer es war, sich in der Zeit von 1933 bis 1945 durchzulavieren. In den Monaten, als Sobottka noch nicht da war, machte er sogar einen aufgeschlossenen, nicht unsympathischen Eindruck. Wenn ich auch als Zu- und Mitarbeiter des Präsidenten verhältnismäßig wenig mit ihm zu tun hatte, war die Zusammenarbeit in den anfallenden Sachen in den ersten Monaten durchaus zufriedenstellend. Um alle Ressourcen auszuwerten, sollte zum Beispiel bald ein bisher nur durch Probebohrungen bekanntes Steinkohlenvorkommen bei Doberlug-Kirchhain erschlossen werden, das an sich schon seit 1926 bekannt war, aber selbst im Rahmen des Vierjahresplans nach 1936 hatte man es wohl als nicht ergiebig eingestuft. Insoweit hatte ich am 10. September 1945 eine lange Besprechung mit Herrn Bergholz, weil es zu Differenzen der Zentralverwaltung mit dem Land Brandenburg gekommen war. Er war sofort bereit, mich bei den schwierigen Verhandlungen mit dem kommunistischen Präsidenten des Landes, Herrn Steinhoff, zu unterstützen. Ich entsinne mich ferner einer gemeinsamen Dienstfahrt – es war wohl im November –, bei der wir abends nach Beendigung einer Besichtigung in der Industrie nicht mit dem Auto in der Nacht nach Berlin zurückfahren wollten, denn im Oktober waren Dahrendorf und sein Fahrer unter Wegnahme ihres Dienstwagens bis auf die Unterwäsche ausgeplündert worden. Die Einzelheiten hat Friedensburg a. a. O. Seite 74 anschaulich beschrieben. Wir fuhren deshalb in Thüringen zu einem kleinen Ort, in dem Bergholz ein kleines Häuschen hatte. Im Wohnzimmer befand sich eine überraschend große Bibliothek mit natürlich in erster Linie marxistischer Literatur, die er offenbar über die Jahre 1933–1945 hinübergerettet hatte. Ich denke gerne daran zurück, wie wir damals bis weit in die Nacht über die politische Entwicklung und die Zukunft diskutiert haben und ich danach im Wohnzimmer mit den vielen Büchern auf einem Sofa mein Nachtlager aufschlug.

Dieser Umgang miteinander erlaubte es mir, auch nach dem Eintritt von Herrn Sobottka in die Zentralverwaltung zu versuchen, Herrn Bergholz beizubringen, wie verheerend sich dessen Arbeitsmethoden und -stil auf die Bemühungen des Präsidenten, bei den Russen Vertrauen in eine effiziente deutsche Verwaltung zu schaffen, behinderten und wie sich das auf das ganze Arbeitsklima auswirkte. Bergholz erklärte mir zwar, dass er jeden Radikalismus „alter Art" ablehne, womit er wohl auf seine Erfahrungen bei den Auseinandersetzungen der Parteien in der Weimarer Zeit anspielte. Er war jedoch vom Alter und vor allem vom Naturell her viel zu schwach, um die Entwicklung der kommenden Monate beeinflussen, geschweige denn aufhalten zu können. Auch bei ihm war die ideologische Bindung des alten Kommunisten viel zu stark, um dem Fanatiker Sobottka irgendetwas entgegenzusetzen. Nur am Rande sei erwähnt, dass in einer der letzten Besprechungen mit Herrn Bergholz seine persönliche Sympathie für mich dadurch zum Ausdruck kam, dass er mir vorschlug, in die gerade gegründete SED einzutreten, was er befürworten würde.

Im Unterschied zu Herrn Bergholz war Herr Sobottka aus der Emigration nach Deutschland zurückgekommen. Von Beruf 1901–1920 Grubenarbeiter, 1920–1932 Abgeordneter der KPD aus dem Ruhrgebiet im Preußischen Landtag, emigrierte er 1933 nach Moskau. Er brachte es dort 1937–1938 zum Wirtschaftsredakteur der Deutschen Zentralzeitung und war 1939–1945 Mitarbeiter des Radiokomitees der deutschen Sektion Moskau. Er überlebte also im Gegensatz zu manchen anderen deutschen Emigranten Stalins „Säuberungen". Ebenso wie Karl Maron gehörte er zu der schon kurz vor der Kapitulation eingeflogenen „Gruppe Ulbricht" und wurde zuerst im Mai 1945 als Landessekretär der KPD mit Sitz in Schwerin mit dem Aufbau dieser Partei in Mecklenburg-Vorpommern beauftragt. Am 1. Dezember 1945 wurde er dann, ohne den Präsidenten Friedensburg zu befragen, diesem unter Ausschaltung der Sozialdemokratie in der Person von Herrn Dahrendorf als weiterer Kommunist „an die Seite gesetzt", um es zurückhaltend auszudrücken. Während Herrn Maron im Verhältnis zum Oberbürgermeister Werner rückblickend wohl das Zeugnis ausgestellt werden kann, dass er bei aller Vertretung seiner Anschauungen dies in verbindlicher und ausgleichender Form getan hat, sodass dem damaligen Magistrat angesichts der katastrophalen Lage der Stadt auf allen Gebieten eine erfolgreiche Arbeit nicht abgesprochen werden kann, warf Herr Sobottka von Anfang an dem Präsidenten, den Abteilungsleitern und mir Knüppel zwischen die Beine. Die Schulung in Moskau hatte aus ihm einen Fanatiker gemacht. Ein in der von mir erwähnten Personalakte gefundener vielseitiger, von Gustav Sobottka selbst unterschriebener Lebenslauf sagt zu seinem Eintritt in die Zentralverwaltung Folgendes aus: „Ich muss gestehen, dass der Zustand, wie er in dieser Verwaltung vorhanden war, mich überraschte. Ich war darauf gefasst, dass manches dort noch in Unordnung war, aber dass fast die gesamte Verwaltung noch aus alten Nazis und zum größten Teil aus früheren reaktionären preußischen Beamten bestand, das hatte ich nicht erwartet. Die Gruppe der KPD bestand aus drei Personen, dem Genossen Bergholz, seiner Tochter und der Genossin Blenkle, weiter waren noch acht Mitglieder der SPD unter Führung von Dahrendorf vorhanden. Die Aufgabe, die mir hier gestellt war, ging fast über meine

Kraft, galt es dort doch, den Verwaltungsapparat so zu reinigen, dass er eine Gewähr für eine demokratische Entwicklung gab und weiter den Wiederaufbau der Kohlenindustrie, die zum größten Teil zerstört lag, zu organisieren und den Einfluss reaktionärer Syndikatskräfte aus den Leitungen der Gruben und Unternehmen auszuschalten."

Hieraus ergibt sich, dass Sobottka – was wir schnell zu spüren bekamen – seine Aufgabe vor allem darin sah, den „Verwaltungsapparat zu reinigen". Er mischte sich deshalb von vornherein mehr oder weniger offen in die Personalverwaltung ein, für die zuständig zu sein allein der Präsident für sich in Anspruch nahm. Hier lag ein Schwachpunkt, durch den Streitigkeiten vorprogrammiert waren. Mangels eines durch die SMAD verabschiedeten Statuts für die Zentralverwaltungen war die Zuständigkeit unklar. Der Präsident stützte sich meines Erachtens mit Recht auf den ihm erteilten Auftrag zum sachlichen und personellen Aufbau der Zentralverwaltung, dann darauf, dass alle wesentlichen Einstellungen mit Herrn Kurmaschew abgestimmt, d. h. von ihm genehmigt wurden und alles Weitere ihm überlassen wurde, wie es für den geforderten schnellen Aufbau der Verwaltung selbstverständlich war. Ich weiß aber, dass schon am 14. August auch Dahrendorf schriftlich dagegen protestierte, bei bestimmten, insbesondere personellen, Entscheidungen des Präsidenten nicht vorher hinzugezogen worden zu sein, und der Ansicht war, der Präsident sei nur Primus inter pares Das wurde damals durch eine Aussprache zwischen den beiden Herren geklärt, und solange Dahrendorf im Hause war, konnte ich mich bemühen, durch rechtzeitige Einschaltung des Vizepräsidenten Schwierigkeiten zu vermeiden. Aber sonst ist richtig, was ich in einem Brief von Sobottka an das Zentralkomitee der SED gefunden habe: „Er hat immer wieder betont, dass er dem Aufbau der Zentralverwaltung ... sowohl sachlich als auch personell die alten bewährten Formen der preußischen Staatsverwaltung zugrunde lege. Friedensburg vertrat darum auch mit Entschiedenheit den Standpunkt, dass die Vizepräsidenten seine Untergebenen seien, die als eine Art Zwischeninstanz zwischen ihm und den Abteilungsleitern zu fungieren hätten, aber auch ignoriert werden könnten. In allen Personalangelegenheiten z. B. habe er, Friedensburg, das alleinige Entscheidungsrecht." Schlimm ist nur, dass diese nicht zu bestreitenden Feststellungen eingeleitet wurden mit einer ganz üblen Stimmungsmache und krassen Unwahrheit: „Als Präsident der Zentralverwaltung hat Friedensburg mit Geschicklichkeit und Wendigkeit, die ihm zugestanden werden müssen, aber auch mit offenen, brutalen Methoden die Interessen der alten Konzern- und Monopolherren wahrgenommen, als deren Treuhänder er sich fühlte und fühlt."

Gestützt auf seine Verbindungen zu den russischen Genossen, mit denen er ja fließend Russisch parlieren konnte, und zum Zentralkomitee der SED machte Sobottka die Personalangelegenheiten zum Schwerpunkt seiner Intrigen. Schon am 19. Januar 1946 habe ich mir notiert, dass ich aus der Personalverwaltung „streng vertraulich" informiert wurde, dass in Kürze eine „Durchforstung" der Zentralverwaltung erfolgen würde, und die Namen einiger Abteilungsleiter, die davon betroffen sein sollten. Bei dieser Gelegenheit erfuhr ich auch, dass nur 13 Prozent der Mitarbeiter dem kommunistischen FDGB angehörten und dass bei anderen Zentralverwaltungen der höchste Satz 30 Prozent waren. Sobottka veranlassten diese Zahlen, in einer Betriebsversammlung unmissverständlich zu erklären, dass es doch selbstverständlich sei, der Gewerkschaft anzugehören, und wer dies als Mitarbeiter einer Zentralverwaltung ablehne, müsste sich prüfen, ob er dort auf dem richtigen Platz sei.

Ende Februar 1946 hatten die Denunziationen Sobottkas erreicht, dass das Zentralkomitee der KPD der SMAD eine Denkschrift zugehen ließ, in der einige Abteilungsleiter angegriffen wurden, vor allem Berghauptmann de la Sauce, aber auch die Herren von Trotha und Rössing. Dr. Wilhelm de la Sauce war natürlich schon deshalb untragbar, weil er Geschäftsführer des Deutschen Braunkohlen-Industrievereins gewesen war. Dr. Carl-Friedrich von Trotha war ehemals Abteilungsleiter im Reichswirtschaftsministerium gewesen. Herr Rössing war für alles zuständig, was mit Torf zusammenhing, aber auch für die Durchführung der Probebohrungen in Doberlug-Kirchhain. Hier machte ihm Sobottka schwere Vorwürfe, die Bohrgeräte nicht rechtzeitig genug aus Schönebeck/Elbe herangeschafft zu haben, dass sie – wie es geschah – von den Russen beschlagnahmt und abtransportiert wurden. Präsident Friedensburg musste, wie immer in solchen Fällen, nach Karlshorst und erzählte mir dann, dass in diesem Fall die Besprechung viereinhalb Stunden gedauert habe. Er habe sich energisch gegen alle Vorwürfe zur Wehr gesetzt und jede Notwendigkeit personeller Maßnahmen bestritten. Er war überzeugt, sich mit den besseren Nerven durchgesetzt zu haben. Das war am 23., einem Sonnabend, und am Montag wollte er die Personalangelegenheit nochmals mit den beiden Vizepräsidenten besprechen. Was mir nicht gefiel, war seine erkennbare Bereitschaft, ein oder zwei Herren fallen zu lassen. Nicht überrascht war ich zu hören, dass auch meine Person in Karlshorst zur Debatte gestanden hatte, denn ich war schon kollegial informiert worden, dass mich Sobottka auch „genascht" habe, wie ich mir auch denken konnte. Insoweit meinte der Präsident aber, es sei wohl die Frage, ob die Vizepräsidenten bei der neuen Besprechung noch auf mich zurückkommen würden. Zu den Fallenzulassenden gehöre ich jedenfalls nicht. Aus dieser „Lagebesprechung" habe ich mir zwei Irrtümer des Präsidenten notiert: „Präsident hat keine Bedenken gegen SED, weil sich Tradition usw. der SPD durchsetzen würden", und: „Glaubt nicht an Verselbstständigung der Sowjetzone."

Am 18. März wurde ich wie andere Abteilungsleiter vorher oder nachher von einem Vertreter der SMAD, der ständig ein Zimmer im Hause bezogen hatte, vernommen. Es dauerte eine Dreiviertelstunde und begann mit der Frage nach meiner früheren Tätigkeit in der Reichswirtschaftskammer. Dann interessierte ihn angeblich, was er sicherlich längst wusste, in welchem Sektor ich wohnte, und auch, welche Parteien ich kennen würde. Das Ganze endete mit der Aufforderung, ihm aus meiner früheren Tätigkeit bekannte „aktivistische" Nazis sofort zu melden, wenn sie wieder in Berlin auftauchten; ebenso, wenn in der Verwaltung nazistische Äußerungen gemacht würden. Ein Protokoll wurde in meiner Gegenwart nicht aufgenommen und mir auch keine Erklärung zur Unterschrift vorgelegt. Es war aber bekannt, dass vor allem den Sekretärinnen, Mitarbeitern auf der mittleren Ebene, aber auch Abteilungsleitern Erklärungen zur Mitarbeit zur Unterschrift vorgelegt wurden, die aber nach unseren Informationen in den meisten Fällen abgelehnt wurden. Von einem Abteilungsleiter z. B. glaubte Friedensburg zu wissen, dass er eine solche Verpflichtungserklärung unterschrieben hätte. Selbstverständlich wirkten sich solche Maßnahmen verheerend auf das Betriebsklima und überhaupt bei der täglichen sachlichen Arbeit aus. Es war nicht wie einmal unter den Kollegen der RWK, sondern das „Trau, schau, wem" war generell am Platze. Auch wenn man dachte, zu dem einen oder anderen Abteilungsleiter Vertrauen haben zu können, beschränkte sich alles auf die rein sachliche Zusammenarbeit. Für mich war das eigentlich nur erträglich durch das vertrauensvolle Verhältnis zu meinem Chef. Wir konnten offen miteinander sprechen.

Bezeichnend für die weitere Entwicklung war, dass ich bei meiner Rückkehr aus Stralsund von Vaters Beerdigung am 27. März erfuhr, dass inzwischen zwei andere Mitarbeiter, Bergrat Ernst und Dipl.-Ing. Hoffmann, fristlos entlassen worden waren. Am nächsten Tag hörte ich vom Abteilungsleiter Rössing, in einer zwischenzeitlich abgehaltenen Direktorenkonferenz habe der Präsident zum Ausdruck gebracht, er sei der Hoffnung, dass, wie es in meinen Notizen heißt, „mit den jetzigen Untersuchungen ein Abschluss erreicht sei und weitere Beunruhigungen vermieden würden. Bergholz habe hierzu mit dem Kopf genickt, während Sobottka keinerlei Äußerung gemacht habe." Herr Rössing war dann auch der nächste, dessen Entlassung Sobottka durchsetzte. Der erste schon lächerliche Grund war eine zu der Zeit, als wir noch am Gendarmenmarkt saßen, mit Müllerburg abgeschlossene Wette, dass die Russen abziehen würden und das Land zwischen Elbe und Oder unbesetzt bleibe. Das war wohl nicht mehr als sträflicher Optimismus. Ernst zu nehmen war aber der zweite Grund, als verantwortlicher Abteilungsleiter habe Rössing die Bohrgeräte für Doberlug-Kirchhain, wie ich schon erwähnt habe, nicht rechtzeitig herangeschafft. Für Sobottka war das Sabotage, ein Begriff, mit dem die Russen und später die SED in der DDR schnell bei der Hand waren. Auch für mich fiel in diesem Zusammenhang etwas ab. Zur Materialsammlung Sobottkas über mich gehörte der Vorwurf, der von mir in Zusammenarbeit mit Herrn Rössing ausgearbeitete Vertrag zwischen der Preussag als Eigentümerin der Bohrverwaltung Schönebeck und der Bohrgeräte einerseits und der Zentralverwaltung andererseits sei ungültig. Dank meines guten Drahtes zur Verwaltungsabteilung erfuhr ich die Angriffe am 6. Mai aus dem Entwurf eines Schreibens von Sobottka an Kurmaschew, in dem er umfangreich über den Stand der Arbeiten in Doberlug-Kirchhain berichtete und die Entlassung Rössings forderte. Ich habe eine Kopie dieses Schreibens in den Unterlagen des Zentralkomitees im Bundesarchiv wiedergefunden und fand dabei, was ich schon am 6. Mai 1946 exzerpiert hatte: „Des Weiteren halte ich die Weiterbeschäftigung des Herrn Dr. Peters als Jurist für sinnlos, da er die primitiven Voraussetzungen für eine richtige juristische Tätigkeit nicht besitzt."

Einschalten möchte ich hier, weil es die ganze Atmosphäre kennzeichnet, dass natürlich auch der 1. Mai, zum ersten Mal nach der Kapitulation gefeiert, zu einer hoch politischen Angelegenheit wurde. In einer Direktorenkonferenz forderte pflichtschuldigst der Präsident zur Teilnahme am Umzug auf. Nach meinen Notizen kam dann aber zum großen Ärger von Herrn Sobottka seine Anordnung, die SED-Fahne solle so getragen werden, dass klargestellt würde, es handele sich um die Fahne nur einer Betriebsgruppe, damit, wie es Friedensburg formulierte, „die Gefühle der Andersgläubigen" geschont würden. Die Ende März vom Präsidenten geäußerte Hoffnung, es werde nun Ruhe einkehren, verwirklichte sich nicht. Die Intrigen hinter den Kulissen gingen weiter. Als ich von einer Dienstreise mit dem für die Energiewirtschaft zuständigen Abteilungsleiter Keimling nach Dresden am 29. Mai zurückkam, erfuhr ich, dass meine Verbindung zur Verwaltungsabteilung, Dr. Voigt, entlassen war. Keimling und ich hatten in Dresden die Frage der einheitlichen Organisation der Energiewirtschaft in den Ländern besprochen. Teilnehmer waren der später als Minister in der DDR sehr bekannt gewordene damalige Vizepräsident der Zentralverwaltung der Industrie Selbmann und der spätere Ministerialdirektor Ziller. Letzterer war, wie ich aus anderen Besprechungen unter vier Augen wusste, ein vernünftiger Mann und großer Verehrer Rathenaus und seiner Werke. Wenn meine Informationen stimmen, hat Ziller später aus mir unbekannten Gründen in seinem Büro Selbstmord begangen.

Am 3. Juni unterrichtete mich Dr. Friedensburg, dass er endlich versucht hatte zurückzuschlagen. Er hatte bei Generalleutnant Bokow die Entlassung Sobottkas verlangt oder seinen eigenen Rücktritt angeboten. Es ergab sich aber, dass Sobottka seinerseits bereits am 24. Mai mit Bergholz zusammen von Kurmaschew den Rücktritt des Präsidenten verlangt hatte. Bokow legte durch getrennte Einflussnahme auf beide Seiten eine Stellungnahme der SMAD erst einmal auf Eis. Die Präsidentenkrise schwelte also in den folgenden Monaten weiter.

Im Juni 1946 verlor der Präsident einen wichtigen und ihm treuen Mitarbeiter, den Abteilungsleiter Prof. Dr. Joachim Tiburtius, ein prominentes Mitglied der CDU, den wir damals und weiterhin wegen seines Auftretens liebevoll St. Tiburts nannten. Er sah wohl, wie der Hase lief, und wechselte freiwillig zum Magistrat, wo er zum Leiter der Abteilung für Planungen berufen wurde.

Sobottka hat sich, wie ich jetzt in den Akten des Zentralkomitees der SED gefunden habe, am 23. Mai auch mal wieder mit mir befasst. In einem Schreiben an Ulbricht heißt es: „Werter Genosse Walter, ... die Deutsche Zentralverwaltung hat das Aufsichts- und Kontrollrecht. Friedensburg hat, um dieses Aufsichts- und Kontrollrecht durchzuführen, einen besonderen Rechtsanwalt, Herrn Dr. Peters, angestellt. Dieser Herr sitzt in der Zentralverwaltung und hat es bis heute nicht fertig gebracht, auch nur über einen einzigen Konzern einen Bericht vorzulegen und zu sagen, wo und wie die Treuhänder arbeiten und wie der finanzielle Stand der Konzerne ist. Ein Chaos ... ist durch die Vernachlässigung dieser wichtigsten Aufgabe herbeigeführt ... Wir haben Dr. Friedensburg wiederholt Vorhaltungen gemacht, weil er es duldet, dass ein Herr Peters dort sitzt, ohne die geringste positive Arbeit zu leisten." Walter Ulbricht wird dann weiter unterrichtet, Bergholz und er hätten vom Präsidenten die Entlassung von de la Sauce verlangt, „der den ganzen Tag seine Konzernherrn empfängt", und von „Dr. Peters, der ebenfalls Gehalt bezieht, ohne irgendwelche Arbeit zu leisten". Der Brief schließt dann mit der Mitteilung: „Wir haben deshalb die Absicht, uns an Herrn Kurmaschew zu wenden, damit dieser Herrn Friedensburg den Auftrag gibt, die Zentralverwaltung entsprechend zu säubern."

Wenn ich diese Auslegung meiner Aufgaben damals erfahren hätte, wäre sie mir völlig neu und aufklärungsbedürftig gewesen. Auf einen Nenner gebracht war unsere Aufgabe, die Brennstoffindustrie im weitesten Sinne wieder in Gang zu setzen. Nur im äußersten Fall, wenn Vorstände oder Betriebsleiter fehlten oder absolut untragbar waren, durfte es zur Einsetzung von Treuhändern kommen. Wo immer es anging, musste unter rechtsstaatlichen Gesichtspunkten der Rechtslage, insbesondere nach dem weiter geltenden Aktienrecht, Rechnung getragen und unter politischen Gesichtspunkten geforderte Willkürmaßnahmen verhindert werden. Für uns war dies der schnellste Weg, die Wirtschaft wieder in Gang zu setzen. Die „Konzerne" – soweit sie überhaupt schon arbeitsfähig waren – saßen in anderen Besatzungszonen oder -sektoren und unterlagen den dort geltenden alliierten Bestimmungen. Wenn Herr Sobottka jemals von mir einen Bericht über die „finanzielle Stellung" der Konzerne verlangt hätte, wäre meine Antwort gewesen, dass die Erstellung eines solchen Berichts für die Zentralverwaltung weder rechtlich noch faktisch möglich war. Die Konzerne u. a. hätten mit Recht eine Auskunft abgelehnt. Für Herrn Sobottka sah das allerdings in einem Brief an die SED so aus: „Friedensburg hat sich im vergangenen und diesem Jahr mit größter Zähigkeit gegen die Absetzung der schwer belasteten faschistischen Direktoren, Betriebsleiter ... gewehrt und diesen jedes ,juristische Recht' zu solchen Maßnahmen abgesprochen ... Allen Protesten der Belegschaften, der Treuhänder und Provinzialverwaltungen hat Friedensburg seinen ,juristischen' Standpunkt entgegengestellt." Den besonderen Zorn des Herrn Sobottka erregte folgende Angelegenheit, die unter seinen Gesichtspunkten von ihm sogar in die kommunistische Presse lanciert wurde. Es handelte sich um die Beschlagnahme eines

Kontos in Höhe von 7 Millionen RM der Anhaltischen Kohlenwerke bei der Berliner Stadtbank, die ja als vorläufig einzige Bank alles erfasst hatte. Wegen der Freigabe dieser Gelder hatte das nach wie vor amtierende Vorstandsmitglied Hellberg mit Dr. Friedensburg und mir konferiert. In einem Schreiben wieder an die SED hat Sobottka das Ergebnis richtig wiedergegeben: „In dieser Konferenz vertrat Friedensburg seinen bekannten Standpunkt, dass die Provinzialverwaltung Halle zur Bestellung eines Treuhänders nicht berechtigt sei. Er beauftragte seinen Juristen Dr. Peters, diesen Standpunkt in einem Gutachten ‚juristisch' zu untermauern. Mit diesem Gutachten ausgestattet begab sich Hellberg zur englischen Besatzungsbehörde, in deren Bereich die Konzernverwaltung der Anhaltischen Kohlenwerke in Berlin ihren Sitz hat, und erreichte damit die Beschlagnahme der 7 Millionen." Damit waren wir aus seiner und seiner Gesinnungsgenossen Sicht schuld, dass an die Bergleute keine Löhne gezahlt werden konnten. Dass zu diesem Zeitpunkt weder die Zentralverwaltung noch ein Treuhänder in Halle das Recht hatte, von der Bank die Auszahlung des Geldes zu verlangen, dass auch die Engländer nur die Beschlagnahme der Gelder verfügten, diese Überlegungen lagen einer solchen rein politischen Betrachtungsweise völlig fern. Bezeichnend war die Überschrift in der Zeitung „Neues Deutschland" mit der Schlagzeile „7 Millionen RM der AKW beiseite gebracht".

Auf politisches Glatteis musste ich am 2. Juli mit einem Vortrag vor den Belegschaften der in unserem Gebäude residierenden Zentralverwaltungen. Der Gedanke, nach diesem Umbruch Schulungsvorträge zu halten, war an sich richtig, und Präsident Friedensburg eröffnete die Reihe der Schulungsvorträge auch mit dem für ihn typischen Hinweis, dass die Vorträge einer objektiven Unterrichtung dienen sollten, was von den wenigen Kommunisten unter den Zuhörern noch geschluckt wurde. Anschließend hielt ich den ersten dieser Vorträge über das Thema „Die Verfassung der UdSSR".

Von der dortigen Verfassungswirklichkeit wussten wir zu dieser Zeit nur wenig, aber schon aus der Zeit vor 1933, als ich 1929 in der Schule meinen Vortrag über die russische Planwirtschaft hielt, wusste ich, dass – besonders in diesem Fall – Verfassung und Wirklichkeit auseinander fielen. Es blieb mir nur übrig, mich an die einzelnen Grundsätze und Bestimmungen im Wortlaut der Verfassung zu halten, die an sich bei entsprechender Handhabung eine Menge demokratisches Rüstzeug abgegeben hätten. So ging die Dreiviertelstunde ohne Widerspruch der Hörer vorüber. Nur hinterher meinte der Betriebsratsvorsitzende einer anderen Zentralverwaltung, ich hätte zu wenig die große Bedeutung der Arbeiterklasse als Träger der Verfassung herausgestellt. Mein Chef meinte jedenfalls, auch sichtlich erfreut über den ruhigen Ablauf, als wir zusammen hinausgingen: „Gratuliere, Sie haben sich gut aus der Affäre gezogen."

Am 18. Juli beginnen meine Aufzeichnungen mit dem Satz: „Präsidentenkrise scheint sich zu steigern." Grund dieser Feststellung war, dass der Vorsitzende der CDU Jakob Kaiser von Generalleutnant Bokow gefragt worden war, ob die CDU einen anderen Kandidaten benennen würde, wenn Dr. Friedensburg entlassen würde. Das wurde von Jakob Kaiser verneint, sodass es darauf ankam, ob Karlshorst bereit war, den letzten führenden Vertreter der CDU in den Zentralverwaltungen fallen zu lassen.

Ein Schlaglicht auf die Situation ist auch der folgende Vorfall: Der Präsident wollte am 18. Juli zu der unserer Aufsicht unterliegenden Bergakademie in Freiberg fahren, deren Weiterbestehen ihm sehr am Herzen lag, und außerdem zu einer dortigen CDU-Veranstaltung. Auf diese Reise wollte er den Sachbearbeiter für die Aufsicht Dr. Lewien mitnehmen. Sobottka untersagte als zuständiger Gruppenchef kurzerhand die Mitreise von Dr. Lewien, sodass Friedensburg sich selbst in einer solchen Lappalie an Kurmaschew wenden musste. Dieser entschied immerhin, dass Lewien zu fahren habe. Aber schon am nächsten Tag rief Kurmaschew an und bat Dr. Friedensburg, mit Rücksicht auf die in Kürze anstehende Entscheidung in der Präsidentenfrage von dem Besuch der Akademie überhaupt abzusehen. Friedensburg fuhr natürlich trotzdem. Die Präsidentenfrage blieb weiter in der Schwebe.

Zu den Schwierigkeiten mit der SMAD trug auch die klare Haltung des Präsidenten in der Frage der Enteignung der Bergerwerke, Kraftwerke, Kohleverflüssigungsanlagen, kurzum aller zu unserer Zuständigkeit gehörenden Großbetriebe bei. Zu Beginn der Schilderung unserer Arbeit habe ich darauf hingewiesen, dass auch auf deutscher Seite quer durch die Parteien einer Sozialisierung das Wort geredet wurde. Vorerst hatte die Wiederingangsetzung der Betriebe im Vordergrund gestanden, wobei anfangs auch die Frage einer Übernahme des sowjetischen Wirtschaftssystem offen blieb. Es gab aber schon frühzeitig in der Provinz als Enteignung deklarierte Maßnahmen, sodass Dr. Friedensburg auf einer Konferenz der Vertreter der Landes- und Provinzialverwaltungen schon am 6. September 1945 erklären musste: „Wir dürfen keine Aufgaben vorwegnehmen, die einmal der Entscheidung des Gesetzgebers unterliegen müssen. Ich werde niemals Maßnahmen decken, die aus Weltanschauungsgründen getroffen werden." Zu den Fällen, in denen bereits Gruben durch staatliche oder russische Eingriffe an Länder oder Provinzen „übereignet" waren, erklärte er, dass damit die grundsätzliche Frage für ihn noch nicht gelöst sei. Er würde aus freien Stücken unter keinen Umständen jemals der entschädigungslosen Enteignung zustimmen. Dies verbiete ihm sein politisches und christliches Gewissen. Sicherlich in Erinnerung an die Auseinandersetzung in dieser Frage 1918 stand für ihn fest, dass hierüber später nur eine Nationalversammlung entscheiden könne.

Die Propagierung und erste Entstehung rein russischer Aktiengesellschaften zeigten den Systemwechsel an. Im Februar 1946 kam es zu der ersten Besprechung eines Befehlsentwurfs, der uns von Karlshorst vorgelegt wurde und die entschädigungslose Enteignung aller der Zentralverwaltung unterstehenden Großbetriebe vorsah. Auffallend war, dass zum ersten Mal bei einem Befehl der SMAD die einverständliche Gegenzeichnung des Präsidenten gewünscht wurde. Bei der Besprechung des Entwurfs mit den Vizepräsidenten lehnte er es dann auch ganz entschieden ab, damit auch die grundsätzliche Frage der Entschädigung als erledigt zu betrachten. Mit der Ablehnung der Gegenzeichnung bot der Präsident erneut seine Demission an. Noch hatte er aber Rückhalt bei den maßgebenden Kräften in Karlshorst, die wohl einsahen, dass sie ohne Hilfe der bürgerlichen Kreise und eines so hervorragenden Fachmannes mit ihren Genossen allein den Aufbau nicht schaffen würden.

Das änderte nichts daran, dass die sachliche Arbeit immer schwerer wurde. So rief z. B. am 19. Juli ein Vorstandsmitglied der ELG an und berichtete folgendes: Im Kraftwerk Breitungen in Thüringen war eine Kommission erschienen, bestehend aus dem Landrat von Meiningen, dem Bürgermeister von Breitungen und dem Kreisvorsitzenden der SED. Diese erklärten – offensichtlich beauftragt von den örtlichen Kommandanturen – das Kraftwerk zum russischen Staatsbetrieb. Ein bisher schon als Leiter tätiger russischer Oberstleutnant war bereits durch den russischen Zivilingenieur Bakunin ersetzt worden. Ich hatte gerade am Tage vorher mit Vizepräsident Bergholz einen Brief vom Vizepräsidenten Dieker, Sachsen-Anhalt, besprochen, mit dem dieser die Übereignung der Werke Tröglitz und Magdeburg-Rothensee forderte. Wir waren übereingekommen, die Sache dilatorisch zu behandeln, weil die bisherigen Verhandlungen der Zentralverwaltung mit der SMAD vielversprechend dahin gingen, nicht das System der russischen Staatsbetriebe zu übernehmen, sondern allenfalls deutsch-russische Gesellschaften zu schaffen. Karlshorst, wenn sie von dem Fall in Thüringen überhaupt etwas wussten, und wir waren wieder einmal vor vollendete Tatsachen gestellt worden, die auch allen neuen Rechtsgrundlagen widersprachen. Wenn ich in diesen Tagen z. B. ein Gutachten hinsichtlich der Grube Brigitta der Reichselektrowerke machte, konnte ich zwar zu dem Ergebnis kommen, dass nach dem SMAD-Befehl 154 Ziff. 1 die Reichselektrowerke zu dem Vermögen gehörten, dessen in der Sowjetischen Besatzungszone gelegene Teile der Zentralverwaltung zu übergeben waren, aber wir hatten keine Gewalt, dieses Ergebnis auch gegenüber den Ländern durchzusetzen. Auf eine Unterstützung der SMAD trotz endloser Verhandlungen war letzten Endes nicht zu zählen.

Es war kein Wunder, dass immer mehr Unsicherheit im täglichen Arbeitsablauf spürbar wurde und Resignation um sich griff. Berghauptmann de la Sauce brach sogar eines Tages im Dienst zusammen und musste Urlaub nehmen, den er in Freiberg verbrachte. Ich traf ihn dort am 22. Juli, und er erzählte mir von seinen ständigen Auseinandersetzungen mit Sobottka, die zu seinem Zusammenbruch geführt hatten. Leider wusste ich damals noch nicht, was ich jetzt in den Akten des Zentralkomitees fand, dass Sobottka Jahre später große Schwierigkeiten in der SED wegen seines

Charakters und seines Verhalten gegenüber Untergebenen hatte, worauf ich noch zurückkommen werde. Es hätte Herrn de la Sauce vielleicht den Rücken gestärkt. Jetzt war jedenfalls Sobottka der Stärkere. Am 17. August wurde de la Sauce zum 30. September „vorsorglich" gekündigt. Leider glaubte auch der Präsident Gründe zu haben, an ihm nicht mehr festzuhalten.

Rückblickend weiß ich nicht, woher wir eigentlich den Mut nahmen, in dieser Zeit auch auf Urlaub zu gehen. Der Präsident ging nach Schierke und meine Frau und ich in die „Waldhufe" in Kirchhain. Schon bei früheren Besprechungen über das Objekt Doberlug-Kirchhain kannte ich die Wirtsleute, und wir wurden freundlich aufgenommen und im Rahmen des damals Möglichen gut betreut. Auf diese Weise konnten wir in dem dortigen Torflaboratorium das schon erwähnte Versuchshaus besichtigen. Im Urlaub durfte man ja schon vom eigenen Häuschen träumen.

Präsident Friedensburg hatte schon während seines Urlaubs erleben müssen, dass der Krieg weiterging. Sobottka versuchte, der persönlichen Referentin, Referendarin Frl. Kleinmann, zu untersagen, ihren Chef in Schierke aufzusuchen, und drohte ihr, da sie natürlich trotzdem fuhr, nach ihrer Rückkehr die fristlose Entlassung an. War das schon ein unmöglicher Vorfall, so war noch schlimmer, dass Sobottka die Abwesenheit des Präsidenten benutzt hatte, um durch Verfügung mit Unterschrift von Bergholz die Kommunistin Frau Blenkle als Referentin in die Personalabteilung zu versetzen. Ich habe schon erwähnt, dass sie in der ersten Zeit neben den Vizepräsidenten das dritte Mitglied der KPD in unserer Zentralverwaltung war. Als ich am 23. August einen Besuch bei Herr Rosenthal-Pelgramm in der Zentralverwaltung der Justiz machte, um mich über die Voraussetzungen einer Zulassung als Rechtsanwalt zu informieren, hörte ich aber, dass auch dort die Abwesenheit vom Präsidenten, es war der bekannte Reichsminister a. D. Dr. Eugen Schiffer, benutzt worden war, um Umbesetzungen in der Personalabteilung in der gleichen Richtung vorzunehmen. Wir waren uns übrigens schnell einig, dass ich zwar nicht aus fachlichen, aber aus politischen Gründen nicht mit einer Zulassung rechnen konnte. Auch dort hatte man unsere Abwehrkämpfe aufmerksam beobachtet, aber ich konnte immerhin, mit den besten Wünschen versehen, das Haus verlassen.

Am Spätnachmittag des gleichen Tages hatte ich ein langes Gespräch mit meinem Chef. Der Anlass war seine Frage, ob ich zusätzlich die Arbeit von Prof. Thielmann übernehmen könnte, der uns auch verlassen wollte. Sein Arbeitsgebiet ist mir nicht mehr geläufig, und ein Geschäftsverteilungsplan aus dieser Zeit war im Bundesarchiv nicht zu finden. Ich bejahte diese Frage grundsätzlich, habe aber zum ersten Mal gefragt, ob es überhaupt noch Zweck hat, weiter in der Zentralverwaltung zu arbeiten, wobei ich erst einmal an die „vorsorgliche" Kündigung von de la Sauce anknüpfte. Da hörte ich dann, dass auch Dr. Friedensburg mit ihm nicht zufrieden war. Dieser habe kein politisches Fingerspitzengefühl gehabt und in den Direktorenkonferenzen, um Sobottka freundlich zu stimmen, Dinge zur Sprache gebracht, die Friedensburg nicht erörtert haben wollte. Er habe auch bei seiner Vernehmung durch den uns attachierten SMAD-Offizier ein Protokoll unterschrieben, was selbst Stenokräfte abgelehnt hätten. Unter diesen Umständen hätte er von Anfang an den beiden Vizepräsidenten gesagt, dass er an de la Sauce nicht festhalten würde, wenn ihm ein anderer geeigneter Fachmann gezeigt würde. Die Angelegenheit de la Sauce dürfe deshalb von mir nicht verallgemeinert werden. In allen anderen Fällen erklärte Dr. Friedensburg, sich hinter uns stellen zu wollen, und führte als Beispiel seiner Einstellung an, dass er mich in die Liste der Spezialisten, die Prämien erhalten sollten, aufgenommen hätte, die in nächster Zeit mit den Vizepräsidenten besprochen werde. Meine Reaktion war laut meinen Aufzeichnungen: „Zu dieser Besprechung erlaubte ich mir, F. viel Vergnügen zu wünschen."

Es beweist unser gutes Verhältnis, dass die Unterhaltung trotzdem weiterging. Auf meinen nächsten Verweis auf die Berufung von Frau Blenkle in die Personalabteilung hinter seinem Rücken hörte ich zu meinem Erstaunen, das sei doch kein Unglück. Ich wies darauf hin, das sei zwar vielleicht kein Unglück, aber doch symptomatisch, denn das sei auch damit unwiderruflich einen Zahn weitergedreht. Ich konnte auch nicht anders, als die bei der SMAD immer noch offene Präsidentenfrage anzusprechen. Hierzu möchte ich nur zitieren, was ich mir unmittelbar nach unserer Besprechung notiert habe: „Im Verlauf der Unterhaltung stellte ich F. dann offen die Frage, warum er nicht nach dem Ablauf einer angemessenen Frist mit Stellung der Kabinettsfrage ausgeschieden sei und immer wieder nachgegeben habe. F. sagte, dass dies auf Wunsch seiner politischen Freunde geschehen sei. Die CDU hätte anderenfalls in die Opposition gehen und Stimmenthaltung üben müssen. Es sei auch nicht ausgeschlossen, dass das auch noch so kommen würde. Ich sagte F., dass sein Verhalten unbedingt missdeutet werden würde und bereits werde. Verschiedene seien der Ansicht, dass er sich durch sein dauerndes Einlenken seine ganze politische Zukunft verspiele. F. gab zu, dass vielleicht mancher hier in Berlin der Ansicht sein könne, aber draußen in der Zone seien die Menschen nach wie vor erfreut, wenn er komme und zu ihnen spreche usw. Ausschlaggebend für ihn sei jedenfalls die Bitte seiner Freunde gewesen zu bleiben. F. stellte mir übrigens noch die Frage, ob ich in seiner Lage anders gehandelt hätte. Ich erklärte, dass ich bestimmt die Konsequenzen gezogen hätte …"

Alle Ereignisse der letzten Zeit und diese Unterhaltung hatten mich so deprimiert, dass ich am 28. August zu meinem alten Chef Dr. Erdmann ging. Ich musste mich mit jemandem, zu dem ich Vertrauen hatte, aussprechen. Das Ergebnis war sein Rat, dass er an meiner Stelle sofort als Anwalt nach Köln gehen würde, wo schon Herr Franke war und mir helfen würde. Wir haben diesen Rat zu Hause besprochen, aber nicht befolgt. Gaby hatte ihre interessante Arbeit und damit ihren besonderen

Freundes- und Kollegenkreis. Im Übrigen konnte ich mich auch jetzt nicht von Berlin trennen und mir nicht vorstellen, Dr. Friedensburg in dieser, wenn auch mit Sicherheit aussichtslosen, Situation auch noch allein zu lassen.

Die Dinge spitzten sich aber schnell zu. Am 10. September fuhr Friedensburg zu einer Wahlversammlung der CDU nach Belzig, die aber nach dem von mir notierten Bericht seiner persönlichen Referentin sehr unglücklich verlief. Der dortige CDU-Vorstand eröffnete ganz ungeschickt mit dem Hinweis, die Bedeutung der Gemeindewahlen ergäbe sich aus der „Tatsache, dass ein so hoher Staatsbeamter nach Belzig kommt". Friedensburg musste also erst einmal klarstellen, dass er nur als CDU-Vorstandsmitglied zu dieser Wahlveranstaltung gekommen sei, wie er auch ausdrücklich angekündigt war. Er hatte aber auch Schwierigkeiten, das Programm, insbesondere was „Christlicher Sozialismus" bedeute, zu erklären. Ganz schweres Geschütz fuhr dann der Diskussionsredner der SED aus Potsdam auf. Er warf Friedensburg vor, Kriegsverbrecher zu sein, weil er durch seine Bücher über die Rohstoffaufkommen Hitler zum Krieg ermutigt habe. Ferner warf er in der übelsten Weise die Angelegenheit der 7 Millionen der Anhaltischen Kohlewerke in die Debatte, wobei auch mein Name fiel. Frl. Kleinmann berichtete mir, dass der örtliche CDU-Vorsitzende, der Ortspfarrer, völlig hilflos war. Am 11. September erschien in der „Märkischen Volksstimme" ein Bericht über diese Wahlveranstaltung und damit nochmals eine vollkommen verdrehte Darstellung der AKW-Vermögensbeschlagnahme durch die englische Besatzungsmacht.

Nach den übrigen Ereignissen der letzten Wochen brachte dies wohl das Fass zum Überlaufen und damit die Entscheidung der SMAD in der Präsidentenfrage. Bei unserer morgendlichen Besprechung am 12. September teilte mir Dr. Friedensburg zuerst mit, dass er mich auf Einspruch von Sobottka von der Liste der Spezialisten streichen musste, was mich nicht weiter überraschte (s. o.). Das Nächste war die Mitteilung, dass er auf Wunsch der SMAD gleich nach Karlshorst fahren würde. Mein Angebot mitzukommen lehnte er ab. Ich ging dann sofort zu Herrn Ilgner, von dem ich wusste, dass er in Steglitz ganz in unserer Nähe wohnte, und unterrichtete ihn, dass der Präsident ohne Angabe eines Sachthemas nach Karlshorst zitiert worden sei. Meines Erachtens gäbe es nur zwei Möglichkeiten. Entweder käme er vorerst überhaupt nicht wieder, oder wenn er zurückkäme, dann nicht als Präsident der Zentralverwaltung der Brennstoffindustrie. Ich sagte Herrn Ilgner, dass ich sofort meine persönlichen Sachen, Unterlagen, restlichen Notizen einpacken und nach Hause in den amerikanischen Sektor fahren würde. Ich bat ihn, am Abend vorbeizukommen und mich zu unterrichten. Er kam dann auch abends, um mir die Abberufung Friedensburgs und anderer leitender Herren mitzuteilen, erfreulicherweise sei er bereits zu Hause in Nikolassee, also in Sicherheit. Zu den anderen gehörte auch ich; denn meine noch am gleichen Abend geschriebene fristgerechte Kündigung zum 31.

Dezember wurde mit der fristlosen Entlassung „im Zuge der von der sowjetischen Militär-Administration befohlenen Reorganisation" beantwortet.

Die Gründe der Entlassung Friedensburgs ergeben sich ohne weiteres aus meiner Schilderung einiger sachlicher Fragen und persönlicher Erlebnisse in den $13^{1}/_{2}$ Monaten seiner Amtszeit. Es ist bezeichnend, dass der von General Bokow ihm vorgelesene Entlassungsbefehl des Marschalls Sokolowski als einzige Begründung angab, dass der Präsident „ehemalige Nationalsozialisten begünstigt und die Einstellung von verbürgt demokratischen Elementen" verhindert habe. Wie Friedensburg sofort erwiderte und jeder, der mit ihm zusammengearbeitet hat, weiß, eine völlig unsinnige Begründung. Die SMAD hatte alles Sachliche beiseite geschoben und das, was Sobottka und die SED zusammengebraut hatten, auf den einen Nenner „faschistische Umtriebe" gebracht. Walter Ulbricht hat in seinem Buch „Zur Geschichte der neuesten Zeit" (S. 97) geschrieben, was damit gemeint war. Dort heißt es u. a. von dem „Volksfeind", der sich selbst entlarvt hat: „Mit einer raffinierten Personalpolitik baute Friedensburg in seiner Dienststelle Agenten des Monopolkapitals als Fachleute ein und versuchte, die Kohlenförderung und den Kohlenhandel zu einem Schutzgehege der Konzerne zu machen ... Als die Arbeiter faschistische Betriebsleiter entfernten, hatte Friedensburg die Stirn, solche ‚Eingriffe in die Wirtschaft' zu untersagen, und wollte die Absetzungen rückgängig machen. Gleichzeitig wies er den unter seinem Einfluss stehenden Bergbauindustrie-Verein in Halle an, die Betriebsräte durch höhere Löhne zu korrumpieren. Der Friedensburg musste allerdings zur Kenntnis nehmen, dass die Arbeiter aus den zwölf Faschismusjahren Schlussfolgerungen gezogen hatten. Seine Versuche wurden von den Arbeitern zurückgewiesen. Er selbst entlarvte sich immer mehr als Volksfeind."

Die Wortwahl kennzeichnet sich selbst und ihren Verfasser. Sobottka, Ulbricht, die SMAD wussten, dass Friedensburg zwar Bergassessor war, sich aber aus gesundheitlichen Gründen seit dem Ersten Weltkrieg nur noch wissenschaftlich mit seinem Interessengebiet Bergbau befassen konnte, dafür aber ein hervorragender Verwaltungsfachmann wurde. Für sie war er wider besseres Wissen der „alte Agent und Propagandist der Kohlenkonzerne".

So endeten die unentwegten Bemühungen eines Mannes, der ungeachtet aller Kompromisse, die er eingehen musste, niemals sein Ziel nach dem Kriege aufgegeben hat, das er treffend zur Überschrift seiner Erinnerungen an diese Zeit wählte: „Es ging um Deutschlands Einheit". Es war eine herbe Enttäuschung für ihn. Dieses Zitat aus a. a. O. Seite 94 sagt alles: „Im Rückblick muss ich mir eingestehen, dass meine Tätigkeit als Leiter der Zentralverwaltung der Brennstoffindustrie von einer Illusion ausgegangen ist, der Illusion, dass es gelingen würde, im sowjetischen Besatzungsgebiet eine deutsche, nach deutschen Grundsätzen arbeitende Verwaltung aufzubauen." Ich habe miterlebt, wenn auch nicht mehr in so unmittelbarer Nähe, dass er sein Ziel der Versöhnung mit der Sowjetunion auch nach den Erfahrungen in der Zentralverwaltung nicht aufgab; dies auch nicht, als seine Parteifreunde Jakob Kaiser, Ernst Lemmer u. a. erkannten, dass mit dem wachsenden Zerwürfnis der Alliierten der Kalte Krieg kam, als die Blockade über uns hereinbrach. Als später amtierender Oberbürgermeister des noch ungeteilten Berlins hielt er, als andere Magistratsmitglieder schon in die Westsektoren ausgewichen waren, unbeirrt an seinem Amtssitz in der Ostberliner Parochialstraße fest. Hier harrte er so lange aus, bis eine Menge bestellter SED-Mitglieder, ohne dass die Polizei eingriff, ihn gewaltsam am Betreten des Gebäudes hinderte. Auch während der Blockade erinnerte Friedensburg daran, dass trotz der Beschränkung der Arbeit der Alliierten Kommandantur auf die drei Westsektoren der immer noch geltende Viermächtestatus nur wiederbelebt zu werden brauchte, um von Berlin aus auch die zentrifugalen Tendenzen der großen Besatzungszonen zu überwinden und die deutsche Einheit zu retten.

Sicherlich ist der angesichts der heftigen Auseinandersetzungen über die Einbeziehung Berlins in die jeweilige Währungsreform der Westzonen oder der Ostzone von Friedensburg unterstützte Gedanke einer „Bärenmark" mit Recht unter allen Gesichtspunkten verworfen worden. Sein Gedanke, während der Blockade in Westberlin Kohle zu suchen und zu fördern, wurde sogar ins Lächerliche gezogen. Man sollte aber gerechterweise zur Kenntnis nehmen, dass der erste Gedanke auch geboren wurde, um mit der „Bärenmark" für ganz Berlin auch dessen Einheit zu retten, denn zwei Währungen in West und Ost konnten die Spaltung nur beschleunigen. Hinter dem zweiten Gedanken stand schließlich das Bemühen, durch eigene Anstrengungen die mangelhafte Versorgung der Bevölkerung zu ergänzen. Ich fand es beschämend, dass selbst im „Tagesspiegel" vom 17. Februar 1948 Friedensburg in unqualifizierter Weise angegriffen wurde. Ich schrieb noch am gleichen Tage an die Redaktion:

„Der Angriff des Tagesspiegels vom 17.2. auf die Person von Dr. Friedensburg ist für den, der sich bemüht, die Dinge unvoreingenommen und unabhängig zu betrachten, befremdend. Die Bevölkerung Berlins kann, glaube ich, zufrieden sein, wenn sich unter den derzeitigen unsagbar schwierigen Verhältnissen fachlich qualifizierte Persönlichkeiten ersten Ranges zur Verfügung stellen, von denen man dankbar den Eindruck gewinnt, dass sie nicht jeder parteipolitischen Einwirkung kritiklos nachgeben. Wenn ein solcher Fachmann sich dann in politischer Hinsicht auch noch bemüht, den tiefen Spalt zwischen Ost und West nicht zu vergrößern, sondern im Interesse der letzten Endes allein darunter leidenden deutschen Bevölkerung in seinem Wirkungskreis zu verkleinern, so sollte man dies anerkennen. Stattdessen wird in einer gehässigen Form Kritik geübt, welche an die üblichen Angriffe in der Weimarer Zeit erinnert. Vom sicheren Port aus ist es einfach, nach „Männern" zu rufen. Mit diesem Ruf hat man vor 1933 systematisch jede Verständigungspolitik gegenüber den Mächten von Versailles bekämpft, und dieser Ruf hat nicht nur einen Stresemann zu Tode gehetzt, sondern die ganze Weimarer Republik zu Fall gebracht. Wohl geht es um das Schicksal von Berlin, aber diese Frage führt man nicht zu einer Lösung, wenn man im Sinne einer größeren Verschärfung der Gegensätze wirkt, sondern indem man jede Persönlichkeit unterstützt, welche im Sinne einer Verständigung und Entspannung wirkt."

Ich habe mich gefreut mitzuerleben, dass alle diese Streitigkeiten und auch die späteren Auseinandersetzungen mit Ernst Reuter über den richtigen Weg zwar nicht vergessen, aber beiseite geschoben wurden und Prof. Dr. Ferdinand Friedensburg Ehrenbürger der Stadt Berlin wurde. Leider hat er die Vereinigung Berlins und Deutschlands nicht mehr erlebt. Wenn auch auf ganz andere Weise, hätte er seinen Grundgedanken, das deutsche Dilemma sei entweder gar nicht oder nur mit der Sowjetunion zu beheben, bestätigt gefunden. Ohne die Bedeutung der Rufe „Wir sind das Volk" und danach „Wir sind ein Volk", aber auch der raschen Reaktion des Bundeskanzlers Kohl mindern zu wollen, bei sorgfältiger Abwägung aller Umstände hing letzten Endes in den spannungsreichen Tagen im Oktober 1989 doch alles von der Zustimmung Gorbatschows ab.

Auch ein Ehrenbürger ist bald vergessen. Vielleicht trägt mein Bericht dazu bei, die Erinnerung an Ferdinand Friedensburg, dem nichts mehr am Herzen lag als die deutsche Einheit, wiederzubeleben; denn in den Beschreibungen der Zeit, bevor die Zentralverwaltungen der Sowjetischen Besatzungszone Ministerien der DDR wurden, besteht eine Lücke. Die Versuche, wie sie hier geschildert wurden, gerade in der ehemaligen Reichshauptstadt der wachsenden Tendenz zur Teilung entgegenzuwirken, sind immer mehr vergessen. Ein Beispiel hierfür ist, dass man in einem im Jahr 2000 erschienenen und mit 734 Seiten so umfangreichen Werk wie „Nach der Katastrophe. Eine Geschichte des geteilten Deutschlands" des Politologen Peter Graf Kielmannsegg im Personenregister vergeblich den Namen Friedensburg sucht und im Literaturverzeichnis sein Buch „Es ging um Deutschlands Einheit". Nur summarisch heißt es auf Seite 50: „Natürlich hat es an Bekenntnissen zur Einheit nicht gefehlt, aber von wirklichen Anstrengungen, sich handelnd gegen die Teilungsentwicklung zu stemmen, ... ist wenig zu berichten." Es waren damals bei unserer Arbeit nicht nur „Bekenntnisse zur Einheit", wie sie später Jahrzehnte hindurch die Sonntagsreden unserer Politiker zierten, sondern Tag um Tag wirkliche Anstrengungen. Wenn sie auch vergeblich waren, sind sie es doch wert, daran zu erinnern.

An sich wäre nun das Kapitel Zentralverwaltung abgeschlossen und ich müsste berichten, wie es bei mir weiterging. Ich muss aber erst noch einmal auf unseren Widersacher Sobottka zurückkommen und mit einer gewissen Genugtuung erzählen, dass in der Folgezeit auch seine Genossen ihre Schwierigkeiten mit ihm hatten. Ich konnte das erst aus der Akte des Zentralkomitees der SED im Bundesarchiv entnehmen, wo ich auch etwas fand, was ihn nach Roland Freisler für mich auch zu einem menschlich-psychologischen Rätsel gemacht hat.

Aus dem mit seiner Unterschrift in den Akten liegenden ausführlichen Lebenslauf, aus dem ich schon zitiert habe, geht hervor, dass Sobottka bis zum August 1947 Vizepräsident blieb. Vermutlich hat die SMAD versucht, einen anderen Fachmann für das Sachgebiet und eine große Verwaltung zu finden. Es ist insoweit interessant – wie Friedensburg in seinen Erinnerungen a. a. O. Seite 99 berichtet –,dass noch einige Wochen nach seiner Entlassung sowjetische Offiziere, der ihm lange bekannte General Georgiew und Oberstleutnant Uspenski, zu ihm nach Nikolassee kamen, um in der Frage seiner Rückkehr in das Amt zu sondieren. Georgiew bedauerte, zur Zeit, als die Entscheidung fiel, nicht in Berlin gewesen zu sein, was nicht bedeutet, dass sich am Ergebnis etwas geändert hätte. Wir haben daraus nur den Schluss gezogen, dass es in Moskau vielleicht zwei Richtungen in der Behandlung dieser Frage gab. Es war jedoch klar, dass man auch von dieser Seite die Forderung, Sobottka und Bergholz fallen zu lassen, nicht erfüllen wollte und konnte. Es ging bei den zwei Besuchen in Nikolassee wohl mehr darum, Friedensburg im sowjetfreundlichen Lager zu halten, und in den notwendigen Grenzen ist ihnen das ja auch gelungen.

Dass die Frage der Leitung der Zentralverwaltung fast ein Jahr von der SMAD in der Schwebe gehalten wurde, ändert nichts daran, dass Sobottka in dieser Zeit mit der Geschäftsführung beauftragt war und nur kurze Zeit vom August 1947 bis 1948 Präsident war. 1948 wurde die Zentralverwaltung als Hauptverwaltung Kohle in das neue Ministerium für Schwerindustrie eingegliedert mit der Folge, dass Herr Sobottka dem Minister Selbmann unterstellt war. Auch Sobottka hatte weiter Schwierigkeiten mit Doberlug-Kirchhain. Aus nicht erkennbaren Gründen wurde sogar eine „Sonderkommission Doberlug (Dobrilug)" von der Partei eingesetzt, in deren Protokoll vom 28.3.1951 es etwas resigniert heißt: „Das Mitgliedsbuch ist auszuhändigen … Genosse Sobottka ist ein alter, parteiergebener und parteitreuer Genosse. Seine etwas stark ausgeprägte Eigenwilligkeit wird er nach Ansicht der Kommission schon aufgrund seines Alters nicht mehr überwinden."

Sein Umgang mit Mitarbeitern blieb offenbar auch nach wie vor unverändert. In den Parteiakten befindet sich die Kopie eines Schreibens des Ministeriums für Industrie, Personalabteilung, an das Ministerium des Innern, Personalabteilung, vom 18. April 1950, in dem es heißt: „Darüber hinaus wird berichtet, dass der Ton gegenüber seinen Mitarbeitern unmöglich und beleidigend ist und dass sich praktisch kein Mitarbeiter wagt, mit ihm etwas zu tun zu haben." Auch Genossen außerhalb der Dienststelle beschweren sich. Aus einer Unterlage vom 29. November 1950 geht hervor, dass sich ein Genosse Verleih, der sich als Vertreter der Geologischen Landesanstalt bei einer Besichtigung in Doberlug-Kirchhain wohl mit Recht beleidigt fühlte, weil Sobottka ihn beschimpft hatte: ‚Sie sind Reisender westlicher monopolkapitalistischer Agenturen.'" Sogar der Stellvertretende Ministerpräsident und Erste Vorsitzende der Staatlichen Planungskommission Heinrich Rau schrieb am 1. Dezember 1950 an die Wirtschaftsabteilung des Zentralkomitees, Genossen Ernst Scholz: „Man sollte seitens der Wirtschaftsabteilung der Partei dem Genossen Sobottka klar machen, dass er sich endlich mehr Selbstbeherrschung und Disziplin angewöhnen muss."

Die Akten weisen aber auch aus, dass selbst ein so verdienter Genosse den Neid seiner Parteifreunde erleben musste. Nach einem Bericht der Abteilung Wirtschaftspolitik vom 14. Dezember 1950 hatte man genau überprüft, wie der Genosse in den Besitz eines im Rahmen einer kleinen Wohnanlage neu gebauten kleinen Häuschens in Eichwalde gekommen war. Dabei wies er nach, dass er 19.000 Mark Eigengeld dafür aufgewandt hatte. Man hatte ihm wohl kapitalistisches Denken vorgeworfen, denn der Bericht endet: „In jedem Falle lehnt Genosse Sobottka irgendwelche kleinbürgerliche Absicht auf das Entschiedenste ab." Selbst kurz vor seiner Pensionierung gab es noch in einem Vermerk vom 6. Februar 1951 eine wenig schmeichelhafte Beurteilung: „Nach wie vor bestehen sichtbare Mängel in der Frage der Zusammenarbeit mit seinen Mitarbeitern. Sobottka ist wenig selbstkritisch und schwer offener Kritik zugänglich. Er bevorzugt Mitarbeiter, die ihm zum Munde reden bzw. sich ohne Widerspruch seiner Meinung unterordnen. Aus dieser Tatsache resultiert auch, dass die Anleitung der VVBs durch die HV Kohle weniger wirkungsvoll ist. Die fachliche Qualifikation sowie ein gutes Organisationstalent stehen bei Sobottka außer Zweifel." Die Pensionierung folgte am 11. April 1951.

Abschließend möchte ich noch auf meine Bemerkung zurückkommen, dass Sobottka für mich nachträglich ein psychologisches Rätsel wurde. Nach dem, was man von anderen in Moskau geschulten Emigranten, insbesondere bei Wolfgang Leonhard, gelesen hat, brauchte man sich nicht über den Fanatismus eines Sobottka zu wundern. Aber heute ist er mir doch ein Rätsel. Lange nach seinem Tode gab es 1996 im Fernsehen die Sendung eines Interviews mit ihm. Zum ersten Mal erfuhr ich, dass bei den Stalinschen „Säuberungen" seine beiden Söhne umgekommen sind. Wie ist es möglich, dass nicht einmal dieser Schicksalsschlag ihn zum Nachdenken brachte, ihn womöglich ideologisch noch verhärtet hat? In einem weiteren Lebenslauf in den Parteiakten findet sich hierzu nur die Angabe: „... meine beiden Söhne, die in der Hitlerzeit umgekommen sind." Sobottka hat seinen Genossen nur die halbe, verschleierte Wahrheit gesagt.

Was nun?

Die Schilderung der Entwicklung erklärt, dass das beruhigende Gefühl, es gehe wieder vorwärts, schon in den letzten Monaten immer mehr der Sorge wich: Wie kann es nun weitergehen? Es war selbstverständlich, dass mit dem Präsidenten auch sein

Justiziar gehen würde. Das Büro habe ich erst nach der Wende wiedergesehen, als ich zu Verhandlungen bei der dann dort residierenden Treuhandverwaltung war.

Auch Gabys Chef, Prof. Scharoun, war anlässlich seines Anfang Januar 1946 vorgelegten Berichts über die Arbeit seiner Abteilung unter Beschuss geraten. Er konnte zwar vortragen, dass zu diesem Zeitpunkt, abgesehen von der laufenden Planungsarbeit, schon 12.000 Wohnungen instand gesetzt worden waren, aber seine Mitarbeiter, insbesondere die ehemaligen Bauhäusler, waren ein so geschlossenes Team, dass bei der Aussprache über die Arbeit der Abteilung Bau- und Wohnungswesen Maron glaubte feststellen zu müssen, dass sich die Abteilung „etwas zu sehr isoliert und im Rahmen des Magistrats einen kleinen Staat für sich" gebildet habe. Angesichts der Schwierigkeiten, die er auch bei anderen Vorlagen gehabt hatte, erschien es uns in Anbetracht der künftigen Wahlen ungewiss, ob Scharoun und sein Team auch einem neuen Magistrat angehören würde. Wir hatten aber noch einen anderen und sehr erfreulichen Grund, davon auszugehen, dass Gaby ihre Arbeit zum Jahresende aufgeben, zumindest für längere Zeit unterbrechen müsste. Wir freuten uns, dass wir Nachwuchs, einen Sohn oder eine Tochter, erwarten konnten. Beide Möglichkeiten waren uns recht. Damals ließ man sich noch überraschen. Ich musste mich also darauf einstellen, eines Tages allein für die Familie sorgen zu müssen.

Friedensburg hatte sich erst einmal auf seinen Stuhl als Leiter des DIW zurückgezogen. Obwohl das Institut seinen Sitz im amerikanischen Sektor hatte, musste er auch dort, wie ich von ihm hörte, Versuche einer kommunistischen Überfremdung abwehren. Die Einzelheiten kann man in „Es ging um Deutschlands Einheit", Seite 42 ff., nachlesen. Obwohl er schon in seiner Amtszeit in der Zentralverwaltung interessante Angebote aus Westdeutschland erhalten hatte, wollte auch er auf keinen Fall Berlin verlassen, rechnete vielmehr für die Zeit nach den Wahlen mit einer neuen Verwendung im öffentlichen Dienst. Daher bot mir Friedensburg bei Gesprächen im Institut an, ihn gegebenenfalls als persönlicher Referent zu begleiten. So verlockend angesichts des vor mir liegenden Vakuums und der bisherigen guten Zusammenarbeit das Angebot war, lehnte ich ohne lange Überlegungen ab. Meine Vorstellungen gingen immer noch in Richtung einer Tätigkeit in der Wirtschaft. Ich fand mich ungeeignet, als persönlicher Referent nur Zuarbeiter, Redenschreiber, zusammengefasst im Sinne einer damals bekannten Grammofonreklame „Die Stimme seines Herrn" zu sein. Vor allem war es so, dass man dann erst recht von dem Wohl und Wehe des betreffenden Politikers – und das Amt Friedensburgs würde wieder ein politisches sein – abhängt. Auch muss man dann anständigerweise seiner Partei beitreten, was mir sehr schwer gefallen wäre. Friedensburg hatte aber volles Verständnis für diese offen von mir vorgetragenen Gründe. So trennten sich unsere Wege, jedoch nur beruflich; denn ich erhielt weiterhin die Einladungen zu den Vortragsveranstaltungen des DIW, und Jahre später bekam ich auf seinen Wunsch einen sehr engen Kontakt zu dem DIW, der lange über seinen Tod hinaus andauern sollte. Er nahm mich auch in seinen „Friedensburg-Kreis" auf, in dem monatlich Vertreter der Wirtschaft und des kulturellen Lebens zusammenkamen und aktuelle Vorträge hielten. Bei meinem Wunsch, künftig nicht so unmittelbar von der politischen Entwicklung abhängig zu sein, hat sicher auch eine Rolle gespielt, dass vor den Wahlen am 20. Oktober ihr Ausgang infolge des großen Drucks auf die Bevölkerung im sowjetischen Sektor völlig ungewiss war. Mit Sonderzuteilungen von Papier u. a. m. wurde die Propaganda der SED unterstützt, und es gab sogar Lebensmittelsonderzuteilungen an die dortige Bevölkerung. Der Inhalt der Wahlveranstaltungen der übrigen Parteien und dann das Ergebnis der Wahlen zeigten aber, dass im Wahlkampf weniger die Zustände in Berlin, die Notlage der Bevölkerung, eine Rolle spielten als die weltpolitischen und ideologischen Gegensätze, ein Beweis für die immer wache Beobachtungsgabe der Berliner. Aus der berühmt gewordenen Rede des amerikanischen Außenministers Byrnes in Stuttgart am 6. September hatte man den beginnenden Widerstand der USA gegen den sowjetischen Machtanspruch herausgehört. Dagegen stießen die Ausführungen des sowjetischen Außenministers Molotow in einem Presseinterview am 16. September während der Pariser Außenministerkonferenz damals noch auf den Widerspruch aller Parteien. Er hatte die von der Potsdamer Konferenz nur als Besatzungsgrenze gedachte Oder-Neiße-Linie als endgültige deutsche Grenze bezeichnet, die in einem Friedensvertrag noch zu bestätigen sei. Ich war damals auch gegen eine Anerkennung der Oder-Neiße-Grenze. Nicht etwa, weil ich in Gedanken an das verlorene Stargard Heimatgefühle entwickelt hätte. Ich dachte daran, welches Unheil 1918 der Versailler Vertrag mit seiner Abtretung deutscher Gebiete, mit dem Korridor usw. heraufbeschworen hatte, und ich wusste zu dieser Zeit noch nicht, dass auch Polen große Teile im Osten an die Sowjetunion abtreten musste. Bei der späteren Schilderung meiner Gespräche mit polnischen Funktionären werde ich auf diese Frage noch einmal zurückkommen.

Die Wahlen hatten in allen vier Sektoren stattgefunden. Entgegen dem ursprünglichen Verbot jeglicher Tätigkeit in den drei Westsektoren hatte der Kontrollrat auch die SED zugelassen, sodass man auch hier diese oder die selbstständige SPD unter dem Vorsitz von Franz Neumann, Kurt Germer und Kurt Swolinski wählen konnte. Das Wahlergebnis war in allen vier Sektoren überraschend. Schon die Wahlbeteiligung von 92,3 Prozent zeigte, dass der Berliner wusste, worum es ging. Die Stimmverteilung war: SPD 48,7, CDU 22,2, SED 19,8 und LDP 9,3 Prozent. Aufgrund des Wahlergebnisses konstituierte sich die Stadtverordnetenversammlung am 26. November und wählte Otto Suhr zum Stadtverordnetenvorsteher. Normalerweise hätte man nun eine Koalition erwartet, und die SED hätte in die Opposition gehen müssen. Dem stand aber die von der Alliierten Kommandantur oktroyierte Verfassung entgegen. Artikel 3 verlangte die Bildung des Magistrats aus „Vertretern aller anerkannten politischen Parteien, ... sofern es die betreffenden Parteien forderten". Der zweite Hemmschuh war, dass nach der Verfassung die Selbstverwaltung nicht der Alliierten Kommandantur, sondern in den Sektoren der jeweils zuständigen Militärregierung unterstellt war. Hinzu kam, dass die Ernennung und Entlassung „leitender Personen der Stadtverwaltung" nur mit Genehmigung der Alliierten Kommandantur erfolgen durfte. Da in dieser nach wie vor für Beschlüsse und Genehmigungen u. a. m. Einstimmigkeit erforderlich war, konnten die Russen mit einem Veto weiter Obstruktion betreiben. Bei der Wahl des neuen Magistrats fiel der SPD mit Dr. Otto Ostrowski die Stelle des Oberbürgermeisters, der CDU mit Ferdinand Friedensburg der Erste, der SED mit Heinrich Acker der Zweite Bürgermeister zu, während Dritter Bürgermeister Louise Schroeder wurde. Bei der sonst einstimmigen Wahl war es schon beinahe selbstverständlich, dass sich bei Friedensburg die SED der Stimme enthielt. Bei der Wahl von 14 Stadträten machte dann auch die SED ihre Ansprüche geltend. Sieben Stadträte gehörten der SPD an, drei der CDU, je zwei der SED und LDP. Als Wetterleuchten – als Vorzeichen heraufziehender Gewitter – sollte sich später erweisen, dass im Genehmigungsverfahren in der Alliierten Kommandantur die Russen Vorbehalte gegen die Wahl des aus der Türkei heimgekehrten Ernst Reuter zum Stadtrat für Verkehr und Versorgungsbetriebe machten. Über die Gründe und seinen Lebensweg musste ich mich erst in der folgenden Zeit informieren; denn ich wusste z. B. nicht, dass er dieses Amt in der Weimarer Zeit schon einmal innehatte. Ich war damals noch kaufmännischer Lehrling im fernen Pommern.

Aufmerksam habe ich verfolgt, was mein bisheriger Chef als Erster Bürgermeister zu tun haben würde; denn es beunruhigte mich, ob ich bei der Ablehnung seines freundlichen Angebots nicht doch einen Fehler gemacht hatte. Wegen seiner Tätigkeit als Polizeivizepräsident in den Jahren 1925–1927 fiel ihm in erster Linie die Aufsicht über die Polizei zu. Ein weiteres Aufgabengebiet war die Bearbeitung der kirchlichen Angelegenheiten. Beides hätte mich gar nicht interessiert, sodass ich auch versagt hätte. Anders war es mit der Bearbeitung der Beziehungen zu den Besatzungsmächten, da war ein wenig der Wunschtraum „Auswärtiger Dienst" aus der Schulzeit wieder da. Alles in allem habe ich jedoch niemals bereut, nicht mit in die Parochialstraße gegangen zu sein.

Zu diesen Feststellungen konnte ich erst kommen, nachdem der neue Magistrat die Geschäfte übernommen hatte, aber auch hier zeigte sich die SED als schlechter Verlierer. Der neue Magistrat hielt zwar am Tag nach seiner Wahl eine erste Sitzung ab, eine Übernahme der Amtsgeschäfte und -räume konnte aber nicht stattfinden. Der bisher amtierende Magistrat verschanzte sich hinter der Vorläufigen Verfassung. Er erklärte, dass zur Übergabe eine Anordnung der Alliierten Kommandantur notwendig sei. Er ersuchte diese, seinen Rücktritt zu genehmigen und die Erlaubnis zur Übergabe der Amtsgeschäfte zu erteilen. Das ging so weit, dass Oberbürgermeister

Dr. Werner am 7. Dezember Dr. Ostrowski ersuchte, die Amtsräume zu verlassen. Auch eine außerordentliche Sitzung der Stadtverordnetenversammlung am 9. Dezember mit der Feststellung, dass das Amt des bisherigen Magistrats erloschen sei, änderte hieran nichts. Erst als die Alliierte Kommandantur am 10. Dezember förmlich den von Dr. Werner beantragten Rücktritt des alten Magistrats annahm und erklärte, der neue Magistrat solle sofort die Amtsgeschäfte übernehmen, kam alles in Gang.

Sonst interessierte uns bei der Besetzung des Magistrats zu dieser Zeit nur die Besetzung der Abteilung für Bau- und Wohnungswesen. Stadtrat und damit ihr Leiter wurde Karl Bonatz (SPD). Scharoun war also ausgeschieden und damit die Zukunft seines Teams auch ungewiss. Wenn Gabys Kündigung zum 31. Dezember 1946 auch aus ganz anderen Gründen erfolgte, sie passte zum Ende dieses Abschnitts in der Abteilung Bau- und Wohnungswesen.

Bei der Schilderung der Folgezeit muss ich vorweg drei Namen nennen, die mir bei dem neuen Anlauf besonders geholfen haben. Der alte RWK-Kreis kam zwar noch beinahe wöchentlich zusammen, um die Gesamtlage Berlins und damit auch die Berufsaussichten zu erörtern, aber es ist wohl bezeichnend, dass ich heute dafür in meinem Terminkalender die Tarnbezeichnung „Kindergesellschaft" finde. Hilfe für mich kam von Dr. Werner Holling, Otto Bach und Heinrich Pabst. Die Ersteren waren noch Verbindungen aus der RWK, und Heinrich Pabst habe ich schon als von uns in der Zentralverwaltung eingesetzten Treuhänder vorgestellt. Dr. Holling war mein Nachfolger in der RWK, als ich zum Landeswirtschaftsamt abgestellt wurde. Er war auch in einer Zentralverwaltung tätig, und zwar für Gesundheitswesen, und hatte die Möglichkeit benutzt, sofort seine Zulassung als Rechtsanwalt und Notar zu erreichen. Im Gegensatz zu mir war sein Bleiben dort zwar nicht gefährdet, aber er hatte sich schon vorsorglich bemüht, nebenbei eine Praxis aufzubauen. Da er aber ledig war und meines Wissens möbliert wohnte, machte er mir den Vorschlag, die Praxis in unsere Wohnung zu verlegen, wo ich als juristischer Mitarbeiter, Bürovorsteher und erst einmal alleinige Schreibkraft – alles in einer Person – wirken konnte. Am Abend kam dann Holling, um Briefe und Schriftsätze, die seiner Unterschrift bedurften, zu unterzeichnen oder die wenigen von mir vorbereiteten Notariatsakte mit den zum Abend bestellten Mandanten zu erledigen. So kam die Praxis langsam in Gang. Da das „Büro" drei Treppen hoch lag, hatte ich im zweiten Stock ein Schild angebracht: „Anwaltsbüro eine Treppe höher". Dort fand ich eines Tages als handschriftlichen Zusatz das Wörtchen „noch" eingefügt. Da zweifellos richtig, habe ich es stehen gelassen.

Ein Mandat besonderer Art, wo es weniger auf juristische Fragen als auf kaufmännische Tätigkeit ankam, war das folgende. Leider weiß ich nicht mehr, auf wessen Veranlassung Herr Hans von der Groeben zu mir kam. Er und seine Familie, aus dem Uradel des Reichs stammend, waren in Ostpreußen ansässig gewesen. Die von seinem Vater bewirtschafteten etwa 5000 Hektar land- und forstwirtschaftliche Fläche waren aber nicht Familieneigentum, sondern gehörten der von der Groeben'schen Familienstiftung, deren Einkünfte nach Abzug der notwendigen Investitionen, Verwaltungskosten etc. auf die Familienmitglieder verteilt wurden. Die Stiftung war also letzten Endes ein kaufmännisches Unternehmen. Es kam darauf an, jetzt wenigstens die außerhalb der verlorenen Gebiete noch vorhandenen Vermögenswerte zu erfassen und die Buchführung irgendwie weiter zu führen. Zu diesem Zweck übergab mir Herr von der Groeben, der damals Oberregierungsrat im Oberpräsidium in Hannover war, die wenigen geretteten Unterlagen der Buchführung der Stiftung. Unter den derzeitigen Verhältnissen, insbesondere weil die Tätigkeit der alten Banken noch ruhte, war es außerordentlich schwer, die Vermögenswerte zu erfassen, die Buchführung fortzusetzen, geschweige denn, eine Bilanz per 31.12.1946 zu erstellen. Bei der Ungewissheit, wie es in Berlin weitergehen würde, hatte ich Verständnis, dass die interessante Arbeit schon nach einem halben Jahr endete, weil Herr von der Groeben die Unterlagen nach Hannover holte. Leider brach damit auch die persönliche Verbindung ab. Ich habe nur verfolgt, wie er 1952 Generalreferent für den Schumann-Plan im Bundeswirtschaftsministerium wurde und ab 1958 neben Dr. Walter Hallstein als Mitglied der Kommission der Europäischen Wirtschaftsgemeinschaft eine glänzende Karriere gemacht hat. Es ist verständlich, dass in seinem Buch „Deutschland und Europa in einem unruhigen Jahrhundert" neben der Schilderung seiner Jugend, der Arbeit im Reichsministerium für Ernährung und Landwirtschaft und der Militärzeit der Aufbau der Europäischen Wirtschaftsgemeinschaft absolut im Vordergrund steht. Daher weiß ich auch nicht, was aus der Familienstiftung geworden ist.

Da es in diesem Winter Hunderttausende von Berlinern gab, die mit Existenzsorgen, unzureichend ernährt unter den Stromsperren zu leiden hatten, will ich mich nicht darüber verbreiten, wie schwer es war, unter diesen Umständen eine Praxis aufzubauen. Eine für meine viel spätere Tätigkeit wichtige Erfahrung war u. a., wie es ist, einige Monate die Miete schuldig zu sein. Hinzu kam der außergewöhnlich kalte Winter, in welchem auch die Toiletten einfroren. Die stattdessen benutzten Eimer wurden die drei Treppen hinuntergetragen und in die benachbarten Ruinen entleert. Der Frost bannte die Seuchengefahr. Der Magistrat hielt Anfang 1947 eine außerordentliche Sitzung nur mit dem Thema der durch die anhaltende Kältewelle eingetretenen katastrophalen Lage des gesamten Berliner Lebens ab. Stadtrat Reuter bezeichnete die Lage auf dem Gebiet der Kohle und Energieversorgung als verzweifelt. Die Zahl der Erfrorenen betrug zu diesem Zeitpunkt 200, während 40.000 Personen mit Frostschäden behandelt wurden. Es gab allein über tausend Fälle von Lungenentzündungen. Im Sommer wurde dann bekannt, dass im Winter 1946/47 1142 Personen erfroren oder verhungert waren, davon 877 Personen über 60 Jahre, obwohl alle nur irgendwie geeigneten Räume wie Gaststätten, Flüchtlingslager, Luftschutzräume,

Gänge und Keller in den Krankenhäusern als Wärmstuben und Notunterkünfte benutzt wurden. Wir haben uns später oft daran erinnert, dass wir unsere Mäntel anzogen, wenn wir zu Bett gingen, weil im Schlafzimmer minus 4 Grad waren. Auch auf dem schwarzen Markt gab es kein Holz und keine Kohle mehr.

Unter diesen Umständen konnte wir nur mit großer Sorge unseren Familiennachwuchs erwarten, und unser Sohn kam dann auch am bitterkalten 28. Februar 1947 zur Welt. Als die Wehen einsetzten, fuhren wir mit Hilfe der in der Südendstraße benachbarten Feuerwehr, die wir schon vorgewarnt hatten, zu einem katholischen Schwesternheim in Lankwitz. An einen Platz in einem Krankenhaus war gar nicht zu denken. Komplikationen bei der Geburt gab es, Gott sei Dank, nicht, aber Tim musste viele Wochen in der Obhut der Schwestern bleiben, weil er gleich nach der Geburt in den auch kalten Räumen des Heims eine Lungenentzündung bekam. Irgendwelche Vorwürfe verboten sich bei den herrschenden Verhältnissen. Die trotz der mangelhaften Ernährung reichlich fließende Muttermilch musste nun abgepumpt werden und wurde von uns zweimal täglich in das Schwesternheim gebracht. Wir freuten uns zu hören, dass die Menge zur Versorgung auch noch anderer Babys reichte. Unsere Sorgen waren aber groß. Als sich keine Besserung zeigte, konnten wir am 23. März die Aufnahme des Jungen in das Rittberg-Krankenhaus in Lichterfelde erreichen. Die Diagnose lautete: doppelseitige Lungenentzündung und erhebliche Kreislaufstörungen. Erst nach rund vier Monaten, am 23. Juli, konnte unser Tim endlich bei uns Einzug halten.

Dass sich die Anwaltspraxis nur sehr langsam entwickelte, wird auch ein wenig an mir gelegen haben. Es fehlte einfach am inneren Engagement für die Rechtsstreitigkeiten, die an uns herangetragen wurden. Dies, aber vor allem eine Anordnung der Alliierten Kommandantur hinderten mich bis auf weiteres, den Antrag auf Zulassung als Anwalt zu stellen. Sie machte wegen des Mangels zur Voraussetzung einer Zulassung, vorher ein Jahr lang als Richter oder Staatsanwalt tätig sein zu müssen. Eingedenk der Worte an meinen Vater nach meinem Assessorexamen, er könne mich als gescheitert betrachten, wenn er mal hörte, ich sei zum Amtsgerichtsrat ernannt worden, war ich selbst in dieser Lage nicht dazu bereit. Ich tippte lieber mit klammen Fingern die notwendigen Schriftsätze, ärgerlich, wenn ich einen der vielen Durchschläge zu wenig gemacht hatte. Bei den heute vorhandenen Kopiergeräten kann sich kaum noch jemand den Ärger vorstellen, alles noch einmal schreiben zu müssen. Immerhin konnten wir uns aber nach etwa einem halben Jahr eine Halbtagskraft leisten, und dann kam – allerdings erst am 1. März 1949 – mit Fräulein Voges eine bewährte, aus der Zentralverwaltung bekannte Hilfe zu uns.

Auf dieser Talsohle kam eine wesentliche Hilfe durch Otto Bach. Wir kannten uns schon in der Zeit vor 1945, denn er war von 1941 bis 1944 Vorstandsmitglied der Deutschen Handelskammer in Paris. Wie ich es von seinen Kollegen in anderen Län-

Mit Otto Bach am 22.12.1962

dern berichtet habe, brachte auch er immer bei seinen Besuchen in der RWK interessante Berichte. Da er früher in Berlin und dann von 1933 bis 1940 Mitglied des Sekretariats des Internationalen Arbeitsamts in Genf gewesen war und fließend Französisch sprach, unterhielt er gute Beziehungen zu den Franzosen im besetzten Paris. Wie gut und welcher Art diese Beziehungen waren, kann man daraus ablesen, dass er 1968 zum Offizier der Ehrenlegion ernannt wurde. Ich wusste damals nur, dass man, wenn er bei mir in meinem Zimmer saß, mit ihm offen sprechen konnte. Dass er mir

Mit Reichswirtschaftsminister a.D. Rudolf Wissel

immer einige Briefe mit der Bitte gab, sie den Empfängern selbst zu geben, fand ich angesichts des langen Postweges von Paris nach Berlin ganz natürlich und habe erst in einer Rede, die er 1972 an meinem 60. Geburtstag hielt, erfahren, weshalb er meine Hilfe in Anspruch genommen hatte.

Seit seiner Rückkehr nach Berlin war Otto Bach Vizepräsident des Deutschen Instituts für Wirtschaftsforschung, und wir hatten auch bald mit ihm und seiner Frau, einer Tochter des früheren Reichswirtschaftsministers Rudolf Wissel, privaten Kontakt. Die Bekanntschaft mit dem alten Herrn war interessant für mich, weil er 1919 einmal Vorkämpfer für die Sozialisierung war und – wie ich früher darlegte –, auch jetzt allen Parteien der Wiederaufbau ohne stark sozialistischen Charakter undenkbar erschien. Wenn seinerzeit Wissel und sein Staatssekretär von Moellendorf eine planmäßig betriebene und gesellschaftlich kontrollierte Volkswirtschaft erstrebten, in der das Privateigentum an den Produktionsmitteln grundsätzlich erhalten, aber durch ein System korporativer Selbstverwaltung und öffentlicher Kontrollen gezügelt werden sollte, wird man verstehen, dass ich keine Schwierigkeiten hatte, von Wissel eine Brücke zu den von mir zitierten Gedankengängen des RWK-Präsidenten Pietzsch zu schlagen. Wissel war mit Recht davon überzeugt, dass, wenn man seine Gedankengänge verwirklicht hätte, eine Machtgruppe an Einfluss verloren hätte, die dem Weimarer Staat ablehnend gegenüberstand und später wesentlich zum Aufstieg Hitlers beigetragen hat.

Bei der isolierten Lage Berlins, der sich abzeichnenden Spaltung, war es trotz der bei allen Parteien sich findenden Ansätze von vornherein aussichtslos, die Gedanken von 1918 wieder aufzugreifen. Jakob Kaiser forderte daher schon im November 1946 die Zurückstellung der Pläne zur Vergesellschaftung der Wirtschaft bis nach der Wiedererrichtung der Reichseinheit. Dagegen wurden zur gleichen Zeit die Vorstände der IG-Metall und des FDGB von einer Delegiertenkonferenz beauftragt, die Alliierte Kommandantur zu bitten, einen Volksentscheid zur Überführung ehemaliger nationalsozialistischer Betriebe und der Konzernbetriebe in die Hände des Volkes zu genehmigen. Da auch der Zentralausschuss der SPD in seinem Gründungsaufruf im Juni 1945 die Forderung erhoben hatte, Banken, Versicherungen, die Bodenschätze und die Energiewirtschaft zu verstaatlichen, machte sich der neue Magistrat, Abteilung Wirtschaft, mit dem Stadtrat Gustav Klingelhöfer an der Spitze mit Ermächtigung der Stadtverordnetenversammlung daran, ein Sozialisierungsgesetz auszuarbeiten. Das Ergebnis war ein „Gesetz zur Überführung von Konzernen und sonstigen wirtschaftlichen Unternehmen in Gemeineigentum", das von der Stadtverordnetenversammlung am 13. Februar 1947 angenommen wurde. Es war ein Rahmengesetz und sah vor, zur Vergesellschaftung geeignete Konzerne, Groß- und Monopolunternehmen zu enteignen. Die Entschädigung sollte nach Recht und Billigkeit festgesetzt werden und bis zu einem gesamtdeutschen Lastenausgleich ruhen. Enteignungsbehörde sollte nach noch zu erlassenden Durchführungsbestimmungen der Magistrat sein, die enteigneten Unternehmen in ein selbstständiges gemeinwirtschaftliches Unternehmen eingebracht werden, dessen Aufsichtsorgan aus Stadtverordneten, Magistrats- und Gewerkschaftsvertretern sowie aus Vertretern der Belegschaften und des Wirtschaftslebens bestehen sollte. Ein Einspruch sollte nur bei einem besonderen Ausschuss der Stadtverordnetenversammlung möglich sein. Es war klar, dass die Problematik schon bei dem Begriff „zur Vergesellschaftung geeignet" begann. Trotzdem bejahte sogar Prof. Tiburtius für die CDU das Gesetz, und für den Abgeordneten Bach (SPD) war das Gesetz ein Beitrag Berlins zur Frage der Sozialisierung. Dem früheren Bürgermeister und jetzigen Stadtverordneten Maron (SED) ging das Gesetz nicht weit genug, und er erklärte, seine Partei stimme dem Gesetz nur mit schweren Bedenken zu. Angesichts dessen, dass in der Sowjetischen Besatzungszone mit russischen Aktiengesellschaften und einer brutalen Bodenreform ohne Entschädigung vollendete Tatsachen geschaffen wurden, die Bevölkerung mit Ausnahme der von der SED gesteuerten Massenorganisationen ganz andere Sorgen hatte, auch keine Resonanz deutscher Stellen in der amerikanischen und britischen Besatzungszone zu erwarten war, wurde das Gesetz im luftleeren Raum verabschiedet, und das negative Ergebnis der Vorlage in der Alliierten Kommandantur war vorauszusehen. Sie untersagte dann auch prompt am 5. März mit BK/O (47) 58 dem Magistrat, bis zu ihrer Entscheidung womöglich irgendwelche Maßnahmen aufgrund des Gesetzes zu treffen, was ihn allerdings nicht hinderte, Anfang Juni sogar ein Durchführungsgesetz zu beschließen. Was zu erwarten war, konnte man auf einer Pressekonferenz am 22. Juni 1947 hören, auf welcher der Direktor der amerikanischen Militärregierung, Oberst Howley, Stellung nahm. Er war mit Recht der Meinung, dass Berlin in seinem geografisch begrenzten Raum keineswegs seine wirtschaftlichen Probleme allein und selbstständig lösen könne. Es müsste der Begriff der Sozialisierung geklärt und vor allem festgesellt werden, ob die Bevölkerung solche Maßnahmen überhaupt wünsche. Eine die Sozialisierung fordernde Minderheit dürfe ihre Absicht einer ablehnenden Mehrheit nicht aufzwingen.

Ende August wurde der Entwurf dem Magistrat mit der Auflage zurückgegeben, genauere Ausführungsbestimmungen vorzulegen, wobei der amerikanische Vertreter kritisierte, dass der Entwurf keine Angaben über den Umfang der Sozialisierung und der Entschädigung enthielt. Der sowjetische Vertreter hatte natürlich eine Bestätigung befürwortet. Die Durchführungsbestimmungen wurden am 18. September von der Stadtverordnetenversammlung beraten. Otto Bach erklärte als Sprecher des wirtschaftspolitischen Ausschusses, dass die Sozialisierung der Konzerne und Großunternehmen nicht bürokratische Wirtschaftsverwaltung bedeuten solle. Man sei übereingekommen, keine Listen sozialisierungsreifer Betriebe aufzustellen. In dem „Gemeinwirtschaftlichen Unternehmen Groß-Berlin" (GU) dürfe man nicht einen Konzern im privatwirtschaftlichen Sinne sehen, sondern vielmehr eine Gesellschaft zur Koordinierung wichtiger Teile der Berliner Wirtschaft. Ein gewisses Eigenleben der verstaatlichten Unternehmen bleibe dadurch erhalten. Im Übrigen beschloss man, die Überführung von Konzernen in Gemeineigentum auf Monopole und monopolähnliche zu beschränken. Verheerend wirkte sich dann aus, dass der sowjetische Stadtkommandant, Generalmajor Kotikow, der Alliierten Kommandantur das Ultimatum stellte, bis zum 14. November das Gesetz zu bestätigen, und ohne Rücksicht auf die Verfassung anregte, die Stadtverordnetenversammlung von der Arbeit an der sozialen Gesetzgebung auszuschalten und durch ein neues Gremium, bestehend aus Magistrat und Vorstand des FDGB, zu ersetzen. Die Auseinandersetzungen fanden erst nach dem Auszug der Russen aus der Kommandantur und im Laufe der Blockade ein Ende, als am 2. Dezember 1948 im sowjetischen Sektor beschlossen wurde, das Sozialisierungsgesetz in Kraft zu setzen und die betroffenen Betriebe „in die Hand des Volkes" zu überführen. In den Westsektoren wurde am 11. März 1949 von der Bauarbeitergewerkschaft in der vom FDGB abgetrennten Unabhängigen Gewerkschaftsorganisation (UGO) noch einmal von der Alliierten Kommandantur die Genehmigung gefordert. Das brachte das endgültige Aus. Die Alliierte Kommandantur teilte am 30. März dem Magistrat mit eingehender Begründung mit, dass sie die vorliegende Fassung des Gesetzes nicht annehmen könne.

Gustav Klingelhöfer

Ich hatte diese Entwicklung schon seit zwei Jahren als freier Mitarbeiter von Stadtrat Klingelhöfer miterlebt, ohne selbst damit befasst zu sein. Zu dieser Mitarbeit war es so gekommen: Die Jahreswende 1946/47 hatte zahlreiche Persönlichkeiten, Deutsche wie auch Vertreter der Besatzungsmächte, veranlasst, sich programmatisch zur künftigen Entwicklung zu äußern. Darunter war eine Erklärung des Leiters der Abteilung Wirtschaft des Magistrats, Stadtrat Gustav Klingelhöfer, zum Thema Wirtschaftsorganisation. Sie besagte, das vom früheren Magistrat vorgelegte Handwerkskammergesetz genüge nicht den Anforderungen der Wirtschaft, es müsse zu Gunsten einer umfassenden Wirtschaftskammer zurückgezogen werden. Auch der Fraktionsvorsitzende der CDU sprach von der Notwendigkeit, eine Selbstverwaltung der Wirtschaft durch die Errichtung je einer Industrie-, Handels- und Handwerkskammer zu schaffen. In der ersten Sitzung der Stadtverordnetenversammlung in neuen Jahr wurde den Abgeordneten hierzu als Ansicht des Magistrats vorgetragen, an Stelle von Unternehmerverbänden sollten Fachgemeinschaften die einzelnen Wirtschaftszweige vertreten, die in einer Wirtschaftskammer zusammengefasst sein müssten.

Später erfuhr ich, dass der Wirtschaftspolitische Ausschuss der Stadtverordnetenversammlung am 8. April 1947 die Schaffung einer Wirtschaftskammer beschloss, bestehend aus je einer Industrie-, Handels- und Handwerkskammer, zu denen ihrerseits Fachgemeinschaften und Innungen gehörten. Daraufhin musste sich der Magistrat an die Arbeit machen. Bei einer Besprechung zwischen dem Vorsitzenden des Wirtschaftspolitischen Ausschusses, Otto Bach, und Stadtrat Klingelhöfer stellte Letzterer fest, dass er in seiner Abteilung zwar sehr gute Juristen hatte, aber keinen Spezialisten für Fragen der Wirtschaftsorganisation. Otto Bach dachte sofort an mich, und wenige Tage später hatte ich meinen ersten Termin bei Klingelhöfer. Auch hier sprang der Funke sofort über, und es kam zu einem jahrelangen fachlichen und persönlichen Kontakt. Ich war sofort beeindruckt von seiner Persönlichkeit, von der Klarheit, wie er seine Gedanken ausdrückte. Er war – wofür ich, zugegeben, manchmal viel zu empfänglich bin – jeder Zoll ein Gentleman, von dem ich zu diesem Zeitpunkt noch nicht ahnte, dass er auch ein vorzüglicher Bridgespieler war.

Ich konnte ihm meine Gedanken zur sich im Auftrag des Staates selbst verwaltenden, dem Gemeinwohl verpflichteten Wirtschaft vortragen. Ich berichtete auch über meine Erfahrungen mit dem Hickhack zwischen den Gruppen und Kammern in der untergegangenen OGW, sodass ich den schon nach den bisherigen Äußerungen zu beschreitenden Weg, die Unternehmensverbände – sprich Fachgemeinschaften – in die Kammern einzugliedern, für richtig hielte. Die Besprechung endete damit, dass ich erst einmal eine Denkschrift einreichen sollte, für die mir die bisherigen Vorschläge zur Verfügung gestellt wurden. Diese Schrift überreichte ich am 22. April mit folgendem Vorwort: „Berlin soll wieder eine Wirtschaftsorganisation erhalten. Die Wirtschaftskammer Berlin soll errichtet werden. Das ist in Anbetracht der verschiedenen politischen und damit auch wirtschaftspolitischen Strömungen, die in unserer Stadt mehr als irgendwo anders aufeinander prallen, aber auch miteinander zu arbeiten haben, eine ernste und schwere Aufgabe. Berlin kann seinen Anspruch, auch weiterhin Deutschlands Hauptstadt zu sein, nur durch Leistung begründen. Ein guter Schritt in dieser Richtung würde es sein, wenn es gelänge, bei der Errichtung der Wirtschaftskammer eine für ganz Deutschland vorbildliche Lösung zu finden. Ein kleiner Baustein hierzu möchte diese Denkschrift sein." Auf 23 Seiten stellte ich die geschichtliche Entwicklung der Wirtschaftsorganisation bis 1933, die Entwicklung unter dem Nationalsozialismus und die Kammerorganisation nach 1945 in den sowjetischen, amerikanischen und britischen Besatzungszonen dar. In der nächsten Besprechung erhielt ich den Auftrag, bei der Schaffung des Gesetzentwurfs für eine Wirtschaftskammer Berlin mitzuarbeiten und den Entwurf so schnell wie möglich vorzulegen. Im Bestätigungsschreiben vom nächsten Tag wurde dies konkretisiert.

„Ich habe Ihnen auch mitgeteilt, dass ich den Wunsch habe, innerhalb von 14 Tagen diesen Entwurf in den Händen zu haben ..."

Gleichzeitig erhielt ich eine Bescheinigung, in der alle Stellen des Magistrats gebeten wurden, meine Arbeit zu unterstützen. Es gelang mir, am 15. Mai einen ersten Entwurf vorzulegen, dessen Grundkonstruktion sich aus dem Anschreiben ergibt:

„Sehr geehrter Herr Stadtrat,

beiliegend übergebe ich Ihnen den ersten Entwurf eines Wirtschaftskammergesetzes. Ich bin davon ausgegangen, in das Gesetz nur diejenigen Bestimmungen aufzunehmen, die wegen ihrer grundsätzlichen Natur oder deswegen, weil sie Eingriffe in Rechte und Freiheiten der Mitglieder enthalten, der Form des Gesetzes bedürfen. Alles andere sollen die Satzungen der Wirtschaftskammer und der Unterkammern enthalten, deren Erlass durch den Magistrat ich in dem Gesetzentwurf vorgesehen habe. Ich werde daher als Nächstes die Satzungsentwürfe beginnen. Das beiliegende Schaubild ist ebenfalls ein erster Entwurf und bedarf zweifellos noch der Überarbeitung.

Mit vorzüglicher Hochachtung
Ihr sehr ergebener ..."

Der Entwurf wurde dann in den verschiedenen Gremien behandelt, von den Parteien und vor allem in der Presse lebhaft erörtert. Ganz im Sinne des Vorworts der Denkschrift war es unser Ziel, eine Organisation zu schaffen, die über die akute wirtschaftliche Situation vor Ort hinaus Muster einer maßvoll unter eigener Beteiligung gelenkten Wirtschaft hätte werden können. Nach den Erfahrungen der Weimarer Jahre und der Zeit von 1933 bis 1945 sollte die Wirtschaft auf das Gemeinwohl verpflichtet und gegenüber dem Auseinanderdriften des Westens und Ostens der Versuch gemacht werden, eine Synthese zwischen freier Markt- und Planwirtschaft zu finden.

Es war ein gutes Zeichen, dass die von mir dem Entwurf vorangestellte Präambel von allen Parteien im Wirtschaftspolitischen Ausschuss gebilligt wurde. Sie lautete: „Zum Neuaufbau der Berliner Wirtschaft wird eine Wirtschaftskammer errichtet. Diese Wirtschaftskammer dient der Wahrung aller der Gesamtwirtschaft gemeinsamen Interessen. Die Wirtschaftskammer ist das alleinige Selbstverwaltungsorgan der Berliner Wirtschaft, dem Weisungsrechte übertragen werden können. Sie hat die Aufgabe, den friedlichen und planmäßigen Neubau auf der Grundlage der Gemeinwirtschaft durchzuführen." Das bahnbrechende Neue war, dass die Wirtschaftskammer unter ihrem Dach die drei Kammern vereinen sollte, welche ihrerseits alle Betriebe der gewerblichen Wirtschaft in Fachgemeinschaften und Innungen zusammenfassten. Die wesentliche Aufgabe der Kammer war: „Die Wirtschaftskammer hat als Organ der Selbstverwaltung die Interessen der Gesamtwirtschaft wahrzunehmen, den Ausgleich der abweichenden Interessen der verschiedenen Wirtschaftszweige zu veranlassen und am friedlichen und planmäßigen Neubau der Wirtschaft mitzuwirken." Das betraf vor allem das von mir beobachtete frühere Auseinanderdriften der fachlichen und regionalen Arbeit.

In meiner Denkschrift hieß es u. a. dazu: „Es liegt auf der Hand, dass dadurch, dass im Bezirk fachlich-bezirkliche Gliederungen und Kammern auf einer Ebene arbeiteten, sofort das Problem der Doppelarbeit auftauchen musste. Dieses Problem war ein Kernproblem bei den sämtlichen Reformen der Organisation. Es ist eine Frage, die auch heute größte Aufmerksamkeit verdient, da wir uns in einer völlig zusammengebrochenen Volkswirtschaft einen organisatorischen Leerlauf noch weniger leisten können als in der Rüstungswirtschaft. Bei alledem ist aber auf der anderen Seite zu berücksichtigen, dass die Abgrenzung der fachlichen und bezirklichen Arbeit im Sinne von referatsmäßiger Scheidung von Zuständigkeiten letzten Endes so gut wie unmöglich ist. Sie kann über Versuche nicht hinauskommen, weil das Wirtschaftsleben so mannigfaltig und wechselnd und allein schon die Arbeitskraft und Initiative des einzelnen Sachbearbeiters jeweils ganz verschieden ist. Schon hierdurch wird sich das Schwergewicht einmal in die eine und einmal in die andere Organisation verlagern. Man darf auch nicht verkennen, dass die Betrachtung wirtschaftlicher Fragen von der bezirklichen und von der fachlichen Seite nicht schädlich zu sein braucht, sondern nützlich sein kann und nicht in jedem Fall mit der Bemerkung „unfruchtbare Doppelarbeit" abgetan werden kann. Die Kunst der Organisation muss darin bestehen, die beiden Gesichtspunkte zu einem Miteinanderarbeiten zu bringen und ein Gegeneinanderarbeiten zu vermeiden."

Ohne dass diese Grundsatzfragen im Wesentlichen in Frage gestellt wurden, gab es nach der Diskussion in den verschiedenen Gremien eine Fülle von Überarbeitungen; ferner hatte ich die Satzung der Wirtschaftskammer und der einzelnen Kammern wie auch die Wahlordnung zu entwerfen. Wichtig war, dass wir auch die Frage der Mitbestimmung anpackten. Mit Ausnahme der Liberaldemokratischen Partei war es – aus dem Zeitgeist heraus – für alle selbstverständlich, dass im Präsidium der Wirtschaftskammer zwei von den Gewerkschaften vorzuschlagende Vertreter vorgesehen waren. Die Vollversammlung der Kammer sollte aus Vertretern der Geschäftsleitungen und der Belegschaften der Unternehmen bestehen. Der Lohn der Arbeit war, dass nach drei Lesungen das Gesetz am 3. Juni 1948 von der Stadtverordnetenversammlung in namentlicher Abstimmung mit 67 gegen 26 Stimmen bei sieben Enthaltungen angenommen wurde.

Obwohl Klingelhöfer bei jeder Gelegenheit betont hatte, dass die Fachgemeinschaften die früheren Unternehmerverbände ersetzen sollten, ging dies der SED nicht weit genug. Sie sah in den Fachgemeinschaften immer noch Unternehmerverbände alten Stils. Erfreulicherweise, aber heute kaum zu glauben, hatte die LDP bei aller Ablehnung nichts gegen die paritätische Besetzung der Kammerorgane. Die Informationen des Landesverbandes Nr. 12 vom 26.6.48 schrieben: „Mitglieder der drei Einzelkammern sind … die gewerblichen Unternehmen als Einheit von Leitung und Belegschaft. Das wird im Wege der paritätischen Zusammensetzung der Kammerorgane verwirklicht. Damit haben die Bestrebungen auf Einbeziehung der Arbeitnehmer in die Kammerorganisation, die schon auf die Zeit vor 1918 zurückgehen, ihre Verwirklichung gefunden. Diese Bestrebungen haben durch Artikel 165 der Weimarer Verfassung neuen Antrieb erhalten, nach dem die Arbeiter und Angestellten gleichberechtigt in Gemeinschaft mit den Unternehmern an der Regelung der Lohn- und Arbeitsbedingungen wie auch an der gesamten wirtschaftlichen Entwicklung der produktiven Kräfte mitwirken sollten. Die damit gegebene Aufgabe war aber damals nicht zum Abschluss gekomken. Die jetzt im Wirtschaftskammergesetz gefundene Lösung des Problems findet auch die volle Zustimmung der LDP."

Wie ändern sich die Zeiten … Aber sonst gab es bei der LDP eine Fülle von Bedenken. Die a. a. O. wiedergegebene Ansicht: „Der ganze Überbau der Wirtschaftskammer über den drei Einzelkammern ist gar nicht notwendig und führt zu einer Hypertrophie der Bürokratisierung. Schon über den Einbau der fachlichen Organisation kann man verschiedener Meinung sein", zeigt, dass die Grundgedanken von den Vertretern der LDP nicht verstanden wurden. Man stellte zwar Klingelhöfer das Zeugnis aus, er habe sich große Mühe gegeben, diese Lösung als einen „neuen Weg" anzupreisen, machte sich aber die Ansicht des Stadtverordneten Dr. Reif zu Eigen, der „das ganze Gebilde der vier Kammern eine Mammutorganisation an der Kandare der Magistratspolitik nannte".

Die Alliierte Kommandantur ließ sich mit der Stellungnahme lange Zeit. Inzwischen wurden auch in Berlin ohne Rücksicht auf das beschlossene Gesetz Wirtschaftsverbände gegründet. Es war nicht zu verhindern, dass u. a. die Vereinigung des Berliner Groß- und Außenhandels, des Einzelhandels, des Bank- und Versicherungsgewerbes am 15. November 1948 sogar eine Arbeitsgemeinschaft Handelskammer gründeten mit dem Ziel der Gründung einer Industrie- und Handelskammer. Erst als Oberbürgermeister Reuter die Alliierte Kommandantur bat, das vor über sieben Monaten vorgelegte Gesetz zu genehmigen, kam es zur Stellungnahme vom 18.

Mai 1949. Das mit einer solchen Mehrheit beschlossene Gesetz ist letzten Endes daran gescheitert, dass die Sachbearbeiter keine Ahnung von der Tradition der Industrie- und Handelskammern hatten und ihnen der Begriff der Körperschaft öffentlichen Rechts völlig fremd war. Die vier Kammern mussten selbstverständlich diese Rechtsstellung nebst einem Dienstsiegel haben, um, wie früher, staatliche Auftragsangelegenheiten erledigen zu können, z. B. die Ausstellung von Ursprungszeugnissen und anderen Bescheinigungen. Auch die für die alten Kammern lange vor 1933 selbstverständliche Zwangsmitgliedschaft war ein Stein des Anstoßes. Es hieß in der BK/O(49)99 u. a. einfach: Gewisse grundlegende Prinzipien, die Ausübung von Regierungsfunktionen durch die Kammer, der unerlässliche und obligatorische Beitritt der Mitglieder machen es der Alliierten Kommandantur unmöglich, diesen Gesetzesentwurf zu billigen. Eine Wirtschaftskammer sollte keine Organisation der Stadtverwaltung sein, sondern einen demokratischen Entwicklungsweg für die Vertreter von Industrie, Handel und Handwerk bieten.

Man sieht, obwohl wir durch die Blockade schon in einem Boot saßen, waren wir auf diesen Gebieten noch weit von der Möglichkeit einer sachlichen Diskussion entfernt. Rückfragen gab es nicht. Das war eine große Enttäuschung, aber auch, dass wir zur Kenntnis nehmen mussten, dass in Westdeutschland in der Bi-Zone Wirtschafts- und Arbeitgeberverbände fröhliche Urständ feierten, ohne aus dem Untergang der Weimarer Republik Lehren gezogen zu haben, auch wenn das in einer so genannten „sozialen Marktwirtschaft" geschah. Ich bin heute noch der Ansicht, dass „unsere Wirtschaftskammer" auch in das Konzept von Herrn Erhard gepasst hätte und die jetzt zu beobachtenden negativen Auswirkungen des Kapitalismus und die neuen Erörterungen des Begriffs der sozialen Marktwirtschaft verhindert hätte. Wenn ich lese, dass der alte Gegensatz zwischen rund 1200 Wirtschaftsverbänden und den im Deutschen Industrie- und Handelstag vereinten 82 regionalen Kammern immer noch besteht, dass davon gesprochen wird, rund dreiviertel der Unternehmen würden aus der Kammer austreten, wenn die Zwangsmitgliedschaft aufgehoben würde („Die Kammerjäger kommen", Rheinischer Merkur vom 9.2.01), wird es sicher einer sorgfältigen Prüfung bedürfen, ob es wirklich und wie es zu so einer mangelnden Akzeptanz der Kammern kommen konnte. Während meiner Tätigkeit in den Sechzigerjahren in zwei Ausschüssen der Berliner Kammer war davon noch nichts zu spüren. Man wird vielleicht verstehen, dass mir heute beim Zeitunglesen durch den Kopf geht, wie es wohl zugehen würde, wenn es in jedem Bundesland eine Wirtschaftskammer geben würde und eine Bundeswirtschaftskammer mit Hilfe aller Unterorganisationen zu Gesetzesvorlagen u. a. m. der Bundesregierung eine sorgfältig ausgearbeitete Stellungnahme der Gesamtwirtschaft vorlegen würde. Der ministeriellen Arbeit würde zugute kommen, dass sich nicht mehr die Lobbyisten der großen Verbände die Klinke in die Hand geben, und die Korruption könnte sich auf Parteispenden beschränken.

Neue Aufgaben

Die Aufgabe, für deren Erledigung ich beim Magistrat angetreten war, war abgeschlossen. Stadtrat Klingelhöfer hatte bei unseren vielen Gesprächen, die in der Regel ungestört gleich morgens um 8.30 Uhr stattfanden, auch manch anderes Problem, sogar vertraulicher Natur, mit mir besprochen. Ich entsinne mich noch eines besonderen Falles, als er mir ein Bewerbungsschreiben mit Foto herübergab mit der Frage nach meinem Eindruck. Es war ein Bild von Willy Kressmann, der dann als Magistratsdirektor eingestellt und später – in der SPD und der Bevölkerung „Texas-Willy" genannt – Bezirksbürgermeister von Kreuzberg wurde, wo ich später auch wieder mit ihm zu tun hatte. Mein Urteil war: „Sicherlich ein tüchtiger Mann, aber nach dem Foto wohl auch schwierig." Wie die Zukunft zeigte, hatte ich wohl das Gefühl, dass er nicht ganz zu dem mir gegenübersitzenden Gentleman passen würde. Die Zusammenarbeit wurde dann auch nicht einfach.

Da mein Verhältnis als freier Mitarbeiter aus etatmäßigen Gründen nicht aufrechterhalten werden konnte, schlug Klingelhöfer mir vor, im Angestelltenverhältnis bei ihm zu bleiben. Wegen der damit verbundenen festen Bezüge und weil ich gerne mit ihm zusammengearbeitet hatte, war ich hierzu unter der Voraussetzung bereit, Nebentätigkeiten ausüben zu dürfen. Ich dachte an die Vorbereitung meiner Zulassung als Anwalt nach Fortfall der Voraussetzung, dass man erst Richter gewesen sein musste. Außerdem war ich schon seit dem 6. Oktober 1947 Syndikus und Leiter der Verwaltungsabteilung der vom Magistrat gegründeten „Gesellschaft zur Förderung des Generatorwesens mbH". Sie wurde als Dienststelle des Generalbeauftragten für das Generatorwesen mit 51 Prozent Beteiligung des Magistrats gegründet, um die Generatorhersteller, Einbauwerkstätten und den Festkraftstoffhandel zu erfassen. Die Gesellschaft war Kontingentträger für Festkraftstoffe und Rohstoffe für die Produktion, ferner gehörte dazu eine Generatorschule mit Schulungs- und Propagandaabteilung. Es gab in Berlin zu dieser Zeit etwa 3000 Generatorfahrzeuge. Ich habe erwähnt, dass wir schon in der RWK ein solches Fahrzeug hatten. Jetzt lernte ich die verschiedenen Modelle kennen und habe noch heute in meinem Führerschein den Vermerk, dass ich die Prüfung der Berechtigung zur Führung eines solchen Fahrzeugs gemacht habe. Wir führten sogar eine Generatorgastagung der Produzenten aus Berlin und dem Westen im Hause der Gesellschaft der Freunde der Natur- und Geisteswissenschaften am Sandwerder durch. Mit dem in Berlin ansässigen Erfinder des Zilkengenerators waren wir, auch als er später nach Stuttgart zog, noch jahrelang bis zu seinem frühen Tod familiär verbunden. Sein Generator in Form eines Kessels, der vor dem Kühler angebracht war, war wohl die eleganteste Lösung. Zilken demonstrierte gern die Reinigung und das Aufrütteln der Holzkohle mit weißen Baumwollhandschuhen. Da die Gesellschaft im Verlauf der Blockade Berlins immer weniger zu verteilen hatte, verkleinert werden musste, endete meine freundschaftliche Zusammenarbeit mit dem „Generalbeauftragten für das Generatorwesen" Erich Krohn, an die ich gern zurückdenke, betriebsbedingt am 31. Dezember 1948. Klingelhöfer hatte Verständnis für meine Nebentätigkeit, und mit dieser Maßgabe wurde ich seit dem 17. November 1949 als Hauptreferent weiter bei ihm tätig. Das endete „auf eigenen Wunsch" erst am 30. Juni 1951. Monatelang oblagen mir erst einmal die vergeblichen Versuche der Branchenbereinigung. Man war damals noch der Ansicht, auf dem Ladentisch eines Lebensmitteleinzelhändlers hätten Damenstrümpfe nichts zu suchen. Da war ich nur mit halbem Herzen bei der Sache. Bei aller Überzeugung von der Notwendigkeit einer gesteuerten Wirtschaft war ich der Ansicht, dass es Sache der Kundin sei, wo sie ihre Strümpfe kaufen will. Aber auch die wirtschaftsorganisatorischen Fragen lagen wieder in meiner Hand. Die Alliierte Kommandantur hatte ja am Schluss ihrer Ablehnung geschrieben, dass sie „mit Wohlwollen" der Gründung von Industrie-, Handels- und Handwerkskammern entgegensehe.

In der Zeit meiner Arbeit als Hauptreferent wurde ich am 7. Dezember 1949 als Rechtsanwalt zugelassen. Es ist vielleicht erwähnenswert, dass der zu leistende Eid von der Militärregierung vorgeschrieben war und es dementsprechend in der Eidesformel hieß: „… dass ich die deutschen Gesetze und alle Rechtssätze der Militärregierungen … beachten werde". Mit der Zulassung und dem Fixum des Magistrats im Hindergrund konnte ich nun versuchen, mir nach Wunsch weniger eine streitige als eine beratende Praxis aufzubauen. Bevor ich hiervon weitererzähle, kann der Zeitzeuge die in dieser Zeit erlebte Politik und die bisher nur am Rande erwähnte Blockade nicht ganz beiseite lassen.

Mitten im Kalten Krieg

Über die Blockade, für den Westberliner der Höhepunkt des Kalten Krieges, und ihre Hintergründe ist so viel geschrieben worden, dass es hier nur darum gehen kann, wie auch diese Zeit von uns überstanden wurde. Leider war die tägliche Anspannung derart, dass meine Aufzeichnungen nicht die Dichte erreichten, die sie in der Zentralverwaltungszeit hatten. Dafür stand mir aber für diesen Zeitraum die vom Senat 1951, 1961 und 1962 herausgegebene „Schriftenreihe zur Berliner Zeitgeschichte" zur Verfügung, in der rein chronologisch die täglichen Ereignisse zusammengestellt sind. Die drei Bände waren ein sehr wertvolles Geschenk zu meinem 50. Geburtstag von Otto Bach, der zu dieser Zeit Präsident des Abgeordnetenhauses von Berlin war. Damals waren wir aber im Wesentlichen, wie jeder andere, auf die Presse und den RIAS angewiesen, wenn ich auch durch Friedensburg, Klingelhöfer und Otto Bach etwas mehr erfuhr, ohne damit hausieren zu gehen und ohne auch, wenn es besonders besorgniserregend war, zu Hause darüber zu sprechen. Otto Bach war nicht nur Stadtverordneter, sondern wurde 1949 außenpolitischer Redakteur des „Telegraf". Ich erinnere mich gerne an meine spätabendlichen Besuche und unsere Gespräche am Bismarckplatz, wenn er auf den Umbruch der nächsten Ausgabe wartete.

Nicht nur für den durch die Erfahrungen in der Zentralverwaltung Geschulten war zu erkennen, dass die Auseinandersetzungen der Alliierten immer größer wurden und die Spaltung Berlins nicht mehr aufzuhalten war.

Privat – um das vorwegzunehmen – hieß das wieder einmal „to make the best of it". Die Erinnerung an den letzten Winter, die Sorge um den Jungen, die Mängel in der Versorgung mit Ernährung, Strom und Heizung ließen uns an einen frei werdenden Schrebergarten denken. Stattdessen bot sich uns die Gelegenheit, im November 1947 von einem nach dem Westen gehenden Bildhauer ein kleines Blockhaus zu kaufen. Es lag am Teerofendamm in Dreilinden, einem Ortsteil vom zur Sowjetzone gehörenden Kleinmachnow. Mit zwei Zimmern, Küche, kleinem Keller und einem Plumpsklo Marke „Stich mich mal Papier durchs Herz" lag es herrlich unter Kiefern mit einem Garten bis zum Bahndamm der stillgelegten Stichbahn nach Potsdam. Ein Problem war, dass das Haus auf Pachtgelände stand. Verpächter war das Bezirksamt Zehlendorf, welches dort zahlreiche Parzellen besaß. Es wurde gelöst mit Hilfe meines Gönners Friedensburg, der sofort an seinen Freund Dr. Wittgenstein, Bürgermeister in Zehlendorf, schrieb. Ein ganz großer Vorteil war, dass der Teerofendamm zwar in der Sowjetzone lag, aber praktisch Niemandsland zwischen dem amerikanischen Sektor (Wannsee) und dieser war, in dem sich auch bei der späteren Blockade kein russischer Soldat blicken ließ und die Amerikaner erst recht nicht. Das Wichtigste war, dass der Strom aus der Zone kam, es also keine Stromsperren gab. Ein paar einfache Betten konnten wir uns in Babelsberg kaufen, und Freund Zilken besorgte uns einen transportablen Kachelofen. Das schönste Weihnachtsgeschenk meiner Schwiegermutter war eine Blattsäge, mit der wir in Richtung amerikanischer Sektor zwei Kiefern fällten, deren transportgerechte Teile wir zum Gartenzaun schleppten und bei Nacht und Nebel hinüberwarfen. Der Garten wurde im Frühjahr mit Kartoffeln, Tomaten, Mangold, Möhren u. a. m. bestellt. Nur mit Bohnen hatten wir Pech. Mit großer Mühe hatten wir zehn große Stangen bekommen und über Kreuz aufgestellt, aber als an ihrem Fuß die kleinen Pflänzchen aufgingen, wurden sie in einer Nacht von den Wildkaninchen abgefressen. Sechs Hühner und ein Hahn versorgten uns mit Eiern. Das ungewohnte Stallausmisten wurde bald zur gewohnten Arbeit am Wochenende. Damit war Sorge getragen, dass wir den kommenden Winter besser überstehen konnten, unser Junge in einer gesunden Umgebung sein würde und unsere Ernährungsbasis verbreitert war. Aus der Abteilung Wirtschaft war mir bekannt, dass noch lange die offiziellen Rationen unter dem Mindestmaß einer zureichenden Ernährung liegen würden.

Die so geschaffene Lage gab mir auch die innere Sicherheit, wie in der Nazizeit die weitere Entwicklung mit dem distanzierten Blick des Juristen zu beobachten. Bevor ich aber auf diese Entwicklung eingehe, muss ich sagen, dass die Folgezeit eine Zeit der Sorgen und Ängste war, wie das Ganze ausgehen würde. Wir hatten bei der Abwehr der Bestrebungen der Sowjetunion, ganz Berlin und damit Deutschland in den Griff zu bekommen, hervorragende alliierte und deutsche Führer – um ruhig den verpönten Begriff zu benutzen –, aber dass wir „heroische Freiheitskämpfer" waren, erfuhren wir, das Gros der Berliner, erst in schönen Reden vor allem hinterher, und das in dem Bewusstsein, dass auch nach dem Ende der Blockade die Bestrebungen der Sowjetunion und ihres Satelliten DDR noch 40 Jahre anhalten sollten.

Was uns zusammenhielt, war das gemeinsame Bewusstsein, die Überzeugung, dass wir nach den Erlebnissen von 1933 bis 1945 nicht wieder unter ein autoritäres und ebenso unmenschliches System geraten durften; dies in der Hoffnung, dass uns unsere westlichen „Besatzer", die uns ja „umerziehen" wollten, helfen würden. Es schien ihnen ja zu dämmern, was sie für Fehler in Jalta und Potsdam gemacht hatten, und dass Berlin auch für sie ein Vorposten zur Wahrung ihrer eigenen Interessen war. All dies war in den ersten Monaten keineswegs sicher.

Es war beängstigend, wie systematisch die Russen vorgingen und die drei Westmächte – immer noch in dem erkennbaren Bestreben, noch zu einer Gemeinsamkeit aller vier zu finden – nur reagierten. Wie vor 1945 wurde über unsere Befürchtungen nur im engsten Kreise gesprochen. Der Unterschied war, dass damals Bedenken „Wehrkraftzersetzung" waren, aber jetzt selbstverständlich, Ängste und Sorgen nicht die Überhand gewinnen zu lassen und sie nicht in die Öffentlichkeit zu tragen. Jeder in seiner Umgebung war gehalten, die wieder einmal für die Berliner typischen an die Westmächte gerichteten Worte zu beherzigen: „Haltet aus, wir Berliner stehen hinter euch." Als allerdings während der Blockade die Währungsreform in ihrer bei uns auch noch mehrfach geänderten Form dazukam, war es verständlich, dass ich am 13. Dezember 1948 an meinen besten Freund in Wetzlar – immerhin zurückhaltend – schrieb: „Der Nachteil bei allen diesen Dingen ist immer nur, dass man äußerlich und innerlich niemals zur Ruhe kommt. Das wäre das Schönste für uns, mal nicht Tag für Tag irgendeine neue Überraschung zu erleben In dieser Beziehung wird uns doch wirklich allerhand zugemutet." Beunruhigende Fakten gab es wirklich reichlich. Wer einigermaßen aufmerksam war – und das galt wohl für die meisten –, musste erkennen, dass schon 1947 die Sowjets versuchten, Berlin in seiner Gesamtheit ihrem Bereich einzuverleiben. Eine eindringliche Warnung war der Prager Staatsstreich mit der Umwandlung der Tschechoslowakei in eine so genannte Volksdemokratie. Die am 12. März 1947 verkündete Truman-Doktrin, dass es fortan die Politik der USA sein müsse, freie Völker zu unterstützen, die Widerstand gegen den Versuch ihrer Unterwerfung durch bewaffnete Minderheiten oder von außen eingreifende Mächte leisteten, war ein Silberstreifen am Horizont. Er verschwand sofort in den Wolken, als die gleichzeitig in Moskau tagende Außenministerkonferenz an den nicht annehmbaren Forderungen Molotows scheiterte. Die Antwort war die Harvard-Rede des US-Außenministers Marshall, in der er den Plan amerikanischer Hilfe für den wirtschaftlichen Aufbau Europas verkündete. Otto Bach war sofort der Ansicht, das würde die entscheidende Probe, ob eine Zusammenarbeit mit Russland – durch Ausdehnung des Planes auf Osteuropa – noch möglich war. Die Pariser Marshallplankonferenz im Juli 1947 brachte dann das Veto gegen die Teilnahme seiner anfangs dazu neigenden Satellitenstaaten. Damit war die Teilung Europas in zwei Lager entschieden.

Das Scheitern der Münchener Konferenz der Länderminister Anfang Juni 1947, an der Louise Schroeder und Friedensburg teilgenommen hatten, passte in dieses Bild. Wie weit Gerüchte, dass die Räumung Berlins durch den Westen bevorstehe, systematisch vom Osten ausgestreut wurden, weiß ich nicht. Sie geisterten jedenfalls immer wieder durch die Stadt und beunruhigten uns so, dass sich als Erste die Engländer am 5. Juli 1947 zu einer Erklärung veranlasst sahen, die englischen Truppen würden so lange in Berlin bleiben, wie Deutschland aufgrund der alliierten Abmachungen besetzt sei. Am 29. Oktober dementierte auch Oberst Howley das Gerücht, dass der Abzug der westlichen Besatzungsmächte und die Verlegung ihrer Hauptquartiere bevorstehe. Wegen einer Drohung der Russen mit einer Änderung des Status von Berlin wiederholte er dies am 12. Januar 1948; dabei wurde zum ersten Mal von „Berlin als der Hauptstadt Deutschlands bis zu dessen Wiedervereinigung" gesprochen. Zu dieser Zeit erklärte auch die französische Regierung, die Stadt nicht verlassen zu wollen.

Die Wirkung dieser Beruhigungspillen wurde aber immer wieder beeinträchtigt, wenn man den Auszug von Familienmitgliedern der Besatzungsangehörigen aus den beschlagnahmten Häusern beobachten konnte. Das Bestreben, die Familienmitglieder in Sicherheit zu bringen, war verständlich. Seit dem Dezember 1947 häuften sich die Zwischenfälle und Auseinandersetzungen um die alliierten Militärzüge, die Behinderungen des Verkehrs – auch für Deutsche – mit immer neuen Forderungen der Russen nach Erlaubnisscheinen, nach sowjetischen Frachtstempeln für alle im Interzonenverkehr ausgeführten Güter. Bei allem Verständnis war es aber gut, dass sich General Clay dem Auszug der Familien energisch widersetzte. Alles andere wäre in seiner Wirkung auf uns alle verheerend gewesen.

Alarmierend war auch, dass bereits im April 1947 die russische Militärregierung die Ernährung ihres Sektors von den übrigen getrennt hatte und damit unsere Belieferung mit Kartoffeln, Gemüse, Obst und Milch manipulieren konnte. Die Zusammenfassung der Zentralverwaltungen der Sowjetischen Besatzungszone am 14. Juni 1947 zur Deutschen Wirtschaftskommission hob die zu unserer Zeit noch eingehaltene Grenze zu Ostberlin auf, was zwangsläufig zur Störung der Arbeit des Magistrats führen musste. Auch sonst setzten die Russen alles daran, das für sie und die SED so verheerende Wahlergebnis vom Oktober 1946 zu umgehen und die verfassungsmäßige noch weitgehend in allen Sektoren arbeitende Selbstverwaltung unter ihren maßgeblichen Einfluss zu bekommen.

Über die Wahl des neuen Magistrats nach den Wahlen habe ich schon berichtet. Zu den geschilderten Schwierigkeiten kam noch hinzu, was unter dem Stichwort „Oberbürgermeisterkrise" in die Geschichte eingegangen ist. Weil es sich ja um einen Allparteienmagistrat handelte, kam es, dass nicht nur Friedensburg die Fahne der Einheit Berlins hochhielt, sondern auch der neue Oberbürgermeister Dr. Ostrowski versuchte, in direkten vertraulichen Verhandlungen mit der SED Wege zu einer loyalen Zusammenarbeit in kommunalen wie personalpolitischen Fragen zu finden. Das nahmen seine Genossen gewaltig übel, und Ostrowski musste schon am 17. April zurücktreten So kam es, dass auf der schon erwähnten Münchener Ministerkonferenz Berlin von Louise Schroeder, Friedensburg und dem SED-Bürgermeister Acker vertreten wurde. Trotz scharfer Kritik General Kotikows und maßloser Angriffe in der Ostpresse wurde am 24. Juni 1947 der bisherige Stadtrat Ernst Reuter mit der Mehrheit von 89 gegen 17 Stimmen bei zwei Enthaltungen zum Oberbürgermeister gewählt. Die Alliierte Kommandantur konnte sich über die notwendige Bestätigung nicht einigen. Auch im Kontrollrat, an den die Sache überwiesen wurde, legte der russische Vertreter sein Veto ein, sodass die Alliierte Kommandantur am 18. August ihren Bescheid, dass sie zur Bestätigung nicht in der Lage sei, wiederholen musste. Das bedeutete, dass seit dem Rücktritt Ostrowskis Louise Schroeder kommissarisch das Amt des Oberbürgermeisters wahrnehmen musste. Zu allem Unglück wurde diese auch noch in der Zeit der Blockade drei Monate krank und musste nach Hamburg ausgeflogen werden, sodass die ganze Last des Amtes auf den Schultern von Friedensburg ruhte.

Auch vorher hatte er schon als Träger der Dienstaufsicht über die Polizei große Schwierigkeiten. Dazu gehörten vor allem die vom Osten ausgehenden zahlreichen und seit Jahr und Tag unaufgeklärten vielen Fälle des Menschenraubs in allen Sektoren, die auch die Westmächte nicht verhindern konnten. Besonderes Aufsehen erregte das Verschwinden eines Mitarbeiters des „Abend". Dr. Friede war telefonisch in den Sowjetsektor bestellt worden und nicht wieder zurückgekehrt. Dr. Friedensburg befahl daraufhin dem von den Russen eingesetzten Polizeipräsidenten, dem auch gleich im Mai 1945 mit der Gruppe Ulbricht eingeflogenen ehemaligen Oberst Markgraf, vor einer Pressekonferenz Auskunft über die Frage der vermissten Personen zugeben. Markgraf widersetzte sich mit Unterstützung der Russen diesem Befehl. Auch amerikanische Schritte bei der russischen Militärregierung zur Aufklärung hunderter von Fällen des Menschenraubs blieben erfolglos.

Deprimierend war auch, dass schon Ende August 1947 der Tätigkeitsbericht der amerikanischen Militärregierung feststellte, dass der Alliierte Kontrollrat unter dem Einfluss der sich ständig verschärfenden Gegensätze zwischen Ost und West in wichtigen Fragen praktisch aufgehört habe zu arbeiten.

Einen großen Krach gab es, als im September auf dem II. Parteitag der SED der Leiter der Informationsabteilung der SMAD, Oberst Tulpanow, unverblümt die SED aufforderte, die Reaktion in Deutschland „auszuräuchern" und Westdeutschland von den Kräften des amerikanischen Monopolkapitalismus zu befreien. Selbst darauf reagierten die Amerikaner zurückhaltend. General Clay gab auf einer Pressekonferenz am 1. Oktober bekannt, dass er die Rede zum Gegenstand einer Anfrage im Kontrollrat gemacht und Marschall Sokolowski um eine Untersuchung gebeten habe, ob der Inhalt der Rede von der sowjetischen Militärregierung gebilligt würde. Dieser ließ sich bis zum 20. Oktober Zeit, um dann zwar die Rede als nicht offiziell zu bezeichnen, gleichzeitig aber zu versuchen, sie mit Äußerungen westdeutscher Politiker und Zeitungen zu rechtfertigen. Immerhin gab dann Clay auf einer Pressekonferenz bekannt, dass man jetzt in der Propaganda die bisher geübte Zurückhaltung gegenüber dem Kommunismus aufgeben werde.

So verschärfte sich die Lage von Tag zu Tag, von Monat zu Monat. Im Magistrat, in den Redaktionen, Parteibüros war man täglich damit konfrontiert, während wir, die mit ihrer Arbeit und den Versorgungsschwierigkeiten beschäftigten Bürger, erst bei deutlich auffallenden Ereignissen spürten, was auf uns zukam, wie z. B. als des 100. Jahrestages der Revolution von 1848 in getrennten Massenveranstaltungen in Friedrichshain und auf dem Platz der Republikgedacht wurde; auf der einen Seite Wilhelm Pieck sich wider den „amerikanischen Monopolkapitalismus" wandte, während bei uns im Gedanken an den Prager Umsturz Ernst Reuter zum ersten Mal den Berlinern zurief: „Berlin wird nicht drankommen. Die kommunistische Welle wird an dem eisernen Widerstand der Berliner zerschellen."

Ende des Monats kündigten die Russen verschärfte Kontrollen entlang der Zonengrenze an, und dann kam es Schlag auf Schlag. Sie unterbrachen am 11. Juni für zwei Tage den gesamten alliierten und deutschen Eisenbahngüterverkehr zwischen Berlin und Westdeutschland. Klingelhöfer musste auf einer Pressekonferenz mitteilen, dass rund 6000 Warenbegleitpapiere für Waren im Wert von 50 Millionen RM bei der sowjetischen Militärverwaltung lagen und noch nicht abgestempelt waren. Am 15. Juni wurde die Elbbrücke an der Autobahn Berlin-Helmstedt wegen angeblich dringender Reparaturarbeiten gesperrt. Das umgehend von den Briten gemachte Angebot, Pioniere und Material zur Verfügung zu stellen, wurde von Marschall Sokolowski persönlich abgelehnt. Am 16. Juni stellte die Alliierte Kommandantur ihre Arbeiten ein. Am 24. Juni wurde die Lieferung von Lebensmitteln einschließlich Frischmilch aus der SBZ und dem Sowjetsektor in die Westsektoren auf Befehl des sowjetischen Stadtkommandanten gesperrt, was eindeutig gegen das Viermächteabkommen über die Versorgung Berlins verstieß. Gleichzeitig teilte die Transportabteilung der SMAD mit, dass der Zustand der Eisenbahnstrecke Berlin-Helmstedt schlimmer sei als bisher angenommen. Es müsse daher mit einer längeren Reparaturdauer und mit einer Gefährdung der Lebensmittelieferungen für die Westsektoren gerechnet werden. Den Punkt auf das i machte am gleichen Tage das Organ der SMAD „Tägliche Rundschau" mit einem Leitartikel, dass es keinerlei politische, juristische oder wirtschaftliche Notwendigkeit mehr gebe, mit der man das weitere Verbleiben der Westmächte in Berlin begründen könne, da es keine Viermächteverwaltung Deutschlands mehr gäbe.

Um einen mit Recht zu befürchtenden Schock der Bevölkerung aufzufangen, rief die SPD sofort zu einer Kundgebung auf, an der 70.000 Menschen teilnahmen und wiederum Ernst Reuter zum Widerstand gegen die Bedrohung aufrief. Bemerkenswert war an diesem Aufruf, dass er erfolgte, ohne dass es irgendeine Garantie der Westmächte gab, ihrerseits den Konflikt durchzustehen.

Es ist und bleibt erstaunlich, dass trotz der jahrelang erkennbaren Konflikte zwischen den einstmals Verbündeten die Westmächte letzten Endes von der Blockade überrascht wurden. Als die Sowjets die Währungsreform in Westdeutschland am 20. Juni 1946 zum Vorwand nahmen, die Blockade zu verhängen, hatte nur der Stadtkommandant Oberst Howley einen im März ausgearbeiteten Plan in der Schublade, aufgrund dessen die amerikanische Luftwaffe im April erprobt hatte, ob sie die Garnison, mehr nicht, aus der Luft versorgen könnte. Nur hierauf konnte am 24. Juni Clay zurückgreifen und seinem Luftwaffenbefehlshaber in Europa, General Curtis LeMay, befehlen, die Versorgungsflüge sofort wieder aufzunehmen. Die Luftkorridore waren die einzigen durch Abkommen mit den Russen abgesicherten Verbindungswege; alles andere hatte man – rückblickend unverständlich – der geplanten „vertrauensvollen Zusammenarbeit" überlassen. Da wir uns alle nicht vorstellen konnten, dass man Berlin allein aus der Luft versorgen könnte, gab es in meiner Umgebung und wohl allgemein nur einen Gedanken: Jetzt müssen die Westmächte mit Panzern und Truppentransportern von Helmstedt nach Berlin durchbrechen. Es war deprimierend, nichts geschah. Wir wissen heute, dass Clay diesen Vorschlag in Washington machte, aber auf Widerstand stieß, weil man das Risiko eines Krieges nicht eingehen wollte, die Militärs vielmehr dazu neigten, Berlin aufzugeben. Erst im Juli 1948 entschied Truman entgegen dem Rat seiner militärischen Berater: „Wir bleiben in Berlin, aber ohne Durchbruch zu Lande, nur mit der Luftbrücke." Auch die Briten dachten nicht an Abzug, und die Franzosen – General Ganeval – erfreuten uns damit, dass sie trotz Protest einen Sendeturm der Russen sprengten, der dem Anflug auf den neuen Flughafen Tegel im Wege stand, der innerhalb von drei Monaten in Tag- und Nachtbetrieb gebaut wurde. Damit standen mit Tempelhof, Gatow und der Havel (für britische Wasserflugboote) vier Plätze zur Verfügung. Das ständige Brummen der alle drei Minuten in langer Kette auf den drei Korridoren einfliegenden Maschinen gaben uns die Zuversicht, die Westmächte lassen uns nicht im Stich. Sie hatten begriffen, die Sowjets und ihre deutschen Helfer wollten sie zur Aufgabe ihrer Deutschlandpolitik zwingen, um sie in Etappen erst aus Berlin und dann aus Deutschland zu vertreiben. Im Gegensatz auch zu vielen Westdeutschen wussten sie, wer Deutschland behalten wollte, durfte Berlin nicht fallen lassen.

Dass die Bewohner der Westsektoren die Gefahr erkannten, die ihnen drohte, nachdem eindeutig ihre Freunde und Verwandten im Ostsektor und in der Zone ihre Freiheit verloren hatten, kann man wohl am besten daran ersehen. dass sie auf vom Osten ausgelegte Köder nicht hereinfielen. Als die Versorgung aus der Luft in den ersten vier Wochen den errechneten Bedarf bei weitem nicht deckte, erschien die Zeitung „Neues Deutschland" am 20. Juli mit der Schlagzeile „Alle Berliner können ihre Rationen künftig im Ostsektor kaufen". Eine Nachprüfung ergab am 4, August, dass nur 21.802 Personen sich drüben eintragen ließen. Das waren 1,5 Prozent. In der Folgezeit hat sich diese Zahl zwar erhöht, aber unbeträchtlich. Die Beweggründe im Einzelfall, z. B. drohender Verlust des Arbeitsplatzes im Osten, sind wohl nie genau untersucht worden.

Die bange Frage war monatelang, ob es möglich sein würde, nur aus der Luft die Versorgung von Millionen möglich zu machen. Auch Friedensburg war zu dieser Zeit der Ansicht, im besten Fall könnte nur ein Teil der Nahrungsmittel hereingebracht werden, eine ausreichende Kohlenversorgung sei völlig ausgeschlossen. Die Ende Juni verschärften Bestimmungen mit dem Ziel, dass jeder Haushalt möglichst während zwei Tagesstunden – ab Juli zweimal zwei – Strom erhalten sollte, zeigten den ganzen Ernst der Lage. Da haben wir Dritten gegenüber nicht erwähnt, dass wir nur in Steglitz betroffen und in der beneidenswerten Situation waren, in unserem Niemandsland ständig Strom zu haben.

Hatten die hier nur teilweise erwähnten Maßnahmen schließlich zur völligen wirtschaftlichen Abriegelung Westberlins geführt, musste es zwangsläufig auch zur politischen Spaltung kommen. Schon vor der endgültigen Abriegelung musste Klingelhöfer die Stadtverordneten unterrichten, dass der sowjetische Stadtkommandant dem Magistrat jede Zuständigkeit für den Ostsektor entzogen hatte. Die erste politische Spaltung zeichnete sich aber seit 1946 bei den Gewerkschaften ab. Sie habe ich als reiner Beobachter miterleben können durch Informationen durch den inzwischen mit uns befreundeten Heinrich Pabst. Es war die Entstehung der Unabhängigen Gewerkschaftsorganisation (UGO) durch Trennung vom FDGB. Die bei Gründung der SED in der SPD gebliebenen Gewerkschaftsmitglieder und -funktionäre waren seitdem dem ständigen Druck der SED ausgesetzt und konnten sich trotz ihrer großen Zahl vor allem im Vorstand des FDGB nicht durchsetzen. Die monatelangen Auseinandersetzungen führten am 3. Mai 1947 auf einer Versammlung, die aber im amerikanischen Sektor durchgeführt werden musste, zum Beschluss der Grundlagen für eine freie und unabhängige Gewerkschaftsorganisation. In einer Stadtkonferenz des FDGB im Ostsektor bekannten sich von 573 Delegierten 280 zur UGO und verließen die Konferenz. Die Organisation quartierte sich erst einmal in der Bernburger Straße im Bezirk Kreuzberg ein, und der erste Aufruf an die Gewerkschaftsmitglieder war, den Weisungen des Vorstandes in der Wallstraße keine Folge mehr zu leisten. Auch die einzelnen Gewerkschaften, wie die Gewerkschaft der kaufmännischen, Verwaltungs- und Büroangestellten, die Gewerkschaft der Techniker und Werkmeister u. a., verlegten ihre Büros in den amerikanischen Sektor. Am 20. Juli erkannte die britische Militärregierung im Einvernehmen mit der amerikanischen die UGO als die „wahren Vertreter der gewerkschaftlich organisierten Arbeiter Berlins" an. Das war auch die Anerkennung dafür, dass die UGO bei Beginn der Blockade am 24. Juni sofort jeden Streik als unverantwortlich abgelehnt hatte, nachdem im Ostsektor ein Generalstreik in ganz Berlin propagiert worden war. Ein Spitzenvertreter der UGO, der immer die politische und menschliche Freiheit über die gewerkschaftliche Einheit gestellt hatte, war Ernst Scharnowski. Wenn Heinrich Pabst von ihm erzählte, wussten wir beide noch nicht, dass mich nach Jahren mit dem späteren Ersten Vorsitzenden der UGO eine menschlich gute und sachlich hervorragende Zusammenarbeit verbinden würde.

Während die Spaltung der Gewerkschaften nur einen, wenn auch wesentlichen, Teil der Berliner betraf, war die drohende Währungsreform etwas, das uns alle beunruhigte und zu der völligen politischen Spaltung führen sollte. Sehr vielen war noch die Inflation und die Schaffung der Reichsmark in Erinnerung. Jetzt war die Währungsreform noch zusätzlich ein Zankapfel der Alliierten, auf deutscher Seite mit dem entsprechenden Gegensatz zwischen Ost und West. Hinzu kam, dass auch in Westberlin die Ansichten monatelang auseinander gingen, sodass bei der Kompliziertheit der Materie an sich der Berliner nur warten konnte auf das, was auf ihn zukam.

Es war bekannt, dass schon am 11. August 1947 der Kontrollrat die Frage einer Währungsreform besprochen und keine Einigkeit erzielt hatte. Eigentlich war da schon klar, dass mit einer gesamtdeutschen Reform nicht zu rechnen war. Sie wurde aber sogar von dem SED-Bürgermeister Dr. Acker noch am 6. Mai 1948 in der „Berliner Zeitung" gefordert. Er schrieb aber gleichzeitig, dass bei einer getrennten Lösung in Ost und West Berlin in die Ostwährung mit einbezogen werden müsste. Spätestens jetzt läuteten die Alarmglocken, denn die gleiche Währung in der Stadt und Ostzone hätte die Abtrennung der Westsektoren von der wirtschaftlichen und politischen Entwicklung in Westdeutschland besiegelt, uns restlos Moskau und der SED ausgeliefert. Ernst Reuter und Gustav Klingelhöfer war dies sofort klar, als sie am 20. Mai von dem Vizepräsidenten des Wirtschaftsrats der Bi-Zone, Gustav Dahrendorf, hörten, dass die Westmächte Berlin zunächst von einer westdeutschen Währungsreform ausschließen wollten, und forderten daraufhin die Einbeziehung der Westsektoren. Friedensburg dagegen trat – wie von ihm nicht anders zu erwarten – dafür ein, die Reform in Westdeutschland aufzuschieben, um Zeit zur Ausarbeitung einer Lösung für ganz Deutschland durch Sachverständige zu finden; aber auch für ihn war eine Einbeziehung ganz Berlins in die kommende Ostwährung unannehmbar. Nachdem am 10. Juni in „Neues Deutschland" ein Vertreter der SED wieder die Ansicht vertrat, bei einer getrennten Reform müsse Berlin an die SBZ angeschlossen werden, konterte Dr. Suhr in „Der Sozialdemokrat", Berlin müsse entweder an beide Währungen oder an gar keine angeschlossen werden. Da wurde also auch der Gedanke einer „Bärenmark" angedeutet, den man, wie ich schon früher berichtet habe, ungerecht allein Friedensburg in die Schuhe geschoben hat. Beide Vorschläge waren jedenfalls bedenklich, denn ihre Verwirklichung hätte für die Geschäftswelt, Geldinstitute und jeden Einzelnen Schwierigkeiten bereitet Man denke allein schon an die Wechselkurse der beiden Währungen zueinander oder einer „Bärenmark" zu zwei anderen Währungen. Die Westmächte erklärten denn auch die Bemühungen um ein Viermächteabkommen für gescheitert und gaben am 18. Juni die gesetzlichen Bestimmungen für eine Reform in Westdeutschland bekannt. Der sowjetische Kommandant lehnte eine Erörterung in der Alliierten Kommandantur ab, und die westlichen Kommandanten erklärten erst einmal, dass die Währungsreform sich nicht auf Berlin erstrecke. Hier sei daran erinnert, dass trotzdem am nächsten Tag von der SMAD der gesamte Verkehr zwischen den Westzonen und der SBZ sowie der Straßenverkehr einschließlich dem auf der Autobahn nach Berlin eingestellt wurde. Am 23. Juni kam dann die Währungsreform im Osten. In der SBZ und in Groß-Berlin sollte ab 24. Juni als einziges Zahlungsmittel die alte Reichsmark mit aufgeklebten Spezialkupons gelten. Sie bekam schnell die Bezeichnung „Tapetenmark". Friedensburg hat es eindrucksvoll beschrieben (a. a. O. S. 230 ff.), wie ihm nachts im Neuen Stadthaus der Befehl der SMAD übergeben wurde, Stunden später um sechs Uhr früh die Währungsreform für ganz Berlin bekannt zu geben. Seine Fragen, was man tun solle, wenn die Westmächte mit der Einführung der Kuponmark im ganzen Stadtgebiet nicht einverstanden seien, und wie überhaupt der Befehl mit der Berliner Verfassung zu vereinbaren sei, blieben unbeantwortet. Noch in derselben Nacht kam der alarmierte britische Verbindungsoffizier, und am gleichen Tag teilten die drei Vertreter des Westens dem amtierenden Oberbürgermeister mit, dass die sowjetische Anweisung an ihn in den westlichen Sektoren keine Gültigkeit habe. Nun musste für die Westsektoren Farbe bekannt werden. Daher wurde mit Wirkung vom 25. Juni in den drei Sektoren die Westwährung eingeführt. Einer sofort einberufenen Stadtverordnetenversammlung stellte Friedenburg den sowjetischen Befehl und die Anordnung der westlichen Kommandanten gegenüber und erklärte, der Magistrat sei nicht in der

Lage, den sowjetischen Befehl in den Westsektoren auszuführen, und habe die Bezirksbürgermeister angewiesen, die Anordnungen der jeweiligen Stadtkommandanten zu befolgen. Damit war die Trennung allen klar, und seine weitere Erklärung, Berlin werde vom Magistrat weiterhin als ungeteiltes Verwaltungsgebiet behandelt, war wohl juristisch richtig, aber politisch Wunschdenken. Die Stadtverordnetenversammlung zog sich dann so aus der Affäre, dass sie gegen die Stimmen der SED dem Magistrat das Vertrauen aussprach und sonst die Gültigkeit beider neuer Währungen für ganz Berlin forderte.

Offenbar immer noch auf der Suche nach einem Kompromiss, bedeutete die Anordnung der Westmächte aber nicht, dass die DM (West) alleiniges Zahlungsmittel wurde. Wir bekamen zwar die Westmark, aber sie wurde in den Westsektoren mit dem Stempel „B" versehen, und die Ostmark wurde auch in den Westsektoren als Umlaufmittel anerkannt, wenn auch nur zur Bezahlung bewirtschafteter Lebensmittel, von Mieten, Steuern, Strom und Gas u. a. m. Die Forderung von Reuter und Klingelhöfer, die Zulassung der Ostwährung dürfe nur erfolgen, wenn auch die DM (West) im Ostsektor zugelassen würde, war erfolglos. Wir konnten im Verhältnis 1:1 nur 60 RM umtauschen. Sonstiges Bargeld, Forderungen und Schulden wurden 10:1 abgewertet.

Wir wissen heute durch die Erinnerungen von Clay „Entscheidung in Deutschland", dass zu dieser Zeit das amerikanische Kriegsministerium immer noch einen Krieg befürchtete und es lieber gesehen hätte, wenn die Einführung der Westmark aus Vorsichtsgründen verlangsamt worden wäre. Wir verdanken es Clay, dass er im Vertrauen auf die Worte von Reuter über den Widerstandswillen der Berliner den Gedanken abgelehnt hat, indem er unter Hinweis auf den „erstaunlich mutigen" Widerstand der Bevölkerung forderte, die Amerikaner dürften uns nicht enttäuschen.

Der Umtausch wickelte sich erstaunlich ruhig und reibungslos ab, und man gewöhnte sich schnell an die Doppelfunktion der beiden Währungen. Erfreulich war, dass im Gegensatz zur Regelung im Westen unsere bisher gesperrten Reichsmark-Konten umgestellt, sofort freigegeben wurden. Das geschah mit weiteren Bestimmungen am 5. Juli, die u. a. auch festlegten, dass Löhne und Gehälter bis auf weiteres zu 25 Prozent in DM (West) gezahlt wurden, sodass damit auch Geld für das vorhanden war, was über den Grundbedarf hinausging. Im Osten wurde bald die „Tapetenmark" in „Deutsche Mark der Deutschen Notenbank" umgetauscht.

Der Umlauf von zwei Währungen, und noch dazu getrennt nach dem wirtschaftlichen Vorgang, brachte natürlich viele Probleme mit sich. Es entstanden die Wechselstuben mit immer neuen Wechselkursen je nach Angebot und Nachfrage. Für die Menschen, die im Osten arbeiteten, aber im Westen wohnten, und umgekehrt, mussten öffentliche Lohnausgleichskassen geschaffen werden, um ihnen teilweise einen Umtausch 1:1 zu ermöglichen und sie nicht den Wechselstuben auszuliefern. Die

Schwierigkeiten in der täglichen Praxis führten dazu, dass schon am 13. August die Berliner Landesverbände der SPD, CDU und LDP sowie die UGO den drei westlichen Militärregierungen ein Memorandum überreichten mit der Forderung einer umgehenden Änderung der Währungsverhältnisse durch Einführung der DM (West) als ausschließliches Zahlungsmittel. Wichtig in Anbetracht dessen, was sich hinter den Kulissen abspielte, war der Satz, die Berliner Währung dürfe nicht als Verhandlungsobjekt unter den Alliierten behandelt werden. Schon am 6. Juli hatten nämlich die Westmächte den sowjetischen Botschaftern in London, Washington und Paris Noten übermittelt, in denen sie sich zu Verhandlungen über alle Streitfragen bereit erklärten, wenn die Blockade aufgehoben würde. Selbst Clay erklärte am 25. Juli vor der Presse in Berlin, die USA würden gewisse Zugeständnisse in der Frage der Währungsreform machen, wenn die Sowjetunion die Blockade aufheben würde. Schließlich erklärte – diesmal war es nicht Friedensburg – der Landesvorsitzende der CDU, Dr. Walther Schreiber, bei Aufhebung der Blockade die Einführung einer besonderen „Bärenmark" für eine brauchbare Lösung. Die zitierte Bemerkung im Memorandum war also durchaus berechtigt, verhinderte aber nicht, dass sogar der britische Außenminister am 22. September vor dem Unterhaus unter Zustimmung der Opposition erklärte, seine Regierung sei immer noch bereit, die DM (Ost) als einzige Währung in Berlin anzuerkennen, wenn sie unter der Autorität aller vier Besatzungsmächte ausgegeben würde. Die wesentliche Voraussetzung sei jedoch die Aufhebung der Blockade.

Nach am 5. Dezember durchgeführten Wahlen, die, worauf ich noch zurückkomme, nur in den Westsektoren stattfinden konnten, war es dann so weit, dass auch General Clay auf einer Pressekonferenz in Frankfurt die Einführung der DM (West) als allein gültiges Zahlungsmittel in den Westsektoren bejahte. Es dauerte aber noch bis zum Februar 1949, dass Ernst Reuter mit der Nachricht aus London zurückkam, für die Einführung der Westmark könnte zwar noch kein Termin genannt werden, aber Bevin hätte eine Entscheidung in absehbarer Zeit in Aussicht gestellt. Am 20. März, also noch während der Blockade, war es dann so weit, dass die drei Kommandanten eine dritte Verordnung zur Neuordnung des Geldwesens erließen. Danach galt die DM (West) von sofort an als einziges gesetzliches Zahlungsmittel, ohne dass der Besitz von Ostmark verboten wurde. Ernst Reuter konnte am nächsten Tag in einer außerordentlichen Sitzung der Stadtverordnetenversammlung mit Befriedigung feststellen, dass die volle Einführung der DM (West) die Bestätigung der wirtschaftlichen und politischen Verbundenheit Berlins mit Westdeutschland war. Das Problem der Grenzgänger, der Lohnausgleichskassen u. v. m. musste natürlich neu durchdacht werden.

In dem soeben geschilderten Zeitabschnitt war es auch zu einer vollständigen Trennung der politischen Gremien, des Magistrats, der Stadtverordnetenversammlung gekommen. Ich war als „Heimarbeiter" nur insofern betroffen, als ich eines Tages Stadtrat Klingelhöfer nicht mehr in der Universitätsstraße aufzusuchen hatte, nachdem er und Reuter Mitte November 1948 über Nacht mit Sack und Pack ihre Dienststellen in die Westsektoren verlegt hatten. Friedensburg war darüber sehr ärgerlich, denn getreu seinen Grundsätzen hatte er verlangt, dass niemand freiwillig den Sitz des Magistrats im Neuen Stadthaus räumen dürfe. Wie es dazu kam, dass auch er und dann sogar der Gewalt weichen musste, ist vor allem von ihm selbst eingehend beschrieben worden. Weil so viel aus diesen Wochen und Monaten vergessen ist, will ich nur verständlich machen, wie beunruhigend über die Blockade hinaus diese Vorgänge waren. Sie konfrontierten uns immer mit der Frage, ob es dem konzentrierten Einsatz von SMAD und SED doch noch gelingt, unsere Insel, die wir nun schon waren, im roten Meer zu versenken.

Zuerst musste die Stadtverordnetenversammlung weichen. Am 26. August musste zum ersten Mal eine Sitzung im Neuen Stadthaus wegen kommunistischer Unruhen abgesagt werden. Die SED hatte auf Lastkraftwagen Betriebsangehörige von sowjetischen Aktiengesellschaften und in Marschkolonnen kommunistische Demonstranten mobilisiert, die vor dem Gebäude auf Transparenten den Rücktritt des Magistrats forderten. Wie sie von der Absetzung der Sitzung hörten, drangen sie in das Gebäude ein und besetzten den Plenarsaal. Die Versammlung wurde von dem der SED angehörenden Stellvertretenden Stadtverordnetenvorsteher geleitet und wählte schließlich eine Delegation, die mit Bürgermeister Friedensburg verhandeln sollte. Dieser hat sich auch ihre Forderungen angehört: Wiedereinsetzung einer einheitlichen Polizei unter dem suspendierten Markgraf, eine einheitliche Währung DM (Ost) und Annahme des sowjetischen Angebots, ganz Berlin zu versorgen. Danach drohte der SED-Fraktionsvorsitzende Litke weitere Maßnahmen in den nächsten Tagen an, nachdem sie jetzt erst einmal ihr Ziel nicht erreicht hatten. Die Reaktion Friedensburgs war, dass er in einer anschließenden Pressekonferenz erklärte, der Magistrat würde das Stadthaus freiwillig nicht räumen. Inzwischen trommelten die Parteien und die UGO in wenigen Stunden Zehntausende von Berlinern auf dem Platz der Republik zusammen, um gegen die Vorfälle im Neuen Stadthaus zu demonstrieren. Dr. Suhr forderte Neuwahlen; die Ereignisse hätten bewiesen, dass die sowjetische Besatzungsmacht die Vertreter der Stadtverwaltung nicht schütze, und forderte die Einrichtung eines neutralen Gebiets, um der Verwaltung freie Betätigung zu garantieren. Clay erklärte in einer Pressekonferenz in Frankfurt, jeder Versuch der SED, die Verwaltung in Berlin an sich zu reißen, werde scheitern. Amerikanische Regierungskreise erklärten unverblümt, die Demonstrationen seien von der sowjetischen Militärverwaltung absichtlich herbeigeführt worden.

Wie unbestreitbar das war, zeigte sich schon am nächsten Tag bei dem Versuch, eine neue Stadtverordnetenversammlung durchzuführen. Schon vorher waren wieder kommunistische Demonstranten aufgezogen, die einen großen Teil der Stadtverordneten am Betreten des Gebäudes hinderten. Als nach Eröffnung der Sitzung das Heranrücken neuer Demonstrantengruppen gemeldet wurde, vertagte nach nur vier Minuten Dr. Suhr die Sitzung mit der Feststellung, dass die ihm zustehende Polizeigewalt nur eine Fiktion sei. Diesmal konnten die Demonstranten mit Hilfe des sowjetischen Verbindungsoffiziers, einem Major Bognitschew, eindringen, der gegen die Anordnung von Friedensburg das Hauptportal öffnen ließ, während gleichzeitig der SED-Stadtverordnete Mewis die Demonstranten durch die Hintertüren hereinließ, sodass nach erneuter Besetzung des Plenarsaals der SED-Fraktionsvorsitzende eine „Öffentliche Versammlung der Arbeiterklasse" eröffnen konnte. Friedensburg betonte wieder vor der Presse, der Magistrat werde vor der Gewaltanwendung einer verschwindend kleinen Minderheit nicht kapitulieren, während Dr. Suhr und die Fraktionsvorsitzenden den Plan erwogen, eine Stadtverordnetenversammlung in den Kellerräumen der Reichstagsruine im britischen Sektor durchzuführen. Die Briten waren einverstanden, die beiden anderen Kommandanten aber noch gegen eine Verlegung des Tagungsortes. Friedensburg kündigte daraufhin, gestützt auf sein Hausrecht, vor der Presse den Einsatz von etwa 200 freiwilligen jungen Magistratsangestellten zum Schutz künftiger Sitzungen an. Das war ein sehr problematischer Gedanke, den ich als persönlicher Referent versucht hätte, ihm auszureden. Erstens war es für die Freiwilligen angesichts der zahlenmäßig überlegenen Demonstranten und ihrer zu erwartenden rücksichtslosen Gewalt sehr gefährlich und zweitens infolge der Unterstützung durch die Russen voraussehbar erfolglos.

Die Gewalt eskalierte dann auch. Am 6. September verhinderten wieder kommunistische Demonstranten das Zusammentreten der Stadtverordnetenversammlung. Die Polizei stand tatenlos dabei, als die Menge das Gebäude stürmte, und die Magistratsordner wurden überwältigt. Später wurde das Gebäude von starken Polizeikräften abgeriegelt. Die Polizisten drangen sogar in die Räume des amerikanischen Verbindungsoffiziers ein, wohin sich eine größere Zahl von Magistratsangestellten geflüchtet hatten, die sie verhafteten. Ein Vertreter des „Tagesspiegel" und einer des „Sozialdemokrat" wurden mit weiteren festgenommenen Pressevertretern sogar in Handschellen abgeführt. Es war nicht zu fassen, dass die diesmal auch beteiligte sowjetische Militärpolizei auch die Verbindungsoffiziere der Westmächte aufforderte, ihre Büros zu räumen.

Endlich trat nun Friedensburg vor die Presse und erklärte, dass man es den Stadtverordneten nicht mehr zumuten könne, im sowjetischen Sektor eine Sitzung abzuhalten, aber noch folgte wieder der Satz, der Magistrat werde trotz dieser Zwischenfälle seine Arbeit im Neuen Stadthaus fortsetzen. Die Stadtverordnetenversammlung aber trat noch am 6. September abends in Abwesenheit der SED-Fraktion im Studentenhaus am Steinplatz im britischen Sektor zusammen. Der wichtigste Beschluss war, Neuwahlen durchzuführen.

Am 9. September kam es zu der bisher größten Protestkundgebung von etwa 300.000 West- und Ostberlinern auf dem Platz der Republik. Es sprachen der SPD-Vorsitzende Franz Neumann, Friedensburg und Dr. Suhr, aber berühmt wurde der Tag durch die Ansprache von Ernst Reuter. Er machte für den Augenblick Berlin zu einem Schwerpunkt des Weltgeschehens, indem er betonte, dass die Berliner bei den Viermächteverhandlungen kein Tauschobjekt sein wollten, und dabei die immer wieder zitierten Worte fand: „Ihr Völker der Welt, schaut auf diese Stadt." Nach meiner Schilderung der Verhandlungen der Alliierten, ihrer mehr oder weniger großen Neigung zu Kompromissen, ist verständlich, dass für Reuter jetzt die Stunde gekommen war, dem allem einen Riegel vorzuschieben. Einmal, indem er mit seiner faszinierenden Rhetorik die vor ihm stehenden Massen und die Hörer zu Hause auf verstärkten Widerstand einstimmte, und zum anderen, indem er versuchte, die Westmächte so anzusprechen, ja unter Druck zu setzen, dass sie einsehen mussten, ein Zurück gibt es nicht mehr. Allen Zuhörern wurde klar, dass der Riss in Politik und Verwaltung zwischen Ost und West nicht mehr zu überbrücken war. Da waren die vorhergehenden Worte von Friedensburg nur noch Schall und Rauch, der noch einmal versichert hatte, die Stadtverwaltung werde an der Stelle aushalten, wohin sie die Bevölkerung gestellt hatte; abgesehen davon, dass die Bevölkerung die Stelle gar nicht ausgesucht hatte. Sie hatte nur ein Interesse, eine funktionsfähige, unparteiische Verwaltung zu haben.

Leider fiel ein Schatten auf die Veranstaltung. Die Ostberliner wurden in ihrem Sektor von der Polizei empfangen, wobei es zu heftigen Auseinandersetzungen kam, in deren Verlauf die Polizei sogar in die Menge schoss. Hierbei wurde ein junger Mann, Wolfgang Scheunemann, so getroffen, dass er auf dem Weg zum Krankenhaus starb. Die nun noch mehr aufgeregte Menge holte die rote Fahne vom Brandenburger Tor und zerriss sie. Erst die britische Militärpolizei konnte Zusammenstöße mit russischen Soldaten verhindern, die am sowjetischen Ehrenmal Dienst taten. Die Vorfälle boten natürlich der östlichen Propaganda reichen Stoff, waren aber auch für das Ausland ein weiterer Beweis für die Stimmung der Bevölkerung.

Die Spaltung des Magistrats war trotz aller Bemühungen von Friedensburg jetzt nur noch eine Frage der Zeit. Die Westmächte waren jetzt so weit, dass sie sich an den Sicherheitsrat der Vereinten Nationen wandten und ihn auf die Lage in Berlin hinwiesen. Sie erklärten sogar, dass sie sich angesichts der „Bedrohung des Weltfriedens und der Weltsicherheit" durch die Sowjetunion alle Schritte vorbehalten müssten, die zur Aufrechterhaltung ihrer Stellung in Berlin notfalls notwendig werden könnten. Der Sicherheitsrat beschloss dann auch unverzüglich, die Berlinfrage auf die Tagesordnung zu setzen.

Nachdem die Stadtverordnetenversammlung in den Westen gezogen war, ließ sich auch der Sitz des Magistrats im Ostsektor nicht mehr halten. Es begann damit, dass am 13. Oktober der von der Stadtverordnetenversammlung abberufene Stadtrat und Leiter der Abteilung für Arbeit sich weigerte, den Sitzungssaal zu verlassen, und der Magistrat daraufhin seine Sitzung in der Invalidenstraße im Bezirk Tiergarten fortsetzte. Getreu seiner Haltung bezeichnete Friedensburg im Anschluss an die Sitzung die Verlegung in den britischen Sektor als „einstweilige Lösung", weil der Magistrat gehindert sei, im Ostsektor sein Hausrecht auszuüben, die Arbeit im Neuen Stadthaus bleibe davon unberührt, die einheitliche Gesamtverwaltung Berlins sei nicht in Frage gestellt. Dagegen erklärte gleichzeitig der stellvertretende Vorsitzende der SED-Fraktion Karl Maron, mit dieser Verlegung sei die verwaltungsmäßige Spaltung Berlins endgültig geworden. In das gleiche Horn blies Walter Ulbricht. Er erklärte auf einer Kundgebung im Bezirk Prenzlauer Berg, „der Magistrat existiert nicht mehr", es sei an der Zeit, dass die „demokratischen Kräfte solche Stadträte bestimmen, die ehrlich am Wiederaufbau der Stadt arbeiten". Vor dieser Erklärung hatte allerdings die Abteilung Wirtschaft einen Teil ihrer Dienststellen nach Wilmersdorf in den britischen Sektor verlegt, wo ich dann „meinen" Stadtrat aufzusuchen hatte. Der sowjetische Stadtkommandant sah in einem Befehl an den Stellvertretenden Oberbürgermeister Friedensburg darin eine eigenwillige Niederlegung der Leitung der Abteilung Wirtschaft und verfügte die Absetzung Klingelhöfers. Am Tage vorher hatte Oberst Jelisarow schon Ernst Reuter seines Amtes enthoben. In seinem Befehl erklärte er, Stadtrat Reuter habe sich als unfähig erwiesen, seine verantwortlichen Pflichten zu erfüllen, und sei in den letzten Monaten zur „direkten Sabotage" der Magistratsarbeit übergegangen. In der Stadtverordnetenversammlung vom 18. November verlas Friedensburg die Antwort des Magistrats, in der auf die Verfassungswidrigkeit der beiden Befehle hingewiesen wurde und die Vorwürfe gegen beide zurückgewiesen wurden. Er gab sogar eine Erklärung ab, dass der Magistrat sich verpflichtet fühle, seine Mitarbeiter vor einer weiteren Gefährdung zu schützen und deshalb gewisse Dienststellen in die Westsektoren verlege. Gestützt wurde alles durch den prompten Befehl der drei westlichen Stadtkommandanten, die Amtsenthebung von Reuter und Klingelhöfer nicht zu beachten, weil sie weder mit dem Viermächteabkommen noch mit der Vorläufigen Verfassung übereinstimme.

Es war nur noch eine Frage der Zeit, wann auch Friedensburg weichen und einsehen musste, dass all seine Bemühungen, die Stellung zu halten, gescheitert waren. Vorher kam aber noch der amtierende Oberbürgermeister Louise Schroeder Ende November nach dreimonatiger krankheitsbedingter Abwesenheit zurück, ohne jedoch in Anbetracht der am 5. Dezember bevorstehenden Wahlen ihre Amtsgeschäfte sofort wieder aufzunehmen. Auch Adenauer, damals Präsident des Parlamentarischen Rates und Vorsitzender der CDU der britischen Besatzungszone, kam endlich nach Berlin, um wenigstens auf einer Wahlveranstaltung der CDU den Berlinern zu danken, dass sie „unbeirrt für die Ideale der Demokratie" eintraten. Aber sonst wandte er sich gegen die SPD als den Hauptgegner im Wahlkampf, obwohl sie mit Ernst Reuter die Hauptlast der Abwehr der sowjetischen Ambitionen getragen hatte, was von der Bevölkerung wohl vermerkt wurde. Noch mehr negativ wurde gewertet, dass er sich auf einer Pressekonferenz weigerte, die Frage zu beantworten, ob Berlin die zukünftige Hauptstadt Deutschlands sein könnte.

Am 30. November fand im Admiralspalast eine von der SED einberufene „a. o. Stadtverordnetenversammlung" statt. Von den über 1000 Teilnehmern hatten aber nur die 23 Mitglieder der SED-Fraktion der gewählten Stadtverordnetenversammlung ein ordentliches Mandat. Die Mehrheit setzte sich zusammen aus Vertretern des Demokratischen Blocks, der Betriebe, des FDGB, des Kulturbundes, der FDJ und der Verfolgten des Naziregimes (VVN). Die Versammlung erklärte – natürlich einstimmig – den Magistrat wegen „Missachtung elementarer Lebensinteressen Berlins und seiner Bevölkerung und ständiger Verletzung der Verfassung" für abgesetzt und beschloss weiter, einen „provisorischen demokratischen Magistrat" zu bilden. Eine Liste für die Wahl der drei Bürgermeister und der Stadträte lag auch bereit. Als Erster wurde Friedrich Ebert, der Sohn des ersten Reichspräsidenten von 1918, zum Oberbürgermeister gewählt. Durch einige Stadträte waren auch die CDU-Ost und die LDP-Ost vertreten.

Nun war wieder der Westen am Zuge. Die drei Militärgouverneure protestierten bei Marschall Sokolowski gegen die illegale Errichtung eines „Ostsektoren-Magistrats" und betonten, dass sie nach wie vor den vom Volk gewählten Magistrat als den rechtmäßigen Vertreter der Verwaltung Berlins betrachteten. Gegenüber vorherigen Protesten Sokolowskis gegen die beabsichtigten Wahlen wiesen sie darauf hin, dass diese aufgrund der von allen vier Mächten genehmigten vorläufigen Verfassung abgehalten werden würden. Im Übrigen hätten die Billigung der Sprengung des Stadtparlaments durch „pöbelhafte Elemente" durch die sowjetischen Behörden, die willkürliche Entlassung von ordnungsmäßig gewählten Beamten ohne Genehmigung der westlichen Kommandanten sowie unzählige einseitige Verletzungen des Viermächteabkommens klar die Absicht der sowjetischen Behörden bewiesen, die Stadt zu spalten.

Auch Friedensburg erklärte an seinem Dienstsitz im Ostsektor, dass hinter der Bildung des separaten Magistrats eine Macht stehe, die den verfassungsmäßigen Magistrat wahrscheinlich zwingen werde, aus dem Stadthaus zu weichen. Der Magistrat werde jedoch seinen Platz nicht freiwillig räumen. Obwohl der Sitz des Oberbürgermeisters sich schon in der Fasanenstraße in Charlottenburg befand und Tage vorher der Polizeivizepräsident auf einer Kundgebung seine Verhaftung und die von Reuter, Franz Neumann u. a. gefordert hatte, stand Friedensburg am 1. Dezember, pünktlich wie immer, um 8.30 Uhr vor dem Stadthaus. Ein Polizeikommando verwehrte ihm den Eintritt. Er ließ sich zum zuständigen Polizeirevier führen, wo ihn der Reviervorsteher unterrichtete, dass Friedrich Ebert ein Hausverbot für die Mitglieder des rechtmäßigen Magistrats erlassen habe, und meinte, im Ostsektor herrschten eben andere Verhältnisse als in den Westsektoren.

Als ich von alledem erfuhr, konnte ich mir denken, was in Friedensburg vorgegangen sein musste, welche tiefe Enttäuschung er durchmachte. Obwohl wir uns in dieser Zeit nur selten sehen konnten, hatte er mir seinen langen Brief an Oberst Tulpanow, der im zivilen Leben Professor der Nationalökonomie war, vom 9. September 1948 gezeigt, der später teilweise auch vom „Tag" veröffentlich wurde. Der Brief war ein letzter Versuch, bei diesem ihm seit der Gründung der Zentralverwaltung bekannten und sympathischen Mann Verständnis zu finden. Die folgenden Auszüge zeigen noch einmal sein ganzes Bestreben: „Der gute Wille, mit der Sowjetunion künftig nicht nur in einem korrekten und loyalen, sondern in einem friedlichen und freundschaftlichen Verhältnis zu leben, ist in Deutschland und insbesondere in Berlin weit verbreitet gewesen und ist auch noch jetzt stärker vorhanden, als es nach außen erkennbar sein mag. Aber auch der Gutwilligsten bemächtigt sich eine immer stärkere Entmutigung und Verzweiflung hinsichtlich der Aussichten einer solchen Bemühung wegen der Haltung, welche die Sowjetunion gegenüber unseren einfachsten und natürlichsten demokratischen Auffassungen einnimmt. Ich habe mir erlaubt, Sie in früheren Gesprächen, die wir im gegenseitigen Vertrauen geführt haben, aber auch in öffentlichen Kundgebungen darauf hinzuweisen, dass eine sowjetische Politik gegenüber Deutschland, die sich allein auf die kommunistische Partei stützt, von vornherein zum Fehlschlag verurteilt ist. Die sehr große Mehrheit der deutschen Bevölkerung ist nun einmal nicht kommunistisch und wird niemals kommunistisch sein … Wenn Sie also, sehr geehrter Herr Oberst, eine Zunahme der antisowjetischen Äußerungen in Deutschland und auch gerade in Berlin feststellen, so teile ich Ihre Sorge wegen dieser Erscheinung. Ich bitte aber, ja, ich appelliere eindringlichst an Sie, den Ursachen für diese Entwicklung nachzugehen. Macht es Sie nicht nachdenklich, dass selbst ein Mann wie ich, der mit so viel guten Willen dreieinhalb Jahre der Aufgabe der deutsch-russischen Verständigung gedient hat, durch die neuerliche Blockade- und Störungspolitik der Sowjetregierung in Berlin zu einer Abwehrhaltung gezwungen worden ist, wenn er nicht allem untreu werden wollte, was er seit seiner Jugend heilig gehalten hat?"

Der Schluss des Briefes lautet: „Noch ist es nicht zu spät, hier im Herzen Europas jeden Anlass für eine Kriegsgefahr zu beseitigen, die wir alle auf das Schärfste ablehnen, ja verabscheuen. Noch ist es auch nicht zu spät, die Grundlagen für eine bessere Beziehung zwischen der sowjetischen Besatzungsmacht und der deutschen Bevölkerung zu schaffen. Ein wirklich freies und ein in der demokratischen Gestaltung seines politischen und wirtschaftlichen Lebens unabhängiges Deutschland – und nur ein solches – wird auch ein Freund der Sowjetunion sein."

Diese Zitate zusammen mit meiner Schilderung der Entwicklung seit Gründung der Zentralverwaltung im August 1945 beweisen, dass die Worte in seinen Erinnerungen (S. 306): „Schweren Herzens fuhr ich jetzt durch das Brandenburger Tor zurück in den Westen und suchte, mich notdürftig einzurichten. Telefongespräche, Presseempfänge und Ordnen des Materials füllten die nächsten Stunden aus", nur unvollkommen wiedergeben, was Friedensburg an diesem Tag empfunden haben muss.

Ernst Reuter, der die Russen seit seiner Kriegsgefangenschaft nach schwerer Verwundung 1916 kannte und es dort bis zum Volkskommissar an der Wolga gebracht hatte, kannte auch die Kommunisten in der Weimarer Zeit zu genau, um sich nach seiner Rückkehr aus der Emigration in der Türkei noch irgendwelche Illusionen zu machen. Für ihn war die Ansicht, Berlin müsse „Brücke zwischen Ost und West" sein, eine Mittlerrolle spielen, ein Wunschtraum. Für ihn gab es nur das enge Bündnis und die Identifikation mit den Westmächten. Er sah den eskalierenden Kalten Krieg und Berlin darin als Vorposten. Dass die Berliner ihm darin folgten, zeigte das Ergebnis der Wahlen vom 5. Dezember 1948. Ernst Reuter war in dieser schweren Zeit – Demokratie hin, Demokratie her – die für den Deutschen nun einmal notwendige Leitfigur geworden.

Nur einen Tag vor der Wahl erreichte die seit Wochen laufende sowjetische und SED-Propaganda zur Einschüchterung der Bevölkerung damit ihren Höhepunkt, dass das amtliche Organ der Besatzungsmacht, die „Tägliche Rundschau", mit der Schlagzeile erschien: „Westmächte wollen im Januar Berlin verlassen", sodass der amerikanische Militärgouverneur, General Clay, wiederholen musste, dass sie bleiben würden und auch an eine Evakuierung der Familien nicht gedacht sei. Wegen des Widerstandes der sowjetischen Zentralkommandantur und des illegalen Magistrats konnten am 5. Dezember die Wahlen nur in den Westsektoren stattfinden. Trotz der widrigen materiellen Verhältnisse durch die Blockade und des massiven Drucks aus dem Osten wurden sie eine Kundgebung mit einer Wahlbeteiligung von 86,3 Prozent der Wahlberechtigten. Ganz wesentlich verdankte es die SPD Ernst Reuter, dass auf sie 64,5 Prozent der Stimmen entfielen, während sich die CDU mit 19,4 Prozent und die LDP mit 16,1 Prozent begnügen mussten. Die Freude darüber war groß und wurde nur dadurch getrübt, dass am gleichen Tage eine Skymaster mit einer Ladung Kohle in Niedersachsen abgestürzt war, wobei drei Mitglieder der Besatzung starben. Das Wahlergebnis stärkte natürlich unsere Hoffnung, dass die Worte Reuters, die er am Tage vor der Wahl auf einer Kundgebung im Titaniapalast gesprochen hatte, wahr würden, nämlich dass einmal über dem Brandenburger Tor die schwarz-rot-goldene Fahne der Freiheit als Fahne des deutschen Bundesstaates wehen würde.

So erfreulich auch das Echo der Weltöffentlichkeit war, so z. B. in einer offiziellen Erklärung des amerikanischen Außenministeriums, dass die Berliner ein Maß von Zivilcourage gezeigt hätten, das ihnen die Bewunderung der demokratischen

Völker der Welt eingetragen habe, oder von Oberst Howley die Wahlen als ein Glanzpunkt in der Geschichte der Stadt bezeichnet wurden, nüchtern betrachtet stand nun endgültig fest, dass Westberlin eine Insel war. Wer nicht unbedingt musste, vermied es, den Ostsektor zu betreten. Es war nur ein Zeichen mehr, dass schon am Tag nach den Wahlen Kraftwagen der Berliner Post, die turnusmäßig die in den westlichen Sektoren aufgelieferten Sendungen zum Postamt N 4 im Ostsektor beförderten, um dort gleichzeitig die für die westlichen Sektoren bestimmte Post abzuholen, umkehren mussten. Mit Ausnahme der Luftpost wurden wir damit von jeder Postzufuhr abgeschnitten.

Zwei Tage nach der Wahl konnte die Stadtverordnetenversammlung Ernst Reuter noch einmal einstimmig zum Oberbürgermeister wählen. Ein neuer Magistrat wurde am 18. Januar 1949 gewählt. Ihm gehörten wieder Frau Louise Schroeder als Erster und Friedensburg als Zweiter Bürgermeister an. Symptomatisch für die kommenden Jahrzehnte sollte es werden, dass die bisher von Reuter als Stadtrat geleitete Abteilung Verkehr und Betriebe nicht besetzt werden konnte. Reuter hatte keinen Erfolg gehabt, einen Fachmann aus Westdeutschland zu gewinnen. Der vorgesehene Kandidat war kurz vor Abschluss der Verhandlungen abgesprungen. Er wollte einem Vertreter des Westens den Platz einräumen, weil er der Ansicht war, dass wir in Berlin keine Sympathieerklärungen brauchten, sondern aktive Mitarbeit. Die Abteilung Wirtschaft blieb in den bewährten Händen von Klingelhöfer, und Leiter der uns in Erinnerung an Scharoun interessierenden Abteilung Bau- und Wohnungswesen wurde der bisher auf bezirklicher Ebene tätige Walter Nicklitz, mit dem mich Jahre später eine erfreuliche Zusammenarbeit verbinden sollte

So erfreulich es war, dass damit im Innern klare Verhältnisse geschaffen wurden, Aussicht bestand, dass die jetzt drei Parteien in den Grundsatzfragen an einem Strang ziehen würden, verstärkte das die isolierte Lage, und wir mussten voraussehen, dass der Osten seine Bemühungen, Berlin zu Fall zu bringen, angesichts dieses Wahlergebnisses und der Tatsache, dass das Tonnageaufkommen der Luftbrücke täglich wuchs, verstärken würde. Die geschilderte Erschwerung der Postlieferungen wies gleich in diese Richtung.

Als ich Ende Januar mal wieder bei Otto Bach saß, hörte ich zum ersten Mal, dass man vorsichtig mit einer Änderung der sowjetischen Politik gegenüber Deutschland und Berlin rechnete. Der schon erwähnte Oberst Tulpanow hatte auf einer Parteikonferenz der SED, an der auch der Sekretär des Zentralkomitees der kommunistischen Partei der Sowjetunion, Michael S. Suslow, teilnahm, eine scharf gegen die Westmächte gerichtete Rede gehalten. Wilhelm Pieck, Vorsitzender der SED, hatte die sowjetische Auffassung wiederholt, dass Berlin in der SBZ läge und deshalb zu ihr gehöre. Beides hatte die Nachrichtenagentur ADN wiedergegeben, aber wenig später ohne Begründung zurückgezogen. Die „Berliner Zeitung" mit der Rede

Tulpanows auf der ersten Seite musste ihre Auflage zurückhalten und eine veränderte erste Seite drucken. Der Berliner Rundfunk hatte begonnen, Tulpanows Ansprache auf Kurzwelle zu senden, aber nach wenigen Minuten abgebrochen. Am folgenden Tag verschwiegen die Ostzeitungen sowohl die Anwesenheit Tulpanows auf dem Parteikongress als auch seine Rede. Zwei Tage später widersprach auch Walter Ulbricht seinem Vorsitzenden und erklärte, die SED betrachte Berlin nicht als Teil der SBZ. „Wir haben deshalb auch nicht die Absicht, Berlin in die Ostzone einzugliedern." Das gab natürlich Anlass zu lebhaften Diskussionen, was dahinterstecken könnte. Ein nächstes Zeichen setzte dann eine Nachricht der New York Herald Tribune vom 31. Januar von einem Interview mit Stalin. Er hatte erklärt, dass die Sowjetunion die Beschränkungen im Verkehr zwischen Berlin und den westlichen Besatzungszonen aufheben würde, wenn die Vereinigten Staaten, Großbritannien und Frankreich die Bildung eines westdeutschen Staates so lange aufschieben würden, bis eine neue Viermächte-Außenministerkonferenz das Deutschland-Problem als Ganzes besprochen habe. Es war offenbar doch nicht wirkungslos, dass die Westmächte den Sicherheitsrat angerufen hatten. Hintergrund war, dass der Hauptausschuss des Parlamentarischen Rates bei der dritten Lesung des Verfassungsentwurfs für die Bundesrepublik war und gegen die Stimmen der KPD-Abgeordneten beschlossen hatte, Berlin als zwölftes Land in die Präambel aufzunehmen. Sogar Adenauer hatte erklärt, es sei selbstverständlich, Berlin als zwölftes Land in die Verfassung aufzunehmen. Reuter, der sich darüber klar war, dass das nicht von deutschen Stellen abhing, musste dann in London, wohin er als erster deutscher Politiker eingeladen worden war, von Bevin hören, dass er nicht glaube, Frankreich würde dem zustimmen. Schon einen Tag vor seiner Weiterreise nach Paris musste er in einem Kommuniqué des französischen Außenministeriums lesen, Frankreich werde der Einbeziehung Berlins auf keinen Fall zustimmen. Eine Schilderung des Hin und Her in dieser Frage erübrigt sich, wichtig ist nur das Ergebnis, und das war, dass die Militärgouverneure am 2. März dem Parlamentarischen Rat mitteilten, dass die im Verfassungsentwurf vorgesehene vollständige Einbeziehung Berlins in die künftige Bundesrepublik „mit Rücksicht auf die gegenwärtige Lage suspendiert werden müsse". Der Feststellung des Fraktionsvorsitzenden der CDU, Prof. Landsberg, und später auch der Stadtverordnetenversammlung, dass sich dieser Beschluss der Westmächte ungünstig auf die Stimmung der Berliner auswirken würde, konnte man nur beipflichten.

Wenn die Westmächte gesagt hatten „mit Rücksicht auf die gegenwärtige Lage", war wohl der Grund, dass sie Stalin keinen weiteren Stein des Anstoßes in den Weg rollen wollten; denn, was wir zu dieser Zeit noch nicht wussten, sondern erst im April erfuhren, am 15. Februar hatte der amerikanische Sonderbotschafter Dr. Philipp Jessup zum ersten Mal mit dem sowjetischen UN-Chefdelegierten Jakob Malik inoffiziell über eine Beendigung der Blockade gesprochen. Dieser Silberstreifen am Horizont hinderte aber nicht, die Leistungen der Luftbrücke immer noch zu verstärken. Am 18. Februar landete ein britisches Flugzeug mit der millionsten Tonne Luftfracht. Besonders spektakulär war der Transport von technischen Ausrüstungsgegenständen für ein neues Kraftwerk, welches die Westsektoren allein mit Strom versorgen sollte. 1400 Maschinen flogen täglich bis zu 10.000 Tonnen ein, sodass sich die Lage fühlbar verbesserte. Die Abteilung Wirtschaft konnte feststellen, dass sich die Minderheit, die sich in Ostberlin für den Bezug von Lebensmitteln und Kohle hatte registrieren lassen, zurückzumelden begann.

Am 26. April wurden die Verhandlungen in der UNO durch ein Statement des „State Departments" bekannt, das Bezug nahm auf eine Tass-Meldung, wonach die Sowjetunion bereit sei, die Blockade noch vor einer Konferenz der Außenminister aufzuheben. Das war aber noch nicht bis Karlshorst durchgedrungen, denn am nächsten Tag besetzte sowjetisches Militär sämtliche in den Westsektoren gelegenen Schleusen, Plötzensee, Charlottenburg und Spandau, mit der Begründung, die Berliner Wasserwege gehörten zum sowjetischen Besatzungsgebiet. Erst nach dem Eintreffen britischer Militärpolizei zogen sich Offiziere und Soldaten wieder zurück. Auch ein Angebot des Ost-Oberbürgermeisters Friedrich Ebert, Verhandlungen über Handelsbeziehungen zum Ostsektor aufzunehmen, zeigte eine andere Windrichtung an, wurde aber abgelehnt. Auch der Beginn des Neubaus einer dritten Rollbahn auf dem Flugplatz Gatow wurde nicht etwa gestoppt. Auch im April wurden wieder 183.100 Tonnen eingeflogen und Waren im Werte von 8,8 Millionen DM (West) ausgeflogen. Trotzdem stieg aber die Arbeitslosenzahl in den Westsektoren auf 156.320 Personen, und auch der Flüchtlingsstrom aus der SBZ riss nicht ab. Nach 3435 Flüchtlingen im März waren es im April weitere 2516.

Am 4. Mai wurde endlich das erlösende gemeinsame Kommuniqué der „Alliierten" über das Ende der Blockade in den vier Hauptstädten veröffentlicht. Darin wurde bekannt gegeben, dass „alle von den vier Regierungen seit dem 1. März 1948 eingeführten Beschränkungen der Nachrichtenverbindungen, des Verkehrs und Handels zwischen Berlin und den westlichen Besatzungszonen sowie zwischen den westlichen Besatzungszonen und der Sowjetischen Besatzungszone am 12. Mai 1949 aufgehoben werden". Dementsprechend endete die Blockade an diesem Tag um 00.01 Uhr. Um 6.30 Uhr traf in Charlottenburg als Erster ein britischer Militärzug ein und vier Stunden später in Lichterfelde-West ein amerikanischer. Am Nachmittag fuhr der erste Interzonenzug nach Köln, und der Gegenzug traf um 16 Uhr auf dem Bahnhof Zoo ein; doch schon wenige Stunden vor der Eröffnung des Interzonenverkehrs machten die sowjetischen Behörden neue Schwierigkeiten. Es war auch bezeichnend, dass für die von beiden Seiten eingeführte Gepäck- und Passkontrolle im Fahrplan in Helmstedt nur ein Aufenthalt von 16 Minuten, dagegen in Marienborn von zwei bis drei Stunden vorgesehen war.

Mit Recht warnte daher in der Stadtverordnetenversammlung vor allem Otto Bach eindringlich vor jeglichen Illusionen. Elf Tage später traten die Außenminister zusammen, um sich auch mit Berlin zu befassen. Schon am Nachmittag des Tages der Aufhebung der Blockade erklärte Carlo Schmidt auf der großen Kundgebung vor dem Schöneberger Rathaus, die Außenminister dürften sich nicht um den Preis der Bolschewisierung Berlins und des Ostens einigen, und Ernst Reuter und die Redner aller Parteien schlossen sich mit der dringenden Bitte an, in Paris die Stadt nicht zu verkaufen, unsere Freiheit und unser Recht müsse die Basis jeder Verständigung sein.

Die Besorgnis war berechtigt, wenn man die verlogenen Friedensschalmeien aus dem Osten hörte. Auch der „Demokratische Block" hatte anlässlich der Aufhebung der Blockade zu einer Massenkundgebung aufgerufen. Zum Schluss wurde durch Handzeichen einstimmig eine Resolution angenommen, in der die Aufhebung der Verkehrsbeschränkungen als „Triumph der Verständigungspolitik" und als Ergebnis der „beharrlichen und ständigen Friedensbemühungen der Sowjetunion und aller friedliebenden Menschen der Welt" begrüßt wurde.

Der Jubel der Berliner, als die ersten LKW mit Lebensmitteln eintrafen, was wir in Dreilinden an der Autobahn miterlebten, konnte nicht darüber hinwegtäuschen, dass die cleveren Händler am ersten Tag versuchten, ihre alten in Westdeutschland nur schwer noch absetzbaren Konserven loszuwerden. Das dämpfte doch erst einmal die Freude. Wichtiger war, dass in den folgenden Tagen eine Rückkehr zur normalen Versorgung dadurch verzögert wurde, dass der Güterzugverkehr keineswegs sofort in Gang kam, sondern auch Ende Mai noch fast völlig ruhte. Auch die Benutzung der Autobahn wurde in der Zeit von 20 bis 6 Uhr von den sowjetischen Behörden weiterhin verboten. Wie verworren alles war, zeigt, dass die Deutsche Wirtschaftskommission für die SBZ mitteilte, dass die Autobahn Helmstedt-Berlin für LKW ganz gesperrt sei, die Verwaltung für Verkehr des Vereinigten Wirtschaftsgebiets in Frankfurt/Main bekannt gab, der Verkehr sei unbehindert. Die Abteilung Verkehr und Betriebe des Magistrats wiederum teilte mit, es würden LKW mit leicht verderblicher Ware durchgelassen. All das führte natürlich wieder zu scharfen amerikanischen und britischen Protesten wegen des Verstoßes gegen die New Yorker Vereinbarungen.

Schließlich wurde auch noch der angelaufene Bahnpostverkehr wegen der Behinderungen wieder ganz eingestellt. So kam es, dass erst am 30. September abends das letzte Flugzeug der Luftbrücke mit zehn Tonnen Kohle in Tempelhof eintraf. Nach einer Dauer von 462 Tagen fand damit die größte Leistung der Luftfahrtgeschichte in Friedenszeiten ihren Abschluss. In insgesamt 277.264 Flügen wurden 1,83 Millionen Netto-Tonnen Güter ohne Postsachen eingeflogen, darunter 944.100 Tonnen Kohle und 224.600 Tonnen Lebensmittel. Im gleichen Zeitraum wurden 16.000 Tonnen Erzeugnisse der Berliner Wirtschaft im Werte von 233,6 Millionen DM (West) nach Westdeutschland und dem Ausland transportiert. Hinsichtlich der Kosten der Luftbrücke, die allein von den Amerikanern mit 252,54 Millionen Dollar beziffert wurden, konnten wir nur hoffen, dass sich alle den Standpunkt des britischen Außenministers Bevin zu Eigen machten, der am 23. März in der außenpolitischen Debatte im Unterhaus erklärte, die Kosten der Luftbrücke seien unbedeutend im Vergleich mit den Beträgen, die man für die Rüstung hätte aufwenden müssen, wenn die Sowjetunion bis an den Rhein gekommen wäre.

Nun war es wieder ruhig am Himmel von Berlin. Wir wachten in der Nacht nicht mehr davon auf, dass der Fluglärm verstummt war, um mit einem Griff zum Radio erleichtert zu hören, dass nur dicker Nebel den Anflug verhinderte. Wesentlich war, dass wir jetzt wussten, Berlin konnte, wenn der Westen es nur wollte, aus der Luft versorgt und gehalten werden. Schon am 20. Januar 1950 wurden wir daran erinnert, als wegen immer wieder neuer Kontrollen und Behinderungen des Warenverkehrs Beamte der westlichen Militärregierungen erklärten, dass die Luftbrücke wieder errichtet werden würde, falls die Verkehrsbehinderungen zu einer neuen Blockade Westberlins führen sollten.

Soweit mein bisheriger Bericht auch auf unser privates und berufliches Leben eingeht, ist schon erkennbar geworden, dass es immer noch ein Von-der-Hand-in-den-Mund-Leben war ohne auch nur mittelfristige Perspektiven. Der 1947 gegründeten Gesellschaft zur Förderung des Generatorwesens wurde, wie geschildert, in der Blockade ihre Aufgabe genommen. Die in meiner Abteilung aufgestellte DM-Eröffnungsbilanz führte zur Einführung der Halbtagsarbeit, und wegen meiner Mitarbeit bei Klingelhöfer konnte ich mich auch hier nur noch als freier Mitarbeiter zur Verfügung halten, um am 31. Dezember 1948 ganz auszuscheiden, als die Abwicklung weit genug war. Das schöne Zeugnis, das mir Herr Krohn ausstellte, kam nur in die Sammlung, weil ich es in der Abteilung Wirtschaft nicht brauchte. Mangels Etatmitteln hatte ich auch dort seit Februar nur hin und wieder eine Abschlagszahlung bekommen. Erst während der Blockade gab es im Dezember wieder eine Nachzahlung, aber die erfolgte, gemäß den von mir erwähnten Bestimmungen der Währungsreform, zu 75 Prozent in Ostmark. Ein schwerer Schlag war auch, dass wir die Praxis Dr. Holling am 31. Mai schließen mussten, weil er als Richter dienstverpflichtet wurde. Rückblickend liegt die Frage nahe, warum ich nicht auch angesichts des Richtermangels diesen Weg einschlug, aber ich stand wohl noch immer unter dem Eindruck, den ich zwar nicht im Kammergericht, aber bei der Ausbildung beim Amtsgericht gewonnen hatte, und dachte daran, was ich meinem Vater nach dem Assessorexamen gesagt hatte.

Ein Lichtblick war unser Häuschen in Dreilinden, welches wir nach Monaten nur gärtnerischer Nutzung Ende Mai beziehen konnten, nachdem auch die Fenster fertig waren. Es war insbesondere für den kleinen Sohn ein herrlicher Aufenthalt mit Licht und Wärme, wo wir getrost dem kommenden Winter entgegensehen konnten.

Den Gedanken daran, dass wir mit dem zweiten Wohnsitz in der SBZ lebten, verdrängten wir und waren nur bemüht, unter freundlichen Nachbarn nicht aufzufallen. So konnte auch meine Mutter, die sich in Stralsund ihr Mittagessen aus der Volksküche holte, nicht nur im Sommer einige Zeit und im Winter sogar Wochen bei uns sein. Während der Teerofendamm ein Sandweg war, konnte sie mit Tim im Kinderwagen ohne Anstrengung auf der stillgelegten Autobahn ausfahren.

Eine interessante Abwechslung war eine Ausreise über die Luftbrücke. Otto Bach hatte in Mainz Verlagsbesprechungen und mich um juristische Begleitung gebeten. Der Flug sollte unvergesslich bleiben. Wir saßen im Laderaum auf Exportkisten der Fa. Siemens. „Fasten seat belts" gab es nicht. Durch die offene Cockpittür konnten wir sehen, wie die beiden Piloten starteten. Nach einer Weile kam einer der beiden und setzte sich zu uns. Durch die Fenster des Cockpits konnte man vor uns zwei weitere Maschinen in der Kette sehen. Mein Gefühl absoluter Sicherheit änderte sich schlagartig, als auch der Copilot seinen Platz verließ, sich auch zu uns setzte und man nur die beiden Steuer sich leicht vor-, rück- und seitwärts bewegen sah. Das war meine erste Bekanntschaft mit der automatischen Steuerung, die uns dann erklärt wurde. Kurz vor Mainz übernahmen beide wieder das Steuer und brachten uns sicher hinunter.

Nach den mit Otto Bach festgelegten Besprechungen hatte ich Gelegenheit, meinen Doktorvater Prof. Molitor in der Universität Mainz zu besuchen. Wenn ich nicht irre, war er zu dieser Zeit Rektor. In der hochgradig zerstörten Stadt, in welcher der Wind Sandböen durch die Ruinen trieb, sodass ich eine Bindehautentzündung bekam, traf ich auch den Sohn von Dr. Erdmann, damals Gerichtsreferendar. Wir haben uns erst in den Jahren 1971 ff. als Mitglieder der vom Bundesminister der Justiz einberufenen „Unternehmensrechtskommission" wieder getroffen, als er Nachfolger seines Vaters als Hauptgeschäftsführer der Bundesvereinigung der Arbeitgeberverbände war. Das Schönste aber war, dass ich auch einige Tage nach Wetzlar und Hannover fahren konnte. In Wetzlar gab es ein freudiges Wiedersehen mit meinem besten Studienfreund, H.-J. Rückert und Kennenlernen seiner Frau. Zuletzt hatten wir uns auf dem Güterbahnhof Adlershof in Berlin gesehen, als sein Truppentransportzug auf dem Wege nach Westen dort einige Stunden Aufenthalt hatte. Der Briefwechsel war aber nie abgerissen. Ich habe ja geschildert, wie er in der Nacht nach Bombenangriffen sich telefonisch nach unserem Schicksal erkundigte. Auch bei meinem Onkel in Hannover wurde ich herzlich aufgenommen. Nur die Straßenseite seines dreigeschossigen Hauses war zerstört, sodass die hinteren Räume mit Inventar unversehrt wie in meinen Schülertagen waren. Leider war meine Tante inzwischen gestorben, sodass wir nur ihr Grab besuchen konnten. Abends saßen wir mit Onkel Kurts alten Freunden am Stammtisch. Ich wusste nicht, dass zu ihnen auch der langjährige Direktor des Landesmuseums gehörte. Er war es 1933 als Nachfolger Prof. Dorners geworden und hatte dabei eine recht unangenehme Rolle gespielt. Ich wusste dies von der Witwe, Frau Dorner, die mich beauftragt hatte, nach dem Verbleib eines Bildes von E. L. Lissitzki aus ihrem Privatbesitz zu forschen. Ich meine auch heute noch, es war wohl richtig, meinen Onkel und den Kreis der alten Freunde nicht damit zu belasten.

Auf dem Rückweg traf ich in Mainz auch noch Dr. Erdmann selbst, der dort im Sekretariat der Arbeitgeberverbände im Vereinigten Wirtschaftsgebiet arbeitete. Er hatte keine Schwierigkeiten bei der Entnazifizierung gehabt, weil er auf der Liste der Persönlichkeiten stand, die man nach der Verhaftung Dr. Goerdelers nach dem 20. Juli 1944 gefunden hatte. Nach diesen Besuchen flog ich, diesmal allein, zurück. Zwei Tage später war zwar nicht die Luftbrücke, aber die Blockade offiziell zu Ende.

Wie ich schon erwähnt habe, kam trotzdem keine rechte Freude auf. Auf politischem Gebiet verfolgten wir mit gemischten Gefühlen die weitere Entstehung der Bundesrepublik und der Deutschen Demokratischen Republik. Es blieb dabei, dass wir nicht zwölftes Land der Bundesrepublik wurden mit der Folge, dass die immerhin vorgesehenen Vertreter Berlins im Bundestag nur von der Stadtverordnetenversammlung gewählt wurden und auch kein Stimmrecht hatten. Auch alle vom Bundestag und Bundesrat beschlossenen Gesetze galten nicht ohne weiteres in Berlin. Sie mussten der Stadtverordnetenversammlung vom Magistrat mit einer Stellungnahme vorgelegt werden, wie weit sich eine unveränderte oder eine abweichende Gesetzgebung für – wie es damals noch hieß – „Groß-Berlin" empfiehlt. Ganz anders in der nach der damaligen Sprachregelung „so genannten" Demokratischen Republik. Der natürlich einstimmig zum Präsidenten gewählte Wilhelm Pieck versprach in seiner Antrittsrede, niemals die Spaltung Deutschlands anzuerkennen und nicht eher zu ruhen, „bis die widerrechtlich von Deutschland losgerissenen und dem Besatzungsstatut unterworfenen Teile Deutschlands mit dem deutschen Kerngebiet, mit der Deutschen Demokratischen Republik, in einem einheitlichen demokratischen Deutschland vereinigt sind." Berlin wurde, wenn auch nur im sowjetischen Sektor, Hauptstadt der DDR. Mit einer solchen Funktion konnten wir in den Westsektoren nicht mehr rechnen. Der britische Hohe Kommissar, Sir Brian Robertson, hatte in einer Pressekonferenz nur noch davon gesprochen, die Bundesregierung müsse „ihre zukünftige Hauptstadt" unterstützen, und als General Howley Berlin verließ, betonte er nur, Berlin habe sich durch seine Haltung während der letzten vier Jahre wieder das Recht erworben, die Hauptstadt Deutschlands zu sein. Nur der französische Hohe Kommissar, Francois Poncet, schenkte uns auf seiner ersten Pressekonferenz in Berlin klaren Wein ein. Er sehe Berlin nicht gerne als Bundeshauptstadt, da das der Zukunft weit vorgreifen würde. Ebenso müsse man mit der Verlegung von Bundesbehörden nach Berlin vorsichtig sein, weil nicht „so viele Schlüssel so nahe dem Osten an einem Platz konzentriert" werden sollten. Im Übrigen sei die Bundeshauptstadt Sache der Deutschen. An rhetorischen Bemühungen fehlte es insoweit nicht. Angesichts der beschämenden, insbesondere für das Ausland unverständlichen Debatte im Bundestag, des kläglichen Abstimmungsergebnisses über die Verlegung der Hauptstadt von Bonn nach Berlin, sei nur daran erinnert, dass der Bundestag am 30. September 1949 mit überwältigender Mehrheit bekannte: „Er erklärt feierlich vor aller Welt, dass nach dem Willen des deutschen Volkes Berlin Bestandteil der Bundesrepublik Deutschland und in Zukunft die Hauptstadt sein soll." Auch Bundespräsident Heuss schloss seine Rede beim ersten Staatsbesuch in Berlin vor über 200.000 Berlinern mit den Worten: „Der Tag wird kommen, an dem Berlin wieder Hauptstadt eines geeinten Deutschlands sein wird." Nach diesen Beispielen ist es ein Witz der Geschichte, dass die Verlegung von Bonn nach Berlin mit der Nachfolgeorganisation der SED, der PDS, zustande kam.

Wer sich auch keine Illusionen machte, war wieder Ernst Reuter. Er prägte das Kennwort, das bis zur Wiedervereinigung gültig bleiben sollte. Er begrub in einer Rundfunkrede die Hauptstadtvorstellung mit der Feststellung: „Berlin muss ein Schaufenster der Freiheit, aber auch ein Schaufenster des wirtschaftlichen Wohlstandes werden." Einen Monat später hat er allerdings gesagt, dass er als Bundeskanzler den Sitz der Regierung nach Berlin verlegt hätte. Das war aber auf einer Funktionärskonferenz der SPD – bar jeder Realität – verzeihliche Stimmungsmache.

Für den privaten Teil musste ich dankbar sein, dass Stadtrat Klingelhöfer mich, wie schon erwähnt, als Hauptreferenten und zur weiteren Beratung in Kammerangelegenheiten behalten wollte, obwohl zur gleichen Zeit 25 Entlassungen und 48 Rückstufungen erfolgten.

Die gewerberechtlichen Aufgaben befriedigten mich aber nicht. Mit meinem Wunsch, bald als Anwalt zugelassen zu werden und dann auszuscheiden, blieb ich im Kollegenkreis ein Externer. Das schloss eine gute Zusammenarbeit nicht aus. Leiter des Dezernats Rechtswesen in der Abteilung Wirtschaft war Geheimrat Thurmann, der schon seit längerem zu unserem inzwischen erweiterten Kreis der früheren OGW-Kollegen gehörte. Ein weiterer Kollege war Freiherr von Prinz-Buchau, der Jahrzehnte später als Ministerialdirektor den Bund in Berlin vertreten hat. Zu dieser Zeit lernte ich auch schon als Nachfolger von Kressmann den Magistratsdirektor Otto Busack kennen, der als rechte Hand von Klingelhöfer im Beratenden Berliner Ausschuss für den Marshallplan tätig war und später so maßgeblich am Bau der ehemaligen Kongresshalle beteiligt war, dass heute eine Gedenktafel dort daran erinnert. Ich kann schon hier erwähnen, dass wir 1957 in einer anderen für Berlin wichtigen Angelegenheit wieder zusammengearbeitet haben.

Eine interessante Aufgabe wurde mir vor Ende 1948 vom Luchterhand-Verlag gestellt. In einer Reihe „ABC des praktischen Kaufmanns" wollte er eine Darstellung des Gesellschaftsrechts in ABC-Form herausbringen. Es sollte nicht dem Juristen, wohl aber dem Kaufmann eine handliche Übersicht bieten. Das von Dr. Erdmann bearbeitete „ABC des Arbeitsrechts" war als erster Band dieser Reihe ein voller Erfolg gewesen. Das war natürlich keine wissenschaftliche Arbeit, sondern lief auf eine reine Kompilation hinaus. Das war egal. Es war interessant, half dem eigenen Wissen wieder auf und versprach auch Einnahmen. Allerdings rechnete der Verlag bei der Auslieferung im April 1950 mit einem Absatz zu zwei Fünftel im Westen und drei Fünftel im Osten. Das bedeutete die Aufteilung des Honorars in West- und Ostmark. Die Arbeit hatte mir Freude gemacht, und so schlug ich dem Verlag ein „ABC des Wettbewerbsrechts" vor. In dieses Fachgebiet hatte ich mich eingearbeitet, weil mir der schon vor dem Kriege dort tätige Geschäftsführer des Vereins „Zentrale zur Bekämpfung unlauteren Wettbewerbs" vorschlug, in Berlin die Geschäftsführung zu übernehmen, während er selbst in Frankfurt/Main für Westdeutschland – getragen von den dortigen Wirtschaftsverbänden – eine neue „Zentrale" aufbauen wollte. Ehrenamtlicher Vorsitzender in Berlin war Max Kühl, Inhaber eines Bettengeschäfts mit dem bekannten Werbespruch „Erwärme dich für Kühl". Bei seiner sympathischen Ausstrahlung hatte ich damit keine Schwierigkeiten, und ich denke gerne an unsere gute Zusammenarbeit zurück.

Die Konkurrenz nach Aufhebung der Blockade führte auch in Berlin zu Verstößen gegen das Wettbewerbsrecht. In Erinnerung an die berühmte Vorlesung von Geheimrat Kisch in München musste ich mich schnell mit dem UWG vertraut machen. Die Arbeit bestand aber im Wesentlichen in Abmahnungen und in der Schlichtung von Streitigkeiten und musste im Rahmen meiner anlaufenden Praxis erledigt werden, denn die Mitglieder der Zentrale, die auch erst anlaufenden Wirtschaftsverbände zahlten keine Beiträge, weil sie selbst in Schwierigkeiten waren. Z. B. hatte der Verein Berliner Im- und Exporteure im Frühjahr 1950 allein rückständige Beiträge von 25.000 DM West. Dem Parallelverein in Frankfurt ging es besser, da dort schon viele Kammern und Verbände aus beiden Wirtschaftszonen Mitglied waren. Dr. Greifelt musste daher unseren Etat etwas auffüllen, und am 1. April 1950 kam die generöse Vereinbarung zustande, dass ich monatlich 50 DM West für Porto und Papier entnehmen konnte, nachdem ich geltend machen konnte, dass ich täglich etwa sechs Briefe auf dem Gebiet hatte. Dies alles in einer Situation, wo ich eine zuletzt noch in der Praxis Holling beschäftigte Schreibkraft kündigen musste, weil ich die ihr gezahlten 250 DM (West) nicht mehr aufbringen konnte. Ich saß also mal wieder allein vor meiner Schreibmaschine. Die halbmonatlichen Zahlungen des Magistrats waren es, die das Schiff immer wieder flottmachten. Die Sorgen wurden aber vor allem dadurch gemildert, dass die Familie auch nach der Blockade in Dreilinden gut versorgt war und ich dort abschalten konnte.

Ein neues Arbeitsgebiet im Vorgriff auf die künftige Praxis erschloss sich mir mit der während der Blockade erfolgten Gründung einer „Treuhandverwaltung von Gewerkschaftsvermögen GmbH" durch die UGO. Ihr Geschäftsführer war Heinrich

Pabst, der auch seine Aufgaben als Treuhänder, in die wir ihn in der Zentralverwaltung eingesetzt hatten, verloren hatte. Ihr Zweck war, aus dem beschlagnahmten Vermögen der Deutschen Arbeitsfront die den damaligen Gewerkschaften nach 1933 entzogenen Vermögenswerte zu reklamieren und zu übernehmen. Der Kontrollrat hatte schon Ende April 1947 eine Direktive 50 erlassen, aufgrund deren die damals enteigneten Vermögenswerte den Organisationen und Gewerkschaften oder deren Nachfolgeorganisationen zurückzugeben waren. Im Westen war das längst angelaufen, aber in Berlin wurde erst im Februar 1949 die „Berliner Kommission für Ansprüche auf Vermögenswerte laut Kontrollratdirektive Nr. 50" errichtet. Mit dem bisherigen Vizepräsidenten des Verwaltungsgerichts im britischen Sektor Kurt Zweigert wurde am 5. April 1949 ein ebenso hervorragender Jurist wie Verhandlungsleiter Vorsitzender der Kommission.

Einerseits musste nun das frühere Gewerkschaftsvermögen erfasst und seine Enteignung nachgewiesen werden, wozu vor allem die Grundakten und die damaligen Veröffentlichungen im „Reichsanzeiger" dienten. Andererseits musste durch Vorlage der alten Satzungen und der heutigen begründet werden, dass es sich ideenmäßig um eine „Nachfolgeorganisation" handelte. Dies war der schwierigere Teil. Während vor 1933 Organisationen verschiedener Prägung je nach der weltanschaulichen Richtung bestanden, deren Tätigkeit gewaltsam unterbunden und deren Mitglieder in die DAF übergeführt wurden, war diese Zersplitterung nach 1945 überwunden. Statt der grundsätzlich sozialistisch ausgerichteten Freien Gewerkschaften, zusammengefasst im Allgemeinen Deutschen Gewerkschaftsbund (ADGB) und Allgemeinen Freien Angestelltenbund (AFA-Bund), den Hirsch-Dunckerschen Gewerkvereinen, den so genannten Gelben Gewerkschaften, entstanden 1949 nur der Deutsche Gewerkschaftsbund (DGB) als Vertretung der Industriegewerkschaften, und da ein Teil der Angestellten sich nicht anschloss, die Deutsche Angestelltengewerkschaft(DAG). So waren z. B. die Eisenbahner vor 1933 in sechs verschiedenen Gewerkschaften organisiert. Wenn eine von ihnen ein Grundstück hatte, musste die Berliner Kommission überzeugt werden, dass die heutige Gewerkschaft der Eisenbahner Deutschlands die Nachfolgeorganisation war.

Es standen noch einige ehemalige Gewerkschaftler, welche die Eingliederung in die DAF miterlebt hatten, als Zeugen zur Verfügung. Heinrich Pabst selbst war Kenner der Materie und zog mich von Anfang an hinzu. Zuerst zogen wir nur für die Berliner Gewerkschaften in der UGO vor die Berliner Kommission. In einem Brief vom 7. Dezember 1949 an meinen alten Freund in Wetzlar konnte ich einen ersten Erfolg melden. Den Gewerkschaften wurden Grundstücke im Werte von ca. 3,5 Millionen DM (West) zugesprochen. Da ich zu dieser Zeit schon als Rechtsanwalt zugelassen war, schrieb ich ihm vorsorglich als Anwaltskollegen: „Ich sehe dich schon die entsprechenden Prozess- und Verhandlungsgebühren veranschlagen. Aber leider ist dem nicht so. Das würde die Kräfte der Gewerkschaften bedeutend übersteigen, zumal es sich um Objekte handelt, die erst wieder in einen friedensmäßigen Zustand gebracht werden müssen. Ich bin mir daher unter diesen Umständen noch nicht klar, was ich nun liquidieren kann und darf." Besprechungen dieses Problems führten zu einem Vertrag mit der TVG mit den Unterschriften von Heinrich Pabst und dem ehrenamtlichen Geschäftsführer Ernst Scharnowski, der zum Vorsitzenden der UGO gewählt worden war. Mit ihm übernahm ich die laufende Bearbeitung der Ansprüche auf Rückübertragungen des ehemaligen Gewerkschaftsvermögens. Das monatliche Honorar betrug 500 DM (West) zuzüglich Umsatzsteuer und Erstattung besonderer Auslagen, womit auch alle Ansprüche aus der bisherigen Tätigkeit abgegolten wurden. Damit hatte ich zusammen mit den übrigen Einnahmen endlich Boden unter den Füßen. Nach der Schilderung meiner vorherigen Situation wird man verstehen, dass ich gerne auf das Fixum einging. Es war auch insofern ein fairer Vertrag, als der Wert der zurückgewonnenen Objekte über Jahre hinweg auf dem Papier stand und die UGO die TVG lange finanzieren musste. Der Vertrag brachte es außerdem mit sich, dass ich auch von anderen Wiedergutmachungsberechtigten, insbesondere jüdischen Emigranten, herangezogen wurde. Dabei hatte ich dann die große Freude, als Vorsitzenden einer der hierfür eingerichteten Kammern im Landgericht meinen „Brötchengeber" im Kammergericht, Kammergerichtsrat Kleeberg, wiederzusehen.

Es war auch höchste Zeit, dass diese Änderungen kamen. Die Enttäuschung, wie wenig das Ende der Blockade in politischer Hinsicht brachte, solche Ereignisse, wie der schon vier Wochen danach einsetzende Eisenbahnerstreik, die knappen Finanzen, waren deprimierend. Dann musste auch noch Gaby mit einer starken Gastritis ins Krankenhaus. Der Hausarzt diagnostizierte Magengeschwüre, was aber von den Krankenhausärzten verneint wurde. Jedenfalls war es eine nach den Erlebnissen in den vergangenen sechs Jahren verständliche Störung des vegetabilen Nervensystems. Als sie im Januar entlassen wurde, hatte sie immer noch ab und zu Schmerzen und war vor allem sehr müde. Eine Erholung war also dringend notwendig, aber das hierfür gedachte Buchhonorar war noch nicht zu erwarten, weil ich gerade erst die Korrekturen gelesen hatte. Eine gar nicht eingeplante Ausgabe waren die Umzugskosten in das Haus, das wir am Heiligen Abend 1945 räumen mussten und das nun überraschend freigegeben wurde. Da wir bisher überall nur möbliert gewohnt hatten, saßen wir mit den wenigen eigenen Sachen, aber ohne Gardinen, Teppiche u. a. m. in dem Einfamilienhaus. In meinem Arbeitszimmer lagen die Bücher auf dem Boden. Ein Regal, ein Meter breit, kostete damals 80 DM West. Dafür reichte es nicht. Ich kann wieder aus einem Brief zitieren: „Es war noch nie so mies, wie es jetzt ist." Das habe ich geschrieben, obwohl die Rückkehr in das schöne Haus und unser Retiro in Dreilinden doch Anlass zur Freude waren. Depression und Pessimismus waren aber wohl auch bei mir die Reaktion auf die vergangenen Jahre.

An dieser Stelle kann ich kurz einschalten, dass mein Pneumothorax zu dieser Zeit schon eingegangen war. Eine stationäre Behandlung kam unter den geschilderten Verhältnissen nicht in Frage, und so wurden die Füllungen jedes Mal reduziert. Ich wurde noch jahrelang von der Lungenfürsorge zur Kontrolle bestellt, bis auch das aufhörte. Außer einigen Verschwartungen ist nichts von der Krankheit übrig geblieben.

Ende Juni 1950 war es dann so weit, dass meine Frau und Tim zur Erholung reisen konnten. Tim hatte gerade eine schwere Halsentzündung und einen Bronchialkatarrh überwunden. Dankbar hatten wir das Angebot einer Bekannten angenommen, die ihre Eltern auf einem Bauernhof in Reute/Tirol besuchen wollte, sie zu begleiten. Sie würden meine beiden gerne längere Zeit aufnehmen. Der Kurs der DM war 1:5, zum Schilling, also sehr günstig, sodass wir einen langen Aufenthalt von drei Monaten in Aussicht nehmen konnten. Mir war es vor allem auch wichtig, dass meine Frau nicht nur die notwendige Erholung fand, sondern auch einmal ganz aus dem Stress der Berliner Situation herauskam. Ich erinnere mich, wie ich am Tage der Abreise vor dem Frühstück den „Tagesspiegel" versteckte, weil er groß aufgemacht die Nachricht vom Ausbruch des Koreakrieges brachte. Ich fürchtete mit Recht, dass Gaby nicht abgereist wäre. Die mit der ersten Post aus Tirol eingehenden Vorwürfe habe ich gerne auf mich genommen Wir mussten doch damit rechnen, dass die Russen jedes Engagement der USA woanders zur Verstärkung des Drucks auf Berlin benutzen würden. Heute wissen wir durch die vielen Veröffentlichungen, dass unsere Sorgen begründet waren. Damals genügte, dass im Vorjahr die 6. Konferenz der Außenminister insbesondere hinsichtlich Berlins ergebnislos verlaufen war. Wyschinski war nicht bereit gewesen, auf das Erfordernis der einstimmigen Entscheidung in allen Fragen zu verzichten. Es blieb also beim Veto der Russen, sodass der amerikanische Außenminister Acheson mit Recht sagte: „Der sowjetische Vorschlag zum Berliner Problem läuft auf Folgendes hinaus: Er sagt der Bevölkerung Berlins, ihr dürft tun, was ihr wollt, solange es im Einklang mit den Wünschen der sowjetischen Regierung steht."

Es wäre nicht richtig, nicht zu gestehen, dass die Reduzierung des Familienlebens für längere Zeit auf den Briefwechsel mit Tirol meiner Arbeit zugute kam. Auch wenn die Praxis anlief, musste ich doch weiter auf den verschiedenen Hochzeiten tanzen, durfte insbesondere meine Tätigkeit beim Magistrat nicht vernachlässigen. Sehr hilfreich war, das gab es damals noch, dass die Berliner Kommission ihre Sitzungen überwiegend am Sonnabend abhielt.

Die Bearbeitung der gewerkschaftlichen Rückerstattungssachen blieb erst einmal von den schwebenden Organisationsfragen unberührt. Die UGO war verärgert, weil sie in den im Oktober 1949 gegründeten Deutschen Gewerkschaftsbund nicht aufgenommen worden war. Man vermutete, dass dieser der Illusion verfallen war, sich mit dem kommunistischen FDGB verständigen zu können. Ich musste mir über das weitere Prozedere erst Gedanken machen, als im Frühjahr 1950 die Berliner Gewerkschaften ihre Eingliederung in die Schwestergesellschaften des DGB vorbereiteten und am 8. Juli 1950 ein Bundestag der UGO den Anschluss als „Deutscher Gewerkschaftsbund, Landesbezirk Groß-Berlin, Unabhängige Gewerkschaftsorganisation (UGO)" beschloss. Es blieb aber bei meiner Bestallung zum Vertreter in den Rückerstattungssachen. Schon in den ersten Tagen des Juni hatte mich der Geschäftsführer der Vermögensverwaltungs- und Treuhandgesellschaft des DGB, Düsseldorf, aufgesucht, um sich über den Stand der Verfahren in Berlin zu informieren. Auf der anderen Seite erhielt ich einen Einblick in das dortige Vorgehen. Entsprechend den Besatzungszonen betrieb in der amerikanischen Zone Rechtsanwalt Seuffert, München, später Mitglied des Bundestags und dann Richter am Bundesverfassungsgericht, die Verfahren. In der britischen Zone war es Rechtsanwalt Dr. Stoecker, Düsseldorf. Dieser war auch mein nächster Besucher schon am 30. Juni. Wir konnten gegenseitige Hilfe, Austausch der Beschlüsse der Kommissionen u. a. m. verabreden. Da die Verfahren in den Westzonen schon so viel früher angelaufen waren, war ich dankbar, von den Erfahrungen der Kollegen profitieren zu können. Auch sonst war es nur vorteilhaft, dass jetzt Antragsteller die Vermögensverwaltungen der einzelnen Gewerkschaften im Westen waren. Dort standen noch mehr alte Gewerkschafter mit ihren Kenntnissen der früheren Vermögensverhältnisse zur Verfügung. Gerne erinnere ich mich dabei u. a. an Herrn Jahn, der nach 1945 wieder Vorsitzender der Deutschen Postgewerkschaft war. Er kam schon im Juli nach Berlin, um mir mit seinen Kenntnissen der Enteignungen nach 1933 vor der Berliner Kommission eindrucksvoll zur Seite zu stehen. Über die sachlichen Fragen hinaus war er gern mit uns zusammen, und wir freuten uns immer, wenn er in Berlin zu tun hatte.

Aus meinem Terminkalender dieses Jahres kann ich ablesen, wie er sich trotz der Arbeit im Magistrat mit den Rückerstattungssachen, den Vorgängen bei der Zentrale zur Bekämpfung unlauteren Wettbewerbs u. a. m. füllte. Es blieb aber immer noch Zeit zum Kontakt mit den alten Kollegen; aber diese Zusammenkünfte finde ich nicht mehr unter dem despektierlichen Namen „Kindergesellschaft", sondern mit der Bezeichnung „Teekesselrunde" eingetragen. Wir hatten in diesem Kreis die Freude, wieder Dr. Theodor Dieckmann bei uns zu haben. Als Leiter der Auslandshandelskammerabteilung der RWK war er mit nach dem Westen gegangen, und ich habe erwähnt, dass wir nach unserem Rauswurf Weihnachten 1945 erst einmal in seiner Wohnung unterschlüpfen konnten. Jetzt war er als Leiter der Anfang Januar 1950 vom Deutschen Industrie- und Handelstag in Berlin errichteten Geschäftsstelle wieder bei uns.

Dadurch, dass wir aus den verschiedensten Bereichen unsere Informationen bezogen, war es mir möglich, zusammen mit dem, was ich bei Otto Bach, Klingelhöfer und Friedensburg hörte, bei den nach wie vor großen Turbulenzen zwischen Ost und West ein wenig im Bilde zu bleiben. Ich kann nicht sagen, dass unsere Sorgen nach Aufhebung der Blockade kleiner geworden wären. Alles in allem waren wir weiter auf die wiederholten Versicherungen der drei Alliierten, uns nicht im Stich zu lassen, angewiesen. Hinzu kamen die von mir schon erwähnten Erklärungen des Bundestages und seine immer wieder diskutierten finanziellen Stützungsmaßnahmen, die, wenn wir ehrlich sind, das Verhältnis BRD zu Berlin bis zur Wiedervereinigung belastet haben. Wir machten uns nichts vor: Die Bevölkerung im Westen war viel zu sehr mit ihren eigenen Belangen beschäftigt, um Interesse für die Situation Berlins zu haben. Sie stöhnte schon über das „Notopfer Berlin", welches die Lohn- und Gehaltsempfänger in der untersten Gruppe (bis zu 500 DM monatlich) für je 100 DM mit 60 Pfennig belastete. Bezeichnend war für mich damals folgendes Erlebnis in einem Restaurant in Köln. Es war in der Zeit der Fastnacht, für die mir als Pommer bis heute jedes Verständnis fehlt und außerdem die Zeit in der Währungsreform, in der wir die RM-Scheine mit dem B-Stempel hatten. Der Genuss eines einfachen Mittagessens wurde schon dadurch beeinträchtigt, dass eine Horde, prächtig angetan mit ihren Fastnachtsuniformen, lärmend in das Lokal hereinbrach. Dann aber passierte es, dass der Kellner mir erklärte, mein Geld sei hier nicht gültig. Ich muss gestehen, dass ich, Gott sei Dank, nie wieder einen Menschen so voller Wut angebrüllt habe wie diesen Kellner. Ich drohte ihm, wenn nicht sofort der Geschäftsführer käme, ihm das ganze Geschirr an den Kopf zu werfen. Wohl schon wegen des Lärms war dieser sofort da und entschuldigte sich. Der Zwischenfall blieb aber unvergesslich und wurde zur Basis eines Jahre hindurch bestehenden Misstrauens hinsichtlich der Einstellung der Bundesbürger zu Berlin, aber auch zu den in den Feiertagen immer wieder zitierten „Brüdern und Schwestern" im Osten. Manches Erlebnis in den Folgejahren hat dieses Misstrauen nicht abgebaut. In unserem „Teekessel" stimmten wir überein, wenn nicht die Amerikaner und Briten zu diesem Zeitpunkt schon erkannt hätten, dass weiteres Nachgeben letzten Endes ganz Europa in die Hände Stalins gegeben hätte, hätte vielleicht nicht der Bundestag, aber das Gros der Bevölkerung zu dieser Zeit die DDR und Berlin ihrem Schicksal überlassen.

Doch nun zurück zum eigenen Umfeld. In der Praxis bekam ich endlich eine Hilfe, welche über Jahrzehnte bis zu ihrem wirklich wohl verdienten Ruhestand meinen Weg begleiten sollte und mir eine unentbehrliche Hilfe wurde. Da sie auch zu meiner Frau und meiner Schwiegermutter, später auch zu meiner Mutter sofort guten Kontakt bekam, gehörte sie beinahe zur Familie. Die Ausrichtung eines Kindergeburtstages etwa lag bei ihr in den besten Händen, denn ich war darin recht hilflos, weil mir schon in meiner Kindheit diese Feiern ein Gräuel waren, und auch Gaby war froh, in ihr eine solche Stütze zu haben. Maria Schlüschen – ihr Name muss hier unbedingt in Dankbarkeit verzeichnet werden – hatte bis zum Ende des Krieges in der Reichsgruppe Industrie gearbeitet und bis dahin noch keine ihr wirklich zusagende Tätigkeit gefunden. Nun zog sie in die kleine Dachmansarde ein und brachte erst einmal Ordnung in das Chaos. Dabei fiel ihr ein Ordner in die Hände, mit dem sie sofort mit der Frage zu mir kam, wie ich zu einem Ordner mit der Aufschrift „Reichswirtschaftskammer" kam. Wir stellten dann fest, dass sie kurz vor meinen Eintritt in die RWK diese verlassen musste, weil sie einen Kollegen geheiratet hatte und die damaligen Bestimmungen die Beschäftigung von Ehepaaren nicht erlaubten. Inzwischen geschieden, hatte sie nur für eine Tochter zu sorgen Auch sie dachte gern an die RWK zurück. Schon das Bewusstsein, aus dem gleichen Stall zu kommen, bürgte für eine vertrauensvolle Zusammenarbeit.

Eine weitere und sehr wichtige Hilfe, um die festgefahrene Praxis wieder flottzumachen, kam aus Stralsund. Bei einem Besuch meiner Mutter hatte ich auch unseren früheren Nachbarn, Justizrat Ferdinand Pütter, aufgesucht. Entsprechend den allgemeinen Bedingungen in Stralsund ging es ihm schlecht. Zum Justizrat nach 1933 ernannt, durfte er als ehemaliges Mitglied oder gar Vorsitzender des Ehrengerichtshofs der Anwälte nicht mehr praktizieren und versuchte sich mit Wirtschaftsberatung über Wasser zu halten; aber in der anlaufenden Planwirtschaft der SBZ war dafür auch wenig Bedarf. Deprimierend war seine Nachricht, dass der von uns beiden hoch geschätzte Rechtsanwalt Grashoff, der wieder praktizieren durfte, sich im Gefängnis aufgehängt hatte, nachdem er wegen angeblicher Sabotage der Bodenreform zu einer Gefängnisstrafe verurteilt worden war. Ich schlug JusPü, wie wir ihn schon jetzt nach seinem Diktatzeichen nennen wollen, vor, für ein paar Wochen nach Berlin zu kommen und mir als vorerst „wissenschaftlicher Hilfsarbeiter" zu helfen. Damit war uns beiden geholfen. Im Vorgriff auf die kommenden Jahre kann ich schon hier berichten, aus meinem „Hilfsarbeiter" wurde mein väterlicher Freund. Nach seinem späteren Zuzug nach Berlin wurde JusPü selbst als Rechtsanwalt und Notar zugelassen, und wir konnten am 1. Juni 1953 einen Sozietätsvertrag abschließen, der erst mit seinem Tod endete.

Meine Entlastung kam vor allem der Bearbeitung der Rückerstattungssachen zugute. Nach den Bestimmungen stand jeder Vermögenszuwachs aus den Jahren 1933. bis 1945 der öffentlichen Hand zu. Deshalb nahm an den Verhandlungen vor der Berliner Kommission ständig ein Vertreter der Finanzverwaltung teil. Da es sich aber bei den großen Immobilienwerten um schwierige Bewertungsfragen handelte, wurden regelmäßig diese Fragen in Verhandlungen mit der Finanzverwaltung vorher aufbereitet. Ich denke gern an die nicht einfachen, aber immer angenehmen Verhandlungen mit dem Abteilungsleiter Czibulla zurück. Sehr oft waren aber auch Besprechungen beim Stadtkämmerer und späteren Senator für Finanzen Dr. Haas selbst notwendig. Auch Dr. Paul Hertz, der erst in diesen Monaten auf dringende Bitte von Ernst Reuter aus der Emigration und New York zurückgekehrt war, lernte ich schon bei diesen Besprechungen kennen.

Der erforderliche Kontakt zu den westdeutschen Gewerkschaften machte auch die ersten Reisen notwendig. Für mich das erste Treffen mit den Vertretern der Vermögensverwaltungen der Gewerkschaften zur Abstimmung in den Rückerstattungsfragen fand in Hallthurm statt. Der DGB hatte dort auf der Passhöhe oberhalb von Bad Reichenhall ein Erholungsheim zurückerhalten und die Tagung einberufen. So reichten die Verbindungen von Nord nach Süd, denn auch die beiden Berliner Angestelltengewerkschaften, die Gewerkschaft der kaufmännischen Büro- und Verwaltungsangestellten(GkB), ferner der Techniker und Werkmeister (GTW), hatten inzwischen ihre Vereinigung mit der Deutschen Angestelltengewerkschaft (DAG) beschlossen. Dadurch kam als mein Auftraggeber die Vermögensverwaltung der DAG in Hamburg hinzu. Sie arbeitete erfreulicherweise in den Rückerstattungsfragen eng mit der Vermögensverwaltung des DGB zusammen.

Die einzelnen Ergebnisse der jahrelangen Verfahren sind heute uninteressant. Eine Ausnahme ist die Wiederbelebung eines Unternehmens, das bis zum Ende des letzten Jahrhunderts aus der Geschichte Berlins nicht wegzudenken ist. Es bot mir über 27 Jahre lang die Möglichkeit, das zu sein, was ich einmal werden wollte: Kaufmann und Jurist.

III. 1951–1999
Aufstieg und Fall eines Unternehmens

Zu den größten Objekten, die aus dem Vermögen der DAF wieder zurückzuerstatten waren, gehörten neben dem großen Bürohaus am Hohenzollerndamm 174/177 – dicht am Fehrbelliner Platz und der Bevölkerung durch den Janika-Dachgarten bekannt – und dem ebenfalls in der Nähe befindlichen Yorkhouse Wohnanlagen mit Tausenden von Wohnungen. Deren eingetragener Eigentümer war die „GEHAG Gemeinnützige Heimstätten AG der Deutschen Arbeitsfront". Bis zu ihrer Gleichschaltung nach dem 2. Mai 1933 firmierte sie unter dem Namen „GEHAG Gemeinnützige Heimstätten-Spar- und Bau-Aktiengesellschaft". 1924 gegründet, waren ihre Aktionäre Gewerkschaften, Baugenossenschaften, der Verband sozialer Baubetriebe u. a. gewesen. Im Ostsektor hatte der Magistrat schon am 9. Juni 1945 das gesamte Vermögen der Gehag beschlagnahmt und beabsichtigte, wie es in der Verfügung heißt, die Gesellschaft vorläufig als Unternehmen der Stadt weiter zu führen. Es kam auch zu einer Aufsichtsratssitzung. In ihr wurden mehrere Vertreter des FDGB, an ihrer Spitze Hans Jendretzky, in den Aufsichtsrat und auch der Vorstand gewählt. Noch für alle Sektoren wirksam, wurde gleich der Firmenzusatz DAF gestrichen. 1947 wurden aber die Vermögenswerte im Ostsektor zusammen mit anderen der dort errichteten „Deutschen Treuhandverwaltung des sequestrierten und beschlagnahmten Vermögens" unterstellt. Der FDGB durfte keine Ansprüche geltend machen. Die Wohnanlagen wurden vielmehr bis 1990 Besitz der Volkseigenen Heimstätte.

In den Westsektoren hatte man nur die Grundstücke mit rund 11.300 Wohnungen, von denen 1887 zerstört oder unbewohnbar, tausende reparaturbedürftig waren, unter Custodianverwaltung gestellt. In Übereinstimmung mit den Engländern und Amerikanern war vor allem der Custodian, Wirtschaftsprüfer Ullmann, der Ansicht, dass die im Grundbuch eingetragene Gesellschaft nicht mehr bestand. Sie war nach aller Ansicht nach dem Kontrollratsgesetz Nr. 2 „abolished". Im Gegensatz zu unserem Recht, wonach eine aufgelöste Gesellschaft als abzuwickelnd weiter existiert, war danach die Gesellschaft nicht mehr existent, sozusagen geplatzt. Um das zu erklären, habe ich immer die Gehag mit einer wertvollen Vase verglichen, die auf die Landkarte Deutschlands geworfen wurde und deren Scherben jeweils in Westberlin oder den einzelnen Ländern lagen. So ist auch am besten zu erklären, dass die Gesellschaft, die einmal im ganzen Reich gearbeitet hatte, mit wenigen Ausnahmen, über die noch zu sprechen sein wird, ihren Westbesitz nicht zurückbekam. Aufgrund der geschilderten Rechtsauffassung und weil wir infolge der Berliner Situation mit unseren Ansprüchen mindestens um Jahresfrist hinterherhinkten, kassierten DAG und DGB, Letzterer mit der neu gegründeten „Neuen Heimat", die Vermögenswerte in den einzelnen Ländern ein. In Berlin hatte diese Rechtsauffassung zur Folge, dass die Custodians nur eine Ein- und Ausgaberechnung führten. Bilanzen wurden nicht erstellt, ja, sie bezahlten nicht einmal die Hypothekenzinsen. So kam es, dass wir monatelang über die Verteilung der Wohnanlagen auf die Antragsteller und vor allem über den dem Land Berlin zustehenden Vermögenszuwachs verhandelten, denn die Gehag hatte in der DAF-Zeit rund 4.000 Wohnungen gebaut.

Um die Nachfolge der heutigen Organisationen zu begründen, musste ich mich mit der Geschichte des Unternehmens befassen, ein mir bisher unbekanntes Gebiet. Ich lernte, dass die Gründung, wie die zahlreicher städtischer Wohnungsunternehmen, 1924 der dringenden Wohnungsnot und echter Sorge um eine kulturell verbesserte Wohnform entsprang. Ziel war die Anhebung des sozialen Standards und die Beseitigung krasser Gegensätze in den Wohnungsverhältnissen einzelner Schichten der Bevölkerung. Musterbeispiel war der Einbruch der Gehag in den Zwanzigerjahren in das der „Villa" und ihren Bewohnern vorbehaltene Zehlendorf, der damals große Wellen schlug. Allein zu diesem Zweck hatten sich die Freien Gewerkschaften, die Dewog Deutsche Wohnungsfürsorge AG für Beamte, Angestellte und Arbeiter, der Verband sozialer Baubetriebe, die Wohnungsfürsorge-Gesellschaft Berlin und mehrere Baugenossenschaften engagiert. Einen anderen Anlass hatten sie auch nicht, denn materielle Vorteile waren nicht zu erwarten. So machte ich Bekanntschaft mit dem wohnungswirtschaftlichen Gemeinnützigkeitsrecht im Unterschied zu dem mir bisher nur bekannten steuerrechtlichen. Bei meiner Einarbeitung hatte ich zwei wertvolle Helfer. Der eine war der nun schon bejahrte Franz Gutschmidt, der seinerzeit als Gewerkschaftler und Abgeordneter in Berlin zu den Gründern der Gehag gehört hatte. Er war von 1925 bis 1933 Vorstandsmitglied und jetzt, ohne besondere Aktivitäten entfalten zu können, Subcustodian im amerikanischen Sektor. Er wohnte seit alters her in einem der kleinen Gehag-Häuschen in der Onkel-Bräsig-Straße in Britz. Von ihm hörte ich Näheres über die Gründung, auch von dem Gründungsvorstand, dem Architekten Richard Linneke, den kennen zu lernen ich später auch noch die Freude hatte. Vor allem erzählte er auch von dem ersten Aufsichtsratsvorsitzenden und Hauptinitiator der Gründung, Stadtbaurat Martin Wagner. Er lebte jetzt als Emigrant in New York, aber als er Jahre später zu Besuch nach Berlin kam, konnte ich ihm im „Hotel am Zoo" meine Aufwartung machen und ihm über das Schicksal der Gehag berichten. Ich hörte weiter von der jahrelangen Zusammenarbeit mit Bruno Taut, von seinen Bauten in Zehlendorf, Britz usw., und dass vor allem die von ihm geschaffene Hufeisensiedlung bald ein berühmter Bestandteil der Architekturgeschichte wurde, was sie bis heute geblieben ist. So wurden für mich unsere Gespräche Grundlage für die Erkenntnis, dass es bei meinen Anträgen an die Berliner Kommission um die Reste eines geschichtsträchtigen Unternehmens ging.

Die andere große Hilfe war der Vorsitzende des Verbandes Berliner Wohnungsbaugenossenschaften und -gesellschaften, des gesetzlichen Prüfungsverbandes, Dr. Bodien. Von ihm wurde gerade die Herausgabe einer Geschichte der gemeinnützigen Wohnungsunternehmen Berlins vorbereitet. Er konnte vieles ergänzen, was ich von Franz Gutschmidt gehört hatte, und mich vor allem mit den Einzelheiten des bis 1930 und dann 1940 nicht gesetzlich geregelten Begriffs „Gemeinnützigkeit in der Wohnungswirtschaft" vertraut machen.

Bei diesen Recherchen beschäftigte mich immer mehr der Gedanke, wie man dieses für die Entwicklung der Wohnungswirtschaft bedeutende Unternehmen wieder aufleben lassen könnte, bis ich darauf kam, in das Handelsregister zu sehen, und siehe da, die Gesellschaft lebte noch, war nur scheintot. Die Handelsregisterakten waren an das Amtsgericht Charlottenburg im britischen Sektor abgegeben worden, und eine erste Fühlungnahme mit dem Registerrichter ergab, dass seinerseits kein Widerstand gegen eine Reorganisation zu erwarten war. Jetzt hieß es, den Begriff „abolished" aus der Welt zu schaffen. Zuerst mussten die Antragsteller unterrichtet werden. DGB und DAG erkannten sofort die Möglichkeit einer Vereinfachung des Verfahrens, insbesondere einen Träger der Grundstücke zu haben. Auch Ernst Scharnowski für die UGO stimmte sofort zu. Der Senator für Finanzen war einverstanden, und mit dieser Einheitsfront im Rücken konnten die Besprechungen mit den Sachbearbeitern der beiden Kommandanturen beginnen. Es war mir klar, dass diese sich gegen den Rat ihres Custodians und die bisherige Rechtsauffassung für die Existenz der Gesellschaft entscheiden mussten. Wir wussten, dass sein Festhalten am Begriff „abolished" politische Hintergründe hatte. Er war Abgeordneter der Liberaldemokraten und den Gewerkschaften nicht gerade wohl gesonnen. Ihm war eine Zersplitterung des Gewerkschaftsvermögens nur recht; auch sah er den Vorwurf auf sich zukommen, seit 1944 keine Bilanzen mehr aufgestellt zu haben. Im Ergebnis ging am 3. September 1951 bei der Berliner Kommission ein Schreiben der Alliierten Kommandantur ein, in dem diese von der Existenz der Gesellschaft und der geänderten Rechtslage unterrichtet wurde. Damit war der Weg zur Bestellung eines Notvorstandes frei. Es war ein glücklicher Umstand, dass mit der Baugenossenschaft „Ideal" und ihrem Vorstand Alois Gross noch eine Altaktionärin der Gehag vorhanden war. Im Einvernehmen aller Beteiligten arbeitete ich mit ihm den Antrag der Genossenschaft aus, mich zum Notvorstand zu bestellen. Er ging am 4. September über den Senator für Finanzen zum Gericht. Am gleichen Tag rief Herr Ullmann den späteren kaufmännischen Prokuristen Riemann aus der Verwaltung im amerikanischen Sektor zu sich. Er wollte ihn an Stelle des verstorbenen Herrn Gutschmidt zum Subcustodian bestellen. Dieser kam anschließend sofort zu mir, um mir von seiner Ablehnung zu berichten. Er hatte dabei die Möglichkeit der Bestellung eines Notvorstandes erwähnt, woraufhin nach meinen Aufzeichnungen Ullmann erklärte, dass das nicht in Frage käme und auch völlig zwecklos wäre, da der Notvorstand nur nach seinen Weisungen handeln könne. Das war natürlich ein großer Irrtum. Immerhin war aber interessant, dass Riemann auch die Anweisung bekommen hatte, mit den Vorarbeiten für eine DM-Bilanz zu beginnen.

Am 6. September 1951 erfolgte meine Bestellung. Nach Zustellung des Beschlusses fuhr ich sofort in die Bernburger Straße zur „Amerikanischen Gehag". Ihre Mitarbeiter, insbesondere die rechte Hand von Franz Gutschmidt, Kurt Hartenstein, hatten mich immer mit Unterlagen und Informationen unterstützt Der Empfang war dementsprechend herzlich. Ich war das personifizierte Zeichen, dass die Gehag wieder da war. Anschließend fuhr ich in die Ruhrstraße zur „Britischen Gehag". Dort wurde ich vom Subcustodian Ulrich höflich, aber sehr kühl empfangen. Man bat, eine Fotokopie meiner Bestallung machen zu dürfen, und ich erörterte sofort, wenn auch recht einseitig, die Zusammenlegung der beiden Büros. Mit der Bitte, mir ab sofort die eingehende Post in die Bernburger Straße zuzuleiten, verabschiedete ich mich. Damit hatte ich natürlich keinen Erfolg, sodass ich einige Tage später mit meiner Bestallungsurkunde zu dem mir bekannten Präsidenten der Oberpostdirektion ging und um seine Hilfe bat. Er sah keine Probleme, griff zum Telefon und gab der zuständigen Poststelle die notwendigen Anweisungen. Das gab es damals noch.

Am Abend meines Besuchs bei Herrn Ulrich rief mich der mir bekannte persönliche Sekretär, Herr Brieger, im Auftrag von Herrn Ullmann an, der in Westdeutschland war. Er lasse mich bitten, meine Aktivitäten ruhen zu lassen, bis er in einer Woche wieder zurück sei, er würde mich dann in mein Amt einführen. Da konnte ich nur erwidern, dass mit der Zustellung des Beschlusses meine Verantwortung als Vorstand begonnen hätte, es einer Einführung also nicht bedürfe. Zusätzlich bat ich, Herrn Ullmann zu unterrichten, dass ich ihn nicht mehr als Custodian der Grundstücke ansähe, sondern des jetzt allein der Jurisdiktion der Berliner Kommission unterliegenden Aktienpaketes.

Hinsichtlich der Zusammenlegung der beiden Büros sprach ich wegen zusätzlicher Räume in der Bernburger Straße mit dem Vorsitzenden der dort residierenden Gewerkschaft der kaufmännischen und Büroangestellten. Obwohl diese Gewerkschaft noch vor kurzem unter das gemeinsame Dach der UGO gehört hatte, stellte ich am nächsten Tag in einem Telefongespräch mit Ernst Scharnowski fest, dass dieser als Vorsitzender des Landesbezirks des DGB den Verbleib der Gehag im Hause der DAG nicht gerne sehen würde. Ich konnte vorerst nur bitten, dass sich beide Herren in dieser Frage auseinander setzen sollten, tendierte aber von vornherein für ein Büro an dritter „neutraler" Stelle, zumal ich wegen des Vermögenszuwachses der Gesellschaft mit dem Land Berlin als drittem Aktionär rechnen musste.

Schon bald war eine sehr wichtige Frage zu lösen. Da die Gesellschaft keine DM-Bilanz aufgestellt hatte, war sie wegen Fristversäumnis gesetzlich und diesmal wirklich aufgelöst. Meine Vorsprache bei der Senatsverwaltung für Justiz ergab zunächst, dass eigentlich alle Gesellschaften, die unter das Gesetz 52 fielen, von einer etwaigen Verlängerung der Frist ausgenommen werden sollten. Der Hinweis, dass alle Beteiligten bisher vom Begriff „abolished" ausgegangen seien, und weil sich bei der Abstimmung zwischen Finanzen und Justiz herausstellte, dass Berlin selbst noch mit einer Reihe von Gesellschaften verspätet dran war, führte zu der gewünschten Fristverlängerung.

Ich arbeitete schon eine Weile mit August Künkel zusammen. Er war vor 1933 in der Bauhüttenbewegung tätig gewesen, und ich hatte ihn bei der Bearbeitung der Rückerstattung des Verbandes sozialer Baubetriebe kennen und schätzen gelernt Er freute sich mit mir, dass mit der Verlängerung der Frist eine wichtige Hürde für die Reorganisation der Gesellschaft genommen war. Am 15. September trat er in die Dienste der Gehag, womit mit ihm als kaufmännischem Prokuristen eine jahrzehntelange gute Zusammenarbeit begann.

Vorläufig war aber noch viel Sand im Getriebe. Bei einem Gespräch von Künkel und mir in der „Britischen Gehag" versprach man uns, die notwendigen Unterlagen herauszugeben Da dies nicht geschah, suchte ich Herrn Ullmann auf. Nach meinen Notizen verlief die Besprechung zwar in aller Form, zeigte aber nur Gegensätze; insbesondere widersprach der Custodian – angeblich auf Weisung der Engländer – einer Zusammenlegung der Büros. Ich rief daher noch am gleichen Abend Mr. Kenny an, den Leiter des Büros für Arbeitsfragen beim britischen Hohen Kommissar in Bonn. Dieser war sehr aufgebracht und erklärte, Ullmann handele entgegen den ihm erteilten Weisungen. Da alle weiteren Bemühungen, Herrn Ullmann und den hinter ihm stehenden Major Edney umzustimmen, vergeblich waren, musste Mr. Kenny nach Berlin kommen. Nachdem ich ihm und seiner deutschen Frau die Hufeisensiedlung gezeigt hatte, waren wir am Nachmittag bei Major Edney. Dieser erklärte sich endlich bereit, den Subcustodian anzuweisen, uns alle notwendigen Unterlagen herauszugeben. Interessant wurde für mich noch, als mich Mr. Kenny auch zu einem Besuch in der britischen Kommandantur am Fehrbelliner Platz mitnahm, dass uns der zuständige Mr. McNulty Kenntnis von einem Protokoll der Alliierten Kommandantur vom 20. August 1951 gab. Danach hatte diese schon zu dieser Zeit im Beisein von Herrn Ullmann festgestellt, dass erstens die Gehag existent und zweitens es Aufgabe eines neuen Vorstands sei, die Gesellschaft zu reorganisieren und zu vereinheitlichen. Das machte das Verhalten des Custodian umso unverständlicher. Trotzdem versuchte Major Edney in einer Besprechung am 25. September noch, eine Art Custodianverwaltung aufrechtzuerhalten. Er rüttelte zwar nicht mehr an der Existenz der Gesellschaft und den Befugnissen des Vorstands; auch die Büros könnten „ohne weiteres" zusammengelegt werden. Dies sollte aber mit der Maßgabe geschehen, dass der Custodian in allen wichtigen Dingen zu unterrichten sei. Meiner Anmerkung, als Vertreter des Aktienkapitals solle er also vorläufig eine Art Aufsichtsrat sein, wurde nicht widersprochen. Mir war die Hauptsache, dass ich endlich freie Hand hatte.

Da in diese Zeit auch wichtige Verhandlungen mit den Senatoren Paul Hertz und Dr. Haas wegen der „Bank der Deutschen Arbeit" gefallen waren, in der ebenfalls altes Gewerkschaftsvermögen steckte, hatte ich mich um meine Praxis und sonstige Aufgaben wenig kümmern können. Aber wie ich erzählt habe, hielt dort JusPü die Stellung. Er hatte mit seiner Frau, ebenso wie meine Mutter, im Frühjahr die Zuzugsgenehmigung nach Westberlin bekommen, und, was beinahe noch wichtiger war, sie hatten auch die erforderliche Ausreisegenehmigung des Oberbürgermeisters der Stadt Stralsund bekommen. Von einer wohlwollenden Dame des Museums der Stadt wurden auch einige Gemälde für die „Ausfuhr" frei gegeben. Zur Hilfe beim Umzug war ich am 8. /9. Juli zum letzten Mal für mehrere Jahrzehnte in der Stadt und am Grab meines Vaters. Der gemeinsame Unzug der Haushalte ging reibungslos vonstatten. Nach meinem Ausscheiden aus der Abteilung Wirtschaft war es zum ersten Mal, dass ich für die Reise keinen Urlaub beantragen musste.

Nachdem dies alles und auch erste Anfänge in der Gehag geregelt waren, war es möglich, zum ersten Mal in Begleitung meiner Frau in einem alten Opel Rekord in den Westen zu fahren, um u. a., wie schon erwähnt, das Gewerkschaftstreffen in Hallthurm und die Vermögensverwaltung des DGB in Düsseldorf zu besuchen.

Nach meiner Rückkehr begannen die Verhandlungen mit Herrn Ullmann über die Übernahme des Personals der Custodianbüros im Beisein der Subcustodians Ulrich und Molitz. Letzterer war inzwischen an die Stelle von Herrn Gutschmidt getreten, ein alter Gehag-Mitarbeiter, der es bis zum technischen Vorstandsmitglied gebracht hatte und nach 1945 unschwer entnazifiziert worden war. Ich übernahm ihn wegen seiner enormen Kenntnisse aller Details der Wohnanlagen sofort. Wir einigten uns auf die Übernahme der Mitarbeiter, insbesondere alter Gehagianer, mit der Maßgabe einer vorsorglichen Kündigung, um kurzfristig prüfen zu können, wen wir nach organisatorischen und wirtschaftlichen Gesichtspunkten brauchten. Mit dem Betriebsratsvorsitzenden der „Britischen Gehag" hatte ich verabredet, dass diese Prüfung bis zum Ende des Jahres abgeschlossen werden sollte. Auch hier versuchte Herr Ullmann meinen Vorbehalt mit Hilfe der Engländer zu unterlaufen, aber vergeblich. Dies alles betraf den kaufmännischen Sektor.

Soweit in der Custodianverwaltung technische Arbeiten angefallen waren, hatte man sich an die technische Abteilung der vorläufig auch unter Custodianverwaltung stehenden anderen großen Gesellschaft „Gagfah" angeschlossen. Vorstand war dort von alters her Herr Knoblauch, im Alter von Ende siebzig eine hervorragende Persönlichkeit der gemeinnützigen Wohnungswirtschaft. Wir einigten uns schnell, dass die Bauleitung seines Hauses am 1. November endete und zugleich die dort geführten 158 Personalakten abgeschlossen und uns übergeben wurden. Solche freundlichen Besprechungen waren ein Lichtblick und wurden nicht dadurch getrübt, dass wir auch hinsichtlich der Gagfah bei der Berliner Kommission unsere Fühler ausgestreckt hatten, deren Aktionärin allerdings nicht mehr die DAF war, sondern die Bundesversicherungsanstalt für Angestellte, welche das Aktienpaket nach 1933 erworben hatte. Natürlich sprachen wir über das laufende Verfahren, wobei Herr Knoblauch mir voller Überzeugung zum Abschied sagte: „Uns bekommen Sie nie." Und er behielt Recht.

Zum 1. November hatten wir ein Büro in Wilmersdorf, Mecklenburgische Straße 57, gefunden, wo die Gehag noch heute ihren Sitz hat. In dem großen Komplex hatten wir noch längere Zeit gute Nachbarn, den Landesrechnungshof, und in den Seitenflügel zogen zu meiner Freude die Wiedergutmachungskammern des Landgerichts ein, sodass ich in anderer Funktion nur meine Robe aus dem Schrank zu nehmen brauchte, um über den Flur hinüberzugehen

Die Angestellten der Custodianbüros bekamen alle ein Schreiben, dass sie sich am 3. November einfinden könnten und sollten. Meine Notiz an diesem Tag lautete: „Alle Angestellten der Custodianbüros sind erschienen." Auch Herr Ulrich war da und bekam sein Zimmer. Schon bei der ersten Abteilungsleiterbesprechung, in der alle Aufgabengebiete durchgesprochen wurden, fiel er allgemein durch seine Unkenntnis auf. Er blieb der „Subcustodian" und versuchte im Sinne der, wie oben erwähnt, von Major Edney angesprochenen „Überwachung des Vorstands durch den Custodian" tätig zu sein. Dies hatte eine so verheerende Wirkung auf die Angestellten, dass ich ihn bald eines Morgens zu mir bitten und auffordern musste, bis um zwölf Uhr seinen Schreibtisch aufzuräumen und das Haus zu verlassen. Es gab ein allgemeines Aufatmen, und wir waren unter uns.

Besondere Aufmerksamkeit erforderte auch die Fortsetzung der Arbeit in den einzelnen örtlichen Verwaltungen der Wohnanlagen, denn es war mir auch als Neuling sofort klar, dass hier der Schwerpunkt der Kontakte mit den Mietern lag und nicht in der Zentrale. Hier hatten wir eine hervorragende Hilfe in einem alten Gehagianer, dem Kollegen Erich Grasshoff. Er war Verwalter der großen Wohnanlage in Britz und sozusagen mit der Hufeisensiedlung aufgewachsen. Er kannte beinahe jeden Mieter, und schon als ich ihn kennen lernte, hieß er „der Kaiser von Britz". Ich holte ihn vorübergehend in die Zentrale mit der Aufgabe, die Organisation aller Blockverwaltungen und ihre Wirtschaftlichkeit zu untersuchen. Eine Anekdote, die sein ganzes Engagement zeigt, sei hier erzählt. Mitten in der Hufeisen-Wohnanlage liegt ein Teich mit Grünanlage, der nicht zum Besitz der Gehag gehört, sondern so genanntes „öffentliches Grün" ist. Im Lauf der letzten Kriegsjahre war der Teich vollkommen verunkrautet, verwahrlost. Bitten und Anträge an das Bezirksamt, die Anlage wieder in Ordnung zu bringen, waren lange Zeit ergebnislos, bis Grasshoff auf den Gedanken kam, dem Bezirksamt mitzuteilen, er habe von Mietern gehört, dass in den letzten Tagen des Krieges in dem Teich Waffen und Munition versenkt worden wären. Das gab der Angelegenheit die notwendige Dringlichkeitsstufe, und dass dann nichts gefunden wurde, dafür konnte ja Herr Grasshoff nichts.

Die erste Betriebsversammlung war von grundsätzlicher Bedeutung. In ihr musste allen klar gemacht werden, dass sie Mitarbeiter eines alten Unternehmens waren, auf dessen in die Architekturgeschichte eingegangene Arbeit wir stolz sein durften, dessen alte nur in den Jahren der Beschlagnahme unterbrochene Aufgabe es nun zur schnellen Beseitigung der Wohnungsnot und im Sinne der alten Bestrebungen der Wohnungsreform fortzusetzen galt, dass dies aber auch für mich und sie alle eine große Verpflichtung bedeute. Ich erzählte ihnen auch meinen Lebenslauf, vor allem, dass ich nicht nur Jurist, sondern auch Kaufmann sei, sie also unterstellen dürften, dass ich nicht nur einen Mietvertrag, sondern auch eine Bilanz lesen könnte. Nach der Zusage, mit dem noch zu wählenden Betriebsrat gut zusammenarbeiten zu wollen, schloss ich mit der mir sehr ernsten Erklärung, ich würde die Belegschaft auch künftig über Lage und Stand des Unternehmens immer offen unterrichten. Die Mitarbeiter wissen, dass ich mich in guten und in zwar nicht schlechten, doch problematischen Zeiten daran gehalten habe.

Ein mir fremder Zweig unter den Mitarbeitern waren zuerst die „Leute vom Bau". Ein auch in der Zeit von 1933 bis 1945 bei der Gehag tätiger Mitarbeiter und späterer Prokurist, Bruno Bauer, baute schnell eine technische Abteilung für den Wiederaufbau, den Neubau und die Instandhaltung auf. Bei einer Besichtigung legte er mir im Beisein anderer die Gretchenfrage vor: „Wie hältst du es mit dem Flachdach?" Dazu muss man wissen, dass die Gehag seit ihrer Gründung mit der Handschrift von Bruno Taut nur Flachdächer gebaut hatte. Das war dann als „kulturbolschewistisch" verpönt, und es wurde das Satteldach, die „deutsche Mütze", vorgeschrieben. Da konnte ich von meinen Kenntnissen des Bauhauses erzählen und erklären, dass wir selbstverständlich auch insoweit zur Tradition des Unternehmens zurückkehren würden. Das brachte mir so viele Pluspunkte, da konnte es mir nicht mehr schaden, dass ich einen zweiten Test nicht bestand. Als mir bei passender Gelegenheit eine Flasche Bier angeboten wurde, musste ich bekennen, dass ich als Student selbst am Münchener Bier keinen Gefallen gefunden hätte und schon gar nicht aus der Flasche trinken könnte. Ich hätte auch nicht die Absicht, Letzteres in der Gehag zu lernen. Auch dass ich das traditionelle Richtfestessen Eisbein mit Sauerkraut nicht mochte und darum die Jahre hindurch ein Schnitzel bekam, hat der guten Zusammenarbeit keinen Abbruch getan.

Bei Bruno Bauer konnte ich mich auch über das Geschehen bei der Gehag in der Nazizeit informieren, in der das Unternehmen in Berlin 4650 und im Reich 5105 Wohnungen gebaut hatte. Auch der damalige Vorstand, Ernst von Stuckrad – sein Bruder war Chefarzt im Rittberg-Krankenhaus – hatte 1933 als Notvorstand begonnen und wurde 1934 zum ordentlichen Vortand bestellt. Bauer und andere Mitarbeiter aus dieser Zeit bezeugten, dass er bemüht war, die Gehag im Sine der vorher geltenden Grundgedanken zu leiten. Eine kleine Episode habe ich schon 1957 in einer von mir geschriebenen Festschrift erwähnt. Bei dem oben erwähnten Streit um die Flachdächer erschien Herr von Stuckrad in voller Uniform bei den Beamten der Bauverwaltung und setzte sich ganz energisch für die Tradition ein. Die Bauten aus dieser Zeit zeigen aber, dass das „gesunde Volksempfinden" stärker war. Herr von Stuckrad hat sich im April 1945 das Leben genommen. Ich hatte auf Seite 2 der Festschrift alle Gründer der Gehag abgebildet. Da ich selbstverständlich auf den folgenden Seiten die Zeit von 1933 bis 1945 nicht einfach übergangen hatte, hätte ich gerne auch von Herrn von Stuckrad ein Bild gebracht. Vorsichtshalber besprach ich das aber mit Ernst Scharnowski. Er hatte Verständnis, meinte aber: „So weit sind wir noch nicht." Angesichts der Aussagen von Bauer und anderen alten Mitarbeitern, aber auch dem, was wir an Bauten nach 1945 vorgefunden haben, ist es jedenfalls nicht berechtigt, wenn in der von Wolfgang Schäche 1999 herausgegebenen Festschrift „75 Jahre Gehag" gesagt wird: „Im Rückblick präsentieren sich die zwölf Jahre der GEHAG unter dem Hakenkreuz als eine Zeit der schamlosen Entmündigung und sozialen Verwerfungen. Gemessen an dem Gründergeist des Unternehmens und der im Sinne der Arbeit für die Gemeinschaft so bedeutungsvollen Jahre des Aufbruches müssen sie aus heutiger Zeit als Zeitabschnitt der Sinnentstellung des ursprünglichen Unternehmensauftrages gesehen werden." Das ist einfach falsch.

In den Wochen nach dem Bezug unseres neuen Büros machte ich Antrittsbesuche bei den Kollegen der städtischen Wohnungsunternehmen, aber auch bei privaten, so bei Herrn Hans Gottwald, dem die „Eintracht" Wohnungsbaugesellschaft Gemeinnützige AG gehörte, mit dem uns eine bis zu seinem Tode dauernde Freundschaft unserer Familien verbunden hat. Vor allem aber suchte ich Ernst Reuter auf in seiner Eigenschaft als Stadtrat für Verkehr und Betriebe. Er kannte die Gehag aus der Zeit von 1926 bis 1931, da er – auch damals Stadtrat für diesen Bereich – mit ihrem Gründer, Stadtbaurat Martin Wagner, eng zusammengearbeitet hatte. Mein Bericht über die Reorganisation der Gesellschaft und Information, dass voraussichtlich künftig Berlin beteiligt sein würde, interessierte ihn sehr, und ich konnte mich mit der Zusage seiner künftigen Unterstützung verabschieden. Sein Interesse zeigte sich, als er mich nach einigen Monaten morgens anrief: „Ich bin eben durch die Argentinische Allee gefahren. Wann tut ihr denn endlich was für die Bauten von Bruno Taut?" Er hatte aber Verständnis, dass ich ihm erklären musste, dass wir alles Geld erst einmal in die zerstörten Wohnungen stecken mussten, ehe an Fassadenerneuerung zu denken war. Auch viel später konnten wir nur versuchen, die alte Farbenpracht Bruno Tauts wiederherzustellen. Erst Jahre danach bei der zweiten Restaurierung konnte mit Hilfe der Denkmalspfleger das alte Bild der Bauten hergestellt werden, als es auch die alten Keim'schen Farben wieder gab.

Bei dem Neuaufbau einer Betriebsorganisation war mir die Zusammenarbeit mit dem Betriebsrat sehr wichtig. Mein Grundsatz war, ihn zu allen wichtigen Fragen hinzuzuziehen, weil seine Mitglieder ihre Kollegen und die Interna am Arbeitsplatz kannten, um dann möglichst zu einer übereinstimmenden Ansicht zu kommen. Ohne die alleinige Entscheidungsbefugnis, aber auch Verantwortung in Frage zu stellen, war damit die Gefahr einer Regelung vom grünen Tisch gebannt, zumal seitens eines Notvorstands, der erst die Besonderheiten der Wohnungswirtschaft lernen musste. Ich hatte dabei das Glück, in Walter Sickert einen hervorragenden und, wie man heute sagt, motivierten Betriebsratsvorsitzenden zu haben, dessen Karriere vom Rohrleger bei der Gehag zum Vorsitzenden der Industriegewerkschaft Bau-Steine-Erden, Landesvorsitzenden des DGB, Parlamentspräsidenten noch vor ihm lag. Der Kontakt zur Gehag ging dabei nicht verloren, und nach vielen Jahren kam es dann noch einmal zum gemeinsamen Wirken im Verwaltungsrat der Sparkasse-West. Unter seiner Leitung war der Betriebsrat eine wertvolle Hilfe bei der Reorganisation.

Die von Klingelhöfer und mir so engagiert propagierte überbetriebliche Mitbestimmung blieb eine theoretische Forderung. Vergeblich hofften wir immer noch auf eine Einsicht der Berliner CDU in die Notwendigkeit einer paritätischen Besetzung der Industrie- und Handelskammer. Im März 1952 hielt der Hauptgeschäftsführer des Deutschen Industrie- und Handelstages, Dr. Frentzel, der auch eine Weile zu unserer Tee-Runde gehört hatte, in der Deutschen Gesellschaft für Betriebswirtschaft, gestützt auf Thesen von Prof. Franz Böhm, einen Vortrag zu diesem Thema, den man in der Gleichung zusammenfassen konnte: Außerbetriebliche Mitbestimmung = Untergang des freien Unternehmertums. Nur mit Befremden kann man sehen, dass dieser Satz heute immer noch benutzt wird, jetzt sogar, um die inzwischen erfolgte Erweiterung der betrieblichen Mitbestimmung in Frage zu stellen.

Intern hatten wir ab 1. Januar 1952 ein gemeinsames Rechnungswesen, sodass Herr Künkel mit seinen Mitarbeitern darangehen konnte, die fehlenden Jahresbilanzen 1944–47, vor allem die RM-Schlussbilanz und DM-Eröffnungsbilanz nachzuholen. Es war eine schwere Arbeit, da Unterlagen, die wir brauchten, entweder verbrannt oder im Ostsektor nicht mehr greifbar waren. Eine große Hilfe war das phänomenale Gedächtnis des Herrn Molitz, der jede Wohnanlage mit Baujahr und -kosten im Kopf hatte. Auch der Prüfungsverband half in der wichtigen Frage der Bewertung. Während man heute oft im Wirtschaftsteil liest, wie Banken, Immobilienfonds u. a. hohe Wertberichtigungen vornehmen müssen, waren Künkel und ich uns einig, die Grundstückswerte möglichst immer an der untersten Schätzungsgrenze anzusetzen, um mit hohen stillen Reserven ein solides Polster für die Zukunft zu schaffen.

Die genannten Bilanzen wurden in einer ersten Hauptversammlung am 30. August 1952 festgestellt. Rückblickend muss ich zugeben, dass es eine Erleichterung war, dass wir bis zu dieser Hauptversammlung, auch wenn ich ständig Fühlung mit den künftigen Aktionären hielt, hinsichtlich des Rechnungswerks und der Reorganisation freie Hand hatten, da der Registerrichter nicht auf den Gedanken gekommen

August Goedecke *Otto Theuner*

war, auch einen Notaufsichtsrat zu bestellen. Jetzt konnten wir in der ersten Hauptversammlung das nachholen. Da die Gewählten alle Persönlichkeiten waren, die mich von Anfang an unterstützt hatten, sind sie dem Leser überwiegend schon aus meinen früheren Aufzeichnungen bekannt. Es waren als Vorsitzender Ernst Scharnowski, als sein Stellvertreter Otto Theuner, damals Senatsdirektor für Finanzen. Vor Jahren hat man ja leider die Senatsdirektoren zu Staatssekretären gemacht, während man es erfreulicherweise in der Tradition der Stadtstaaten bei der Bezeichnung Senator gelassen hat. Der zweite Vertreter Berlins wurde der Senator für Bau- und Wohnungswesen, Dr. Karl Mahler, durch welchen durch Jahrzehnte hindurch eine gute Zusammenarbeit mit seinen Nachfolgern und der Bauverwaltung eingeleitet wurde. Auch die DAG hatte zwei Vertreter: der Vorsitzende des Landsverbandes, der alte Reichstagsabgeordnete Siegfried Aufhäuser, und der Geschäftsführer der Vermögensverwaltung der DAG in Hamburg, August Goedecke. Die Letzteren wurden mir besonders wertvolle Ratgeber und gegebenenfalls Helfer. Herr Goedecke war derjenige unter den Gewerkschaftsvertretern, der in den letzten zwei Jahren mit unermüdlichem Fleiß und Spürsinn Beweismaterial heranschaffte und selbst bei der Berliner Kommission mit auftrat. Auch die Vermögensverwaltungs- und Treuhand Gesellschaft des DGB entsandte einen ihrer Geschäftsführer, Matthias Terhorst, womit auch dieser Aktionär einen zweiten Vertreter hatte. Als Helfer in den ersten Stunden war Alois Gross dabei, der Geschäftsführer der Baugenossenschaft „Ideal". Er war symbolisch auch der Vertreter einer kleinen, zu dieser Zeit noch unbekannten Zahl von Mieteraktionären. Die Mitarbeiter waren durch den Betriebsratsvorsitzenden Walter Sickert vertreten.

Diese Verteilung der Sitze wurde dadurch möglich, dass in den Monaten vorher Einigkeit über die Verteilung des Aktienkapitals erzielt wurde. Wir schnürten ein Paket aus den größten Immobilien, dem so genannten Konfektionshaus am Hohenzollerndamm 174/177, dem Yorkhouse zwischen Brandenburgischer und Westfälischer Straße, der Potsdamer Straße 180 und den Aktien der Gehag mit dem Ergebnis, dass das Konfektionshaus der DGB, das Yorkhouse die DAG und die Potsdamer Straße das Land Berlin erhalten sollte, während das Aktienkapital der Gehag gedrittelt werden sollte, womit auch die Frage des Vermögenszuwachses vom Tisch war. Die Berliner Kommission war damit schwieriger Entscheidungen enthoben und erließ am 30. Oktober 1952 die entsprechenden Beschlüsse. Nach dem Schlussbericht der Berliner Kommission 1957 war die Gehag das größte Einzelobjekt und wurde dort mit 200 Millionen DM bewertet. Insgesamt erhielten die Gewerkschaften nach diesem Bericht aus dem Vermögen der DAF in Berlin Objekte im Wert von 250 Millionen zurück.

In der ersten Hauptversammlung konnte die Vorstandsfrage noch nicht behandelt werden, außerdem waren sich die künftigen Aktionäre über das sonstige weitere Vorgehen noch nicht einig. Hinter den Kulissen wurden mehrere Namen gehandelt, darunter auch von Stadträten aus den Bezirken. Das wäre der Beginn einer leider durch die Jahrzehnte hindurch praktizierten Methode gewesen, in der Politik durchaus verdiente Persönlichkeiten zu Vorständen städtischer Betriebe zu machen.

Auch die „Neue Heimat" mit ihrem Chef Heinrich Plett wollte den Fuß in die Tür stellen. Er versuchte, den Geschäftsführer der „Gewobag" Kassel nach Berlin zu delegieren. Er kam zu Vorstellungsgesprächen mit Scharnowski nach Berlin und war auch mein Gast zu Hause, aber vielleicht hat er auch gespürt, dass sich ein persönlicher Kontakt wohl nicht ergeben hätte. Da verständlicherweise auch die Frage der Bestellung von Prokuristen Sache eines ordentlichen Vorstands sein sollte, wurde die Sache dringlich, als Herr Künkel, den ich auf keinen Fall verlieren wollte und der auch nicht aus Berlin wegwollte, seine Fühler zur „Neuen Heimat" nach Hamburg ausstreckte. Ich entschloss mich daher, in einem Brief an das federführende Mitglied des DGB-Vorstands in Düsseldorf, Albin Karl, auf eine Entscheidung zu drängen. Ich konnte ihn daran erinnern, dass er mir bei meinem Besuch bei ihm vor Weihnachten gesagt hatte, er sei erfreut und habe mit Dank zur Kenntnis genommen, dass ich mich auch weiterhin der Gehag zur Verfügung stelle. Hinsichtlich einer Erweiterung des Vorstands schrieb ich ihm eindeutig: „Was sonst an Namen genannt wird, brauche ich Ihnen sicherlich nicht aufzuzählen. Vielleicht sind es teilweise nur Gerüchte. aber da sich verdienstvolle Namen darunter befinden, die aber bei aller Anerkennung ihrer Verdienste krasse Außenseiter in einer Wohnungsgesellschaft sind, möchte ich Sie, verehrter Kollege Karl, ebenso herzlich wie aber auch offen bitten, Ihren Einfluss dahingehend geltend zu machen, dass ein so gut fundiertes Unternehmen, welches den Ehrgeiz hat, wieder in die Spitzengruppe der gewerkschaftlichen Wohnungsunternehmen einzurücken, nur unter sachlichen Gesichtspunkten besetzt wird ... Es wäre schade, wenn andere Gesichtspunkte ausschlaggebend sein würden." Der Brief war nicht ohne Wirkung, denn nach einem Jahr und acht Monaten endete meine Tätigkeit als Notvorstand mit der Bestellung zum alleinigen ordentlichen Vorstand. Gleichzeitig wurden Herr Künkel zum kaufmännischen und Herr Bauer zum technischen Prokuristen bestellt. Damit war mit einem bereits bewährten Team eine wirkungsvolle weitere Reorganisation und Entfaltung des Unternehmens sichergestellt.

In der Hauptversammlung am 4. Dezember 1953 konnten die Jahresabschlüsse 1950 und 1951 verabschiedet werden. Ab 1952 und 1953 waren es keine rekonstruierten Jahresabschlüsse mehr, sondern solche, welche die freie und selbstständige Entwicklung des Unternehmens wiedergaben.

Die letzten Scherben der Vase

Bei der Erklärung des Begriffs „abolished" habe ich das Bild von der auf der Karte Deutschlands zerschellten Vase gebraucht. Hinsichtlich des großen Wohnungsbestandes im Westen muss vorausgeschickt werden, dass diese zum größten Teil von der im Jahre 1925 von den damaligen Angestelltenverbänden gegründeten „Heimat Gemeinnützige Bau- und Siedlungs-AG" gebaut wurden. Sie wurde 1941 mit der Gehag als übernehmende Gesellschaft fusioniert. Ihre Bauten außerhalb Berlins wurden auf die von der DAF in allen Gauen gebildeten Gesellschaften „Neue Heimat" übertragen. Ich erwähnte schon, dass wir wegen der politischen Verhältnisse in Berlin für eine Beteiligung zu spät kamen. Zuerst wurden die einzelnen Gesellschaften aufgrund der alliierten Vorschriften an den DGB und die Einzelgewerkschaften zurückgegeben. Bereits 1950 wurde der Bankkaufmann und wohnungswirtschaftliche Fachmann Heinrich Plett von den Gewerkschaften mit dem Aufbau einer zentral gesteuerten Unternehmensgruppe beauftragt. So entstand als Dachorganisation die „Neue Heimat gemeinnützige Wohnungsbaugesellschaft m. b. H." in Hamburg. Die Rückgabe allein an den DGB hing damit zusammen, dass man anfangs davon ausging, die DAG würde die Gagfah als ehemaliges Gewerkschaftsvermögen zurückerhalten. Ihr Aktienkapital von damals sechs Millionen RM hatte aber 1933 zu 75 Prozent dem Deutschnationalen Handlungsgehilfenverband gehört, der von der DAF nur „gleichgeschaltet" und erst später eingegliedert wurde. Deshalb war die Nachfolge der DAG problematisch. Ferner hatte die DAF das Unternehmen bald an die Bundesversicherungsanstalt für Angestellte verkauft, die das Kapital laufend bis 1940 auf 26 Millionen erhöht hatte. Das mehrere Ordner füllende Verfahren endete erst 1959 mit einem Vergleich. Wie mir Herr Knoblauch prophezeit hatte, behielt die BFA die Gagfah.

Wir fanden im Bundesgebiet nur noch wenige Stücke der Vase vor. Das wertvollste war die Zweigniederlassung Aachen der Gehag. Dass sie nicht auch schon von der NH vereinnahmt war, verdankten wir allein dem alten Gehagianer Georg Melzer, der sich gegen alle Versuche zur Wehr gesetzt hatte, bis er auch auf die Existenz der Gesellschaft hinweisen konnte. Es dauerte aber doch noch bis zum 5. Oktober 1953, bis die über 1000 Wohnungen in Aachen und benachbarten Städten freigegeben wurden. Ich war aber schon im Mai 1952 in Aachen, um neben dem Wohnungsbestand und -zustand vor allem Georg Melzer und sein Umfeld kennen zu lernen. Der alte Opel Rekord machte es möglich, dass ich meine Frau mitnehmen konnte. Vorher waren wir noch bei Mr. Kenny und seiner Frau, deren Gäste wir in ihrem schönen – natürlich beschlagnahmten – Haus in Köln waren. Dort lernten wir zum ersten Mal einen schönen englischen Brauch kennen, als es morgens an unserer Tür klopfte und uns Kenny die „early cup of tea" ans Bett brachte. In Godesberg trafen wir zu unserer großen Freude auch den alten RWK-Kollegen und Zentrum unseres „Teekessels", Konrad Kutschera, wieder, der dort als „Public-Relation-Berater", wie man heute sagt, beim Verband der Brauereien Fuß gefasst hatte.

Weitere Vermögenswerte fanden wir noch im Saarland. Dort konnte ich 1956 mit der Staatlichen Vermögensverwaltung in Saarbrücken einen Vergleich schließen, der wenigstens einige hunderttausend RM in die Kasse brachte.

Die letzte Scherbe war eine Wohnanlage in Freiburg, die inzwischen im Besitz der „Gemeinnützigen Wohnungs- und Siedlungsbau GmbH Baden", Karlsruhe, der GEWO, war. Mit Unterstützung des Syndikus der DAG, Rechtsanwalt Reimer, erreichten wir beim Finanzministerium in Stuttgart, dass wir eine siebenprozentige Beteiligung an der GEWO, verbunden mit einem Sitz im Aufsichtsrat, erhielten. Mein Gedanke war, dass wir damit neben Aachen ein weiteres Standbein im Südwesten erhielten. Dieser Wunsch ist nicht in Erfüllung gegangen. Die Gesellschaft blieb ein Unternehmen der öffentlichen Hand, das Wohnungen für Beamte zu bauen und zu verwalten hatte. Dies bestimmte die Tätigkeit der durchaus tüchtigen kaufmännischen und technischen Geschäftsleitung. Vom Vorsitzenden angefangen, wurde auch der Aufsichtsrat von Beamten beherrscht, die mich sehr freundlich aufnahmen, aber dabei blieb es dann auch. Beim Bau einer Wohnanlage in Freiburg in späteren Jahren haben wir nur wenig Unterstützung aus Karlsruhe erfahren.

Einige markante Ereignisse

Der Versuch, eine Geschichte des Unternehmens zu schreiben, ist mit dem Buch „75 Jahre GEHAG" gemacht worden. Von den 27 Jahren, die ich – wie die Amerikaner sagten – „Mr. Gehag" war, sollen daher nur einige besondere Ereignisse, Entwicklungen herausgegriffen werden.

Ernst Reuter

Das Richtfest mit Ernst Reuter

Ein Höhepunkt im Rahmen des dreijährigen Wiederaufbaues der fast 2000 Wohnungen war im Dezember 1952 das Richtfest von ca. 300 in der so genannten „Geisterstadt" am Südwestkorso in Wilmersdorf. Das war ein Rohbau, der kriegsbedingt 1944 stecken geblieben, aber auch von ein paar Bomben getroffen worden war. Es war das einzige Richtfest mit Ernst Reuter, der nicht nur auf der Baustelle zu uns sprach, sondern mit seiner Frau und Paul Hertz und Frau auch zum Richtschmaus im Prälaten zu uns kam. Es sollte sein letztes Richtfest bei uns sein, denn er starb schon am 29. September 1953. Über die Bedeutung seines Todes für Berlin, aber auch für ganz Deutschland ist so viel geschrieben worden, dass ich hier nur erzählen will, dass wir im Augenblick wie gelähmt saßen, als am Abend der Rundfunk die Nachricht brachte. Mein Gefühl war, dass ich zum zweiten Mal meinen Vater verloren hatte. Gaby stand stillschweigend auf, holte Kerzen und brannte sie im Fenster an. Später sahen und hörten wir, dass an dem Abend überall brennende Kerzen in den Fenstern standen. Alle hatten sich daran erinnert, dass Reuter zu Weihnachten die Bevölkerung aufgerufen hatte, auf diese Weise an die Kriegsgefangenen in der Sowjetunion zu erinnern.

In der Geisterstadt machten wir kurz vor Bezugsfertigkeit eine interessante Ausstellung. Zusammen mit dem Werkbund, Prof. Rossow u. a. wurde der Gedanke geboren, mit Hilfe aufgeschlossener Möbelgeschäfte verschiedene Wohnungstypen zeitgemäß zu möblieren, aber in jedem Wohnzimmer stand im Kontrast dazu ein altes von Antiquariaten geliefertes Stück. Die Ausstellung war für das Publikum etwas ganz Neues und ein großer Erfolg.

Die „Künstlerkolonie"

1955 nahm der Präsident der Genossenschaft Deutscher Bühnen-Angehörigen, Ludwig Körner, mit mir Verbindung auf. Zusammen mit dem Schutzverband Berliner Schriftsteller war die Genossenschaft Eigentümerin der Heimstätten-Gesellschaft „Künstlerkolonie", deren Wohnanlage direkt an die unsrigen am Südwestkorso anschloss. Die beiden Verbände fühlten sich personell und finanziell insbesondere einem Neubau nicht gewachsen und hatten daher beschlossen, mit dem Nachbarn Kontakt aufzunehmen, bei dem sie am meisten Verständnis für die Tradition dieser Anlage erwarten konnten. Die beiden Verbände hatten am 30. April 1927 den Grundstein gelegt, auf dem stand: „Aus dem Nichts schafft Ihr das Wort, und Ihr tragts lebendig fort, dieses Haus ist Euch geweiht, Euch, Ihr Schöpfer dieser Zeit." Als 1931 die drei Häuserblocks am heutigen „Ludwig-Barney-Platz" fertig waren, zogen junge Avantgardisten aus Literatur und Theater ein. Walter Hasenclever, Arthur Koestler, Johannes R. Becher, Manes Sperber sind nur Beispiele. Wie die Gehag in den vornehmen Bezirk Zehlendorf eingebrochen war, bildete die „Künstlerkolonie", bald „die rote Tintenburg" genannt, eine Insel in der „bürgerlichen" Umgebung, aber mit dem Unterschied, dass die „Tintenburg" schon vor 1933 Ziel des Terrors wurde und danach eine Verhaftungswelle durch die Wohnungen ging, sodass auch die Mutter des damals zwölfjährigen Wolfgang Leonhard, dessen Rückkehr 1945 mit Walter Ulbricht ich oben erwähnt habe, die Bonner Straße bei Nacht und Nebel verließ. Da auf der anderen Seite unter dem Nazi-Regime der Kunstbetrieb weiterging, blieben auch Mieter ungeschoren, und es zogen viele neue ein. Ob alt oder neu, es finden sich Namen wie Hermine Körner, Dorothea Wieck, Alice Treff, des Regisseurs Willi Lang,

Rudolf Fernau u. a. m. bis zum Conferencier auf unseren Richtfesten, Günter Keil. Mit der Zusage, diesen Personenkreis weiter zu bevorzugen, was bei der herrschenden Wohnraumbewirtschaftung auch des Wohlwollens der Behörden bedurfte, erwarben wir zum 1. Januar 1956 die Gesellschaft. Organisatorische Gründe führten später zur Übertragung der Grundstücke auf die Gehag. Der damit leere Gesellschaftsmantel wurde in „Gemeinnützige Aufbau-Gesellschaft der Gehag m. b. H" in die Gehag Aufbau umfirmiert, die spezielle Sanierungsaufgaben im Wedding erhielt.

Eine Unesco-Kindertagesstätte?

1955/1956 konnten wir auf altem Vorratsgelände in Mariendorf eine große Wohnanlage beginnen, die von unserem Freund Prof. Wils Ebert als „Nachbarschaft" konzipiert wurde. Im Rahmen der Wohnungsbauprogramme war sie zuerst für Ostzonenflüchtlinge vorbehalten. Schon bei den ersten 308 Wohnungen war eine frei stehende Kindertagesstätte vorgesehen

In der Gesellschaft für die Vereinten Nationen hatte ich Annedore Leber, die Witwe des noch 1945 ermordeten bekannten Reichstagsabgeordneten Julius Leber, kennen gelernt. Die Gesellschaft unterstützte gelegentlich das Protokoll des Senats, indem wir z. B. den iranischen Ministerpräsidenten Dr. Ali Amin oder den südkoreanischen Außenminister Choi Duk Shin als Gäste hatten, wenn die Herren nach Bonn ihren obligatorischen Besuch in Westberlin machten. Ich entsinne mich noch, wie Letzterer zu unserer inneren Aufrichtung aus Fichtes „Reden an die deutsche Nation" zitierte. Annedore Leber mit ihrem Mosaikverlag, mit dem sie vorzügliche Bücher über die Widerstandsbewegung herausgab, als Bezirksverordnete in Zehlendorf war sehr engagiert in allem, was geeignet war zu verhindern, das das, was wir erlebt hatten, noch einmal passiert.

Als wir einmal in ihrem Häuschen am Possweg zusammensaßen, wurde der Gedanke geboren, schon in einer KiTa durch entsprechendes Personal die Kinder in ganz frühem Alter mit fremden Menschen, Spielen und Sprachen im Sinne der Völkerverständigung vertraut zu machen. Der moderne Bungalowbau, der Kontakt zu den Ostzonenflüchtlingen schien uns hierfür sehr geeignet. Annedore Leber hatte engen Kontakt zum Unesco-Komitee und seinem Leiter, Prof. Stark, nicht zuletzt aber in finanzieller Hinsicht zum Lotto, das solche gemeinwirtschaftlichen Projekte gern unterstützte.

Noch ganz in diesem Geiste legten wir am 20. August 1955 gemeinsam den Grundstein. Auch bei der Eröffnung und Namensgebung wurde in schönen Reden dieser Geist noch beschworen. Unter uns gestanden wir uns aber unsere Skepsis. Das Wichtigste, die Personalbeschaffung mit Hilfe der Unesco, hatte sich als unmöglich herausgestellt. Betreiber war von Anfang an das Deutsche Rote Kreuz. Wir hatten

Annedore Leber bei der Einweihung der UNESCO Kindertagesstätte

zwar keinen Zweifel, dass Präsident Dr. Blos – nicht nur in seiner Rede zur Eröffnung – für unsere Gedanken sehr aufgeschlossen war, aber ... Dieses „aber" war in der Person der zuständigen Abteilungsleiterin anwesend, die es ahnungslos für selbstverständlich gehalten hatte, in ihrer feldgrauen Uniform zu erscheinen, und den Eindruck machte, befehlsgewohnt zu sein. So verließen wir die Feier mit sehr gemischten Gefühlen. Es wurde eine DRK-Kindertagesstätte mit falschem Etikett; aber erst am 15. Januar 1958 habe ich mir vermerkt, dass in einer Sitzung des Unesco-Komitees von Prof. Stark gewünscht wurde, dem DRK zu kündigen. Das geschah zwar nicht, aber es änderte sich auch nichts. Im Juli 1966 zog sich das Berliner Komitee für

Unesco-Arbeit e. V. – wie es diplomatisch hieß – „in dankbarer Würdigung der Verdienste der beiden anderen Partner und in freundschaftlicher Übereinstimmung mit diesen" zurück. Für Annedore Leber und mich war es eine herbe Enttäuschung.

Das „Haus am Volkspark"

Eine Beteiligung der Gehag an der Internationalen Bauausstellung 1957 war infolge unserer Auslastung ausgeschlossen. Unser Beitrag bestand aber zum einen darin, dass wir im Juli 1957 ein Buch über die Entwicklung des Unternehmens herausbrachten, in dessen Vorwort der Senator für Bau- und Wohnungswesen, Rolf Schwedler, u. a. schrieb: „Ich begrüße es, dass damit das älteste und mit 16.500 Wohnungen auch größte Gewerkschaftsunternehmen Zeugnis von dem Willen und den Zielen seiner Gründer ablegt und Rechenschaft über seine Tätigkeit gibt. Die Wohnanlagen, die die Gehag in den jetzt 33 Jahren ihres Wirkens erbaute, haben die Anerkennung der Öffentlichkeit und der Fachwelt gefunden. Sie gehören zum Gesicht Berlins."

Des Weiteren waren Prof. Wils Ebert und ich überzeugt, die zur Ausstellung kommende Fachwelt würde sich umschauen, was sonst noch Neues in Berlin entstanden ist. So kam es, dass wir mit ihm dicht bei unserer Mariendorfer Wohnanlage das, architektonisch interessante, neungeschossige „Haus am Volkspark" bauten; zusammen mit daneben liegenden 24 ineinander geschachtelten ebenerdigen Einfamilienhäusern, die in der Bevölkerung den Namen „Klein Tunis" bekamen. Den damaligen, bescheideneren Wünschen entsprechend hatte das Haus 127 1-Zimmer-Wohnungen mit Schlafnische und Innenbad für allein stehende alte Menschen und sonstige Singles, auf welche die Mieter schon nach Baubeginn warteten. Ergänzt wurde alles durch 15 2-Zimmer-Wohnungen, Läden, Garagen und ein Restaurant. Letzteres musste aber einer Bücherei weichen, weil die alten Mieter im Sommer ihre Ruhe haben wollten. Wils Ebert und ich konnten jedenfalls nach der Bauausstellung feststellen, dass die Resonanz in der Fachwelt groß war.

Das „Haus am Volkspark" war auch in technischer Hinsicht etwas Neues. Die Firma Christian Oelting in Pinneberg hatte den Bau mit Leca-Steinen und -platten (Leca Lightweight expanded clay aggregated), das war Ziegelsplitt-Schüttbeton, in den kleine Tonkügelchen eingebettet waren, vorgeschlagen.

Nach meiner Erinnerung kam die neue Bauweise aus Dänemark. Um uns zu informieren, fuhren am 10. Juni 1955 Herr Bauer, sein Chef der Planungsabteilung und ich mit dem Auto nach Kopenhagen. Aus Berlin nahmen wir noch das Vorstandsmitglied der für die Bewilligung der öffentlichen Mittel zuständigen Wohnungsbaukreditanstalt, Herrn Steinmetz, mit, und in Hamburg stieß Herr Goedecke zu uns. In Kopenhagen besichtigten wir erst eine Hochhaussiedlung und dann den Neubau eines Krankenhauses, alles Bauten mit Leca-Steinen. Diese Bauten und der

Haus „Am Volkspark"

nachfolgende Einblick in die Produktion bei den Firmen Larsen und Nielsen und Lemvigh-Müller-Munk AG überzeugten uns alle. Dänemark und Schweden waren damals das Mekka der Städteplaner und Architekten; daher besichtigten wir in K. noch weitere Siedlungen. Mich beeindruckten besonders große Einfamilienhausanlagen, die ohne Zäune oder sonstige Abgrenzungen im Grünen lagen. Versuche,

das auch bei uns einzuführen, scheiterten regelmäßig an dem Verlangen, sich nur ja mit einem Zaun vom Nachbarn abzugrenzen.
Wenn ich heute eine ganz neue Anlage in Falkensee bei Berlin betrachte, sehe ich, dass sich an dieser Einstellung nichts geändert hat.
Der Besuch einer großen Bauausstellung in Malmö, deren Deutschlandabteilung Mia Seger vom Rat für Formgebung betreute, Besichtigungen in Trelleborg, Besprechungen mit den Architekten Jaennecke und Samuelson, die in der Interbau 1957 in Berlin engagiert waren, und schließlich der Besuch der in allen Architekturzeitschriften. herausgestellten Siedlungen in Växjö beendeten unsere Studienreise.
Das „Haus am Volkspark" wurde mit Leca gebaut. Es war seit Jahr und Tag bezogen, als eines Morgens die Nachricht kam, dass ein mehrstöckiger Neubau in Moabit, erfreulicherweise vor Bezugsfertigkeit, über Nacht in sich zusammengefallen war. Es war auch ein Leca-Bau. Ich habe nicht vergessen, wie der sofort zu mir zitierte Herr Bauer auf meine Frage, ob uns das auch passieren könnte, ganz trocken sagte: „Jeder Leca-Bau kann über Nacht ein Krümelhaufen sein, wenn das Betonmischverhältnis nicht stimmte." Wir haben dann sofort in allen Etagen Probebohrungen durch das Materialprüfungsamt machen lassen. Entsprechend dem Ergebnis steht das Haus nach fast 50 Jahren, aber Schreck und Sorge waren groß.

Finnische Holzhäuser in Berlin

Am 27. Juli 1955 ging gleich um neun Uhr das Telefon. Es war Senator Hertz, der mir sagte, bei ihm wären zwei Amerikaner, Beamte eines Ministeriums in Washington. Die USA beabsichtigten, Berlin mehrere Millionen Dollar zu schenken, für die in Finnland in Berlin aufzustellende Holzhäuser gekauft werden sollten; er habe dabei an die Gehag gedacht, ob ich gleich mal rüberkommen könnte Bei Dr. Hertz und seinem Senatsdirektor Busack fand ich außer den amerikanischen Herren noch als Vertreter des Bundesministeriums für wirtschaftliche Zusammenarbeit Herrn Dr. Goedecke vor. Ich hörte, dass es sich um in Finnland eingefrorene ERP-Mittel handelte. Eingefroren insofern, als Finnland nur mit Holz und Papier zurückzahlen konnte. Beides bezogen die Amerikaner besser und billiger aus Kanada. Vorgeschlagen wurde, die vorfabrizierten Teile zu beziehen und auf vorbereitete Fundamente in einer Sonderaktion des sozialen Wohnungsbaues aufzustellen. Ich zeigte mich natürlich sofort aufgeschlossen für das Projekt, gab aber zu bedenken, ob die Häuser den hiesigen Bauvorschriften entsprechen würden. Der Senator für Bau- und Wohnungswesen würde sicher die eine oder andere Ausnahmegenehmigung von der Bauordnung erteilen, aber wenn viele notwendig würden, müssten wir mit Schwierigkeiten rechnen. Die Beteiligten schlugen daraufhin vor, dass wir uns die Häuser ansehen sollten. Da alles eilig war, fragten die Amerikaner – im Gegensatz zu unseren Freunden in Berlin noch etwas von oben herab –, wann wir fliegen könnten. Meine vielleicht

Elinor Dulles bei der Einweihung der „Finnenhäuser"

etwas arrogante Antwort war: „Wenn wir die Flugtickets bekommen, morgen." Tatsächlich sind Herr Bauer und ich am folgenden Sonntag nach Hamburg geflogen und nach einem gemütlichen Nachmittag bei Herrn Goedecke weiter nach Helsinki, wo wir von Dr. Duffner von der Deutschen Handelsvertretung abgeholt wurden. Am nächsten Tag unterrichtete uns der Generalkonsul Dr. Koenning, dass die Finnen Absatzschwierigkeiten hätten, weil russische Aufträge ausgefallen waren, und befürchtete, dass uns alte Teile vom Lager angeboten würden.

Da wir bei den Firmen erst am Dienstag angemeldet waren, konnten wir das schöne Helsinki besichtigen. Es war für mich besonders schön, die Erinnerungen von 1929 wieder aufzufrischen.

Die Befürchtungen des Generalkonsuls bewahrheiteten sich nicht, aber bei den Besichtigungen in Otaniemi, Tapiola und Tampere sah Herr Bauer sofort, dass, wie ich angenommen hatte, die Häuser in vieler Hinsicht nicht der Berliner Bauordnung entsprachen. Die Herren der Firmen Puutalo Oy und Puurakenne waren aber flexibel. Wir sollten ihnen nur die Bauzeichnungen senden, sie würden danach die Holzteile schneiden. Am 5. August waren wir nochmals in Tapiola zu Abschlussbesprechungen und diktierten danach auf dem mitgenommenen Bandgerät unseren Bericht für den Senat.

Finnenhaussiedlung Kladow

Unsere Planungsabteilung entwarf drei Haustypen. Puutalo Oy ging an die Arbeit und schickte vorweg die Teile für drei Musterhäuser, die wir in Mariendorf errichteten, um zu prüfen, wie sie bei der Bevölkerung ankamen. Die Menschen standen Schlange. Die daraufhin vorgefertigten Holzteile im Werte von 7,2 Millonen DM kamen per Schiff nach Lübeck und von dort mit Lastkähnen nach Berlin, wo sie über Winter erst einmal in den Messehallen eingelagert wurden. Am 7. Mai 1958 konnte ich Mrs. Eleanor Dulles und Senator Hertz in Kladow durch die Baustelle und die Häuser im Rohbau führen. Frau Dulles, der Frau des Außenministers, verdankten wir die Schenkung. Sie kümmerte sich in Washington, in der Deutschlandabteilung, besonders um Berlin.

Es wurden 435 Häuser, die nach dem amtlichen Schlüssel von uns zu 51 Prozent an Ostzonenflüchtlinge, zu 10 Prozent an Lastenausgleichsberechtigte, zu 30 Prozent frei finanziert zu vergeben waren. Die strikte Auflage war, dass die Holzteile auch den Erwerbern geschenkt wurden. Mein dringender Appell, die 7,4 Millionen doch im Wege der Tilgung durch die Käufer revolvierend als öffentliche Mittel für neue Bauten einzusetzen, fand zwar bei Hertz Verständnis, scheiterte aber an der Bürokratie in Washington. Es sollte nicht ein Geschenk an den Senat sein, sondern an die Bevölkerung unmittelbar. Es war also ein Glücksfall, ein solches Grundstück zu bekommen, insbesondere wenn man an den heutigen Verkehrswert der Häuser denkt.

Technisch war interessant, dass die ganze Siedlung eine eigene Kläranlage benötigte, die in unserem Hause vom Ing. Karl Maurer geplant wurde. Mit berechtigtem Stolz konnte er mir regelmäßig die Berichte vorlegen, wonach wir am Ausgang der Anlage bei der Insel Imchen sogar zum Trinken geeignetes Wasser in die Havel einleiten.

Immer Ärger mit der „Neuen Heimat"

In den ersten Jahren waren sich DGB und DAG noch der Tradition bewusst, für Arbeiter und Angestellte wohnungsreformerischen Ansprüchen gerecht werdenden Wohnraum zu schaffen, wobei sie wie einst das Gründungskapital die Kapitalerhöhungen in den Jahren 1956 und 1961 wie Stiftungsvermögen zur Verfügung stellten und auf jede Gewinnmaximierung verzichtet wurde. Schon in den Zwanzigerjahren reichten aber in den meisten Fällen Verzicht auf Gewinnmaximierung und Selbstkostenprinzip nicht aus, um zu tragbaren Mieten zu kommen. Ohne öffentliche Förderung war schon in den Zwanzigerjahren der Wohnungsbedarf breiter Schichten nicht zu decken. Das Stiftungsvermögen hatte also nur die allerdings sehr wichtige Funktion des Eigenkapitals. Auch wir konnten die großen Neubauten nur mit aus den Altbauten erwirtschaftetem Eigenkapital (ca. 15 Prozent) und den staatlichen Fördermitteln finanzieren. Im Rahmen der Wohnraumbewirtschaftungsbestimmungen hatte daher jeder Wohnungssuchende Anspruch. Es kam zu einer Anfrage im Abgeordnetenhaus, die einen Verstoß gegen die Bestimmungen vermutete, weil ich bestimmt hatte, dass in den Fragebögen für künftige Mieter die Frage nach der Gewerkschaftszugehörigkeit stand, und natürlich wurde unter zwei berechtigten Bewerbern das Mitglied bevorzugt. Ich konnte zwar darauf hinweisen, dass wir als Unternehmen von DGB und DAG interessiert seien, diese jährlich zu unterrichten, wie viele Mitglieder wir unterbringen konnten. Die Ausrede half aber nichts. Wir mussten die Frage – jedenfalls im Fragebogen – unterlassen.

Die Beteiligung des Landes Berlin war für uns sehr wichtig. Die Vertreter von Bau- und Wohnungswesen und Finanzen waren wesentliche Begleiter zu den Fördertöpfen. Die Zweidrittelbeteiligung der anderen Seite bewahrte uns andererseits davor, wie die rein kommunalen Unternehmen in die Gefahr zu geraten, der verlängerte Arm der Verwaltung zu sein. Ein Beispiel: Der Senat hatte beschlossen, eine wirtschaftlich notwendige Mietenerhöhung bei den städtischen Unternehmen erst nach Wahlen zum Abgeordnetenhaus durchzuführen. Bausenator Schwedler sagte mir telefonisch, es sei wohl selbstverständlich, dass auch die Gehag so verfahren würde. Ich hatte das schon vorausgesehen, unsere Vorarbeiten beschleunigt, und konnte ihm sagen, es täte mir Leid, aber bei uns hätten die Hauswarte schon vor zwei Tagen den Mietern die Briefe in den Kasten gesteckt. Das gab natürlich in einer späteren Aufsichtsratsitzung eine Anfrage, aber ich konnte später mit Genugtuung hören, dass der Rechnungsprüfungshof das Verfahren beanstandet hatte. Um den Verlust auszugleichen, bekam der Senat in entsprechender Höhe von den anderen Gesellschaften keine Dividende.

Solche Vorkommnisse haben aber nie die gute Zusammenarbeit im Aufsichtsrat beeinträchtigt, die auch äußerlich ihren Ausdruck darin fand, dass die ursprüngliche Verabredung, den Vorsitz jährlich wechseln zu lassen, bald vom jahrelangen Vorsitz des Senators Otto Theuner abgelöst wurde. Der „königlich-preußische Sozialdemokrat", wie er sich einmal nannte, und ich, von dem er sagte, dass ich die Gehag „autoritär-demokratisch" lenkte, waren ein gutes Gespann. Bei aller Wahrung der Interessen des Landes Berlin waren bei ihm das Wohl der Gesellschaft und meine Unterstützung immer vorrangig. Problematisch war von Anfang an das Verhältnis zu der DGB-eigenen Unternehmensgruppe „Neue Heimat". Schon im Mai 1952 wurde ich von ihrem Chef, Heinrich Plett, zu einer Tagung aller Geschäftsführer eingeladen, und wie ich sie alle vor Beginn um ihren Boss versammelt sah, kam ich mir fremd und fehl am Platze vor. Die Einladung aller am Abend in eine Art Varieté auf der Reeperbahn verstärkte das Gefühl. Mangels genügenden Einflusses gründete Plett 1955 die „Neue Heimat" Berlin. Nach meinen Aufzeichnungen machte er mir am 12. Januar 1956 den Vorschlag, die Gehag solle die Baubetreuung und die Verwaltung neuer Wohnungen übernehmen, während seine Gesellschaft für die Finanzierung sorgen werde. Ich verlangte, dass bei den Bauten der Qualitätsmaßstab der Gehag angelegt werden müsste, weil die NH für gewisse Vereinfachungen bekannt war. Als Plett zustimmte, bot ich an, die NH als Untermieter bei uns aufzunehmen. Das wurde von Plett begrüßt und beim nächsten Gespräch von meinem Aufsichtsratsmitglied Siegfried Aufhäuser kommentiert: „Da haben Sie sich eine schöne Laus in den Pelz gesetzt." Er verkannte nicht meinen guten Willen, aber mit seiner alten Erfahrung sollte er Recht behalten.

Die NH zog also bei uns ein, und ihr Geschäftsführer, Lippik, begab sich auf die Suche nach Grundstücken und nahm Kontakt zu den Behörden auf. Am 2. August war ich wieder bei Heinrich Plett zu Hause eingeladen. Er war anfänglich stark verstimmt, weil ihm zugetragen worden war, die Gehag würde überall die NH scharf bekämpfen. In meinen Aufzeichnungen steht in Klammern: (Was ja nicht ganz unrichtig war). Wir legten dann aber doch gemeinsam fest, dass die NH keinen Verwaltungsapparat haben, sondern zur Bauleitung und Verwaltung die Gehag herangezogen werden sollte. Anschließend ließ Plett die Katze aus dem Sack. Ihm missfiel die Beteiligung des Landes Berlin. Seiner Ansicht nach habe sich die Konzentration der NH-Gruppe bereits bewährt. Es sei wesentlich, dass die Gehag wieder ein rein gewerkschaftliches Unternehmen würde. Damit meinte er ein DGB-Unternehmen, denn er deutete auch das Ausscheiden der DAG an, was von der Rückgabe der Gagfah abhinge. Er sprach dann noch vom Anschluss der Gehag an das „Selbstfinanzierungssystem" der NH, die in großem Umfang die steuerbegünstigten 7c-Gelder von Privaten an sich zog, und auch von einer späteren Fusion mit der NH. Plett dachte sogar an die Wiedervereinigung. Da könnte die Gehag „Vorgesellschaft" für einzelne Gesellschaften in der DDR werden. Als er mir dann auch noch ganz unverblümt sagte, in der NH und als Chef der Vorgesellschaft würde ich bedeutend mehr verdienen als jetzt, war es für mich Zeit, ziemlich plötzlich das gastliche Haus zu verlassen.

Als ich Aufhäuser von diesem Gespräch berichtete, war er der Ansicht, dass der Aufsichtsrat unterrichtet werden müsste mit der Begründung, dass man das offen besprechen sollte. Hierzu kam es aber nicht, sondern es ging noch jahrelang mit der NH als treibendem Keil so weiter. Versuche, mit Lippick, mit Einladung auch seiner Frau, etwas Kontakt zu bekommen, waren vergeblich. Die NH zog auch wieder von uns aus, von der Arbeitsteilung der Unternehmen war auch keine Rede mehr. Doch: De mortuis nil nisi bene. Ein erster Höhepunkt unserer Auseinandersetzungen wurde 1959 erreicht. Wir hatten für ein noch zu besprechendes Großprojekt in unserer Domäne Neukölln bereits 500.000 Quadratmeter erworben, als wir vom dortigen Stadtrat Zerndt hörten und in der „Morgenpost" lasen, dass sich die NH dort auch betätigen wollte. Wir hatten aber mehrfach verabredet, dass die NH dort nicht bauen würde, weil Neukölln traditionell unser Feld war. Mit Schreiben vom 16. Juni protestierte ich energisch gegen die Verletzung unseres Abkommens und schrieb zum Schluss: „Ich bin jedenfalls nicht gewillt, mir einen solchen Wortbruch gefallen zu lassen, und werde notfalls auch nicht den Weg in die Öffentlichkeit scheuen, um jede sachlich unmotivierte Beeinträchtigung der Arbeit der Gehag zu verhindern ... Bis jetzt hatte ich den Eindruck, dass der Kollege Plett derartige Geschäftsmethoden uns gegenüber nicht billigt, und werde mich daher gleichzeitig unter Beifügung einer Abschrift dieses Briefes bei ihm erkundigen, ob sich seine Einstellung insoweit geändert hat." Ich habe es Herrn Plett hoch angerechnet, dass Herr Lippik am nächsten Tag nach Hamburg zitiert und zurückgepfiffen wurde. Sein Prokurist und Nachfolger nach seinem frühen Tod hätte wohl nicht so reagiert.

Solche Vorfälle waren aber nur Blasen, die aus der Magma der Gerüchte, Vermutungen über eine Neuverteilung der Aktienpakete an die Oberfläche kamen, eine planvolle Arbeit behinderten und vor allem zu einer Beunruhigung der Mitarbeiter führten. Auch wenn sich der Aufsichtsrat nicht damit befasste, zeigte sich auch hier manchmal die Denkweise der NH. Als bei uns die Frage einer Kapitalerhöhung erörtert werden sollte, sagte Herr Terhorst, geschult auch als Aufsichtsratsmitglied der NH, an mich gerichtet: „Mit Eigengeld kann jeder bauen." Meiner Erwiderung, dass dieser Grundsatz nicht nur für den Privaten richtig sei, sondern auch für jede Wohnungsbaugesellschaft, wobei die bei der öffentlichen Förderung verlangten mindestens 15 Prozent Eigengeld auf lange Sicht problematisch niedrig seien, wurde allerdings in diesem Kreis nicht widersprochen. Ich habe damals nicht geahnt, dass die NH einmal u. a. auch wegen eklatanten Verstoßes gegen gerade auch diesen Grundsatz zugrunde gehen sollte.

Beinahe wäre Mr. Gehag ausgestiegen

In dieser Situation überraschte mich bei einer Besprechung am 23. April 1958 mit dem Regierenden Bürgermeister Willy Brandt dieser mit der Frage, ob ich mir eine Veränderung meines Arbeitsgebiets vorstellen könnte. Senator Paul Hertz und Senatsdirektor Otto Busack hätten mich für den seit einem Jahr vakanten Posten des Senatsdirektors in der Finanzverwaltung vorgeschlagen. Während jede andere Verwaltung mich nicht interessierte, war diese Frage für mich reizvoll, weil mit der Aufstellung des Haushalts Einwirkungsmöglichkeiten auf jede andere Verwaltung bestehen. Schon als Student hatte ich Vorlesungen über öffentliches Finanzwesen gehört. Daher bat ich, mir das überlegen zu dürfen.

Mein erster Gang war zu Dr. Bodien, der sehr dagegen war, von einem Verlust für die gemeinnützige Wohnungswirtschaft sprach und dass er an mich als seinen Nachfolger im Verband gedacht habe. Meine Aufsichtsratsmitglieder Scharnowski und Goedecke zeigten angesichts der Lage hinter den Kulissen Verständnis, und so sagte ich auf dem Geburtstag vom Aufhäuser am 1. Mai Dr. Hertz auf seine Frage, dass er Willy Brandt meine grundsätzliche Zusage überbringen könne. Nach einer Notiz im „Tagesspiegel" vom 13. Mai stellte aber die Koalition SPD und CDU die Frage zurück, da auch die Frage eines neuen Finanzsenators anstand. Dr. Haas wollte zurücktreten, weil er sich um das Amt des Chefpräsidenten des Oberverwaltungsgerichts bewerben wollte. Am 3. Juni kam dann aber die Zustimmung des Senats, und am 30. war ich wieder bei Willy Brandt, der mir seine Gedanken über eine neue Finanzpolitik darlegte. Wenn heute von der Subventionsmentalität auf der Insel Berlin gesprochen wird, kann ich darauf hinweisen, dass Brandt mit den Worten begann: „Die Zeit des Versteckspielens und der gegenseitigen Täuschung von Bund und Berlin ist vorbei." Man müsse mit Bundesfinanzminister Etzel ganz offen verhandeln. Er habe den Senat auf die Notwendigkeit größter Sparsamkeit hingewiesen. Mit Ausnahme des Wohnungsbaues müssten in der Verwaltung Stellen eingespart und vor allem in den Bezirken Ausgaben gründlich reduziert werden. Wie ernst es ihm war, zeigte seine Empfehlung, eng mit Dr. Winkelmann, Präsident des Rechnungsprüfungshofs, zusammenzuarbeiten, der für eine sorgfältige Prüfung im Sinne wirtschaftlicher Reformen garantiere. Die lange Besprechung schloss mit der Bemerkung, dass der neue Senator wohl nur vorübergehend tätig werden würde. Brandt empfahl mir daher, nach seinem jetzt fälligen Urlaub laufend mit ihm Kontakt zu halten, wenn es um wesentliche Fragen ginge.

Es kam aber alles ganz anders. Wir hatten die Rechnung ohne die SPD gemacht. Ich war zwar auf Wunsch und Veranlassung von Otto Bach, Klingelhöfer, Ernst Reuter, Paul Hertz am 1. Juni 1950 Mitglied der SPD geworden, aber dass ich jemals bis zu meinem Austritt dort heimisch geworden wäre, kann ich nicht behaupten. Zuerst habe ich noch einige Abteilungsabende besucht, wo dann der Kassierer die Beiträge einnahm und als Quittung kleine Marken gab, die man in das Mitgliedsbuch kleben musste. Nach einer Bemerkung über das Unrationelle dieses Verfahrens wurde ich belehrt, dass dies den persönlichen Kontakt fördere. Auch das „Du" und die Anrede „Genosse" wollte mir nicht über die Lippen. Es erinnerte mich zu sehr an die Erlebnissemit den „Genossen" in der Zentralverwaltung.

Da in den Nachrichten über meine Bestellung in Klammern SPD dabeistand, hatte ich bei unpassender Gelegenheit gesagt, dass ein Senatsdirektor zwar so genannter politischer Beamter sei, dass bei mir aber oberstes Gesetz der Haushalt, die Rentabilität der Verwaltung sein würde, dann käme erst nach ein paar hundert Metern die Partei. Das nahm die Fraktion gewaltig krumm. Man nahm einen von mir selbst verschuldeten alten Vorfall zum Anlass, mich vor die Fraktion zu zitieren. Recherchen hatten ergeben, dass ich 1947/48 in einem Unterwerfungsverfahren 320 DM Steuern nachgezahlt hatte. Infolge der von mir erwähnten unregelmäßigen Honorarzahlungen des Magistrats, die ich selbst versteuern musste, hatte ich eine dieser Zahlungen versehentlich nicht in meiner Erklärung aufgenommen. Da ich wusste, dass Zahlungen aus dem Landessäckel direkt an das Finanzamt berichtet werden, nahm auch der zuständige Beamte keinen Fall der Hinterziehung an. Ich hatte die Sache am 6. August gleich mit dem Bürgermeister Amrehn in Vertretung von Brandt erörtert, welcher der Angelegenheit keine wesentliche Bedeutung beimaß. Am nächsten Tag fand keine Besprechung, sondern eine regelrechte Verhandlung in der Fraktion statt. Der Vorsitzende, ein Herr Theiss, trug den Sachverhalt nach Form und Inhalt so vor, dass ich nach einer kurzen Berichtigung des Sachverhalts, ohne weitere Erörterungen abzuwarten, erklärte, dass ich bei dieser Einstellung des Fraktionsvorsitzenden und unter solchen Umständen kein Interesse mehr hätte. Willy Brandt machte mir nach seiner Rückkehr vom Urlaub in einem Brief vom 22. August den Vorwurf, inzwischen vollendete Tatsachen geschaffen zu haben. In meiner Erwiderung musste ich ihm aber nach Schilderung der Fraktionssitzung schreiben: „Jede andere Stellungnahme meinerseits – auch die nahe liegende Bitte, die Frage bis zu Ihrer Rückkehr zurückzustellen – hätte in diesem Kreis den Eindruck erweckt, dass ich mich jetzt nach dem Posten dränge, ohne mich je darum beworben zu haben. Ich bitte um Ihr Verständnis für meine Feststellung, dass ich das nicht nötig habe." Erfreulicherweise wurde unser Verhältnis nicht belastet, denn er schrieb mir: „Ich wünsche Ihnen für Ihre weitere Arbeit alles Gute und hoffe, dass wir uns gelegentlich wieder einmal begegnen."

Rückblickend bin ich zufrieden, dass es so gekommen war. Mein Einzug in die Nürnberger Straße wäre wohl eine falsche Entscheidung gewesen. Alle Fragen und Notwendigkeiten immer auch durch die politische Brille betrachten zu müssen, wäre mir zuwider gewesen.

Wieder am alten Platz

Ich setzte also meine Arbeit fort. Auch wenn man in dieser Position solche Bekundungen nicht auf die Goldwaage legen darf, freute es mich doch, dass Belegschaft, Aufsichtsratsmitglieder, der örtliche Verband, der Gesamtverband gemeinnütziger Wohnungsunternehmen, wo ich seit längerem im Verbandsausschuss war, zufrieden waren, dass ich im Unternehmen blieb. Die Auseinandersetzungsgespräche gingen noch jahrelang weiter, aber wir ließen uns in unserer Arbeit nicht mehr stören. Ein erhebliches Problem war allerdings die Abwerbung meiner beiden Helfer der ersten Stunde durch die Neue Heimat. Bruno Bauer sollte 1959 technisches Vorstandsmitglied einer Tochtergesellschaft in der Gruppe werden. Schon 1951, als ich ihn kennen lernte, hatte er eine Magenresektion durchgemacht und hatte vor allem sehr hohen Blutdruck, sodass mit den übrigen Abteilungsleitern Übereinstimmung bestand, insbesondere Letzteres im Umgang mit ihm zu berücksichtigen. Als ich Zweifel andeutete, ob er dort auch so verständnisvoll behandelt würde, meinte er, als Vorstandsmitglied hätte er „den freien Himmel" über sich. Meine Informationen über den „freien Himmel" waren andere, aber ich habe gelernt – auch wieder von meiner Mutter –: „Reisende soll und kann man nicht aufhalten." Zu meinem Bedauern ist Bruno Bauer bald gestorben. Auch August Künkel, der sich so um die Reorganisation verdient gemacht hatte, ging ein halbes Jahr später zur NH als Innenrevisor. Das war eher verständlich, weil es seinem Interessengebiet entsprach. Auch er ist aber bald gestorben, aber ich denke, dass auch er den späteren Zusammenbruch der NH nicht verhindert hätte.

Den Weggang der beiden Herren nahm ich als äußeres Zeichen, dass die Reorganisation als Zwischenstadium endgültig abgeschlossen war. Die Lücken konnten schnell mit Mitarbeitern aus dem Unternehmen selbst geschlossen werden.

Soweit ich noch von Versuchen hörte, die Gehag zu teilen oder andere Änderungen herbeizuführen, versuchte ich jede Lösung zu bekämpfen, welche die Existenz,

Arbeitskraft und den unvergleichlichen Besitzstand des Unternehmens gefährdet hätte. Eine Lösung, die dies gewährleistete, kam erst 1964.

Mitarbeit in der Organisation der Gemeinnützigen

In der Zwischenzeit konnte ich mich dank fast nur erstklassiger, vor allem leitender Mitarbeiter, bei denen ich immer nur weitere Abwerbungen befürchtet habe, vielen ehrenamtlichen Aufgaben widmen. Angefangen von der Mitgliedschaft und dem späteren jahrzehntelangen Vorsitz im Verbandsauschuss des Berliner Verbandes, der Mitgliedschaft im Verbandsausschuss des Gesamtverbandes bis zum Aufsichtsrat der Bürgermeister-Reuter-Stiftung, der von der Gehag mit begründeten Bürgschaftsgemeinschaft der gemeinnützigen Wohnungsunternehmen u. a. m. brachte dies den Überblick über die Probleme der gesamten Wohnungswirtschaft. So kam es, dass ich nicht nur wegen der Zweigniederlassung Aachen oft jede Woche im Flugzeug saß.

Die erwähnte Bürgschaftsgemeinschaft war noch einmal ein Versuch, allen Angriffen auf die gemeinnützige Wohnungswirtschaft zum Trotz eine Institution zu schaffen, die zeigen sollte, dass fortschrittliches Denken und Solidarität noch nicht ausgestorben waren. Für die Gehag und ihren Aufsichtsrat war es selbstverständlich, 1961 zu den Gründern zu gehören. Die Mitglieder sollten für kleinere gemeinnützige Wohnungsunternehmen, die den Kreditinstituten selbst nicht genügend Sicherheiten bieten konnten, die Aufnahme von Krediten für wohnungswirtschaftliche Zwecke erleichtern. Außer gemeinnützigen Wohnungsunternehmen konnten auch andere juristische Personen, also z. B. nahestehende Banken, Mitglied der Genossenschaft werden. Der Geschäftsanteil betrug 2.000 DM mit einer Haftungsbegrenzung auf 8.000 DM. Ein Geschäftsanteil berechtigte zur Inanspruchnahme einer Bürgschaft von 100.000 DM. Wie richtig der Gedanke der Gründung dieser Selbsthilfeeinrichtung war, ergibt sich daraus, dass bereits im ersten Jahr Bürgschaften in Höhe von 1,1 Millionen DM gewährt wurden. Im Laufe der Jahre kletterte diese Summe auf vier bis fünf Millionen. Dass es nicht mehr wurden, lag an der begrenzten Anzahl der Wohnungsunternehmen, insbesondere der großen Unternehmen, die bereit waren, solidarisch die Einrichtung zu unterstützen, ohne – wie z. B. die Gehag – von einer Bürgschaft Gebrauch machen zu müssen. Diese mangelnde Solidarität war ein deutliches Zeichen für das Schwinden des gemeinnützigen Gedankenguts, für das die rund 1800 Unternehmen mit der Aufhebung der Gemeinnützigkeit die Quittung bekommen haben. In einem Aufsatz im Taschenbuch für den Wohnungswirt 1966 heißt es zwar noch: „Mit der Bürgschaftsgemeinschaft steht der gemeinnützigen Wohnungswirtschaft ein Instrument zur Verfügung, das für die Arbeit der Wohnungsunternehmen auch künftig unentbehrlich sein wird." Stattdessen musste die Genossenschaft aus den genannten Gründen unter Übernahme der ausgegebenen Bürgschaften durch die Bauvereinsbank, Dortmund, sang- und klanglos abgewickelt werden. Mehr Erfolg hatte die auch von der Gehag mit gegründete DESWOS Deutsche Entwicklungshilfe für soziales Wohnungs- und Siedlungswesen e. V. Sie arbeitet heute noch auf der Grundlage von Spenden, Beiträgen und Fördermitteln in den Entwicklungsländern.

Die Gehag wächst weiter

Erfreulich entwickelte sich die Gehag in Aachen, wo inzwischen Herr Melzer in den Ruhestand getreten war. Er hatte seine Verdienste damit gekrönt, dass er in der Person von Herrn H.-J. Selka einen hervorragenden Nachfolger angeboten hatte. Dieser kam aus der DDR, hatte als Buchhalter angefangen. Er verstand es, vor allem in Kontakt zu den Behörden die Zweigniederlassung in Aachen zu einem Begriff zu machen, wie wir es in Berlin wieder geworden waren. So vorbereitet konnte ich meinen Antrittsbesuch beim Oberstadtdirektor Dr. Kurze machen, zu dem sich ein Verhältnis herzlicher Verbundenheit entwickelte, das erst mit seinem Tod endete und weit über die normale rotarische Verbundenheit hinausging, die wir erst Monate nach meinem ersten Besuch entdeckten, als ich Zeit hatte, einmal an einem Meeting in Aachen teilzunehmen. Dies wusste auch er bei meinem ersten Besuch nicht, aber etwas anderes: Bevor ich mich verabschiedete, sagte ich vorsorglich, dass ich mit einem gleichnamigen Bauunternehmer in Aachen „nicht verwandt und nicht verschwägert" sei. Die schmunzelnde Antwort war: „Das haben wir bereits festgestellt." Er zeigte mir dann noch die großartige Aussicht seines Amtszimmers auf den Innenhof und den Dom, auch den berühmten Kaisersaal. So wurde es Tradition, dass jede Besprechung bei ihm damit begann, dass wir erst diesen einmaligen Blick aus dem Fenster genossen. Auch mein Aufsichtsrat bekam, als wir eine Sitzung in Aachen abhielten, damit die Mitglieder ein Bild von der Zweigniederlassung bekamen, nach dem Empfang bei Dr. Kurze eine Führung durch ihn durch das Rathaus. Neben Herrn Selka hat vor allem Dr. Kurze dazu beigetragen, dass mir Aachen vertraut wurde. Wenn es sich einrichten ließ, kam er zu mir ins Hotel zu einem Plausch, oder ich war Gast bei ihm und seiner Gattin am Ronheider Weg, im Volksmund die „lange Kurze-Straße" genannt. Als ich einmal zur gleichen Zeit im Schwarzwald war, konnte ich Dr. Kurze in Badenweiler besuchen, und wir pilgerten gemeinsam zum Grab René Schickeles im benachbarten Elsass. Es hat mich sehr berührt, als er mir Jahre später von einem Schicksalsschlag erzählte, der ihn betroffen hatte. Sein Sohn, ein erfolgreicher Anwalt, war in Hongkong von einem Lastwagen angefahren worden und hatte sein Gedächtnis verloren. Nun war der Vater mit täglichen Lektionen bemüht, in ihm das juristische Wissen wieder zu wecken. Der Tod von Dr. Kurze hat mich sehr betroffen. Wenn ich in den letzten Jahren das eine oder andere Mal in Aachen war, bin ich immer in den Innenhof gegangen und habe zu „seinem" Fenster hinaufgesehen und dieses großartigen Mannes gedacht.

DGB und NH scheiden aus

Doch zurück zu den Verhandlungen von DGB und DAG, worauf sich alles konzentriert hatte, nachdem der absurde Gedanke, die Gehag unter den drei Gruppen aufzuteilen, schnell begraben war, weil Berlin nicht mitmachte. Hier sieht man, wie wichtig die Beteiligung von Berlin war, denn gerade dieser Seite wäre es ein Leichtes gewesen, ein Drittel des Wohnungsbestandes von einer der städtischen Gesellschaften übernehmen zu lassen. Im Gegensatz zu den heutigen Senatsmitgliedern waren Paul Hertz und anderen damals noch Tradition und Image des Unternehmens wichtiger. Nicht zu verhindern war, dass die Vermögens- und Treuhandgesellschaft des DGB ihr Aktienpaket an die NH abtrat. Dies und der plötzliche Tod von Heinrich Plett am 14. Januar 1963 waren der Auslöser einer endgültigen Regelung.

Im Frühjahr 1964 suchte mich Albert Vietor, der neue Vorsitzende der NH-Gruppe, auf. Ich kannte ihn nur von seinen seltenen Auftritten im Verbandsausschuss des Gesamtverbandes in Köln. Dabei war zu beobachten, dass – wie vorher die Leistungen von Heinrich Plett – die zweifellosen Manager-Qualitäten von „King Albert", wie er bald genannt wurde, und die Tatsache, dass die NH-Gruppe 1963 ihre 200.000ste Wohnung einweihen konnte, die Mitglieder des Ausschusses, aber auch den Vorstand des Verbandes sichtlich beeindruckten. Hinzu kam, dass der wachsende politische Einfluss über die vielen Vertreter von Städten, Landtagen, Banken u. a. m in den Aufsichtsräten der einzelnen Gesellschaften der Gruppe bekannt war. Bei den seltenen Auftritten von Vietor hörte man sich ehrfürchtig sein Statement zu irgendeiner Frage an. Soweit ich das erlebt habe, musste er dann gleich wieder weg zu einer Veranstaltung im In- oder Ausland. Die Sitzungen waren für ihn nicht so wichtig, weil der Konzern unmittelbar beim Gesamtverband und den Ministerien Gehör fand. Das Problem der Regionalverbände war, dass sie gleichzeitig Interessen- und gesetzlicher Prüfungsverband waren, andererseits aber von Mitgliedsbeiträgen der von ihnen zu prüfenden Mitglieder lebten, die nach dem Wohnungsbestand des Unternehmens berechnet wurden. Es ist wohl eine offene Frage geblieben, warum der zuständige Prüfungsverband nicht schon Jahre vor dem Zusammenbruch der NH Alarm geschlagen hat. Wie man bei dem einen oder anderen Gespräch hören konnte, hatten auch die Gesamtverbandsdirektoren unter dem deutlichen Druck der Einflussnahme von Plett und Vietor zu leiden. Der unvergessliche erste nach dem Kriege, der Bundestagsabgeordnete Dr. Julius Brecht, starb leider zu früh, um dem allem rechtzeitig einen Riegel vorzuschieben. Einer, der sich noch mit Erfolg wehrte, war Herr

Brüggemann, dessen Arbeit denn auch durch ständige Auseinandersetzungen mit Vietor erschwert wurde. Für die Methoden, mit denen dabei gearbeitet wurde, war ein Erlebnis bezeichnend. Herr Brüggemann hatte auf einer Tagung des örtlichen Verbandes in Stuttgart einen Vortrag gehalten, welcher der NH missfiel. Auf einer Veranstaltung des Norddeutschen Verbandes danach in Travemünde sprach wieder Herr Brüggemann. Ich hatte den Text seines Stuttgarter Referats vor mir liegen, weil mich etwaige Abweichungen interessierten. Sie kamen auch, was aber Herrn Vietor als ersten Diskussionsredner nicht hinderte, den Referenten wieder anzugreifen für Sätze, die er in Stuttgart, aber jetzt nicht mehr vorgetragen hatte. Das fand ich so unerhört, dass ich mich sofort zu Wort meldete und Vietor das Unfaire seines Verhaltens vorwarf. Wenig später wurde ich gebeten, in Berlin in das Büro des Landesvorstandes der SPD zu kommen, deren Mitglied ich damals noch war, weil sich Herr Vietor über mich beschwert hätte. Mein Mietgliedsbuch legte ich gleich vor mich auf den Tisch, erklärte meinen beiden Gesprächspartnern den Sachverhalt und schloss mit den Worten, wenn nach dieser Klarstellung noch eine weitere Stellungnahme von mir erwartet würde, könnten sie mein Mitgliedsbuch gleich dabehalten. Sie meinten allerdings: „Das hätte uns gerade noch gefehlt", und damit konnte ich mich verabschieden. Das war aber erst später nach dem jetzigen Besuch Vietors bei mir. Er erklärte mir, die vergangenen Jahre hätten gezeigt, dass der DGB nicht genügenden Einfluss auf die Gehag, d. h. auf mich hätte. Man wolle daher ausscheiden unter gleichzeitiger Übertragung eines Drittels unseres derzeitigen Wohnungsbestandes von 18.000 Wohnungen, also 6000. Mein Argument, bei einer Auseinandersetzung über das ehemalige DAF-Vermögen könnte man nicht vom heutigen Bestand ausgehen, ließ Vietor nicht gelten, und ein Wort gab das andere. Ich erklärte ihm schließlich, zur Umschreibung der Grundstücke im Grundbuch bedürfte es meiner Unterschrift als alleiniger Vorstand. Die Übereignung von 6000 Wohnungen würde ich nicht unterschreiben, auch wenn er einen einstimmigen Beschluss des Aufsichtsrats herbeiführen würde, den er im Übrigen auch nicht bekommen würde. Ich empfahl ihm, erst einmal festzustellen, ob ich silberne Löffel gestohlen hätte, und mich abberufen zu lassen. Das war natürlich das Ende, und Vietor verließ sichtlich wütend mein Zimmer. Meinerseits habe ich sofort Herrn Goedecke als Geschäftsführer der Vermögensverwaltung der DAG und die Senatoren Schwedler und Paul Hertz von diesem Besuch unterrichtet. Meine Annahme, sie würden mich unterstützen, war richtig. Am 21. Mai kam Herr Vietor wieder, aber jetzt in Begleitung von Herrn Ritze, einem weiteren Vorstandsmitglied der NH-Gruppe. Er teilte mir mit, an der Entscheidung des DGB sei nicht zu rütteln, sein letztes Wort seien 4000 Wohnungen. Das akzeptierte ich sofort, weil dieser Aderlass nicht weiter schaden würde. Wir hatten am 11. Juni 1963 den Grundstein der künftigen Gropiusstadt gelegt. Die baldige Wiederauffüllung unseres Bestandes war also sicher.

Am nächsten Tag unterrichtete ich meinen Stab. Es wurde festgelegt, dass wir erstens keine Bruno-Taut-Bauten, zweitens möglichst alte Bestände mit Ofenheizung abgeben, drittens nicht kleinlich sein wollten, wenn es ein paar Wohnungen mehr würden, weil es unrationell sein würde, später z. B. wegen 100 restlicher Wohnungen einer Anlage nach Spandau hinausfahren zu müssen. Unsere kurzfristig ausgearbeiteten Vorschläge wurden von Prüfern der NH besichtigt und akzeptiert, und noch am 18. Dezember 1964 haben dann Herr Lippik und ich vor dem Grundbuchrichter, wo damals noch gemeinnützige Wohnungsunternehmen kostenfrei beurkunden konnten, unterzeichnet. Die NH hatte nun 4188 Wohnungen mehr. Ich habe aufgeatmet, als Herr Lippik unterschrieben hatte, denn bei ihrem Wunsch, ihren Wohnungsbestand zahlenmäßig aufzustocken, hatte die Gegenseite nicht daran gedacht, dass wir für jede dieser Wohnanlagen nicht unerhebliche Rücklagen in der Bilanz hatten, die nun für uns frei wurden. Als wir beide schon pensioniert waren, traf ich auf einem Kongress in Göteborg ein früheres Vorstandsmitglied der NH, Herrn V. Als wir bei einem Drink in der Hotelhalle saßen, meinte er: „Sie haben uns damals ganz schön über den Tisch gezogen." Ich konnte nur erwidern: „Einen Schlafenden braucht man nicht über den Tisch zu ziehen." Wir waren letzten Endes auch zufrieden gewesen, ganz überwiegend alte Bestände mit Ofenheizungswohnungen loszuwerden, die die NH Berlin in den nächsten Jahren modernisieren musste.

Wird die DAG die Tradition weiterführen?

Das Aktienpaket der NH wanderte damit zur Vermögensverwaltung der DAG. Wir bekamen zum Ausgleich des Lochs in unserer Bilanz 5.346.000 DM Aktien vom 10.000.000 DM betragenden Kapital der DAWAG Deutsche Angestellten-Wohnungsbau-Aktiengesellschaft Hamburg.

Ich war schon vorher zu einer Besprechung beim Vorsitzenden der DAG, Dipl.-Volkswirt Rolf Spaethen, an der auch vom Vorstand Herr Christmann und Herr Goedecke teilnahmen. Spaethen ist nach meiner Ansicht einer der befähigtsten Gewerkschafter gewesen, den die Organisationen gehabt haben. Dieses Urteil fälle ich nicht nur aufgrund externer Beobachtung seiner Arbeit, sondern auch manches Gesprächs, das ich in seinem Büro am Karl-Muck-Platz oder bei ihm zu Hause geführt habe.

Bei der genannten Besprechung ging es zum einen um die Ergänzung des Aufsichtsrats. Zu meiner Freude kam außer Herrn Christmann der Vorstandsvorsitzende der Hamburg-Mannheimer-Versicherungs-AG Herbert Dau zu uns, weil leider Herr Goedecke bald altershalber ausscheiden sollte. Ich konnte es ja nur begrüßen, einen solchen Fachmann im Aufsichtsrat zu haben. Zum anderen ging es um meine Bestellung zum Vorstandsmitglied der DAWAG neben meinem Namensvetter Günter Peters und dem schon bei meinen Verhandlungen in Stuttgart erwähnten Rechtsanwalt

Herbert Reimer. Sowohl von Spaethen als auch von Christmann und Goedecke wurde mir die Aufgabe gestellt, die Organisation der DAWAG zu durchleuchten und die bisher schwache Wohnungsbautätigkeit anzukurbeln. Die bereits vorliegende „Sprachregelung" für die Öffentlichkeit bezüglich der Übernahme der Beteiligung der Gehag bat Spaethen noch zu ergänzen mit dem Hinweis, dass die DAG eine Verstärkung des Wohnungsbaues beabsichtige. Spaethen dachte dabei an die Propagandawirkung, wenn wir in Gegenden bauen würden, wo die Gewerkschaft noch nicht so recht Fuß gefasst hatte. Unausgesprochen wurde nach einem Ersatz für die Gagfah gesucht. Aus meinen Aufzeichnungen ergibt sich aber auch, dass offen blieb, ob die DAG bereit oder auch in der Lage war, Kapital für eine größere Bautätigkeit zur Verfügung zu stellen.

Damit hatte ich laufend auch in Hamburg zu tun und denke gerne an die reibungslose Zusammenarbeit zurück, nachdem mir entgegen meinen Befürchtungen mein Namensvetter gleich sagte, dass er über diese Verstärkung sehr froh war. Für mich war nun die Möglichkeit gegeben, über unsere Zweigniederlassung hinaus mit Gehag und DAWAG im Bundesgebiet Flagge zu zeigen. Nach anfänglichen Bedenken war auch der Senat einverstanden, dass das Know-how der Gehag im Westen eingesetzt wurde. Nur ein Senatsdirektor für Bau- und Wohnungswesen hatte wegen der Erfüllung der Berliner Bauprogramme immer wieder Bedenken, und bei mir verzeichnet ist sogar „eine lebhafte Auseinandersetzung" mit ihm. Er war aber nicht lange im Aufsichtsrat, und ich konnte auf unser großes Stadterweiterungsprojekt „Gropiusstadt" verweisen. Es ist nur erstaunlich, dass in dem Buch „75 Jahre Gehag" die von uns gebauten Wohnanlagen in Kaiserslautern, Heidelberg, Freiburg, Immenstadt, Bayreuth, Garching nicht erwähnt werden.

Wesentlich war mir vor allem, dass mit dem Ausscheiden des DGB auf lange Zeit eine Beruhigung eintrat, wozu auch eine im Juli 1960 einberufene Betriebsversammlung beitrug, in der ich die Belegschaft über den Stand der Auseinandersetzung unserer Aktionäre unterrichtete.

BBR oder Gropiusstadt?

Über die Entstehung dieses Stadtteils im Bezirk Neukölln haben die Architekten Hans Bandel und Dittmar Machule eine Untersuchung vorgelegt, die unter dem Titel „Die Gropiusstadt. Der städtebauliche Planungs- und Entscheidungsvorgang" im Verlag Kiepert KG 1974 erschienen ist. Hierfür standen ihnen auch aus unserem Haus alle Korrespondenzen, Protokolle, Tonbänder usw. zur Verfügung, sodass Öffentlichkeit und Fachwelt alle Einzelheiten der Probleme und Entwicklung eines so großen städtebaulichen Gesamtvorhabens nachvollziehen können. Hier sollen nur einige Probleme und ihre Lösung herausgegriffen werden.

Die Dokumentation weist aus, dass von Anfang an Initiative und Gesamtplanung in den Händen der Gehag lagen. Wir hatten die Ergänzung der Hufeisensiedlung durch Bauten von Max Taut, Prof. Ludwig und unserer Planungsabteilung abgeschlossen. Um mir ein Bild zu machen, wie und wo es weitergehen könnte, fuhr ich eines Morgens allein in die Franz-Gutschmidt-Straße, wo man weit über die Felder schauen und den Wildmeisterdamm entlangwandern konnte. Danach war mein nächster Gang zum Bezirksstadtrat Zerndt, wo ich hörte, dass sich schon in den Fünfzigerjahren Interessenten für 63 Hektar Rudower Ackerlandes eingefunden hatten, welche jenseits des von mir besichtigten Geländes dem Land Berlin gehörten. Der Senat hatte aber alles bisher abgewehrt, um eine große, zusammenhängende Baulandreserve zu behalten. Zerndt nahm unser Gespräch zum Anlass, um uns und andere Bauträger am 9. März 1955 zu einer Besprechung einzuladen. Gegenstand war ein Teil des städtischen Geländes, das der Bezirk für ca. 3000 Wohnungen vorgesehen hatte. Diese Besprechung war für mich der erste Anstoß, unsere Planungsabteilung zum Entwurf einer Gehag-Siedlung zu veranlassen, die sich, an Britz-Süd anschließend, bis zum Zwickauer Damm erstrecken sollte. Mir missfiel die Planung des Märkischen Viertels und der Wohnanlage Charlottenburg-Nord. Es dauerte aber noch bis Mai 1958, bis wir eine erste Bebauungsplanskizze vorlegen konnten, die zeigte, wie ich dazu schrieb, „welchen Umfang dieses Projekt hat, welches nach überschläglicher Berechnung 8000 bis 9000 Wohnungen enthalten kann ..." Im Gegensatz zum Märkischen Viertel konnte hier die im Flächennutzungsplan vorgesehene U-Bahn einbezogen werden, allerdings vorgesehen nur als Einschnitt- oder Dammbahn. Dem Senat konnte der Vorschlag angesichts jährlicher Wohnungsbauprogramme von rund 20.000 Wohnungen, die nicht in der Innenstadt verwirklicht werden konnten, nur recht sein. Im Juni begannen wir auch mit den Geländeankäufen. Dabei stärkte die unsichere politische Lage die Verkaufsbereitschaft, insbesondere, als Nikita Chrustschow in der UNO mit seinem Schuh auf den Tisch schlug und aus uns eine freie Stadt machen wollte.

Wir strebten eine einheitliche, die eigene Bautradition fortsetzende städtebauliche Gesamtlösung an. Um dies zu erreichen, schlug ich Ende 1958 vor, Prof. Walter Gropius den Gesamtplan fertigen zu lassen. Unser so genanntes Springprojekt rund um die südliche Friedrichstraße und den Mehringplatz, das wir in langer, mühevoller Arbeit mit ihm vorgelegt hatten, war durch eine plötzliche Änderung der Stadtautobahnplanung Makulatur geworden, und hier bot sich eine neue Aufgabe. Es war aber nicht nur dies, sondern mir lag sehr viel daran, den alten Freund der Gehag zur Seite zu haben. Ich schrieb deshalb am 12. Dezember 1958 an Senatsbaudirektor Dr. Stephan: „Die Tatsache, dass es sich hier um eine der letzten großen Planungen handelt, die in unserem Gebiet bis auf weiteres möglich sind, und alle Beteiligten Wert darauf legen werden, dass hier eine wirklich gute städtebauliche Lösung gefunden wird, hat in Herrn Bauer und mir die Absicht aufkommen lassen, mit der Suche

Planungsbesprechung mit Walter Gropius und Senatsbaudirektor Düttmann

nach dieser Lösung einen hervorragenden Architekten und Städtebauer zu beauftragen. Auf Grund der alten Verbundenheit mit der Gehag, an der sich auch durch die Widrigkeiten der letzten Jahre nichts geändert hat, haben wir, ich möchte sagen ‚natürlich', wieder an Herrn Prof. Gropius und The Architect's Collaborative gedacht ..." Das war die offizielle Anfrage, nachdem mir Bausenator Schwedler bereits gesagt hatte, dass er schon lange bemüht war, Gropius an Berlin zu binden.

Gropius war damals Primus inter pares von TAC in Massachusetts. Für eine frühzeitige Abstimmung mit hiesigen Planungsauffassungen, die sich von den amerikanischen Regeln und Möglichkeiten unterscheiden könnten, musste, wie schon bei der Interbau, ein Kontaktplaner herangezogen werden. Bei Interbau und Springprojekt war dies Wils Ebert gewesen, der als Bauhausschüler von Mies van der Rohe usw. mit seinen bisherigen Arbeiten für die Gehag und nicht zuletzt durch unseren persönlichen Kontakt seit 1945 dafür prädestiniert war. Nachdem auch mein Aufsichtsrat zugestimmt hatte, konnte ich an Gropius schreiben. Seine Zusage schloss mit den Worten: „Ich freue mich auf dieses neue interessante Projekt."

Wie bei einem solchen Vorhaben unvermeidlich, kam es in den nächsten drei Jahren zu schwierigen Verhandlungen und Diskussionen, die aber immer sachlich und fair geführt wurden. TAC legte einen ersten Plan vor, dem ein zweiter folgte. Sie

Grundsteinlegung mit Willy Brandt, Walter Gropius und Wils Ebert

unterschieden sich ganz wesentlich vor allem in der Erschließung. Während der erste Plan eine Haupterschließungsstraße mitten durch das Planungsgebiet vorsah, waren jetzt auf unseren Wunsch zwei Erschließungsstraßen an den Rändern und ein großer Grünzug in der Mitte. Die Auseinandersetzungen über das neue Aufschließungssystem endeten erst am 14. April 1961 in einer Sitzung der leitenden Vertreter aller Dienststellen mit einem Machtwort des Bausenators, dass nach Anhörung aller Argumente Gropius die Entscheidung obliege. Am Spätnachmittag des gleichen Tages rief Gropius von meinem Zimmer bei Schwedler an, dass er nach eingehenden Überlegungen und Absprache mit der Gehag an seiner Meinung festhalte, dass die zweite Straßenlösung zugrunde gelegt werden sollte. Wie sehr die Fronten festgefahren waren, zeigt, dass Senator Schwedler einen Vermerk für sein Haus machte: „Ich habe Herrn Prof. Gropius wiederholt, dass wir uns seiner Meinung nicht voll anschließen können, aber die Entscheidung des Planverfassers respektieren werden." Das war nur eines von vielen Problemen. Selbst Wils Ebert strebte teilweise städtebauliche Ziele an, die nach Ansicht von Gropius mit den Vorstellungen von TAC grundsätzlich nicht übereinstimmten.

Anfang 1962 war meine Geduld zu Ende. Wir teilten dem Senat mit, dass für uns das Stadium der städtebaulichen Planung zu Ende sei, eine weitere Verzögerung des Baubeginns sei nicht vertretbar. Ich konnte davon ausgehen, dass der Bausenator größtes Interesse hatte, seine Bauprogramme zu erfüllen. So kam es zur Grundsteinlegung am 7. November 1962, die wir unter großer Beteiligung der Bevölkerung mit Willy Brandt und Walter Gropius an der Spitze feierten. Am Abend feierten wir im „Prälaten" weiter. Als ich nachts um halb eins auf die Straße kam, war dichter Nebel, und ich hatte irgendwie ein ungutes Gefühl. Die Erklärung kam am nächsten Morgen. Man hatte in der Nacht den Grundstein aufgebrochen und die Kassette mit der Urkunde gestohlen. Der Diebstahl blieb unaufgeklärt. Wir mussten die Urkunde wiederherstellen und haben sie dann nach Einholung aller acht Unterschriften in kleinem Kreise in einem Keller des ersten Bauabschnitts eingemauert. Als Leitsatz hatte ich die Inschrift am Holstentor in Lübeck gewählt, sodass der Schluss lautete: „Möge unsichtbar über diesen Wohnanlagen der alte Spruch stehen und das Leben der Bewohner erfüllen: CONCORDIA DOMI FORIS PAX."

Eine zweite „rauchlose Stadt"

Die Frage der Beheizung der Wohnungen wurde bald zur Chefsache. Da sie für minderbemittelte Bevölkerungskreise gedacht waren, hatte anfänglich das Wohnungsamt Neukölln 1959 bei angenommenen 16.000 Wohnungen noch für 75 Prozent Ofenheizung vorgeschlagen. Hiergegen hatten Senat und Gropius Bedenken, Letzterer unter Hinweis auf die Entwicklung in den USA und England. Damit war aber die Frage nicht gelöst, für den zu erwartenden Mieterkreis tragbare Heizungskosten zu schaffen, und auch nicht, wo die Wärme herkommen sollte.

Schon die alte Gehag hatte in Steglitz eine große, fernbeheizte Wohnanlage gebaut, welche die „rauchlose Stadt" genannt wurde. Dort sah man nicht, wo die Lieferung herkam. Mir stand aber die „Neue Vahr" in Bremen vor Augen, wo am Rand des neuen Stadtteils ein großes Heizwerk mit Schornstein stand und den städtebaulichen Eindruck sehr beeinträchtigte. Meine erste Frage an unseren Heizungsingenieur Maurer war daher, wie hoch die durchschnittlichen Kosten einer voll beheizten 2-Zimmer-Ofenheizungswohnung in einem normalen Winter seien. Sie betrugen nach seinen Berechnungen im Höchstfall 3,50 DM/qm. Ich hatte beim Senat gehört, dass die Bewag interessiert sei, Fernheizung mit der Abwärme eines kleinen Kraftwerks zu liefern, das wegen des benötigten Kühlwassers am Teltowkanal gebaut würde, also nicht im Planungsgebiet. Auch die GASAG wurde von uns angesprochen. Es kam zu zahlreichen Gesprächen, bei denen wir immer wieder die Forderung stellten, die gelieferte Wärme dürfe nicht mehr als 3,50 DM/qm kosten. Die Gasag schied aus, weil die Lieferung aus dem Werk Mariendorf infolge der nötigen langen Leitungen zu hoch zu Buche schlug. Die Bewag erklärte, sie könne den Preis einhalten, wenn wir die Kosten für die dreieinhalb Kilometer lange Trasse zum Kraftwerk und das gesamte Leitungsnetz im Planungsgebiet übernehmen würden.

Bei der Grundsteinlegung mit Willy Brandt

August-Goedecke-Haus Gropiusstadt

In diesem Fall ging ich zu Dr. Karl König, der schon in der Bewag-Geschäftsleitung die Planung BBR kannte und seit 1960 als Vorstandsmitglied und später Erster Geschäftsführer der Bewag der richtige Ansprechpartner war. Richtig nicht nur von der Sache her, sondern auch, weil wir schon damals und dann in den Jahren, als er Wirtschaftssenator und Mitglied des Vorstands des Deutschen Instituts für Wirtschaftsforschung wurde, bis zu seinem plötzlichen Tod auch einen menschlich so guten Kontakt hatten. Wie ich ihm schilderte, wie beide Ausführungsarten den großen Grüngürtel beeinträchtigen würden, waren wir uns schnell einig, es musste alles getan werden, um Bahn und Bahnhöfe unter die Erde zu bringen. Wie er es schaffte, weiß ich nicht mehr. Trotz hoher Kosten wurde die Bahn im Tunnel gebaut, und so schnell, dass sie schon durch die Baustellen fuhr.

Das August-Goedecke-Haus

Für den Bezirk Neukölln wurden zwei Altenwohnheime errichtet. Mir erschien es für die Gehag wichtig, selbst ein Seniorenheim dort zu betreiben, weil die älteren Ehepaare und Singles den Wechsel in ein Heim leichter auf sich nehmen würden,

Einweihung des August-Goedecke-Hauses mit Klaus Schütz

wenn ihnen im gewohnten Umfeld eine Betreuung von dem vertrauten Vermieter angeboten würde. Auf diese Weise könnten ihre Wohnungen für den auf Jahre hinaus dringenden Bedarf der Jüngeren frei werden. Nach dem Gemeinnützigkeitsrecht durften wir zwar so etwas bauen, aber nicht betreiben. Wohl einmalig, erhielten wir die Ausnahmegenehmigung, und nach eingehenden Informationen über die notwendigen Einrichtungen wurde 1968 mit dem Bau von 156 Appartements begonnen. Außer einer Einbauküche hatten die rund 200 Bewohner ihre eigenen Möbel. Darüber hinaus wurde ihnen aber im 13. Stock mit Blick über die Stadt ein großer

Gemeinschaftsraum zur Verfügung gestellt, in dem sie auf Wunsch ein Mittagessen serviert bekamen. Weiter wurden eine Krankenstation und Ordinationsräume für den Arzt gebaut Die heute selbstverständliche Alarmanlage, mit der Altenpflegerinnen und Verwaltung jederzeit erreichbar waren, wurde nicht vergessen.

Das war damals für gemeinnützige Wohnungsunternehmen noch etwas Neues. Unser Projekt wurde als Beitrag zur Entlastung der öffentlichen Sozialarbeit auch dadurch anerkannt, dass zur Einweihung der Regierende Bürgermeister, jetzt Klaus Schütz, kam. Er meinte: „Da haben Sie sich eine schwere Arbeit aufgebürdet." Ich habe ihm dann erklärt, dass auch wir neue Wege beschreiten müssten. Mit unserer Betriebsratsvorsitzenden Frau Hoffmann als Leiterin und anderen engagierten Mitarbeiterinnen würden wir das auch schaffen.

In meiner Rede hatte ich auch den Namen „August-Goedecke-Haus" bekannt gegeben. Nach seinem frühen Tod hatte ich nun die Gelegenheit, in Gegenwart seiner Witwe seine unermüdliche Arbeit für die DAG und den DGB bei der Rückerstattung des Gewerkschaftsvermögens zu würdigen, aber mich auch bei ihm als Aufsichtsratsmitglied für die freundschaftliche, immer offene und ehrliche Zusammenarbeit zu bedanken. Das Haus hatte – und hat hoffentlich noch – in der Eingangshalle mit zentraler Briefkastenanlage Sitzplätze an einem kleinen Springbrunnen, wo die Postholer verweilen konnten. Dort wurde das Porträt von August Goedecke aufgehängt.

Ein Wunsch von mir ging aber nicht in Erfüllung. Nach geraumer Zeit schlug ich dem Seniorenrat vor, einen Babysitterdienst einzurichten. Ich hoffte, die Heimbewohner würden gerne bereit sein, Kontakt zu jungen Familien in der Nachbarschaft zu bekommen und, wenn diese die schnelle Verbindung zur City benutzten, auch mal auf die Kinder aufzupassen. Zu meiner großen Enttäuschung wurde das rundheraus abgelehnt. Ein Kommentar erübrigt sich.

Ein Ladenzentrum in der Gropiusstadt

Die Planung sah entsprechend den Bahnhöfen drei Ladenzentren vor, von denen das an der Johannisthaler Chaussee als überörtlich mit Einzugsgebiet über unsere Wohnanlagen hinaus eingestuft war. Die erste Interessentin war Frau Kressmann-Zschach. Ich hatte sie schon früher kennen gelernt, als ich einmal bei „Texas-Willy", beim Bürgermeister von Kreuzberg war, um den Wiederaufbau des Viertels mit ihm zu besprechen, dessen Ruinen ich, wie von mir geschildert, 1945 besichtigt hatte, weil es, seuchengefährdet, zugemauert werden sollte. Während wir bei der obligaten Tasse Kaffee saßen, ging eine Seitentür auf, und herein kam eine elegante, sehr gut aussehende Dame, und Kressmann sagte: „Ich möchte Sie mit meiner zukünftigen Frau, Architektin Zschach, bekannt machen." Der Zweck, eine Verbindung zur Gehag herzustellen, war klar, und sie überließ uns auch bald unserer Besprechung. Ich hatte dann nur von ihren Arbeiten gehört, von ihrem schönen Haus mit Schwimmbad in der Königsallee. Mit vorgehaltener Hand wurde geklatscht, wer dort alles geschwommen war. Nun hatte sie sich bei mir angemeldet und saß in einem wundervollen Nerzmantel vor meinem Schreibtisch, um ihr Interesse an Entwurf und Ausführung des großen Ladenzentrums zu bekunden mit der Andeutung, dass sie auch den einen oder anderen Betreiber an der Hand hätte. Ich musste ihr allerdings erklären, dass wir, von Wils Ebert angefangen, mit bekannten Architekten Kontakt hätten, die aber auch nur zum Zuge kämen, wenn unsere Planungsabteilung ausgelastet sei. Die Enttäuschung war groß, aber es kam noch schlimmer. Es war mir bekannt, dass Frau Kressmann eine Auseinandersetzung mit dem Bezirk Neukölln hatte, weil angeblich der Bürgermeister ihr bei einer Veranstaltung ein bestimmtes Projekt zugesagt hatte. Sie hatte auf ihre Notizen Bezug genommen. Als sie später in die Kreiselaffäre (das in Steglitz von ihr gebaute Bürohochhaus) verwickelt war, stellte sich ja heraus, dass sie ihre Akten mit der Akribie eines geschulten Juristen führte und manchem Zeugen bei Gedächtnisschwund zurufen konnte: „Da kann ich Ihnen helfen." Mir reichte die Neuköllner Angelegenheit, um sofort Frau Schlüschen, die ich schon vor dem Tod von Justizrat Pütter in mein Sekretariat geholt hatte, einen Vermerk für die Technische Abteilung zu diktieren. Eine Kopie sandte ich Frau Kressmann mit Dank für ihren Besuch und ihr Interesse, der Vermerk sei sicher zur Vervollständigung ihrer Unterlagen dienlich. Das muss sie sehr krumm genommen haben; denn beim nächsten Neujahrsempfang der Deutschen Bau- und Bodenbank trafen wir an der Garderobe zusammen, und ich war Luft für sie. Ich beobachtete an dem Abend, wie ihr Tisch von der Prominenz aus Politik, Bank- und Bauwirtschaft umschwärmt wurde. Bei einem der nächsten Neujahrsempfänge war inzwischen die Kreiselaffäre gewesen. Ich fand es großartig, dass sie trotzdem gekommen war, obwohl sie ahnen konnte, dass ihre frühere Entourage sie jetzt schnitt und ihren Tisch mied. Das ärgerte mich so, dass ich zu ihr ging und sie fragte, ob ich mich ein wenig zu ihr setzen dürfte. Ich denke, sie freute sich, und wir haben das vermeintliche Kriegsbeil begraben. Ganz egal, was gewesen ist, ich bewunderte diese Frau. Zum einen als Architektin und zum anderen, wie sie – auch unter Einsatz ihres Vermögens – die Krise bewältigt und in Bonn von vorn angefangen hat.

Der nächste Interessent war ein Amerikaner deutscher Herkunft. Wir hatten im Ladenzentrum Britz-Süd in einem frei gehaltenen Laden ein Modell der ganzen Großsiedlung im Maßstab 1:500 (6,50 x 4,50 Meter) aufgebaut. Dort fuhr am 8. Mai 1961 George R. Dobbs im Cashmeremantel und Straßenkreuzer vor, ging nach der Begrüßung stumm um das Modell herum und sagte dann: „Das mache ich." Mein Hinweis, dass dazu ja zwei gehören, führte zu einer ersten Fühlungnahme im Café nebenan. Ich musste mich erst daran gewöhnen, dass er immer von Zeit zu Zeit aufsprang und auf und ab gehend weitersprach; doch haben wir uns nach vielen Jahren daran erin-

Mit George R. Dobbs und Tim Peters

nert, dass wir von Anfang an spürten, dass wir, wie man so sagt, miteinander „konnten". Weitere Besprechungen und Recherchen ergaben, dass Herr Dobbs ein Ladenzentrum in Miami, ein Hochhaus in der State Street in Chicago, nach seiner Ankunft als Mitglied der US-Streitkräfte im Zentrum von Frankfurt ein Bürohaus gekauft, aber auch genügend liquide Mittel hatte, um – gestützt auf seine Erfahrung – ein solches Projekt zu bauen und später zu betreiben. Auf meine Veranlassung machte Herr Dobbs schon am 10. Mai ein notarielles Kaufangebot für das Grundstück in einer angenommenen Größe von ca. 60. 000 Quadratmeter mit Bauverpflichtung, an das er bis zum 15, August gebunden war. Das gab uns Zeit, alles Weitere auszuhandeln. Wesentlich war, dass Wils Ebert nach den Richtlinien des Bauherrn die Planung machte und wir bauten. Es wurde mit unterirdischer Zulieferung mit über die Nahversorgung hinausgehenden Branchen ein modernes Zentrum, aber ich habe immer bei seiner Nüchternheit das Flair amerikanischer Zentren vermisst. Nach meinen ständigen Bitten musste ich zur Kenntnis nehmen, dass der Versuch, mit Blumenkübeln und Bänken ein wenig die Atmosphäre zu bessern, scheiterte, weil die Pflanzen über Nacht gestohlen wurden. Vielleicht war unsere Gesellschaft noch nicht zu solchem Wohlstand gelangt, dass solche Diebstähle unterblieben; denn heute hat das Zentrum diesen Standard erreicht. George hat es noch vor seinem Tod verkauft, um, wie er mit mir mehrfach besprach, seiner Witwe die schwierige Verwaltung zu ersparen.

George hat sicher nichts dagegen, wenn ich erzähle, dass wir, nachdem alles abgewickelt war, gute Freunde geworden sind. Auch die Frauen verstanden sich, und er hatte unseren Jungen sehr gern. Er war inzwischen Berliner geworden, hatte ein schönes Haus in Dahlem, blieb aber ein unruhiger Geist, der nachts mit New York telefonierte und sein Depot umschichtete. Im Laufe der Jahre hörte ich manches von seiner Lebensgeschichte, was vieles erklärte. Meine Anregung, seine Vita wenigstens auf Band festzuhalten, fiel leider nicht auf fruchtbaren Boden. Es hätte sich gelohnt, denn er war das Muster des amerikanischen Traums – vom Tellerwäscher zum Millionär. Mit 16 Jahren von den Eltern in die USA abgeschoben, hatte er kennen gelernt, was es heißt, mit Damenstrümpfen, später Schreibmaschinen von Tür zu Tür zu ziehen und nachts auf Parkbänken zu schlafen, bis der Cop ihn mit einem Schlag seines Stocks gegen die Fußsohlen weckte. Später lernte er in einem Abendkurs Schweißen, aber in der Praxis in einer Werft meinte der Werkmeister: „George, hör auf, das Schiff säuft uns sonst ab." Es war aber ein deutschstämmiger Meister, der schützend seine Hand über ihn hielt. Ich erinnere mich nur noch, dass George im Rüstungsboom zu Aufträgen kam, zuerst in einem Zirkuszelt Werkzeugmaschinen aufstellte, sich einen Onkel, der Ingenieur war, und den Werkmeister aus der Werft holte. Sie stellten Zubehörteile für Schiffe oder Flugzeuge her, während er für Finanzierung und Aufträge sorgte. So hat er manches erzählt, was erklärt, dass ihn die Beschäftigung mit seinen so schwer erworbenen Millionen ganz ausfüllte. Die Kehrseite zeigt folgende Episode: Ich hatte die Gehag nach 27 Jahren verlassen und war „nur" Rechtsanwalt und Notar, als wir einmal zusammen im „Möwenpick" im Europacenter, wo er um die Ecke sein Büro als Konsul der Dominikanischen Republik hatte, zu Mittag aßen. Ich hatte ihm vor längerer Zeit zum Geburtstag ein Buch über das Finanzwesen zur Zeit Julius Cäsars geschenkt in der Hoffnung, dass ihn das interessieren würde. Es ergab sich die Gelegenheit, dass ich sagte: „Ich wette, auch dieses Buch steht ungelesen in deinem Schrank." Er sah mich ein wenig traurig an und sagte, ihm fehle das alles in seinem Leben, während für mich Bücher von Kindheit an dazugehört hätten. Am 20. März 1993 haben wir noch seinen 85. Geburtstag gefeiert, aber am 15. Mai 1994 ist er plötzlich gestorben. Er war uns ein sehr lieber Freund und hat eine große Lücke hinterlassen.

Die Erweiterung des Vorstands

Als die ersten Bauabschnitte heranwuchsen, nicht nur in konventioneller Bauweise, sondern immer mehr in Vorfertigung, und ich sah, wie die Teile aufeinander und aneinander verankert wurden, dachte ich an die Kartenhäuser meiner Kindheit, und der Jurist in mir hob warnend seine Stimme. Ich dachte auch an das Erlebnis mit dem Leca-Beton. Nach dem Fortgang von Herrn Bauer, der auch kein Spezialist für Fertigbau war, stand mir als technischer Prokurist Karl Hoffmann zur Seite, ein alter Gehagianer, der ein hervorragender Bauführer war, aber auch kein Fertigbauer und von „Ein Stein, ein Kalk" umlernen musste. Da traf es sich, dass ich bei einer Verbandssitzung neben dem technischen Vorstandsmitglied eines städtischen Unternehmens saß. Ich wusste, dass er ein Verfechter des Fertigbaues war, der für das nächste Jahrhundert das Ende des konventionellen Baues prophezeite, aber Schwierigkeiten mit seinem Aufsichtsratsvorsitzenden hatte, und so fragte ich, ob er sich einen Wechsel zu uns vorstellen könne. Da die Sitzung begann, blieb die Frage unbeantwortet, aber abends rief mich Herr Kapalle an, ob das mein Ernst gewesen sei. Am 4. Februar 1963 trug ich dann Otto Theuner meine Sorgen und meinen Wunsch nach einer Erweiterung des Vorstands vor, aber er und der übrige Aufsichtsrat mussten erst von der Notwendigkeit überzeugt werden, weil er meinte, es sei fast zwölf Jahre ohne diesen zusätzlichen Aufwand gegangen. Im Ergebnis kam Marcel Kapalle am 1. April als gleichberechtigtes Vorstandsmitglied zu uns. Ich war hinsichtlich der Bautechnik entlastet, während ich in der städtebaulichen Planung eingeschaltet blieb und bleiben wollte. Ein halbes Jahr später kam aber der frühere Aufsichtsratsvorsitzende von Herrn Kapalle als Vertreter des Senats in unseren Aufsichtsrat. Sorgenvoll kam Herr Kapalle zu mir. Mein Vorschlag, ich würde, wie früher, vortragen und er nur auf Bitte von mir ergänzend technische Dinge behandeln, führte zum Ergebnis, dass keine Animositäten mehr spürbar wurden. Herr Kapalle wurde eine unentbehrliche Hilfe. Einen Rückschlag gab es nur, als in der Vorfabrikation eine Nasszelle entwickelt wurde. Es war ein kompletter Raum mit Dusche, Waschbecken, Toilette mit allen Armaturen und gekachelten Wänden, der in die Wohnung mit dem Kran hineingehievt wurde. Kapalle war begeistert, stellte ein Modell im Sitzungssaal auf und hielt einen engagierten Vortrag über die Sauberkeit der Ausführung und eine erhebliche Preisersparnis. Bisher hatten allerdings unsere Schlussabrechnungen ergeben, dass der Fertigbau keineswegs billiger war. Er hatte nur den Vorteil, dass die Bauzeit kürzer war und wir früher vermieten konnten. Leider stellte sich auch hier heraus, dass die Nasszelle die Gesamtkosten einer Wohnung sehr verteuerte. Der Aufsichtsrat war verärgert, und als am 12. März 1965 Kapalle auf weitere fünf Jahre bestellt werden sollte, geschah dies unter der Voraussetzung, dass er mit meiner Bestellung zum Vorsitzenden des Vorstands einverstanden war. Insbesondere Otto Theuner wollte die alte Situation wiederhaben. Bei einem zweiköpfigen Vorstand war das etwas ungewöhnlich, aber wir sind beide bis zu seiner Pensionierung gut damit fertig geworden. Ich habe weder nach drinnen noch nach außen demonstrativ davon Gebrauch gemacht, und Herr Kapalle war von einer vorbildlichen Loyalität.

    Die Ergänzung des Vorstandes erlaubte mir, das Unternehmen fünf Wochen wegen einer Studienreise im Auftrag des Senats in seiner Obhut zu lassen.

Urban Renewal in den USA

Wenn auch große Teile der nach 1850 entstandenen Altbaugebiete im Zweiten Weltkrieg zerstört wurden, waren in Berlin-West noch rund 20.000 Wohnungen, die zwischen 1870 und 1885, und rund 150.000 Wohnungen, die zwischen 1886 und 1900 erbaut wurden, stehen geblieben. Die große Neubautätigkeit ermöglichte es zwar der Bevölkerung, die noch in den alten und unzulänglichen Gebäuden wohnte, in den Neubauten in bessere Wohnungen zu ziehen; aber für die, welche unbedingt in ihrem „Kiez" bleiben wollten, musste auch Neues geschaffen werden. Abgesehen vom äußeren Verfall der Gebäude waren die Wohnungen sanitär unzureichend ausgestattet und auch sonst ungesund, weil die zu hohe bauliche Ausnutzung der Grundstücke mit Hinterhäusern und Seitenflügeln zu mangelhafter Belichtung und Besonnung geführt hatte.

In den Jahren 1962/63 wollte man sich dieser Frage annehmen. Da bisher in Deutschland so gut wie keine praktischen Erfahrungen über die Organisation und Durchführung von Stadterneuerungen vorlagen, wurde beschlossen, die in den USA bei der Sanierung von Stadtteilen nach 1945 gesammelten Erkenntnisse zu verwerten. Man nahm mit Recht an, dass die dortigen langjährigen Erfahrungen bei der Vorbereitung und Durchführung der Stadterneuerung, aber auch die Kenntnis ihrer Auswirkungen für Berlin und andere Großstädte nützlich sein könnten. Man beschloss, dass neun Vertreter des Landes Berlin in die USA reisen sollten, um Erkenntnisse für die in Berlin notwendigen Sanierungsmaßnahmen zu sammeln. Die Gruppe wurde aus vier Vertretern fachlich zuständiger Abteilungen der Senatsbauverwaltung, einem Vertreter der Senatsverwaltung für Wirtschaft, je einem Vertreter der Industrie- und Handelskammer und Handwerkskammer, einem Vertreter der gemeinnützigen Wohnungswirtschaft und einem Vertreter des Verbandes Berliner Haus- und Grundbesitzervereine gebildet. Mit Hilfe des „Rationalisierungs-Kuratoriums der Deutschen Wirtschaft" als aufsichtsführende Stelle und in den USA des „Council for International Progress in Management Inc." wurde der Besuch von New York, Philadelphia, Washington, D. C, Chicago, San Francisco und Los Angeles vorgesehen. Der CIPM gab dem Projekt den Titel „Organization, Planning and Realization of City Redevelopment".

Damals war gerade das Buch von Jane Jacobs „Death and Life of Great American Cities" Pflichtlektüre eines Stadtplaners und Wohnungswirtschaftlers. Auch ich hatte das Buch mit großem Interesse gelesen und freute mich daher besonders, als Teilnehmer an der Studienreise benannt zu werden. Intellektuell vorbereitet, waren nur noch die Beschaffung eines stabilen Aluminiumkoffers wegen des bekannten rauen Umgangs mit dem Gepäck und einige Travellerschecks notwendig. Wir erhielten zwar Tagegelder von 15 Dollar mit der Maßgabe, dass damit Übernachtungskosten und Verpflegung zu bestreiten seien, aber das betreuende Reisebüro hatte vorsorglich dazu geschrieben: „Wir dürfen jedoch darauf hinweisen, dass dieser Tagessatz knapp ausreichen wird, und empfehlen daher, sich mit zusätzlichen Geldmitteln zu versehen." Nur zur Erinnerung: Damals wurde in den Hotels noch bar bezahlt, und Kreditkarten kannten wir noch nicht

An einem Freitag, den 25. Oktober 1963 landeten wir auf dem Wege über Frankfurt und Zürich um 4:25 p. m. auf dem Idlewild Airport in New York. Wir wurden dort von den riesigen Limousinen mit acht Plätzen abgeholt, die wir auf unserer Insel West-Berlin nur von Bildern kannten. Schon auf der Fahrt in die Stadt war es faszinierend, zum ersten Mal in der Abenddämmerung die bereits leuchtende Skyline von Manhattan zu sehen. Untergebracht waren wir in „The Biltmore Hotel", Madison Avenue, Ecke 43rd Street. Die von unseren Lieben daheim erwartete Nachricht von unserer Ankunft organisierten wir sparsam so, dass immer einer aus der Gruppe zu Hause anrief, und das jeweilige Familienmitglied benachrichtigte mit Ortsgesprächen die anderen. Ich hatte zu Hause verabredet, dass ich anstelle eines Briefes täglich meine Eindrücke notieren würde, um sie alle paar Tage nach Berlin zu schikken. So kamen 48 erhalten gebliebene Blätter zusammen, in denen ich z. B. meine erste Begegnung mit dem amerikanischen Passbeamten festgehalten habe, wie ich ihm erklären musste, was ich da wollte, und vor allem, wann ich das Land wieder verlassen würde.

Nachdem wir unsere Doppelzimmer belegt hatten, trafen wir uns gleich zu einem Stadtbummel zum nahe gelegenen Broadway. Interessant war, wie sich schon nach wenigen hundert Metern die Geister schieden, wie man es immer wieder von erstmaligen Besuchern Manhattans hört. Der größere Teil unserer Gruppe fühlte sich von der Masse und Höhe der Wolkenkratzer erdrückt. Ich ging mit Dr. Schröder, damals Wissenschaftlicher Rat in der Senatsverwaltung Bau- und Wohnungswesen, zusammen. Wir sahen uns beide an und waren uns einig: „Endlich mal eine Großstadt."

Unsere Ankunft zum Wochenende war von CIPM klug geplant So hatten wir noch zwei freie Tage zum Einleben. Wir nutzten sie, um uns mit Manhattan vertraut zu machen. Der Blick vom damals noch höchsten Gebäude, dem Empire State Building, über Manhattan war überwältigend. In der Park Avenue bewunderten wir das als Markstein in die Literaturgeschichte eingegangene Seagram Building von Mies van der Rohe, wanderten durch den Central Park und anschließend in das Guggenheim Museum, durch das Rockefeller Center. Es war uns egal, dass in der Wall Street die vielen Tauben die einzigen Lebewesen waren, umso schöner war vom Park an der Südspitze Manhattans der Blick auf die Freiheitsstatue. Am Abend saßen wir dann alle in der Radio Music Hall, müde, aber immer zur Aufnahme neuer Eindrücke bereit.

Am Montag begann dann die Arbeit. Bei CIPM bekamen wir unser Studienprogramm für die nächsten Wochen, und William Foster, Herausgeber der Zeitschrift „The American City Magazine", hielt uns einen Einführungsvortrag. Die Grundlage der amerikanischen Wohnungspolitik war damals das Taft-Elander-Wagner-Gesetz, das der Regierung auferlegte, Kleinwohnungsbau zu betreiben. Wichtigste Behörde war die Finanzierungsbehörde für Wohnungs- und Eigenheimbau, eine große und wichtige Bundesbehörde in Washington, auch wenn ihr Leiter nicht Kabinettsmitglied war. Sie subventionierte den Ankauf von Grund und Boden in den Sanierungsgebieten. Voraussetzung war eine umfassende städtebauliche Planung, die auch die Stadtviertel um die Sanierungsgebiete herum umfasste. Außerdem musste die Stadt nachweisen, dass sie nicht nur den Verwaltungsapparat besaß, um das Programm durchzuführen, sondern auch die zusätzlichen Finanzierungsmittel zu seiner Verwirklichung. Schließlich musste auch nachgewiesen werden, dass passende Wohnungen angeboten werden konnten für die, welche aus den abzureißenden Häusern ausquartiert wurden.

Anhand von Beispielen in New York lernten wir gleich, wie wichtig ein komplettes, sachlich begründetes Programm, ein „workable program", war. W. Foster ging dabei insbesondere auf die von uns am Tag vorher besuchte Rockefeller Plaza ein. Errichtet 1930–1933, war sie nach seiner Ansicht das großartigste Beispiel städtischer Entwicklung für alle Städte der USA. Der Vortrag ging auch noch auf die Situation in unseren weiteren Zielen Philadelphia, Chicago, San Francisco und Los Angeles ein, aber darüber hinaus wurden auch Phoenix, Michigan, Salt Lake City, die Stadt der Mormonen, die verfolgt wurden und sich deshalb in dieser Wüste ansiedelten, einbezogen. Von Salt Lake City erzählte Foster, wie dort seinerzeit die Straßen angelegt wurden. Man nahm einen von sieben Ochsen gezogenen Wagen, an den noch zwei Wagen angehängt waren. Das ganze Gespann musste dann wenden, und die Breite, die es brauchte, war maßgebend für die künftige Breite der Straße. So kam Salt Lake City zu seinen breiten, baumbepflanzten Straßen, und W. Foster meinte, es sei so eine der schönsten Städte geworden.

Am nächsten Tag erfolgte die weitere Einführung beim „Citizens Housing Planning Council Inc.", einer privaten Organisation. Sie wurde getragen durch freiwillige Beiträge ihrer an der Stadtplanung und dem Wohnungsbau besonders interessierten Mitglieder. Es waren Architekten, Bauunternehmer, Sozialfürsorger oder einfach nur Leute, die sich Gedanken über die Wohnungsprobleme machten. Sie bauten nichts, sondern wurden nur bei der Stadtverwaltung vorstellig, kritisierten und versuchten, eigene konstruktive Beiträge zu liefern, unabhängig von irgendeiner Gruppe, sodass sie immer sagen konnten, was sie für richtig hielten.

Nach der grundsätzlichen Einführung am Tage vorher ging es jetzt in die Fülle der Einzelheiten. Es zeigte sich, dass sich viele Gruppen mit der Sanierung befassten: große Industriefirmen, private Gesellschaften, die im öffentlichen Interesse arbeiteten, bei denen ähnlich den gemeinnützigen Wohnungsunternehmen in Deutschland die Erzielung von Gewinn nicht die Hauptsache war. Hier stießen wir auch sofort auf eines der schwierigsten Probleme, nämlich die Frage der Umsiedlung von kleinen Geschäftsleuten aus den Sanierungsgebieten, und man sagte uns unumwunden schon hier, dass dieses Problem nicht gelöst und wohl auch nicht zu lösen sei. Auch auf der weiteren Reise war zu erkennen, dass den kleinen Geschäften nicht zu helfen war, auch wenn sie 3000 Dollar zur Erstattung der Umsiedlungskosten beanspruchen konnten. Die Sanierungsmaßnahmen nützten nur größeren Firmen, die sich auf dem neuen Baugelände ansiedelten und meistens die Unterstützung einer großen Gesellschaft hatten.

Einer der Höhepunkte in New York war der Besuch bei der UNO. Wir waren im „Bureau of Social Affairs, Housing, Building and Planning Branch" angemeldet. Vom Abteilungsleiter Mr. M. O. Weerasingke hörten wir, dass sich die UN mit Fragen der Bauplanung und Stadtsanierung in der ganzen Welt befassten, wobei es um die vier Themen ging: Wohnungsbau, Entwicklung der Baustoffe, Stadt- und Regionalplanung und die Verstädterung. Allerdings müssen sich die UN an die Satzung halten, die vorschreibt, dass sie nur in Notfällen eingreifen dürfen, z. B. bei Vulkanausbrüchen, Überschwemmungen. Es werden jedoch zwei Fälle als „Notfall" betrachtet: einmal unzureichender Wohnungsbau infolge zu starken Wachstums der Bevölkerung und zum anderen, wenn eine zu schlechte Wohnungssubstanz bei ihrer Erneuerung auf Schwierigkeiten stößt Das hatte zur Folge, dass damals 101 Experten in 35 Entwicklungsländern bei der Lösung von Wohnungsbauproblemen halfen. Für meine alten Wunschträume war es eine Enttäuschung, dass Mr. W. am Schluss einflocht, dass die UN die Bewerbung von Stadtplanern erbaten, aber leider keinen Kaufmann oder Juristen in der Zentrale gebrauchen konnten. Als Letzteren lernten wir noch einen Engländer, Mr. Watts, kennen, der mit der Gesetzgebung für die Stadterneuerung in der ganzen Welt befasst war.

Nach dieser Unterrichtung hatten wir Gelegenheit, uns unter sachverständiger Führung im Hause umzusehen, und das Glück, auf der Tribüne eine Vollversammlung zu besuchen. Wer von meinem Wunsch, einmal in den Auswärtigen Dienst zu kommen, gelesen hat, wird verstehen, mit welchen Gedanken ich alles in mich aufnahm, und dass ich, auch als Besucher, gerne noch länger in dem Haus am Hudson geblieben wäre.

Mehr an die Praxis – auch durch Besichtigungen – wurden wir herangeführt durch den „City of New York Housing and Development Board". Mit Zustimmung der erwähnten Bundesbehörde, der „Housing and Home Finance Agency", waren 50 Projekte in Arbeit oder schon durchgeführt, mit Kosten von zwei Milliarden Dollar. Bei der Besichtigung wurden wir zum ersten Mal in der Praxis mit dem bisher nur theoretisch erörterten Problem konfrontiert, dass der kleine Gewerbetreibende zwar das Recht hat, in dasselbe Gebiet zurückzukehren, aber angesichts der höheren Mieten im sanierten Gebiet sich trotz Erstattung der Umzugskosten anderswo einen Laden mit tragbarer Miete sucht, wie es auch bei uns später nicht anders sein sollte. Die Besichtigung bei Penn Station South, einem City-Aided Middle Income Development, ergab, dass die Läden an der 8th Avenue mit Ausnahme eines Fleischer-, eines Backwarenladens und eines Waschsalons leer standen, ein Supermarkt dagegen offensichtlich florierte.

Am folgenden Tag ging es mit dem Bus durch den Lincoln-Tunnel nach Newark, das man uns damals als zu 25 Prozent verelendet bezeichnete. Die Definition für „verelendetes Gebiet" war, dass es einen Bestand von mehr als 50 Prozent abrisswürdiger Gebäude hatte. Hier begrüßte uns Mr. Danzig, Executive Director der Newark Housing Authority and Redevelopment Agency. Auch hier ging man davon aus, dass zwei Drittel der Differenz zwischen Grund-, Gebäude- und Abrisskosten einerseits und Weiterveräußerungspreis vom Bund getragen wurden. Interessant war, dass es trotz der unvermeidlichen Tatsache, dass eine gewisse Zeit zwischen der ersten Bekanntgabe der Sanierungsabsicht und der Einleitung der Maßnahme vergeht, es in Newark nie zu Spekulationen gekommen war. Da die Eigentümer wussten, dass sie den durch Gutachten festgelegten Kaufpreis erhielten, der dem Verkehrswert entsprach, waren sie vorsichtig und veräußerten nicht an Spekulanten.

Diese Stadt hatte 14 Projekte in Bearbeitung. Auch hier wieder das Problem der Witwe mit dem kleinen Süßwarengeschäft und einem Zimmer hinter dem Laden. Mr. Danzig berichtete hierzu aber, dass die neuen Wohnungsmieter gar nicht mehr in den alten Geschäften kaufen wollten, sondern die Planung eines Supermarktes im Sanierungsgebiet forderten.

Damit waren die informationsreichen Tage in New York zu Ende und laut Programm der letzte Abend „at team's convenience". Also, noch einen „Tom Collins", den ich kennen und lieben gelernt hatte, und dann Kofferpacken zur Weiterfahrt nach Philadelphia. Meine Aufzeichnungen erinnern mich daran, dass wir schon so viel Material bekommen hatten, dass ich es in einem schnell erworbenen Aktenkoffer im Hotel ließ, wohin wir ja zurückkehren würden. Mit der Bahn war es am nächsten Vormittag, einem Sonnabend, keine lange Fahrt. Ich freute mich sehr über das bevorstehende freie Wochenende, denn ich wollte nach der langen Unterbrechung unserer Verbindung nach meinem Studienfreund Watson Pedlow suchen. Mein Wunsch, ihn zu finden, ging zu meiner großen Freude in Erfüllung.

Wir hatten soeben unser Zimmer im Hotel belegt, als ich das dicke Telefonbuch von Philadelphia durchsuchte. In den wenigen Fällen einer Eintragung des Namens waren es immer andere Vornamen. Als ich resigniert das Buch weglegte, machte mich mein „roommate" Radeisen, der in der ganzen Zeit mein angenehmer Zimmergenosse war, darauf aufmerksam, dass auf seinem Nachttisch noch ein Telefonbuch von Philadelphia-Land lag. Dort stand ein W. Pedlow in Media eingetragen. Bei meinem Anruf fragte ich ganz vorsichtig, ob mein Gesprächspartner mal in München studiert hätte. Statt einer Antwort kamen mit Watsons unveränderter Stimme auf Deutsch, aber mit dem mir noch vertrautem Akzent die Worte: „Karl-Heinz, bist du das?" Unsere Freude war groß, und am nächsten Morgen stand Watson um neun Uhr mit seinem Auto vor der Tür. Wir sind dann erst einmal ganz „relaxed driving" langsam eine Stunde in der menschenleeren Innenstadt herumgefahren und haben uns erzählt, wie es uns in den vielen vergangenen Jahren ergangen war. Sicherlich hat mir Watson dabei auch schon manche Sehenswürdigkeit gezeigt, aber daran erinnere ich mich nicht mehr. Dafür erinnere ich mich z. B. noch genau, wie Watson erzählte, dass einer unserer Studienfreunde aus dem Ausländischen Studentenclub in München, Dr. L., im Krieg in New York aufgegriffen und nach einem Prozess als deutscher Spion erschossen wurde.

Watson wohnte in Media, dicht bei Philadelphia, in einem sehr großen Landhaus mit viel Land herum, das er aber zum Teil schon vor längerer Zeit zum Bau einer Einfamilienhaussiedlung veräußert hatte. Auf einem Hügel lag eine kleine, für das ländliche Amerika typische weiße Holzkirche. Dorthin fuhren wir zuerst, um am Gottesdienst teilzunehmen, bei dem Watsons Frau einen kleinen Chor leitete und auf dem Harmonium begleitete. Dort lernte ich auch schon die drei Kinder, John (19), Gregory Wick (16) und Laureen (14) kennen. Wir stiegen auf die Empore, von wo wir Marion und den Chor, alle in grünen Talaren, gut sehen konnten; ringsum und unten weiße und farbige Kirchgänger gemischt. Als wir – für mich das erste Mal – das Vaterunser in Englisch gebetet hatten, fragte mich Watson leise, er wisse nicht mehr, ob ich katholisch oder evangelisch sei, aber ob ich bereit wäre, mit ihm das Abendmahl zu nehmen. Als wir vor dem Pfarrer knieten, nickte dieser dem neuen Gesicht freundlich zu. Später in der Sonne vor der Kirchentür, als er alle Kirchgänger mit Handschlag und ein paar Worten verabschiedete, mussten die nach uns Kommenden ausharren oder vorbeigehen, weil der Pfarrer von mir erst über das Woher und Wohin informiert werden wollte. Vor allem interessierte ihn, wie wir in Berlin mit der amerikanischen Besatzung auskämen, und freute sich sehr zu hören, wie durch das gemeinsame Erlebnis der Blockade und der Luftbrücke aus Besatzern Freunde wurden.

Danach fuhren Watson und ich noch zu einigen Besorgungen für den Lunch in die Siedlung. Es sind manchmal kleine Erlebnisse, die unvergesslich bleiben. Wir kamen zu einem Obsthändler, in dessen Ausstellungsraum im Kamin ein großes Feuer brannte. Der große, aber niedrige Raum stand voll mit Kisten und Körben, gefüllt mit blanken, farbenprächtigen Äpfeln. Unterstützt durch die strahlende Wärme des Feuers war in dem geschlossenen Raum ein unbeschreiblicher Duft, den ich bis heute nicht vergessen habe, und wenn ich mal einen der selten gewordenen Äpfel mit starkem Geruch in der Hand habe, denke ich an den Obstladen mit dem großen Kaminfeuer in Media. Im Haus angekommen und während Marion den Lunch vorbereitete, zeigte mir Watson das ganze Haus, die Remise mit einer früher für einen Chauffeur gedachten Wohnung, die Gewächshäuser usw. Dabei fiel mir in einem Raum, der offenbar Bibliothek und Arbeitszimmer von Marion war, auf, dass vor dem Kamin ein niedriger Couchtisch stand, aus dessen Marmorplatte zwei schwenkbare Mikrofone ragten. Sie waren an einen der Sender Philadelphias angeschlossen. Aus diesem Studio plauderte Marion jeden Morgen eine Dreiviertelstunde zu den Hörern über von ihr ausgewählte Themen in einer Bandbreite von der Politik bis zur Hauswirtschaft. Auch auf ihren Reisen wurden diese Sendungen nicht unterbrochen. Viele Jahre später haben wir das erlebt, als uns die ganze Familie im Schwarzwald besuchte. Im Nebenhaus war gerade der damalige Bezirksbürgermeister von Steglitz, Heinz Höfer, zu Besuch. In einem Interview musste er Marion erklären, was ein Bezirksbürgermeister ist und zu tun hat. Anschließend brachte ich das Tonband zur Post nach St. Blasien. Sie sorgte dafür, dass der Sender laufend Nachschub bekam. Ihre und die Beliebtheit ihrer Sendung beweist eine kleine Anekdote: Marion hatte an einem Montagmorgen ihren Hörern gesagt, sie sei traurig, und erzählt, dass am Sonntag bei einer Wanderung durch die Wälder ihr Hund, ein schwarz-weißer Collie, verloren gegangen sei. Alles Rufen und Suchen sei vergeblich gewesen. Nach wenigen Tagen brachten Hörer den Collie, freudestrahlend, dass sie ihr helfen konnten.

Zum Lunch gab es Saft und Sandwich mit dem bei uns so wenig beliebten Weißbrot, das wir durch die Besatzung kennen lernten und das ich bis heute gerne mag. Beim Durchgang durch das Haus hatte ich aber gesehen, dass im Essraum der Tisch schon zum Abend mit schönem Porzellan, Kristall und Kerzen festlich gedeckt war. Ich weiß nicht, wann sie es gemacht hat, da Marion auch bei einem Ausflug in die Umgebung dabei war, jedenfalls gab es ein wunderbares, richtiges Wiedersehensdinner. Gerade als wir fertig waren, läutete es an der Haustür Sturm, und zu meiner Überraschung brach die ganze Nachbarschaft herein. „Hello, Karl-Heinz, nice to see you. We heard from Watson, an old friend of the old days in Munich is here." Es wurde mit mancher Flasche Wein ein wundervoller Abend. Marion setzte sich später ans Klavier, und mit dem Gesang alter deutscher Volkslieder, deren Text zu meiner Schande die amerikanischen Freunde besser kannten als ich, endete der Abend nach Mitternacht, und Watson setzte mich nach ein Uhr wieder vor dem Hotel ab. Die Unterbrechung Jahrzehnte hindurch war mit diesem Tag und einem Abend vergessen. Es war wieder die alte Freundschaft. Sie sollte bis zum Tode, zuerst von Marion, die auf der Reise nach Kanada im Schlafwagen einem zweiten Herzinfarkt erlag, und dann von Watson halten, zumal wir trotz seiner notorischen Schreibfaulheit bei späteren Treffen in Deutschland, aber auch in Media die Freundschaft immer wieder auffrischen konnten.

Am Montagmorgen ging es wieder an die Arbeit in der „Philadelphia Planning Commission", wo wir von dem damaligen Stadtplaner, Mr. Bacon, erfuhren, dass der erste Stadtplan schon von William Penn stammte, man aber die alten, hässlichen Viertel um die Independence Hall, wo einst 1776 die Unabhängigkeitserklärung unterzeichnet wurde, vor langer Zeit abgerissen hatte. Jetzt hatte man einen Gesamtplan aufgestellt, dessen Kosten sich auf 3,5 Milliarden Dollar beliefen zuzüglich erforderlicher privater Investitionen von neun Milliarden Dollar. Einmalig war meines Erachtens, dass dem Gesamtplan bereits ein Finanzplan mit den Geldquellen für die Durchführung beigefügt war. Interessant war für uns die Zusammensetzung der Stadtplanungskommission. Sie bestand aus drei Mitgliedern des Stadtrats, nämlich dem Direktor für Wirtschaft, dem Finanzdirektor und dem Stadtdirektor, ferner aus vom Oberbürgermeister ernannten Bürgern. Neben dieser Bürgerbeteiligung wurde der neue Plan von zahlreichen Organisationen diskutiert und gutgeheißen. Auch hier waren, wie überall, Opfer der Sanierung die Besitzer kleiner Läden, die nur in den alten, heruntergekommenen Vierteln bestehen konnten. Anhand der Einzelpläne wurden wir noch mit vielen Problemen bekannt gemacht, deren Aufführung zu weit führen würde, die aber von uns – von jedem aus seiner Sicht – registriert wurden, um später in unseren Bericht einzufließen Vertieft wurde alles nachmittags bei der „Redevelopment Agency".

Ich möchte noch zwei für den „Insulaner" wesentliche Eindrücke schildern, die wir an den Abenden hatten. Wir sahen zum ersten Mal eines der großen Ladenzentren. Es war „Cherry Hill" vor den Toren der Stadt. Mit seinen Läden aller Branchen, Bäumen und Blumenrabatten, voll überdacht und geheizt, vermittelte es ein ganz neues Einkaufsgefühl; insbesondere war es für den, der gemäß Ladenschlussgesetz gewohnt war, dass spätestens um 19 Uhr die Bürgersteige hochgeklappt wurden, ein unvergesslicher Eindruck, sich noch bis 22 Uhr in einer Buchhandlung, vom Personal freundlich beraten, ein Buch über das amerikanische Regierungssystem aussuchen zu können Das zweite Erlebnis war am nächsten Abend ein Theaterbesuch. Dort trat eine Laien-Gospelsängergruppe auf, nicht eine, wie sie heute routiniert in Europa herumziehen. Sie spielten und sangen die ganze Weihnachtsgeschichte, wobei noch anzumerken ist, dass die Sängerin, welche die Maria spielte, blind war. Es war ein großartiges Erlebnis, und ich schlug in Gedanken eine Brücke zu meinem Besuch als Student der Oberammergauer Festspiele, von dem ich erzählt habe. Es waren wohl überwiegend nur farbige Theaterbesucher, wir saßen jedenfalls auf dem Balkon nur unter Farbigen. Als sie hörten, dass wir deutsch sprachen, waren wir in der Pause umringt. Man wollte hören, von wo wir kamen, vor allem, wie uns die Aufführung gefiel. Erstaunlich war, wie informiert sie über die isolierte Lage Westberlins waren. Nicht zuletzt wollte man auch wissen, was eine ganze Gruppe von Westberlinern in die Staaten und nach Philadelphia führte.

Am 6. November fuhren wir nach Baltimore und abends weiter nach Washington, D. C. Der kurze Besuch in Baltimore bei der „Urban Renewal und Housing

Agency" war für unsere Sammlung von Fakten wichtig, denn hier gab es nach der letzten Zählung bei rund einer Million Einwohnern rund 290.000 Wohnungen, von denen rund 52.000, also 18 Prozent, „substandard" waren; davon 30.000 so schlecht, dass sie abgerissen werden mussten. Das Sanierungsprogramm sah daher den Abriss ganzer Stadtteile vor. Man hatte sich auch Gedanken gemacht, wie man eine neue oder weitere Verelendung verhindern könne. Es gab einen „Housing Court", der dann von der Stadt angerufen werden konnte, wenn ein Hauseigentümer sein Haus verkommen lässt.

Die nächsten zwei Tage waren wir in Washington bei der schon erwähnten Bundesbehörde „Housing and Home Finance Agency". Nach der Begrüßung durch den Leiter der Behörde, James E. Moore, berichtete Mr. George W. Snowden anhand von Schaubildern über den Aufbau der Behörde, deren 15.000 Mitarbeiter sich mit allen Fragen des Wohnungsbaus, insbesondere mit der weiteren Entwicklung der Gesetzgebung, befassten. Der Leiter unterstand direkt dem Präsidenten der USA, aber der Vorschlag, ein Ministerium für Stadterneuerung zu schaffen, war an der Lobby der Landwirtschaft gescheitert, die darin eine Beeinträchtigung ihrer Interessen sah. Erstaunlich war für uns, die wir an die Subventionen des sozialen Wohnungsbaus durch Bonn gewöhnt waren, dass nicht alle Staaten von der Bundeshilfe Gebrauch machten. Hierzu gehörten damals Oklahoma, Utah, Wyoming, und Kalifornien erließ ein Gesetz, das die Inanspruchnahme von Bundesmitteln durch die Gemeinden von der Zustimmung des Landes abhängig machte. Seit 1949 waren etwa 600 Projekte aufgrund des jeweiligen „Workable Program for Community Improvement" genehmigt worden. Bei einer Abwicklungsdauer von sechs bis zehn Jahren waren 110 abgeschlossen, 60 bis 80 standen kurz vor dem Abschluss. Von den Zahlen der Finanzierung eines Projektes, die wir als Beispiel erbeten hatten, erwähne ich nur die unter dem Strich entstandenen Nettosanierungskosten von vier Millionen Dollar. Von diesen trug die Federal Agency 66,66 Peozent und die Gemeinde bzw. das Land 33,33 Prozent. Man rechnete mit Sicherheit damit, dass die Gemeinden ihre Aufwendungen sehr bald und mehrfach durch das Mehrwertsteueraufkommen hereinbekommen würden. Auch der Bund habe Vorteile, weil in den sanierten Gebieten mehr Einkommensteuer anfallen würde.

In dem Leiter des „City of Chicago Community Renewal Program", Mr. Makkelmann, lernten wir einen deutschen Einwanderer der Zwanzigerjahre aus Husum kennen, der uns den ganzen Tag zur Verfügung stand. Auch hier hörten wir, dass infolge der großen Sanierungsgebiete z. Zt. jährlich 7000 Geschäfte verloren gingen. Mr. Mackelmann schilderte uns anschaulich, dass seine Frau gerne zehn oder 15 Minuten weit fahre, wenn sie gute Parkmöglichkeiten habe und im Einkaufszentrum alles bekomme, was sie brauche. Auto, Kühlschrank und -truhe begünstigten in uns noch nicht so geläufigem Umfang den Einkauf größerer Mengen in den weiter entfernt liegenden Zentren. Der kleine Geschäftsmann „um die Ecke" hatte dem nichts entgegenzusetzen. In meinen späteren Vorträgen über unsere Studienreise habe ich – unterstützt von Dias – immer auf dieses, eines der Kernprobleme der Sanierung hingewiesen. Inzwischen ist uns in ganz Europa das Problem der Ladenzentren auf der grünen Wiese mehr als vertraut geworden.

Einfließen lassen möchte ich hier, dass mich auf den Besichtigungsfahrten mit Mr. Mackelmann ein Projekt besonders faszinierte. Dort wurde ein ganzer Stadtteil mit vielen Blocks mit Abrissbirnen und unzähligen Bulldozern abgeräumt, um einer Universität mit Campus Platz zu machen. Dieses Bild, bei dem ich mit dem Zählen der Bulldozer nicht mehr mitkam, und die allgemein seit New York gewonnenen Eindrücke veranlassten mich, bei dem abendlichen Zusammensein mit Mr. Mackelmann diesem allen Ernstes die Frage zu stellen, ob er nicht in seinem Umfeld einen Platz für mich hätte. Er ging bereitwillig auf meine Frage ein. Nachdem ich meinen Werdegang und meine Arbeit in Berlin geschildert hatte, bejahte er sie sogar. In Anbetracht meiner 51 Jahre nahm er jedoch Papier und Rechenstift zur Hand, um mir darzulegen, dass ich mir und meiner Familie nicht mehr eine angemessene Versorgung für den Lebensabend schaffen könnte. Das musste ich leider einsehen und den Gedanken an einen Sprung in das Urban Renewal Program Chicagos fallen lassen. Wegen unserer Erörterungen 1945, als wir gerne ausgewandert wären, war ich der Zustimmung meiner Frau sicher, und als ich nach der Rückkehr von diesem Abend erzählte, war es auch so. Obwohl der Traum vom Job in den USA begraben war, zeigte sich beim Bummel durch Downtown Chicago, dass die Anziehungskraft der dortigen Welt weiter wirkte. Nachdem ich mir in der State Street das Bürohaus des Käufers und Erbauers des großen Ladenzentrums in der Gropiusstadt angesehen hatte, kamen wir zu den damals noch völlig frei stehenden runden Wohntürmen, den Marina Towers. Der Eindruck der im Wasser stehenden Hochhäuser war überwältigend. Es waren 40 Stockwerke, nach allen Seiten mit Blick auf die Stadt und den See, darunter 20 Stockwerke zum Parken, Büros und ein Restaurant; wie die darunter eine durch den Überbau geschützte Marina für Hunderte von Booten, die mit Fahrstühlen von den Wohnungen erreichbar war. Da musste dem Wannseesegler doch der Gedanke kommen: Hier einen Job mit Wohnung und Boot in den Marina Towers. Im Jahr 2000 musste ich leider sehen, dass die Anlage jetzt von mehreren noch höheren Häusern umstellt ist und damit ihre Einmaligkeit verloren hat. Bei dem weiteren Stadtbummel wurde der gestrige Eindruck der großen devastierten Gebiete, wie man sie in Berlin auch in den schlimmsten Gegenden nicht finden konnte, stark relativiert. Das Klischee der „Stadt der Schlachthöfe" wich einem ganz anderen Bild. Vor allem der Gang am Lake Shore Drive und die Ansicht der berühmten Wohnbauten von Mies van der Rohe zeigten schon damals, wie schön die Stadt war. Im Jahr 2000 konnte ich Sohn Tim zu einem Pharmakongress begleiten. Während er arbeiten musste, konnte ich noch einmal durch die Stadt bummeln. In den beinahe 40 Jahren waren nicht nur die riesigen Sears Towers und das Hancock Center hinzugekommen, sondern die von einer Architektenvereinigung durchgeführte einstündige Schiffsfahrt auf den beiden Armen des Chicago River zeigte, wie viele Bauten außer denen in der Umgebung der Marinatürme in der Handschrift der verschiedensten Architekten hinzugekommen waren. Der begleitende Fachmann nannte die ausführenden Architekten und ihre unterschiedlichen Auffassungen und meinte abschließend mit einem Schuss Lokalpatriotismus, aber auch nicht mit Unrecht, was Paris in der Kunst, sei Chicago in der Architektur.

Der Unterschied zu New York ist wirklich groß. Dort sind immer noch das Seagram Building, das Pan-Am-Gebäude und das Empire –State Building architektonische Höhepunkte, während das inzwischen zerstörte World Trade Center zwar zu einem Markstein der Skyline wurde, aber architektonisch viel zu wünschen übrig ließ. Die Berechtigung der obigen Bemerkung ergab eine Führung durch das Villenviertel „Oak Park", auch wieder durch einen Fachmann der Architektenvereinigung, an der Tim und ich zusammen teilnehmen konnten. Dort stehen hervorragend gepflegt die zahlreichen „First Houses" von Frank Lloyd Wright, welche er einmal zwischen 1891 und 1915 in jungen Jahren gebaut hat, jedes einmalig in Grundriss und Design. Danach ging es dann noch einmal zum Hancock Center, auf dem Tim trotz seiner ständigen Arbeitsbesuche in den USA noch nicht gewesen war. Wer nicht unbedingt auf dem höchsten Gebäude gewesen sein will, zieht gegenüber dem Sears Tower den Rundblick unmittelbar am Lake Shore Drive vor. Wenn er will, kann der Rotarier voller Ehrfurcht am Horizont auf Evanston, die Wiege seines Clubs, schauen.

Doch nun zurück in das Jahr 1962. In San Francisco, zuerst in der „School of Environmental Design" der Universität von Kalifornien, betrachtete man die Frage der Stadterneuerung aus der Sicht des Architekten. Die nüchterne Feststellung war, dass der Architekt bei der Wiederaufbauplanung keine hervorragende Stellung einnahm. Den Lehrplan „Urban Design" gab es erst seit sechs Jahren, und vor drei Jahren hatte man den ersten Urban Designer fertig ausgebildet, als Anhängsel zum „Bachelor of Architecture". Die Städte würden meist mit der Stadterneuerung beginnen und nicht mit der Stadtplanung, wobei die Initiative meist von den Behörden und von Kaufleuten ausginge, die Öffentlichkeit zeige kein großes Interesse. Unser Informant führte dies darauf zurück, dass der Amerikaner durchschnittlich alle drei Jahre seinen Wohnsitz wechsle. Bürgersinn im Wohnviertel sei nur gering entwickelt. Wenn ihm etwas nicht gefalle, ziehe er in eine andere Wohngegend. Erfreulich sei aber, dass nach anfänglicher Ablehnung der Stadterneuerung das Privatkapital diese als interessante Investitionsmöglichkeit ansehe.

Am Nachmittag konnten wir dann mit „Spur" zum ersten Mal eine private Vereinigung für Stadterneuerung kennen lernen. Sie hatte rund 750 Mitglieder, überwiegend an der Stadterneuerung interessierte Geschäftsleute. Die Vereinigung arbeitete mit vielen regionalen und fachlichen Ausschüssen und den Behörden zusammen. Es wurde auch untersucht, was bei einzelnen Projekten anders, besser und eventuell auch billiger gemacht werden könnte. Es waren gerade 8000 Dollar aufgewandt worden für die Untersuchung eines Projekts der Untertunnelung einer Hauptstraße, der Market Street. Einige Stunden bei der „Redevelopment Agency" mit anschließenden Besichtigungen rundeten das Bild ab. Das auch hier sehr enge Programm ließ nur wenig Zeit, die Schönheit dieser Stadt in sich aufzunehmen. Das wenige, das wir sehen konnten, und die ganze Atmosphäre hinterließen nur den Wunsch, möglichst bald zurückzukehren. Wir waren aber nun mal nicht zum Vergnügen da. Es war gut, dass alle in der Gruppe dieses Bewusstsein hatten und das doch recht strapaziöse Programm der Harmonie und dem Teamgeist niemals Abbruch tat.

Die Endstation, Los Angeles, war für unsere Studien weniger ergiebig, da die Hochbauten erst in den letzten Jahren errichtet worden waren und die riesigen Einfamilienhausviertel nicht „substandard" waren. Slumviertel wie in New York und Chicago kannte man damals dort noch nicht. So konnten wir das Weekend benutzen, allein die Stadt und ihre Enklaven, z. B. Beverly Hills, kennen zu lernen und mit einem Mietwagen „relaxed driving", wie wir es nicht kannten, im Strom der übrigen Fahrzeuge bei Sonnenuntergang den Sunset Boulevard hinauf- und hinunterzufahren. Zu dritt leisteten wir uns dieses Vergnügen, wobei wir zum ersten Mal das automatische Getriebe kennen lernten. Ich hatte keine Bedenken, mich in einem großen Chevrolet nach kurzer Unterweisung durch den Vermieter an das Steuer zu setzen. Den seit 40 Jahren an das Kupplungspedal gewöhnten Fuß beiseite gestellt, waren wir schon eine halbe Stunde von Ampel zu Ampel gerollt, als es dem Anfänger doch passierte. In einer gegebenen Situation wollte ich auskuppeln und trat mangels des Kupplungspedals so kräftig auf die Bremse, dass der neben mir sitzende Dr. Friedemann beinahe durch die Scheibe geflogen wäre. Anschnallgurte gab es ja noch nicht. Es ist aber an diesem Nachmittag und Abend bei diesem Versehen geblieben. Meine Begeisterung war von da an so groß, dass ich nur noch mit Automatik fahren wollte. Nach meiner Rückkehr war in der Gehag gerade ein neuer Dienstwagen fällig, aber kein deutscher Hersteller bot schon die Automatik an. Da half wieder einmal der Zufall: Ich ging den Kurfürstendamm entlang und sah in einem Schaufenster einen Wagen mit automatischem Getriebe stehen. Es war ein „Rambler" von American Motors, dessen Einzelteile mit dem Schiff aus den USA kamen und in Antwerpen zusammengesetzt wurden. Der Preis entsprach in dem einem gemeinnützigen Wohnungsunternehmen gezogenen Rahmen dem eines Wagens, der sonst in Frage gekommen wäre. Mein Fahrer freundete sich auch schnell mit ihm an, und wir haben bei einem Betrieb über 120.000 Kilometern keinen Schaden an dem Getriebe gehabt.

Zum Schluss sahen wir dann doch noch das eigentlich interessanteste Beispiel einer Stadterneuerung. Es war in der kleinen Stadt Pomona. Man war dort durch eine kluge Planung und rein privat, ohne Bundeszuschüsse, zu einer wesentlichen Verbesserung der ganzen Stadt gekommen. Vorher hatte es eine Geschäftsstraße gegeben, in der über 20 Läden leer standen. Sie wurde zu einer Mall, einer Fußgängerzone – ein damals noch neuer Begriff –, umgewandelt. Dazu hatte man zu beiden Seiten der Straße das Land hinter den Geschäftshäusern aufgekauft, um darauf die Zulieferung sicherzustellen und Parkplätze zu schaffen. Die Parkflächen unterstanden einem städtischen „Parking Committee", welches sie an die Geschäftsleute in der Mall zum damaligen Preis von drei Dollar pro Monat und Einstellplatz vermietete. Daraus wurden die Betriebskosten und der Zinsendienst für die zum Erwerb der Flächen aufgenommenen Gelder bestritten. Eine Sondereinnahme hatte die Stadt nur dadurch, dass sie einige bisher nur als Straßenland benutzte Flächen veräußern konnte, weil einige Nebenstraßen geschlossen wurden. Wesentlich für den Erfolg war auch, dass ein gemeinsamer Bahnhof für zwei private Bahnlinien benachbart zur Mall gebaut und mehrere Buslinien herangeführt wurden, wobei die Bahnlinien sogar dreimal untertunnelt wurden, um die Zufahrt zu den Parkplätzen zu schaffen. Die Mall machte mit einem Springbrunnen und gärtnerischen Anlagen einen sehr ansprechenden Eindruck. Der sichtbare Erfolg war, dass alle Geschäfte wieder in Gang gekommen waren; ein neues Warenhaus war gebaut worden, eine Sparkasse bezog gerade ihr neues vierstöckiges Gebäude. Wir waren natürlich besonders daran interessiert, wie ein solches Projekt frei finanziert werden konnte. Die Stadtverwaltung leistete nur insofern Hilfestellung, als die Geschäftsleute einen Antrag auf Schaffung eines Ortstatuts stellen konnten, welches eine Umlage zur Deckung der Kosten möglich machte. Maßstab für die Umlage war die Länge der Straßenfront in der Mall, und sie war von dem Hausbesitzer aufzubringen. Wer dies nicht konnte, bekam als öffentliche Last einen Tilgungskredit zu 5,5 Prozent. Die Mieten waren Umsatzmieten und die Umsätze bereits so stark gestiegen, das man fest damit rechnete, dass die Hausbesitzer ihre Schulden vorzeitig zurückzahlen konnten.

Am 20. November flogen wir wieder nach New York zurück, und der Abend stand noch einmal zur freien Verfügung. Wir benutzten ihn aber nur, um in einer Bar die vergangenen Wochen Revue passieren zu lassen. So wie am ersten Tag nach unserer Ankunft im „Council for International Progress in Management" (CIPM) das Informationsmeeting stattfand, war jetzt ein Evaluation Meeting anberaumt. Man wollte von uns unsere Eindrücke in den verschiedenen Städten, die ersten Schlussfolgerungen für Berlin, etwaige Kritik über die Organisation und Abwicklung unserer Reise hören. Diese „Manöverkritik" konnte für unsere Gastfreunde nur positiv ausfallen.

Am nächsten Tag, am Freitag, den 23. November – es sollte leider ein unvergessliches Datum werden – sollten wir uns um 13 Uhr auf der „Mauretania" der Cunard Line einschiffen. Ich kam vormittags aus dem Hotel, um noch eine kleine Besorgung zu machen, als mich der Taxifahrer mit den Worten aufnahm: „Our president is dead." Er wie ich waren fassungslos, denn John F. Kennedy war doch bei uns Westberlinern besonders beliebt. Ich erinnerte mich, wie wir bei seinem Besuch in die Habelschwerdter Allee gegangen waren, um ihn auf der Fahrt zur Freien Universität zu sehen. Hier in New York ruhte plötzlich der ganze Verkehr, alle Autoradios liefen. Die Fußgänger standen in Gruppen, und es dauerte einige Zeit, bis alles wieder in Fluss kam.

Als unser Schiff auslief, standen wir weiter unter dem Eindruck des Unfasslichen. Ich habe noch lange am Heck gestanden, um bis zum letzten Augenblick die Freiheitsstatue und die Skyline von Manhattan mit der Abendsonne dahinter im Meer versinken zu sehen. Dazu hatte mich die „Neue Welt" zu sehr ergriffen, als dass mir der Abschied nicht sehr schwer wurde. Beim Blick auf Ellis Island dachte ich an die Flut von Einwanderern, die dort ein neues Leben gesucht und meist auch gefunden hatten, vor allem an die Schicksale der vielen Emigranten aus Deutschland nach 1933. Abends in der Bar horchten wir immer nur, ob der Rundfunk etwas Neues von dem Attentat berichtete. Auch der Bordfunker versorgte die Passagiere immer wieder mit Extrablättern, nur unser Protest dagegen, dass die Bordkapelle trotzdem Tanzmusik spielte, war vergebens. Da die „Mauretania" die südliche Passatroute nahm, war es mit Ausnahme eines Tages eine ruhige Reise. Wir konnten – überraschend in den letzten Tagen des November – in Liegestühlen auf Deck liegen und die Delphine und Fliegenden Fische beobachten. Unter zwei Gesichtspunkten war es ein guter Gedanke, uns nicht auch zurückfliegen zu lassen. Zum einen hatten wir diese Erholung verdient, wenn auch die Fülle der Eindrücke und die Befassung mit einem so interessanten Studiengebiet kein Gefühl der Anstrengung aufkommen ließ. Zum anderen trat auch in der Runde der Liegestühle wieder die kleine Reiseschreibmaschine, die ständige Begleiterin von Dr. Friedemann, in Aktion. Selbst auf unseren Flügen, z. B. von Chicago nach San Francisco, hatte er sie auf den Knien, und das Geräusch der Anschläge war unser ständiger Begleiter. Auch hier auf dem Sonnendeck entstanden im gemeinsamen Gespräch weitere Vermerke, Ausarbeitungen, die es später erleichterten, den zu erstattenden Bericht auszuarbeiten. Dr. Friedemann, der leider dann so früh verstarb, war sicher der Fleißigste unter uns. Das verdient, hier festgehalten zu werden. Am 29. November liefen wir in Le Havre ein und fuhren mit der Bahn nach Paris. Ein flüchtiger Blick auf die Champs-Elysees und die zahlreichen Maler auf dem Montmartre mit ihren für die Touristen gefertigten Bilder sind das Einzige, was in der Erinnerung haften geblieben ist. Am gleichen Abend brachte uns die Air France wieder nach Berlin-Tegel. Damit war eine 30-tägige außerordentlich interessante Studienreise zu Ende. Sie war keine Belastung gewesen, sondern eine Bereicherung.

Der damals 16-jährige Sohn schaute sich am nächsten Tag seinen Vater an und stellte fest: „Ich habe dich noch nie so aufgelockert, frisch und erholt gesehen." Unter Federführung von Dr. Schröder begann dann die Ausarbeitung des Berichts, zu dem jeder seinen Teil beizusteuern hatte. Mir oblag das Thema „Gesetzliche Grundlagen, Entwicklung und gegenwärtiger Stand". Mit der Überschrift „Organisation, Planung und Durchführung von Stadterneuerungen in den USA" ist der Bericht als Sonderdruck von der Zeitschrift „Raumforschung und Raumordnung" veröffentlicht worden.

Unsere Erlebnisse wirkten in mir noch lange nach, zumal ich in Vorträgen, unterstützt durch meine Dias, in Berlin und Aachen interessierten Zuhörern einen Einblick in Methoden und Erfolge der Stadterneuerung in den USA geben konnte.

Manchmal trügt der Schein

Nach meiner Rückkehr stand natürlich im Vordergrund die Fortentwicklung der Gropiusstadt. Ich will mich aber weiterhin auf einige Dinge beschränken.

Bei aller Förderung erforderte unser Anteil von rund 9000 Wohnungen erhebliche Eigenmittel. Wir hatten zwar von unseren Aktionären eine Kapitalerhöhung von 16 auf 20 Millionen DM bekommen, aber von den ursprünglich von der Vermögensverwaltung der DAG für DAWAG und Gehag gedachten 20 Millionen für den sozialen Wohnungsbau war bald keine Rede mehr. Wir mussten jährlich in den Altbauten größere Instandsetzungen zurückstellen, viele Millionen Zwischenfinanzierungsmittel vor uns herschieben, um große Abschnitte für das jährliche Programm des Senats fertig zu stellen. Für sonstige Neubauten war die Umschau nach neuen Finanzierungsmöglichkeiten notwendig. Wir waren nicht die Einzigen, die sich für das Instrument „Immobilienfonds" interessierten, welches Anlegern eine Beteiligung an Immobilien, die damit verbundenen Steuervorteile, Sicherheit und Freiheit von Verwaltungssorgen bietet. In einem Fachausschuss des Gesamtverbandes haben wir die einzelnen Formen in zahlreichen Sitzungen durchleuchtet. Das Ergebnis war ein Gutachten, das auch publiziert wurde. Auch im Arbeitskreis „Immobilienfonds in der Städtebauförderung" im Deutschen Verband für Städtebau und Raumordnung haben wir die Frage eingehend behandelt. So – theoretisch abgesichert – konnten Herr Selka und ich der Westdeutschen Landesbank ein Bauvorhaben in Krefeld (868 Wohnungen und ein Ladenzentrum) vorschlagen mit der Maßgabe, dass eine Fonds-KG Eigentümerin wurde, die Bank den Vertrieb der Anteile, wir den Bau und die spätere Verwaltung übernahmen. Es wurde die Rheinisch-Westfälische Immobilien Anlagegesellschaft m.b.H. & Co., Fonds I (Gehag-Fonds) gegründet. Die GmbH musste aber kurzfristig ausscheiden. Wir hatten schon in den Ausschüssen festgestellt, dass bei Beteiligung einer haftungsbeschränkten juristischen Person der Fonds gewerbesteuerpflichtig wurde, was die Rendite erheblich belastet hätte. Wir, d. h. Generaldirektor

Dr. Alfred Steiger, der Direktor i. R. Adolf Meyer und ich, blieben als persönlich haftende Gesellschafter unter uns. Auch eine ursprünglich von der Westdeutschen Landesbank abgegebene Erklärung, uns im Ernstfall von jeder Haftung freizustellen, musste aufgrund von zwei Urteilen des Bundesfinanzhofs zurückgenommen werden, weil sie die gleiche Wirkung hatte. Angesichts von dem, was und wer dahinter stand, habe ich aber keine schlaflose Nacht gehabt. Erstaunlich ist nur, in den Nachrichten über den Wirbel um die Bankgesellschaft Berlin im Jahre 2001 zu lesen, dass dort noch mit Freistellungserklärungen gearbeitet worden ist. Im Übrigen war der Fonds ein voller Erfolg, und Krefeld bekam eine schöne Wohnanlage.

Hieran dachte ich, als Folgendes geschah: Nachbar unserer Grundstücke im Planungsgebiet BBR war die Evangelische Kirche, die ihre Grundstücke in ihre Hilfswerk Siedlung GmbH. zum Bau von mehreren hundert Wohnungen eingebracht hatte. Einflechten muss ich hier, dass Gropius „in Verneigung vor seinem Freund Bruno Taut", wie er sagte, in Erinnerung an das Hufeisen im ersten TAC-Plan fünf kleine und einen großen ringförmigen Baukörper vorgeschlagen hatte. Da sich aber bei den kleineren die Krümmung ungünstig auf die Wohnungen auswirkte, fielen sie weg. Der große Halbrundbau blieb, lag aber auf dem Kirchengelände. Eines Nachmittags überraschte mich der Anruf des Geschäftsführers der Hilfswerksiedlung, Architekt Römer, mit der Mitteilung, in Anbetracht des Baues von über 1500 Wohnungen würde der Bau des Halbkreises die Kräfte der Gesellschaft übersteigen, der Aufsichtsrat hätte beschlossen, uns als Nachbarn das notwendige Gelände zum Kauf anzubieten. Mir war klar, dass auch wir für den Kauf, geschweige denn für den Bau keinen Pfennig übrig hatten. Ich dachte aber an den reibungslosen Ablauf in Krefeld und sagte meine Stellungnahme kurzfristig zu. Die sofortige Fühlungnahme mit uns nahe stehenden Kreditinstituten ergab ihr Interesse am Vertrieb der Anteile, während ich in diesem Fall als Kommanditist der Fondsgesellschaft die Gehag selbst einsetzen wollte. Als persönlich haftenden Gesellschafter hätte ich gerne den Geschäftsführer der Vermögensverwaltung der DAG, Herrn Rechtsanwalt Reimer, gehabt, er riet mir aber, das selber zu machen. So gründete ich mit der Gehag zusammen die „Gropius-Haus Dr. Peters KG" als Fonds II. Wie bei dem Fonds I war von der Konstruktion her jede eigene finanzielle Beteiligung ausgeschlossen, und der persönlich haftende Gesellschafter musste nur seinen Namen für die Firma geben. Mit der Gehag als Kommanditistin war auch hier das Risiko einer persönlichen Haftung gleich null. Mit den besonderen steuerlichen Vorteilen auf unserer Insel hatten die Banken beim Absatz der Anteile keine Probleme. Nach meinen Aufzeichnungen bekam ich schon fünf Monate vor der Grundsteinlegung die Mitteilung, dass alle Anteile – vor allem in Westdeutschland – platziert waren, womit wir nach meiner Erinnerung rund neun Millionen als Eigengeld und damit auch für den Ankauf des Grundstücks hereinbekamen.

Die Pläne lagen schon seit 1964 vor. Ich hatte seinerzeit, als durch die Ablehnung der Kreise Gefahr auch für den großen bestand, im Einvernehmen mit Senatsbaudirektor Prof. Düttmann am 15. April 1964 an Gropius geschrieben: „Zu Beginn, als wir das Projekt BBR in den Anfängen besprachen, haben Sie wohl beobachten können, wie sehr es mir am Herzen lag, dass hier eine beispielhafte urbane Lösung geschaffen wurde und dass ich den ersten Vorschlag trotz seiner vielen Abweichungen von den hiesigen baupolizeilichen Vorschriften persönlich für eine solche Lösung hielt. Bei alldem hatte ich mich auch über Ihre Gedanken gefreut, die Form eines Hufeisens wieder anklingen zu lassen. Ich musste mich nur aus wirtschaftlichen Gründen gegen die große Zahl dieser von Grundriss und Aufschließung her schwierigen Kreise wenden."

Als wir am 16. September 1972 den Grundstein legen konnten, war sein Schöpfer leider schon am 5. Juli 1969 im Alter von 86 Jahren gestorben. Ich konnte am Morgen nur Ise Gropius und Enkelin vom Hotel am Zoo abholen. Er hatte auch immer dort gewohnt, weil es früher sein Elternhaus war, wo er, wie er mir erzählte, am heutigen Standort der Synagoge in der Fasanenstraße als Kind Frösche gefangen hatte. Wir fuhren zuerst zur Feier der Umbenennung des Planungsgebiets Berlin-Buckow-Rudow in Gropiusstadt. Schwedler hatte sich lange dagegen gesträubt, verständlicherweise, weil auch er mit angesehen hatte, dass der TAC-Plan durch große Eingriffe, auf die ich noch eingehen werde, stark verwässert wurde. Ich hatte aber schon lange davor am 6. März 1960 gegenüber dem „Tagesspiegel" erklärt: „Eines scheint Dir. Dr. Peters von der Gehag bei der Verwirklichung des Projektes in Buckow-Rudow besonders wichtig, einer international geschätzten Kapazität wie Gropius die Möglichkeit zu bieten, bei der Gestaltung nicht – wie im neuen Hansaviertel – durch räumliche Begrenzungen relativ gebunden zu sein und, wie Dr. Peters meint, die offensichtlichen Fehler des neu entstandenen Stadtviertels Charlottenburg-Nord, eines Konglomerats nach dem Plan verschiedener Architekten, nicht zu wiederholen. Die künftige ‚Gropius-Town' in Berlin soll eine Handschrift tragen." Die Dokumentation weist aus, dass auch im internen Schriftverkehr der Abteilung VII Tiefbau zum ersten Mal „BBR-Gropiusstadt" auftauchte. Jetzt griff Schwedler ein mit Verfügung, dass nur die Bezeichnung BBR zu verwenden sei.

Als ich davon hörte, kam natürlich von mir die Anweisung, im Schriftverkehr nur mit dem Betreff „Gropiusstadt" zu arbeiten. Der heimliche Kleinkrieg fand erst ein Ende, und das rechne ich Herrn Schwedler hoch an, als er an meinem 60. Geburtstag im großen Saal von Kempinski seine Laudatio mit den Worten schloss: „Und nun kann ich Ihnen noch eine Freude machen. Der Senat hat gestern beschlossen, dass die U-Bahn-Station Johannisthaler Chaussee künftig Gropiusstadt heißen soll." Zu dieser Umbenennung brachte ich nun Ise Gropius, und anschließend legten wir mit ihr und den Senatoren Schwedler und Theuner den Grundstein zum Gropiushaus.

Die Teilnahme der Bevölkerung war groß, und wir hatten die Gelegenheit benutzt, auch unsere auswärtigen Partner einzuladen, die Stadtväter von Heidelberg, Aachen, Eschweiler, Immenstadt, Poing usw. Eine mehr interne, aber nicht minder große Freude, vor allem für meine Frau, war, dass trotz Mauer Wils Ebert den gemeinsamen Freund aus alten Tagen, Selmanagic, mitbrachte, der jetzt Planungschef in Ostberlin war.

Nun muss ich nur noch die Überschrift dieses Abschnittes erklären: Wenn ich Ärger hatte, etwas Auftrieb brauchte, wanderte ich gerne allein durch die Gropiusstadt. In dem uns selbst gehörenden kleinen Ladenzentrum war eine Drogerie. Sie wurde von dem Sohn eines Drogisten geführt, der einen Laden in Lichterfelde, Unter den Eichen, besessen und unseren Jungen über diese verkehrsreiche Straße gebracht hatte, wenn er mittags aus der Grundschule kam. Als äußeres Zeichen unserer Dankbarkeit hatte ich seinem Sohn diese Existenz verschafft und besuchte ihn immer. Dabei sagte er einmal: „Nun ist ja Ihr Haus auch bezogen." Zu meinem Schrecken meinte er das in Sichtweite liegende Gropiushaus, aus dessen Bauschild er falsche Schlüsse gezogen hatte. Da war eine Vorlesung über Konstruktion und Zweck eines Immobilienfonds fällig, und ich konnte den Irrtum aufklären. Ich musste mir aber sagen, dass er wohl nicht der Einzige war, der angenommen hatte, der Millionenbau sei mein Eigentum, und fürchtete um mein Image als Vorstand eines gemeinnützigen Wohnungsunternehmens. Mein erster Gang war zur örtlichen Verwaltung, wo ich den Nachfolger von Grasshoff, Herrn Glawe bat, in der nächsten Versammlung der Hauswarte den Sachverhalt zu erklären, damit sie gegebenenfalls die Mieter über den Irrtum aufklären konnten. Auch in der nächsten Betriebsversammlung habe ich mein Erlebnis zum Besten gegeben und gebeten, mir zu helfen, nicht in ein falsches Licht zu kommen.

Dabei fällt mir ein, dass mir in den Anfängen bei einem Zusammensein von einigen Bankern vorgeschlagen wurde, ich könnte mir doch am Rand außerhalb des Planungsgebiets BBR Grundstücke kaufen, die bald wertvolles Baugelände werden würden, den notwendigen Kredit könnte ich haben. Ich weiß nicht, was sie gedacht haben, als ich sie aufklärte, dass das wohl mit der Leitung einer gemeinnützigen Gehag nicht zu vereinbaren sei. Heute ist die Gemeinnützigkeit abgeschafft, wären auch sonst wohl derartige Geschäfte nicht mehr suspekt.

Ist der Name „Gropiusstadt" richtig?

Es klang schon durch, dass die Planung von Gropius und seinem Team viele Änderungen erfahren hat. Wesentlich war die in der Berliner Situation verständliche Forderung an die Trägergesellschaften, weitere Architekten heranzuziehen. Zuerst war nur daran gedacht, nicht große Abschnitte von einer Hand gestalten zu lassen, sondern nach dem Beispiel des Hansaviertels hochwertige und individuell gestaltete Bauten aufzuführen. Laut der Dokumentation habe ich dem unter Hinweis auf Wils Ebert und unser eigenes Büro etwas unfreundlich widersprochen: „Er begründet diese Absicht mit seinen Erfahrungen mit Architekten und der finanziellen Mehrbelastung." Schwedler forderte aber mit dem Planungsbeirat seiner Verwaltung, in dem solche Kapazitäten wie die Professoren Hillebrecht, Wedepohl, Scharoun und der Geschäftsführer der Industrie- und Handelskammer Dr. Skrodzki (identisch mit dem von mir früher erwähnten Geschäftsführer der Reichsgruppe Industrie) saßen, weitere Architekten hinzuzuziehen; allerdings ausdrücklich mit dem Hinweis, „es käme darauf an, gute Architekten zu finden, die von sich aus bereit wären, der Planung von Gropius weitgehend zu folgen". Aufgrund einer Vorschlagsliste des Senats mussten wir im Juni 1962 14 Berliner Architekten auffordern, städtebauliche Gutachten für fünf Nachbarschaften von je 600 bis 1200 Wohnungen anzufertigen. Grundlage war der Bebauungsplan von Gropius als Rahmenplan. Die Jury trat am 6. November unter dem Vorsitz von Gropius zusammen. Als wir zwei Tage später mit Gropius allein waren, stellte er laut Tonband fest: „Den Versuchen, die hier mit den 14 Architekten gemacht worden sind, habe ich entnommen, dass interessante Vorschläge dabei sind, aber eine Teamarbeit in diesem Sinne hat nicht stattgefunden." Nach einer Besprechung mit den 14 fasste er die Grundsätze seiner Planung in einer langen Niederschrift zusammen. Es war alles vergebens. Wir waren beide allein, als ich ihm die Ausstellung der Modelle aller Gutachten in unserem Sitzungssaal zeigte. Als wir zurück in mein Zimmer gingen, brach es aus ihm heraus: „Das ist kein Wettbewerb, das ist das Chaos." Ich selbst habe laut Tonband den Gutachtern gesagt: „Es ist keiner von den Herren, ich sage Ihnen das ganz offen, aufgestanden und hat erklärt: ‚Nein, unter diesen Bedingungen spiele ich nicht mit', sodass wir eigentlich in dem Wahn lebten, dass man sich an gewisse Grundlinien dieses Planes halten würde. Das Ergebnis ist nun so gewesen, dass sozusagen eine Explosion stattgefunden hat ..."

Gropius. ging aber nicht auf die Barrikaden. Es siegte die Altersweisheit des 80-Jährigen. Nachdem ihm Ebert sämtliche überarbeiteten Teilpläne übersandt hatte, schrieb mir Gropius am 6. März 1963 nur: „Ich erachte es als meine Pflicht, meine Stimme warnend zu erheben und aus fachlicher Sicht festzustellen, dass die jetzigen Pläne in ihrer Gesamtheit gesehen miteinander unvereinbar erscheinen. Sie verundeutlichen und verwirren die ursprüngliche Konzeption ..." Trotzdem war es ein Einlenken und bedeutete für mich und Wils Ebert das Ende der ursprünglich geplanten einheitlichen Großsiedlung.

Da ist es verständlich, dass die „Bild-Zeitung" im Juli 1967 brieflich an Gropius die Frage stellte, ob er sich nach den doch sehr weit gehenden Änderungen noch mit dem städtebaulichen Konzept identifiziere. In einer langen Antwort hat Gropius dies unter Einschränkung auf die „hauptsächlichen Planungsgrundzüge" bejaht. Sein An-

Britz-Buckow-Rudow (Gropiusstadt)

teil ist aber so groß und doch überwiegend, die „Walter-Gropius-Schule", das Gropiushaus und das dominierende Hochhaus der Baugenossenschaft Ideal zeigen seine Handschrift, alles rechtfertigt die heute schon selbstverständliche Benennung „Gropiusstadt".

Im Übrigen macht man es sich mit der Kritik am Bau- und Planungsgeschehen der Sechzigerjahre – nicht nur hinsichtlich der Gropiusstadt – allzu leicht. Nur die verdichtete Bauweise und der Montagebau machten es in Ost und West möglich, verhältnismäßig kurzfristig die großen Bauprogramme zu erfüllen. Nur so konnten wir die notwendigen Wohnungen schaffen, die schon vor Fertigstellung vermietet wurden und nach den Umfragen völlig den damaligen Bedürfnissen der Bewohner entsprachen. Alle Kritiker sollten sich an die Worte von Ludwig Mies van der Rohe erinnern, der schon 1924 gesagt hat: „Baukunst ist immer raumgefasster Zeitwille, nichts anderes."

Erweiterung des Arbeitsfeldes

Schon Ende der Sechzigerjahre stand die gemeinnützige Wohnungswirtschaft in der Abwehr nicht nur von Angriffen der freien Wohnungswirtschaft, sondern auch von politischer Seite. Sie entspreche nicht den reinen Lehren der Marktwirtschaft, auch wenn diese noch mit mehr Berechtigung sozial genannt werden konnte, als dies heute der Fall ist. Dies und die Erkenntnis, dass mit der voraussichtlichen Fertigstellung der Gropiusstadt in den Jahren 1976/77 auch die Zeiten der großen Programme im sozialen Wohnungsbau vorbei sein würden, also die Aufrechterhaltung unserer großen technischen Abteilung mit ihrem Know-how problematisch werden könnte, führte zu der Überlegung, wie das Programm der Gehag erweitert werden könnte. Die gleichen Gedanken hatten schon bei der NH zur Gründung einer Tochter, der „Neue Heimat Städtebau", geführt. An den Plätzen im Bundesgebiet, wo wir Wohnungen bauten, hörte ich bald die Frage, warum wir nicht auch unser Aufgabengebiet erweiterten, weil man mit Recht oder Unrecht eine gewisse Monopolstellung dieser Gruppe nicht akzeptieren wollte. Da unterrichtete mich Ende 1968 Herr Selka, dass in der Innenstadt von Aachen ein Grundstück mit Fabrikhallen und einem Bürogebäude zu verkaufen sei, das einer Aachener Tuchfabrik AG gehörte. Die Gesellschaft hatte schon lange ihren Betrieb geschlossen und die Bauten nur vermietet. Nach seinen Informationen war das Grundstück auch auf dem Wege des Erwerbs der Aktien der Gesellschaft zu haben. Am 14. November war ich erstmals bei dem Vertreter der Aktionäre, Herrn Konsul Hugo Cadenbach, im Büro der Privatbankiers Delbrück & Co. Es war mir bekannt, dass er eine große Rolle in der Stadt spielte, wobei besonders hervorragte, dass er jahrzehntelang Mitglied und Sprecher des Direktoriums für den Internationalen Karlspreis war und, solange er mitwirkte, den Preis zur bedeutendsten Auszeichnung machte. Auch als Präsident des Aachen-Laurensberger Rennvereins hatte er bei der Durchführung des größten deutschen Reitturniers eine bedeutende Rolle. Mit seiner späteren Ernennung zum Ehrenbürger ist das alles gewürdigt worden. Als ich 1999 in Aachen mit ihm zusammensaß, hatte er sich schon längere Zeit auf seinen schönen Besitz „Gut Höfchen" zurückgezogen und betrachtete die zwischenzeitliche Entwicklung, insbesondere bei der Vergabe des Karlspreises, recht skeptisch. Wir ahnten nicht, dass es zu dem verabredeten Wiedersehen nicht kommen würde. Im September 2000 musste ich in meinem Adressbüchlein auch bei ihm ein Kreuz machen.

Aus alledem ergibt sich schon, dass unser erstes Treffen zum Erfolg führte. Auch wir verstanden uns sofort. Das Aktienpaket konnte von uns zum Wert des Grundstücks erworben werden. Bevor wir aber die Einzelheiten besprechen konnten, musste ich mich um die nach den gemeinnützigkeitsrechtlichen Bestimmungen erforderliche Ausnahmegenehmigung kümmern. Der anfänglich negativen Haltung der Senatsverwaltung hielt ich das Beispiel in Hamburg entgegen. Ich hatte mich erkundigt, unter welchen Auflagen die Neue Heimat die Genehmigung bekommen hatte. Sie waren auch gemeinwirtschaftlicher Natur und für ein Unternehmen unserer Art ohne weiteres akzeptabel. Ich meinte, was der NH recht sei, sei für uns zwar nicht billig, aber preiswert. Mein Verhandlungspartner in der Senatsverwaltung erklärte, diesen Hinweis hätte er befürchtet, und ich bekam die Zustimmung. Mit dieser ging ich am 4. Februar 1969 mit voller Unterstützung des Vorsitzenden Otto Theuner in den Aufsichtsrat. Man war vor allem zufrieden, dass man nicht das zeitraubende Verfahren der Gründung einer Gesellschaft diskutieren musste. Schon am 12. März folgten die abschließenden Besprechungen mit Herrn Cadenbach. Am Abend, soeben zurück aus Aachen, rief Theuner an, ob alles unter Dach und Fach sei. Ich höre noch immer seine Stimme, als er im Scherz sagte: „Dann lasset uns Tuche weben." Die Änderung der Firma in „SaGeBau-AG Sanierungs- und Gewerbebau Aktiengesellschaft" war nur noch eine Formsache.

Der rührige Herr Selka hatte inzwischen nicht die Hände in den Schoß gelegt, sondern in vielfachen Besprechungen unser Interesse an einem ersten Projekt in Aachen angemeldet. Die Stadt plante im Zentrum einen überbauten Busbahnhof mit Läden, Büros u. a. m. nach den Plänen der Architekten Reitz und Frings. Dank seiner Vorarbeiten konnte ich schon im April beim Oberstadtdirektor Dr. Kurze wegen der Unterstützung unserer Bewerbung im Rat der Stadt vorsprechen. Auch er gehörte zu denen, die Konkurrenz zur NH und Erweiterung unseres Aufgabengebietes begrüßten.

1973 war der Busbahnhof betriebsbereit und bezugsfertig. Als Betreuungsvorhaben bauten wir zu dieser Zeit auch noch das Medizinisch-Technische Institut der TH in Aachen. Nach diesem Start wurde die SaGeBau mit dem qualifizierten Apparat der Gehag dahinter zum gemeinwirtschaftlichen Bauträger für Städte und Gemeinden. Aber auch für andere konnten wir tätig werden, z. B. das „DAG-Bildungszentrum" in Walsrode, die Erweiterungsgebäude des Instituts für Wirtschaftsforschung und der Europäischen Akademie in Berlin bauen. Sogar die Instandsetzung und den Umbau eines Tempels der Buddhistischen Gemeinde in Berlin-Frohnau und den Umbau des Geburtshauses von Karl Marx in Trier haben wir durchgeführt. Höhepunkte waren der Bau des Goethe-Gymnasiums und ein großer Erweiterungsbau des Rathauses in Stolberg. Das größte und schwierigste Projekt konnten wir 1976 mit dem Bau des Krankenhauses Neukölln nach den Entwürfen von Prof. Kleihues übernehmen. Zu dieser Zeit war Herr Kapalle schon altershalber ausgeschieden und 1975 der Bauingenieur Bernhard Schumann Mitglied des Vorstands geworden. Seine bei einer städtischen Gesellschaft bewährte Qualifikation trug wesentlich dazu bei, dass ich die Beauftragung der SaGeBau mit dem gewaltigen Projekt erreichen konnte. Das Problem bei solchen Bauten ist ja, dass die Entwicklung der medizinischen Wissenschaft immer wieder die Planung überholt. Das Vorhaben war bei meinem Ausscheiden noch im Bau, ist aber nach der Einweihung am 28. Juni 1986 von Herrn Schumann erfolgreich abgewickelt worden. Spätere kleinere Projekte sind vor allem von Herrn Selka akquiriert worden, und danach ist es um die SaGeBau still geworden.

Freunde hinter dem Eisernen Vorhang

Bei aller Arbeit in Berlin und im Bundesgebiet behielten wir auch das Baugeschehen im Ausland im Auge. Von unserer Besichtigungsreise nach Dänemark und Schweden habe ich schon berichtet. Eine andere thematisch wichtige Reise führte

Mit Wladislaw Wawrzewski in Warschau

den Aufsichtsrat nach Brüssel und England, wo uns die gerade fertig gewordenen „New Towns" interessierten.

Eine Besonderheit waren unsere Kontakte über den Berliner Verband der Wohnungsbaugenossenschaften und -gesellschaften zum Zentralverband der Wohnungsbaugenossenschaften in Warschau. Schon zu Pfingsten 1958 machten wir einen ersten Informationsbesuch in Warschau, nachdem schon vorher vom Zentralverband ausgewählte Praktikanten aus den Büros der polnischen Genossenschaften zum mehrwöchigen Studium mit Unterkunft und Verpflegung in unseren Unternehmen gearbeitet hatten. In Berlin war es vor allem Architekt Joachim Kops, Vorstandsmitglied der Deutschen Gesellschaft zur Förderung des Wohnungsbaues Gemeinnützige Aktiengesellschaft, welcher diese Verbindung zustande brachte und über Jahrzehnte pflegte. Mit der Einladung wollten sich die Freunde, wie sie es bald wurden, für die Fortbildung ihrer Mitarbeiter revanchieren. Unsere Gruppe fuhr mit dem Nachtzug nach Warschau. Der Hauptbahnhof war noch zerstört, und wir sprangen draußen aus dem Zug auf die Böschung, wo uns die Vertreter des Zentralverbandes begrüßten. Da sie vorher eine Teilnehmerliste bekommen hatten, wussten sie, dass meine Frau als Dolmetscherin dabei war, und über-

Gaby Peters mit Präsident W. Kasperski

reichten ihr einen großen Strauß roter Nelken, der sicher zu dieser Zeit noch schwerer zu bekommen war als bei uns. Meine Frau war ja zum ersten Mal wieder in ihrer Heimat Wie glücklich sie war, merkte ich am nächsten Morgen, als wir aufwachten. Eben aufgewacht, erzählte sie mir einiges auf polnisch, bis ich sie mit der Bitte unterbrechen musste, mir alles noch einmal auf deutsch zu sagen. Leider hatte ich außer ein paar Brocken keinen Unterricht bei ihr genommen. In der Anspannung der Nachkriegsjahre war das unmöglich und in unserer Situation nahe liegender, das Schulenglisch aufzubessern. Unsere Freunde, mit denen wir auch in den nächsten Jahren immer wieder zusammentrafen, waren begeistert von ihrer druckreifen Sprache, und sie war bei unseren Sitzungen und Besichtigungen eine große Hilfe, auch beim Verzehr der zahlreichen Wodkas, mit denen wir schon früh um neun Uhr in den Büros begrüßt wurden. Abends im Hotel zählten wir dann nach. Unser Rekord war, so unglaublich es ist, 14 an einem Tag. Das ohne Wirkung zu überstehen, machte nur möglich, dass es immer eine „Zkonska", einen „Zubeiß", wie meine Frau sagte, dazu gab.

Neben den fachlichen Besichtigungen der neuen Wohnviertel, der gelungenen Rekonstruktion der zerstörten Altstadt, einer Glanzleistung der polnischen Restauratoren, sahen wir zum ersten Mal den aus der Skyline Warschaus nicht mehr wegzudenkenden Kulturpalast, das Geschenk der Sowjetunion an das „Brudervolk". Wie bei den entsprechenden Bauten in Moskau hatte man sich damit abgefunden, aber damals sagte man uns, der schönste Punkt in Warschau sei oben die Plattform, weil von dort der Kulturpalast nicht zu sehen sei. Ein schöner Abschluss unseres ersten Besuchs war ein Gang durch den verschneiten Wald am Schulungszentrum des Zentralverbandes in Miedzeszyn vor den Toren von Warschau, wohin Präsident Kasperski zum Abendessen eingeladen hatte. Sein großer Wunsch war, Freunde in Österreich besuchen zu können, wozu wir ihm dann auch verhelfen konnten.

Achtmal hatte ein solcher Erfahrungsaustausch über die beiderseitige Neubautätigkeit stattgefunden, als 1977 erstmals polnische Architekten und Wohnungswirtschaftler zum Studium der Modernisierung und Sanierung zu uns kamen, deren Besuch wir 1978 erwiderten. „Fortschrittlich" war aus unserem Treffen ein „deutsch-polnisches Symposion" geworden, aber wir wurden herzlich wie immer von unserem alten Freund, Mitglied des Vorstandes des Zentralverbandes Wladyslaw Wawrzcewski, nach Torun, Plock, Wloclawec, Warszawa begleitet. Den neuen Präsidenten, S. Kukuryka, kannten wir schon aus früheren Jahren als Vorstandsvorsitzenden einer Genossenschaft in Lublin. Bei einem gemeinsamen Mittagessen wieder in Miedzeszyn überraschte er uns mit der Mitteilung, wir könnten die Ersten sein, die den Wiederaufbau des Königsschlosses besichtigen dürften, auch wenn er noch nicht ganz abgeschlossen sei. Ich hatte Jahre zuvor miterlebt, wie morgens unsere Freunde ganz aufgeregt ins Hotel kamen, ob wir schon gehört hätten, dass am Abend zuvor das Zentralkomitee den Wiederaufbau des Schlosses beschlossen hätte. An diese Begeisterung muss ich denken, wenn ich die bedauerlichen endlosen, jahrelangen Auseinandersetzungen in der Frage des Wiederaufbaues des Schlosses in Berlin verfolge. Selbst im kommunistischen Polen war es in voller Übereinstimmung mit der Bevölkerung ein nationales Anliegen, obwohl die finanziellen Verhältnisse die Zurückstellung dieses Wunsches gerechtfertigt hätten.

Bei der Besichtigung konnten wir an den Decken mit Stuck und Blattgold, dem reich mit Intarsien ausgelegten Parkett das großartige handwerkliche Können der dort Arbeitenden bewundern. Die erkennbar verwandten alten Fragmente von Säulen u. a. bestätigten, was man uns erzählt hatte. Die Bevölkerung hatte nach der Sprengung im Dezember 1944 manches aus den Trümmern gesammelt und zu Hause verborgen. Nach dem Beschluss des Wiederaufbaues brachten sie die geretteten Bruchstücke. Glücklicherweise waren auch schon nach dem Bombenangriff vom 17. September 1939 rund 300 Gemälde von Bacciarelli und Canaletto, 60 Bronze- und Marmorskulpturen ausgelagert und versteckt worden, sodass der Canalettosaal wieder zum wohl schönsten Raum des Schlosses werden konnte.

Im Laufe der Jahre konnten wir verfolgen, wie Warschau immer schöner wurde, zumal solche Perlen wie der Lazienkipark oder das Schloss Wilanow, wo an Sonntagnachmittagen ein Flügel auf dem Rasen stand und Chopin gespielt wurde, erhalten geblieben waren. Zusammen mit den Erzählungen meiner Frau bekam ich durch diese vielen Besuche einen Eindruck, wie schön diese Stadt einmal gewesen sein muss, ohne damals schon Isaac Bashevis Singer „Eine Kindheit in Warschau" gelesen zu haben.

Man wird fragen, wie seid ihr denn auf dem Gebiet der Politik zurechtgekommen? Aus meiner Schilderung ergibt sich schon, dass es keine Probleme gegeben hat. Dabei ist aber zu berücksichtigen, dass wir in der Zeit des polnischen Aufweichens des Stalinismus, der Ära Gomulkas, Giereks dort waren. Unsere Gesprächspartner trugen zwar vielfach das Parteiabzeichen, waren aber unverhohlen froh über den Kontakt gerade mit Westberlin, der Insel in der DDR, für deren oktroyierte „Freundschaft" sie nicht viel übrig hatten. Sie wussten von unseren Erfahrungen mit den Sowjetrussen, und unausgesprochen vereinte uns sozusagen die gemeinsame Aversion. Auch sie wünschten eine Befreiung von der Eingliederung in den sowjetischen Machtbereich, und in den sozialen Fragen waren wir Westberliner mit ihnen nicht weit auseinander, weil auch für uns noch nicht erkennbar war, wie stark das kapitalistische Denken künftig die soziale Marktwirtschaft durchdringen sollte. Wer hätte auf unserem Gebiet damals daran gedacht, dass die von unseren Gesprächspartnern bewunderte gemeinnützige Wohnungswirtschaft sang- und klanglos abgeschafft werden würde. Weil die Förderung des sozialen Wohnungsbaues selbstverständlich war, waren Gegenstand unserer Diskussionen nur die beiderseitigen Methoden. Politisiert wurde beim abendlichen Zusammensein, wobei mir in der Erinnerung zwei Fälle typisch erscheinen.

Es war in dem Jahr, in dem der „Prager Frühling", die Ära Dubczeks durch sowjetische Panzer beendet wurde. Ich fragte, ob so etwas auch in Polen möglich wäre. Das wurde ohne Zögern mit „Nein" beantwortet, welches auf meine weitere Frage dahingehend kommentiert wurde, sie würden das Gleiche machen wie bei der deutschen Besetzung, mit den vorhandenen Waffen als Partisanen in die Wälder gehen, und jeder Zug mit Nachschub würde in die Luft fliegen.

Der zweite Fall ergab sich aus der Frage an mich, ob ich dem Verlust des nun polnischen Stargard und meiner Heimat nachtrauere. Nachdem ich erzählt hatte, dass ich schon seit 1930 nicht mehr dort war, wurde ich daran erinnert, dass die Angliederung von Hinterpommern u. a. der Ausgleich für den Verlust ihrer Ostgebiete an die Sowjetunion war. Beflügelt vom Wodka haben wir dann als „Bierbankpolitiker" das Thema durchgespielt. Sämtliche Gesprächspartner erklärten, wenn es eine Konstellation gäbe, die zur Rückgabe ihrer Ostgebiete führe, würden sie ohne weiteres Hinterpommern wieder zurückgeben. Die meisten Umsiedler würden gerne wieder zurückgehen. Ich meinerseits machte das Angebot, dann für den Export der schlesischen Kohle in Stettin einen polnischen Freihafen einzurichten.

Wohlgemerkt, das war vor über 30 Jahren, zur Zeit der alten Generation der Umsiedler, und ist heute nur ein Zeichen, wie freimütig wir damals geplaudert haben. Unsere vielen Gespräche fanden aber schon in einem Geiste statt, in dem heute Polen und Deutsche gemeinsam den Eintritt Polens in die Europäische Union wünschen und begrüßen sollten.

Das Ende der gemeinnützigen Wohnungswirtschaft

Schon nach dem Tode von August Goedecke 1968 wurde spürbar, dass die DAG einer Abschaffung des Gemeinnützigkeitsrechts nicht widersprechen würde, als mir sein Nachfolger eines Tages vorrechnete, was von der Dividende von vier Prozent minus Kapitalertragsteuer übrig blieb, was er dagegen bei einer Anlage der damals rund zehn Millionen am Kapitalmarkt für die Vermögensverwaltung erzielen könnte. Auch der Nachfolger von Rolf Spaethen im Vorsitz der DAG, Hermann Brand, beschränkte sich im Vorwort zu unserer Festschrift zum 50-jährigen Bestehen 1974 darauf, die DAG werde „ihr Möglichstes tun, dem Unternehmen bei seiner Arbeit weiterhin mit Rat und Tat zur Seite zu stehen". Angesichts des schwindenden Beitragsaufkommens auf der einen und der steigenden Verwaltungskosten auf der anderen Seite war verständlich, dass sich die einmal von Spaethen genannten 20 Millionen in Luft aufgelöst hatten. Ich selbst musste an gleicher Stelle nüchtern feststellen: „Die Vollendung dieses Lebensabschnittes der GEHAG erfolgt zu einem Zeitpunkt, wo sich die wohnungspolitische Landschaft bereits wieder geändert hat. Die Bundesrepublik liegt in der Wohnungsversorgung mit 349 Wohnungen je 1000 Einwohner auf dem zweiten Platz in der EWG, und 22,35 Millionen Wohnungen stehen rund 22.035 Millionen Haushalte gegenüber. Der trotzdem unstreitig vorhandene Bedarf sozialer Randgruppen (u. a. alte Mitbürger, kinderreiche Familien, ausländische Arbeitnehmer und Obdachlose) wird durch die trotz Wohngeld zu hohe Miete abgewürgt, welche aus den rasant gestiegenen Bau- und Finanzierungskosten resultiert. Verzicht auf Gewinnmaximierung, Kostendeckungsgrundsatz, ja betriebswirtschaftlich nicht zu vertretende Aufwandsverzichte zusammen mit der rückläufigen öffentlichen Finanzierung reichen nicht mehr aus, um zu für die genannten Gruppen tragbaren Mieten zu kommen. Wenn die gemeinnützige Kostenmiete vom Markt echter und unter sozialen Gesichtspunkten anzuerkennender Nachfrage nicht mehr angenommen wird, sind die Fundamente der gemeinnützigen Wohnungswirtschaft in Frage gestellt und müssen überdacht werden."

Nicht nur diese in der Praxis erworbenen Kenntnisse, sondern auch die jahrzehntelange Mitwirkung in den Verbänden in Berlin und Köln zeigten mir, dass vor allem zwei Tatsachen die Geschlossenheit der gemeinnützigen Wohnungswirtschaft bedrohten. Die eine war, dass die wohnungsreformerischen Bestrebungen durch die neuen Bauordnungen im Rahmen der Wohnungsbauförderung Allgemeingut geworden waren. Für gemeinnützige, freie Unternehmen und private Bauherren galten die gleichen Bestimmungen für Belichtung und Belüftung der Wohnungen. Schon der Bundeswohnungsminister Lücke konnte uns sagen: „Seit 1950 wurde … die ursprüngliche Aufgabenstellung der gemeinnützigen Wohnungsunternehmen verwischt." Den „Kampf gegen die Mietskaserne" gab es nicht mehr. Die weitere schon erwähnte Tatsache war, dass das besondere Merkmal gemeinnützigen Verhaltens, der freiwillige Verzicht der damaligen Stifter, jetzt von den Erben, den heutigen Gesellschaftern, in Frage gestellt wurde. Es erregte 1962 Aufsehen, war aber nicht überraschend, als die Gemeinnützige Salzgitter Wohnungs-Aktiengesellschaft beim niedersächsischen Sozialministerium einen Antrag auf Entziehung der Anerkennung als gemeinnütziges Unternehmen stellte. Das aus 17.000 Wohnungen bestehende Vermögen sollte der Salzgitter AG zur Bewältigung beschäftigungspolitischer Schwierigkeiten zugeführt werden. Hier zeigte sich auch besonders deutlich, dass ein Vorstand, hier in der Person des Dr. Wiegand, noch so gemeinnützig engagiert sein konnte, wenn der Gesellschafter nicht mitmachte, hatte nur dieser das Sagen. Ob ein solcher Antrag gestellt werden konnte, war streitig. Eine Klarstellung wurde durch Rücknahme vermieden. Wesentlich aber war, dass nach einer Pressemitteilung der Bundesbauminister erklärt hatte, „dass die Bundesregierung eine Aufhebung der Gemeinnützigkeit im vorliegenden Fall tolerieren würde, wenn die Landesregierung meint, diese Entscheidung treffen zu können." Diese Toleranz war unverständlich. Damit wurde eine Aushöhlung der gemeinnützigen Wohnungswirtschaft eingeleitet, während ihre Notwendigkeit vom gleichen Minister und von Politikern aller Parteien in Festreden immer noch bejaht wurde.

Schon in meinem Buch „Wohnungspolitik am Scheideweg" habe ich geschildert, welche Schwierigkeiten der Säulenheilige der gemeinnützigen Wohnungswirtschaft, Victor-Aimée Huber, hatte, der mit seiner 1848 erschienenen Schrift „Die Selbsthilfe der arbeitenden Klassen durch Wirtschaftsvereine und innere Ansiedlung" und mit der Gründung der „Berliner Gemeinnützige Baugenossenschaft" den Grundstein legte, dem aber schon 1949 Friedrich-Wilhelm IV. mit der Zeichnung von 2.000 Thalern und Bewilligung eines Beitrags von 200 Thalern jährlich beispringen musste. Ermutigt zu diesem ziemlich umfangreichen Werk hatten mich meine Vorlesungsvorbereitungen als Lehrbeauftragter der Freien Universität, aber auch eine zufällige Begegnung. Meine Mutter bestand darauf, dass ich mich nach meinem 50. Geburtstag als ihr Geburtstagsgeschenk im Sanatorium „Der Westerhof" am Tegernsee gründlich untersuchen lassen sollte. Sie war kurz vorher dort gewesen. Schon wenige Wochen später konnte ich trotz der täglichen Untersuchungen in Schnee, Sonne und mit herrlichem Blick auf den See eine schöne Woche dort verbringen Am ersten Abend wurde ich zu einem einzelnen Herrn platziert. Da ich bei der Vorstellung ausnahmsweise seinen Namen verstanden hatte, konnte ich ihm im Verlauf der Gespräche in den folgenden Tagen die Frage stellen, ob er Prof. Friedrich Lütge sei, der Verfasser des 1949 in zweiter Auflage herausgekommenen Standardwerks „Wohnungswirtschaft", in das ich mich als Neuling auf diesem Gebiet 1950/51 vertieft hatte. Ich erzählte ihm von meiner Tätigkeit mit der Anregung, doch möglichst bald eine dritte Auflage herauszubringen. Prof. Lütge sagte aber, er habe sich längst anderen Themen zugewandt, und stellte mir anheim, das Buch zu überarbeiten. 1962 hatte ich aber weder den Ehrgeiz noch die Zeit, mich an eine solche Aufgabe zu machen. Erst 20 Jahre später kam mir der Gedanke – unabhängig von Lütges Werk –, vor allem die Wohnungspolitik vom Mittelalter bis zum Auslaufen der gemeinnützigen Wohnungswirtschaft darzustellen.

Vorher hatte ich 1971 „Die Bodenreform" geschrieben. Anregung, mich mit dem Thema zu beschäftigen, bot einmal die praktische Erfahrung, dass wir das Gelände in der Gropiusstadt im Schnitt mit 8 bis 10 DM/qm gekauft hatten und der Preis auf 250 DM stieg; einzig und allein, weil mit in erster Linie öffentlichen Mitteln tausende Wohnungen, eine U-Bahn, viele Schulen u. a. m. gebaut wurden. Zum anderen waren die ständig steigenden Bodenpreise immer wieder Gegenstand von Anfragen und Diskussionen im Bundestag. Es war nahe liegend, sich mit den theoretischen Grundlagen und Einzelheiten der Geschichte der Bodenreform, den Versuchen in der Neuzeit, das Problem zu lösen, zu beschäftigen. Damals gab es sogar einen „Arbeitskreis Bodenrecht" des SPD-Bundesvorstandes, dem ich am 31. März 1971 zusammengefasst den Inhalt meines Manuskripts vortrug. Man fand es sehr wichtig, dass eine solche Darstellung herauskommen würde. Dieser Diskussion verdankte ich, dass mich wenige Monate nach dem Erscheinen des Buches der Oberbürgermeister von München, Hans-Jochen Vogel, anrief und mich zu einem öffentlichen Hearing zum Thema „Bodenreform" einlud. Am 21. September trafen sich unter seinem Vorsitz zehn Sachverständige, an ihrer Spitze die Professoren Nell-Breuning, Gerhard Leibholz vom Bundesverfassungsgericht, Fecher vom Institut für Finanzwirtschaft der Münchener Universität, Ulrich Pfeiffer vom Bundeswirtschaftsministerium, Dr. Lang vom Städtetag u. a. Es gab eine hochinteressante Diskussion, aber sie teilte das Schicksal der meisten Hearings, blieb ohne Ergebnis und Widerhall. Ich selbst habe schon am Schluss meines Buches festgestellt: „Sollte allerdings diese Generation sich nicht mehr dazu aufraffen können, in der Bodenfrage Schluss mit den Kompromissen zu machen, bleibt die Hoffnung, dass die junge Generation, der diese Arbeit besonders gewidmet sein soll, frei von den oben geschilderten Komplexen der jetzt maßgebenden Generation den gordischen Knoten durchschlägt."

Aus Russland kam 1992 Frau Dr. habil. Ludmila Fomina vom Institut für Staat und Recht der Russischen Akademie der Wissenschaften zu einem Colloquium über „Fragen des Zusamenhangs von Bodenrecht, Stadtentwicklung und Wohnungswirtschaft im Blick auf die heutige Reformgesetzgebung in Russland" des Osteuropa-Institutes der FU. Das Thema ihres Vortrages war: „Rechtstheoretische und praktische Probleme der heutigen Gesetzgebung zur Reform des Bodenrechts in Russland". Zu einem weiteren Gespräch zu dritt zog mich Prof. Christoph Müller in Kenntnis meines Buches hinzu.

Wir hörten von den widerstreitenden Meinungen, was mit dem Staatseigentum an Grund und Bodengeschehen solle. Wir haben sie beschworen, das staatliche Eigentum nur bedingt zu privatisieren, wobei ich versuchte, ihr die Grundzüge des Erbbaurechts und die hiesigen vergeblichen Versuche, die steigende Grundrente in den Griff zu bekommen, klar zu machen. Hier war die einmalige Chance einer Lösung vorhanden, durch ein Dekret des Präsidenten die Nutzung staatlichen Bodens in Erbbaurecht umzuwandeln. Dann blieb die Grundrente in der Hand des Staates. Dieser konnte den Erbbauzins variabel gestalten, z. B. für eine Kindertagesstätte gleich null und für ein Bürogebäude der Gasprom hoch. Ausgestattet mit allen Gesetzestexten, Kommentaren usw. ist unsere Besucherin wieder abgereist, aber dann kam der Sturz von Gorbi, und wir haben nie wieder etwas von ihr gehört.

Neuer Kontakt mit Hans-Jochen Vogel ergab sich, als er ein Jahr später München verließ und im Kabinett Willy Brandt Minister für Raumordnung, Bauwesen und Städtebau wurde, aber auch als er nach dem Rücktritt von Brandt beim Kanzler Helmut Schmidt das Justizministerium übernahm. Die DAG schlug mich als Mitglied der von ihm zu berufenden Unternehmensrechtskommission vor. Vor Beginn der ersten Sitzung am 3. Oktober 1972 haben wir uns resigniert des Hearings erinnert. Die Kommission tagte sieben Jahre. Ein dickes Buch der Protokolle und Beiträge der Mitglieder erinnert an die viele Arbeit, deren Widerhall im Ministerium aber nicht groß war. Mir hat die Beteiligung schon deshalb Freude gemacht, weil sie eine Erholung von der Wohnungswirtschaft bedeutete.

Im gleichen Sinne betrachtete ich auch meine Anwaltspraxis, die ich zuerst mit Hilfe von Justizrat Pütter und dann mit Hilfe der versierten Frau Schlüschen in kleinem Umfang aufrechterhielt. Als ich dann auch noch 1963 die Ernennung zum Notar bekam, meinte August Goedecke etwas ungnädig: „Muss denn das auch noch sein?" Ich legte ihm aber dar, dass ich nach den gesetzlichen Vorschriften immer nur auf fünf Jahre zum Vorstand bestellt werden könnte. Unser pommerscher Landadel sei in vielfachen Staatsdiensten gewesen. Wenn ihnen die Politik jedoch nicht passte, wären sie wieder Schafe züchten gegangen. Der Aufsichtsrat wüsste so, dass ich nicht an meinem Stuhl klebe. Das musste er einsehen, und ich weiß, dass manche Kollegen großer Wohnungsunternehmen mich um meine Unabhängigkeit beneidet haben.

Im Laufe der Jahre sammelte ich auch das Material für eine Art wohnungswirtschaftlichen Testaments. Allen Anfechtungen der Gemeinnützigen Wohnungswirtschaf zum Trotz sollten die Schlussfolgerungen in „Wohnungspolitik am Scheideweg" daran erinnern, dass eine angemessene Wohnung, wie die Krankenkasse, zur selbstverständlichen Ausstattung des Menschen gehört. Der immer wieder ins Feld geführte Mieterschutz hilft nur dem, der eine Wohnung hat. Als das Buch erschien, war gerade Dr. Schneider Bundesbauminister. Er sagte mir, das wäre ja alles interessant und gut, aber „politisch nicht machbar".

Ein wesentliches Kapitel war natürlich die Entwicklung der gemeinnützigen Wohnungswirtschaft nach 1945 und damit ihr Umgang mit dem notwendigen Gedanken der Reform. Aufgrund meiner unmittelbaren Beteiligung im Verbandsausschuss des Gesamtverbandes gemeinnütziger Wohnungsunternehmen konnte ich aber den 42 Seiten nur die Überschrift geben: „Die Unbeweglichkeit der gemeinnützigen Wohnungswirtschaft". Das Thema „Reform" stand immer wieder auf der Tagesordnung. Die Österreicher waren längst zu einem neuen Gesetz gekommen. Bei uns sah man darin eine nicht annehmbare Bürokratisierung.

Als ich einmal mit Hans-Jochen Vogel nach Bonn flog und ich ihn darauf ansprach, sagte er mir, dass schon zu seiner Zeit das Ministerium auf Vorschläge gewartet habe. Dieses hatte inzwischen ein Wohnungswirtschaftgesetz mit objektbezogener Gemeinnützigkeit, also Bindung der Wohnungen, zur Diskussion gestellt, und Minister Schneider erklärte auf dem Gesamtverbandstag am 30. November 1982 wieder, er warte auf Vorschläge. Kurz vorher hatte die Diskussion im Verbandsausschuss wieder keinen eigenen Vorschlag gebracht. Man erörterte nur ablehnend die vom Städtetag geforderte Belegungsbindung. Einig war man sich nur, dass trotz des Rückzugs von Salzgitter die Bestrebungen, das Vermögen zu versilbern, nicht am Ende waren. Der Verbandsdirektor eines tonangebenden Verbandes machte sogar den Vorschlag, den Unternehmen den Austritt zu erleichtern.

Es blieb dabei, dass der Gesamtverband und die Regionalverbände sich nicht zur Ausarbeitung eines gemeinwirtschaftlichen Wohnungswirtschaftsgesetzes aufraffen konnten, sondern – insbesondere nach dem für das Image der Gemeinwirtschaft verheerenden Zusammenbruch der NH – sich nur noch halbherzig auf die Verteidigung des Alten beschränkten. Halbherzig deswegen, weil die große Mehrheit der Unternehmen entsprechend den finanziellen Interessen ihrer Anteilseigner von den Bindungen eines Stiftungsvermögens nichts mehr wissen wollten und für die Aufhebung der Vermögensbindungen waren. Die Übrigen verharrten konservativ auf dem bisherigen Status. 1974 versuchte ich, in der Zeitschrift „Gemeinnütziges Wohnungswesen" mit einem Aufsatz „Was wird aus Großvaters Gemeinnützigkeitsrecht?" eine Diskussion außerhalb der Verbandsgremien in Gang zu bringen. Der einzige Beitrag war „Ein Ja zu Opas Gemeinnützigkeit" vom Geschäftsführer eines kirchlich gebun-

Verleihung der Ernst Reuter Plakette. Rechts Harry Ristock.

denen Unternehmens, Norbert Kraus. Außer dem Gedanken, die Begrenzung der Dividende von vier auf sechs Prozent anzuheben und die Kapitalerhöhung aus Gesellschaftsmitteln, also die Auflösung von Rücklagen zugunsten der Anteilseigner, zu gestatten, blieb es entsprechend der Überschrift beim Ja zu den bisherigen Bestimmungen.

In den Anfängen habe ich bei einem Besuch des damaligen Gesamtverbandsdirektors Tepper diesem den Gedanken vorgetragen, sechs Millionen Mieter in 3,4 Millionen Wohnungen unserer Unternehmen aufzuklären, was auf sie zukommt, und sie zu mobilisieren. Er zuckte nur mit den Achseln, das könne wohl nur ein Herr Heeremann mit seinen Landwirten machen, bei uns sei das ein aussichtsloses Unterfangen. Auch auf eine Opposition der SPD und der Gewerkschaften konnten wir nicht ernstlich hoffen. Dazu waren sie personell und sachlich zu sehr in den Skandal der NH verwickelt.

Als nach langem „Hin und Her" 1990 die wohnungswirtschaftliche Gemeinnützigkeit so nebenbei in einem Steuergesetz abgeschafft wurde, tönte es aus dem Gesamtverband, es wurde ja nur das Gesetz aufgehoben, nicht aber der „Geist der Gemeinnützigkeit", die Prinzipien seien älter als die Gesetze, während sich die Anteilseigner offen oder im stillen Kämmerlein die Hände rieben. Jetzt konnten sie endlich ihre Beteiligungen ungebunden verkaufen. Heute sitze ich vor dem Brief eines Mieters in der Hufeisensiedlung der Gehag, der dort seit 45 Jahren wohnt. Er schreibt u. a.: „Unsere schöne Hufeisensiedlung ist nicht mehr eine soziale Wohnstätte, … sondern ein großes Finanzprojekt, um das nur noch gefeilscht wird." Diese Worte zeigen, wie der „Geist der Gemeinnützigkeit" von dem der „Portfolio-Maximierung" abgelöst wurde.

An dieses Ergebnis der Entwicklung konnte ich in den Siebzigerjahren noch nicht glauben. Es war gut, dass unsere große Bautätigkeit in Berlin und im Bundesgebiet den engagierten Beobachter so in Anspruch nahm. Nicht zu vermeiden war, dass ich die Aktionäre weiter im Auge behalten musste. Da die Wünsche der DAG, ihre Beteiligung zu verkaufen, deutlich erkennbar waren, versuchte ich selbst, einen privaten Erwerber mit Verständnis für die Besonderheiten der gemeinnützigen Wohnungswirtschaft zu finden.

Ich wandte mich an den mir aus seiner Berliner Zeit her bekannten Generaldirektor der Allianz, Schieren, aber er musste mir sagen, dass zwar durchaus Interesse bestehe, aber die Richtlinien des Bundesaufsichtsamtes eine hier entstehende Gewichtsverlagerung der Vermögensanlagen in ein Land unabhängig vom Beitragsaufkommen ausschlössen. Ganz besonders galt das vermutlich für ein Land, das eine Insel im roten Meer war. Eine gewisse persönliche Spannung trat dadurch ein, dass ich gelegentlich in Hamburg kein Hehl daraus machte, dass ich absolut dagegen war, durch einen Verkauf an das Land Berlin aus dem Unternehmen einen verlängerten Arm der Verwaltung zu machen, wobei ich an die Abwehr der NH erinnerte. In dieser Atmosphäre ergab sich, ohne dass davon gesprochen wurde, dass meine Bestallung von 1973 bis 1978 meine letzte sein würde.

Ich wurde ja auch im Januar 1977 65 Jahre und denke noch gerne daran zurück, wie Herr Schumann, unser fließend Russisch sprechender Personalchef, Herr Twyrdy und ich versuchten, diesen Tag in Moskau im Hotel „Rossija" zu feiern. Dank der von Herrn Twyrdy in Berlin eingefädelten Verbindungen waren wir dort, um für die SaGeBau ein Hotelprojekt zu akquirieren. Wenn ich nicht irre, ist das Hotel aber von den Schweden gebaut worden, und das war gut so. Es war vielleicht doch etwas zu hoch gegriffen.

Mein von mir gedachter Nachfolger war mein hervorragender Direktionsassistent seit 1967, Dipl.-Volkswirt Fred-Raimund Winkler. Er kam aus Westdeutschland und hatte sich sehr schnell eingearbeitet. Ohne seine Hilfe, seine Zusammenarbeit mit den übrigen leitenden Angestellten wäre vor allem meine umfangreiche ehrenamtliche Tätigkeit nicht möglich gewesen. Dass er mir zehn Jahre treu blieb, ist ein

Beweis unseres gegenseitigen Vertrauens und guter Zusammenarbeit. Er teilte aber zu viele meiner Ansichten, aber auch wegen seiner Jugend und nicht ohne eigene Mitwirkung fand er nicht die Resonanz vor allem der DAG-Vertreter im Aufsichtsrat. Wenn man das weitere Schicksal der Gehag betrachtet, kann er froh sein, nicht mein Nachfolger geworden zu sein. Als Vorstandmitglied einer großen Genossenschaft ist er heute in der ehemals gemeinnützigen Wohnungswirtschaft hoch angesehen und wurde auch in vielen Ehrenämtern mein Nachfolger. Ich habe es gern gehört, wie mir Gesamtverbandsdirektor Steinert einmal sagte: „Er kommt ja auch aus dem Stall der Gehag." Für mich ist aus unserer Zusammenarbeit eine herzliche, freundschaftliche Verbundenheit geworden, für die man im Alter besonders dankbar ist.

Jeder wird nun annehmen, dass ich nach 27 Jahren bei der Suche nach einem Nachfolger hinzugezogen wurde. Weit gefehlt! Der Vorsitzende der DAG, Hermann Brand, suchte den Nachfolger allein aus, schloss einen Dienstvertrag mit ihm, von dem mir später Rechtsanwalt Reimer versicherte, er hätte ihn auch nie gesehen. Der nahe liegende Weg, meine weit reichenden Verbindungen zu nutzen, um Erkundigungen einzuziehen, wurde nicht benutzt. In der Gesellschafterversammlung 1978, also im Jahr des Auslaufens meiner Bestellung, wurde der Kaufmann Wolfgang Materne bestellt. Von ihm war nur bekannt, dass er ein großes Unternehmen abgewickelt hatte, aber sonst nichts mit der gemeinnützigen Wohnungswirtschaft zu tun hatte. Er nahm am 4. April zum ersten Mal an einer Abteilungsleiterbesprechung teil, und nach der von mir geschilderten Entwicklung wird es nicht verwundern, dass ich ausgerechnet von ihm am 12. April erfuhr, Herr Reimer habe ihn informiert, dass die VVDAG ihre Beteiligung abgeben wolle, „ohne dass dies als Politikum wirkt". Die für mich letzte Betriebsversammlung war schon am 16. Februar gewesen.

Ich hatte mich gehütet, die Mitarbeiter durch eine Schilderung der Zukunft, wie ich sie sah, zu verunsichern. Ich konnte ihnen auch nicht sagen, dass ich zum ersten Mal von meinem 1953 abgegebenen Versprechen, die Lage klar zu schildern, abwich. In meinen Notizen steht merkwürdigerweise: „Kein Gefühl des Bedauerns." Der große Empfang zur Verabschiedung am 26. April im „Kempi" und am 28. von allen Mitarbeitern im „Schweizer Hof" und im Juni in Aachen war aber dann doch eine recht bewegende Angelegenheit. Die DAG hatte daran gedacht, ein Bundesverdienstkreuz für mich zu beantragen, aber bei meiner früher geschilderten Einstellung zu Ordensverleihungen bat ich davon abzusehen. Die höchste Auszeichnung des Landes Berlin, die Ernst-Reuter-Plakette, habe ich dagegen gern angenommen. Mein Engagement in den Organisationen der gemeinnützigen Wohnungswirtschaft wurde durch die Verleihung der Viktor-Aimée-Huber-Plakette, der höchsten Auszeichnung der Organisation, gewürdigt. Heute ist sie nur eine Erinnerung daran, dass der Begriff „gemeinnützig" gestrichen ist und man schon vorher gefragt wurde, wer Viktor-Aimée-Huber eigentlich war.

Verleihung der Victor-Aimée-Huber-Medaille

Erstaunlich für Außenstehende, die mich darauf ansprachen, war, dass ich nach 27 Jahren nicht in den Aufsichtsrat wechselte. Ich konnte ihnen erklären, dass dies nur folgerichtig war. Der weiteren Entwicklung hätte ich auch dort nur im Wege gestanden. Dass ich nach einigen Jahren doch noch hilfreich einspringen musste, werde ich noch berichten.

Im aktiven Ruhestand

Von Ruhestand war keine Rede. Ich konnte ihn mir auch in Erinnerung an die Amtstätigkeit bis zum 84. Lebensjahr meines Großvaters nicht vorstellen. Mit meiner kleinen Praxis fand ich Unterschlupf bei meinem Freund, Rechtsanwalt und Notar Karlheinz Quack, langjähriger Präsident der Rechtsanwaltskammer, und als er nach Jahr und Tag seine Sozietat erweiterte, wurde ich gerne in einer anderen Praxis – ebenfalls am Kurfürstendamm – in Bürogemeinschaft aufgenommen. Dort erlebte ich zu meiner Freude den kaum noch für möglich gehaltenen Fall der Mauer. Auch wenn der Vergleich hinkt, es gab wie nach 1945 wieder „Wiedergutmachungsfälle". Die komplizierten, vielfach weder West noch Ost befriedigenden Bestimmungen zeigten, dass im Bonner Ministerium nach 45 Jahren wohl keiner mehr saß, der in Erinnerung an die früheren Verfahren alles vereinfacht hätte.

Im Übrigen konnte ich, da ich noch bis 1985 Mitglied des Aufsichtsrats der Hilfswerk-Siedlung GmbH war, noch lange meine Ämter in den Verbänden wahrnehmen. Sehr interessant war auch die Mitgliedschaft von 1972-1981 im Verwaltungsrat der Sparkasse der Stadt Berlin West, im Bauausschuss und Bausparkassenausschuss. In der Industrie- und Handelskammer hatte der Arbeitskreis „Bauwirtschaft" z.B. mit der Beratung einer Neufassung der Bauordnung wichtige Themen. Dank der hervorragenden Zuarbeit der Kammer war auch die Arbeit in der Börsenzulassungsstelle zu bewältigen.

Meine Erfahrungen waren wieder gefragt, als mich Landesbischof Kruse als Vorsitzender des Kuratoriums der Rother-Stiftung im September 1980 um Mitarbeit bat. Die Stiftung betrieb ein Altenwohnheim, das einer tiefgreifenden baulichen Renovierung bedurfte, deren Finanzierung dem Kuratorium oblag, dem aber, wie meist in solchen Fällen, die Mittel fehlten. Nachdem man sich auf meinen Rat dazu durchgerungen hatte, sich von einem Teil des in dieser Größe von den alten Damen gar nicht in Anspruch genommenen Parks zu trennen, konnte das Ganze zur Zufriedenheit des Kuratoriums und der Mieter abgewickelt werden, und ich konnte, nachdem auch die Umbauten alle durchgeführt waren, 1982 meine Mitarbeit wieder einstellen.

Bischof Martin Kruse war auch Vorsitzender des Aufsichtsrats der Hilfswerk-Siedlung GmbH, dessen Mitglied zu werden ich 1978 gebeten wurde. Auch hier waren der Anlass gewisse Schwierigkeiten, wie sich aus dem Schreiben von Bischof Kruse anlässlich meines Ausscheidens nach sieben Jahren ergibt. Es heißt dort u. a.: „Obwohl schon damals im Ruhestand, haben Sie sich bereit gefunden, in einer Situation, wo es um das Überleben dieser kirchlichen Wohnungsbaugesellschaft ging, Ihren ständigen Rat, der aus einer reichen Lebenserfahrung stammte, zur Verfügung zustellen. Dass es schließlich gelungen ist, dieses ins Schlingern geratene Schiff ‚Hilfswerksiedlung' wieder auf geraden Kurs zu bringen, ist nicht zuletzt auch Ihr Verdienst."

Viel Freude machte mir auch und interessant war die jahrelange Mitgliedschaft im Aufsichtsrat der Gemeinnützigen Heimstätten-Baugesellschaft der BVG, in dem nach 1946 auch einmal Ernst Reuter zwei und später Otto Theuner sieben Jahre gesessen hatten. Auch diese Gesellschaft konnte 1999 auf 75 Jahre Bau und Wohnungsfürsorge für die Berliner Verkehrsbetriebe zurückblicken. Durch den Vorstand, die Vertreter der Senatsverwaltung für Finanzen, des Gesamtpersonalrats der BVG gab es interessante Einblicke in den großen Apparat der Verkehrsbetriebe. Der rührige

Geschäftsführer Lutz Wolff wusste um mein Verständnis für die Sorgen eines Geschäftsführers, und so entwickelte sich ein Verhältnis, das auch nach meinem Ausscheiden erfreulicherweise weiter besteht.

Viel Arbeit machte 1981/82 noch eine ernste Krise im Vorstand des Berliner Verbandes, in deren Verlauf wir uns leider von dem langjährigen alleinigen Vorstand trennen mussten, insbesondere weil das Verhältnis zum Senat stark beschädigt war. Die seit Dr. Bodiens Zeiten unveränderte Satzung wurde geändert, und den Aufgaben als Wirtschafts- und gesetzlicher Prüfungsverband entsprechend bekam er einen zweiköpfigen Vorstand.

In meinen „Ruhestand" fiel auch am 5. November 1981 die Einweihung des von der SaGeBau errichteten Erweiterungsbaues des Deutschen Instituts für Wirtschaftsforschung, bei der ich als Vorsitzender des Vereins der Freunde des Instituts, der das Baugeld gesammelt hatte, die Gäste begrüßen konnte, an ihrer Spitze den damaligen Regierenden Bürgermeister von Weizsäcker. Nicht begrüßen konnte ich leider Dr. Klaus Dieter Arndt. Er war schon in der Zeit der Präsidentschaft von Ferdinand Friedensburg als Nachfolger meines Reichswirtschaftskammerkollegen Ferdinand Grünig mit der Leitung der Abteilung Volkswirtschaftliche Gesamtrechnung beauftragt, bis er 1966 bis 1970 Parlamentarischer Staatssekretär im Bundeswirtschaftsministerium wurde. Schon 1970 trug er entscheidend zur Durchsetzung einer wichtigen Novelle zum Berlinförderungsgesetz bei und vertrat in den folgenden Jahren erfolgreich die Berlinvorlagen im Bundeskabinett. Als er schon früh am 29. Januar 1974 starb, verlor die deutsche Wirtschaft einen der klügsten, fähigsten Wirtschaftswissenschaftler und -praktiker. Als Nachfolger von Friedensburg war es nur ihm möglich, zu einer Spendenaktion der Wirtschaft aufzurufen, deren Ergebnis den Anbau und eine Modernisierung der EDV-Anlage des Instituts möglich machten. Wir haben aber auch sonst gut zusammengearbeitet. U. a. besprach er mit mir die Möglichkeit einer Änderung der Satzung des Instituts, um den Abteilungsleitern ein Mitspracherecht einzuräumen. Das Ergebnis war eine Satzungsänderung, mit der im Frühjahr 1973 die Mitsprache des Kollegiums der Abteilungsleiter eingeführt wurde. Auch bezüglich der übrigen Mitarbeiter kam es nach langen Beratungen zum Abschluss einer Betriebsvereinbarung, in der die Mitspracherechte in den Abteilungen und gegenüber dem Kollegium der Abteilungsleiter und dem Vorstand geregelt wurden. In Frage der Unabhängigkeit von Wirtschaftsinstituten vertrat er die gleiche Meinung wie Friedensburg. Dieser hatte gesagt: „Das Institut ist jedermann dienstbar, aber niemandem untertan", und Arndt sagte: „Es ist niemandes Spielzeug und wird niemandes Spielzeug werden." Da ich nicht mehr aktiv in der Wirtschaft tätig war, habe ich dann bald den Vorsitz an Edzard Reuter, den ich schon als jungen Mann bei seinem Vater kennen gelernt hatte, abgegeben und blieb nur als Kämmerer im Vorstand der Vereinigung der Freunde. Nach diesem Überblick kann ich sagen, dass ich mich neben der Praxis über mangelnde Abwechslung nicht beklagen konnte.

In der Gehag trat 1980 das Unvermeidliche ein. Die DAWAG wurde aus dem Konzern wieder ausgegliedert, und das Land Berlin erwarb die Mehrheit der Aktien der Gehag, wurde mit 83,14 Prozent Hauptaktionär. Schon damit war unter die Geschichte des Unternehmens ein Strich gezogen. Otto Theuner erlebte das nicht mehr. Ich hatte schon am 28. Januar auch mit ihm einen Freund verloren.

Nach etwa einem Jahr erhielt ich zu meiner Überraschung am 9. Februar einen Anruf des Senatsdirektors für Finanzen, Rohr, ob ich bereit sei, in den Aufsichtsrat der Gehag gewählt zu werden. Sie würden Wert darauf legen, dass ich auch den Vorsitz übernehme. Meine Vermutung, dass da etwas in Ordnung zu bringen wäre, ein Kenner des Unternehmens und seiner Belegschaft am Platze wäre, bestätigte sich in einem Gespräch mit dem Senator Gerhard Kunz. Er erklärte mir die Situation aus der Sicht des Landes Berlin, aber auch der Arbeitnehmervertreter im Aufsichtsrat und nannte als meine vordringliche Aufgabe, eine Wiederbestellung meines Nachfolgers zu verhindern. Ich hatte schon des längeren von den Schwierigkeiten gehört, sagte zu und wurde in der Hauptversammlung vom 15. April gewählt. In meinen Dankesworten ging ich gleich darauf ein, dass der veränderte Status des Unternehmens auch für mich eine Umstellung bedeutete. Wesentlich wäre, nach draußen das Bild der Gehag mit ihrem Know-how zu erhalten. Es wäre jetzt eine schwierige, aber reizvolle Gratwanderung zwischen Unternehmen und Organ der staatlichen Wohnungspolitik. Ich sähe das Problem darin, nicht in reines Verwaltungsdenken abzugleiten.

Die erste Reaktion von Herrn Materne, als ihm Mitarbeiter erzählten, ich würde in den Aufsichtsrat kommen, war nach meinen Informationen: „Das kann ja wohl nicht wahr sein", aber in meinen Notizen steht nach einem Treffen in einer Abendveranstaltung: „M. begrüßt freudig meinen Eintritt." Ich hatte persönlich viel Verständnis für seine Schwierigkeiten, denn es ist nicht einfach, wenn ein Vorgänger 27 Jahre das Gesicht eines Unternehmens geprägt hat. Er hatte mir anfangs selbst einmal gesagt: „Ganz egal. was ich in die Hand nehme oder aufgreife, immer tauchen Sie irgendwo auf." Es genügt eben nicht, als Erstes das bisherige Büroinventar hinauszuwerfen. Mir war es wichtig gewesen, den Schreibtisch von Papa Gutschmidt zu behalten.

Wesentlich war aber, dass Herr Materne vielleicht ein guter Grundstückskaufmann war, aber noch in einem Gespräch mit mir am 18. Februar 1982 sagte, die Gehag sei zu gemeinnützig. Ich habe mir auch am 23. März notiert, dass er in der Arbeitsgemeinschaft Großer Wohnungsunternehmen, dem so genannten „Hermelinclub", zu damals noch allgemeinem Befremden abfällige Bemerkungen über die Gemeinnützigkeit machte. Wie das Ende zeigt, war Herr Materne Jahre zu früh dort. Heute hätte er wohl alle Chancen gehabt, zu reüssieren.

Da im Jahre 1981 nur noch Instandsetzungs- und Modernisierungsarbeiten durchgeführt wurden, war natürlich ein von Herrn Materne vorgeschlagenes großes Neubauprojekt in Westdeutschland, durch das sich das Schwergewicht völlig nach dort verlagert hätte, für ein jetzt städtisches Unternehmen undenkbar. Neben internen Schwierigkeiten schürte das die Stimmung gegen ihn noch mehr. Nachdem Herr Materne sich mit Herrn Rechtsanwalt Bräutigam einen tüchtigen Beistand genommen hatte, kam seine Beurlaubung vor Ablauf seiner Bestellung bis 1983 zustande, und er verließ Anfang Juni 1982 die Gehag. Erleichtert wurde ihm der Entschluss durch eine für ihn günstige Ruhestandsregelung in seinem Dienstvertrag, dessen einsamen Abschluss mit unbekannter Beratung durch den Vorsitzenden der DAG ich erwähnt habe. Es ging um die Frage, ob Herr Materne nach Ablauf der ersten Bestellung auf fünf Jahre Anspruch auf Ruhegehalt hatte oder nicht. An sich wäre es ungewöhnlich gewesen, aber nach Einsicht in den Vertrag konnte ich im Aufsichtsrat nur die Ansicht vertreten, die Gehag müsse zahlen. Die Vertreter der DAG waren der Ansicht, so sei die fragliche Klausel nicht gemeint Die Gehag ist dann prompt verklagt worden. Das für die Gehag negative Ende der Auseinandersetzung habe ich aber nicht mehr im Aufsichtsrat erlebt, und das kam so: Die Besetzung des Vorstands wurde ausgeschrieben. Nach dem Ausscheiden weniger auswärtiger Bewerbungen wurde ein Berliner, Herr Rechtsanwalt Simon, in die engere Wahl gezogen. Durch zehnjährige Tätigkeit im „Erbbauverein Moabit", einer größeren Genossenschaft, war er in der gemeinnützigen Wohnungswirtschaft bekannt. Sein weiterer Bekanntheitsgrad weckte bei mir Bedenken. Er war Mitglied des Abgeordnetenhauses und Vorsitzender des Bauausschusses. Die Gehag brauchte aber jemanden, der ihr voll zur Verfügung stand. Ich machte deshalb Senator Kunz mündlich und schriftlich den Vorschlag, den derzeit zweiköpfigen Vorstand um ein drittes Mitglied zu erweitern, um jemanden zu haben, der sich zusammen mit dem technischen Vorstandsmitglied ganz auf das Unternehmen konzentrieren konnte. Dabei dachte ich an den derzeitigen Prokuristen Engel, einen sehr befähigten, in der Tradition der Gehag gewachsenen Mitarbeiter. Senator Kunz war für diesen Gedanken sehr aufgeschlossen und übernahm die Fühlungnahme mit der Bauverwaltung. Auch der Vertreter der IG Bau-Steine-Erden, Herr Koch, und insbesondere Herr Meyer als Vertreter der Sparkasse-West waren nach meiner Information einverstanden. In der fraglichen Sitzung, in der Herr Simon bestellt wurde, war aber davon keine Rede mehr. Sehr verärgert erklärte ich daher am Schluss der Sitzung mein sofortiges Ausscheiden aus dem Aufsichtsrat. Heute denke ich, dass mich wohl unterschwellig auch der Gedanke, nicht Gehilfe bei der weiteren Entwicklung des Unternehmens sein zu wollen, zu diesem Schritt veranlasst hat. Am Abend rief mich Senator Kunz an. Auch er war überrascht, aber voller Verständnis sagte er: „Dass es so etwas noch gibt", und ich war wieder einmal zufrieden mit meiner Unabhängigkeit.

Das weitere Schicksal der GEHAG

Da Herr Simon in der ersten Zeit etwas Kontakt mit mir hielt, habe ich ihm immer wieder geraten, seine politische Tätigkeit aufzugeben. Die Gehag brauche einen Vorstand, der 100-prozentig für sie da sei. Er könne mich nicht als Beispiel nehmen, da meine große ehrenamtliche Tätigkeit voll dem Unternehmen zugute kam. Ich hatte mich mal sehr gefreut, als jemand zu mir sagte: „Sie haben die Gehag gesellschaftsfähig gemacht", und ich war auch der erste Berliner Wohnungswirtschaftler, der 1967 aufgefordert wurde, dem Rotary-Club beizutreten. Ich versuchte, ihm klar zu machen, dass ich freier war, weil ich mich auf ein mit mir eingespieltes Team von vorzüglichen Mitarbeitern verlassen konnte, das mit dem Weggang der Herren Winkler und Engel zusammengeschmolzen war, altersbedingt weiter schmelzen würde. Alles Reden war vergeblich. Er wollte sein politisches Mandat nicht aufgeben. Wie es weiterging, konnte ich aus kleinen Anzeichen entnehmen. Eine der ersten Entscheidungen z. B. war der Austritt der Gehag aus der „Weltwirtschaftlichen Gesellschaft", nichts ahnend, wie wichtig und interessant gerade in Berlin der Kontakt mit den Spitzen der übrigen Wirtschaft war. Das Schlimmste war jedoch die doppelte Abhängigkeit. Zum einen musste sich der Vorstand nach dem Hauptaktionär Land Berlin richten. Die restliche Beteiligung der DAG war allen Beteuerungen zum Trotz bedeutungslos. Zum anderen bestand die Bindung an die CDU-Fraktion. Das ging so weit, dass mir eines Tages glaubhaft gesagt wurde, Herr Simon wolle Bausenator werden. Da traf es sich, dass ich auf dem Kurfürstendamm Herrn Landowski traf, der damals noch unangefochtener Vorsitzender der Fraktion war. Zu meiner Beruhigung hörte ich von meinem sichtlich ungehaltenen Gesprächspartner: „Das wird der nie." Das politische Engagement ging zu meinem und vieler Befremden so weit, dass, als der Senat endlich Vorstandsmitgliedschaft in einem städtischen Unternehmen und Abgeordnetenmandat für unvereinbar erklärte, Herr Simon es für richtig hielt, die Rechtswirksamkeit dieser Bestimmung vom Bundesverfassungsgericht überprüfen zu lassen. Dessen Senatsbeschluss vom 5. Juni 1998 war eindeutig: „Es geht darum zu verhindern, dass durch Personalunion die Parlamentarier als Kontrolleure sich selbst kontrollieren."

Es liegt auf der Hand, dass dieser Vorstand sich nicht der weiteren Entwicklung des Unternehmens widersetzen konnte. Ich konnte diese Entwicklung nur als Außenstehender verfolgen; das aber „con ira et studio". Ein Desaster war das Schicksal der Wohnanlagen im Ostsektor. Ich habe früher geschildert, dass die Gehag 4075 Wohnungen dort hatte, darunter die berühmte Carl-Legien-Stadt. Obwohl das Unternehmen vor der Enteignung 1946 eingetragener Eigentümer war, bequemte sich das Land Berlin wegen des höchst umstrittenen Urteils des Bundesverfassungsgerichts, wonach Enteignungen vor 1949 rechtmäßig sind, erst 1992 zur Übereignung, um nicht

407

dringend notwendige Sanierungsmaßnahmen zu verhindern. Überraschend erhob 1997 der DGB aufgrund eines neuen Gesetzes zur Regelung offener Vermögensfragen Anspruch auf „das Wohnvermögen (Ost) der Gehag". Das war nicht berechtigt, wie ich in einer gutachterlichen Stellungnahme begründen konnte, denn wir hatten das Eigentum an diesem Besitz Jahr für Jahr in einem Merkposten in der Bilanz verankert. Wenn der DGB durch Abgabe seines Aktienpaketes auf seine Beteiligung verzichtet hatte, konnte er sich mit der jetzigen Forderung nicht mit seinem eigenen Verhalten in Widerspruch setzen. Es war aber klar erkennbar, dass das Land Berlin politisch taktierte. Ein Protokoll vom 15. März 1997 beginnt: „Nachdem sich die Gesprächsteilnehmer vorgestellt hatten, wurde auf Anregung von StS B Einvernehmen darüber erzielt, kein Rechtsgespräch über die strittigen Rechtsfragen zu führen, sondern die Modalitäten eines Vergleiches zu erörtern." Zu den Teilnehmern gehörten auch Herr Simon und der Anwalt der Gehag, ausgerechnet ein früherer Bausenator. Ich war mit Ausnahme einer Sitzung am 24. März 1997 an den Verhandlungen nicht beteiligt und schrieb daher u. a. an ihn bei der Zusendung meiner Stellungnahme: „Im Übrigen kann ich nur bedauern, dass der Vorstand der Gehag nicht die Courage hat zu sagen: Kein Grundstück, wenn wir nicht rechtskräftig verurteilt sind. Wenn ich mich 1952 bei den Alliierten und vor allem dem Feind Nr. 1, WP und Custodian Ullmann, so gewunden und taktiert hätte, hätte ich die scheintote Gehag wohl kaum wieder zum Leben erweckt ... Ich kann nur empfehlen, dass Sie den Politiker mal vergessen und als Anwalt dem Vorstand ein paar Korsettstangen einziehen."

Inzwischen betrieb die zur Sanierung der Berliner Finanzen ins Land geholte Senatorin Fugmann-Hesing die Weiterveräußerung, die so genannte „Privatisierung" der Gehag. Sie kannte bestimmt nicht die Tradition des Unternehmens, und nachdem es auch kein Gemeinnützigkeitsrecht mehr gab, war das nur noch eine bequem in einer Aktiengesellschaft zu verkaufende Ansammlung von 30.000 Wohnungen. Es gab, wie es der Vorsitzende der Gewerkschaft IG-Bau formuliert hat, ein „langes Gerangel". Die Presse war voll davon, aber die Einzelheiten sind unwichtig, es zählt nur das Ergebnis. Für mich war die wichtigste Quelle der 27-seitige Bericht für die Sitzung des Abgeordnetenhauses am 26. November 1998. Am Schluss heißt es: „Die Satzung des Unternehmens wurde in dem als Anlage zum Aktienkaufvertrag genommenen Entwurf an die üblichen Regelungen in der Privatwirtschaft angepasst."

Nachdem das Abgeordnetenhaus zugestimmt hatte, lud Herr Simon die Herren Schumann, Selka und mich zum Abendessen ein, um uns aus seiner Sicht zu informieren. Wie nicht anders zu erwarten, die Welle war einfach über ihn hinweggegangen. Wie aus meinen Notizen hervorgeht, überlegte ich mir schon bei dem Gespräch, ob ich nicht einen Nachruf schreibe. Auf völliges Unverständnis stieß bei mir die Ankündigung von Herrn Simon, die Gehag werde ja im kommenden Jahr 75 Jahre alt; man habe beschlossen, die ganze Belegschaft und die Gäste nach Mallorca zu verfrachten und dort zu feiern. Wir wurden gebeten, den Termin zu notieren, aber mit der Bemerkung, dass wohl eher eine Trauerfeier am Platze sei, habe ich eine künftige Einladung gleich abgelehnt. Den Nachruf „Ein Requiem für ein Traditionsunternehmen" habe ich noch im Dezember geschrieben.

Er wurde in Heft 2/99 der Zeitschrift „Die Wohnungswirtschaft" veröffentlicht. Ich habe dabei aus der bereits erwähnten Vorlage für die Abgeordneten zur Frage der Bewertung zitiert: „Da die Erträge des operativen Geschäfts einer (ehemals gemeinnützigen) Wohnungsbaugesellschaft und der daraus resultierende Ertragswert in der Regel nicht den wahren Wert dieser Gesellschaft, der sich an die Substanz des Immobilienvermögens anlehnt, widerspiegelt, wurde hierbei u. a. davon ausgegangen, dass der Immobilienbestand der GEHAG über einen sehr langen Zeitraum durch Maßnahmen der Portfolio-Optimierung aktiv bewirtschaftet wird. Hierdurch konnte der Ertragswert modellrechnungshaft angereichert werden. Wenn dann noch intern ein Papier existiert, in dem bereits für die nächsten Jahre die Gewinnvorstellungen der Erwerber festgehalten sind, bedarf es wohl keines weiteren Kommentars, dass die künftigen ‚Maßnahmen der Portfolio-Optimierung' nichts mehr für den früheren Zweck und die Ziele des Unternehmens übrig lassen werden. Interessant ist schließlich, dass in dem genannten Bericht für die überwiegend ahnungslosen Abgeordneten mit keinem Wort erwähnt wird, dass die GEHAG 1999 75 Jahre bestehen würde, und von einem Goodwill für ihre berühmten Wohnanlagen ist auch keine Rede. Man muss wohl noch froh sein, dass die im Bericht auf S. 4 vorgestellten Berater ihre vermutliche Ansicht, eine unter Denkmalschutz stehende Hufeisensiedlung sei eher wertmindernd, nicht ausgesprochen haben."

Die Geburtstagsfeier auf Mallorca fand natürlich statt. Das Makabre ist, dass schon vor dem 24. April in einer Hauptversammlung am 18. März beschlossen wurde, den Namen des Unternehmens in GEHAG Aktiengesellschaft zu verändern. Die alte Gehag war also an ihrem 75. Geburtstag bereits tot. Weil Gehag ja in der alten Firma nur eine Abkürzung des restlichen Namens war, nämlich „Gemeinnützige Heimstätten-Aktiengesellschaft", ist jetzt auch der Name ein falsches Etikett.

Nach Abschnitt 4.1 des Berichts für die Sitzung des Abgeordnetenhauses betrug der Kaufpreis für 74,98 Prozent der Aktien 950 Millionen DM. Nach Abzug des Anteils der DAG verblieben für das Land Berlin 651.461.636 DM. Wenige Zeilen danach steht: „Der erzielte Kaufpreis kann als überaus zufrieden stellend angesehen werden."

Wenn man die im Zusammenhang mit dem Skandal der Bankgesellschaft wieder besonders deutlich gewordene Finanzmisere des Landes Berlin betrachtet, kann man wohl sagen, dass angesichts eines Loches von weiterhin 14 Milliarden die Einnahme ein Tropfen auf den heißen Stein war.

Mit der Begründung der Absicherung der Mieter und Mitarbeiter waren 1998 25

Prozent und eine Aktie beim Land Berlin verblieben. Bald wurde bekannt, dass Berlin auch den Rest verkaufen wollte. Die Beschäftigten hatten schon die Folgen des ersten Verkaufs zu spüren bekommen. Der Betriebsrat mit Unterschrift aller Mitarbeiter – bezeichnenderweise nicht des Vorstands – wandte sich am 7. Juli 1999 an den Regierenden Bürgermeister. Der Brief enthielt „die inständige Bitte, den Verkauf der restlichen 25,1 Prozent der noch beim Land Berlin verbliebenen Beteiligung an der Gehag an die BSE zu verhindern ..." In der Hoffnung auf Breitenwirkung erhielten diesen Brief auch das Abgeordnetenhaus, die Fraktionsvorsitzenden der Parteien, die Finanzsenatorin und der Senator für Bauen, Wohnen und Verkehr. Ein verspäteter Versuch, im Juni 2000 mit einer Protestversammlung der Mitarbeiter und Mieter den Regierenden Bürgermeister und alle Beteiligten an das Versprechen zu erinnern, dass das Land Berlin die 25 Prozent behalten würde, war auch vergebens. Berlin verkaufte an die Hamburgische Landesbank. Die lächerliche eine Aktie behielt Berlin, um, wie es heisst, „im Zusammenwirken mit den vertraglichen Vereinbarungen seinen Einfluss auf die künftige Geschäftspolitik" zu sichern.

Inzwischen musste nach anderen Mitarbeitern auch das Vorstandsmitglied Herr Simon das Feld räumen, und es wurde u. a. die ganze Zweigniederlassung Aachen verkauft. Laut dem Geschäftsbericht 2000, Seite 10, sind aus den Mietern „Wirtschaftssubjekte" geworden Als Gründe für die Bestandsverkäufe wurden betriebswirtschaftliche der „Portfolio-Maximierung" angegeben. Der wahre Grund findet sich in der Mitarbeiterzeitung „Gehag offline" vom Dezember 2001 in einem Interview mit dem Mitglied des Vorstands der Hamburgischen Landesbank und stellvertretenden Aufsichtsratvorsitzenden der Gehag, Peter Rieck. Gefragt, ob weitere Wohnungen und Häuser verkauft würden, deckte er den wahren Hintergrund auf: „Ich bin sehr optimistisch, dass wir in zwei bis drei Jahren durchaus die Situation erreicht haben können, dass wir zum Zwecke der Refinanzierung der Ankaufsfinanzierung keine Bestände mehr verkaufen müssen, sondern ausschließlich nach kaufmännischen Gesichtspunkten handeln können." Das ist wenigstens eine ehrliche Aussage.

Den Schlussstrich bildet die Umwandlung der Aktiengesellschaft in eine Gesellschaft m. b. H. Nachdem schon das Ge für gemeinnützig Etikettenschwindel wurde, aus den im kleinen h verankerten Heimstätten die Portfolio-Maximierung störende Verwaltungsobjekte wurden, ist auch das „AG" im Namen der Gehag unrichtig geworden.

Die Schlussfolgerung kann nur sein, zusammen mit der dem Gemeinwohl verpflichteten gemeinnützigen Wohnungswirtschaft wurde die Gehag Opfer des fortschreitenden Abbaues der sozialen Marktwirtschaft zugunsten eines sich immer mehr ausbreitenden Ellbogenkapitalismus. Sic transit gloria mundi.

Ein Freund, ein guter Freund ...

Die bisherigen Kapitel haben gezeigt, was den Zeitzeugen im ersten Drittel des Jahrhunderts geprägt hat und wie sich die wechselnden politischen Verhältnisse auswirkten. Ein zuerst als großes Unglück empfundenes Geschick bewahrte ihn davor, das Soldatenhandwerk ausüben zu müssen. Stattdessen konnte ich eine saubere, innerlich befriedigende Arbeit leisten, später sogar eine nicht jedem beschiedene und allgemein anerkannte Lebensaufgabe finden. Nach der „Wende" wurden wir Insulaner endgültig zu Bundesbürgern, und nach den früheren Erlebnissen in Westdeutschland war die Umstellung nicht einfach; aber das ist im Sinne von Fontane „ein weites Feld", das von anderen beackert werden muss und auch wird.

Auch wenn es nur noch eine Ergänzung ist, will ich doch zur Abrundung des Bildes noch einiges aus dem Privatleben in der geschilderten Zeit vor der Wende erzählen. Es soll den Rahmen bilden für das Andenken an einen weiteren väterlichen Freund, dessen Leben so zeitbedingt und bunt war, dass ich ihn mehr als einmal gebeten habe, seine interessanten Erzählungen wenigstens dem Tonband anzuvertrauen, leider vergeblich.

Nach dem Verlust unseres Besitzes in Dreilinden vermissten wir in unserem Reihenhaus den größeren Garten und etwas mehr Raum. Bis es sich abzeichnete, dass ich auch nach der Zeit als Notvorstand bei der Gehag bleiben würde, dachten wir an ein Eigenheim. Es sollte aber nach unser beider Willen keine „Direktorenvilla" sein. Nur einmal besprochen, aber Jahrzehnte eingehalten waren Gabys und meine Devise „Mehr sein als scheinen" oder das passende Berliner Wort: „Immer uff'm Teppich bleiben!" Auch hier hatten wir wieder Glück. Bei einem Gang um den Kleinen Wannsee fiel uns ein völlig zerstörtes Grundstück in Hanglage am See auf, auf dem das Schild eines Maklers stand, mit dem wir gerade den Ankauf des späteren Reaktorgeländes in Wannsee bearbeiteten. Der Makler sah die Dinge nüchterner. „Wollen Sie Ihren Jungen jeden Morgen in die Schule fahren? Da habe ich etwas Besseres. In Dahlem steht ein Einfamilienhaus passend für Ihre Bedürfnisse mit je einem Raum für Sohn und Schwiegermutter. Es ist zur Zeit zwar beschlagnahmt von den Amerikanern, soll aber schnell verkauft werden, weil sich die Eigentümerin an einem Gewerbebetrieb im Norden der Stadt beteiligen will." Am nächsten Abend fuhr ich langsam durch die Balbronner Straße, sah das Haus, es war Liebe auf den ersten Blick. Wir haben umgehend die Amerikaner mit dem deutschen Namen Schlauersbach besucht, die uns freundlich aufnahmen und uns das ganze Haus zeigten. Der Kauf musste in einer Woche abgewickelt werden. Problematisch war dabei, dass der Kaufpreis wegen des Zeitdrucks, unter dem die Eigentümerin stand, cash down bei Abschluss des Vertrages gezahlt werden sollte, d. h. ohne die vorherige Eintragung einer Auflassungsvormerkung, also ohne die geringste Sicherheit. Der befreundete Notar Aldenhoff sagte mir beschwörend: „Wenn ich nicht wüsste, dass Sie als Kollege das Risiko genau kennen, würde ich mich weigern, den Vertrag zu protokollieren." Er sprach sogar in seiner Sorge telefonisch mit meiner Frau, aber sie sagte: „Wenn mein Mann das für richtig hält, ich halte ihn nicht zurück." Die Eigentümerin war durch einen Anwalt vertreten, der mir so vertrauenswürdig erschien, dass ich nach den Unterschriften des Vertrages das Geld auf den Tisch legte.

Schwierig war natürlich auch, in so kurzer Zeit das Geld zu beschaffen. Ich kratzte alle Außenstände zusammen, und die Berliner Bank kannte den Chef der Gehag schon so gut, dass ich einen Zwischenkredit bekam, der bald durch eine Hypothek abgelöst wurde. Nun brauchten wir nur noch auf die Freigabe des Hauses zu warten. Das konnten wir in aller Ruhe, denn die monatliche Miete deckte die Kosten. Die Freigabe erfolgte am 22. März 1957, und nach eingehender Begutachtung zahlte das Besatzungslastenamt noch eine Entschädigung vom rund 7.100 DM. Nach einigen kleinen Umbauten, bei denen mir die technischen Mitarbeiter der Gehag hilfreich waren, konnten wir im Mai 1957 einziehen. Es war, wie der Makler gesagt hatte. Tim konnte noch ein Jahr die in der Parallelstraße liegende Mühlenauschule besuchen, und das Arndt-Gymnasium war dann auch bequem zu erreichen. Erfreulich war vor allem, dass die ruhige Straße nur am Rande Dahlems lag mit ringsum angenehmen Nachbarn. Vor allem waren wir ganz in der Nähe der Freien Universität, deren Gründung vor rund zehn Jahren wir natürlich mit Interesse verfolgt hatten. Die Gründungsfeier während der Blockade am 4. Dezember 1948 mit Ernst Reuter im Titaniapalast und die amerikanische Hilfe durch John McCloy, Lucius Clay und den besonderen Berlin-Freund Shephard Stone, den ich später noch im Club Berlin als rotarischen Freund näher kennen lernen sollte, sind aus der Geschichte der „Insel" nicht wegzudenken. Es war wieder einmal bezeichnend für die westdeutsche Einstellung, dass die Westdeutsche Rektorenkonferenz der Neugründung distanziert gegenüberstand und an der Gründungsfeier nicht teilnahm, weil die Amerikaner anstelle eines restaurierten Hochschulsystems eine vom Obrigkeitsschema abweichende Campus-Universität nach heimischem Vorbild fördern wollten. Als wir Nachbarn wurden, war das „Berliner Modell" bereits weit auf dem Wege der Verwässerung. Ursprünglich bestand weitgehende Autonomie auch haushaltsmäßig gegenüber den Kulturbehörden, und vor allem hatten die Studenten eine weitgehende Mitwirkung in den Gremien sogar bei der Berufung der Professoren. Jetzt hatte die Gründergeneration, z. B. der spätere Präsident des Bundesverfassungsgerichts Ernst Benda, die FU schon lange verlassen; Ernst Reuter, der die „Gemeinschaft der Lehrenden und Lernenden" gefordert hatte, war tot. Der eine verbliebene Studentenvertreter in der Fakultät war für seine Beratung in studentischen Angelegenheiten auf das Wohlwollen von 20 bis 30 Ordinarien angewiesen. Als Nachbarn der FU und im freundschaftlichen Kontakt zum zwei Häuser weiter wohnenden Prof. Gollwitzer erlebten wir die weitere Entwicklung. Überraschend war dabei, dass die Gründe, die einmal zur Gründung der FU geführt hatten, von der nächsten Generation vollkommen vergessen, ja auf den Kopf gestellt wurden. Für die Studenten Benda, Wolf Jobst Siedler u. a. war Anlass der Versuch der SED und SMA gewesen, sie kommunistisch gleichzuschalten. Ernst Benda hat noch am 14. Februar 1999 in einer „Zeitzeugen"-Sendung des Fernsehens die Verhaftung seiner Kommilitonen geschildert und wie er selbst bei einer telefonischen Erkundigung nach dem Schicksal eines Freundes überrascht wurde, als sich der Überwacher mit den Worten einschaltete: „Seien Sie vorsichtig", was ihn veranlasste, sich noch am gleichen Abend in den amerikanischen Sektor abzusetzen. Jetzt wurden Marxismus, Leninismus, ja sogar der Maoismus auf das Gelände und das sogar mit Gewalt getragen. Gemäßigte Reformen gegen den „Muff unter den Talaren" hatten keine Chancen, wenn so genannte Revolutionäre wie Teufel, Langhans oder Rabehl den Konflikt um jeden Preis suchten. Die schweigende Mehrheit der Studenten, die unbehelligt studieren wollten, konnten das negative Bild der FU, das sich lange Jahre hindurch aufbaute, nicht verbessern. Nicht übersehen darf man die Tatsache, dass sich die Motive, an der FU zu studieren, gewandelt hatten. Waren es in den ersten Jahren Studenten aus der SBZ und späteren DDR, kamen in den Sechzigerjahren viele aus Westdeutschland, die sich der Wehrpflicht entziehen wollten und es hier legal konnten.

Ein Beispiel, dass auch ein geringer Teil des Lehrkörpers den „revolutionären Kräften" nicht fern stand, war unser Nachbar Gollwitzer, der trotzdem bald unser Freund wurde. Bei ihm lernten wir flüchtig Rudi Dutschke kennen, und er hatte immer einen Kreis friedfertiger Gesinnungsfreunde um sich. Da uns in unseren Anschauungen Welten trennten, kann ich mich keiner Diskussion erinnern, aber wir konnten uns freundschaftlich respektieren, da er immer Gewalt eindeutig ablehnte. Ob er es gebilligt hat, dass seine sehr engagierte Frau bei einem Höhepunkt der Auseinandersetzungen vom Balkon des Rektorats die Akten in den Garten warf, ist mir unbekannt, aber sehr zweifelhaft.

Der eigene Sohn studierte ja auch in dieser Zeit. Wie ich meinem Großvater, so folgte er dem seinen und wusste schon mit 15 Jahren, dass er Medizin studieren wollte. Ein frühes Abiturientenexamen machte es möglich, dass er mit Anschluss an die Familie einer Kusine von mir mit dem Studium an der State University in New Orleans begonnen hatte und nach zwei Semestern und gleichzeitigem Praktikum am Veterans Administration Hospital sogar noch mit einer langen Autofahrt über Texas, Mexiko bis hinauf zu unserem Freund Cherberg im Staate Washington die USA gründlich kennen lernte. In Anbetracht meiner Erlebnisse und Neigung waren wir bewusst das Risiko eingegangen, dass Tim erklären könnte, drüben bleiben zu wollen. Wie sich herausstellte, hatte er wohl tiefer Einblick genommen als sein Vater. Jedenfalls hatte er den Vorteil, wie sein Vater, das Studium an der FU gereifter und erfahrener fortzusetzen, als es bei einem unmittelbaren Anfang nach der Schule der Fall gewesen wäre. Die Broschüren der 68er und das Poster von Che Guevara blieben im eigenen Zimmer, behinderten den Ablauf des Studiums nicht. Wie mit meinem Vater gab es keine Auseinandersetzungen in gegenseitiger Toleranz und Respekt.

Einen Schreck bekamen wir erst hinterher, als wir hörten, dass der Sohn an der Demonstration anlässlich des Schah-Besuches vor der Deutschen Oper in der Bismarckstraße teilgenommen und in nächster Nähe den Tod von Benno Ohnesorg erlebt hatte.

Es gab aber in dieser Zeit auch amüsante Erlebnisse. In dem Haus gegenüber war das Sinologische Institut der FU. Wegen der angeblichen oder wirklichen politischen Belastung des leitenden Professors wurde es von einigen Studenten besetzt. Bei herrlichem Sommerwetter saßen sie abends im Vorgarten mit Klampfe und Radio, und wenn es zu laut wurde, ging ich hinüber, und da es nette, vernünftige Menschen waren, mit Erfolg. Sie waren so nett, dass wir ihnen auch gerne mal eine Flasche Wein brachten. Als ich über meine Verbindungen erfuhr, dass am nächsten Morgen das Haus geräumt werden sollte, ging ich am Abend herüber, um die Studenten zu informieren und ihnen nahe zu legen, ihre Sachen zu packen und sich für den Auszug bereitzuhalten. Tatsächlich rückten morgens um sechs Uhr drei Mannschaftswagen in unserer kleinen Straße an. Ich stand am Gartenzaun, als der Polizeioffizier hinüberging, um die Studenten zum Verlassen des Gebäudes aufzufordern. Sie kamen mit Sack und Pack im Gänsemarsch herausmarschiert, als ich ihnen zurief: „Ist es so weit? Dann kommt erst mal herüber, das Frühstück ist fertig." Das Gesicht des Polizeioffiziers muss sich jeder selbst ausmalen.

Bei solchen Ereignissen vor der Tür und sonst voll ausgefüllt durch die Arbeit in der Gehag und in den Verbänden bestand die Gefahr, das Leben auf der Insel Westberlin als etwas Normales anzusehen, zumal es sich später durch den Abschluss der Ostverträge tatsächlich „normalisierte". Zumal man in den ersten Jahren nach der Blockade die Bestrebungen der Sowjets und Walter Ulbrichts nicht aus den Augen verlieren durfte, unsere Schutzmächte doch noch aus Berlin herauszudrängen. Trotz ihres nur noch symbolisch wahrgenommenen Zutrittsrechts und des Viermächtestatus war auch bei den Westalliierten nur noch von Westberlin die Rede.

Bei solchen Ereignissen, wie es der Aufstand vom 17. Juni 1953 und die Errichtung der Mauer am 13. August 1961 waren, standen zu unserem Verdruss – erst lange hinterher verständlich – unsere Schutzmächte Gewehr bei Fuß an der Sektorengrenze, sodass die Bevölkerung die Hoffnung auf ein einheitliches Groß-Berlin endgültig aufgeben musste. Schon in Lichterfelde weit weg von der Grenze, ohne Verwandte oder Bekannte im Ostsektor erlebten wir den Aufstand nur mit Presse, Rundfunk, Kommentaren befreundeter Politiker. Auch diese haben Hintergründe, Einzelheiten letzten Endes erst aus Aufarbeitungen wie z. B. „Kampf um Berlin" von Wolfgang Paul (1962) erfahren.

Die Errichtung der Mauer erlebten wir nicht in Berlin. Wir waren in unserem

Heim im Südschwarzwald, von dem noch zu berichten sein wird, und an diesem Tag bei unseren Freunden Dr. Casty und Frau, einer Schulfreundin von Gaby aus Lodz, in Kaiseraugst in der Schweiz. Wir fuhren sofort zurück, und nun geschah etwas, das für mich wieder ein Schlaglicht auf die Mentalität unserer „Brüder und Schwestern" warf. Der Erste, den wir trafen, war unser Nachbar, Bauer D., der uns zurief: „Habe Se schon gehört, nu habe Se endlich Ruhe vor de Flüchtlinge." Wir waren wie vor den Kopf geschlagen. Eine geharnischte Erwiderung brachte nur ein ungläubiges Kopfschütteln.

Die vielen Dienstreisen wurden meist mit dem Flugzeuge gemacht. Die längeren Flugzeiten in den früheren Jahren mit den Propellermaschinen hatten auch Vorteile. Man konnte in Ruhe frühstücken und die Zeitung lesen. Über eine kleine Episode haben Frau und Sohn noch manchmal gelacht. Vater saß in Tempelhof im Warteraum, um mit der letzten Maschine nach Hamburg zu fliegen, und las in seinen Fachzeitschriften. Als ich mal aufblickte, war es merkwürdig leer, und da kam auch schon ein Angestellter und fragte, wohin ich noch wollte. Mit einem Blick aus dem Fenster sagte er: „Da können Sie noch die Schlusslichter der Maschine auf dem Wege zur Startbahn sehen." Meine Mutter war gar nicht verwundert, da ich schon als Kind dreimal angesprochen werden musste, wenn ich etwas las.

Von Fahrten über die Transitstrecken, den Laufzetteln, Kontrollen, dem stundenlangen Warten an der Grenze, ja Schikanen weiß jeder ein anderes Lied zu singen. Mit meinen Erfahrungen in der Zeit der Zentralverwaltung habe ich mir immer gesagt, der einzelne Volkspolizist tut nur seinen Dienst, die Verantwortlichen für alle Schikanen, die Schüsse an der Grenze sitzen im Zentralkomitee. Ganz überwiegend waren die Vopos durchaus ansprechbar. Wenn ich bei der auf der Suche nach Flüchtlingen üblichen Aufforderung, die hintere Sitzbank im Auto herauszuheben, von meinen hochgradigen Bandscheibenbeschwerden erzählte, machte jeder Vopo sich selbst ans Werk. Ebenso amüsant wie auch ernst war Folgendes: Ich kam mit Fahrer aus Westdeutschland zum Kontrollpunkt Drewitz/Dreilinden zur Einfahrt nach Westberlin. Da stand erstmals ein Schild „Motor abstellen". Ich sagte zu meinem Fahrer, Herrn Cullmann, den ich als jahrzehntelangen treuen Helfer gerne hier mit Namen erwähne: „Das ist mal etwas Vernünftiges, die stehen hier stundenlang in den Abgasen." Das hörte der die Papiere prüfende Grenzer, steckte den Kopf tief zum Fenster herein und sagte: „Ach wat, det is nich wejen uns, hier is jestern eener getürmt." Am nächsten Morgen stand in der Zeitung, dass ein Lieferwagen mit Erfolg in voller Fahrt die Schranke durchbrochen hatte.

Ruhig und bestimmt brauchte man sich auch nicht alles gefallen zu lassen. Auf der Rückfahrt von einem Anwaltsfortbildungskursus in Seis am Schlern, wohin ich meine Mutter mitgenommen hatte, kamen wir zum Grenzübergang Juchhöh/Töpen. Ohne Angabe von Gründen wurden wir aus der Warteschlange herausgestellt. Es herrschte große Hitze. Nach 20 Minuten bin ich in das Büro gegangen und habe den Leiter der Dienststelle verlangt. Es kam ein Oberleutnant, den ich fragte, warum und wieso, und darauf hinwies, dass meine Mutter mit über 70 Jahren unter der Hitze zu leiden hätte. Er versprach, sich sofort um die Sache zu kümmern, und kam auch nach wenigen Minuten mit den Papieren. Er entschuldigte sich höflich, es sei ein Missverständnis, und ging sogar um den Wagen herum, um sich bei meiner Mutter noch besonders zu entschuldigen. Das gab es also auch.

Im Motto wurde versprochen: „Wir werden nicht alles sagen", und dazu soll das Privatleben der letzten Jahrzehnte gehören. Schon deshalb, weil die Gefahr besteht, man könnte sich einbilden, dass es für andere interessant sein könnte, was sich, wie die Erzählung „Ein springender Brunnen" beweist, allenfalls ein Schriftsteller wie Martin Walser leisten kann. Zum anderen müsste ich dann auch von dem Glück erzählen, noch einmal eine jahrelange Romanze erlebt zu haben, wozu wieder die schriftstellerische Begabung fehlt. Ich muss aber von dem guten Freund berichten, von dem ich schon sagte, dass er sein interessantes Leben leider nicht einmal auf Tonband geschildert hat, dessen Biografie von berufener Hand hoffentlich noch geschrieben wird; denn sonst erinnert allenfalls noch der Sommerfield-Ring in Berlin-Lichterfelde an ihn. Ich kann nur berichten, was ich mit ihm erlebt habe und in Gesprächen vor dem Kamin in seinem Jagdhaus gehört habe. 1886 geboren, kam Adolf Sommerfeld schon als Zimmermannslehrling nach Berlin. Als Zimmerpolier verdiente er sich das Geld für den Besuch der Baugewerksschule, die er als Meister verließ. Schon 1910 gründete er seine eigene Firma, in der er seiner bis ins hohe Alter gebliebenen Einstellung entsprechend gegebenenfalls als Unternehmer, Polier und Zimmermann zugleich auftrat. Seine Spezialität waren damals Baukonstruktionen und vor allem Hallenbauten in Holz. Das machte ihn 1914 für das Reichsmarineamt unentbehrlich, für das er große Flugzeughallen baute. Die Anerkennung, die er hier fand, aber auch die großen Gewinne erlaubten ihm nach dem Kriege den schnellen Aufbau einer ganzen Unternehmensgruppe. Sie umfasste Hoch- und Tiefbaubetriebe, Säge- und Hobelwerke und eine Holzbearbeitungsfabrik in Schneidemühl, aber auch Terraingesellschaften, also alles zum Bau Notwendige. Kurz nach dem Krieg kaufte er auch zwei Kriegsschiffe und baute sie zu Handelsschiffen um. Aus der dabei abmontierten Teakholzpanzerung und mit der Täfelung der Offiziersmessen ließ er sich von seinem Freund Walter Gropius das schon von mir erwähnte Blockhaus in der Limonenstraße in Berlin-Lichterfelde entwerfen. Es war ein trauriger Abend, als ich ihm erzählen musste, wie ich 1943 nach dem Nachtangriff an dem brennenden Haus vorbeigegangen bin.

Die Unternehmensgruppe ist aus der Weimarer Zeit nicht wegzudenken. Die Beteiligung am Bau des Kroll-Etablissements, der Avus-Tribünen, des Sportpalastes sind nur Beispiele. Meine Schilderung des Projekts der Finnenhäuser war der Auslöser, dass Sommerfeld erzählte, wie er 1924 vom Völkerbund den Auftrag erhielt, in Griechenland 10.000 bis 11.000 schlüsselfertige Häuser seines Blockhaussystems für die aufgrund eines Vertrages mit der Türkei umzusiedelnden Griechen zu bauen. Die Durchführung war eine Bewährungsprobe für die ganze Gruppe. Es war für mich faszinierend im Vergleich mit unserem Finnenhausprojekt, die Abwicklung einer solchen Mammutaufgabe zu hören. Die großen Gewinne wurden sofort in Immobilien angelegt, und bei der Erzählung hiervon tauchten erste Berührungspunkte mit der Gehag auf. Die „Terrain AG Botanischer Garten –Zehlendorf-West" und die „Allgemeine Häuserbau AG von 1872 – Adolf Sommerfeld", kurz AHAG genannt, kauften große Gebiete zwischen dem Ausflugslokal „Onkel Toms Hütte", dem Fischtal und dem späteren U-Bahnhof „Krumme Lanke" auf, auch wenn es 1926 nur Bauerwartungsland war. Der Schachzug war, Pläne vorzulegen, die beabsichtigte Verlängerung der U-Bahn nicht unterirdisch nach Zehlendorf-Mitte zu führen, sondern als Einschnittbahn nach Krumme Lanke, was die Zustimmung des Leiters der Verkehrsbetriebe, Ernst Reuter, fand. Hinzu kam das Angebot, rund 39.000 Quadratmeter Gelände unentgeltlich zur Verfügung zu stellen und die Kosten für den Rohbau der 3,3 Kilometer langen Strecke einschließlich der Brückenbauten und Bahnhöfe zu übernehmen. Die Gegenleistung war, dass aus dem großen Gelände rechts und links der Bahn Baugelände wurde. Die Gruppe verkaufte das Gelände hauptsächlich an die Wohnungsbaugesellschaften Gehag und Gagfah, natürlich nicht ohne sich die Bauausführung vorzubehalten. So entstanden mit Bruno Taut, Salvisberg und Bruno Häring die Waldsiedlungen.

Eine Ausnahme bildete der Bau des Bahnhofs „Onkel Toms Hütte". Hier sollte eine neue Idee verwirklicht werden. Sommerfeld wollte ihn mit einer Ladenstraße verbinden, zu der die Fahrgäste nach beiden Seiten aussteigen sollten, um gleich vor den Läden zu stehen. Hiermit konnte er sich nicht durchsetzen, sodass man nur an den Kopfenden des Bahnsteigs rechts oder links in die Ladenstraße einbiegen kann.

Durch dieses Ladenzentrum lernten wir uns 1953 kennen. Um zu sehen, wes Geistes Kind der neue Chef der Gehag sei, wie er mir mal gestand, kam er in mein Büro. Anlass war, dass wir die Zehlendorfer Waldsiedlung am Ostende durch einen Anbau ergänzen wollten, in dem außer Wohnungen ein Lebensmittelgeschäft geplant war. Sommerfeld hatte aber seinerzeit zum Schutz seiner Ladenstraßen beim Verkauf aller Grundstücke eintragen lassen, dass die Schaffung von Läden in der Siedlung seiner Zustimmung bedurfte. Um diese hatte ich brieflich gebeten. Bei seinem Besuch erfuhr ich dann, dass die Ladenstraße nach Beschlagnahme und Arisierung von einer höheren SS-Charge übernommen wurde und er im Rückerstattungsverfahren im Vergleich mit der Witwe die eine Seite der Ladenstraße zurückbekommen hatte, also auch materiell noch an dem Bestand der Dienstbarkeit interessiert war. Da der Laden weit entfernt lag und es dort an der Nahversorgung haperte, bekam ich sofort seine Zustimmung. Dass es nicht bei diesem Gespräch blieb, zeigt, dass wir sofort Kontakt hatten. Durch gemeinsame Bekannte kamen wir auch familiär zusammen, und es entwickelte sich in den folgenden Jahren eine Freundschaft auch zu seiner Frau Reinette und der ganzen Familie. Ich habe ja meine Niederschrift mit der Erzählung begonnen, wie mich Enkel Paul Sommerfeld an meinem 80. Geburtstag erfreute.

Im Laufe der Jahre erfuhr ich, wie aus Adolf Sommerfeld ein Andrew Sommerfield geworden war. Ich hörte von seiner Freundschaft mit Walter Gropius. Sie hatten sich 1920 kennen gelernt, und entsprechend seiner eigenen Entwicklung vom Zimmermann, Baugewerksmeister zum Architekten und Unternehmer entsprachen die Grundgedanken des Bauhauses, die Vereinigung der Künste in und am Bau mit dem Architekten, Ingenieur und Kaufmann den Vorstellungen beider. Das schon mehrfach erwähnte Blockhaus war die Synthese dieser Gedanken; denn auch die Innenarchitektur, die Vorhänge z. B. stammten aus den Bauhauswerkstätten.

Nach und nach hörten wir auch einiges von seiner Emigration, auch wenn er selten davon sprach. Den Nazis war er nicht nur als Jude unerwünscht, sondern als Freund von Ernst Reuter, dem sozialdemokratischen Ministerpräsidenten Braun u. a. verdächtig. Als es vor seinem Haus eine Schießerei der SA gab, folgte er bereits im März 1933 dem Rat seiner Freunde und emigrierte. Da er schon steckbrieflich gesucht wurde, schwamm er mit nur einem Rucksack bei Rheinfelden durch den Rhein. Er zeigte mir Bilder seines Chalets in der Schweiz, das der erste Zufluchtsort war auf dem langen Weg über Frankreich, das damalige britische Mandat Palästina zum Sohn John in England. Nach Bestehen der Prüfung wurde er britischer Staatsangehöriger. Es ist absolut verständlich, dass er auch nicht mehr Adolf heißen wollte. In England konnte er mit seinem Unternehmungsgeist, seiner Tatkraft dem ideenreichen Sohn helfen. Dieser hatte die Ketten-Stahlplatten entwickelt, mit Hilfe derer im Kriege in kurzer Zeit ausrollbare Landebahnen für Flugzeuge geschaffen wurden. Wir lernten ihn jetzt in friedlichen Zeiten kennen, als er nach dem gleichen Prinzip die Snowcats entwickelte, mit denen sie mit seinem Freund, dem bekannten Gletscherflieger Geiger, über den Gornergrat von Zermatt nach Italien hinüberfuhr. Wir mochten John sehr gern. Tim hatte das Glück, schon als Schüler im Hochgebirge Skilaufen zu lernen, weil er ihn einfach mit nach Zermatt nahm. Bestürzt waren wir, als wir hörten, dass er an Krebs erkrankte. In der zweiten Hälfte der Siebzigerjahre haben wir noch einmal in Berlin im Schweizer Hof zusammen zu Abend gegessen. Er war aber von der Krankheit schon so gezeichnet, dass wir beim Abschied wussten, wir hatten ihn zum letzten Mal gesehen.

Bei den Kettenplatten fällt mir noch ein: Typisch für Andrew war sein erstes großes Geschäft nach dem Kriege. Als er hörte, dass die französischen Bauern über die bei der Invasion ausgerollten Landebahnen schimpften, weil sie ihre Felder nicht bestellen konnten, schlug er der französischen Regierung vor, die Kettenglieder kostenlos einzusammeln. Als dringend benötigter Schrott wurden sie mit Schiffen nach England gebracht.

Wir erlebten ihn in allen drei Zentren seines Lebens nach 1945. Zwar britischer Staatsangehöriger, lebte er mit Reinette in Baden bei Zürich, wo er leicht sein Jagdhaus in Aisperg bei Höchenschwand am Rande des Hotzenwaldes, dem südlichsten Teil des Schwarzwaldes, erreichen konnte. Das war Teil eines alten Bauernhauses, in welchem der landwirtschaftliche Betrieb im Übrigen weiterlief, woran man auch nachts erinnert wurde, wenn die Pferde mit den Hufen gegen die Wand schlugen. Hier trafen sich viele Freunde, darunter Gustav Klingelhöfer, auch wenn ihm wie mir die Jagd fremd war, aber auch Jagdfreunde wie der schon genannte Notar Aldenhoff oder Bütikofer, Vorstand von Brown-Boveri in Baden. Das Jagdrevier lag allerdings jenseits des tiefen Albtales weit ausgedehnt mit dem Zentrum in etwa in Wolpadingen. Wenn wir da waren, musste ich mit meinem PKW mit großem Kofferraum helfen, den in den Hierholzer Feldern erlegten Hirsch nach Aisperg zu transportieren, weil Andrews alter VW-Kübelwagen – der Freudenbringer genannt – zu klein war. Dann ging es auf damals noch einspurigen Schotterstraßen die 16-prozentige Steigung in das Albtal hinunter und auf der anderen Seite wieder hoch, und das Geweih hing aus dem Kofferraum hinaus.

Ein Erlebnis in Aisperg muss ich noch erzählen, weil es so typisch für Andrew war. Die Crédit Suisse, Zürich, hatte angerufen, dass das Land Berlin, ich weiß nicht mehr wie viele, hunderttausend Mark in Beendigung eines Rückerstattungsverfahrens überwiesen hatte. Andrew war mit dem Wechselkurs in Schweizer Franken nicht einverstanden und meldete sich beim Vorstand der Bank an. Er bat mich, ihn zu begleiten. Da wir morgens früh fahren wollten, frühstückten wir allein. Andrew erschien in seinem ältesten Jagdanzug mit einer bekleckerten Krawatte. Als ich dieses Outfit, wie man wohl heute sagt, für einen Besuch beim Vorstand der Crédit Suisse nicht für angebracht hielt und erklärte, dann nicht mitzufahren, brummte Andrew zwar, zog aber doch einen bisher noch nicht vorgeführten neuen Jagdanzug an. Der Cockerspaniel Boran kam natürlich auch mit und wurde beim Portier abgegeben, während wir zum Vorstand hinaufstiegen. Nach erfolgreichem Abschluss der Verhandlungen und einem Imbiss im benachbarten vegetarischen Restaurant ging es zurück. Es gab zwei Ausfallstraßen. Wir fuhren auf der einen hinaus, um dann eine Querverbindung zur anderen zu nehmen. Diese mündete als Stopstraße auf die Hauptstraße, aber Andrew bog mit seinem alten Fiat ohne anzuhalten ein. Es ging gut. Ich musste ihm nur erklären, warum er ein solches Hupkonzert entfesselt hatte. Seine Entschuldigung war, er habe gerade überlegt, dass sich bei den Verhandlungen ein Plus von 30.000 bis 40.000 Franken ergeben hätte, nun könne er sich doch endlich ein neues Auto kaufen. Wer aber nun denkt, dass er es auch getan hat, irrt. Er fuhr –

diesmal allein – nach Zürich und kam mit einem gebrauchten Vorführwagen zurück. Das war die eine Seite des Menschen, der auf der anderen Seite dort, wo es angebracht war, insbesondere für die große Familie, immer eine offene Hand hatte. Es war das Schöne und Gute an ihm, dass er bis zum Ende der tüchtige Handwerksmeister und immer „uff'm Teppich" blieb.

Dann wurde es in Berlin mal wieder sehr ernst. Chruschtschow hatte in der UNO seinen Schuh ausgezogen, damit auf den Tisch geschlagen und gefordert, Berlin zur Freien Stadt unter Abzug der Besatzung zu machen. Andrew war der Ansicht, wenn die Alliierten das mitmachen würden, sei unseres Bleibens in der Stadt nicht länger. Er meinte: „Damit es euch nicht so geht wie mir 1933, werden wir hier eine Bleibe für euch suchen, in der ihr gegebenenfalls erst einmal sehen könnt, wie es weitergehen kann." Obwohl wir vertrauensvoll waren, dass sich die Sowjets nicht durchsetzen würden, gefiel uns der Gedanke, weil uns der Hotzenwald gefiel und in der Nähe von Andrew ein Feriendomizil zu haben. Schon nach wenigen Monaten rief Andrew an, in Wolpadingen sei ein altes Bauernhaus zu haben, und bat um baldige Besichtigung. Ich bat meine Frau zu fahren, weil sie mit Unterstützung von Andrew sachverständig genug war, eine Entscheidung zu treffen; vor allem wusste ich, was ihr gefällt, entspricht auch meinen Vorstellungen. Sie kam aber zurück mit dem Bericht, es sei eine solche „Bruchbude", dass sie keine Entscheidung treffen könnte. Jetzt flog ich nach Zürich und fuhr mit Andrew von Baden nach Wolpadingen hinauf. Es war bitterkalt, es lag Schnee, und da es noch vor meinen Bandscheibenoperationen war, hatte ich große Schmerzen. Der erste Eindruck war wirklich deprimierend. Warm war es nur in der Wohnstube der Verkäuferin, der Witwe eines Bauern, die schon vor langen Zeiten alle Ländereien verkauft hatte. Die Wärme strahlte eine alte Schwarzwälder „Kunscht" aus, der lang gestreckte zweistufige Kachelofen, auf dessen oberster Stufe ich nach Besichtigung der übrigen verfallenen Räume hockte. Nach der Besprechung wollten wir noch im Dunkeln die landesüblich unter dem gemeinsamen Schindeldach angebaute Scheune besichtigen. Dazu bekamen wir eine elektrische Stalllaterne mit einem langen Kabel mit, aber als wir den Kontakt gefunden hatten, sprühte sie wie eine Wunderkerze Funken. Es passierte nichts, obwohl in der Scheune noch ein beladener Heuwagen stand. Auf seiner Deichsel hockte ich, während Andrew – ich fand, überflüssigerweise – im Dunkeln irgendwo im Gebälk herumkletterte Ich hörte nur, wie er seinen Hirschfänger in das Gebälk schlug und rief: „Alles gutes Holz, Sir." Wir fuhren danach nach Höchenschwand, wo Andrew Frau Sanitätsrat Bettinger besuchen wollte, die „Königinmutter" von Höchenschwand, wie er sagte, weil ihr Mann als Arzt und der Hotelier Porten als die Schöpfer des Kurortes galten. Es war ein angenehmer Gegensatz zu den Eindrücken in Wolpadingen, jetzt im warmen Zimmer mit schönen Möbeln eine Teestunde zu zelebrieren. Inzwischen war Schneesturm aufgekommen. Rechts und links der Straße nach Waldshut, die

Mit Andrew Sommerfield (rechts) in Wolpadingen

noch nicht zur heutigen Bundesstraße ausgebaut war, lagen hohe Schneewechten, über die man im Scheinwerferlicht waagerecht den Schnee stieben sah. An der Grenze kam ein Zöllner an mein Fenster. Ich dachte, er wolle meine Papiere sehen, aber er fragte nur: „Na, Herr Doktor, haben Sie das Haus schon gekauft?" Des Rätsels Lösung war, dass der Herr Kerscher in seiner Freizeit Jagdaufseher bei Andrew war. Wir haben später manchen Waldgang mit ihm gemacht und abends beim Skat am Kaminfeuer gesessen, nachdem mir Andrew so einigermaßen das Spiel beigebracht hatte.

In Baden steckte mich Reinette gleich mit einer Wärmflasche ins Bett, und unter Verdrängung aller Eindrücke der Besichtigung habe ich sogar gut geschlafen. Am nächsten Morgen sah die Welt schon wieder anders aus. Es lockte ein auf dem Teewagen angerichtetes Frühstück in der Morgensonne, die auch auf einen schönen Mahagonischrank fiel, den einmal Walter Gropius entworfen hatte. Auf meine Frage nach Andrew hörte ich, dass er nebenan arbeite. Dort stand ein großer massiver Eichentisch, völlig bedeckt mit Zeichenpapier, und daneben Andrew mit einem großen Zimmermannsblei. Als ich sagte, dass das verfallene Haus wohl doch nicht das Richtige wäre, zeigte er nur auf die Papiere: „Die ersten Zeichnungen für den Umbau sind doch schon fertig." Nun haben nicht erst seit der Tätigkeit in der Gehag solche Entwürfe etwas Verlockendes für mich. Ich sah mir seine Zeichnungen an, und als er mir versicherte, die Substanz sei in Ordnung, der intakte Dachstuhl mit den 200 Jahre alten Balken sei tragfähig genug, um über das alte, löchrige Schindeldach ein neues zu legen, begann ich doch, mir anzusehen, wie er sich die Gestaltung der zwei Etagen gedacht hatte. Schnell war ich dabei, die eigenen Gedanken und Wünsche einzubringen. Am Nachmittag kam ein Architekturstudent, der den Auftrag bekam, die Entwürfe im Maßstab 1:100 ins Reine zu übertragen. So konnte ich schon am nächsten Tag einen Satz Zeichnungen nach Berlin mitnehmen. Sie verringerten auch Gabys Skepsis. Entscheidend war aber das Vertrauen zu unserem Baumeister. Ich hatte mit ihm besprochen, dass ich mich aus der Entfernung nicht um den Bau kümmern könnte. Ich hätte nur Fachleute für Heizung, Be- und Entwässerung etc. in der Gehag, die mir sicher helfen würden, aber Ausschreibungen, Vergabe der Aufträge und vor allem die Bauleitung bedürften seiner Hilfe. Andrew nahm die Sache gerne in die Hand, weil ihm, „nur" noch mit seinen Rückerstattungssachen und im Aufsichtsrat seiner Gesellschaften beschäftigt, eine solche praktische Arbeit fehlte.

Ostern, Pfingsten und in den Schulferien 1958 konnte sich die ganze Familie auf dem Bau betätigen. Ich sehe mich noch im künftigen Wohnraum auf einer Kiste sitzend viele Leisten rot anstreichen, die dann als Halt der weißen Zwischendecken an die schwarzen Balken genagelt wurden. Die Betten, Einbauschränke, Täfelung der Wände zimmerte ein alter Mitarbeiter von Andrew vor 1933, Herr Lamprecht, dem es dann so gut in Wolpadingen und bei seinen Wirtsleuten, Egon und Olga Berger, gefiel, dass er aus Berlin zu ihnen zog und viele Jahre später dort auch gestorben ist. Möblieren konnten wir überwiegend alles mit Sachen aus dem elterlichen Nachlass oder dem meines Onkels in Hannover. So gibt es keinen Tisch, keinen Sessel, kein Bild, an die sich nicht eine Erinnerung knüpft. Die Dorfbewohner haben den Kopf geschüttelt, dass wir nicht nach Abriss des alten ein neues Haus gebaut haben. Wir waren immer glücklich, dass wir es nicht getan haben. Wir hatten in Aisperg gesehen, wie anheimelnd ein Umbau sein kann, wir hatten einen mit Land und Leuten vertrauten Helfer, und nicht zuletzt hatte ich nach der Anschaffung des Hauses in Berlin auch nicht das Geld für einen Neubau.

In den folgenden Jahrzehnten liebten wir alle drei das Haus so sehr, dass wir nur noch selten den Wunsch hatten, die Ferien woanders zu verbringen. Eine kleine Geschichte beweist das: Ich machte mal wieder einen Fortbildungskurs mit, diesmal in Engelberg, und Frau und Sohn waren mitgekommen. Der Sohn, noch Schüler, aber schon entschlossen, Arzt zu werden, begleitete mich am ersten Tag und meinte sogar hinterher, irgendwas sei ja an der Juristerei doch dran. Am nächsten Morgen fragten aber beide, ob ich etwas dagegen hätte, wenn sie lieber nach dem in wenigen Stunden erreichbaren Wolpadingen fahren würden. Ich bekam dann eine Postkarte: „Wir sitzen bei einem Wolpadinger Frühstück, und du tust uns leid."

Auch bei unseren Gästen spürten wir, dass sie die besondere Atmosphäre empfanden, ganz gleich, ob es die früher erwähnten Julius Brecht, Dr. Leopold oder Frank

Bundespräsident Gustav Heinemann auf dem Balkon in Wolpadingen

Kenny waren. Unseren bekanntesten Gast, Gustav Heinemann, erwähne ich nur, weil er sich hier besonders wohl fühlte, wozu beitrug, dass er sich mit seinem Freund Prof. Gollwitzer treffen konnte, der dann die untere Wohnung bezog und am von meiner Tante geerbten Schreibtisch schriftstellerte. Laut Gästebuch war Heinemann siebenmal hier. Die von seinem Fahrer aufgenommenen Filme wurden uns dann beim Tee im Charlottenburger Schloss vorgeführt.

Wie wohl sich der Bundespräsident in der einfachen Umgebung auf dem Dorf fühlte, dazu noch eine Geschichte: Wir feierten 75 Jahre Verband Berliner Wohnungsbaugenossenschaften und -gesellschaften. Als Verbandsausschussvorsitzender bat ich Heinemann, ob er nicht zu uns sprechen könnte. Seine Referenten waren begreiflicherweise mit der Aufzählung der Gelegenheiten dagegen, wo er dann womöglich auch sprechen müsste. Er sagte trotzdem zu. Als er vor dem Haus des Städtetages, wo die Veranstaltung stattfand, mit der Eskorte der „weißen Mäuse" voran vorfuhr und wir auf dem roten Läufer bereitstanden, begrüßte er mich nur augenzwinkernd mit den Worten: „Wie haben wir das hingekriegt?!" Er bedauerte, nach seiner Ansprache gleich wieder aufbrechen zu müssen, um seine Rede am nächsten Tag bei der Queen in England vorzubereiten. Ich begleitete ihn allein die lange Treppe hinunter, als er mich mit dem Ellenbogen anstieß: „Wann kann ich denn wieder nach Wolpadingen?"

Zu Anfang hatten wir bei der Planung die Scheune beiseite gelassen. Die Arbeiten waren schon im Gange, als Andrew mal wieder in Berlin war und mir vorschlug, ihm die Scheune mit einem Teil des Grundstücks zu verkaufen, um wieder ein Jagdhaus daraus zu machen. Ich wüsste ja, wie beschwerlich in der Nacht die Heimkehr von der Jagd nach Aisperg in seinem Alter sei. Einen lieberen Nachbarn konnten wir uns nicht vorstellen. Sicher hatte er vorausschauend schon beim Fund des Grundstücks daran gedacht, denn er hatte bei diesem ersten Gespräch bereits geklärt, dass die Behörde die Teilung des Grundstücks genehmigen würde.

Auch dies wurde ein schöner Umbau. Die hohe Scheune gab die Möglichkeit zum Bau einer zweigeschossigen Halle mit einem im Vergleich zu unserem größeren Kamin. In der Halle führt eine Treppe zu einer Empore, deren Gestaltung der Treppe in dem zerstörten Haus in der Limonenstraße nachempfunden ist. Die Außenwand der Halle bestand aus Fensterelementen, deren Scheiben von einer Kunststudentin aus Freiburg mit Szenen aus dem Leben Andrews bemalt wurden. Auf den Fenstern stand auch sein Wahlspruch: „Vorwärts den Schritt, Lot in die Mitt, Axt scharf ins Holz, Sommerfelds Stolz." Es gelang alles so, dass Andrew und Reinette fast das ganze Jahr dort wohnten. So wurde jeder Aufenthalt für uns zu einem Erlebnis. Ohne Jäger zu sein, konnten wir die vielen Anstände benutzen, um das Wild zu beobachten. Andrew war das Muster eines Jägers und Hegers. Ich erinnere mich, wie meine Frau einmal erzählte, als Andrew auf einen wunderschönen in der letzten Abendsonne stehenden Bock anlegte, flüsterte sie ihm zu: „Lass ihn doch leben." Nach einem Augenblick setzte er die Büchse ab. „Ich schenk ihn dir." Die Fülle solcher Erinnerungen ist groß. Es war ein gegenseitiges Geben und Nehmen, wenn z. B. Andrew, weil mal wieder viele Gäste dort waren, morgens noch im Bademantel herüberkam: „Kinder, kann ich zu euch kommen? Bei uns ist es mir heute zu unruhig."

Zu dem nun schon Jahrzehnte währenden Bewusstsein, eine Insel der Erholung für Körper und Geist zu haben, wäre es nicht gekommen, wenn ich dem ersten Impuls gefolgt wäre, alles aufzugeben. Der Grund war, dass uns gleich zu Beginn des neuen Jahres 1959 ein schweres Unglück traf. Wir wollten am nächsten Tag mit Mutter und Schwiegermutter nach Berlin zurückfahren. Ich war dabei, schon einiges Gepäck in das Auto zu verladen, Gaby und Tim waren zu einem letzten Skilauf unterwegs, als Tim angerannt kam mit der Nachricht, Mam sei gestürzt und hätte sich das Bein gebrochen. Als wir zum Hauseingang eilten, hatte sie unser Nachbar, Herr Dietsche, schon vom Gaisberghang geholt und trug sie herein. Auch Andrew war gleich da und organisierte den Transport in das damals noch bestehende Krankenhaus in St. Blasien. Er wusste, dass der Chefarzt Dr. Brehm ein guter Chirurg war. Jahre später hat Tim als Student sein Praktikum bei ihm gemacht. Die Röntgenaufnahme ergab einen komplizierten Bruch von Schien-, Wadenbein und Knöchel, was zur späteren Schilderung Gabys passte, dass nach dem Unfall die Skispitze nach hinten gezeigt hätte und sie bei dem Versuch, den Ski herumzudrehen, das Krachen des Knöchels gehört hätte.

Da ich unbedingt nach Berlin und der Junge in die Schule musste, konnten wir meine Frau nur in der Obhut von Dr. Brehm lassen. Die Briefe der nächsten Wochen erinnern daran, welche schwere Zeit sie dort durchmachte. Zu den Schmerzen vor und nach der Operation kam noch die deprimierende Umgebung hinzu. Vor dem Fenster sah man in wenigen Metern Entfernung eine schwarze Felswand, und auch diese konnte man für die Patientin nur sichtbar machen, wenn eine Schranktür mit Spiegel darin so weit aufgestellt wurde, dass man im Spiegel aus dem Fenster sehen konnte. Lichtblicke neben dem Zuspruch von den Ärzten waren nur die Besuche von Andrew und Reinette, deren Haushälterin und überraschend von doch noch wenig bekannten Nachbarn aus dem Dorf, welche wussten, dass sie ganz allein war.

Nachdem die Rückfahrt bei Schneetreiben und Glatteis auf der Autobahn auch nur in zwei Tagen bewältigt werden konnte, war ich entschlossen, alles aufzugeben, zumal sich die Lage in Berlin weiter normalisiert hatte. Als ich das nach der Rückkehr Andrew telefonisch sagte, war er es wieder, der mir den guten Rat gab, ich solle doch erst einmal abwarten, wie die unmittelbar betroffene Gaby darüber denke. Sie hatte aber in der kurzen Zeit unser Retiro und unsere Nachbarn so lieb gewonnen, dass von einer Aufgabe keine Rede mehr war.

Nach noch vier Jahren herzlicher Freundschaft und Nachbarschaft zogen dunkle Wolken herauf. Andrew erkrankte schwer. Wir dachten schon lange mit Sorgen an ihn, als am 18. Februar 1964 vormittags Maria Schlüschen aus meinem Vorzimmer hereinkam. „Es ist angerufen worden, Andrew ist gestorben." Sie kannte ihn auch gut von mehrfachen Urlaubsaufenthalten bei uns. Ich konnte nur sagen: „Bitte keine Telefonate, keine Mitarbeiter, keine Besucher." Ich hatte das Gefühl, zum zweiten Mal meinen Vater verloren zu haben, und dachte mit den Worten von Max Frisch: „Der Freundeskreis unter den Toten wird immer größer."

Nachwort

Was kann man selbst rückblickend zu diesem Lebensbericht sagen? Am Anfang wurde Friedrich II. erwähnt. Ich will ihn auch hier zitieren: „Unser Leben führt uns mit raschen Schritten von der Geburt zum Tode. In dieser Zeitspanne ist es die Bestimmung des Menschen, für das Wohl der Gemeinschaft, deren Mitglied er ist, zu arbeiten." Aus China kennen wir den Gedanken, der Mann soll einen Baum pflanzen und einen Sohn zeugen.

Die Bäume wurden in Wolpadingen 1959/60 gepflanzt. Im hohen Alter muss man dann aber auch erleben, wie sie zu groß und gefällt werden.

Der Sohn ist manchem Zeitgeist zum Trotz als Mensch wohl geraten und beruflich erfolgreich. So kann er nach dem Tode seiner Mutter und der Lebensgefährtin mit seiner Familie die wichtigste Freude im Alter sein.

Bleibt noch die Arbeit für das Wohl der Gemeinschaft. Es ist die Frage, wie weit man diesem hohen Anspruch genügen konnte, und die Antwort muss letzten Endes dem Leser überlassen bleiben. In der Zeit nach 1933 war viel von der Volksgemeinschaft die Rede, und nach dem Desaster der Weimarer Republik glaubten Millionen, man sei auf dem richtigen Weg. Spätestens in der Kriegswirtschaft wurde aber dem „Volksgenossen" klar, dass auch jede Arbeit für das Gemeinwohl von einer diktatorischen Staatsräson missbraucht wurde.

Die Schilderung des schwierigen Anfangs nach dem Kriege hat gezeigt, dass Friedensburg und seinen Mitarbeitern nicht bestritten werden kann, beschränkt auf die Sowjetische Besatzungszone mit dem Ziel der Bewahrung der Einheit Deutschlands für das Gemeinwohl gearbeitet zu haben, auch wenn alles scheiterte.

In den folgenden Jahren ging es in erster Linie um den Aufbau einer neuen Existenz. Erst in der Gehag begann eine Arbeit, die – damals noch rechtlich verankert – wirklich gemeinnützig war. Es war ein Glücksfall, am Wiederaufbau des zerstörten Berlin, an der Beseitigung der großen Wohnungsnot mitwirken zu können; dies dazu in einem Unternehmen, welches mit Bruno Taut, Martin Wagner, Walter Gropius u. a. Architekturgeschichte geschrieben hat. Von Jugend auf von den Ideen des Bauhauses begeistert, trafen Beruf und Hobby zusammen, eine Konstellation, die wohl nur wenigen beschieden ist.

Umso bitterer war es, den Untergang der Gemeinwirtschaft auch in anderen Wirtschaftszweigen und die sang- und klanglose Abschaffung der gemeinnützigen Wohnungswirtschaft und damit auch die Zweckentfremdung des mühsam aufgebauten Unternehmens Gehag miterleben zu müssen. Angesichts der Zahl von 600.000 Obdachlosen ist die fortschreitende Entlassung der Wohnungswirtschaft in die freie – angeblich soziale – Marktwirtschaft der „Portfolio-Maximierung" ein Irrweg. Wie lange wird man diesen Weg weitergehen, bis die *Verhältnisse dazu zwingen,* dem

Gedanken Rechnung zu tragen, dass eine angemessene Wohnung, wie die Krankenkasse und Sozialhilfe, zur anspruchsberechtigten Versorgung des Menschen gehört.

Wolpadingen, im Juni 2002

Personenregister

Aldenhoff 411, 419
Amin 337
Arndt 404, 412
Aufhäuser 331, 345, 346, 347
Bach 139, 140, 271, 273, 276, 277, 278, 280, 286, 288, 305, 316, 318, 321, 328, 359
Bauer 328, 329, 333, 339, 341, 342, 349, 356, 367, 415
Becker 170
Bergholz 238, 242, 249, 250, 251, 254, 258, 262, 263, 269
Bodien 323, 347
Brandt 347, 348, 359, 397
Brecht 352, 422
Büchsel 65, 66, 129
Busack 311, 341, 347
Cadenbach 388, 408
Chamisso 10, 54
Choi 337
Dahrendorf 242, 246, 247, 248, 249, 250, 251, 252, 293
Dau 354
de Bruyn 168, 169
de la Sauce 245, 253, 256, 259, 260, 261
Dieckmann 174, 235, 316
Dobbs 364, 365
Dortschy 121, 123, 133, 136, 172, 181, 182, 189, 204, 208, 213, 247
Dulles 343
Düttmann 384
Ebert 211, 212, 213, 216, 301, 302, 306, 337, 339, 357, 358, 364, 365, 385, 386
Erdmann 133, 137, 138, 165, 166, 167, 168, 175, 176, 178, 179, 182, 189, 201, 204, 205, 210, 234, 237, 265, 312, 313, 315
Franke 132, 133, 134, 136, 138, 139, 146, 155, 157, 159, 161, 174, 180, 181, 189, 240, 268
Freisler 125, 126, 128, 266
Frels 117, 118, 120, 132
Friedensburg 229, 230, 231, 232, 233, 234, 236, 238, 240, 243, 244, 245, 246, 248, 249, 250, 251, 252, 253, 254, 255, 256, 257, 258, 260, 261, 262, 263, 264, 265, 266, 268, 269, 270, 285, 286, 288, 289, 292, 294, 296, 297, 298, 299, 300, 301, 302, 303, 304, 317, 404, 426
Friedrichs 9, 74, 183, 243

Froehlich 136, 188, 189, 199, 210
Goedecke 331, 339, 341, 342, 347, 353, 354, 355, 361, 363, 394, 397
Gollwitzer 412, 413, 423
Gottwald 329
Gropius 211, 356, 357, 358, 359, 383, 384, 385, 386, 387, 416, 418, 421, 426
Gross 323, 331
Grünig 228, 229, 230, 231, 404
Grüttner 58
Gutschmidt 322, 323, 324, 326, 356, 405
Haas 15, 318, 326, 347
Haushofer 84, 94, 137
Heidborn 54, 57, 64, 65
Heinemann 162, 423
Hertz 318, 326, 335, 341, 343, 344, 347, 348, 352, 353, 360
Höfer 374
Hoffmann 52, 211, 254, 363, 367
Hoge 121, 122, 123, 127, 128, 133, 136, 137, 242
Holling 179, 271, 308, 312
Huber 395, 401
Hücking 120
Jaennecke 341
Jahrreis 77
Jung 69, 76, 86, 102, 134
Kapalle 367, 389
Karl 332, 333
Kasperski 392
Kenny 325, 334, 423
Kisch 82, 83, 91, 114, 312
Kleeberg 60, 120, 127, 138, 314
Klingelhöfer 276, 278, 279, 282, 284, 285, 290, 292, 293, 295, 297, 300, 304, 308, 311, 316, 330, 348, 419
Knebel 68, 94
Koch 24, 25, 26, 27, 31, 32, 55, 62, 248, 406
Kölling 142, 148, 156, 205, 206, 209, 210
König 361
Köttgen 99, 100
Kressmann 284, 311, 363, 364
Kressmann-Zschach 363
Kühl 312
Kukuryka 392
Künkel 325, 330, 332, 333, 349

Kunz 405, 406
Kutschera 168, 180, 206, 210, 334
Landfried 164, 165
Landowski 407
Leber 337, 339
Leopold 422
Lindemann 167
Linneke 322
Lippik 345, 346, 354
Lütge 396
Lutz 178, 179, 181, 182, 183, 186, 201, 204, 205, 206, 207, 221
Mahler 331
Maron 203, 204, 213, 232, 251, 268, 276, 300
Massow 58, 59, 60, 66
Materne 401, 405, 406
Maurer 344, 359
Melzer 334, 351
Metzger 94
Middel 19, 32, 37
Mitteis 81, 82
Moewes 156, 161, 191, 204, 208, 209
Molitor 97, 98, 99, 100, 309
Molitz 326, 330
Müller 30
Müllerburg 230, 233, 254
Ohlendorf 170, 171
Pabst 246, 271, 292, 293, 313, 314
Pedlow 80, 85, 372
Peitsmeier 24
Peters, Günter 354
Peters, Walfried 360
Pietzsch 150, 164, 165, 166, 167, 229, 275
Plett 332, 333, 345, 346, 352
Pütter 54, 79, 318, 364, 397
Quack 402
Reimer 334, 355, 383, 401
Reuter 13, 28, 42, 61, 234, 265, 270, 272, 282, 289, 290, 291, 293, 295, 296, 297, 299, 300, 301, 303, 304, 305, 307, 311, 318, 329, 335, 336, 348, 350, 401, 403, 412, 417, 418
Reuter, Edzard 404
Rieck 24, 410
Rintelen 131, 132, 133, 174, 205, 206, 210, 220, 221, 224, 236

Ristock 399
Rückert 110, 161, 209, 309
Samuelson 68, 341
Scharnowski 293, 314, 323, 324, 329, 331, 332, 347
Scharoun 205, 209, 211, 212, 213, 215, 219, 238, 239, 268, 271, 304, 386
Schieren 400
Schroeder 270, 288, 289, 300, 304
Schumann 272, 389, 400, 408
Schütz 140, 158, 363
Schwedler 339, 345, 353, 357, 358, 384, 386
Seger 341
Selka 351, 382, 388, 389, 408
Selmanagic 205, 209, 210, 212, 385
Sickert 330, 332
Simon 406, 407, 408, 410
Sobottka 248, 249, 250, 251, 252, 253, 254, 255, 256, 257, 258, 259, 260, 261, 262, 263, 265, 266, 267
Solms 134, 137, 138, 139
Sommerfield 9, 161, 416, 418
Spaethen 354, 355, 394
Speer 128, 140, 164, 167, 168, 170, 171, 181, 182, 185, 211
Steinert 401
Stoecker 316
Stone 412
Stuckrad 328, 329
Taut 322, 328, 329, 354, 383, 417, 426
Taut, Max 356
Tepper 399
Terhorst 331, 347
Theuner 331, 345, 367, 384, 388, 389, 403, 405
Tiburtius 255, 276
Titze 93
Triepel 93
Tulpanow 240, 290, 302, 304
Twyrdy 400
Ullmann 321, 323, 324, 325, 326, 408
Ullrich 117
Vauk 27, 30, 31, 36, 51, 63, 85
Vietor 352, 353
Vogel 396, 397, 398
von Chamisso 10, 54
Wagner 40, 322, 329, 370, 426

Warncke 20
Wawrzewski 390
Wehrmann 20
Weizsäcker 404
Werner 100, 203, 204, 213, 251, 271
Westrick 244
Winkler 37, 400, 407
Wissel 275
Wittgenstein 233, 286
Wolff 93, 404
Wolff, Martin 93
Zerndt 346, 356
Ziller 255
Zweigert 313